道路工程施工技术交底手册

（第二版）

主　编　李世华

副主编　李　琼　张其林

李思洋　寿晨曦

中国建筑工业出版社

图书在版编目（CIP）数据

道路工程施工技术交底手册/李世华主编．—2版．—北京：中国建筑工业出版社，2018.8

ISBN 978-7-112-22313-8

Ⅰ．①道…　Ⅱ．①李…　Ⅲ．①道路施工-技术手册　Ⅳ．①U415.6-62

中国版本图书馆CIP数据核字（2018）第123627号

本书包括：城市道路概论、城市道路路基工程、城市道路基层、城市水泥混凝土路面、沥青混凝土路面、砌块路面、市政道路工程挡土墙、人行道及道路附属设施、道路的绿化等内容。本书依据国家现行相关法规、规范、规程、标准、要求，参考相关地方标准，征求相关单位和专家的意见，结合道路工程施工特点进行编写，力求理论与实际相结合，注重施工实践经验的总结，并将新规范的内容融会贯通，做到通俗易懂，体现知识性、权威性、前瞻性、适用性和可操作性。

本书可供从事道路工程设计、施工、监理、管理等技术人员使用，也可供大专院校有关专业师生使用。

*　　*　　*

责任编辑：胡明安
责任校对：王雪竹

道路工程施工技术交底手册（第二版）

主　编　李世华
副主编　李　琼　张其林
　　　　李思洋　寿晨曦

*

中国建筑工业出版社出版、发行（北京海淀三里河路9号）
各地新华书店、建筑书店经销
北京红光制版公司制版
北京富生印刷厂印刷

*

开本：787×1092毫米　1/16　印张：27½　字数：668千字
2018年9月第二版　2018年9月第二次印刷
定价：**85.00**元

ISBN 978-7-112-22313-8
（32204）

本手册编审委员会

前　言

《道路工程施工技术交底手册》（第二版）在全体编审人员的齐心协力、勤奋努力下问世了，我们希望本书对从事市政工程道路设计、施工、道路绿化、验收、管理等方面的工程技术管理人员有所帮助。

随着国民经济的飞跃发展，我国的土木工程建设步入了史无前例的黄金时期，特别在“一带一路”建设的号召下，我国在各个领域都迈向全球价值链的中、高端，培育若干世界级先进制造业集群。习近平总书记在党的十九报告中强调，要颠覆性技术创新，为建设科技强国、质量强国、航天强国、网络强国、交通强国、智慧社会提供有力支撑。我国要变成交通强国，道路建设还要走出国门。道路工程项目建设和投资规模逐年扩大，施工技术难度大，要求越来越高，施工环境越来越复杂，专业分工越来越细。同时，新技术、新工艺、新设备、新材料的不断涌现，对市政道路工程施工人员的知识积累、技能水平提出了更高的要求。为道路工程的规范化管理，提高从业人员施工技术水平和管理水平，我们将《道路工程施工技术交底手册》进行修订。

本书在修订过程中，依据国家现行相关的法规、规范、规程、标准、要求，参考相关地方标准等文件，征求相关单位和专家的意见，结合道路工程施工特点，考虑到市政工程管理的发展趋势进行编写，力求理论与实际相结合，注重施工实践经验的总结，并将新规范的内容融会贯通，做到通俗易懂，体现知识性、权威性、前瞻性、适用性和可操作性。

本书的主要内容包括：城市道路概述、城市道路路基工程、城市道路基程、城市水泥混凝土路面、沥青混凝土路面、砌块路面、市政道路工程挡土墙、人行道及道路附属设施、道路的绿化工程等内容。

本手册由广州大学市政学院李世华任主编，李琼、张其林、李思洋、寿晨曦任副主编。其中湖南有色金属职业技术学院刘文倩承担了第1章城市道路概论等内容的编写；广东省实业投资有限公司王海龙承担了第3章城市道路基层等内容的编写；华南理工大学化学与化工学院王芙容承担了第4章城市水泥混凝土路面等内容的编写；广州市荔湾区园林绿化管理中心黄伟导承担了第9章道路的绿化内容的编写；广州市土地房产管理职业学校刘林承担了全书图纸的描绘与摄影工作。其余部分的编写由主编、副主编完成。

本书具有内容翔实、语言简洁、重点突出、新技术信息含量高、查找方便为特点，有较强的指导作用和使用价值，可作为规范实施的技术性工具书，可供从事道路工程设计、施工、监理、管理等技术人员使用，也可供大专院校有关专业师生使用。

在编写中，不仅承蒙许多单位和个人的帮助，为本手册提供了大量有关道路工程施工技术交底的宝贵资料；而且参考了许多素不相识的同行们的著作、成果、资料等。在此一并致以衷心的感谢。由于我们的水平有限，书中不足之处难免，诚恳欢迎广大读者批评指正。

目　　录

1 城市道路概论

1.1 城市化及道路交通

城市化及道路交通 **表 1-1**

序号	主要项目	城市化及城市道路交通的主要内容与图表
1	城市化的发展	(1) 我国改革开放以来，其综合国力大大增强，极大地推进了城市化进程。所谓城市化是指人类生产和生活方式由乡村型向城市型转化的历史必然过程，表现为乡村人口向城市人口的转化以及城市不断发展和完善的过程，也是人类进入工业社会后随着社会经济发展，促进农业活动的比重逐渐下降，而非农业活动的比重逐渐上升的过程。 (2) 在联合国召开的大城市管理国际研讨会上，各个国家的学者、专家都提出：21 世纪是一个新的城市世纪，全球化的进程将继续得到大力推广，预计将在 2010 年世界城市化的水平将达到 30%、2020 年达到 45%、2030 年左右达到 65%以上，大城市的数量和规模将继续增长。特别在发展中国家，每个国家的经济将比现在更大程度上依赖于城市经济。 (3) 城市是我国经济发展的重要基地。全国 70%以上的工业总产值、78%以上的工业利税以及 90%以上的高科技力量都集中在城市。一些特大型城市周围形成了许多卫星城镇和经济发达带，例如沪宁线上的沪、昆、常等城市鳞次栉比，已难以区分城市和乡村的界限。又如日本东京-大阪间 500km 城市群内，集中了全国 43%的人口和 70%的国民生产总值。 (4) 我国目前中央和地方把城市化进程作为经济发展战略的一个重要步骤，逐步建立起“以特大城市和大城市为核心，中心城市为枢纽，小城镇为基础，城乡协调发展的城镇体系”。大城市建设的战略重点主要是：从以市区为主逐步转向郊区，加快城镇体系和重大枢纽功能性基础设施建设。 (5) 为了与世界发达国家接轨，我国大力加快大城市的郊区城镇建设的重点是推进郊区新城、中心镇建设，积极培育城镇特色经济和优势产业，鼓励工业向工业园区集中，以工业化带动城镇化，以城镇化推进工业化的发展。 (6) 城镇的生态环境质量优于中心城区，加强郊区基础设施和公益设施的建设，能有序推进城镇的协调发展。中心城区带动小城镇的发展，必须依靠快速便捷的交通网，以便形成多种交通方式有机结合、城乡一体化的综合交通体系，使市域交通与对外交通顺畅衔接。这也需建设一些快速路使中心城市的辐射力扩大，人流和车流能有效地疏导，大城市周边乡镇的城镇化还可以提高城市的综合实力。
2	城市道路立体交通	(1) 对于城市新的道路建设是完善城市交通的需要，其次是提高路网服务水平的需要，同时也是完善市政配套设施和改善地区环境的需要。道路不仅是为交通，也是为同步建设雨水、污水管道工程，解决沿线地区的雨污水出路，改善生态环境，进一步促进地区开发和建设。 (2) 优美的居住环境和工作环境体现了一个国家、城市的综合经济实力和整体社会形

续表

序号	主要项目	城市化及城市道路交通的主要内容与图表
2	城市道路立体交通	象，所以，改善城市环境已成为我国各地政府的重点工作之一，同时许多次干路的建设也是完善市政配套设施和地区环境改善的需要。新道路工程的建设为供水、供气、供电、供热、通信等各类管线的铺设提供了有利条件，满足新区开发的需要，为新区建设提供必须的市政配套设施。 （3）城市道路的建设也为招商引资、区域的经济联系、各种在建项目的建设也提供了良好的交通环境；为沿线市政、公用和公建设施配套建设提供条件。 （4）城市交通是城市的血液，也是城市的命脉。因为任何一座城市的政治、经济、商业、文化等活动和人们的活动、工作、学习等无不与交通息息相关。城市具有四大功能：即居住、工作、游憩、交通，前三个功能都需要通过交通来将他们联成一个统一的体系。城市交通体系是联系城市社会活动、经济活动的动脉和纽带。所以，城市交通对整座城市发展具有指导作用，交通引导城市合理布局，带动城市发展，实现城市发展目标。交通在满足城市四大功能的协调优化中起了重要的作用。然而城市是人口、社会、政治、商业、文化等活动高度集中的地方，同时也是货物流量集中与分散、经济贸易高度集中之处。 （5）在城市化进程发展的过程中，不可避免地产生了一个与人们生活息息相关的问题，即城市交通问题。随着经济建设的飞速发展，城市交通状况越来越不适应，已经开始影响到正常的生活。所以，交通问题不是一个单纯的技术问题，它关系到整个城市的经济、社会、环境、科学技术等诸多方面。与世界发达国家的城市交通比较，我国的城市交通问题更加突出，解决问题的难度更大，在城市化进程中需要给予特别重视。 （6）中华人民共和国成立之初，全国铁路只有 21800km，其中有一半处于瘫痪状态，能够维持通车的仅有 11000km。我国铁路旅客列车的平均时速却只有 43km： 1）2017 年全国铁路营业里程超过 120000km，仅高速铁路的总里程就已经达到 22000 万 km，形成了以“四纵四横”为骨架的全国快速客运网。最近 5 年，国家平均每年 7400 多亿元的投入，这是中国铁路建设史上投产新线最多的时期； 2）2017 年，中国铁路建设者用了 9 年的时间，全线贯通兰渝铁路、宝兰高铁和西成高铁。在西部大开发和“一带一路”建设的背景下，西部的这个三角经济圈的战略意义非同一般。兰渝铁路连接黄河与长江两大流域，是兰新经济带与川渝经济带的一座重要“桥梁”，也是“一带一路”沿线的重要交通大动脉。同时与京广线、京沪线并列的三条南北铁路大动脉之一，成为西部地区与珠三角、长三角地区的重要通道。 （7）印证着中国高铁的不断前行。截至 2017 年底，全国铁路营业里程达到 12.7 万 km，其中高铁 2.5 万 km，占世界高铁总量的 66.3%，是当之无愧的“世界冠军”。 （8）近十多年来，我国各级政府投入了巨大的资金进行城市交通设施的建设，城市交通状况有了较大的改善，城市功能日趋分明完善。形成了城镇联动共同发展的喜人局面，城乡面貌焕然一新，城市的凝聚力、辐射力和服务能力大大加强。图 1.1-1～图 1.1-46 所示分别为北京、上海、广州、天津、重庆、深圳、长沙、武汉、南京、成都、郑州、沈阳等大中型城市比较著名的立体交通景观图。

续表

序号	主要项目	城市化及城市道路交通的主要内容与图表
2	城市道路立体交通	 图 1.1-1　北京四元立交桥景观图  图 1.1-2　西直门立交桥景观图  图 1.1-3　北京市菜户营立交桥景观图

续表

<table>
<tr><th>序号</th><th>主要项目</th><th>城市化及城市道路交通的主要内容与图表</th></tr>
<tr><td>2</td><td>城市道路立体交通</td><td> 图 1.1-4　北京市国贸立交桥景观图 
图 1.1-5　北京市天宁寺立交桥景观图 
图 1.1-6　上海南浦大桥景观图</td></tr>
</table>

续表

序号	主要项目	城市化及城市道路交通的主要内容与图表
2	城市道路立体交通	 图 1.1-7　上海杨延安东路立交桥景观图  图 1.1-8　上海市内环路鲁班立交桥景观图  图 1.1-9　上海市罗山路立交桥景观图

续表

序号	主要项目	城市化及城市道路交通的主要内容与图表
2	城市道路立体交通	 图 1.1-10　上海市重庆路与延安路立交桥景观图  图 1.1-11　广州市区庄立交桥景观图  图 1.1-12　广州市中山一路立交桥景观图

续表

序号	主要项目	城市化及城市道路交通的主要内容与图表
2	城市道路立体交通	 图 1.1-13　广州市内环路高架桥景观图  图 1.1-14　广州市秋季立交桥景观图  图 1.1-15　广州市秋季立交桥景观图

序号	主要项目	城市化及城市道路交通的主要内容与图表
2	城市道路立体交通	 图 1.1-16　天津市津塘立交桥景观图  图 1.1-17　天津市密云路立交桥景观图  图 1.1-18　天津市中环线东风立交桥景观图

续表

<table>
<tr><th>序号</th><th>主要项目</th><th>城市化及城市道路交通的主要内容与图表</th></tr>
<tr><td>2</td><td>城市道路立体交通</td><td> 图 1.1-19　重庆市五层立交桥景观图 
图 1.1-20　重庆市五里店立交桥景观图 
图 1.1-21　重庆市赵家店立交桥景观图</td></tr>
</table>

续表

序号	主要项目	城市化及城市道路交通的主要内容与图表
2	城市道路立体交通	 图 1.1-22　重庆市鹅公岩立交桥景观图  图 1.1-23　重庆市南山立交桥景观图  图 1.1-24　深圳市高架桥景观图

续表

<table>
<tr><th>序号</th><th>主要项目</th><th>城市化及城市道路交通的主要内容与图表</th></tr>
<tr><td>2</td><td>城市道路立体交通</td><td> 图 1.1-25　深圳市罗湖区雅园立交桥景观图 
图 1.1-26　深圳市香蜜湖立交桥景观图 
图 1.1-27　长沙市桔园立交桥景观图</td></tr>
</table>

续表

序号	主要项目	城市化及城市道路交通的主要内容与图表
2	城市道路立体交通	 图 1.1-28　长沙市杨家山立交桥景观图  图 1.1-29　长沙市人民路立交桥景观图  图 1.1-30　武汉竹叶山立交桥景观图

续表

序号	主要项目	城市化及城市道路交通的主要内容与图表
2	城市道路立体交通	 图 1.1-31　武汉市黄浦路立交桥景观图  图 1.1-32　武汉市武黄立交桥景观图  图 1.1-33　南京市双桥门立交桥景观图

续表

序号	主要项目	城市化及城市道路交通的主要内容与图表
2	城市道路立体交通	 图 1.1-34　南京市晨光立交桥景观图  图 1.1-35　南京市高架桥景观图  图 1.1-36　南京市新庄立交桥景观图

序号	主要项目	城市化及城市道路交通的主要内容与图表
2	城市道路立体交通	 图 1.1-37　南京市晨光立交桥景观图  图 1.1-38　成都市花神庙立交桥景观图  图 1.1-39　成都市营口门立交桥景观图

续表

序号	主要项目	城市化及城市道路交通的主要内容与图表
2	城市道路立体交通	 图 1.1-40　成都市航天桥立交桥景观图  图 1.1-41　郑州市南三环立交桥（亚洲最大的立交）景观图  图 1.1-42　郑州市紫荆山立交桥景观图

<table>
<tr><th>序号</th><th>主要项目</th><th>城市化及城市道路交通的主要内容与图表</th></tr>
<tr><td>2</td><td>城市道路立体交通</td><td> 图 1.1-43　郑州市金水立交桥景观图 
图 1.1-44　沈阳市五爱立交桥景观图 
图 1.1-45　沈阳市文化路立交桥景观图</td></tr>
</table>

续表

序号	主要项目	城市化及城市道路交通的主要内容与图表
2	城市道路立体交通	 图 1.1-46　沈阳市南京南站立交桥景观图 (9) 但是随着社会经济的不断发展，交通需求呈现不断增长的态势，交通供需矛盾依然不容乐观。以北京、上海、广州三市为例，在上下班高峰时段多个断面出现了超饱和现象。 (10) 近几年来，我国经济稳步健康地发展，人民的生活水平不断提高，使大量的私家车走进了人们的生活。私家车的大量出现也给城市交通带来了巨大的压力。 (11) 在解决城市交通问题方面，主要措施有：调整规划、工程建设和交通管理手段以及发展智能交通，其具体内容如下： 1) 规划是通过合理协调土地开发与交通网络之间的关系，明确交通发展目标、整体框架和加强交通系统内部（车辆、道路、站场和管理监控系统）各组成部分之间的配合关系，打通交通瓶颈，发挥系统总体效能等方法，使得交通系统的发展沿着正确的道路发展； 2) 工程建设主要通过修建道路工程来改善道路系统的不足，本书将重点阐述城市道路施工技术交底； 3) 管理手段包括交通需求管理、交通运行管理。交通需求管理主要是通过税收、价格、政策等手段对交通需求进行适当的调控，以抑制交通需求的无节制增长；交通运行管理的目标是充分提高现有城市道路的使用效率，采取的手段主要有信号控制、交通组织等。 (12) 随着道路交通的迅速发展，对交通的科学化、现代化管理要求就更高。实现交通管理化，首先尽快普及单个交叉口的自动信号，然后在大城市的主要干道上积极推广“线控”技术，最后逐步建立现代化的区域交通控制系统、交通信号控制系统、交通情报搜集系统、交通诱导系统、交通监视系统、交通通信系统和交通事故勘查及处理系统，使车辆连续安全迅速地行驶。 (13) 城市道路建设是实现城市现代化的超前工程，是解决城市交通问题的物质基础和先决条件，城市道路建设必须适应城市用地规模扩展与交通量增长的需要。强化商品的交换和流通需要交通，交通运输是发展社会主义市场经济的关键环节。加快交通基础设施的建设，是建立社会主义经济体制，加快经济发展和对外开放的迫切需要。交通是城市与经济发展的基础。要实现城市发展的目标，保持城市社会经济和城市快速发展的势头，进入城市化发展的新阶段，实现现代化的城市，必须首先建立一个高效的、现代化的城市道路交通系统。

1.2 城市道路的功能、特点、分类与分级

城市道路的功能、特点、分类与分级表　　表 1-2

序号	主要项目	城市道路功能、特点、分类及分级的主要内容与图表
1	城市道路的功能	(1) 城市道路具有交通、形成国土结构、公共空间、防灾和繁荣经济等方面功能： 1) 交通功能：为人们的工作、学习、生活、娱乐、旅游出行及货物运输等提供方便； 2) 形成国土结构功能：用地结构的骨架、组成街坊弄里； 3) 公共空间功能：保证日照、通风，提供综合交通体系的空间（高架路、地面轨道、地下铁道），提供公用设施管线走廊（电力、电话、燃气、给水、雨污水管）； 4) 防灾功能：保证消防活动、救援活动，紧急疏散、避难道路，防火带； 5) 繁荣经济功能：开发国土、活跃经济市场。 (2) 城市道路是交通的基础，是社会经济活动所产生的人流、物流的运输载体，担负着城市内部和城际之间交通中转、集散的功能，在全社会交通网络中起着“结点”的作用。在深化改革开放、改善投资环境的形势下，要求有一个安全、通畅、方便和舒适的道路交通运输体系，在发生火灾、水灾、地震和空袭等自然灾害或紧急情况时，能提供疏散和避险的通道与空间。 (3) 道路是国土结构的骨架，城市道路则是城市建设的基础，城市各类建筑依据道路的走向布置而反映城市的风貌，所以城市道路是划分街坊、形成城市结构的骨架。 (4) 城市道路作为公共空间不仅提供交通体系的空间，且保证日照、通风、提供绿化、管线布置的场地，为地面排水提供条件。各种构筑物的使用效益，有赖于道路先行来实现。 (5) 在城市道路建设过程中，各项基础设施得以同步进行，随着城市道路的建成可使土地使用与开发得以迅速发展，经济市场得以繁荣，所以健全的城市道路系统促进了城市各项经济的发展。
2	城市道路的特点	城市道路与公路比较，因其特殊地位和功能，使得城市有特殊的交通问题，具有以下特点： (1) 城市负担的交通量特别大。主要有如下几方面： 1) 所有城市区域拥有大量的工作岗位，例如政府机关、大中小学的文化教育、医疗卫生保健中心、金融机构、宾馆旅店、各类商业中心、娱乐场所及各种厂矿企业等，这些高度集中的公共建筑及设施吸引的交通量往往占很大比例。同时，城市的交通枢纽处，自行车、行人、机动车等各种交通量都很大； 2) 每天城区的过境交通量也很大。例如北京的北二环刚连通，就承担了中心区交通负荷的 33%，在南二环未连通之前，每天在高峰进入二环以内的车流中仍有 30% 的穿城交通量。可见，过境交通对城市也是一个难以承受的压力。所以，许多大城市的内环路、外环路、二～七环路相继出现。 (2) 交通方式复杂多样，相互干扰严重。首先是城市中汇集了各种车辆和行人的噪声、建筑施工的噪声、工矿企业的生产噪声、道路施工中的机械噪声、社会生活的噪声源等，这些噪声彼此互相干扰，使交通状况更加恶化。在城区混行的交通方式中，公交线路最多，客运需求量大，往往形成过分集中，或者由于公交站点布置不当以致行人与车流发生冲突，都会使城区的交通更加拥挤。

续表

<table>
<tr><th>序号</th><th>主要项目</th><th>城市道路功能、特点、分类及分级的主要内容与图表</th></tr>
<tr><td>2</td><td>城市道路的特点</td><td>(3) 此外，还有城市地上与地下轨道换乘枢纽处行人多，过街量大，特别是较大的百货公司、商贸中心或各类商场，吸引顾客的能力很强，而行人过街给主干道上机动车和自行车的行驶都带来了一定的困难。例如广州市的北京路、北京市的王府井大街、上海市的南京路及各大中城市的步行街等都是吸引交通量的地方。又如大连市中山路南北两侧是城市中心区的核心，但是中山路又是东西向交通的大动脉，从友好街到友好广场的五个路口，除了青泥洼有地道以外，其余平交路口形成长时间的六道“人墙”，每天超过 40 万人次的行人穿越，严重影响了中山路车道功能潜力的发挥。
(4) 交通服务水平低，交通环境差。由于城区内交通用地十分紧张，真是“寸土寸金”，交通量又大，人车相互拥挤，加上交通服务设施严重不足，必然造成道路服务水平低下，并缺乏和谐的行人交通环境。例如江苏省的南京市新街口，据不完全统计：新街口现状营业面积与附属设施面积之比为 10∶1；城市中心区内严重缺乏休息空间，使该地区的人们中约 45.3%没有得到休息，来去匆匆，约 56.1%的人因此提前回家，64.6%的人认为改善新街口环境的首要问题，是增加绿化休息广场。
(5) 城市道路交叉点多，交通事故多。由于城市中心区内交通流量大，用地紧张，交通方式复杂，车流混行，交通管理困难，所以交通事故频繁。
(6) 一般情况下，城市道路沿线两侧都是建筑物密集，当建筑物固定下来就难以拆迁，所以不同等级的道路，其两侧建筑物性质应有所区别。
(7) 城市道路不仅是交通设施，还具有组织城市用地、安排绿化和地上地下管线等基础设施的功能。所以，在规划布局城市道路网和设计城市道路时，都要兼顾到各个功能方面的要求</td></tr>
<tr><td>3</td><td>城市道路的分类</td><td>不同规模的城市对交通方式的需求、乘车次数和乘车距离有很大的差异，反映在道路上的交通量也很不相同；大城市将城市道路分为四级，中等城市可分为三级，而小城市现有主干路也只相当于大中城市的次干路或支路，因此只将道路分为两级。一般情况下，城市道路有如下几种分类方法。
(1) 按城市道路在路网中的地位、功能和对沿线建筑物的服务功能等进行分类，其内容见表 1.2-1 所列。

城市道路按功能分类　　表 1.2-1
<table>
<tr><th>分类</th><th>分类名称</th><th>城市道路功能的内容与布置要求</th></tr>
<tr><td>1</td><td>快速路</td><td>(1) 功能内容：主要为城市中大量、长距离、快速的交通服务；
(2) 布置要求：要求对向车行道之间设中间分车带，其进出口应采用全控制或部分控制。道路两侧不应设置吸引大量车流、人流的公共建筑物的进出口。两侧一般建筑物的进出口应加以控制</td></tr>
<tr><td>2</td><td>主干路</td><td>(1) 功能要求：为连接城市各主要分区的干路，以交通功能为主；
(2) 布置要求：自行车交通量大时，宜采用机动车与非机动车分隔形式，如三幅路或四幅路。道路两侧不应设置吸引大量车流、人流的公共建筑物的进出口</td></tr>
<tr><td>3</td><td>次干路</td><td>(1) 功能内容：与主干道结合组成道路网，起到集散交通的作用，兼有其他服务功能作用；
(2) 布置要求：适宜采用三幅路或四幅路。当自行车交通量大时，宜采用机动车与非机动车分流的形式</td></tr>
<tr><td>4</td><td>支路</td><td>(1) 功能内容：为次干路与街坊路的连接线，解决局地区交通，以服务功能为主
(2) 布置要求：宜采用单幅路，一般采用机动与非机动车混合行驶</td></tr>
</table></td></tr>
</table>

序号	主要项目	城市道路功能、特点、分类及分级的主要内容与图表
3	城市道路的分类	（2）按照城市道路的横向断面布置分类，其具体内容见表 1.2-2 所列。

城市向断面布置分类表　　表 1.2-2

序号	道路类别	道路车辆行驶情况	主要适应范围
1	单幅路	机动车与非机动车混合行驶	一般适用于机动车辆交通量不大，非机动车辆较小的次干路、支路及用地不足、拆迁困难的旧城市道路
2	双幅路	机动车与非机动车分流向，混合行驶	主要适用单向两条机动车车道以上，非机动车较少的城市道路。有平行道路可供非机动车通行的快速路和郊区道路，以及地形特殊的地段
3	三幅路	机动车与非机动车分道行驶	主要适用于机动车交通量大、非机动车多、红线宽度大于或等于 40m 的城市道路
4	四幅路	机动车与非机动车分流向、分道行驶	主要适用于机动车速度高、单向两条机动车车道以上、非机动车多的快速路与主干路

（3）各类城市道路的分类及主要技术指标，其具体内容见表 1.2-3 所列。

城市道路的分类及主要技术指标　　表 1.2-3

序号	道路类别	主要项目					
		级别	设计车速（km/h）	双向机动车道数（条）	机动车宽度（m）	分隔带设置	横断面形式
1	快速路	—	80	≥4	3.75	必须设	双、四幅路
2	主干路	Ⅰ	50～60	≥4	3.75	应设	单、双、三、四幅路
		Ⅱ	40～50	3～4	3.5～3.75	应设	单、双、二幅路
		Ⅲ	30～40	2～4	3.5～3.75	可设	单、双、三幅路
3	次干路	Ⅰ	40～50	2～4	3.5～3.75	可设	单、双、三幅路
		Ⅱ	30～40	2～4	3.5～3.75	不设	单幅路
		Ⅲ	20～30	2	3.5	不设	单幅路
4	支路	Ⅰ	30～40	2	3.5	不设	单幅路
		Ⅱ	20～30	2	3.25～3.5	不设	单幅路
		Ⅲ	20	2	3.0～3.5	不设	单幅路
5	（1）城市的快速路除外，各类道路可根据所在城市的规模大小、政治经济发展速度、人口密度、土地开发利用、设计交通量、车辆组成形式、旧城改建与扩建等各类综合情况，可以分成Ⅰ级、Ⅱ级、Ⅲ级； （2）改建城市道路必须根据地形条件、地物限制、房屋拆迁、占地困难等具体情况来选用表中适当的道路等级； （3）各省级城市、自治区首府所在的中等城市，其道路等级可根据实际情况提高一级； （4）各城市的文化街、商业街，可根据具体条件参照表中的次干路与支路的标准进行设计。						

（4）按大、中、小城市道路规划指标分类，其具体内容见表 1.2-4、表 1.2-5 所列。

续表

序号	主要项目	城市道路功能、特点、分类及分级的主要内容与图表
3	城市道路的分类	见表1.2-4、表1.2-5
4	城市道路的分级	见下文及表1.2-6

大、中城市道路规划指标分类表 **表 1.2-4**

序号	主要项目	城市规模与人口(万人)		快速路	主干路	次干路	支路
1	机动车设计速度(km/h)	大城市	>200	80	60	40	30
			≤200	60～80	40～60	40	30
		中等城市		—	40	40	30
2	道路网密度(km/km^2)	大城市	>200	0.4～0.5	0.8～1.2	1.2～1.4	3～4
			≤200	0.3～0.4	0.8～1.2	1.2～1.4	3～4
		中等城市		—	1.0	1.2	3～4
3	机动车车道条数(条)	大城市	>200	6～8	6～8	4～6	3～4
			≤200	4～6	4～6	4～6	2
		中等城市		—	4	2～4	2
4	道路宽度(m)	大城市	>200	40～45	45～55	40～50	15～30
			≤200	35～40	40～50	30～45	15～20
		中等城市		—	35～45	30～40	15～20

小城市道路规划指标分类表 **表 1.2-5**

序号	主要项目	城市人口(万人)	干路	支路	序号	主要项目	城市人口(万人)	干路	支路
1	机动车设计速度(km/h)	>5	40	20	3	机动车车道条数(条)	>5	2～4	2
		1～5	40	20			1～5	2～4	2
		<1	40	20			<1	2～4	2
2	道路网密度(km/km^2)	>5	3～4	3～5	4	道路宽度(m)	>5	25～35	12～15
		1～5	4～5	4～6			1～5	25～35	12～15
		<1	5～6	6～8			<1	30～35	12～15

(1) 按城市车辆行车速度分级：各类城市道路按计算行车速度分级，具体内容见表1.2-6所示。

(2) 按城市的规模大小分级：除了城市快速路外，每类道路按所在城市的规模、设计交通量、地理位置等可以分为Ⅰ、Ⅱ、Ⅲ级。具体内容见表1.2-7所示。

各类城市道路按计算行车速度分级表 **表 1.2-6**

道路类别	快速路	主干路			次干路			支路		
道路级别		Ⅰ	Ⅱ	Ⅲ	Ⅰ	Ⅱ	Ⅲ	Ⅰ	Ⅱ	Ⅲ
设计行车速度(km/h)	60	50	40	30	40	30	20	30	20	20
	80	60	50	40	50	40	30	40	30	20

续表

序号	主要项目	城市道路功能、特点、分类及分级的主要内容与图表
4	城市道路的分级	（见下）

各类城市道路按城市规模分级表 **表 1.2-7**

城市规模	大城市	中等城市	小城市
标准(级)	Ⅰ	Ⅱ	Ⅲ

(3) 按城市道路的设计年限分级：按照城市道路交通量达到饱和状态时的设计年限进行分类，其具体内容见表 1.2-8 所示。

各类城市道路按设计年限分级表 **表 1.2-8**

道路类别	快速路	主干路			次干路			支路		
道路级别		Ⅰ	Ⅱ	Ⅲ	Ⅰ	Ⅱ	Ⅲ	Ⅰ	Ⅱ	Ⅲ
设计年限(年)	20	20			15			10～15		

(4) 小城镇道路分级：按照主要功能和使用特点可分为四级，其规划的技术指标应符合表 1.2-9 规定；按照小城镇道路分级标准应符合表 1.2-10 的规定。

小城镇道路规划的主要技术指标表 **表 1.2-9**

序号	规划技术的主要指标	小城镇道路的级别			
		一级	二级	三级	四级
1	计算行车速度(km/h)	40	30	20	—
2	道路红线宽度(m)	24～32	16～24	10～14	—
3	车行道的宽度(m)	14～20	10～14	6～7	3.5
4	每侧的人行道宽度(m)	4～6	3～5	0～2	0
5	道路间距(m)	≥55	250～500	120～300	60～150

注：表中一级、二级、三级道路用地按红线宽度计算，而四级道路则按车行道的宽度来计算。

小城镇道路分级标准 **表 1.2-10**

序号	道路等级	主要功能特征	红线宽度(m)	断面形式
1	一级路	小城镇商业居住中心的主要交通汇集线是沟通小城镇各功能区之间的主要联系通道，同时也用于小城镇对外部的联系	24～32	一般为板式，个别大镇可用三块板
2	二级路	次于一级路的干道，解决小城镇内部交通问题	16～24	一般为板式
3	三级路	次于二级路的道路，是方便居民出行、建筑物之间联系、满足消防、救护等要求的道路	10～14	—
4	四级路	联系乡村住宅与主要交通的道路	4～6	—

1.3 城市道路路面分类与等级

城市道路路面分类与等级表 **表 1-3**

<table>
<tr><th>序号</th><th>主要项目</th><th>城市道路路面分类与等级的主要内容与图表</th></tr>
<tr><td>1</td><td>城市道路路面分类</td><td>
（1）按城市路面所承受的力学特征分类，其具体内容见表 1.3-1 所列。
城市路面所承受的力学特征分类表 表 1.3-1
<table>
<tr><th>序号</th><th>类别</th><th>主要特征</th><th>设计理论和方法</th></tr>
<tr><td>1</td><td>刚性路面</td><td>路面刚度较大，抗弯拉强度较高，能承受较大的承载能力，一般情况是指水泥混凝土路面</td><td>主要采用弹性地基板理论分析路面受力状态现象</td></tr>
<tr><td>2</td><td>柔性路面</td><td>路面刚度较小，抗弯拉强度较低，主要靠抗压、抗剪强度来承受车辆荷载的作用，一般情况下是指沥青混凝土路面</td><td>主要采用双圆均布荷载作用下的弹性理论，多以弯沉为设计指标的计算方法</td></tr>
<tr><td>3</td><td>半刚性路面</td><td>半刚性路面是介于柔性路面与刚性路面之间的特殊路面，一般情况下随着时间的增长，它的强度、刚度也在不断地增大，但其强度远远低于刚性路面</td><td>半刚性路面的设计原理基本与柔性路面相同，对无机结合稳定土铺筑的基层，其底层应进行拉应力的实验</td></tr>
</table>
（2）按城市道路路面所采用的材料分类，其具体内容见表 1.3-2 所列。
城市道路路面所采用的材料分类表 表 1.3-2
<table>
<tr><th>序号</th><th>路面名称类型</th><th>城市道路路面种类</th></tr>
<tr><td>1</td><td>水泥混凝土路面</td><td>普通混凝土路面、钢筑混凝土路面、连续配筋混凝土路面、钢纤维混凝土路面、碾压式混凝土路面、预应力混凝土路面等</td></tr>
<tr><td>2</td><td>沥青混凝土路面</td><td>乳沥青路面、再生沥青路面、上拌下贯式沥青路面、沥青贯入式路面、沥青碎石路面、沥青混凝土路面、沥青表面处治</td></tr>
<tr><td>3</td><td>其他路面</td><td>石块路面、小型混凝土预制块路面、级配路面、水结碎石路面</td></tr>
</table>
（3）按城市道路路面铺砌层的基本形式和机械设备施工来分类，可以分为低级铺砌路面、过渡式铺砌路面、水泥混凝土路面及沥青混凝土路面等，具体内容见表 1.3-3 所列。
城市道路路面形式与机械设备施工分类表 表 1.3-3
<table>
<tr><th>序号</th><th>道路路面形式</th><th>采用主要的机械设备施工</th></tr>
<tr><td>1</td><td>低级铺砌路面</td><td>主要采用路拌机械、自动平地机械和压实机械</td></tr>
<tr><td>2</td><td>过渡式铺砌路面</td><td>碎石摊铺机、石屑撒布机、整平和压实机械</td></tr>
<tr><td>3</td><td>沥青混凝土路面</td><td>沥青撒布机、沥青混凝土搅拌机械、沥青混凝土摊铺机、沥青混凝土压实机械</td></tr>
<tr><td>4</td><td>水泥混凝土路面</td><td>水泥混凝土拌制设备、水泥混凝土搅拌输送设备、水泥混凝土摊铺机械、水泥混凝土整面机、水泥混凝土切缝机、水泥混凝土振动机械</td></tr>
</table>
</td></tr>
</table>

续表

序号	主要项目	城市道路路面分类与等级的主要内容与图表
2	城市道路路面等级	按城市道路路面等级和适应范围分类，具体内容见表 1.3-4 所列。

城市道路路面等级和适应范围分类　　表 1.3-4

序号	道路路面等级	道路面层类型	使用材料	适应范围
1	高级路面	沥青混凝土、沥青贯入式等	沥青类	交通量大、行车速度高的快速路、主干路
		水泥混凝土、水泥混凝土预制块等	水泥类	
2	次高级路面	沥青浅贯入碎（砾）石、冷拌沥青碎（砾）石、半整齐石块、沥青表面处治	沥青类-半整齐块石	交通量较大、行车速度较高的次干路、支路
3	中级路面	水结碎石、泥结碎石、级配碎（砾）石、不整齐石块	水（泥）结碎石、级配碎石	适应于中等交通量的支路、步行街
4	低级路面	各种材料或当地材料改善土	材料加固	适应交通量小的郊区

1.4 城市道路横断面

城市道路横断面　　表 1-4

序号	主要项目	城市道路横断面的主要内容与图表
1	城市道路横断面布置的原则	城市道路横断面规划与设计的主要任务是在满足交通、环境、公用设施管线敷设以及排水要求的前提下，经济合理确定各组成部分的宽度及相互之间的位置与高差。道路横断面的设计，关系到交通、环境、景观和沿线公用设施的协调安排，所以在横断面设计时除了根据道路等级、交通量确定断面形式，还要贯彻以下的基本原则： （1）路幅与沿街建筑高度的协调。道路路幅主要是使其道路两侧的建筑物具有足够的日照和良好的通风。 （2）断面布置与道路功能的协调。如干道应保证足够的机动车车道数和必要的分隔设施，达到双向分流、人车分流以保障交通安全；商业性大街应保证足够宽的人行道。并应考虑公交车辆临时停靠的方便。断面布置要与当地地形地物相协调，断面布置必须考虑近远期的结合。 （3）确定城市道路横断面形式时，需要根据道路规划功能上的性质和作用，综合考虑各方面的要求，合理安排各组成部分： 1）横断面综合布置应在城市道路规划的红线范围内进行。从规划部门取得城市道路网的规划、红线宽度、道路等级、道路性质、断面形式、两侧建筑物性质与层高资料，向有关部门调查收集交通量、车辆组成种类、行车速度、地下管线资料等。并进行综合分析研究，以便确定横断面形式和各组成部分尺寸； 2）应当保证交通的安全和通畅。既要满足机动车交通量日益增长的要求，又必须顾及我国目前仍存在着大量非机动车的实际情况；

序号	主要项目	城市道路横断面的主要内容与图表
1	城市道路横断面布置的原则	3）应当充分发挥绿化的作用。城市道路中的绿化，既能起到环境保护、交通安全和美化城市、美化道路的作用，又能灵活使用组成部分，布置绿化带时可以结合分隔带和人行道； 4）保证雨水的排除。设计中要考虑路拱的形式和坡度及雨水口的位置，同时还要注意道路两侧街坊、单位内部排水的出口，以便密切配合。避免沿路的地上、地下管线、各种构筑物以及人防工程等相互干扰。在布置时，要综合考虑各种管线及构筑物间的配合和合理安排，还要提供它们发展的余地和维修的要求； 5）要与沿路各类型建筑和公用设施的布置要求取得协调。如商业区的道路两侧大部分是商店一类的建筑，不宜采用有各种分隔带的横断面形式。对现有道路的改建采取工程措施与交通组织管理相结合的办法，以提高道路通行能力和保证交通安全； 6）注意节省建设投资，节约城市用地。横断面各组成部分的配置既要紧凑，又要考虑留有余地。例如新建城市，可先开辟最低必需宽度的车行道，预留车道的用地先进行绿化。
2	城市道路横断面形式和选择	在城市道路的红线规划时，应全面考虑各组成部分的位置，即考虑横断面的选型，各种横断面形式的适用条件如下： （1）单幅路：车行道上不设分车带，以路面划线标志组织交通，或虽不作划线标志，但机动车在中间行驶，非机动车在两侧靠右行驶的称为单幅路。单幅路适用于机动车交通量不大，非机动车交通量小的城市次干路、大城市支路以及用地不足，拆迁困难的旧城市道路。单幅路横断面形式见图 1.4-1 所示。 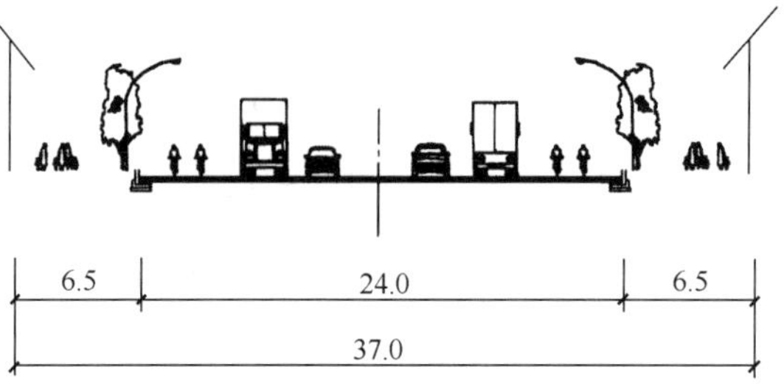 6.5　24.0　6.5 37.0 图 1.4-1　城市道路单幅路横断面形式示意图（单位：m） （2）双幅路：用中间分隔带分隔对向机动车车流，将车行道一分为二的，称为双幅路。适用于单向两条机动车车道以上，非机动车较少的道路。有平行道路可供非机动车通行的快速路和郊区风景区道路以及横向高差大或地形特殊的路段，亦可采用双幅路。机非混行双幅路横断面形式见图 1.4-2 所示。 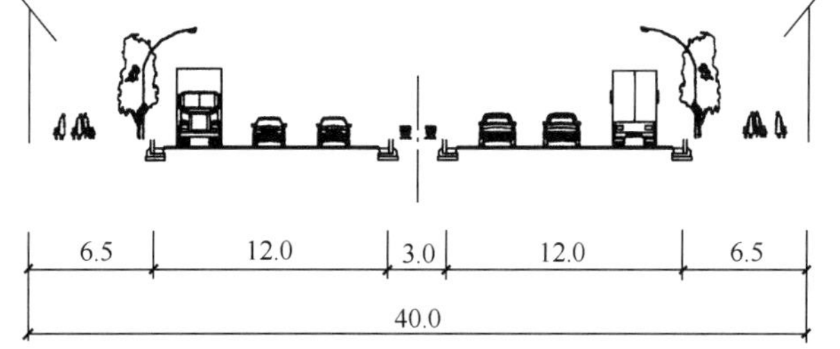 6.5　12.0　3.0　12.0　6.5 40.0 图 1.4-2　城市道路双幅路横断面形式（单位：m）

续表

序号	主要项目	城市道路横断面的主要内容与图表
2	城市道路横断面形式和选择	（3）三幅路：主要应用于城市两条分车带分隔机动车和非机动车流，将车行道分为三部分的，称为三幅路。适用于机动车交通量不大，非机动车多，红线宽度大于或等于 40m 的主干道。 1）三幅路虽然在路段上分隔了机动车和非机动车，但把大量的非机动车设在主干路上，会使平面交叉口或立体交叉口的交通组织变得很复杂，改造工程费用高，占地面积大； 2）新规划的城市道路网应尽量在道路系统上实行快、慢交通分流，既可提高车速，保证交通安全，还能节约非机动车道的用地面积，使机动车和非机动车交通安全； 3）使机动车和非机动车交通量都很大的道路相交时，双方没有互通的要求，只需建造分离式立体交叉口，将非机动车道在机动车道下穿过。对于主干路应以交通功能为主，也需采用机择动车与非机动车分行方式的三幅路横断面。 （4）四幅路：用三条分车带使机动车对向分流、机非分隔的道路称为四幅路。适用于城市的机动车量大，且速度又高的快速路，其两侧为辅助路。也可用于单向两条机动车车道以上，非机动车多的主干路。四幅路主要用于中、小城市的景观大道，以宽阔的中央分隔带和机非绿化带衬托。城市四幅路横断面形式见图 1.4-3 所示。 1）带有非机动车道的四幅路不宜用在快速路上，快速路的两侧辅助路宜用于机非混行的地方性交通，并且仅供右进右出，而不宜跨越交叉口，以确保快速路的功能。 2）随着我国城市建设的发展，机动化程度的提高，在一些开放新兴城市中非机动车出行越来越少，非机动车道往往被闲置浪费。而且由于机非分隔带的限制，又不能利用非机动车道增加机动车道数，从而造成道路资源的极大浪费。在总结实践的基础上，有些城市改为双幅路道路（图 1.4-2）更加符合城市发展的需要，应当成为城市新建和改建道路时的设计新模式。 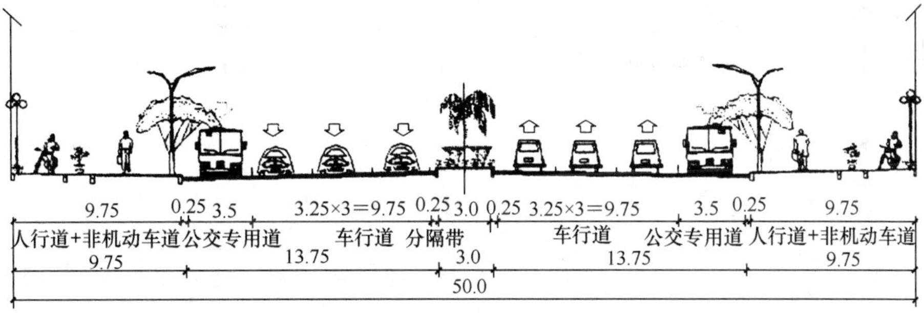 （*a*）城市主干路典型横断面示意图（一）（单位：m） 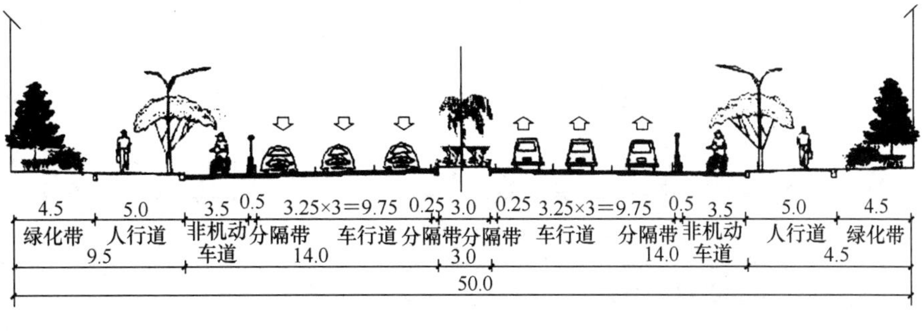 （*b*）城市主干路典型横断面示意图（二）（单位：m）

续表

<table>
<tr><th>序号</th><th>主要项目</th><th>城市道路横断面的主要内容与图表</th></tr>
<tr><td>2</td><td>城市道路横断面形式和选择</td><td>
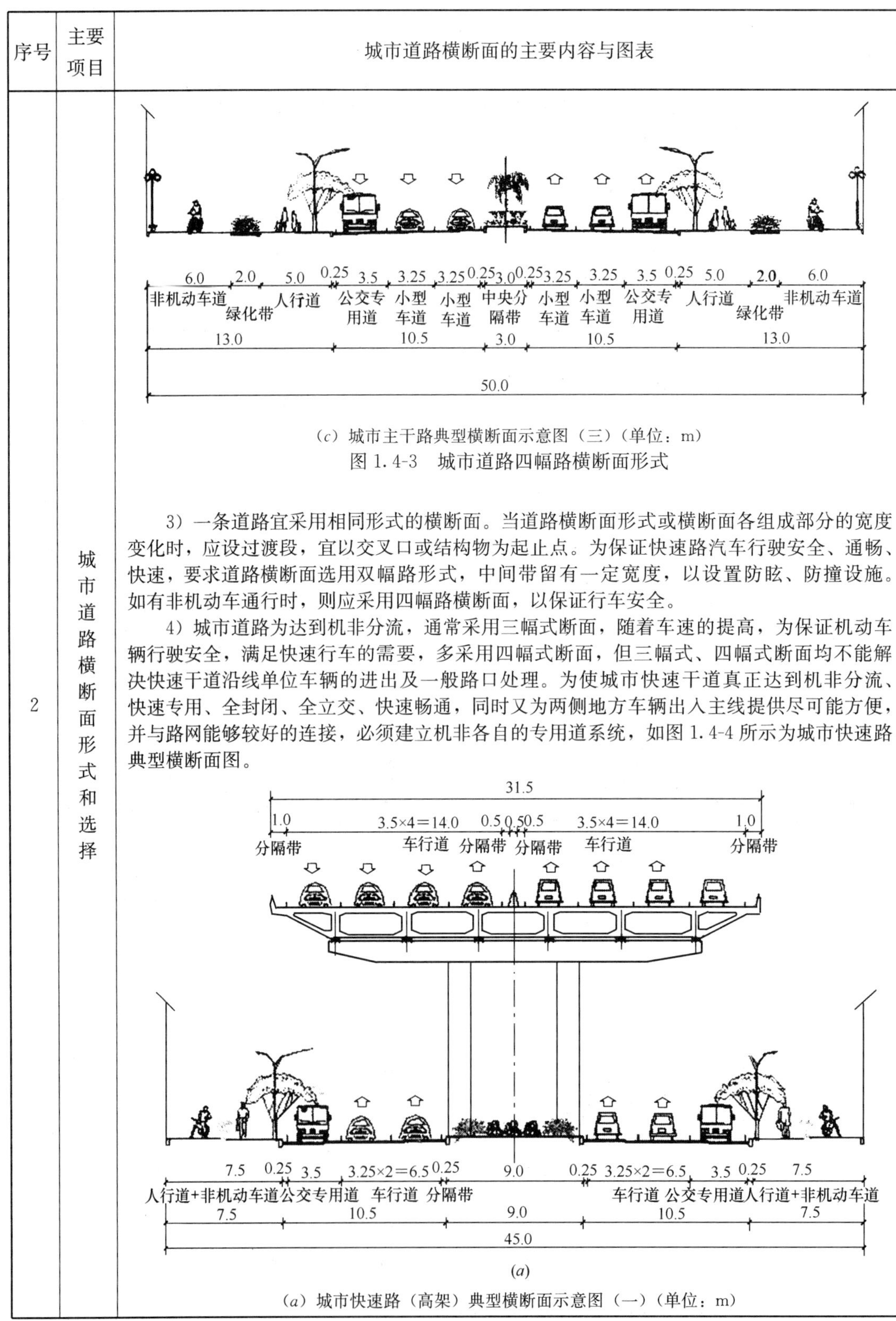

（c）城市主干路典型横断面示意图（三）（单位：m）

图 1.4-3　城市道路四幅路横断面形式

3）一条道路宜采用相同形式的横断面。当道路横断面形式或横断面各组成部分的宽度变化时，应设过渡段，宜以交叉口或结构物为起止点。为保证快速路汽车行驶安全、通畅、快速，要求道路横断面选用双幅路形式，中间带留有一定宽度，以设置防眩、防撞设施。如有非机动车通行时，则应采用四幅路横断面，以保证行车安全。

4）城市道路为达到机非分流，通常采用三幅式断面，随着车速的提高，为保证机动车辆行驶安全，满足快速行车的需要，多采用四幅式断面，但三幅式、四幅式断面均不能解决快速干道沿线单位车辆的进出及一般路口处理。为使城市快速干道真正达到机非分流、快速专用、全封闭、全立交、快速畅通，同时又为两侧地方车辆出入主线提供尽可能方便，并与路网能够较好的连接，必须建立机非各自的专用道系统，如图 1.4-4 所示为城市快速路典型横断面图。

（a）城市快速路（高架）典型横断面示意图（一）（单位：m）
</td></tr>
</table>

续表

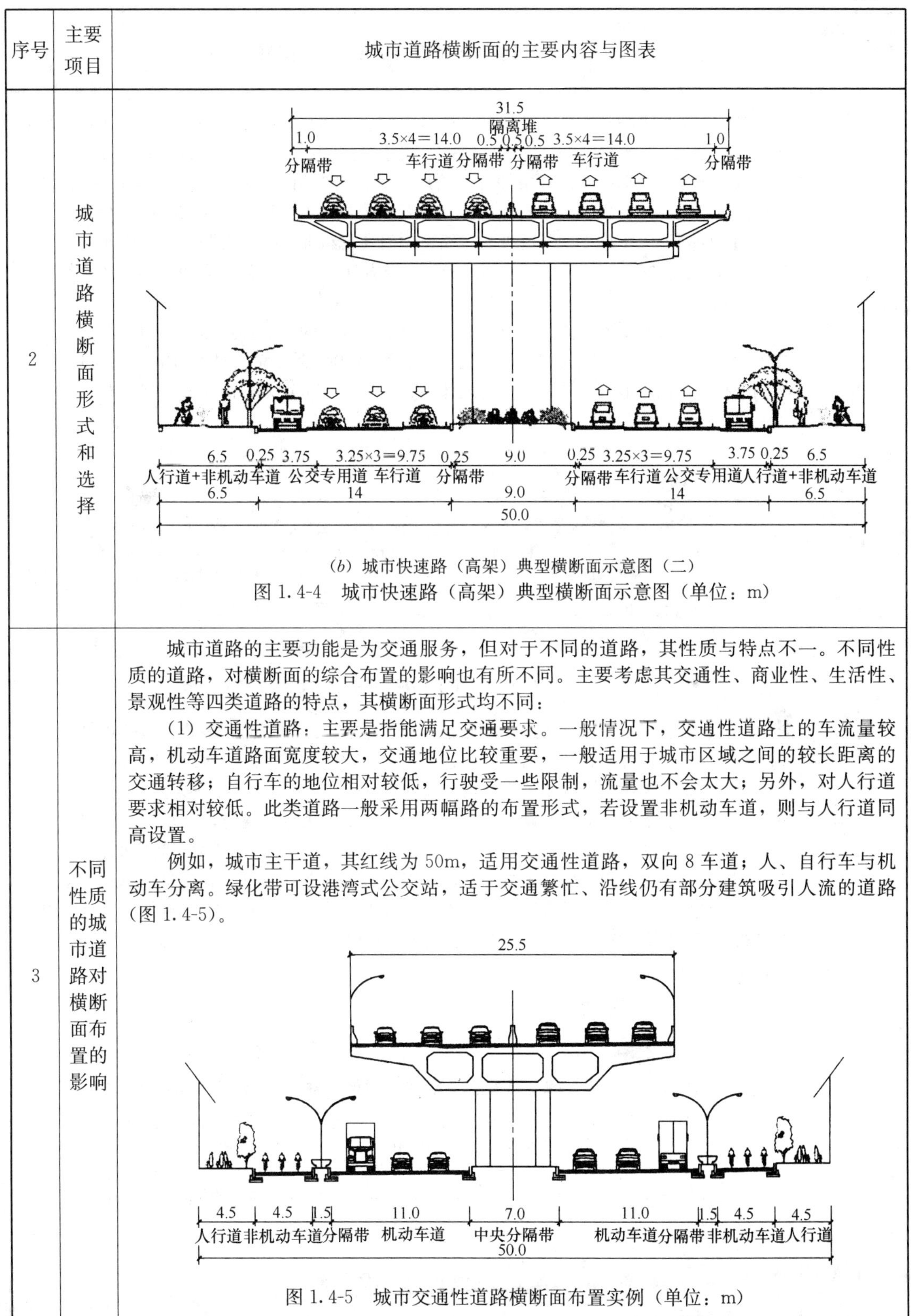

序号	主要项目	城市道路横断面的主要内容与图表
2	城市道路横断面形式和选择	(*b*) 城市快速路（高架）典型横断面示意图（二） 图 1.4-4　城市快速路（高架）典型横断面示意图（单位：m）
3	不同性质的城市道路对横断面布置的影响	城市道路的主要功能是为交通服务，但对于不同的道路，其性质与特点不一。不同性质的道路，对横断面的综合布置的影响也有所不同。主要考虑其交通性、商业性、生活性、景观性等四类道路的特点，其横断面形式均不同： （1）交通性道路：主要是指能满足交通要求。一般情况下，交通性道路上的车流量较高，机动车道路面宽度较大，交通地位比较重要，一般适用于城市区域之间的较长距离的交通转移；自行车的地位相对较低，行驶受一些限制，流量也不会太大；另外，对人行道要求相对较低。此类道路一般采用两幅路的布置形式，若设置非机动车道，则与人行道同高设置。 例如，城市主干道，其红线为 50m，适用交通性道路，双向 8 车道；人、自行车与机动车分离。绿化带可设港湾式公交站，适于交通繁忙、沿线仍有部分建筑吸引人流的道路（图 1.4-5）。 图 1.4-5　城市交通性道路横断面布置实例（单位：m）

续表

序号	主要项目	城市道路横断面的主要内容与图表
3	不同性质的城市道路对横断面布置的影响	（2）生活性道路：主要是指满足居民日常的生活出行。此类道路上行人较多，一般以上下班交通为主，也包含一定规模的购物、娱乐等生活出行。它相对而言更多考虑人的需要，故必须考虑公交优先，有条件的道路应规划公交专用道，而且自行车流量相对较大。生活性道路的总体特征是人车同样优先，需要较宽裕的人行道及相对较好的步行环境，考虑交通安全需要人车分离，干道级的道路可同时考虑机非分离，支路则可以机非混行并视交通状况路边停车，行人可采用平面过街（人行横道）。该类道路可采用一幅路或两幅路的布置形式。 例如，城市主干道，其红线为50m，适用于大城市的生活性道路，双向6车道，含公交专用道，靠车行道绿化较宽，可保证两侧设港湾式公交停靠站时不影响行人与自行车。人与非机动车以行道树分隔，保证行人休闲，减少自行车对人群活动的干扰。四幅路见图1.4-6所示。 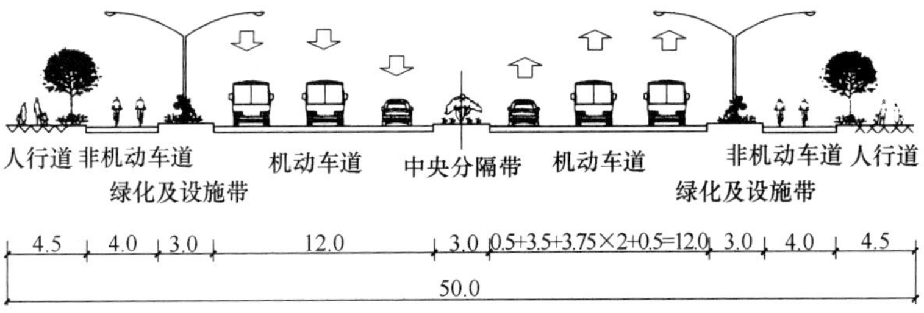 图1.4-6　城市生活性道路横断面布置实例（单位：m） （3）商业性道路：城市道路的两侧是商业发达区，或间隔拥有多处大型的购物、娱乐场所，由于利益的需要，其对道路的通达能力有一定的要求。商业性道路应给行人提供充足的步行空间；考虑人群的安全与购物环境及交通目的，机动车道不应太多，一般为双向4车道，需设置公交及港湾式车站，并与车站结合开辟行人过街横道，同时人车间应有较宽隔离，自行车也应与人群隔离，减少干扰。此类道路可采用一幅路或两幅路的布置形式。 例如，城市次干道，其红线为40m，适用于城市商业性道路。能双向4车道，无公交专用道，两侧利用绿化带设置港湾式公交停靠站时，不会影响到自行车与行人活动，中央分隔带可保证行人过街安全，自行车与行人以行道树分开，减少自行车对人群活动的干扰。见图1.4-7所示。 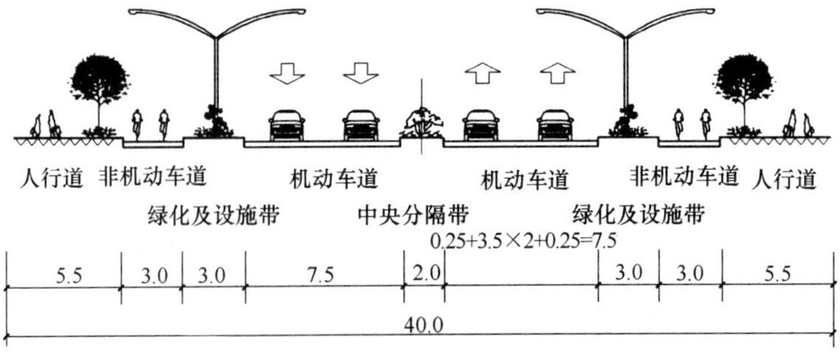 图1.4-7　城市商业性道路横断面布置方案（单位：m）

续表

序号	主要项目	城市道路横断面的主要内容与图表
3	不同性质的城市道路对横断面布置的影响	（4）景观性道路：又称园林景观路，它是在城市重点路段，强调沿线绿化景观，体现该城市风貌、绿化特色的道路。最通常的方法是以广场、喷泉、雕像、花坛、草地或通透的风景林作为主景，因其对沿线景观环境要求较高，通常绿化率不小于40%，所以总宽度应较宽，部分主干道或次干道才具有此特性。景观性道路以行人的休闲、休憩和布置绿化为主，人行道要求较宽，可设计成开放式绿地与人行区域结合布置，两侧应结合自然条件对称或非对称布置；车行道应与行人之间有较宽隔离，可设置公交及港湾式车站，保留自行车同时对其行驶区域给予一定限制。此类道路一般采用两幅路布置形式。 例如，城市的次干道，其红线为40m，主要于适于景观性道路，双向4车道，无公交专用道，中央分隔带可满足安全岛设置及遇路口渠化交通时增加车道的需要，与车行道相邻的绿化带都比较宽，可设置港湾式公交停靠站而不影响行人，绿化增加自然亲和力，适于行人休闲。见图1.4-8所示。 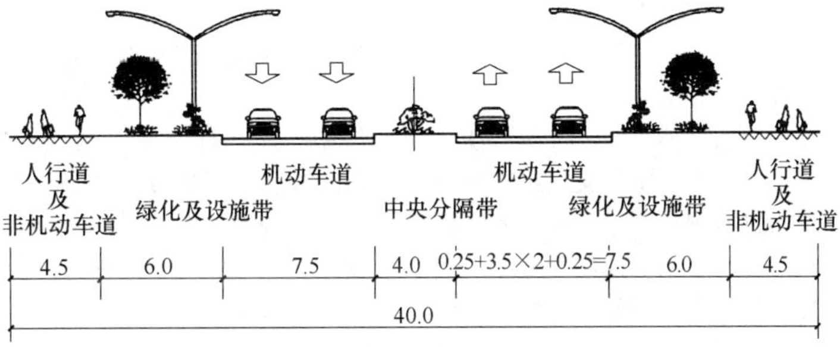 人行道及非机动车道 绿化及设施带 机动车道 中央分隔带 机动车道 绿化及设施带 人行道及非机动车道 4.5 6.0 7.5 4.0 0.25+3.5×2+0.25=7.5 6.0 4.5 40.0 图1.4-8　城市道路景观性道路横断面布置方案（单位：m）

1.5　城市道路施工技术交底概论

城市道路施工技术交底概论　　**表1-5**

序号	主要项目	城市道路施工技术交底概论的主要内容与图表
1	概述	城市道路施工技术交底是施工企业极为重要的一项技术管理工作，其目的是使城市道路施工的所有参与者，包括工程技术人员、安全员、工人等熟悉和了解所承担的工程项目特点、设计意图、技术要求、施工工艺、安全要点及注意事项。并根据城市道路施工复杂性、连续性和多变性的特点，各级施工企业必须严格贯彻技术交底责任制，加强施工质量检查、监督和管理，以达到提高施工质量的目的。
2	城市道路施工技术交底的任务与目的	（1）城市道路工程从施工图纸变为一条条的工程实体，在工程施工组织与管理工作中，首先要使参与施工活动的每个技术人员，明确工程特定的施工条件、施工组织、具体技术要求和有针对性的关键技术措施，系统掌握工程施工过程全貌和施工的关键部位，使工程施工质量达到施工验收规范的标准。 （2）对于每一位参加具体施工操作的工人来说，通过技术交底，要了解自己所要完成的分部分项工程的具体内容、操作方法、施工工艺、质量标准和安全注意事项等，做到施

序号	主要项目	城市道路施工技术交底概论的主要内容与图表
2	城市道路施工技术交底的任务与目的	工操作人员任务明确、心中有数；各工种之间配合协作和工序交接井井有条，达到有序地施工，以减少各种质量通病，提高施工质量的目的。 （3）每施工一项工程，必须在参与施工的不同层次的人员范围内，进行不同内容重点和技术深度的技术交底。特别是对于国家的重点工程、工程的重要部位、特殊工程和推广与应用新技术、新工艺、新材料、新结构的工程项目，在技术交底时更需要作出全面、重点明确、具体而详细的技术交底。
3	城市道路施工技术交底分类	城市道路施工技术交底一般是按照道路工程施工的难易程度、道路工程的规模、结构的复杂程度等情况，在不同层次的施工人员范围内进行技术交底；并且其技术交底的内容与深度也各有不同。 （1）设计单位交底：主要由设计单位根据国家的基本建设方针政策和设计规范进行工程设计，经所在地区建设委员会和有关部门审批后，由设计人员向施工单位就设计意图、图纸要求、技术性能、施工注意事项及关键部位的特殊要求等进行技术交底。 （2）施工单位交底：主要由施工单位的总工程师或主任工程师向施工队或工区施工负责人进行施工方案实施技术交底。 （3）施工队或项目经理交底：主要由工程项目经理向单位工程负责人、质量检查员、安全员及有关职能人员进行技术交底。 （4）单位工程负责人或技术主管工程师交底：主要由单位工程负责人向各作业班组长和各工种工人进行技术交底。
4	城市道路施工技术交底的要求和内容	**1. 城市道路施工技术交底的要求** （1）城市道路工程施工技术交底必须符合市政工程施工及验收规范、技术操作规程（分项工程工艺标准）、质量检验评定标准的相应规定。同时，也应符合所在省（区）市地方性的具体政策和法规的要求。 （2）城市道路工程施工技术交底必须执行国家各项技术标准，包括计量单位和名称。有的施工企业还制定企业内部标准，如分项工程施工工艺标准、混凝土施工管理标准等等。这些企业标准在技术交底时应认真贯彻实施。 （3）城市道路工程施工技术交底还应符合与实现设计施工图中的各项技术要求，特别是当设计图纸中的技术要求和技术标准高于国家施工及验收规范的相应要求时，应作更为详细的技术交底和说明。 （4）对于一些样板工程，应符合和体现上一级技术领导技术交底中的意图和具体要求。 （5）应符合和实施施工组织设计或施工方案的各项要求，包括技术措施和施工进度等要求。 （6）对不同层次的施工人员，其技术交底深度与详细程度不同，也就是说对不同人员其交底的内容深度和说明的方式要有针对性。 （7）技术交底应全面、明确，并突出要点；应详细说明怎么做，执行什么标准，其技术要求如何，施工工艺与质量标准和安全注意事项等应分项具体说明，不能含糊其辞。 （8）在施工中所使用的新技术、新工艺、新材料、新结构，应进行详细的交底，并交代如何做样板工程的具体事宜。

续表

序号	主要项目	城市道路施工技术交底概论的主要内容与图表
4	城市道路施工技术交底的要求和内容	**2. 城市道路施工技术交底包括的内容** （1）施工单位总工程师或主任工程师向施工队或工区施工负责人进行技术交底的内容应包括以下几个主要方面： 1）市政工程概况、各项技术指标、经济指标和具体要求； 2）主要施工方法，关键性的施工技术及实施中存在的问题； 3）特殊工程部位的技术处理细节及其注意事项； 4）新技术、新工艺、新材料、新结构施工技术要求与实施方案及注意事项； 5）施工组织设计网络计划、进度要求、施工部署、施工机械、劳动力安排与组织； 6）总包与分包单位之间互相协作配合关系及其有关问题的处理； 7）施工质量标准和安全技术，尽量采用本单位所推行的工法等标准化作业。 （2）城市道路工程施工队的技术负责人向单位工程负责人、质量检查员、安全员技术交底的内容包括以下几个方面： 1）城市道路工程概况和当地的地形、地貌、工程地质及各项技术经济指标； 2）城市道路工程设计图纸的具体要求、做法、施工工期及其施工难度等； 3）城市道路工程施工组织设计或施工方案的具体要求及其实施步骤、方法等； 4）城市道路工程施工中的具体做法，采用什么工艺标准和本企业哪几项工法；关键部位及实施过程中可能遇到的问题与解决的方法； 5）施工进度要求、工序搭接、施工部署与施工班组任务确定； 6）施工中所采用主要施工机械型号、数量及其进场时间、作业程序安排等有关问题； 7）新工艺、新结构、新材料的有关操作规程、技术规定及其注意事项； 8）施工质量标准和安全技术具体措施及其注意事项。 （3）单位工程负责人或技术主管工程师向各作业班组长和各工种工人进行技术交底的内容应包括以下几个方面： 1）交代清每一个作业班组负责施工的分部分项工程的具体技术要求和采用的施工工艺标准或企业内部工法； 2）各分部分项工程施工质量标准；质量通病预防办法及其注意事项； 3）施工安全交底及介绍以往同类工程的安全事故教训及应采取的具体安全对策。
5	城市道路分项工程施工技术交底重点	由于城市道路建设是一个与城市各类建设项目相连中的一项工程，特别是大型而又复杂的桥梁、高架路、立体交叉桥等工程项目，其分部分项工程很多，需要不同工种的作业班组分期分阶段来完成，所以，技术交底的内容应按照分部分项工程的具体要求，根据设计图纸的技术要求以及施工与验收规范的具体规定，针对不同工种的具体特点，需要进行不同内容和重点的技术交底。所包括的具体技术内容，现简要列出如下： **1. 土方工程** （1）地基基础土的性质与特点，各种标桩的位置与保护的具体办法。 （2）挖填土的范围和深度，放边坡的要求，回填土与灰土等夯实方法及密度等指标要求。 （3）地下水或地表水排除与处理方法；施工工艺与操作规程中有关规定和安全技术措施。 **2. 模板工程** （1）城市中高架路、立交桥及市政工程的各种钢筋混凝土构件的轴线和水平位置、标高、截面形式和几何尺寸。

续表

序号	主要项目	城市道路施工技术交底概论的主要内容与图表
5	城市道路分项工程施工技术交底重点	(2) 支模方案和技术要求，支承系统的强度、稳定性具体技术要求；拆模时间。 (3) 预埋件、预留洞的位置、标高、尺寸、数量及预防其移位的方法。 (4) 特殊部位的技术要求及处理方法；质量标准与其质量通病预防措施，安全技术措施。 **3. 钢筋工程** (1) 所有市政工程构件中钢筋的种类、型号、直径、根数、接头方法和技术要求。 (2) 预防钢筋位移和保证钢筋保护层厚度技术措施，钢筋代换的方法与手续办理。 (3) 特殊部位的技术处理，有关钢筋工程的具体操作，特别是高空作业的注意事项。 (4) 质量标准及质量通病预防措施，安全技术措施等。 **4. 混凝土工程** (1) 水泥、砂、石、外加剂、水等原材料的品种、技术规程和质量标准。 (2) 混凝土工程的不同部位、不同标高混凝土种类和强度等级，其配合比、水灰比、坍落度的控制及相应的技术措施。 (3) 搅拌、运输、振捣有关技术规定和要求，混凝土浇筑方法和顺序，混凝土养护方法。 (4) 施工缝的留设部位、数量及其相应采取技术措施、规范的具体要求。 (5) 大体积混凝土施工温度控制的技术措施，防渗混凝土施工具体技术细节和技术措施实施办法；混凝土试块留置部位和数量与养护。 (6) 预防各种预埋件、预留洞位移的具体技术措施与要求，特别是机械设备地脚螺栓移位，在施工时应提出具体要求。 (7) 质量标准和质量通病预防办法（由于混凝土工程出现质量问题一般比较严重，在技术交底时更应予以特别重视），混凝土施工安全技术措施与节约措施。 **5. 架子工程** (1) 城市道路工程所用的材料种类、型号、数量、规格及其质量标准。 (2) 架子搭设方式、强度和稳定性技术要求（其架子必须达到牢固可靠的要求）。 (3) 架子逐层升高技术措施和要求，架子立杆垂直度和沉降变形要求。 (4) 架子工程搭设工人必须进行自检和逐层安全检查部门专门检查，重要部位的架子，如下撑式挑梁钢架组装与安装技术要求和检查方法。 (5) 架子与建筑物连接方式与具体要求，架子拆除方法和顺序及其注意事项，架子工程质量标准要求和安全注意事项。 **6. 结构吊装工程** (1) 城市道路施工中，有些部位需要机械设备来吊装其构件的，例如高架路上的横梁吊装、打桩机械的吊装、大型的照明等所有构件的种类、重量、数量、吊点的位置。 (2) 吊装设备规格及技术性能，有关绳索规格、吊装设备运行路线、吊装顺序和吊装方法。 (3) 吊装联络信号、劳动组织、指挥与协作配合，吊装节点连接方式。 (4) 吊装构件支撑系统连接顺序与连接方法，吊装构件在吊装期间的整体稳定性技术措施。 (5) 市供电局联系供电情况；吊装操作注意事项；吊装构件误差标准和质量通病预防措施；吊装构件安全技术措施。

续表

序号	主要项目	城市道路施工技术交底概论的主要内容与图表
6	城市道路工程施工技术交底实施办法	**1. 会议交底** （1）由市政工程总公司的总工程师或主任工程师向施工队或工区施工负责人进行技术交底，一般采用技术会议交底形式。 （2）由市政工程总公司的总工程师或主任工程师主持会议，公司技术处、生产处、安全检查处等有关处室、施工队长、队技术主管工程师及各专业工程师等参加会议。 （3）事先充分准备好技术交底的资料，在会议上进行技术性介绍与交底，将道路工程项目的施工组织设计或施工方案作专题介绍，提出实施具体办法和要求，再由技术处对施工方案中的重点细节作详细说明，提出具体要求（包括施工进度要求），由质量安全检查处对施工质量与技术安全措施作详细交底。 （4）各施工队主管技术工程师和各专业工程师对技术交底中不明确或在实施过程中有较大困难的问题提出具体要求，包括施工场地、施工机械、施工进度安排、施工部署、施工流水段划分、劳动力安排、施工工艺等方面的问题。会议对技术性问题应逐一给予解决，并落实安排。 **2. 书面交底** （1）单位工程技术负责人向各作业班组长和工人进行技术交底，应采用书面交底的形式，这不仅仅是因为书面技术交底是工程施工技术资料中必不可少的，施工完毕后应归档，而且是分清技术责任的重要标志，特别是出现重大质量事故与安全事故时，是作为判明技术负责者的一个最主要的标志依据。 （2）单位工程负责人应根据该项工程施工组织设计或施工方案和上级技术领导的技术交底内容，按照施工及验收规范和规程中的有关技术规定、质量标准和安全要求，本企业的工法和操作规程，结合本工程具体情况，按不同的分部分项工程内容，参照分部分项工程工艺标准，详细写出书面技术交底资料，一式几份（约五份），向工人班组交底。在接受交底后，班组长应在交底记录上签字。两份交工人班组贯彻执行，一份存入工地技术档案，一份技术人员自留。 （3）班组长在接受技术交底以后，要组织全班组成员进行认真学习与讨论，明确工艺流程和施工操作要点、工序交接要求、质量标准、技术措施、成品保护方法、质量通病预防方法及安全注意事项，然后根据施工进度要求和本作业班组劳动力和技术水平高低进行组内分工，明确各自的责任和互相协作配合关系，制定保证全面完成任务的计划。在没有技术交底和施工意图不明确，只提供设计图纸和施工工艺卡情况下，班组长或工人可以拒绝上岗进行作业，因为这不符合施工作业正常程序。 技术交底实例：广州市某立交桥的基础施工时发生一起触电死亡事故，事故发生后追究责任者，该工程作业班组长将责任推给工程技术负责人，涉及工程技术负责人是否在安全方面已作了安全技术交底，通过追查，该工程技术负责人在书面技术交底中已作出详细交代，且作业班组负责人在书面交底中已签过字，因此主要责任已明确，避免一起重大扯皮事件，为该重大事故处理提供了技术依据，该工程技术负责人不是承担该起事故的主要责任者。 **3. 施工样板交底** （1）对新技术、新结构、新工艺、新材料首次使用时，为了谨慎起见，城市道路工程中的一些分部分项工程，常采用样板交底的方法。

序号	主要项目	城市道路施工技术交底概论的主要内容与图表
6	城市道路工程施工技术交底实施办法	(2) 所谓样板交底，就是根据设计图纸的技术要求、具体做法，参照相近的施工工艺和参观学习的经验，在满足施工及验收规范的前提下，在城市道路工程施工中的每项技术，如路基基础施工、路基材料选用、路面底层施工、路面摊铺施工、路面碾压施工，在一块样板上，由本企业技术水平较高的老工人先做出达到优良品标准的样板，作为其他工人学习的实物模型，使其他工人知道和了解整个施工过程中使用新技术、新结构、新工艺、新材料的特点、性能及其不同点，掌握操作要领，熟悉施工工艺操作步骤、质量标准。 (3) 由于这种交底比较直观易懂，效果较好，如城市道路施工中沥青混凝土的摊铺作业，其路面的平整度、初碾压、复碾压、终碾压的次数等，将整个道路施工技术的要点演示一遍。 (4) 样板做出以后可以进行全面施工，各作业班组还应经常进行质量检查评比，将超过原样板标准的路段等作为新的样板，形成一个赶超质量标准、又提高工效的施工过程，从而促使工程质量不断上升。 (5) 在进行样板交底时，应确切掌握施工劳动定额标准，因为做样板间过程中，其劳动工日所花费的时间，一般情况是较多的，这就必须与建设单位进行协商解决，若简单地套用过去旧的劳动定额是不行的，施工企业应根据具体的特定条件制定切合实际的劳动定额，报所在地区建委定额站审批。 **4. 岗位技术交底** (1) 一个分部分项工程的施工操作，是由不同的工种工序和岗位所组成的，如混凝土工程，不单单是混凝土工浇筑混凝土，事先由木工进行支模，混凝土的配料及拌制，混凝土进行水平与垂直运输之后才能在预定地区进行混凝土的灌注，这一分项工程由很多工种进行合理配合才行，只有保证这些不同岗位的操作质量，才能确保混凝土工程的质量。 (2) 有许多的施工企业制定了工人操作岗位责任制，并制定了具体施工操作工艺卡，根据施工现场的具体情况，以书面形式向工人随时进行岗位交底，并提出具体的作业要求，包括其安全操作技术方面的要求。
7	城市道路工程施工技术交底应注意的问题	(1) 城市道路工程施工技术交底应严格执行施工及验收规范、规程，对施工及验收规范、规程中的要求，特别是质量标准，不得任意修改、删减。技术交底还应满足施工组织设计有关要求，应领会和理解上一级技术交底等技术文件中提出的技术要求，不得任意违背文件中的有关规定。公司召开的会议交底应做详细的会议记录，包括参加会议人员的姓名、日期、会议内容及会议做出技术性决定。会议记录应完整，不得任意遗失和撕毁，作为会议技术文件长期归档保存。所有书面技术交底，均应经过审核，并留有底稿，字迹工整清楚，数据引用正确，书面交底的签发人、审核人、接受人均应签名盖章。 (2) 一条城市道路工程项目是由多个分部分项工程组成，每一个分项工程对整个道路来说都是同等重要的，每一个分项工程的技术交底都应全面、细心、周密： 1) 对于面积大、数量多、效益比较高的分项工程必须进行较详细的技术交底，对比较零星、特殊部位、隐蔽工程或经济效益不高的分项工程也应同样认真地进行技术交底； 2) 对于重要结构、荷载较大的部位进行详细的技术交底，但也不应忽视次要结构部位，如预制过梁等，而且这些部位易出质量事故和安全事故；

续表

序号	主要项目	城市道路施工技术交底概论的主要内容与图表
7	城市道路工程施工技术交底应注意的问题	3）有些施工企业，在技术交底时只重视路面结构，对防水、基础工程不够重视，在技术交底时表现比较明显，因而这些企业施工的路面结构比较好，而其他方面的质量比较差，一旦道路通车一段时间后，就使质量比较差的工程暴露无遗了，例如20世纪90年代末期，我国修建的广州至开平高速公路、柳州至南宁高速公路、沈阳至四平高速公路、昆明至禄丰高速公路是全国有名的豆腐渣工程，因为这四条高速公路通车才2～3年就需要封闭式大修。这样使施工企业十分被动，在建设市场上将会失去很多的投标机会。 （3）在技术交底中，应特别重视本企业当前的施工质量通病、工伤事故，尽量做到“防患于未然”，把工程质量事故和伤亡事故消灭在萌芽状态之中。在技术交底中应预防可能发生的质量事故与伤亡事故，使技术交底做到全面、周到、完整，并且应及早进行交底，使基层技术人员和工人有充分时间消化和理解技术交底中有关技术问题，及早做好准备，使施工人员做到心中有数，以利于完成施工任务。 （4）技术交底工作的督促与检查。各级技术管理人员千万别认为自己已经进行过口头或书面技术交底，就万事大吉了。一般地说，这仅仅是交底工作的开始，交底的大量工作是对交底的效果进行督促与检查，在施工过程中要反复提醒基层技术人员或工长，结合具体施工操作部分加强或提示有关技术交底中有关要求，加强“三检制”，强化施工过程中的检查力度，严格工程中间验收，发现问题及时解决，以免发生质量事故或造成返工浪费。 （5）技术交底的实施手段可以采用多种形式，使每一个工人都熟悉和理解技术交底中具体细节和要求。如一个分项工程施工前，可以把技术交底中有关内容用黑板报等形式挂在墙上。在工前和班后结合布置安排工作、分配任务时进行再交底。 （6）技术交底是施工管理工作的重要一环，是施工技术管理程序中必不可少的一个步骤。认为技术交底是老一套、老规矩，只照本宣读，流于形式，交底后又不认真督促检查，这是极为错误的。有的认为这不是新工艺、新结构，施工的工人都是老工人，因而简化交底内容，甚至不交底又不检查。 认真做好城市道路工程施工技术的交底工作，是保证工程质量、按期完成工程任务的前提，也是每一个施工技术人员必须执行的岗位责任。

2　城市道路路基工程

2.1　城市道路路基施工要求技术交底

城市道路路基施工要求技术交底　　**表 2-1**

工程名称		施工单位		编号	
序号	项目	城市道路路基施工要求技术交底内容			
1	路基施工的重要性	（1）城市道路的路基是道路工程的重要组成部分，是路面的基础，在施工过程中，是否能够保证路基的质量，直接关系到整个道路工程的质量，如果没有稳定的路基，就不可能有稳定的路面，因此，保证路基的强度和稳定性、提高道路工程的质量则是城市道路工程施工的关键。 （2）提高路基的强度和稳定性，一方面要依靠城市道路设计单位根据《城市道路设计规范》（2016 年版）CJJ 37—2012 进行精心设计来保证，另一方面，还要依靠城市道路施工单位（也称承包商）和工程监理单位根据《城镇道路工程施工与质量验收规范》CJJ 1—2008 进行精心地施工和严格的监理来完成。 （3）路基的土石方工程量要占整个道路总工程量的 65%左右，制约着道路工程的工期，如果能够充分地做好施工前的准备工作，进行周密的施工组织设计，采取合理的、先进的施工方法和技术，使用先进的施工机械，注意安全文明施工，就可以确保道路工程的质量，同时，还可以缩短工期，取得明显的经济效益和社会效益。			
2	路基的施工程序	（1）施工前的准备工作 1）施工单位在施工前的准备工作内容很多，主要有施工组织准备，施工技术准备，施工机械、材料准备和施工场地清理以及临时工程的修建等方面的工作； 2）监理单位在施工前的准备工作大致有如下几个方面的内容：开工前监理人员进场、建立监理组织、配备一定数额的各类监理人员及行政管理人员、配备各种监理设备、熟悉合同文件、进行现场复查、调查施工环境和制定监理图表。 （2）路基土石方工程 路基土石方工程包括填筑路堤、开挖路堑、路基压实、路基修整、特殊路基土的处理、石方路基爆破、路基施工排水、路基防护与加固等。 （3）修建人工构筑物 修建人工构筑物主要有小型桥梁、挡土墙、涵洞和道路下面的各种管线、井、室等。在一般情况下，按照先地下后地上的顺序进行施工，构筑物的修建要与路基土石方工程同时进行施工，但要求构筑物一定要提前竣工，然后再进行路基土石方工程的全线施工。 （4）路基工程的质量检查与验收 1）按照《城镇道路工程施工与质量验收规范》CJJ 1—2008 的规定，把市政道路工程划分为工序、部位、单位工程。在施工过程中，每完成一工序都要及时组织检查验收，			
审核人		交接人		接受交底人	

续表

工程名称			施工单位		编号	
序号	项目	城市道路基施工要求技术交底内容				
2	路基的施工程序	正式交验之前，必须经外观检查合格后，方能检验。如发现不符合标准规定时，应及时处理，经重验合格并办好验收手续后，方可进行下道工序； 2）交验工程必须具备施工单位的自检、互检、专检手续，完整的施工交接记录，标高、坡度复核记录及其他各种测试记录等； 3）路基工程如作为独立项目验收时必须具备完整的竣工详图，路基压实度测试记录表，换土位置图（特别是湿软土、膨胀土、杂填土等土类）。施工中临时处理隐蔽工程的典型结构图或典型断面图，必须标明其深度、数量，以及所换人土质或材料的名称，以备抽查； 4）如发现受检资料不符合要求，必须补全改正，否则不予验收； 5）在路基工程质量验收标准中，每一工序都有严格的质量要求和允许偏差，施工单位、监理部门及政府质量监督部门必须认真执行。				
3	路基的施工方法	城市道路路基的施工基本上可分为如下几种方法： （1）人工施工：该方法是以使用手工工具为主，工程进度慢、工作效率低、人工的劳动强度大、难以保证工程质量，仅用于级别很低的城市道路路基的施工，如居民小区道路路基的施工，但是必须配备碾压机械。 （2）简易机械化施工：该施工方法是以人力为主，再配以简易的施工机械进行施工，这种施工方法与人工施工相比，可在某种程度上减轻劳动强度，提高工作效率。这种施工方法仍然是一种较为常用的施工方法。 （3）机械化施工或综合机械化施工：该施工方法是使用主机和辅机相配套的施工机械，能使主要工序形成综合机械化施工作业的方法。这种施工方法可以极大地提高施工的工作效率，确保工程质量，减轻工人的劳动强度，显著地加快工程进度，确保施工安全，降低工程造价，提高工程经济效益和社会效益。这种施工方法是加快我国城市道路工程建设的速度、实现城市道路工程施工现代化的唯一途径。 （4）爆破法施工：该施工方法主要用于石质路堑的开挖和冻土的松动，还可用于石料开采和淤泥排除等。定向爆破可将路堑开挖出的土方抛向低洼处用作填方，桩基的挤压爆破和扩孔爆破可用作软土地基的处理。另外，这种方法在隧道工程的施工中也得到广泛的应用。 （5）水力机械化施工：该施工方法是使用水力机械，如水枪、水泵等，喷射出强力水流，冲击所需挖土层，并把冲刷下来的泥土随着水流流到确定的位置沉积下来。这种施工方法适用于水源和电源比较充足、所挖土层比较松散而且集中的土方工程，也可用于地下工程的钻孔和采集砂料或地基加固，另外，还可用强力水流来冲击砂砾来填筑路堤或回填基坑，以起到密实的作用，这就是所谓的水沉积法。 对于上述施工方法的选择使用，应根据工程的性质、当地的地质条件和气候条件、工程量的大小、工期的长短、工程质量要求、施工条件等各种因素，进行综合技术经济分析比较论证，最终确定最佳的施工方案，也可以因地制宜选择几种施工方法配合施工。				
审核人		交接人		接受交底人		

2.2 城市道路施工前准备与测量工作技术交底

城市道路施工前准备与测量工作技术交底 **表 2-2**

<table>
<tr><td colspan="2">工程名称</td><td></td><td>施工单位</td><td></td><td>编号</td><td></td></tr>
<tr><td>序号</td><td>项目</td><td colspan="5">城市道路施工前准备与测量技术交底内容</td></tr>
<tr><td>1</td><td>施工前的准备工作</td><td colspan="5">（1）首先是施工单位的组织准备工作，城市道路路基工程施工前的准备工作很多，涉及方方面面，在一般情况下，路基施工前的准备工作可分为施工组织准备工作、施工技术准备工作和施工材料、机械准备工作和施工场地清理及临时工程的修建等方面的工作。
（2）路基工程施工前，施工单位要做好组织准备，建立健全施工组织和管理机构，配备好技术人员和管理人员，并制定各种必要的施工管理方面的规章制度，例如，各部门的岗位责任制等，要做到人员分工明确，责任到人。一般情况下，道路路基工程施工前，施工单位所建立的施工组织管理机构是这样：项目经理直管两位副经理，其中一位副经理主要管理工程技术部、质检部、预算经营部、材料供应部；另一位副经理主要管理机械设备部、安全保卫部、拆迁部、后勤部等。
（3）开工前约请设计人进行现场测量交底，按设计图认清实地水准基点、导线桩和拴桩做好“点之记”（桩位记录）对位于施工范围内的测量标志，必须采取措施妥善保护，以免由于施工不慎而受损坏。核实施工范围内对施工有影响和需征地拆迁的各种建筑物和构筑物的确切位置、结构和数量，需拆迁的各种公用设施的杆、线、管道和附属设备的情况、类别和数量以及树木、农作物等的数量和情况，进行清点、丈量。
（4）对各种地下管线等隐蔽设施，应在施工前与有关单位联系，查清具体种类、尺寸、位置、高度，重要管线应插牌标示，必要时请所属单位派人监护，层层交代清楚，落实到人，并做好原始记录。复测原地面、纵横断面与设计图进行比较，并核对土方数量。弄清沿线缺土、余土、借土和弃土的地段和数量，以便土方平衡调度。
（5）查明沿线附近下水道的管径、流向或可供排水的沟渠情况和以往暴雨后的积水情况，以便考虑施工期间的排水措施。
（6）了解施工现场的给水、供电、电信设备及场内外运输路线等情况。路基施工前，应绘制总平面图或局部段落平面图，以备施工申请临时占地。总平面图应满足下列要求：
1）工棚搭建地段，仓库、铁木加工、机修等生产、生活设施的位置；
2）存放材料场，拌合场地；施工现场运输路线；
3）水源和电源的线路和配电室的位置，临时排水的布局。
（7）施工单位进行施工准备工作时应符合下列规定：
1）复核地下隐蔽设施的位置和标高，并在图纸上注明，以备施工交底；
2）认真地对外露的检查井、消防栓、人防通气孔等应在图纸上标明，以备核对，避免埋没或堵塞；文物古迹、测量标志必须加以保护；园林绿地和公用设施等应避免污染损坏；
3）注意施工时对环境的保护，严禁施工时的污水到处乱流，严禁破坏生态平衡。
（8）施工期间尽可能维护交通运输，必须断交通时应事先申报有关部门，做好断行绕行准备，必要时还应修建辅道，以便维持交通。
（9）路基用地范围内的树木、灌木丛等均应在施工前砍伐或移植清理，砍伐的树木应移置于 1m 的其他公路允许保留树根但根部露出地面不得超过 20cm。取土坑范围内的树根也应全部挖除。
（10）在填方和借方地段的原地面应进行表面清理，清理深度应根据种植土厚度决定，清出的种植土应集中堆放。填方地段在清理完地表面后，应整平压实到规定要求，才可进行填方作业。
（11）交通运输路线必须中断时，应事先向有关部门申报，并做好断行、绕行准备，必要时修建辅道，以便维持交通。</td></tr>
<tr><td colspan="2">审核人</td><td></td><td>交接人</td><td></td><td>接受交底人</td><td></td></tr>
</table>

续表

<table>
<tr><td colspan="2">工程名称</td><td></td><td>施工单位</td><td></td><td>编号</td><td></td></tr>
<tr><td>序号</td><td>项目</td><td colspan="5">城市道路施工前准备与测量技术交底内容</td></tr>
<tr><td>2</td><td>施工测量</td><td colspan="5">施工测量的操作技术交底主要内容如下：
1. 测设临时水准点
（1）临时水准点位置应设于固定坚实、不下沉、不易碰动的地物上，或设置于外加保护的深埋木桩或水泥混凝土桩上，并以红顶铁钉标志。
（2）拟用永久水准点应与设计所用水准点一致，事先向有关部门取得高程数据。
（3）长距离引测水准点要用尺垫和已校核的塔尺、水平仪以正副平对测或往返复测，关于闭合误差，市内道路为$\pm 12\sqrt{L}$（mm）（L以“km”计）。
（4）临时水准点要定期校核，应每月复核一次，在特殊时期，如：大雨、地震、春融、严冬等情况下，需要及时复核，在使用临时水准点时要用两个临时水准点施测以便校核。
（5）临时水准点在市区内宜为200～300m设置一个，山区每隔500m设置一个，临时水准点的位置应选在施工范围以外，必要时应加密。
2. 导线复测
（1）把固定路线的主要控制点，即转角点、曲线和缓和曲线起止点及中间各点，直线上的整桩与加桩等予以复测恢复，并将上述各桩点沿垂直方向平移到地面之外，作为辅助基线，用钢尺量距，分别加栓桩，以便辨认。
（2）导线复测应采用电磁波测距仪或其他满足测量精度的仪器设备，仪器使用前应进行检验、校正。原有导线点不能满足施工要求时，应进行加密，保证在道路施工的全过程中，相邻导线点间能互相通视。
（3）对有碍施工的导线点，施工前应加以固定，固定方法可采用交点法（图2.2-1）或其他的固定方法。所设护桩应牢固可靠，桩位应便于架设测量仪器，并设在施工范围以外。其他控制点也可参考此法固定。

图2.2-1　导线点固定法示意图
注：$l_2>l_1>15$m；$l_4>l_3>15$m；α在90°左右；O点为导线点。

3. 中线复测
（1）路基开工前应全面恢复中线并固定路线主要控制桩，如交点、转点、圆曲线和缓和曲线的起讫点等。城市道路通常采用坐标法恢复主要控制桩。
（2）恢复中线时应注意与结构物中心、相邻施工段的中线闭合，发现问题应及时查明原因，并报现场监理工程师或业主。
（3）如发现原设计中线长度丈量错误或需局部改线时，应做断链处理，相应调整纵坡，并在设计图表的相应部位注明断链距离和桩号。</td></tr>
<tr><td colspan="2">审核人</td><td></td><td>交接人</td><td></td><td>接受交底人</td><td></td></tr>
</table>

续表

工程名称			施工单位		编号	
序号	项目	城市道路施工前准备与测量技术交底内容				
2	施工测量	**4. 路基放样** （1）路基施工前，应根据恢复的路线中桩、设计图表、施工工艺和有关规定钉出路基用地界桩和路堤坡脚、路堑堑顶、边沟、取土坑、护坡道、弃土堆等的具体位置桩。在距路中心一定安全距离处设立控制桩，其间隔不宜大于50m。桩上标明桩号与路中心填挖高度，用（+）表示填方，用（-）表示挖方。 （2）在放完边桩后，应进行边坡放样，对深挖高填地段，每挖填5m应复测中线桩，测定其标高及宽度，以控制边坡的大小。 （3）在中心桩测设后，应测量横断方向，根据道路设计横断面及现状地面高，计算确定道路两侧边桩位置（包括挖方、填力数值）。在中心桩、边桩上标出设计高程位置，在两侧边桩用红漆线标示路面设计中心高程，为摊铺提供高程标志。高程标志的测设应控制在5mm之内，视线长度应控制在75m之内。要绘制路面结构及横断高程草图，向施工班组交底，以便于施工。 （4）路基施工期间应定期复测水准点。季节冻融地区，在冻融以后也应进行复测。 （5）采用机械设备施工时，应在边桩处设立明显的填挖标志，城市道路在施工中，宜在不大于200m的段落内，距中心桩一定距离处埋设能控制标高的控制桩，进行施工控制。发现桩被碰倒或丢失时应及时补上。 **5. 施工前的复查和试验** （1）城市道路路基施工之前，施工人员应对路基工程范围内的地质、水文情况进行详细调查，通过取样、试验确定其性质和范围，并了解附近既有建筑物对特殊土的处理方法。 （2）路基施工时，对路线经过地段的土质及水文地质状况应做到心中有数，以便施工时采取各自适用的措施。对沿线特殊土和特殊地区的既有建筑物的施工方法及现状也应进行调查，作为路基施工的借鉴。 （3）施工人员应根据设计文件提供的资料，对取自挖方、借土场、料场的路堤填料进行复查和取样试验。如设计文件提供的料场填料不足时，应自行勘查寻找。 （4）为保证路堤的强度和稳定性，对路堤填料有一定要求，不是任何材料都能用于填筑路堤的。为鉴别路堤填料的适用性，应对拟用于填筑路堤的材料取样试验。 （5）使用新材料（如工业废渣等）填筑路堤时，除应按相关规范作有关试验外，还应作对环卫有害成分的试验，同时提出报告，经批准后方可使用。				
3	测量放样的质量标准与检测频率	测量放样的质量标准与检测频率的技术交底如下： **1. 水准点闭合差** （1）质量标准：国家水准点之间的附和路线联测，宜采用Ⅱ等水准测量的方法，其闭合差为$6\sqrt{L}$（mm）。国家水准点与临时水准点之间的往返闭合差为$12\sqrt{L}$（mm）（L——水准点间距离，以“km”为单位）。 （2）检测频率：国家水准点之间的联测为每年一次。国家水准点与临时水准点之间或临时水准点之间的检测应每季度进行一次，当发生疑问时，应随时检测。 （3）检测方法：用经过检定并不低于DS3等级的水准仪器进行测量。				
审核人		交接人		接受交底人		

续表

工程名称			施工单位		编号	
序号	项目	城市道路施工前准备与测量技术交底内容				
3	测量放样的质量标准与检测频率	**2. 控制点** 控制点包括直线上的转点、曲线上的交点、直缓、缓曲、曲中、曲缓、缓直等控制桩的坐标闭合差。其主要标准、频率和检测方法如下： （1）质量标准：里程方向的纵坐标差≤10cm，垂直中线的横向坐标差≤5cm。 （2）检测频率：道路结构层每道工序进行检测一次。 （3）控制方法：用全站仪或DS6级经纬仪配以钢尺测量。特别提出：使用坐标法或支距法从CPS坐标点或导线点放线时，一条直线不应少于3个点，并必须进行穿线贯通测量。交点角（即转折角）的测量应采用两半侧回测量右角，两半侧回测量角之间应变动度盘位置，其观测角度较差，当采用DJ2型仪器时≤20″；当采用DJ6型仪器时≤30″。 **3. 道路中心线桩恢复** （1）质量标准：桩距在直线段宜为20m，曲线段为10m，竖曲线起、止点必须加桩。量距允许误差：＜200m为1/5000；200～500m为1/10000；＞500m为1/20000。圆曲线半径＞800m时，曲线段桩距可放宽到20m。 （2）检测频率：结构层每道下序测量1次。 （3）检测方法：用光电测距仪或用钢尺丈量。 **4. 中线桩高程测量** （1）质量标准：$40\sqrt{L}$（mm）（L为水准点至中线桩距离，以“km”为单位）。 （2）检测频率：结构层每道工序必须测量一次。 （3）检测方法：用水准仪测量，视线长度要≤100m。				
4	挖土方与填土方的测量	（1）按设计横断面及边坡坡度，计算填挖土方坡脚位置。若土方量较小，可随即钉立上、卜坡脚桩。若土方量很大，可插立竹竿或撒石灰线作为初步标志，当接近完成时，可正式钉立上、下坡脚桩。通常情况下，沿线桩距一般25～50m，并标明高程以示填挖深度，但弯道或竖曲线处，均应缩小桩距。 （2）控制桩如在施工时有被撞倒或移动的可能时，应移设在路旁，用大于50cm的长木桩深钉入土中固定。尤其机械施工桩橛周围要加强保护，并设明显标志防止触动，并应经常检查。对倾斜者除补丁扶正外，要复测高程，免出差错。 （3）测定取土坑时，应在内外坑边钉桩，桩上标明挖土深度，待挖至坑底20～30cm时，用水平测量定出设计纵坡后，再继续挖掘。				
5	竣工测量	当道路工程竣工时必须进行一道关键的工序，即竣工测量验收。其技术交底的内容如下： （1）依据施工结果，修改原设计图，重新标注施工实际数据。 （2）与设计有出入的图纸，应根据实际施工资料，重新绘制图纸。 （3）一切地下管线位置、高程与原图不符者，竣工图纸应按施工结果，予以修正。				
6	试验路段	（1）快速路、主干路以及在特殊地区或采用新技术、新工艺、新材料进行路基施工时，应采用不同的施工方案做试验路段，从中选出路基施工的最佳方案指导全线施工。 （2）试验路段应选择在地质条件、断面形式均具有代表性的地段，路段长度不宜小于100m。 （3）试验所用的材料和机具应当与将来全线施工所用的材料和机具相同。通过试验来确				
审核人		交接人		接受交底人		

续表

工程名称			施工单位		编号	
序号	项目	城市道路施工前准备与测量技术交底内容				
6	试验路段	定不同机具压实不同填料的最佳含水量、适宜的松铺厚度和相应的碾压遍数、最佳的机械配套和施工组织。对于快速路、主干路应按松铺厚度 30cm、进行试验，以确保压实层的匀质性。 （4）试验路段施工中及完成以后，应加强对有关指标的检测；完工后，应及时写出试验报告。如发现路基设计有缺陷时，应提出变更设计意见报审。				
审核人		交接人		接受交底人		

2.3 城市道路路基施工排水技术交底

城市道路路基施工排水技术交底 **表 2-3**

工程名称			施工单位		编号	
序号	项目	城市道路路基施工排水技术交底内容				
1	概述	（1）路基施工前，应先做好截水沟、排水沟等排水及防渗设施。排水沟的出口应通至桥涵进出口处；排、截水沟挖出的废方应堆置在沟与路堑坡顶一侧，并予以夯实。 （2）路基施工中，应校核全线排水系统的设计是否完备和妥善，必要时予以补充和修改，使全线的沟管、管道、桥涵构成完整的排水系统。 （3）路基施工排水应符合下列规定： 1）有效地排除施工期间由于降水或附近地带流入路基的地面水及施工用水； 2）疏导、堵截、隔离对路基有害的地下水。 （4）路基施工排水必须合理安排排水路线，充分利用沿线已建和新建的永久性排水设施。所有施工临时排水管、排水沟和盲沟的水流，均应引至管道或沟渠中。 （5）郊区道路应结合当地地形，采取排、截、堵等措施，把水排至河沟或低洼地带。所有施工排水出路，应与有关部门协商解决。				
2	排除地面水	**1. 路基施工排除地面水的要求技术交底** （1）路基施工排水的目的就是要有效地排除施工期间由于降水或附近地带流入地基的地面水和施工用水，而这些水都属于应排除的地面水。 （2）在路基施工中，路基分层挖、填时，各施工层表面不应该有积水。填方路堤应根据土质和施工时的气候情况，将各施工层的表面筑成 2%～4%的排水横坡，并注意纵向排水。 （3）在挖方施工中，路基各施工层顶面的纵、横坡应根据路堑横断面形状、路线纵坡大小、路堑施工断面长度和施工方法等因素来确定，在施工过程中，应经常平整施工现场，清理散落的土，以确保施工过程中能及时排走雨水。雨水施工或因故中断施工时，必须将施工层表面及时修理平整并压实。 （4）当有条件时，要先修筑路基范围内的排水结构物，当无条件时，可与路基进行同步施工，利用其进行排水，并使其随着施工的进程逐步成型。 （5）在城市道路的路基施工过程中，当地面水排除发生困难而且又无永久性管渠可以利				
审核人		交接人		接受交底人		

续表

<table>
<tr><td>工程名称</td><td colspan="2"></td><td>施工单位</td><td></td><td>编号</td><td></td></tr>
<tr><td>序号</td><td>项目</td><td colspan="5">城市道路路基施工排水技术交底内容</td></tr>
<tr><td>2</td><td>排除地面水</td><td colspan="5">用时，应该设置临时排水设施，临时排水设施可采用移动式或固定式管道、边沟、截水沟、排水沟、跌水、急流槽等；当排水流量较大时，可根据地形、地质情况和有关资料进行水力计算，选择合适的明沟排水断面和纵向坡度，以保证排水畅通。
（6）在路基施工前要先做好截水沟、排水沟等的排水和防渗设施，特别是在多雨地区和雨期施工更应加强这方面的工作。排水沟的出口应通向桥涵进出口处，截水沟、排水沟挖出的废土应堆置在沟与路堑边坡顶的一侧，并予以夯实。
（7）山坡截水沟的横断面和纵向坡度应根据当地的水文地质情况在施工方案中确定，边沟、截水沟、排水沟的开挖应由下游向上游开挖，要求沟底平顺，边坡修理整齐，夯拍坚实。
（8）在挡土墙基坑、道路凹点、借土区和运输通道等处，当无法采用自流式排水时，应将水引向集水井中，用水泵将水抽走。
（9）在铺设各种地下管线时，严禁将管坑积水抽到路基范围以内。对于施工期长或跨越雨季的路基工程，如排水设施位于透水性土层上或有裂缝的岩层上，以及流速较大，水量集中的地段，均应采取防止渗漏、冲刷的加固措施。
2. 路基地面排水设施技术交底
城市道路路基地面排水设施主要有：边沟、截水沟、排水沟、跌水和急流槽等，在必要时，还有渡槽、倒虹吸管等。这些排水设施可以起到迅速排除路基范围内的地面水，防止路基范围以外的地面水流入路基的作用。下面分别介绍这些排水设施的技术交底：
（1）边沟
1）边沟的设置：
① 在挖方路段和高度小于边沟深度的填方路段均应该设置边沟，边沟的作用是用来汇集和排除路面、路肩及边坡的流水，在路堑两侧设置的纵向水沟；
② 对城市郊区的道路一般都采用明渠排水，小于或等于 0.5m 的低填土路基和挖土路基，均应设置边沟；
③ 对于土质边沟来说，边沟的横断面形式一般宜采用梯形，梯形的底宽应大于或等于 0.3m，梯形边坡的坡度，应根据土质条件按表 2.3-1 选用；
④ 石方路段的边沟宜采用矩形横断面，其内侧边坡直立，坡面应采用浆砌片石防护，外侧边坡坡度与挖方边坡坡度相同。少雨浅挖地段土质边沟可采用三角形横断面，其内侧边坡宜采用 1∶2～1∶3，外侧边坡坡度与挖方边坡坡度相同。具体情况见图 2.3-1 所示；
边沟边坡坡度　　表 2.3-1
<table><tr><th>土质或防护类型</th><th>边坡坡度</th><th>土质或防护类型</th><th>边坡坡度</th></tr><tr><td>含低液限细粒土的砂</td><td>1∶3～1∶3.5</td><td>砾石土或卵石土</td><td>1∶1.25～1∶1.5</td></tr><tr><td>松散的砂类土</td><td>1∶2～1∶2.5</td><td>风化岩石</td><td>1∶0.25～1∶0.5</td></tr><tr><td>密实的砂类土</td><td>1∶1.5～1∶2</td><td>岩石</td><td>1∶0.1～1∶0.25</td></tr><tr><td>低液限细粒土</td><td>1∶1.5～1∶2</td><td>用红砖、石或混凝土铺砌</td><td>1∶0.75～1∶1</td></tr><tr><td>中液限细粒土</td><td>1∶1.5～1∶1.5</td><td></td><td></td></tr></table></td></tr>
<tr><td>审核人</td><td></td><td>交接人</td><td></td><td>接受交底人</td><td colspan="2"></td></tr>
</table>

续表

<table>
<tr><td>工程名称</td><td colspan="2"></td><td>施工单位</td><td></td><td>编号</td><td></td></tr>
<tr><td>序号</td><td>项目</td><td colspan="5">城市道路路基施工排水技术交底内容</td></tr>
<tr><td>2</td><td>排除地面水</td><td colspan="5">
(a)　(b)　(c)
图 2.3-1　边沟横断面（单位：m）
⑤ 在一般情况下，边沟沟底的纵向坡度应与路线的纵向坡度相一致，为了防止边沟淤积，边沟的纵向坡度不应小于 0.5%。在特殊情况下，边沟的纵向坡度可容许采用 0.3%，此时边沟出口间距应减短。如果纵向坡度不能满足要求时，应调整边沟的纵向坡度；
⑥ 边沟有可能被冲刷或兼作其他排水用途时，可以加大边沟的横断面尺寸，并进行防护。城市快速路、主干路土质边沟应全部进行防护；
⑦ 边沟可用浆砌片石、栽砌卵石、水泥混凝土预制块防护。砌筑边沟用的砂浆强度为：城市快速路、主干路采用 M7.5 砂浆，城市次干路、支路采用 M5.0 砂浆。
2）边沟的施工要求技术交底：
① 在一般情况下，边沟的长度不宜超过 500m，为了防止边沟漫溢或冲刷，在平原地区和重丘山岭地区，边沟宜分段设置出水口，多雨地区梯形边沟每段长度不宜超过 300m，三角形边沟长度不宜超过 200m；
② 平曲线处边沟施工时，沟底纵向坡度应与曲线前后沟底纵向坡度平顺衔接，不允许曲线内侧有积水或外溢现象发生。曲线外侧边沟应适当加深，其增加值等于超高值；
③ 边沟的加固施工：土质地段当沟底纵向坡度大于 3%时，应采取加固措施；当采用干砌片石对边沟进行铺砌时，应选用有平整面的片石，各砌缝要用小石子嵌紧；当采用浆砌片石铺砌时，砌缝砂浆应饱满，沟身不漏水；当沟底采用抹面时，抹面应平整压光。
（2）截水沟（又称天沟）
1）截水沟的设置：
① 如果路基上侧山坡的汇水面积较大，那么，为汇集并排除路基边坡上侧的地面径流，应设置截水沟。挖方路基的截水沟应设置在坡顶 5m 以外，填方路基上侧的截水沟距填方坡脚的距离不应小于 2m，详见图 2.3-2。在多雨地区，视实际情况可设一道或多道截水沟；
(a)
(b)
图 2.3-2　山坡路堤上方截水沟
（a）山坡路堤截水沟；（b）设有取土坑的路堤截水沟
</td></tr>
<tr><td>审核人</td><td></td><td>交接人</td><td></td><td>接受交底人</td><td colspan="2"></td></tr>
</table>

续表

工程名称		施工单位		编号	
序号	项目	城市道路路基施工排水技术交底内容			
2	排除地面水	② 截水沟横断面可采用梯形，边坡视土质而定，一般采用1∶1.0～1∶1.5，深度及底宽不宜小于0.5m，沟底纵向坡度不应小于0.5%； ③ 山坡较陡时，截水沟可采用浆砌片石矩形断面形式。截水沟水流不应引入边沟，当必须引入时，应增大边沟横断面尺寸，并进行防护。设置在松散土层中的截水沟，应采用浆砌片石或混凝土预制块防护，截水沟长度以200～500m为宜。 2）截水沟的施工要求技术交底： ① 截水沟挖出的土，可在路堑与截水沟之间修成土台并进行夯实，台顶应筑成2%倾向截水沟的横坡。路基上方有弃土堆时，截水沟应离开弃土堆坡脚1～5m，弃土堆坡脚离开路基挖方坡顶不应小于10m，弃土堆顶部应设2%倾向截水沟的横坡； ② 当截水沟长度超过500m时应选择适当地点设出水口，将水引至山坡侧的自然沟中或桥涵进水口，截水沟必须有牢靠的出水口，必要时须设置排水沟、跌水或急流槽； ③ 截水沟的出水口必须与其他排水设施平顺衔接。为防止水流下渗和冲刷，截水沟应进行严密的防渗和加固，地质不良地段和土质松软、透水性较大或裂隙较多的岩石路段，对沟底纵坡较大的土质截水沟及截水沟的出水口，均应采用加固措施防止渗漏和冲刷沟底及沟壁。 （3）排水沟 1）排水沟的设置： ① 所谓排水沟就是将边沟、截水沟等沟槽及路基附近低洼处汇集的水引向路基以外的水沟； ② 路基排水沟横断面一般为梯形，边坡可采用1∶1.0～1∶1.5，横断面尺寸根据设计流量确定，深度与底宽不宜小于0.5m，沟底纵坡宜大于0.5%，在特殊情况下可采用0.3%。易受水流冲刷的排水沟应视实际情况采取防护措施； ③ 路基排水沟的长度不宜超过500m，与各种水沟的连接应顺畅。城市快速路、主干路通过耕地、居民区的填方路基宜设坡脚排水沟；路堤边坡设急流槽地段，排水沟距路基坡脚距离不宜小于2m。当边坡平台设排水沟时，平台应做成2%～5%向内侧倾斜的排水坡度； ④ 排水沟可用三角形或梯形横断面，当水量大时，宜设置30cm×30cm的矩形、三角形或U形排水沟，排水沟可用水泥混凝土预制构件拼装，沟壁厚度5～10cm。 2）排水沟的施工要求技术交底：排水沟的线形要求平顺，尽可能采用直线形，转弯处宜做成弧线，其半径不宜小于10m，排水沟长度根据实际情况需要而确定，通常不宜超过500m。排水沟沿路线布设时，应离路基尽可能远一些，距路基坡脚不宜小于3～4m。当因纵坡过大产生水流速度大于沟底、沟壁土的容许冲刷流速时，应采取表面加固措施。 （4）跌水和急流槽 1）跌水和急流槽的设置： ① 所谓跌水就是在陡坡或深沟地段设置的沟底为阶梯形、水流呈瀑布跌落式通过的沟槽。根据跌差的大小不同，跌水可修筑成单级跌水或多级跌水。单级跌水的跌差一般在3～5m之间，如图2.3-3所示。如果跌水的跌差较大（一般跌差大于3m）、修筑单级跌水又不经济时，可以修筑多级跌水。多级跌水和单级跌水的组成是相同的，只不过是把消力池做成几个台阶而已；				
审核人		交接人		接受交底人	

续表

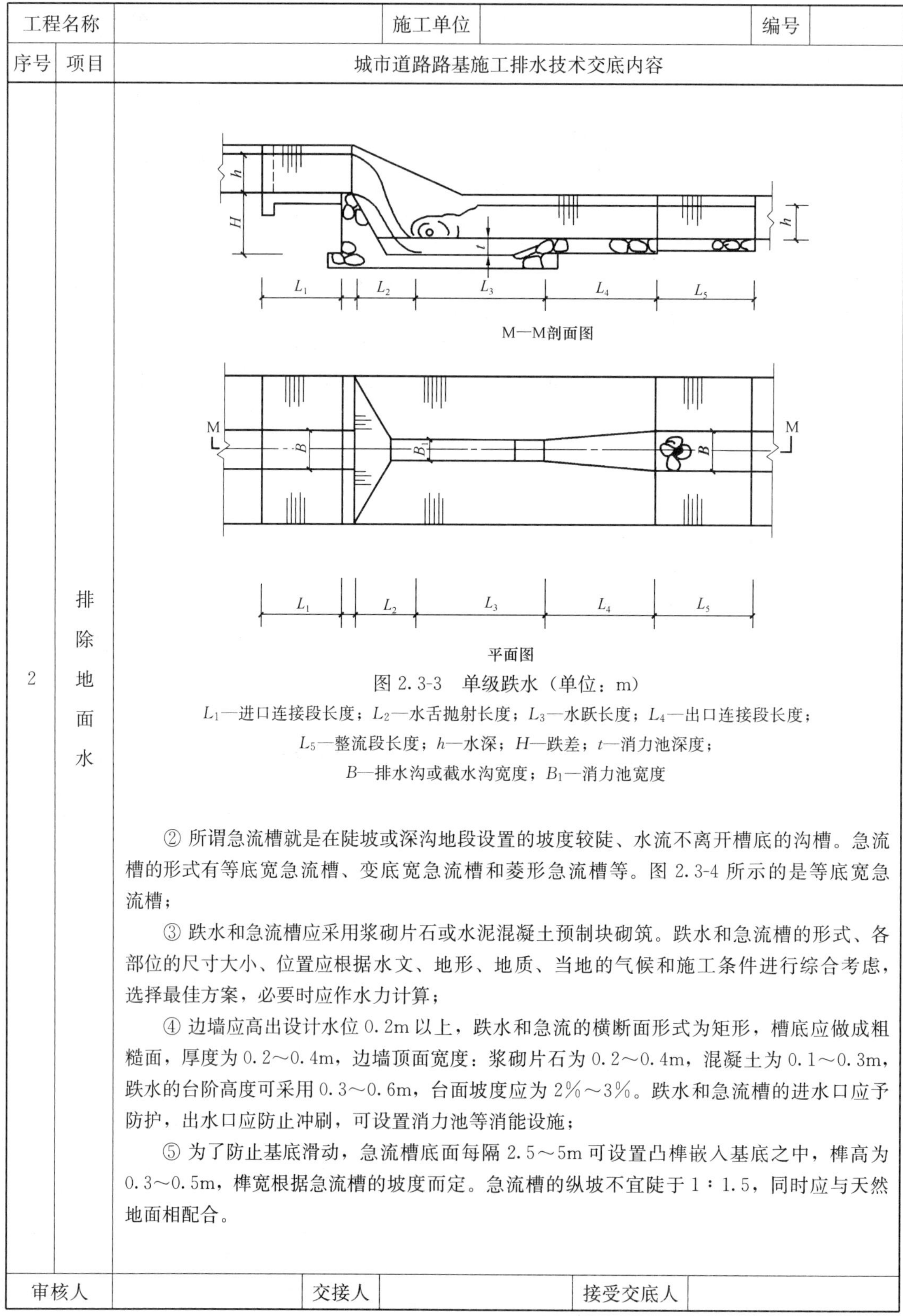

工程名称		施工单位		编号	
序号	项目	城市道路路基施工排水技术交底内容			
2	排除地面水	（见下）			

图 2.3-3　单级跌水（单位：m）

L_1—进口连接段长度；L_2—水舌抛射长度；L_3—水跃长度；L_4—出口连接段长度；

L_5—整流段长度；h—水深；H—跌差；t—消力池深度；

B—排水沟或截水沟宽度；B_1—消力池宽度

② 所谓急流槽就是在陡坡或深沟地段设置的坡度较陡、水流不离开槽底的沟槽。急流槽的形式有等底宽急流槽、变底宽急流槽和菱形急流槽等。图 2.3-4 所示的是等底宽急流槽；

③ 跌水和急流槽应采用浆砌片石或水泥混凝土预制块砌筑。跌水和急流槽的形式、各部位的尺寸大小、位置应根据水文、地形、地质、当地的气候和施工条件进行综合考虑，选择最佳方案，必要时应作水力计算；

④ 边墙应高出设计水位 0.2m 以上，跌水和急流的横断面形式为矩形，槽底应做成粗糙面，厚度为 0.2～0.4m，边墙顶面宽度：浆砌片石为 0.2～0.4m，混凝土为 0.1～0.3m，跌水的台阶高度可采用 0.3～0.6m，台面坡度应为 2%～3%。跌水和急流槽的进水口应予防护，出水口应防止冲刷，可设置消力池等消能设施；

⑤ 为了防止基底滑动，急流槽底面每隔 2.5～5m 可设置凸榫嵌入基底之中，榫高为 0.3～0.5m，榫宽根据急流槽的坡度而定。急流槽的纵坡不宜陡于 1∶1.5，同时应与天然地面相配合。

审核人		交接人		接受交底人	

工程名称		施工单位		编号	
序号	项目	城市道路路基施工排水技术交底内容			
2	排除地面水	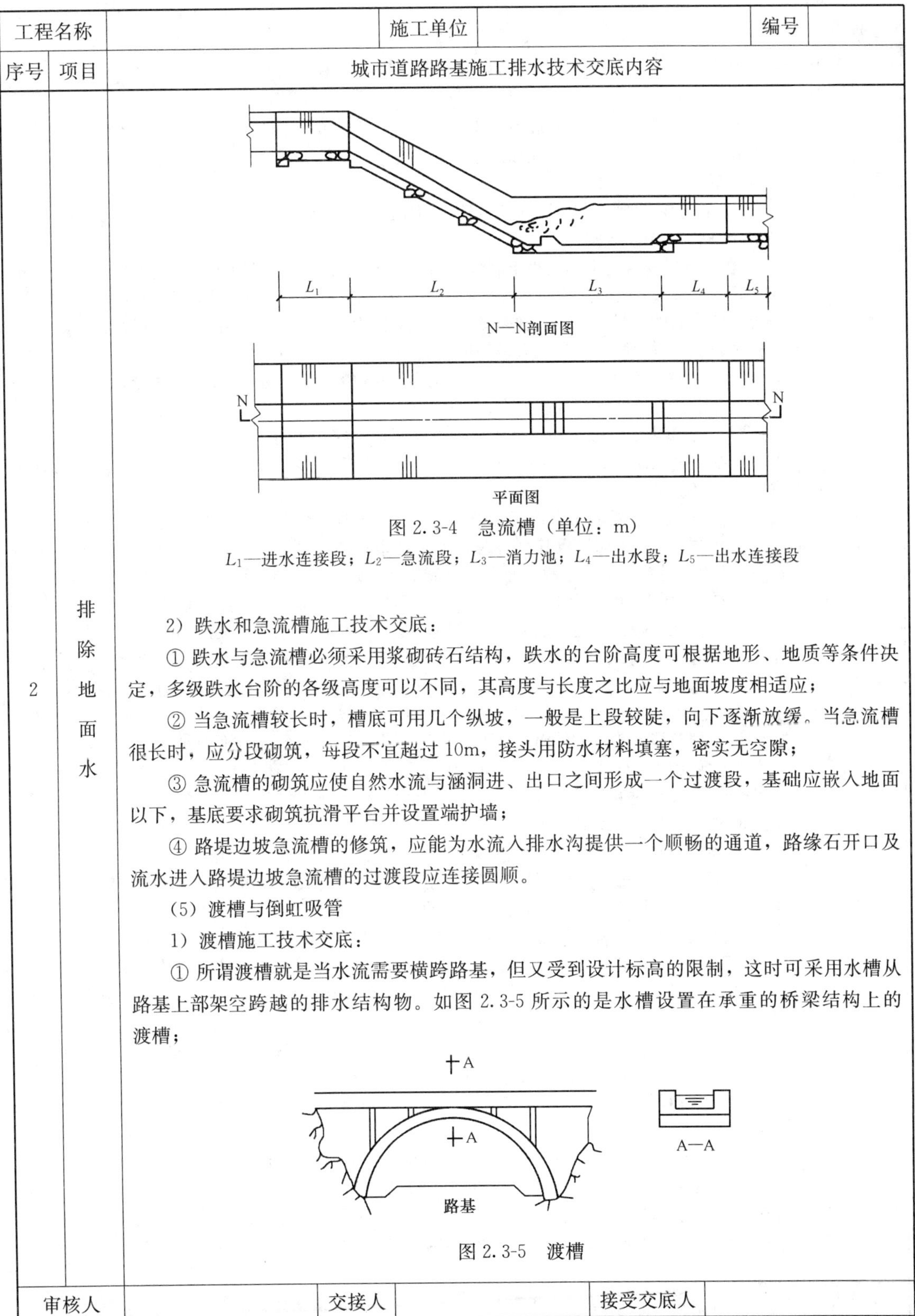 图 2.3-4　急流槽（单位：m） L_1—进水连接段；L_2—急流段；L_3—消力池；L_4—出水段；L_5—出水连接段 2）跌水和急流槽施工技术交底： ① 跌水与急流槽必须采用浆砌砖石结构，跌水的台阶高度可根据地形、地质等条件决定，多级跌水台阶的各级高度可以不同，其高度与长度之比应与地面坡度相适应； ② 当急流槽较长时，槽底可用几个纵坡，一般是上段较陡，向下逐渐放缓。当急流槽很长时，应分段砌筑，每段不宜超过 10m，接头用防水材料填塞，密实无空隙； ③ 急流槽的砌筑应使自然水流与涵洞进、出口之间形成一个过渡段，基础应嵌入地面以下，基底要求砌筑抗滑平台并设置端护墙； ④ 路堤边坡急流槽的修筑，应能为水流入排水沟提供一个顺畅的通道，路缘石开口及流水进入路堤边坡急流槽的过渡段应连接圆顺。 （5）渡槽与倒虹吸管 1）渡槽施工技术交底： ① 所谓渡槽就是当水流需要横跨路基，但又受到设计标高的限制，这时可采用水槽从路基上部架空跨越的排水结构物。如图 2.3-5 所示的是水槽设置在承重的桥梁结构上的渡槽； 图 2.3-5　渡槽			
审核人		交接人		接受交底人	

续表

<table>
<tr><td>工程名称</td><td colspan="2"></td><td>施工单位</td><td></td><td>编号</td><td></td></tr>
<tr><td>序号</td><td>项目</td><td colspan="5">城市道路路基施工排水技术交底内容</td></tr>
<tr><td>2</td><td>排除地面水</td><td colspan="5">② 渡槽槽身的横断面形式有梯形、矩形、U 形（即下部是半圆形、上部是直墙）、半椭圆形和抛物线形等。一般常采用的横断面形式有矩形和 U 形，石砌的渡槽槽身横断面一般采用梯形；
③ 在矩形槽身中，有悬臂侧墙式钢筋混凝土矩形槽身、肋板式矩形槽身、钢筋混凝土箱形槽身和石砌槽身等；
④ U 形槽身常用钢筋混凝土制作，当跨度较大时，一般采用预应力钢筋混凝土，其抗裂和防渗效果比较好，当跨度较小时，一般采用钢丝网水泥砂浆制作，但其缺点是耐久性、防渗和防冻的能力都比较差。在渡槽的支承结构中，有墩式、排架式和拱式。在墩式支承结构中，又有重力墩、空心重力墩和加强墩；
⑤ 重力墩一般用浆砌石料或混凝土浇筑，其墩的高度可达 8～15m。由于墩身的自重比较大，所以，要求地基的承载能力也比较高；
⑥ 空心重力墩的墩身一般采用混凝土预制块砌筑，也可以将墩身进行分段预制，然后再将预制块砌筑成墩身。对于墩身比较高的空心槽墩来说，一般可采用滑升钢模板的方法进行现场浇筑混凝土施工；
⑦ 加强墩一般常用于多跨简支排架渡槽和多跨连拱渡槽，设置加强墩的目的是为了防止一旦其中一跨失事而导致其余各跨相继破坏事故的发生，所以，在简支式渡槽中，每隔 7～10 跨就应设置一个加强墩，而在连拱渡槽中，则应每隔 3～5 跨就应设置一个加强墩。
⑧ 在排架式支承结构中，有单排架、A 型排架、双排架、组合式槽墩：
a. 单排架一般常采用钢筋混凝土结构，施工时，可进行现场浇筑，也可以预制、吊装；
b. A 型排架有纵向 A 型排架和横向 A 型排架之分，纵向 A 型排架是由两个单排架合并而成，这种排架的优点是稳定性比较好，可建成的排架高度比较大，但是，施工较为复杂，造价也高。横向 A 型排架主要适用于侧向风荷载较大的渡槽；
c. 双排架是由两个单排架用水平杆连接而成，构成一种空间框架结构，当有较大的竖向力和水平力时，有较好的强度和稳定性，可建成的排架高度为 15～20m；
d. 组合式墩的上部采用排架，而下部则采用重力墩，可建成的高度可约达 30m，适用于跨越较宽的快速路或主干路。
⑨ 在拱式支承结构中，有实体板拱、肋拱、双曲拱、箱形拱和桁架拱：
a. 实体板拱一般常采用石料或混凝土预制块砌筑而成：也可以进行现场整体浇筑混凝土施工。这种支承结构一般适用于小跨度的渡槽；
b. 肋拱式支承结构一般常采用钢筋混凝土结构，该拱结构的优点是外形美观、重量比较轻，可以大大地减少工程量和降低工程造价。在一般情况下，大中型跨度的肋拱结构，都采用钢筋混凝土结构，这样，既可以进行分段预制吊装施工，又可以进行现场浇筑钢筋混凝土施工；
c. 双曲拱渡槽结构，一般适用于修建大跨度的渡槽，这种渡槽的拱圈由拱肋、横隔板、拱板和拱波等预制钢筋混凝土构件组成。双曲拱结构渡槽的优点是外形美观大方，同时还能够充分发挥材料的性能，在施工时，拱圈可以采用钢筋混凝土分块预制，并分块进行吊装施工；
d. 桁架拱渡槽是一种双重结构组合而成的结构，从结构形式上来看，它是一种拱形结构，又是一种桁架结构，桁架拱渡槽有上承式桁架拱和下承式桁架拱之分，上承式桁架拱渡槽的优点是刚性大，适用于建造跨度较大的渡槽。下承式桁架拱渡槽的优点是没有推力、对温度应力和基础下沉敏感性差，这种结构适用于软弱地基、大跨度、流量较大的渡槽。</td></tr>
<tr><td colspan="2">审核人</td><td></td><td>交接人</td><td></td><td>接受交底人</td><td></td></tr>
</table>

续表

<table>
<tr><td colspan="2">工程名称</td><td></td><td>施工单位</td><td></td><td>编号</td><td></td></tr>
<tr><td>序号</td><td>项目</td><td colspan="5">城市道路路基施工排水技术交底内容</td></tr>
<tr><td>2</td><td>排除地面水</td><td colspan="5">2）倒虹吸管施工技术交底：
① 所谓倒虹吸管就是当水流需要横跨路基，但又受到设计标高的限制，这时可采用管道从路基的底部跨越的排水结构物。与渡槽相比，倒虹吸管具有造价低、便于施工的优点，但是也有管理不便、水头损失较大的缺点；
② 倒虹吸管的横断面一般常采用圆形和箱形。永久性的倒虹吸管可采用混凝土管、钢筋混凝土管、预应力钢筋混凝土管、管壁内加钢丝的塑料管、铁管和钢管等。临时性的倒虹吸管可用砖石砌筑；
③ 倒虹吸管的内径一般在 0.5～1.5m 之间，为了避免行驶在道路上的车轮把埋置在路基下面的倒虹吸管压坏，一般倒虹吸管管顶距路基顶的填置深度应在 1m 以上。为了不使埋置在路基下的倒虹吸管因流速太小而造成淤积，所以一般要求管内流速应在 1.5～3.0m/s 之间；
④ 在倒虹吸管的平面布置上，应根据地形，地质条件，尽量与道路正交，这样可以缩短管道长度，降低工程造价，在地形的选择上，应选择比较平缓的地形，以利于管身的稳定和便于施工。倒虹吸管的立面布置有两种，一种是埋式倒虹吸管，另一种是桥式倒虹吸管；
⑤ 埋式倒虹吸管是水流与道路交叉而无法跨越时，把管道埋设于道路路基之下进行跨越的一种排水方式。当两边的坡岸较陡，水流与道路交叉的高程差比较小时，可采用两端设竖井的埋式倒虹吸管，这种倒虹吸管是在倒虹吸管的两端各设一个竖井，竖井底的标高要比管内底标高低 0.5m，使竖井底部形成一个沉积泥沙和杂物的沉淀池。如图 2.3-6 所示。为了防止管道发生堵塞，在水流的进口处应设置拦污栅；
拦污栅 工作桥 盖板 盖板 道路 沉淀池 沉淀池
图 2.3-6　竖井埋式倒虹吸管
⑥ 在坡岸布置的倒虹吸管，可以露天敷设，也可以埋在地下。由于中午太阳暴晒，夜晚气温又低，形成较大的日温差，这对于露天敷设的混凝土和钢筋混凝土管来说，则容易产生裂缝漏水现象，因此，应埋在地面以下不少于 0.5m。对于钢管、钢筋混凝土预应力管和钢丝网水泥管来说，因为这些管道具有抗拒日温差的能力，所以，可以露天敷设</td></tr>
<tr><td>3</td><td>排除地下水</td><td colspan="5">1. 路基施工排除地下水的要求
（1）所谓地下水就是流动或停留在土壤或岩层中的水。由于降雨、降雪和融化的雪水渗入地下而形成了地下水。地下水可以存在于透水的土层之中，也可以存在于破碎的岩层之中。存在于土壤或岩层之中的地下水，可能处于流动状态，也可能处在静止状态。气温的变化和降雨、降雪的多少都会直接影响地下水的变化。
（2）为了永久保持路基的稳定性和坚固性，避免由于地下水的作用而使路基土处于一种过于潮湿的状态，就必须排除对路基产生有害作用的地下水，这种为排除地下水而设置的设施，就称为地下排水设施。</td></tr>
<tr><td colspan="2">审核人</td><td></td><td>交接人</td><td></td><td>接受交底人</td><td></td></tr>
</table>

续表

工程名称		施工单位		编号	
序号	项目	城市道路路基施工排水技术交底内容			
3	排除地下水	（见下文）			

（3）在地下排水设施中，有明沟（也称排水沟）、暗沟（也称盲沟）、渗沟、渗井等。

（4）当路基范围内出露地下水或地下水位较高，已经严重影响路基、路面强度或边坡稳定时，施工单位应立即要求设计部门提供地下排水设计。设计部门应根据当地的工程地质和水文地质条件，合理选用盲沟、明沟、渗沟、渗井等地下排水设施，并确定地下排水设施的类型、位置和尺寸。采取疏导、堵截、隔离和封闭等隔水措施，汇集、排除和降低对路基有害的地下水，以保证路基处于干燥状态，使路基具有足够的强度和稳定性。

（5）排水出路基，应力求自流或采用竖井潜流下渗，必要时可设泵站提升排入城市排水系统或天然水体。

（6）当地下水对路基、路面强度或边坡稳定影响较小时，施工单位可根据具体情况提出排除地下水的施工方案，在施工方案中应明确采用各种不同地下排水方法的具体桩号和水的出路等问题，并与当地有关部门取得联系。排水方案应保证附近建筑物的安全和基底土壤天然结构不受扰动。施工单位的地下排水施工方案，应报监理工程师批准后实施。

2. 路基地下排水设施

明沟、暗沟、渗沟、渗井等都是较为常用的路基地下排水设施，这些排水设施的作用是用来汇集、拦截、排除和疏干地下水。

（1）明沟

1）明沟的设置：

① 明沟适用于地下水位较高，地下水埋藏深度较浅的地方。它能够起到截流地下水和降低地下水位的作用，同时，还可以兼排地表水。但是，在寒冷地区不宜用于排除地下水。明沟施工简单，造价低廉，较常用的横断面形式有矩形和梯形。如图 2.3-7 所示。

单位：m

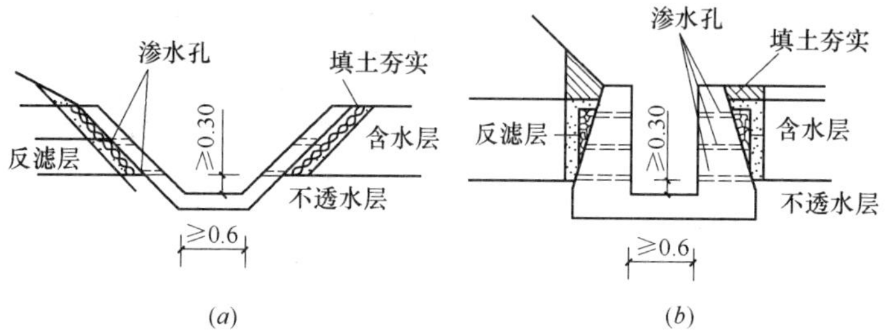

图 2.3-7　梯形和矩形明沟横断面图（单位：m）

（*a*）梯形；（*b*）矩形

② 明沟的沟底宽度一般不宜小于 0.6m，沟底宜埋入不透水层内，沟壁最下一排渗水孔（或裂缝）的底部宜高出沟底不小于 0.3m。当明沟设在路基旁侧时，宜沿路线方向布置，设在低洼地带或天然沟谷处时，宜顺山坡的沟谷走向布置。

2）明沟的施工要求的技术交底：

① 当明沟采用混凝土浇筑或浆砌片石砌筑时，应在沟壁与含水地层接触面的高度处，设置一排或多排向沟中倾斜的渗水孔。沟壁外侧应填以粗粒透水材料或土工合成材料作反滤层。沿沟槽每隔 10～15m 或当沟槽通过软硬岩层分界处时，应设置伸缩缝或沉降缝。

审核人		交接人		接受交底人	

续表

工程名称		施工单位		编号	
序号	项目	城市道路路基施工排水技术交底内容			
3	排除地下水	（见下文）			

② 当基坑（槽）采用明沟排水时应注意下列事项：

a. 如果在基坑范围内有大量积水，挖土前先将积水排除，当基坑挖至设计深度，应在基坑内四周挖排水沟及集水井，排除渗入之水；

b. 集水井应有足够的深度和容积，集水井到排水沟之间应保持 1m 以上的距离。由基坑和集水井所排出的水，应尽可能引向离基坑较远的地点；

c. 所用水泵的能力可参考表 2.3-2 概略计算。根据上条估计水量，求出所需水泵的型号和数量。用离心泵进行排水工作，应使吸水高度不超过 6m。如基坑过深时，为符合要求可将抽水泵安设于悬挂的或其他的平台；

各类土每立方米的透水量表　　　　表 2.3-2

序号	土的种类	透水量（m^3/h）
1	细砂	0.16
2	中砂	0.24
3	粗砂	0.3～3
4	砾石	20
5	有裂缝的石灰岩	0.4

d. 当基坑水头很大而坑底又是细砂或粉砂土时，应根据现场情况及施工条件采用其他特殊施工方法，如井点排水法，灌注水下混凝土法等，以免产生流砂现象。

③ 新建道路处于地下水位高的路段，水面距土基碾压面小于 0.6m 时，施工前可沿路基两侧先开挖边沟，以降低地下水位。边沟的开挖应深入到含水层下 0.3m。

（2）暗沟（又称盲沟）

1）暗沟的设置

① 暗沟是一种把地下水流引排到路基范围以外的沟渠。它具有隔断、截流和排出路基范围以内或流向路基的泉水、地下集中水流和降低地下水的作用。从水力特性上来说，它属于紊流。暗沟的横断面一般常为矩形，各部位尺寸的大小，应根据排出水量和地形、地质条件来确定。暗沟的底宽一般为 0.4m 左右，深度应满足使用要求，纵坡不宜小于 1%，出水口应高出地表排水沟常水位 0.2m。位于寒冷地区的暗沟，应作防冻保温处理或将暗沟设在冻结深度以下。

② 暗沟的设置应根据当地材料、土质等条件选用暗沟的类型，如乱石暗沟、多孔管暗沟、无砂管暗沟或瓦管暗河等。纵向暗沟平行于道路中线设置，可根据道路宽度决定设置一条或两条，横向暗沟宜与道路中线成 45°～90°角，间距为 10～20m。图 2.3-8 所表示是与道路中线成 90°角的横向暗沟平面布置。图 2.3-9 所表示的是与道路中线成 45°角的横向暗沟平面布置。暗沟应设置土工织物或粒料反滤层，地下水的流量应根据含水层的宽度和长度、水流有无压力、层流或紊流、补给情况以及暗沟的位置等因素进行计算。

雨水支管
检查井或连接井
纵暗沟
引出横向暗沟
道路纵坡
横向暗沟
雨水支管

图 2.3-8　与道路中线成 90°角的横向暗沟平面布置

审核人		交接人		接受交底人	

续表

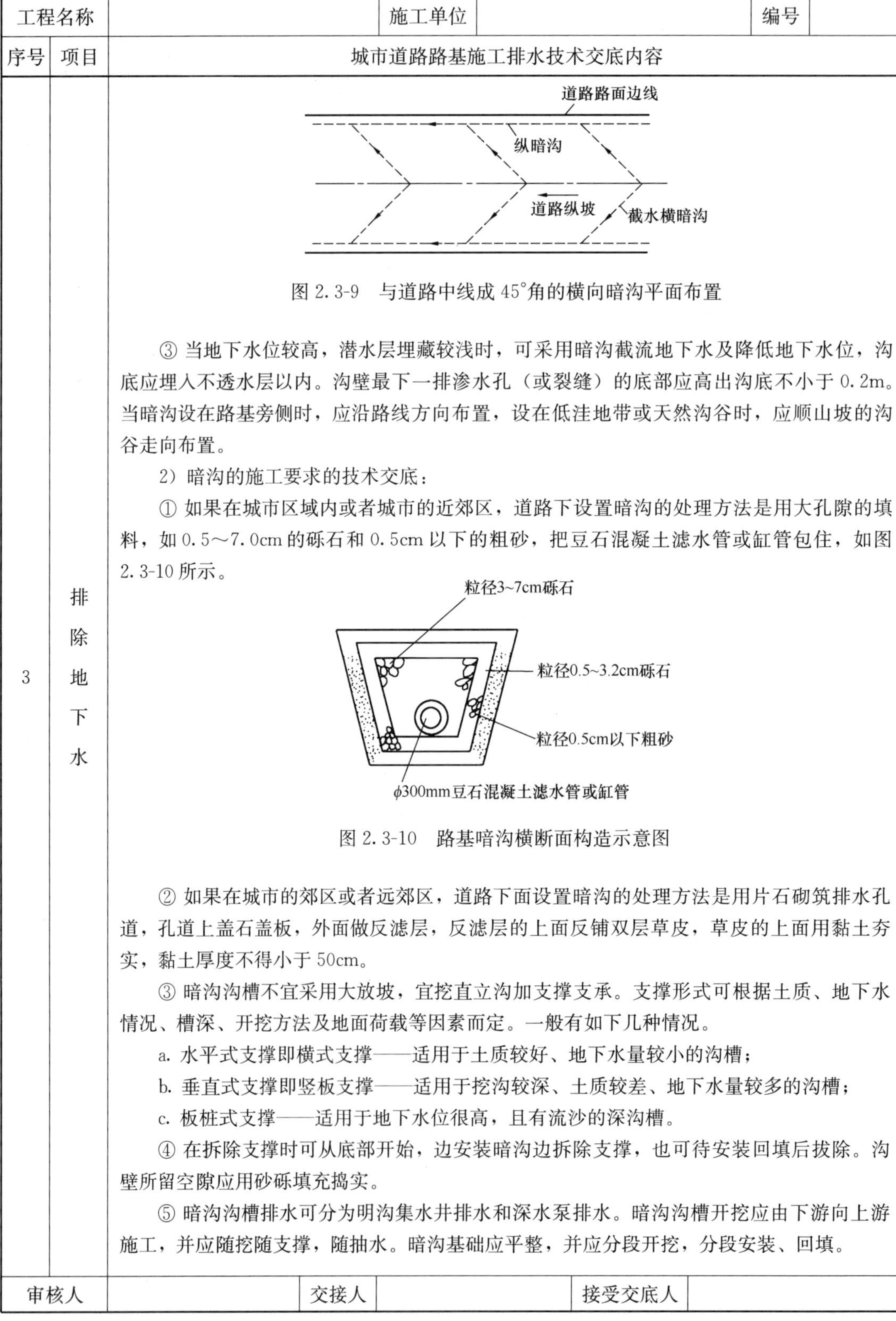

工程名称		施工单位		编号	
序号	项目	城市道路路基施工排水技术交底内容			
3	排除地下水	（见下文）			

图 2.3-9　与道路中线成 45°角的横向暗沟平面布置

③ 当地下水位较高，潜水层埋藏较浅时，可采用暗沟截流地下水及降低地下水位，沟底应埋入不透水层以内。沟壁最下一排渗水孔（或裂缝）的底部应高出沟底不小于 0.2m。当暗沟设在路基旁侧时，应沿路线方向布置，设在低洼地带或天然沟谷时，应顺山坡的沟谷走向布置。

2）暗沟的施工要求的技术交底：

① 如果在城市区域内或者城市的近郊区，道路下设置暗沟的处理方法是用大孔隙的填料，如 0.5～7.0cm 的砾石和 0.5cm 以下的粗砂，把豆石混凝土滤水管或缸管包住，如图 2.3-10 所示。

图 2.3-10　路基暗沟横断面构造示意图

② 如果在城市的郊区或者远郊区，道路下面设置暗沟的处理方法是用片石砌筑排水孔道，孔道上盖石盖板，外面做反滤层，反滤层的上面反铺双层草皮，草皮的上面用黏土夯实，黏土厚度不得小于 50cm。

③ 暗沟沟槽不宜采用大放坡，宜挖直立沟加支撑支承。支撑形式可根据土质、地下水情况、槽深、开挖方法及地面荷载等因素而定。一般有如下几种情况。

a. 水平式支撑即横式支撑——适用于土质较好、地下水量较小的沟槽；

b. 垂直式支撑即竖板支撑——适用于挖沟较深、土质较差、地下水量较多的沟槽；

c. 板桩式支撑——适用于地下水位很高，且有流沙的深沟槽。

④ 在拆除支撑时可从底部开始，边安装暗沟边拆除支撑，也可待安装回填后拔除。沟壁所留空隙应用砂砾填充捣实。

⑤ 暗沟沟槽排水可分为明沟集水井排水和深水泵排水。暗沟沟槽开挖应由下游向上游施工，并应随挖随支撑，随抽水。暗沟基础应平整，并应分段开挖，分段安装、回填。

审核人		交接人		接受交底人	

续表

工程名称		施工单位		编号	
序号	项目	城市道路路基施工排水技术交底内容			
3	排除地下水	⑥ 暗沟采用混凝土浇筑或浆砌片石砌筑时，应在沟壁与含水层接触面的高度处，设置一排或多排向沟中倾斜的渗水孔。沟壁外侧应填以粗粒透水材料或土工合成材料作反滤层。沿沟槽每隔 10～15m 或当沟槽通过软硬岩层分界处时，应设置伸缩缝或沉降缝。 （3）渗沟 1）渗沟的设置： ① 渗沟的主要作用是降低地下水位或拦截、排除地下水，以达到疏干路基土的目的。渗沟可分为填石渗沟、管式渗沟和洞式渗沟。当地下水流量较大时，可在渗沟的底部增设排水管孔。各种渗沟如图 2.3-11 所示。 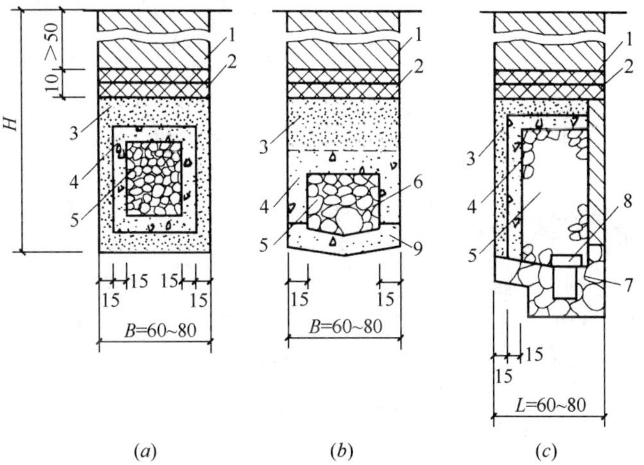 图 2.3-11　渗沟构造（单位：cm） （a）填石渗沟；（b）管式渗沟；（c）洞工渗沟 1—黏土夯实；2—双层反铺草皮或铺土工布；3—粗砂；4—石屑；5—碎石； 6—带渗水孔的混凝土预制管或其他管材；7—浆砌片石洞壁；8—盖板；9—C10 混凝土 ② 渗沟各部位的尺寸应根据埋设位置及排水需要等情况确定。渗沟的平面布置，当用作降低地下水位时，应尽量靠近路基；用作拦截地下水时，应尽量与地下水流方向垂直。沟宽不宜小于 0.6m。渗沟的顶部应设封闭层，可采用 M5 砂浆砌片石或水泥混凝土。 ③ 渗沟应设置反滤层，反滤层设置在迎水面一侧，背水面一侧设置隔渗层，否则，在两侧沟壁均应设置反滤层。反滤层应选用颗粒大小均匀的砂石材料、分层填筑，相邻层颗粒直径比不宜小于 1∶4，层厚不宜小于 15cm，砂石料粒径小于 0.15mm 的颗粒含量应小于 5%，填料的粒径应为含水层粒料最大粒径的 8～10 倍。也可采用渗水土工织物做反滤层。 ④ 填石渗沟最小纵坡不宜小于 1%，管式及洞式渗沟最小纵坡不宜小于 0.5%。渗沟的设置长度视实际需要确定，一般间隔 100～300m 设横向排水管。 ⑤ 管式渗沟的排水管可采用预制渗水管。水泥混凝土圆管的最小直径不宜小于 20cm，带孔塑料渗水管直径宜为 8～15cm。管的渗水孔径为 1.5～2.0cm，管壁可采用渗水土工织物形成反滤层。带有钢圈、滤布和加强合成纤维组成的加劲软式透水管、直径为 8～30cm。设于边沟下的管式渗沟见图 2.3-12 所示。			
审核人		交接人		接受交底人	

续表

<table>
<tr><td colspan="2">工程名称</td><td></td><td>施工单位</td><td></td><td>编号</td><td></td></tr>
<tr><td>序号</td><td>项目</td><td colspan="5">城市道路路基施工排水技术交底内容</td></tr>
<tr><td>3</td><td>排除地下水</td><td colspan="5">图 2.3-12　管式渗沟（单位：cm）

⑥ 洞式渗沟是适用于地下水流量较大的地段的一种渗沟，它是在填石渗沟的下面设置排水孔，排水孔的上面有盖板覆盖。
⑦ 对于深而长的渗沟，应设检查井。在直线段每隔 30～50m 或在渗沟的转弯、变坡处设置。检查井直径不宜小于 1m，井壁应设渗水孔和反滤层。井壁处的排水管应高出井底 0.3～0.4m。检查井应设检查梯，井口顶部应高出附近地面 0.3～0.5m，并设井盖。
2）渗沟施工要求的技术交底：
① 填石渗沟通常为矩形或梯形，在渗沟的底部和中间用较大碎石或卵石（粒径 3～5cm）填筑，在碎石或卵石的两侧和上部，按一定比例分层（层厚约 15cm），填较细颗粒的粒料（中砂、粗砂、砾石），作成反滤层，逐层的粒径比例，大致按 4：1 递减。砂石料颗粒小于 0.15mm 的含量不应大于 5%。
② 用土工合成材料包裹有孔的硬塑管时，管四周填以大于塑管孔径的等粒径碎、砾石，组成渗沟。渗沟的顶部作封闭层，用双层反铺草皮或其他材料（如土工合成的防渗材料）铺成，并在其上夯填厚度不小于 0.5m 的黏土防水层。
③ 填石渗沟的埋置深度，应满足渗水材料的顶部（封闭层以下）不得低于原有地下水位的要求。当排除层间水时，渗沟底部应埋于最下面的不透水层上。在冰冻地区，渗沟埋深不得小于当地最小冻结深度。
④ 填石渗沟只宜用于渗流不长的地段，且纵坡不能小于 1%，宜采用 5%。出水口底面标高，应高出沟外最高水位 0.2m。
⑤ 管式渗沟适用于地下水引水较长、流量较大的地区。当管式渗沟长度 100～300m 时，其末端宜设横向泄水管分段排除地下水。
⑥ 管式渗沟的泄水管可用陶瓷管、混凝土、石棉、水泥或塑料等材料制成，管壁应设泄水孔交错布置，间距不宜大于 20cm，如图 2.3-13 所示。渗沟的高度应使填料的顶面高于原地下水位。沟底垫枕材料一般采用干砌片石；如沟底深入到不透水层时宜采用浆砌片石、混凝土或土工合成的防水材料。</td></tr>
<tr><td colspan="2">审核人</td><td></td><td>交接人</td><td></td><td>接受交底人</td><td></td></tr>
</table>

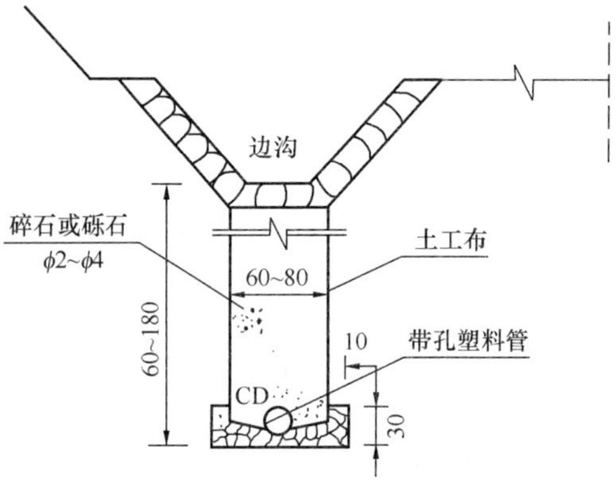

续表

<table>
<tr><td>工程名称</td><td></td><td>施工单位</td><td></td><td>编号</td><td></td></tr>
<tr><td>序号</td><td>项目</td><td colspan="4">城市道路路基施工排水技术交底内容</td></tr>
<tr><td>3</td><td>排除地下水</td><td colspan="4">图 2.3-13　渗水管道结构示意图（单位：cm）

⑦ 洞式渗沟的洞壁宜采用浆砌片石砌筑，洞顶应用盖板覆盖，盖板之间应留有空隙，使地下水流入洞内，洞式渗沟的高度要求同管式渗沟。
⑧ 渗沟沟内用作排水和渗水的填充料常用的有碎石、卵石和粗砂等，使用前须经筛选和清洗。
⑨ 渗沟的出水口宜设置端墙、端墙下部留出与渗沟排水通道大小一致的排水沟，端墙排水孔底面距排水沟沟底的高度小宜小于 0.2m，在寒冷地区不宜小于 0.5m，端墙出口的排水沟应进行加固，防止冲刷，如图 2.3-14 所示。

图 2.3-14　端墙式出水口示意图

⑩ 渗沟顶部应设置封闭层，封闭层通常采用浆砌片石、干砌片石水泥砂浆勾缝，用黏土夯实，厚约 50cm，下面铺双层反铺草皮或铺土工布。寒冷地区沟顶填土高小于冰冻深度时，应设置保温层，并加大出水口附近纵坡。保温层可采用炉渣、砂砾、碎石或草皮铺筑。
⑪ 渗沟排水层（或管、洞）与沟壁之间应设置反滤层。渗沟基底应埋入不透水层，渗沟沟壁的一侧应设反滤层汇集水流，另一侧用黏土夯实或浆砌片石拦截水流。如含水层很厚，沟底不能深入不透水层时，两侧沟壁均应设置反滤层。
⑫ 渗沟的开挖宜自下游向上游进行，并应随挖随即支撑和迅速回填，不可暴露太久，以免造成坍塌。支撑渗沟应间隔开挖。
⑬ 当渗沟开挖深度超过 6m 时，须选用框架式支撑，在开挖时自上而下随挖随加支撑，施工回填时应自下而上逐步拆除支撑。</td></tr>
<tr><td>审核人</td><td></td><td>交接人</td><td></td><td>接受交底人</td><td></td></tr>
</table>

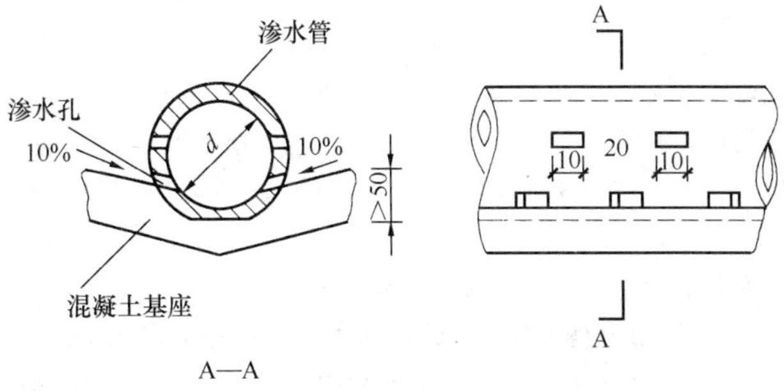

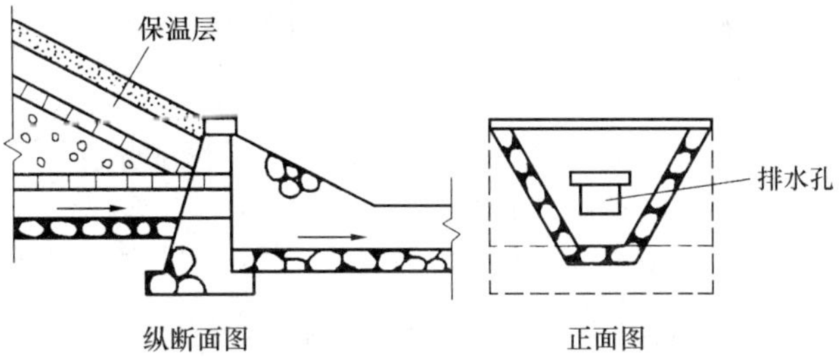

续表

<table>
<tr><td>工程名称</td><td colspan="2"></td><td>施工单位</td><td></td><td>编号</td><td></td></tr>
<tr><td>序号</td><td>项目</td><td colspan="5">城市道路路基施工排水技术交底内容</td></tr>
<tr><td>3</td><td>排除地下水</td><td colspan="5">⑭ 为检查维修渗沟，每隔30～50m或在平面转折和坡度由陡变缓处宜设置检查井。检查井一般采用圆形，内径不小于1.0m，在井壁处的渗沟底应高出井底0.3～0.4m，井底铺一层厚度0.1～0.2m的混凝土。井基如遇不良土质，应采取换填、夯实等措施。兼起渗井作用的检查井的井壁，应在含水层范围设置渗水孔和反滤层。深度大于20m的检查井除设置检查梯外，还应设置安全设备。井口顶部应高出附近地面约0.3～0.5m，并设有井盖。
（4）渗井
渗井的设置和施工要求的技术交底：
1）当城市道路路基附近的地面水或浅层地下水无法排除，会直接影响路基的稳定时，可设置渗井，将地面水或地下水经渗井通过不透水层中的钻孔流入下层透水层中排除。渗井的构造如图2.3-15所示。
图2.3-15　渗井构造示意图
1—黏土防护围堤；2—混凝土盖板；3—不透水层；4—粗砂；5—砾石；
6—碎石或卵石；7—反滤层；8—渗水曲线
2）渗井直径一般为50～60cm，井内填充材料按层次在下层透水范围内填碎石或卵石，上层不透水层范围内填砂或砾石，填充料应采用筛洗过的不同粒径的材料，应层次分明，不得粗细材料混杂填塞，井壁和填充料之间应设反滤层。
3）渗井离路堤坡脚不应小于10m，渗水井顶部四周（进口部分除外）用黏土筑堤围护，井顶应加筑混凝土盖，严防渗井淤塞。
3. 地下排水措施
疏导承压泉水：由于承压泉水出现的位置不同，所以，采取疏导承压泉水的方法也不同，承压泉水可能在路基当中出现，也可能在路堑边坡里出现。
（1）如果是孤立的承压泉水出现在路基当中，可以通过纵向或者横向暗沟排走。
（2）如果在路堑边坡坡体里有上层滞水，可以采用边坡渗沟的方法来排走滞水。</td></tr>
<tr><td>审核人</td><td></td><td>交接人</td><td></td><td>接受交底人</td><td colspan="2"></td></tr>
</table>

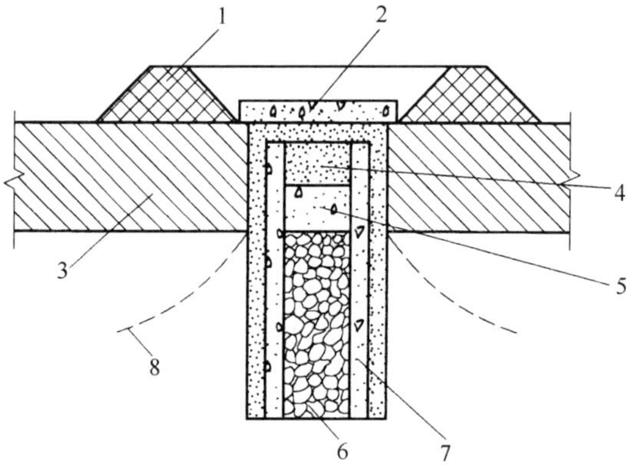

2.4 城市道路路基土壤改善与加固施工技术交底

城市道路路基土壤改善与加固施工技术交底 **表 2-4**

<table>
<tr><td colspan="2">工程名称</td><td></td><td>施工单位</td><td></td><td>编号</td><td></td></tr>
<tr><td>序号</td><td>项目</td><td colspan="5">城市道路路基土壤改善与加固技术交底内容</td></tr>
<tr><td>1</td><td>概述</td><td colspan="5">（1）填筑路基时，由于土壤含水量大，碾压弹软，达不到压实度要求。
（2）路基挖方，地下水位较高，路基下层土壤含水量大，路基压实度达不到质量标准。
（3）新建路基通过稻田、洼地，或路基两侧水位较高，在碾压过程中路基呈弹软现象，或有的根本不能上碾碾压。
（4）城市路基下层土壤结构具有软弱下卧层或系近代新沉积尚未固结土壤，孔隙大，承载力低，填筑路基修筑路面后容易产生较大沉陷，严重者滑移塌方，致使路面折裂，特别是高填土路基更为严重。
（5）在软土地段填筑路堤应进行沉降和稳定监测，并严格控制路堤填筑速度，沉降量及侧向位移大于设计要求时，应采取措施防止塌方。
根据上述几种不同情况，将路基土壤改善与加固分为两大类：一种是浅层处理，处理深度在 1.0m 范围以内，另外一种为深层处理。处理深度根据土层结构与固结情况、填土路堤高度而定。</td></tr>
<tr><td>2</td><td>浅层处理</td><td colspan="5">在上述情况下，城市道路路基土壤应进行必要的改善与加固：
（1）土壤翻晒法：土壤含水量较大，若气候干燥，天气炎热，可采用推土机或铧犁将土壤翻松，使水分蒸发，当达到最佳含水量时可以摊铺实，当挖方路基土壤含水量大，一般处理深度为 60cm，可把表面 40cm 土用推土机推出，底层 20cm 采取原地翻晒（机械或人工翻晒），待含水量接近最佳含水量时，进行整平压实，表层 40cm 再分两次摊铺压实。
（2）浅层换填法：城市道路路基土壤含水量通常较大，如果路基弹软，可将路基软土层挖掉（一般改换的深度为 60cm），换填好土；若底层含水量仍很大或地下水位很高，应采取措施降低地下水位，并按原地翻晒方法处理，降低下层土壤含水量，保证其回填土达到压实度的要求。
（3）掺石灰法：此方法适用于多雨、地下水位高、蒸发量小、工期要求紧迫及无干土改换地段。用石灰干石灰粉吸收土壤中多余的水分，满足压实的要求，增加路基稳定性。
1）在施工掺拌过程中，注意石灰掺拌均匀，土块破碎，掺用的石灰最好采用土壤重量 5%的生石灰粉或较干的熟石灰粉，具体掺灰量的多少，可根据土壤含水量大小确定用灰量。
2）如果掺石灰面积不大，可用人力翻拌，也可用推土机将土壤推出，按体积掺加石灰后拌合均匀，然后分层回填压实，每层压实厚度不大于 20cm，压后不得有弹软现象。
3）对路基大面积弹软，根据设计确定采用灰土加固处理，一般采用 8%～10%的灰土处理，处理深度一般为 60cm。也可根据实际确定处理深度情况，先将表层 40cm 摊开，下层 20cm 可加土壤重量 8%～10%的石灰进行拌合，整平压实后，再将上层 40cm 分两层，每层为 20cm，加灰拌合均匀后压实。
4）对于下水道沟槽处的土压实度达不到质量要求时，可用水沉石屑或填料压实后，方可进行灰土处理，以防出现较大沉陷折裂。石灰土基层材料用量可参考表 2.4-1 和表 2.4-2。</td></tr>
<tr><td colspan="2">审核人</td><td></td><td>交接人</td><td></td><td>接受交底人</td><td></td></tr>
</table>

续表

工程名称		施工单位		编号	
序号	项目	城市道路路基土壤改善与加固技术交底内容			
2	浅层处理	（见下文）			

石灰土路基基层材料用量表（$100m^2$）　　**表 2.4-1**

主要项目		石灰土层厚度（15cm）					石灰土层厚度（20cm）				
		含灰量（%）					含灰量（%）				
		5	8	10	12	14	5	8	10	12	14
材料	生石灰（t）	1.28	2.04	2.55	3.06	3.57	1.7	2.72	3.4	4.08	4.76
	黄土（m^3）	21.3	20.63	20.18	19.73	19.29	28.41	27.51	26.91	26.31	25.71
	水（m^3）	2.76	2.69	2.65	2.61	2.46	3.69	3.58	3.54	3.06	3.29

路基石灰土基层每增减 1cm 材料用量（$100m^2$）　　**表 2.4-2**

主要项目		含灰量（%）				
		5	8	10	12	14
材料	生石灰（t）	0.09	0.14	0.17	0.21	0.24
	黄土（m^3）	1.42	1.38	1.35	1.32	1.29
	水（m^3）	0.18	0.17	0.17	0.17	0.17

（4）灰土处理法：

1）路基大面积弹软经设计确定采用灰土加固处理的地段，一般采用8%的灰土处理，处理深度一般为60cm，亦可根据实际情况确定处理深度。

2）首先将表层40cm土推出，其下层20cm加土壤重量8%石灰用铧犁拌合，破碎土块，使土块含量达到石灰土基层的要求，整平压实后，再将上层40cm分成两层，每一层为20cm，加灰拌合均匀后压实。

3）对于软土路基加固压实时，可采用“一排、二平、三大碾”的施工方法，即第一层用拖拉机排压，压实度达到90%以上，第二层用8t平碾碾压，压实度达到95%以上，第三层用12t以上大碾碾压，压实度达到98%以上（均为轻型击实）。

4）对于下水道沟槽较深，还土压实度达不到质量要求，应待季经水沉析实或填料压实后，方可进行灰土处理，防止出现较大沉陷折裂。

（5）粒料加固法：

1）对于水塘、洼地、沟渠排水清淤后填土不能上碾或因下层土含水量大，填土碾压达不到压实度要求，可采用粒料加固法进行加固。

2）如若采用粒料加固的材料必须具有水稳定性好，干湿循环或水浸泡不易分解的材料，如碎石、砾石、砂砾、块石、混凝土块、碎砖、矿渣、拆房土（其粒料占70%以上）等，其最大粒径不得大于30cm。

3）如若采用块石、混凝土块加固时，下层最好铺筑一层厚度不小于5cm，粒径不大于25cm的小颗粒碎石、砾石、砂砾作为垫层，防止填土加载后块石等挤入泥中，竣工后路面产生较大变形，致使路面造成破坏。

4）如若铺筑块石、混凝土块等都要码放整齐，不能驾空，并用碎石灌满空隙，每层厚度不得大于30cm，并应碾压挤实。

（6）混合加固法：根据施工条件及材料来源等情况，在同一地段内可综合地采用前述几种方法进行路基的加固处理。

审核人		交接人		接受交底人	

续表

<table>
<tr><td>工程名称</td><td colspan="2"></td><td>施工单位</td><td></td><td>编号</td><td></td></tr>
<tr><td>序号</td><td>项目</td><td colspan="5">城市道路路基土壤改善与加固技术交底内容</td></tr>
<tr><td>3</td><td>深层处理</td><td colspan="5">（1）袋装砂井排水固结法：
1）袋装砂井直径一般为7cm，间距1～2m，深度根据设计要求而定。
2）袋装砂井的编织袋应具有良好的透水性能，袋内砂不易漏失，袋子材料应具有足够的抗拉强度，一定的抗老化能力和耐腐蚀性能。目前使用的聚丙烯编织袋，应避免在太阳光下长时间照射，防止老化。
3）所用的干砂应具有良好的透水性能，且含泥量要小于3%。
4）袋装砂井的打桩专用施工设备有履带吊机式、轨道门架式等，圆形套管以钢导架作导向，顶端固定在振动锤的卡盘上，套管的顶端有一个能装入砂袋的漏斗，为防砂袋被挂破，应在砂袋入口漏斗处安装一滑轮，套管的下端安装可以分离的预制混凝土桩尖。本桩尖应有足够的强度，距顶面与钢套管接触处必须严密，以防软土挤入管内，影响砂袋下沉。
5）施工方法：
① 铺筑砂垫层：在整平的土基上铺筑一层厚30～50cm砂垫层，并适量洒水碾压，使达到要求压实度。
② 钉桩位：先放出道路中心线，然后从砂井起点按照砂井间距，用石灰点或标钎放出桩位线。
③ 移动打桩设备使套管桩头对准桩位，装好并插紧预制混凝土桩尖。
④ 启动振动锤沉入套管至要求深度，将砂袋放入套管漏斗中也可随砂袋下落往管内徐徐注水以减小砂袋与管壁的摩阻力，待砂袋沉达管底抽出套管。砂袋应有足够长度伸入排水砂垫层中以保持袋装砂井与排水垫层相联结，移动打桩设备继续按前述程序打设袋装砂井。
（2）塑板桩（塑料排水板）排水固结法：
1）塑板桩打桩设备基本上与袋装砂井相同。门架打桩设备安装在铺有砂垫层的两根轨道上，打桩机可以在轨道上纵向移动。附在钢导架上的圆形套管，亦可利用门架上的自身的轨道横向移动，由于门架轨道式打桩设备可以纵横向自由移动，因而可以减少设备移动及因移动耽误时间，钢套管为具有矩形桩头的圆形钢管，以具有足够高度的钢导架作导向。
2）塑板带系架设在地面的滚筒上，塑板经附设在导架上端的滑轮进入钢套管由矩形桩尖伸出与桩靴卡紧，桩靴为一焊有Ⅱ形钢筋的钢板，塑板从桩头伸出从Ⅱ形桩靴空档中穿过再回插到管内使桩靴钢板与桩头贴严。
3）塑板桩打设程序：先横向打完轨道间塑板桩，再纵向移动门式桩架，移动距离为一个桩位间距，再继续打设第二排塑板桩。
4）塑板桩打桩方法与袋装砂井相同。先移动钢架使套管桩尖对准桩位，带好桩靴，打入套管，拔出套管，剪断塑板，然后再将塑板穿过桩靴，带好桩靴，移动桩架，对准桩位，再打入第二根塑板桩，如此顺序进行。
（3）超载预压排水固结法（此法经常与垂直排水法配合进行）：
1）超载预压系在路堤填土达到设计高程后，在路堤顶部增加一定填土高度作为超载土方。沉陷后成为路堤一部分，应按要求压实度压实。
2）路堤填土时应埋设沉降观测板，填土完毕后应定期观测并绘制沉降曲线，待沉降基本静止后即可撤除路堤上多余的超载土方用于其他路段填土。
（4）反压护道法：</td></tr>
<tr><td colspan="2">审核人</td><td></td><td>交接人</td><td></td><td>接受交底人</td><td></td></tr>
</table>

续表

工程名称			施工单位		编号	
序号	项目	城市道路路基土壤改善与加固技术交底内容				
3	深层处理	1）路基下层土壤承载力很低或路堤填土达到一定高度还继续填土时，两侧坡脚容易出现隆起、沉降加速，严重者出现滑坡或塌方现象，应采用反压护道法。反压护道法可以防止软弱地基产生剪切、滑移，保证路基稳定。 2）反压护道是在路堤两侧各修筑一条马道，并与路堤一起施工，反压护道横断面由设计确定。 （5）轻质填料法： 1）采用轻质材料填筑路堤，由于荷载降低，沉陷值可以减小，此法适用于桥头填土。 2）填筑的轻质材料要求具有重量轻、水稳定性好、低压缩性、无污染、不腐烂变质等。如煤渣、粉煤灰、贝壳、浮石等。 3）对于轻质材料应分层填筑，分层压实，并且每层压实的厚度不大于 20cm。 4）采用轻质材料填筑的路基两侧边坡 100cm 以上宽度内，应培黏性土夯实，防止轻质材料流失。顶面应用 20cm 填土覆盖。				
审核人		交接人		接受交底人		

2.5 城市道路路基施工机械选择的技术交底

城市道路路基施工机械选择的技术交底　　表 2-5

工程名称			施工单位		编号	
序号	项目	城市道路路基施工机械选择的技术交底内容				
1	概述	城市道路路基施工的机械种类繁多，不同的施工机械又有其独特的技术性能和作业范围。某一种施工机械可能有多种用途（如铲运机），而某一施工内容往往可以采用不同机械去完成，或者需要若干机械种进行联合作业。为了获得最佳的技术经济效果，根据道路工程具体的施工条件，必须对施工机械进行合理的选择与组合，使其发挥尽可能大的机械效能。				
2	选择施工机械的原则	在现代化城市道路路基的施工中，其工程量大小与施工工期是进行合理选择机械的重要依据。在一般情况下，为了保证施工进度和提高经济效益，对于工程量大、工期紧迫的工程，应当选用大型、先进的施工机械；而对于工程量小、工期要求较松的工程，宜选用中、小型施工机械。但这不是绝对的，有时候可能是其他因素更突出地影响着施工机械的选择。根据众多公路工程施工的实践经验，在选择施工机械时，一般应遵守以下原则： （1）施工机械与工程具体实际相适应：主要包括工程量大小、工期要求、施工气候、地形条件、土质情况、场地大小、运距远近、施工断面尺寸、工程质量要求等方面。在条件允许的情况下，尽量选择最能满足施工内容的机种和机型。 （2）施工机械应具有较好的经济性： 1）根据我国的基本国情，施工机械经济性是选择施工机械非常重要的因素。 2）城市道路施工机械经济性选择的基础就是施工的单价，这主要和机械的固定资产消耗及运行费用等因素有关。				
审核人		交接人		接受交底人		

续表

工程名称		施工单位		编号	
序号	项目	城市道路路基施工机械选择的技术交底内容			

2　选择施工机械的原则

3）在选择施工机械时，既要权衡工程量与机械费用的关系，同时又要考虑机械的先进性和可靠性，这是影响经济效益的重要方面。

4）采用先进的施工机械设备，其技术性能优良、构造简单、易于操纵、经久耐用，故障费和维修费将大大降低，最终可获得较好的经济效益。

（3）应能保证工程质量和施工安全：

1）根据城市道路工程的技术要求，选择合适的施工机械是保证工程质量的重要因素之一。

2）对于技术质量要求高的工程作业项目，应当考虑采用性能优良或专用的施工机械，以保证工程质量和较高的生产率。

3）同时，选择的施工机械应具有可靠的安全性能，能保证施工人员和设备的安全。

（4）各种施工机械应达到合理组合：合理地进行施工机械组合是充分发挥机械设备效能的重要因素，也是机械化施工的一个基本要求，主要包括技术性能、机械类型及其数量等方面的配置。在进行各种施工机械组合时应当考虑以下几点：

1）主导机械与配套机械，其工作容量、数量及生产率应稍有储备，机械的工作能力应配合适宜，一般情况下，配套机械的工作能力应稍大于主导机械要求配套机械的工作能力，以充分发挥主导机械的生产率。

2）牵引车与配套机具的组合应适宜。

3）配合作业机械组合数尽量少，以提高施工的总效率。

4）尽量选用正规厂家生产的系列产品，以保证施工机械的质量，便于施工机械的维修和管理。

（5）对于土方工程，使用机械组织施工的方法有：推土机施工法、铲运机施工法和挖掘机加装载机施工法等。根据土方工程通常的作业程序，机械的配套和组合如表 2.5-1 所示。它们间的组合关系可以作为组成合理的机组进行施工的一个参考依据。

土方工程施工机械的配套和组合　　表 2.5-1

作业名称		挖掘	装载	搬运	路基面修整	撒布
作业程序		1	2	3	4	5
机械的配套和组合	推土机施工法	推土机			自行式平地机	推土机、自行式平地机、压式机械
	铲运机施工法	机动铲运机 拖式铲运机＋推土机			自行式平地机	推土机、自行式平地机、压实机械
	挖掘机加装载机施工法	挖掘机械			装载机、 翻斗车自卸汽车	推土机、自行式平地机、压实机械

3　施工机械的选择

在城市道路工程的施工过程中，施工机械的选择对于施工速度、工程质量、施工安全和工程投资等方面，均有很大的影响。因此，应当根据工程的具体实际、施工机械的技术性能，针对各项工程作业的具体情况，按照作业内容、土质条件、运距大小和气候条件等方面，进行合理的选择施工机械。

（1）根据作业内容选择：路基工程的作业内容可以分为基本作业和辅助作业两部分。基

审核人		交接人		接受交底人	

续表

工程名称		施工单位		编号	

序号	项目	城市道路路基施工机械选择的技术交底内容
3	施工机械的选择	（见下文）

本作业包括土石方挖掘、装运、填筑、压实、修整和挖沟；辅助作业包括砍伐树根、松土、爆破、表层处理和其他方面处置。各种作业都应由相应的施工机械完成，选择时可参考表2.5-2所示。

根据作业内容选择施工机械　　　　表2.5-2

序号	工程类别	主要作业内容	选择的施工机械
1	准备工作	（1）清基作业和料场准备； （2）松土、破冻土（厚度小于0.2m）	（1）推土机、铲运机、挖掘机、水泵等； （2）松土器、大犁、平地机等
2	土方开挖	（1）底宽大于2.5m的河渠、路基坑； （2）池塘、港口、码头	（1）推土机、铲运机、挖掘机、装载机等； （2）冲泥机、吸泥机、开沟机、清淤机等
3	石方开挖	（1）砾石开采； （2）岩石开采； （3）石料破碎	（1）推土机、挖掘机等； （2）移动式空压机、凿岩机、推土机、挖掘机、、爆破设备等； （3）破碎机、筛分机等
4	冻土开挖	河渠、基坑、池塘、港口、码头等	推土机、冻土犁、冻土锯、冻土钻、冻土铲等
5	土石方填筑	（1）大中型堤坝、大中城市高质量路基、城市广场、台阶； （2）小型堤坝、中小型城市路基	（1）推土机、铲运机、压路机、夯板碾压机、洒水车、平地机； （2）推土机、铲运机、平地机、大犁
6	土石方运输	（1）机械设备调运； （2）土石方的运输	（1）起重机、推土机、铲运机、装载机； （2）自卸汽车
7	土石方整型	（1）削坡； （2）平整	（1）平地机、大犁、推土机、铲运机、装载机； （2）平地机、推土机、大犁、铲运机等

道路工程实践表明，对于中小型的城市道路工程，选择通用性施工机械较为经济、合理；而对于大型的城市道路工程，应当注重根据作业内容选择机械，才能获得最佳的技术经济效益。在具体选择时，首先选定作业的主要施工机械，然后根据其生产能力、工作参数及施工条件选择辅助施工机械，以保证工程连续均衡地开展。

（2）根据土质条件选择：在城市道路的路基工程施工中，土与石是机械施工的主要对象，其性质和状态直接影响施工机械作业的质量、工效和成本等，因此，土质条件也是选择施工机械的一个重要依据。在一般情况下，应从多方面考虑进行选用：

1）根据机械通行性选择：所谓机械通行性是用以表示车辆，特别是工程施工车辆在土质等条件限制下，在工地现场行驶的可能程度。一定土质路面的车辆通行性，可通过对土壤性质变化的测定来进行确定。

2）根据土的工程特性选择：不同土质对不同机械的施工作业的可能性和难易程度影响是比较大的，因此，在施工中必须根据工地现场土质的工程特性，选择合适的施工机械。在选择施工机械时，工程上通常将较为干燥的黏土、砂土、砂砾土、软岩和岩土等称为硬土；而将淤泥、流砂、沼泽土、湿陷性黄土、黑土及软弱黏土等称为软土。这两类土由于工程特性不同，其开挖、运输的施工机械也不同。硬土开挖和运输机械选择如表2.5-3所示，软土的开挖机械选择如表2.5-4所示。

审核人		交接人		接受交底人	

续表

工程名称		施工单位		编号	
序号	项目	城市道路路基施工机械选择的技术交底内容			
3	施工机械的选择	见下文			

硬土开挖和运输机械选择 表 2.5-3

地质条件＼施工机械	铲运机	推土机	正铲挖掘机	反铲挖掘机	装载机	压路机	开沟机	平地机	自卸汽车	底卸汽车	钻孔机	凿岩机
黏土和壤土	△	✓	✓	✓	✓	✓	✓	✓	✓	✓		
砂土	✓	✓	✓	✓	✓	✓	✓	✓	✓	✓		
砂砾土	×	✓	✓	✓	✓	×	△	△	✓	△		
软岩和块岩	×	△	✓	△	△	×	×	×	✓	×	✓	✓
岩石	×	×	×	×	△	×	×	×	✓		✓	✓

注：✓—适用；△—尚可用；×—不适用。

软土开挖常使机械选择 表 2.5-4

水分状况＼施工机械	通用推土机	低比压推土机接地比压（kPa）			水路两用挖掘机	挖泥船
		19.6～29.4	11.8～19.6	<11.8		
湿地	△	✓	✓	✓	✓	×
轻沼泽地	×	✓	✓	✓	✓	×
重沼泽地	×	×	△	✓	✓	△
水下泥地	×	×	×	✓	✓	✓

注：✓—适用；△—尚可用；×—不适用。

3）各种土壤的压实施工机械，可参考表 2.5-5 选择。

各种土壤适宜的压实施工机械 表 2.5-5

序号	机械设备名称＼土壤类别	细粒土	砂类土	砾石土	巨粒土	备注
1	6～8t 两轮光轮压路机	A	A	A	A	用于预压整平
2	12～18t 两轮光轮压路机	A	A	A	A	最常使用
3	25～50t 轮胎压路机	A	A	A	A	最常使用
4	羊足碾	A	C 或 B	C	C	粉、黏土质砂可用
5	振动压路机	B	A	A	A	最常使用
6	凸块式振动压路机	A	A	A	A	最宜使用于含水量较高的细粒土
7	手扶式振动压路机	B	A	A	C	用于狭窄地点
8	振动平板夯	B	A	A	B 或 C	常用于狭窄地点
9	手持式振动夯	A	A	A	B	常用于狭窄地点
10	夯锤（板）	A	A	A	A	夯出影响深度最大
11	推土机、铲运机	A	A	A	A	仅用于推平土层和预压

注：1. 表中符号：A 代表适用，B 代表无适当的机械时可用，C 代表不适用。
2. 土的类别必须按《公路土工试验规程》JTG E40—2007 的规定划分。
3. 对于特殊土和黄土、膨胀土、盐渍土等的压实机械可按细粒土考虑。自行式压路机宜用一般路基。
4. 自行式压路机宜用一般路基、路堑基底的换填等的压实，宜采用直线式进退运行。

（3）根据运输距离选择：各种运输机械都有自己的经济运距，在选择公路工程施工机械时，应当结合工程规模及现场施工条件，参考表 2.5-6 选择。

审核人		交接人		接受交底人	

续表

工程名称		施工单位		编号	
序号	项目	城市道路路基施工机械选择的技术交底内容			
3	施工机械的选择	见下表及第(4)条			
审核人		交接人		接受交底人	

施工机械的经济运距　　表 2.5-6

序号	机械类型	履带推土机	轮胎装载机	拖式铲运机	自行铲运机	拖式拖车	自卸汽车
1	经济运距（m）	<80	<150	100～500	200～1000	>2000	>2000
2	道路条件	土路不平	土路不平	土路不平	土路不平	平坦路面	一般路面

（4）根据气候条件选择：城市道路工程施工的气候条件，主要是指雨季的雨水、冬季的结冰的融水及冬季的冻土。因为雨水会使土壤中的含水量增大，施工条件产生恶化，降低原有机械的作业效率，有时甚至不得不使用效率较低的履带式施工机械。冬季天气寒冷，含水的土壤成为冻土，从而增加了施工作业的困难，严重降低作业效率，有的甚至需要爆破或用松土器等机械来帮助作业，不仅影响工程施工进度，而且无法保证施工质量。

2.6　城市道路路基机械化施工的主要程序

城市道路路基机械化施工的主要程序　　表 2-6

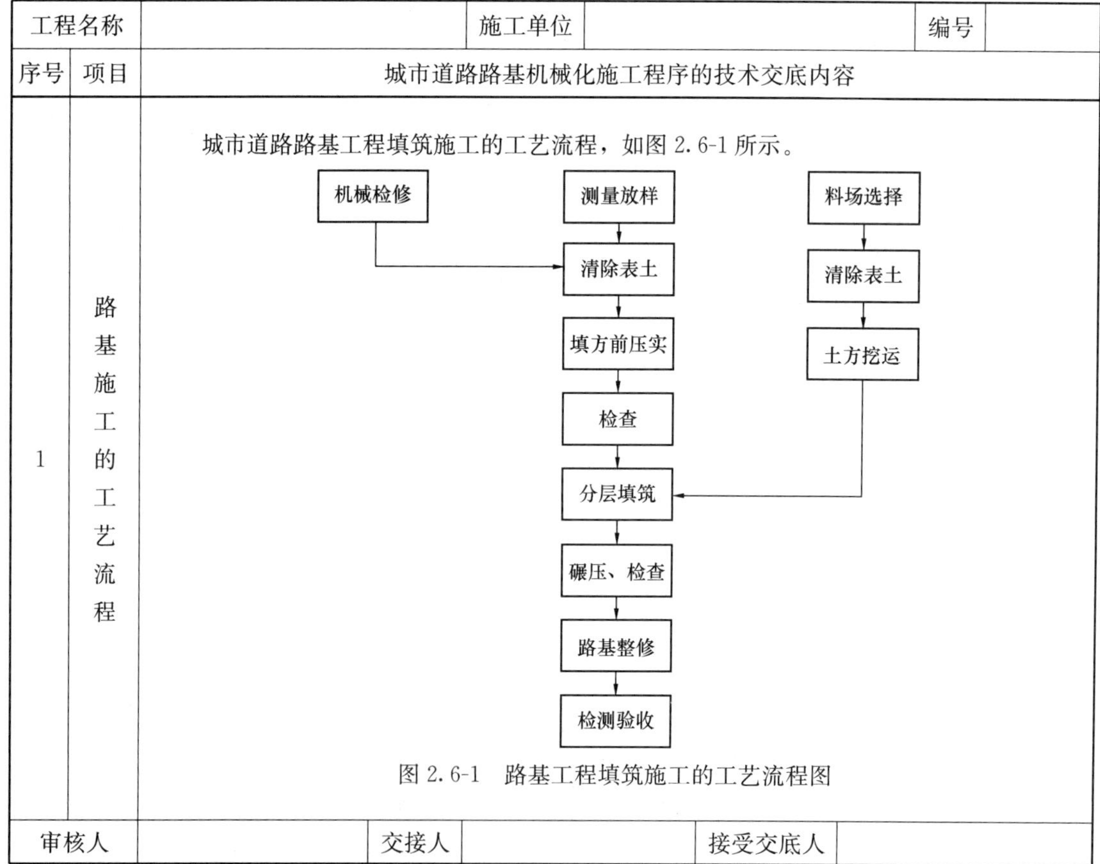

工程名称		施工单位		编号	
序号	项目	城市道路路基机械化施工程序的技术交底内容			
1	路基施工的工艺流程	城市道路路基工程填筑施工的工艺流程，如图 2.6-1 所示。			
审核人		交接人		接受交底人	

图 2.6-1　路基工程填筑施工的工艺流程图

续表

<table>
<tr><td colspan="2">工程名称</td><td></td><td>施工单位</td><td></td><td>编号</td><td></td></tr>
<tr><td>序号</td><td>项目</td><td colspan="5">城市道路路基机械化施工程序的技术交底内容</td></tr>
<tr><td>2</td><td>路基工程施工的主要工序</td><td colspan="5">城市道路路基工程施工的主要程序为：施工前的准备工作、修建小型人工构造物、路基基础处理、路基土石方工程施工、路基工程的检查与验收等。
1. 料场的选择
(1) 各类土的工程性质：在城市道路路基工程施工中，常见的土主要有：不易风化的石块、碎（砾）石土、砂土、砂性土、黏性土、粉性土、膨胀性重黏土及易风化软质岩石等。
1) 不易风化的石块：主要包括漂石（块石）和卵石（块石），它们的透水性大，有很高的强度和稳定性，使用场合和施工季节均不受限制，是最好的填筑路基的材料，也可用于砌筑边坡。但石块之间要嵌锁密实，以免在自重和行车荷载的作用下，石块松动产生沉陷变形。
2) 碎（砾）石土：碎（砾）石土透水性大，内摩擦系数高，强度比较大，水稳定性好，施工压实方便，能达到较好的密实程度，是一种良好的路基填筑材料。若细粒含量增多，则其透水性和水稳定性下降。
3) 砂土：砂土基本无塑性，透水性和水稳定性均比较好，毛细管上升高度很小，具有较大的内摩擦系数。但由于其黏性小，易于松散，对流水冲刷和风蚀的抵抗能力很弱，压实也比较困难。如果经过充分压实，砂土路基的压缩变形小、稳定性好。为了加强压实和提高稳定性，可适量掺加一些黏土，改善其级配组成；或采用振动法压实，增大压实中土的移动；或将边坡表面予以加固，以提高路基的稳固性。
4) 砂性土：砂性土不同于砂土，既含有一定数量的粗颗粒，又含有一定数量的细颗粒，其内摩擦系数较大，具有一定的黏结性，如果级配适宜，强度和稳定性等都能满足要求，是一种理想的路基填筑材料。如细粒土质砂土，其粒级组成接近最佳级配，遇水不黏、不胀，雨天不泥泞，晴天不扬尘，易于压实。
5) 黏性土：黏性土中细颗粒含量多，土的内摩擦系数小而黏聚力大，透水性小而吸水能力强，毛细现象显著，有较大的可塑性，干燥时坚硬而不易挖掘，施工时不易破碎，浸水后强度下降较多，干湿循环因胀缩引起的体积变化也大，过于干燥或过于潮湿时均不利于施工。在给予充分压实和良好排水的条件下，黏性土也可以作为填筑材料。
6) 粉性土：其粉性土因含有较多的粉粒，毛细现象严重，干时易被风蚀，浸水后很快被湿透，在季节性冰冻地区，常引起冻胀和翻浆，水饱和时有振动产生液化问题。粉性土特别是粉土，属于不良的公路路基用土，如果不得已使用时，宜掺配适量的其他材料，即采取技术措施改良土质，同时必须加强排水和隔离等措施。
7) 膨胀性重黏土：该土几乎不透水，粘结力特别强，干时难以挖掘，湿时膨胀性和塑性都很大。膨胀性重黏土工程性质受黏土矿物成分影响较大，黏土矿物主要包括蒙脱土、伊里土、高岭土。蒙脱土主要分布在东北地区，其塑性大，吸湿性膨胀强烈，干燥时收缩大，透水性极低，压缩性大，抗剪强度低。高岭土分布在我国南方地区，其塑性较低，有较高的抗剪强度和透水性，吸水和膨胀量较小。伊里土分布在华中和华北地区，其性质介于上述两者之间。膨胀性重黏土不宜用做填筑材料。
8) 易风化软质岩石：易风化的软质岩石（如泥灰岩、硅藻岩等），浸水后易产失崩解，强度显著降低，变形量大，一般不宜作为填筑材料。
(2) 对路基用土的规定：《公路路基施工技术规范》JTG F10—2006 及《公路软土地基路堤设计与施工技术细则》JTG/T D31—02—2013 中，对路基用土还有如下规定：</td></tr>
<tr><td colspan="2">审核人</td><td></td><td>交接人</td><td></td><td>接受交底人</td><td></td></tr>
</table>

续表

工程名称		施工单位		编号	
序号	项目	城市道路路基机械化施工程序的技术交底内容			
2	路基工程施工的主要工序	（见下文）			

1）路堤填料不得使用淤泥、沼泽土、冻土、有机土、含草皮土、生活垃圾、树根和含有腐朽物质的土。采用盐渍土、黄土、膨胀土填筑路堤时，应遵照有关规定执行。

2）对于液限＞50％、塑性指数＞26 的土，以及含水量超过规范规定的土，不得直接作为路堤填料。需要应用时，必须采取满足设计要求的技术处理，经检查合格后方可使用。

3）钢渣、粉煤灰等材料，可以用做路堤填料，其他工业废渣在使用前应进行有害物质的含量试验，避免有害物质超标，污染环境。

4）捣碎后的种植土，可用于路堤边坡的表层，作为绿化用土。路基填方材料，应具有一定的强度。各级公路的路基填方材料的最小强度和最大粒径，应符合表 2.6-1 中的要求。

城市道路路基填方材料的最小强度和最大粒径　　表 2.6-1

序号	项目分类（路面底面以下深度）	填料最小强度（CBR）（％）		填料最大粒径（cm）
		快速路、主干路	次干路、支路	
1	路堤上路床（0～30cm）	8.0	6.0	10
2	路堤下路床（30～80cm）	5.0	4.0	10
3	路堤上路堤（80～150cm）	4.0	3.0	15
4	路堤下路堤（＞150cm）	3.0	2.0	15
5	零填及路堑床（0～30cm）	8.0	6.0	10

注：1. 其他公路做高级路面时，应按高速公路和一级公路的规定。

2. 表中所列强度按《公路土工试验规程》JTG E40—2007，对试样浸水 96h 的 CBR 试验方法确定。

3. 黄土、膨胀土及盐渍土的填料强度，分别按各自的规定办理。

2. 路堤基底的处理

城市路堤基底的处理是保证路堤稳定、坚固的重要措施。在路堤填筑前进行基底处理，能使填土与原来的表土密护结合；能使初期填土作业顺利进行，能使地基保持稳定，增加承载能力；能防止因草皮、树根腐烂而引起的路堤沉陷。对于一般路堤基底的处理，除按照清理场地的要求进行外，还应按下列规定执行：

（1）基底土比较密实，且地面横坡不陡于 1∶10 时，经碾压符合要求后，可直接在地面上修筑，但在不填不挖或路堤高度不大于 1m 的地段，应清除草皮、树根等杂物。在稳定的斜坡上，横坡为 1∶10～1∶5 时，基底应清除草皮。横坡陡于 1∶5 时，原地面应挖成台阶形，台阶的宽度不小于 1m，高度不小于 0.5m，如图 2.6-2 所示。如若地面横坡超过 1∶2.5 时，外坡脚应进行特殊处理（如修护墙和护脚等）。

路堤

3%~5%

坡基

图 2.6-2　横坡较大时的台阶形基底

审核人		交接人		接受交底人	

续表

<table>
<tr><td>工程名称</td><td colspan="2"></td><td>施工单位</td><td></td><td>编号</td><td></td></tr>
<tr><td>序号</td><td>项目</td><td colspan="5">城市道路路基机械化施工程序的技术交底内容</td></tr>
<tr><td>2</td><td>路基工程施工的主要工序</td><td colspan="5">（2）当路基稳定受到地下水影响时，应予拦截或排除，引地下水至路堤基础范围之外，然后再进行填方的压实，如图 2.6-3 所示。
（3）当路堤基底为耕地或松土时，应当先清除有机土、种植土，进行平整后按规定要求压实。在深耕地段，必要时还应将松土翻挖、土块打碎，然后回填、整平、压实。当经过水田、池塘或洼地时，应根据具体情况采取排水疏干、挖除淤泥、打砂桩、抛填片石或石灰（水泥）处理土等措施，以保持基底的稳固。
（4）在路堤修筑范围内，原地面上的坑、洞、墓穴等，应用原地的土或砂性土进行回填，并按规定进行压实。
3. 路堤填料的填筑
城市的路堤填筑必须考虑不同的土质，从原地面逐层填起，并分层进行压实，每层的厚度随压实方法而定。填筑方式一般有如下几种填筑方法：
（1）水平分层填筑：即填筑时按照横断面全宽分成水平层次，逐层向上填筑。如果原地面不平，应从最低处分层填起，每填筑一层后，经压实合格后再填筑上一层。水平分层填筑法施工操作方便、安全，压实质量容易保证。
（2）纵坡分层填筑：该法适宜于用推土机从路堑取土填筑距离较短的路堤，并依纵坡方向分层，逐层向上填筑，原地面纵坡＜20°的地段可采用这种方法施工，如图 2.6-4 所示。
砂垫层(厚度:0.3~1.2m)
图 2.6-3　砂垫层排水处理
1 2 3 4 5 7 6 路堤 路堑
图 2.6-4　纵向挖填施工法
（3）横向全高填筑：该法即从城市道路路基一端按横断面的全部高度，逐步推进填筑，这种填筑方法仅用于无法自下而上填土的陡坡、断岩或泥沼地区，如图 2.6-5 所示。但此法对所填筑土料不仅不易压实，并且还有沉陷不均匀的缺点。为此，应采用必要的技术措施，如选用高效能的压实机械，采用沉陷量较小的砂性土或废石方作为填料，采用混合填筑法，即路堤下部全高填筑，路堤上部水平分层填筑，如图 2.6-6 所示。
图 2.6-5　横向填筑法
图 2.6-6　混合填筑法
1）当需要加宽路堤时，所使用的填土应与原路堤用土尽量接近或为透水性好的土，并将原边坡挖成向内倾斜的台阶状，分层进行填筑，并碾压到规定的密实度。严禁将薄层新填土贴在原边坡的表面。
2）城市快速道路和主干路，横坡陡峻地段的半填半挖路基，必须在山坡上从填方坡脚向上挖成内倾斜的台阶，台阶的宽度不应小于1m。其中挖方一侧，在行车范围之内的宽度</td></tr>
<tr><td colspan="2">审核人</td><td></td><td>交接人</td><td></td><td>接受交底人</td><td></td></tr>
</table>

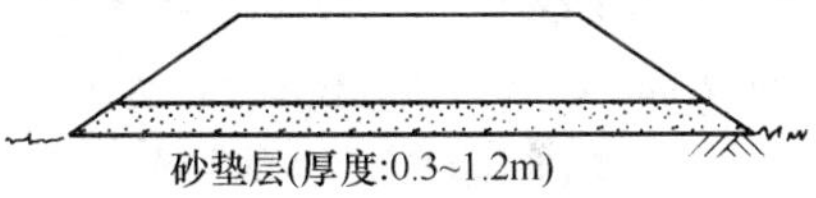

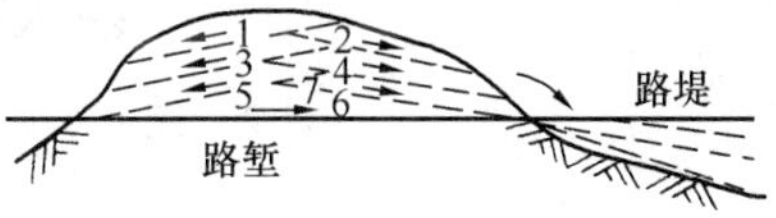

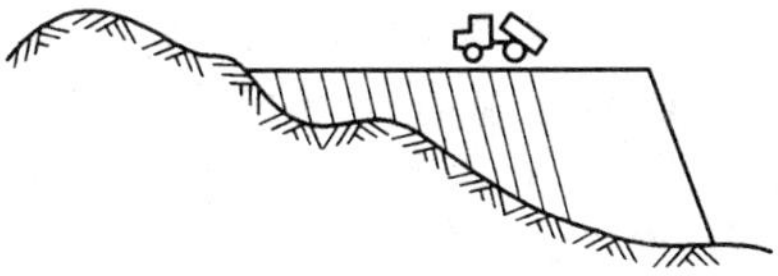

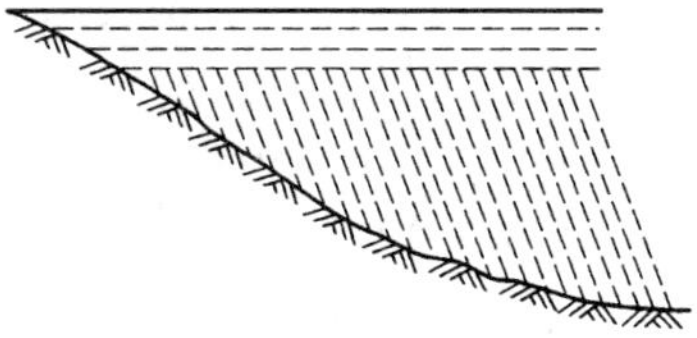

续表

工程名称			施工单位		编号	
序号	项目	城市道路路基机械化施工程序的技术交底内容				
2	路基工程施工的主要工序	不足一个行车宽度时，应挖够一个行车道的宽度，其上路床深度范围之内的原地面土应予以挖除换填，并按上路床填方的要求施工。 3）对于不同性质的土进行混合填筑时，应视土的透水能力的大小，进行分层填筑压实，并采取有利于排水和路基稳定的方式。一般应遵守以下几个原则： ① 以透水性较小的土填筑路堤下层时，其顶面应做成坡度为4%的双向横坡；如用以填筑上层时，除干旱地区外，不应覆盖在透水性较大的土所填的下层边坡上。 ② 不同性质的土料，应当分别进行填筑，不得混填。每种填料层累计总厚度不宜小于0.5。 ③ 凡不因潮湿及冻融而变更其体积的优良土料，应当填筑在上层，强度（变形模量）较小的土料应填筑在下层。不同性质土壤填筑路堤的方式，可参见图2.6-7、图2.6-8所示。其中图2.6-7中的填筑施工方式是正确的，而图2.6-8中的填筑施工方式是错误的。 图2.6-7　路堤内不同土壤的填筑方式（正确方式） 1—透水性较大的土壤；2—透水性较小的土壤 图2.6-8　路堤内不同土壤的填筑方式（错误方式） 1—透水性较大的土壤；2—透水性较小的土壤 4）填石路堤的填筑，其基底处理与填筑土料的路堤相同。石料的强度应不小于15MPa，用于护坡的石料强度应不小于20MPa。石料的最大粒径不宜超过层厚的2/3。每层松铺的厚度，城市快速道和高速公路不宜大于0.5m，其他公路不宜大于1.0m。 5）快速道、主干路和铺设高级路面的填石路堤，均应分层填筑、分层压实。在铺设低等级路面如次干路、支路或一般公路时，在陡峻山坡段施工特别困难或大量爆破以挖作填时，可采用倾填方式将石料填筑于路堤下部。倾填前，路堤边坡坡脚应用粒径>30cm的硬质石料码砌。码砌的厚度：填石路堤高度≤6m时，应不小于1.0m；路堤高度>6m时，应不小于2m或按设计要求码砌。 6）城市快速路、主干路填石路堤路床顶面以下50cm范围内，应填筑符合路床要求的土并分层压实，填料最大粒径不得大于10cm。其他公路填石路堤路床顶面以下30cm范围内，宜填筑符合路床要求的土并压实，填料最大粒径不应大于15cm。				
审核人		交接人		接受交底人		

续表

工程名称		施工单位		编号	
序号	项目	城市道路路基机械化施工程序的技术交底内容			
2	路基工程施工的主要工序	（见下文）			

7）土石路堤的填筑，其基底的处理也与填筑土料的路堤相同。土石混合料中石料强度>20MPa 时，石块最大尺寸不得超过压实层厚度的 2/3，否则应当将其剔除；当石料强度<15MPa 时，石块最大尺寸不得超过压实厚度，超过者应将其打碎。土石路堤必须分层填筑、分层压实。每层铺填厚度应根据压实机械规格和类型确定，但最大不宜超过 40cm。

8）混合料中石料的含量多少，将严重影响压实效果。因此，当石料含量>70%时，应先铺大块石料，且大面向下安放平稳，然后铺小块石料、石屑等进行嵌缝找平，最后再碾压密实。当石料含量<70%时，土石可以混合铺填，但应消除硬质石块过于集中的现象。

9）土石混合料填筑城市快速路和主干路时，其路床顶面以下 30～50cm 范围内，仍应填筑符合路床要求的土并压实，填料最大粒径不得大于 10cm。次干路、支路在路床顶面以下填筑 30cm 的砂类土，填料最大粒径不得大于 15cm。

4. 路堤填料的碾压

城市道路路堤填料的碾压是路基工程中的关键施工程序之一，必须有效地压实路基的填筑材料，才能保证路基的施工质量。除了采用透水性良好的砂石材料外，其他填料均需使其含水量在最佳含水量的±2%内，方可进行碾压。因此，施工中必须经常检查填料的含水量，并按规定检查压实度。

（1）确定要求的压实度：城市道路路基要求的压实度，应根据填挖类型、道路等级和路堤填筑高度而确定（参见表 2.6-2）。通常根据表 2.6-2 中的规定，用标准击实试验，求出最大干密度和相应的最佳含水量，计算出要求的最小干密度。

城市道路土质路堤压实度的标准　　　　表 2.6-2

序号	填挖类型	深度范围（cm）（从路面的底计起）	压实度（%）	
			快速路、主干路	次干路、支路
1	路堤的上路床	0～30	≥95	≥93
2	路堤的下路床	30～80	≥95	≥93
3	路堤的上路堤	80～150	≥93	≥90
4	路堤的下路堤	>150	≥90	≥90
5	零填及路堑路床	0～30	≥95	≥93

注：1. 表列压实度以《公路土工试验规程》JTG E40—2007 重型击实试验法为准。
2. 对于铺筑中级或低级路面如次干路的路基，允许采用《公路路基施工技术规范》JTG F10—2006 中轻型。击实试验法求得的路基压实标准。
3. 其他等级公路修建快速路、高等级路面时，其压实度标准应采用高速公路、一级公路的规定值。
4. 特殊干旱地区的压实度标准可降低 2%～3%。
5. 多雨潮湿地区的黏性土，其压实度标准按另外标准执行。
6. 采用灌砂法、灌水法检查压实度时，取土样的底面位置为每一压实层底部；采用环刀法试验时，环刀中部处于压实层厚度的 1/2 深度；用核子仪试验时，应根据仪器类型，按产品说明书要求办理。

（2）进行试验段碾压试验：各种压实机具碾压不同土类的适宜厚度、所需碾压遍数与填土的实际含水量及要求的压实度大小有关，在正式对路堤填土压实前，应根据土的压实度要求，通过做试验段碾压的试验来加以确定。

审核人		交接人		接受交底人	

续表

工程名称			施工单位		编号	
序号	项目	城市道路路基机械化施工程序的技术交底内容				
2	路基工程施工的主要工序	一般对于城市快速路、高等级公路的路基填土压实，宜采用振动压路机或30～50t的轮胎式压路机进行碾压。如若采用振动式压路机碾压时，其第一遍应当进行静力碾压，第二遍开始用振动压实： 1）为确保填土压实质量，在压实过程中严格控制填土的含水量。当含水量过大时，应将土翻晒至要求的含水量再碾压；当含水量过小时，需均匀洒水后再进行碾压。在一般情况下，天然土中的含水量基本接近最佳含水量，因此在填土后应随即压实。 2）填石路堤在压实前，应先用大型推土机推铺平整，个别不平整的地方，可以配合人工用细石屑找平。采用的压实机具宜选工作质量在12t以上的重型压路机、2.5t以上的夯锤或25t以上的轮胎式压路机。 3）碾压时要求均匀压实，不得出现漏压。每层的铺土厚度，当采用重型振动压路机或夯锤压实时，可以加厚至1.0m。 4）填石路堤压实所要求的密实度、所需碾压遍数（或夯压遍数）应经过试验确定。以12t以上振动压路机进行压实试验，当压实层顶面稳定，不再有下沉现象时，可判为达到密实状态，即压实度合格。 5）土石路堤的压实要根据混合料中巨粒土含量多少来确定。当混合料中巨粒土含量较少时，应按填土路堤的压实方法进行压实；当混合料中巨粒土含量较多时，应按填石路堤的压实方法进行压实。 (3) 检查填土的压实度 1）检查压实后填土的含水量和干密度，用下式可计算出填土的压实度K： K=检查点土的干密度/最大干密度×100% 2）每个检查点的填土压实度必须合格，不合格的必须重新进行处理，直至压实度合格为止。压实度检测的方法有：环刀法、灌砂法、水袋法和核子密度仪，在使用核子密度仪时，事先应做与规定试验方法的对比试验。 3）土石路堤的压实度检测采用灌砂法或水袋法，其标准干密度应根据每种填料的不同含石量的最大干密度作出标准干密度曲线，然后根据试坑挖取试样的含石量，从标准干密度曲线上查出对应的标准密度。压实度的要求同土质路堤的标准。 4）当巨粒土含量较高，无法采用灌砂法或水袋法进行检测时，可按填石路堤压实度的检查方法检测。压实度的标准也按填石路堤的压实度标准执行。				
审核人		交接人		接受交底人		

2.7 城市道路路基土方施工技术交底

城市道路路基土方施工技术交底 **表2-7**

工程名称			施工单位		编号	
序号	项目	城市道路路基土方施工技术交底内容				
1	填方路基工程施工	**1. 填方路基施工的一般规定** (1) 填方路堤施工前的原地面，应当进行认真清理。对于其基底，还应按下列规定办理： 1）应当切实做好原地面临时排水设施，并与永久排水设施相结合。排走的雨水，不得流入农田、耕地；也不得引起水沟的淤积和路基冲刷。				
审核人		交接人		接受交底人		

<table>
<tr><td>工程名称</td><td></td><td>施工单位</td><td></td><td>编号</td><td></td></tr>
<tr><td>序号</td><td>项目</td><td colspan="4">城市道路路基土方施工技术交底内容</td></tr>
<tr><td>1</td><td>填方路基工程施工</td><td colspan="4">2）在路堤的修筑范围内，原地面的坑、洞、墓穴等，应用原地的土或砂性土回填，并按规范规定进行分层压实。
3）路堤基底为耕地或松土时，应先清除其上面的有机土和种植土，平整后按规定要求进行压实。在深耕地段，必要时应将松土翻挖、土块打碎，然后回填、整平、压实。
4）路堤基底原状土的强度不符合设计要求时，应选择优良填料进行换填，换填的深度一般应不小于30cm，并予以分层压实。
5）为防止路基因振动产生破坏，石质挖方路基的施工，不宜采用大爆破方法。如果必须采用时，应进行专门的爆破设计，并严格按大爆破的有关规定执行。
（2）当加宽旧路堤时，应遵守下列规定：
1）为使加宽城市的路堤与旧路堤各项性能接近，所选用的填料最好是与旧路堤相同，或选用透水性较好的土。
2）在加宽旧路堤施工前，应清除地基上的杂草和松散泥土，并沿旧路边坡挖成向内倾斜的台阶，台阶宽度应不小于1m。
（3）当路堤稳定受到地下水位影响时，应在路堤底部填以水稳性优良、不易风化的砂、砂砾和碎石等材料，或采用无机结合料（如生石灰粉、水泥等）进行加固处理，使基底形成水稳性良好、厚度约30cm的稳定层，或设置隔离层。
（4）填筑路堤的填料，应符合下列规定：
1）用于城市路堤的填料；绝对不得使用淤泥、沼泽土、冻土、有机土、含草皮土、生活垃圾、树根和含有腐朽物质的土。当采用盐渍土、黄土、膨胀土填筑路堤时，应按照特殊地基处理的规定进行处理。
2）液限>50%、塑性指数>26的土，以及含水量超过规定的土，不得直接作为路堤填料。需要应用时，必须采取满足设计要求的技术措施，经检查合格后方可使用。
3）钢渣、粉煤灰等材料，可以用作路堤填料，其他工业废渣在使用前应进行有害物质的含量试验，避免有害物质超过国家有关标准，造成对环境的污染。
4）捣碎后的种植土，也可以用于路堤边坡的表面，作为种植护坡草皮的用土。
（5）用于路堤填方的材料，应有一定的强度。城市快速路、高等级公路、一级公路及其他等级的路基填方材料，应经野外取土试验，其最小强度应符合有关规范的规定。
2. 土方路堤的填筑施工
（1）土方路堤应分层进行填筑压实，用透水性不良的土料填筑路堤时，应控制其含水量在最佳压实含水量±2%范围内。
（2）土方路堤必须根据设计断面，分层填筑、分层压实。为达到设计的压实度，当机械压实时，分层的最大松铺厚度：城市快速路、高等级公路不应超过30cm；其他等级的公路，按土质类别、压实机具功能、碾压遍数等，经试验后确定。但最大松铺厚度不宜超过50cm。填筑至路床顶面最后一层的最小压实厚度，不应小于8cm。
（3）路堤填土的宽度，每侧均应宽于填层设计宽度，压实后的宽度不得小于设计宽度。
（4）对于城市道路路基填筑的路堤宜采用水平分层填筑法施工。即按照横断面全宽分成水平层次逐层向上进行填筑。如果原地面不平，应由最低处分层填筑，每填一层经过压实符合规定要求之后，再填筑上一层。
（5）原地面纵坡>12%的地段，可采用纵向分层法施工，是沿纵坡方向分层，逐层填压密实。</td></tr>
<tr><td>审核人</td><td></td><td>交接人</td><td></td><td>接受交底人</td><td></td></tr>
</table>

续表

<table>
<tr><td colspan="2">工程名称</td><td></td><td>施工单位</td><td></td><td>编号</td><td></td></tr>
<tr><td>序号</td><td>项目</td><td colspan="5">城市道路路基土方施工技术交底内容</td></tr>
<tr><td>1</td><td>填方路基工程施工</td><td colspan="5">(6) 对于山坡路堤，当地面横坡不陡于 1∶5 且基底符合设计要求时，路堤可直接修筑在天然的土基上。当地面横坡陡于 1∶5 时，原地面应挖成台阶状，台阶宽度不小于 1m，并用小型夯实机进行夯实。填筑应由最低一层台阶填起，并分层夯实，然后逐台阶向上填筑，分层夯实，所有台阶填完之后，即可按一般填土进行。
(7) 对于城市快速路、高等级公路横坡陡峭地段的半填半挖路基，必须在山坡上从填方坡脚向上挖成向内倾斜的台阶，台阶宽度不应小于 1m。其中挖方一侧，在行车范围之内的宽度不足一个行车宽度时，则应挖成一个行车道的宽度，其中路床深度范围之内的原地面上应予以挖除换填，并按上路床填方的要求进行施工。
(8) 如果填方分为几个作业段施工，两段交接处不在同一时间填筑，则对先填地段应按 1∶1 坡度分层留台阶。如果两个地段同时填筑，则应分层相互交叠衔接，其搭接长度不得小于 2m。
(9) 对于陡峭山坡半挖半填路基，设计边坡外面的松散弃土，应在路基竣工后全部清除。
(10) 不同土质的填料混合填筑路堤时，应符合下列规定：
1) 以透水性较小的土填筑于路堤的下层时，应做成坡度为 4%的双向横坡；如用于填筑上层时，除干旱地区外，不应覆盖在由透水性较好的土质填筑的路堤边坡上。
2) 不同性质的土应分别进行填筑，不得出现混填。每种填料层累计总厚度不宜小于 0.5m。
3) 凡不因潮湿或冻融影响而变更其体积的优良土应填在上层，强度较小的土应填在下层。
(11) 对于河滩路堤的填土，应连同护道在内一起进行分层填筑。对于可能受水浸淹部分的填料，应选择水稳定性良好的土料。对于河槽加宽、加深的工程，应在修筑路堤前完成，构造物也应提前修建完工。
(12) 机械作业时应根据工地现场地形、路基横断面形状和土方调配图，合理规定施工机械的运行路线。土方集中的施工点，应有全面详细的施工机械运行作业图，并按照图来施工作业。
(13) 对于两侧取土、填高在 3m 以内的路堤，可用推土机从两侧分层推填，并配合平地机分层整平。土的含水量不足时，可用洒水车进行分层洒水，并用压路机分层碾压。
(14) 对于填方集中地区路堤的施工，可按以下方法进行：
1) 在城市道路路基施工中，当取土场运距在 1km 范围内时，可用铲运机运送，辅以推土机开道，以进行翻松硬土、平整取土段、铲除障碍和助推等。
2) 取土场运距超过 1km 范围时，可用松土机械翻松，用挖掘机或装载机配合自卸汽车运输，用平地机对填土整平，并配合洒水车压路机进行碾压。
3) 挖掘机、装载机与自卸汽车配合运输时，要合理布置取土场地的汽车运输路线。自卸汽车配备的数量，应根据运输距离的远近和车型而确定，其原则是满足挖装设备生产能力的需要。
(15) 土石方运输应根据当地条件、运距、设备等情况，采用不同的运输机具，如推土机、铲运机、皮带运输机、自卸汽车、卷扬机牵引的索道等。当在卸装范围内有一定高差，汽车等运输方式受到地形和其他条件的限制时，可采用空中索道运输。</td></tr>
<tr><td colspan="2">审核人</td><td></td><td>交接人</td><td></td><td>接受交底人</td><td></td></tr>
</table>

续表

工程名称		施工单位		编号	
序号	项目	城市道路路基土方施工技术交底内容			
1	填方路基工程施工				

3. 路基压实施工的基本知识

(1) 根据路基土质特性和所选用的压路机压实功能，确定适宜的厚度。

(2) 测定土壤的含水量。含水量应控制在最佳含水量的±2%范围之内。表2.7-1所列为各类土壤的最佳含水量。一般土壤含水量是由工程技术人员通过试验的方法测定后，通知压路机驾驶员。驾驶员也可以通过"手握成团，没有水痕，离地1m，落地散开"的简易方法来判断土壤的含水量。

几种土壤的最佳含水量和最大密度 **表2.7-1**

序号	土壤种类	砂土	砂质粉土	粉土	亚粉土	黏土
1	最佳含水量（%）	8～12	9～15	16～22	12～15	19～23
2	最大干密度（g/cm^3）	1.8～1.88	1.85～2.08	1.61～1.80	1.85～1.95	1.58～1.70

(3) 压路机驾驶员应在作业前，检查和调整压路机各部位及作业参数，保证压路机正常的技术状况和作业性能。

(4) 在压实作业中，驾驶员应与工程技术人员配合，随时掌握和了解压实层的含水量及压实度的变化，遵从技术人员的指导。压实度是路基压实施工中重要的技术质量指标，必须按规定要求，压实达到标准。

4. 路基压实施工的三个步骤

(1) 初压：对铺筑层进行的最初1～2遍的碾压施工作业。其目的是使铺筑层表层形成较稳定、平整的承载层，以利压路机以较大的作用力进行进一步的压实作业；一般采用重型履带式拖拉机或羊足碾进行路基的初压，也可用中型静压式压路机或振动压路机以静力碾压方式进行初压作业；初压时的碾压速度应不超过1.5～2km/h。初压后需要对铺筑层进行整平。

(2) 复压：继初压后的5～8遍碾压作业。复压的目的是使铺筑层达到规定的压实度，它是压实的主要作业阶段。在复压作业中，应尽可能发挥压路机的最大压实功能，以使铺筑层迅速达到规定的压实度。复压施工的碾压速度应逐渐增大。一般静光轮压路机取2～3km/h，轮胎压路机为3～4km/h，振动压路机为3～6km/h。复压中，应随时测定压实度，以便做到既达到压实度标准，又不过度碾压。

(3) 终压：继复压之后，对每一铺筑层竣工前所进行的1～2遍碾压施工。终压的目的是使压实层表面密实平整。终压施工作业采用中型静压式压路机或振动压路机以静力碾压方式进行碾压，其碾压速度可高于复压时的速度。

5. 路基压实施工应遵循的原则

(1) 先轻后重：先用较轻的或不加配重的压路机进行初压，然后再换用重型或加配重的压路机进行复压。

(2) 先慢后快：压路机碾压速度随着碾压遍数增加而逐渐由慢到快。随着碾压遍数的增加，铺筑层的密实度增加而可逐渐加快碾压速度，有利于提高压路机的作业效率。

(3) 先边后中：在碾压作业中始终坚持先从路基一侧，距路基边缘30～50cm处开始，沿路基延伸方向，逐渐向路基中心线处进行碾压，当碾压到超过路基中心线30～50cm后，再从路基

审核人		交接人		接受交底人	

续表

<table>
<tr><td>工程名称</td><td colspan="2"></td><td>施工单位</td><td></td><td>编号</td><td></td></tr>
<tr><td>序号</td><td>项目</td><td colspan="5">城市道路路基土方施工技术交底内容</td></tr>
<tr><td>1</td><td>填方路基工程施工</td><td colspan="5">另一侧边缘开始向路基中心线处碾压；进行弯道路段碾压作业时，则应由路基内侧低处逐渐向外侧高处碾压，碾压完一遍后，再从内侧开始向外侧碾压，连续重复循环下去。
6. 路基压实施工中的注意事项
（1）进行路基压实作业时，压路机负荷较大，应做好压路机的技术保养工作。
（2）为了保证铺筑层的质量，应做到当天铺筑当天压实。
（3）碾压中，土体出现“弹簧”现象，应立即停止碾压，并采取相应的技术措施，待含水量降低后再进行碾压。对于局部“弹簧”现象，也应及时处理，不然会造成路基强度不均，留下隐患。压实施工中，应随时掌握和了解压实层的含水量和压实度变化情况，以便及时调整作业规范。
（4）碾压时，若压实层表层出现起皮、松散、裂纹等现象，应及时查明原因，采取措施处理后，再继续碾压。一般是土壤含水量低、压路机单机线压力高、碾压遍数过多及土质不良等原因而造成上述不良现象。
（5）碾压时，相邻碾压轮迹应相互重叠 20～30cm。并随时注意路基边坡及铺筑层土体的变化情况，出现异常应及时处理，以免发生陷车或翻车事故。一般碾压轮外侧面距路缘不小于 30～50cm，郊区公路则距沟崖边缘不小于 100cm。
（6）遇到死角或作业场地狭小的地段，应换用机动性好的小型压实机械，予以压实。切不可漏压，以免路基强度不均匀而留下隐患。</td></tr>
<tr><td>2</td><td>挖方路基工程施工</td><td colspan="5">1. 挖方路基施工的一般规定
（1）挖方路基在正式施工前，应做好下列准备工作：复查施工组织设计是否合理、可行；根据工程实际核实或编制调整土方调运图表；对施工现场范围内按规定进行认真清理；开挖前应按“施工测量”的规定，以桩标明施工轮廓。
（2）路基在开挖前应对沿线土质进行检测试验，对于采用的挖方、借土场和料场的填料，应根据行业标准《公路土工试验规程》JTG E40—2007 中规定，进行填料的液限、塑限、塑性指数、液性指数、颗粒大小分析、含水量、密度、相对密度、土的击实和强度等试验。
（3）路堑的排水设施，应按下列规定办理：
1）在路堑开挖前做好截水沟，并根据土质情况做好防渗工作。土方工程施工期间应修建临时排水设施。
2）临时排水设施应与永久性排水设施相结合，流水不得排入农田和耕地，防止污染自然水源，也不得引起淤泥和冲刷。
（4）根据施工组织设计，做好施工机械配套和维修，勘察好挖方弃土的路线和地点，科学合理地安排施工进度。
2. 土方路堑的开挖施工
（1）土方路堑的开挖应遵照下列要求：
1）为充分发挥各类土的作用，对已开挖的适用于种植草皮和其他用途的表土，应储存于指定的地点，不得与填料混在一起；根据土方试验结果，对开挖出的适用的材料，应当用于路基的填筑，各类材料不应混杂。不适用的材料应按相应规定办理。
2）土方开挖不论开挖工程量和开挖深度大小，均应按照自上而下的顺序进行，不得乱挖</td></tr>
<tr><td colspan="2">审核人</td><td></td><td>交接人</td><td></td><td>接受交底人</td><td></td></tr>
</table>

续表

工程名称		施工单位		编号	
序号	项目	城市道路路基土方施工技术交底内容			
2	挖方路基工程施工	和超挖，严禁掏洞取土。在不影响边坡稳定的情况下采用爆破方法施工时，应当经过设计，并报有关部门审批；在土方路堑开挖施工的过程中，如遇土质变化需要修改施工方案及边坡坡度时，应及时报批，必须经过有关部门批准。 （2）因受冬季或雨季的影响，使挖出的冻土或含水量大的土方，不能及时用于填筑路堤时，应按特殊季节施工有关规定办理。 （3）路堑路床的表层下为有机土、难以晾干压实的土、路基填方材料最小强度小于规定数值和不适宜作路床的土，均应清除换填符合规定的土。土方路基开挖如遇到特殊土质时，应按照特殊地基的有关规定办理。 （4）在确定挖方路基的施工标高时，应考虑到因压实所产生的下沉量，其数值应由试验进行确定。土方路堑的开挖，根据路堑的深度和纵向长度，可按下列方式进行： 1）横向挖掘法：以路堑整个横断面的宽度和深度，从一端或两端逐渐向前开挖的施工方法称为横向挖掘法，如图 2.7-1 所示。横挖法一般适用于短而深的路堑，在采用横挖法时，可按照下列方式进行： 图 2.7-1　横向全宽挖掘施工方法 （*a*）一层横向全宽挖掘法；（*b*）多层横向全宽挖掘法 1—第一台阶运土道；2—临时排水沟 ① 采用人力按横挖法挖掘路堑时，可在不同高度分成几个台阶开挖，其深度应根据工作与安全而定，一般宜为 1.5～2.0m。无论自两端一次横挖到路基标高，还是分台阶进行横挖，均应设单独的运土通道及临时排水沟。 ② 采用机械按横挖法挖掘路堑且弃土（或以挖作填）运距较远时，宜用挖掘机配合自卸汽车进行。每层的台阶高度可增加到 3～4m，其余的要求与人力开挖路堑相同。 ③ 土方路堑横挖法也可用推土机进行开挖。如果弃土或以挖作填运距超过推土机的经济运距时，可用推土机堆积，再用装载机配合自卸汽车运土。 ④ 采用施工机械开挖路堑时，边坡处应配以平地机或人工分层修刮平整。 2）纵向挖掘法：沿路堑全宽以深度不大的纵向分层挖掘前进的施工方法称为纵向挖掘法，如图 2.7-2（*a*）所示。纵向挖掘法适用于较长的路堑开挖，根据开挖的方式不同，又可分为通道纵挖法和分段纵挖法。			
审核人		交接人		接受交底人	

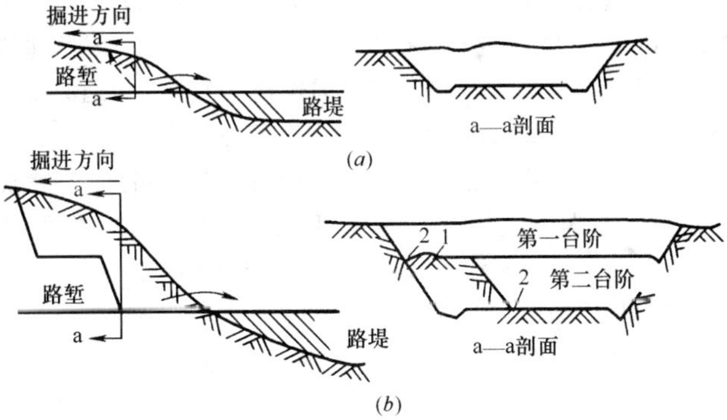

工程名称		施工单位		编号	
序号	项目	城市道路路基土方施工技术交底内容			
2	挖方路基工程施工	图 2.7-2　纵向挖掘施工方法 (*a*) 分层纵挖法（图中数据为挖掘顺序）；(*b*) 通道纵挖法（图中数据为拓宽顺序）； (*c*) 分段纵挖法 ① 通道纵挖法。如果先沿路堑纵向挖掘一个通道，然后将通道向两侧进行拓宽，上层通道拓宽至路堑边坡后，再开挖下层通道，如此向纵深开挖至路基标高的开挖方法，称为通道纵挖法[图 2.7-2(*b*)]。这种开挖方法适用于路堑较长、较深，两端地面纵坡较小的路堑开挖。 ② 分段纵挖法。如果沿路堑纵向选择一个或几个适宜处，将较薄一侧堑壁横向挖穿，使路堑分成两段或数段，各段再纵向进行开挖的方法，称为分段纵挖法 [图 2.7-2 (*c*)]。这种开挖方法适用于路堑过长、弃土运距过远的傍山路堑、其一侧堑壁不厚的路堑开挖。 3）混合挖掘法：当路线纵向长度和挖深均很大时，宜采用混合挖掘法进行开挖，即将横向挖掘法与通道挖掘法混合使用。先沿路堑纵向挖通道，然后沿横向坡面挖掘，以增加开挖坡面，如图 2.7-3 所示。每一坡面应设一个施工小组或一台机械作业。 图 2.7-3　混合挖掘法 4）开挖边沟、修筑路拱、刷刮边坡、整平路基表面时，宜采用平地机配合其他土方机械作业。 (5) 边沟与截水沟的开挖应符合下列规定： 1）边沟、截水沟及其他引、截排水的设施位置、断面尺寸及有关要求，应严格按照设计图纸的规定进行施工。在土方路堑开挖前，应先做好这类排水设施，其出口应通至桥涵的进出水口处。截水沟不应在地面坑凹处通过，必须通过时应按路堤填筑要求将凹处填平压实，然后再进行开挖，并防止出现不均匀沉陷和变形。			
审核人		交接人		接受交底人	

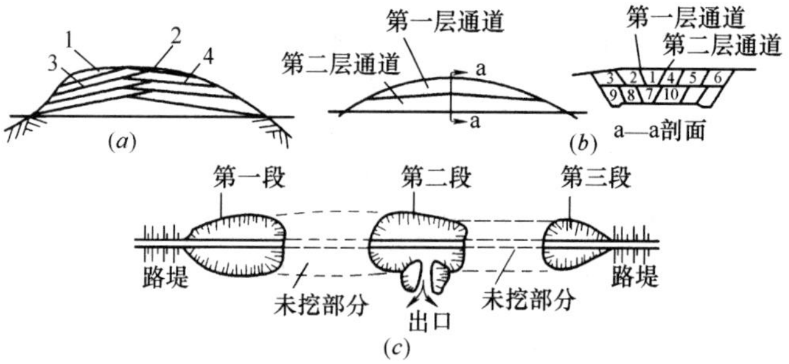

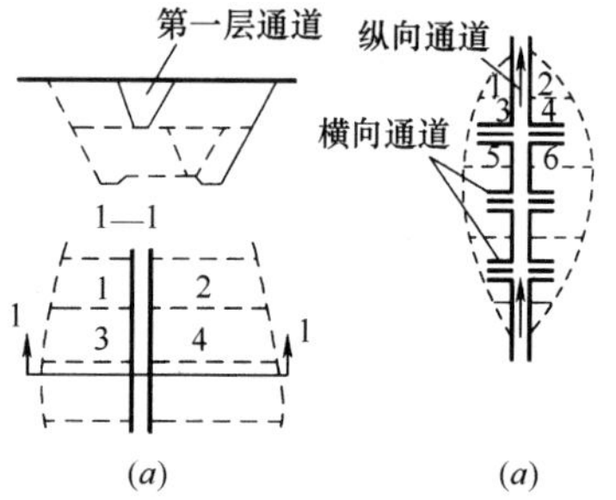

续表

<table>
<tr><td>工程名称</td><td colspan="2"></td><td>施工单位</td><td></td><td>编号</td><td></td></tr>
<tr><td>序号</td><td>项目</td><td colspan="5">城市道路路基土方施工技术交底内容</td></tr>
<tr><td>2</td><td>挖方路基工程施工</td><td colspan="5">2）平曲线外边沟沟底的纵坡，应与曲线前后的沟底相衔接。曲线内侧不得有积水或水外溢现象发生。
3）路堑和路堤交接处的边沟，应缓缓引向路堤两侧的天然沟或排水沟，不得冲刷路堤。路基坡脚附近不得积水。
4）所有排水沟渠应从下游出口向上游开挖，所有排水沟和截水沟设施应满足下列要求：
① 沟基应当进行加固处理，严禁将排水沟挖筑在未加处理的弃土上。
② 沟形应当比较规则、整齐，沟坡、沟底比较平顺，无大的起伏变化，沟内清理比较彻底，无浮土杂物。在进行沟水排泄时，不得对路基产生危害。
③ 截水沟的弃土应用于路堑与截水沟间筑土台，应当分层压实或夯实。台顶设2%倾向截水沟的横坡，土台边缘坡脚距堑顶的距离不应小于设计规定，当设计无规定时，可按照“弃土处理”的规定办理。
（6）在路堑的施工过程中，如果遇到地下水时应按下列规定处理：
1）挖方地段遇到地下含水层时，应根据地基排水的原则规定，结合现场实际按“地基排水”有关规定执行。
2）当路堑路床顶部以下位于含水量较多的土层时，应换填透水性良好的材料，换填深度应满足设计要求，并整平凹槽底面，设置渗水沟，将地下水引出路基外，再分层回填压实。
（7）弃土处理除按有关的规定办理外，还应符合下列规定：
1）在开挖路堑弃土地段前，应根据施工现场的具体情况，提出弃土的施工方案报有关单位批准后实施，该施工方案应包括弃土方式、调运方案、弃土位置、弃土形式、坡脚加固处理方案、排水系统的布置及计划安排等方面。施工中方案改变时，应报原批准单位进行复查。
2）弃土堆的边坡不应陡于 1∶1.5，顶面向外应设不小于2%的横坡，其高度不宜大于3m。路堑旁的弃土堆，其内侧坡脚与路堑顶之间的距离，对于干燥硬土不应小于3m，对于软湿土不应小于路堑深度加5m。
3）在山坡上侧的弃土堆应连续而不中断，并在弃土前设置截水沟；山坡下侧的弃土堆应每隔50～100m设不小于1m的缺口排水，弃土堆的坡脚应进行防护加固。
4）严禁在岩溶漏斗处、暗河口处、贴近桥墩台处弃土。
3. 深挖路堑的开挖施工
（1）当路堑边坡的高度≥20m时，称为深挖路堑。深挖路堑的施工准备工作，根据土石类别按相应规定办理。
（2）施工前应详细复查设计文件所确定的深挖路堑地段的工程地质资料及路堑边坡，并收集了解：土石界限、工程等级、岩层风化厚度、破碎程度、岩层工程特征；当路堑为砂类土时，应了解其颗粒级配、密实程度和稳定角；当路堑为细粒土时，应了解其含水量和物理力学性质，以及不良地质情况、地下水及其存在形式等。
应根据详细了解的工程地质情况、工程量大小和施工工期等，编制施工组织设计，并据以配备适当的机械设备、数量和劳动力。
（3）如果设计文件中的工程地质资料缺乏或严重不足，不能据以编制施工组织设计时，宜进行工程地质的补探工作；对于高速公路和一级公路补做工程地质勘探时，应以钻探为主。根据补做钻探所得工程地质资料而确定的技术方案，应报请批准后实施。</td></tr>
<tr><td colspan="2">审核人</td><td></td><td>交接人</td><td></td><td>接受交底人</td><td></td></tr>
</table>

续表

工程名称		施工单位		编号	
序号	项目	城市道路路基土方施工技术交底内容			
2	挖方路基工程施工	(4) 深挖路堑的边坡应严格按照设计坡度施工。如果边坡实际土质与设计勘探的地质资料不符，特别是实际土质比设计中的土质松散时，应向有关方面提出修改设计的意见，经批准后实施。 (5) 当施工土质边坡时，宜每隔 6～10m 高度设置平台，平台的宽度对于人工施工的不宜小于 2m；对于机械施工的不宜小于 3m。平台表面横向坡度应向内倾斜，坡度一般为 0.5%～1.0%；纵向坡度宜与路线纵坡平行。平台上的排水设施应与整个排水设施连通。 (6) 在深挖路堑的施工过程中，如果修建平台后边坡仍不能稳定或大雨后会产生坍塌时，应考虑修建砌石护坡，在边坡上种植草皮或做挡土墙。 (7) 在施工过程中边坡上渗出地下水时，应根据地下水渗出的位置、流量、流速等情况，按照有关施工规范规定，修建地下水排除设施。对于土质单边坡深挖路堑的施工方法，一般宜采用“土方路堑的开挖”中的多层横向全宽挖掘法施工。 (8) 土质双边坡深挖路堑的施工方法，宜采用“土方路堑的开挖”中的分层纵挖法和通道纵挖法。如果路堑纵向长度较大，一侧边坡的土壁厚度和高度不大时，可采用分段纵挖法。施工机械可采用推土机或推土机配合铲运机。当弃土运距较远超过铲运机的经济运距时，可采用挖掘机配合自卸汽车作业，或者采用推土机、装载机配合自卸汽车作业。 (9) 土质深挖路堑无论是单边坡还是双边坡，均应按照“土方路堑的开挖”中的规定开挖，靠近边坡 3m 以内禁止采用爆破法炸土施工。在距边坡 3m 以外准备采用爆破法施工时，应进行周密设计，防止炸药量过多，并应报请有关部门批准。 (10) 石质深挖路堑当地形和石质不符合采用“大爆破”的规定时，禁止使用大爆破施工方案。 (11) 单边坡石质深挖路堑的施工，宜采用深粗炮眼、分层、多排、多药量、群炮、光面、微差爆破方法。双边坡石质深挖路堑的施工，一般可采用纵向挖掘法，应分层在横断面中部开挖出每层通道，然后横断面两侧再按照单边坡石质的爆破方法作业。				
审核人		交接人		接受交底人	

2.8 城市道路路基石方施工技术交底

城市道路路基石方施工技术交底　　表 2-8

工程名称		施工单位		编号	
序号	项目	城市道路路基石方施工技术交底内容			
1	石方施工的一般规定	(1) 市区石方爆破应以小型爆破、控制爆破或静态破碎为主。郊区及有条件的市区可采用中型爆破。应制定爆破设计文件和安全技术措施，经公安部门批准后实施。 (2) 爆破工程应有专人负责，并应严格按照国家规定的爆破工程安全规程办理。 (3) 爆破工程必须在完成下列各项准备工作后方可进行： 1) 组织好爆破材料的安全储存和运送工作。 2) 做好危险区内的房屋、构筑物和设备的安全防护工作。				
审核人		交接人		接受交底人	

续表

工程名称		施工单位		编号	
序号	项目	城市道路路基石方施工技术交底内容			
1	石方施工的一般规定	3）在危险区边界设立警告标志，统一信号、警戒哨和指挥站等防卫危险区的工作。 4）将准备进行的爆破工程及其警告标志、信号的意义和规定的放炮时间等通知当地政府、有关单位和居民。 5）配合当地政府等有关单位做好思想和组织工作，爆破时督促人畜等避开危险区。			
2	石方路基开挖施工	（1）石方开挖方式，通常有以下几种： 1）纵向开挖法适用于路堑拉槽、旧路降坡地段：根据不同的开挖深度和爆破条件，可采用台阶形分层爆破或伞面爆破。 2）横向开挖法适用于半挖半填路基和旧路拓宽。可沿路基横断方向，从挖填交界处，向高边坡一侧开挖。 3）综合开挖法适用于深长路堑。采用纵向开挖法的同时，可在横断方向开挖一个或数个横向通道，再转向两端纵向开挖。 （2）接近设计坡面部分的开挖，采用爆破施工时，应采用预裂光面爆破，以保护边坡稳定和整齐。爆破后的悬凸危石、碎裂块体，应及时清除整修。沟槽、附属结构物基坑的开挖，宜采用控制爆破，以保持岩石的整体性；在风化岩层上，应作防护处理。 （3）路基和基坑完工后，应按设计要求，对标高、纵横坡度和边坡进行检查，做好边坡基底的整修工作，碎裂块体应全部清除。超挖回填部分，应严格控制填料的质量，以防渗水软化。			
3	石方路堑的开挖施工	（1）开挖石方应根据岩石的类别、力学强度、风化程度和节理发育程度等确定开挖方式。对于软石和强风化岩石，能用机械直接开挖的均应采用机械开挖，不能采用机械者也可人工开挖。凡不能使用机械或人工直接开挖的石方，则应采用爆破法开挖。 （2）在石方需用爆破法开挖的路段中，如空中有缆线，应查明其平面位置和高度；还应调查地下有无管线，如果有管线，应查明其平面位置和埋设深度；同时应调查开挖边界线以外的建筑物结构类型、完好程度、距开挖界的距离，然后制定爆破方案。任何爆破方案的制定，必须确保空中缆线、地下管线和施工区边界处建筑物的安全。 （3）进行爆破作业时，必须由经过专业培训并取得爆破证书的专业人员施爆，非专业人员不得随意操作。根据确定的爆破方案，进行炮眼位置、炮孔深度和装药量的设计，其设计图纸和资料应报送有关部门进行审批。 （4）根据设计的炮眼位置和炮孔深度打眼，当工程量较小，施工工期允许时，可采用人工打眼；当工程量较大，施工工期较紧时，应采用机械打眼。 （5）公路石方开挖，应充分重视挖方边坡的稳定，一般宜选用中小型爆破；开挖风化较严重、节理发育或岩层产状对边坡稳定不利的石方，宜选用小型排炮微差爆破，小型排炮药室距设计边坡线的水平距离，不应小于炮孔间距的1/2。 （6）采用爆破法开挖石方时，应按以下程序进行：施爆区管线调查→炮位设计与设计审批→配备专业施爆人员→用机械或人工清理施爆区覆盖层和强风化岩石→钻炮孔→爆破器材检查与试验→炮孔检查与废渣清除→装药并安装引爆器材→布置安全岗和施爆区安全员→炮孔堵塞→撤离施爆区和飞石、强地震波影响区内的人畜→起爆→清除瞎炮→解除警戒→测			
审核人		交接人		接受交底人	

<table>
<tr><td colspan="2">工程名称</td><td></td><td>施工单位</td><td></td><td>编号</td><td></td></tr>
<tr><td>序号</td><td>项目</td><td colspan="5">城市道路路基石方施工技术交底内容</td></tr>
<tr><td>3</td><td>石方路堑的开挖施工</td><td colspan="5">定爆破效果。
(7) 当岩层走向与道路路线走向基本一致，倾角>15°，且倾向公路或者开挖边界线外有建筑物，施爆可能对建筑物地基造成影响时，应在开挖层边界、沿设计坡面打预裂孔，预裂的孔深同炮孔深度，但孔内不装炸药和其他爆破材料，孔的距离不宜大于炮孔纵向间距的 1/2。
(8) 为减少对爆破边坡的振动，歼挖层靠近边坡的两列炮孔，特别是靠边缘的一列炮孔，宜采用减弱松动爆破。开挖边坡外有必须保证安伞的重要建筑物，在采用减弱松动爆破也不能确保建筑物安全时，应采用人工开凿、化学爆破或控制爆破。
(9) 在石方开挖区应注意施工排水，在纵向和横向形成坡面开挖面，其坡度应满足排水要求，以确保爆破出的石料不受积水浸泡。</td></tr>
<tr><td>4</td><td>石路堤的填筑施工</td><td colspan="5">(1) 对于填石路堤的基底处理，与填土路堤基本相同。
(2) 作为填石路堤所用的石料强度，不应小于 15MPa，用于护坡的不应小于 20MPa。填石路堤石料的最大粒径，不宜超过层厚度的 2/3。
(3) 城市快速路、主干路和铺设高级路面的其他等级公路的填石路堤均应分层填筑、分层压实。次干路、支路及二级以下且铺设低级路面的公路，在陡峭山坡段施工特别困难或大量爆破以挖作填时，可采用倾填方式将石料填筑于路堤下部，但倾填路堤在路床底面下不小于 1.0m 范围内仍应分层填筑压实。
(4) 为便于施工和达到设计要求的压实度，填石分层松铺厚度不要过大，高等级公路不宜大于 0.5m，其他等级公路不宜大于 1.0m。
(5) 在填石路堤倾填前，路堤边坡坡脚应用粒径>30cm 的硬质石料码砌。当设计中无具体规定时，填石路堤高度≤6m 时，其码砌厚度不应小于 1m；当高度>6m 时，码砌厚度不应小于 2m。
(6) 采用逐层填筑时，应安排好石料的运输路线，并有专人指挥交通；按水平分层、先低后高、先两侧后中央卸料，并用大型推土机摊平。个别不平处应配合人工用细石块、石屑进行找平。
(7) 当石块级配较差、粒径较大、填层较厚、石块间的空隙较大时，可在每层表面的空隙间加入石渣、石屑、中砂、粗砂，再以压力水将砂冲入下部，这样反复数次，使空隙填满，以保证其密实度。
(8) 当采用人工铺填粒径 25cm 以上石料时，应先铺填粒径较大的石料，石料要大面向下、小面向上、摆平放稳，然后再用小石块找平，石屑塞缝，最后压实。人工铺填 25cm 以下石料时，可直接分层摊铺、分层碾压。
(9) 填石路堤所用填料如果岩性相差较大，则应将不同岩性的填料分层或分段进行填筑。如果路堑或隧道基岩为不同岩种互层时，允许使用挖出的混合石料填筑路堤，但石料强度、粒径应符合“填石路堤的填筑施工”的第 (2) 条的规定。
(10) 用强风化石料或软质石填筑路堤时，应按土质路堤施工规定先检验填料的 CBR 值是否符合要求，CBR 值不符合要求者不能使用，符合使用要求时应按土质路堤的技术要求进行施工。</td></tr>
<tr><td colspan="2">审核人</td><td></td><td>交接人</td><td></td><td>接受交底人</td><td></td></tr>
</table>

续表

<table>
<tr><td>工程名称</td><td colspan="2"></td><td>施工单位</td><td></td><td>编号</td><td></td></tr>
<tr><td>序号</td><td>项目</td><td colspan="5">城市道路路基石方施工技术交底内容</td></tr>
<tr><td>4</td><td>石路堤的填筑施工</td><td colspan="5">（11）城市快速路、主干路填石路堤路床顶面以下 50cm 范围内，应填筑符合路床要求的土料并分层压实，填料的最大粒径不得大于 10cm。其他公路填石路堤路床顶面以下 30cm 范围内，宜填筑符合路床要求的土料并分层压实，填料的最大粒径不得大于 15cm。</td></tr>
<tr><td>5</td><td>石质路基爆破</td><td colspan="5">1. 一般规定
（1）路基岩石爆破，应根据爆破工点周围的环境及施工机具，结合地形、地质条件，选择合理的爆破方案，制订爆破施工设计文件。爆破参数应通过现场试验，确认无误后，方能在施工中正式采用。
（2）爆破施工设计应包括下列基本文件：
1）爆破工点的地质图、地形图。
2）采用爆破方法的依据和相应的炮眼布置图，爆破规模较小时，可只提出钻孔、装药和起爆的说明或规定。
3）主要爆破参数和控制装药量的设计计算书。
4）爆破安全距离计算及其安全防护措施。
5）起爆网路的说明或设计计算书，设计文件批准书。
（3）在市区及交通要道，应采用电力起爆和导爆管起爆。起爆炮孔装药，必须制作起爆药包，严禁将雷管直接投入炮孔装填。
（4）控制爆破适用于城市道路中各种建筑物及其设备和文物古迹近距离内的岩石爆破，并可用以拆除各种砖石、混凝土结构。
（5）控制爆破施工设计的基本原则如下：
1）应减少一次同时起爆的炸药量，宜采用间隔装药和微差爆破。
2）在城市市区爆破的飞石安全距离，仍需估算，为防止飞石带来破坏，应采用高强度填孔材料和安全防护措施。
3）计算参数必须通过试验验证并达到预期效果时，方可采用。
（6）静态破碎法适用于切割或破碎混凝土和岩石，设计的一般原则如下：
1）破碎混凝土时，对被破碎体的结构和强度，应先进行分析，然后选择设计参数。
2）切割（破碎）岩石时，应对地质构造、岩石坚硬程度、层理、节理以及地下水状况进行调查了解，综合实际情况，然后选择设计参数。
3）各种不同型号的破碎剂应通过有关部门鉴定后方可使用。
（7）选择炮眼位置及其间距应根据岩石的性质、装药重量、炸药种类、各个炮眼爆炸的先后及其引起相邻炮眼爆炸的可能性而定。在选择炮眼位置时应注意下列事项：
1）必须注意检查石层、石质、石纹、石状、石穴，以在无裂缝干燥的岩石上打眼为宜。
2）选眼时可用锤敲击，发生空音处应避开。
3）炮眼应避免选在两种岩石硬度相差很大的边界处。
4）炮眼应尽量选在暴露面的一边或暴露面较多的适当位置。
5）每次爆破前应考虑为下一炮创造更多的暴露面，以形成“阶梯式”暴露面为宜，可在路堑中开炸纵横槽，以增加暴露面。
6）群炮炮眼（即多数炮眼同时爆炸）的间距，在坚石上至少应等于最小抵抗线长度的</td></tr>
<tr><td colspan="2">审核人</td><td></td><td>交接人</td><td></td><td>接受交底人</td><td></td></tr>
</table>

续表

工程名称		施工单位		编号	
序号	项目	城市道路路基石方施工技术交底内容			
5	石质路基爆破	1.5～2倍，次坚石为1～1.5倍，在软石上不宜超过最小抵抗线。 7）平排炮眼要前后错开，眼距应根据所用炸药爆炸力决定，通常不超过2.5m。 8）有两个以上暴露面时，炮眼位置应与各暴露面的距离接近相等。 （8）石方集中或石质特别坚硬时，以使用机械钻孔为宜。使用机械钻孔时，应事先检查是否备有足够的钻头和钻机的配件等。 （9）在山坡上开炸石方修筑路堑或半挖路基时，可根据爆破层厚度采用小眼炮、蛇穴炮（猫洞炮）、药壶炮（烘堂炮）或采用平排炮等方法进行爆炸。 （10）当岩石厚度小于2m时采用炮眼法；厚度为2～6m时采用炮眼药壶法或直井法；厚度超过6m时采用深眼法、深眼药壶法或洞室法。采用直井或平洞装药法爆破石方时，药室应靠近被炸阶台的暴露面。 （11）一般炮眼（洞室）的深度应根据岩石坚硬度和爆破方法考虑： 1）炮眼法施工时炮眼深度应为爆破层厚度的1.0～1.5倍；如果爆破层下有较软土石层时，则炮眼深度可为爆破层厚度的0.7～0.9倍。 2）直井深度应为爆破层厚度的0.9～1.0倍。 3）阶台中深眼的深度应根据阶台下部和底部土石的坚硬度、阶台斜坡的角度和爆破层的厚度而定。一般可为阶台高度的0.9～1.3倍。 （12）炸石所用的炸药数量及炮眼的分布位置须视炮眼深度，岩石的方量和形状，石质的坚硬程度和质量以及炸药爆炸力的大小等条件而定。施工时应按照设计和试炸结果对上述因素进行分析作出决定，作为正式施工的依据。 （13）当路堑不长时，可从路堑两端开始同时进行石方爆破；如路堑较长，为加速施工进度，可在路堑中段的适当地点增辟新的工作场地。 （14）已炸碎的优质石料应放置在适当地点，不可任意抛弃或与废石混在一起。 （15）用挖土机装运炸碎石料时，石料尺寸不得超过挖土铲斗最小边长的2/3。 （16）用爆破法开沟槽时，炮眼深度不得超过沟宽的0.5倍。如沟深超过沟宽的0.5倍时应分层进行。接近边坡及路基顶面时，应注意炮眼深度及位置，使爆破断面符合设计要求，边沟部分应钻小孔，用少量炸药爆破。 （17）一般可用引线雷管点火引起爆破，或用电雷管通电引起爆破。当分组使整个炮同时起爆或地势险要不易躲避时，应采用通电爆破方法。引线雷管的导火线长度应根据爆破员在点火后避人安全地点所需的时间来规定，但不得短于1m。 （18）当岩层不太零乱，路堑较深及路线通过突出的山嘴，采用大爆破为宜。采用大爆破施工时，必须进行大爆破设计。 （19）在页岩、片岩、砂岩、砾岩等不属于整体岩石，尤其是易塌的堆积层中，均不宜采用大爆破，当岩石倾斜朝向路线及岩层中夹有砂层或黏性土层时，也不宜采用大爆破。 （20）大爆破分抛塌、多面临空，和扬弃爆破等不同爆炸方法。其用药量必须根据岩石性质最小抵抗线等进行计算确定。在可能情况下除引炸药包用硝铵炸药（约占总药量1/10）外，其余采用铵油炸药较为经济。药室的位置、竖井和横峒的布置、爆炸安全半径以及竖井和横峒等的开挖工作，均需根据爆破设计进行。				
审核人		交接人		接受交底人	

续表

<table>
<tr><td>工程名称</td><td colspan="2"></td><td>施工单位</td><td></td><td>编号</td><td></td></tr>
<tr><td>序号</td><td>项目</td><td colspan="5">城市道路路基石方施工技术交底内容</td></tr>
<tr><td>5</td><td>石质路基爆破</td><td colspan="5">（21）在潮湿条件下进行爆破时，传爆线及导火线的各段均应用防水材料加以保护。露于地面上的传爆线，在气温高于30°时，应加遮盖，避免日光直接照射。
（22）起爆前爆破人员应注意做好以下各项检查，并应作出记录：
1）放置药包用的直井、洞室、深眼、平洞和其他坑洞是否符合设计要求。
2）坑洞中的药包和起爆线路的设置是否正确。
3）起爆器是否灵敏有效，并确定线路电阻和所需电流，电力起爆线路是否正确。
（23）清除瞎炮必须严格按照国家规定的“爆破作业的统一安全规程”进行。
2. 爆破前的准备工作
（1）导洞和药室验收。检查导洞、药室的几何尺寸应符合设计要求；清除危石和残存石碴，引流裂隙水，清除未炸雷管及瞎炮。
（2）装药。装药时间应尽可能短，避免炸药受潮。装药自下而上、自里向外逐层码砌平稳、密实。起爆体应平稳安放在设计位置。药包要坚固牢靠，下部药包要能承受上部药包压力。装药不得在雨雪、大风、雷电、浓雾天气及黑夜进行；起爆体装入药室后，应拆除洞内及洞口一切电源电线，改用绝缘电筒或其他安全照明。
（3）导洞和竖井堵塞。堵塞前应对装药质量进行检查，并用木槽、竹筒或其他材料保护电爆缆线。在药室外侧砌一道石墙，然后填土捣实，石墙外2～3m一段，或洞身至药室拐弯一段，应用黏土填塞夯实，其余部分可用土石分层填塞紧密。堵塞长度按照设计要求，洞口部分除设计另有规定外，应再砌一道石墙，并用黏土封紧。竖井和平洞的堵塞料可就地取材，分层回填至原地面，平洞堵塞长度不应小于最小抵抗线。堵塞过程中，对电爆线路应注意保护，并派专人经常检查、维护，不得损坏。
（4）起爆线路的敷设。敷设线路前，非接线人员和设备应撤离至安全地点，并在爆破影响区外设警戒，禁止人畜进入影响区；截断场内一切设备的电源。然后从药室开始，逐渐向主线和电源方向连接，禁止先接电源和供电设备，并禁止在雷雨天和黑夜进行。接线前，应仔细检查每一个导洞的线路电阻，如发现误差超过10%或不能通电，应查明原因排除故障，对可疑线路和起爆体应更换。为了安全起爆，可设置必要的复线作起爆线路。接线时所有接头要求清洁，接触良好，并用绝缘胶布包好扎牢，以保证电阻稳定，电流正常。
3. 爆破
（1）施爆前，应规定醒目清晰的爆破信号，并发布通告，及时疏散危险区内的人员、牲畜、设备及车辆等；对不能撤离的建筑物应采取保护、加固措施。并在危险区周围设警戒。
（2）起爆前15min，由总指挥发布起爆准备命令，爆破站做最后一次验收检查和安全检查。如无新情况发生，在接到指挥长起爆命令后立即合闸施爆。
（3）起爆后应迅速拉闸断电，起爆后15min，由指定爆破作业人员进入爆破区内进行安全检查，确认无拒爆现象和其他问题后，方能解除警戒。
4. 瞎炮处理
爆破后如有瞎炮，应由原施工人员参加处理，采取安全措施排除。对于大爆破，应找出线头接上电源重新起爆，或者沿导洞小心掏取堵塞物，取出起爆体，用水灌浸药室使炸药失效，然后清除。对中小型炮，可在距瞎炮的最近距离不小于0.6m处，另行打眼爆破，当炮眼不深时，也可用裸露药包爆破。</td></tr>
<tr><td colspan="2">审核人</td><td></td><td>交接人</td><td></td><td>接受交底人</td><td></td></tr>
</table>

续表

<table>
<tr><td>工程名称</td><td colspan="2"></td><td>施工单位</td><td></td><td>编号</td><td></td></tr>
<tr><td>序号</td><td>项目</td><td colspan="5">城市道路路基石方施工技术交底内容</td></tr>
<tr><td>5</td><td>石质路基爆破</td><td colspan="5">5. 石质路堑边坡清刷及路床检验
(1) 石质挖方边坡应顺直、圆滑、大面平整。边坡上不得有松石、危石。凸出于设计边坡线的石块，其凸出尺寸不应大于 20cm，超爆凹进部分尺寸也不应大于 20cm。对于软质岩石，凸出及凹进尺寸均不应大于 10cm，否则应进行处理。
(2) 挖方边坡应从开挖面往下分级清刷边坡，下挖 2～3m 时，应对新开挖边坡刷坡，对于软质岩石边坡可用人工或机械清刷，对于坚石和次坚石，可使用炮眼法、裸露药包法爆破清刷边坡，同时清除危石、松石。清刷后的石质路堑边坡不应陡于设计规定。
(3) 石质路堑边坡如因过量超挖而影响上部边坡岩体稳定时，应用浆砌片石补砌超挖的坑槽。
(4) 石质路堑路床高低应符合设计要求，开挖后的路床基岩面标高与设计标高之差应符合设计的要求，如过高，应凿平；过低，应用开挖的石屑或灰土碎石填平并碾压密实。
(5) 石质路堑路床顶面宜使用密集小型排炮施工，炮眼底标高宜低于设计标高 10～15cm，装药时宜在孔底留 5～10cm 空眼，装药量按松动爆破计算。
(6) 石质路床超挖大于 10cm 的坑洼当有裂隙水时，应采用渗沟连通，渗沟宽不宜小于 10cm，渗沟底略低于坑洼底，坡度不宜小于 6‰，使可能出现的裂隙水或地表渗水由浅坑洼渗入深坑洼，并与边沟连接。如渗沟底低于边沟底则应在路肩下设纵向渗沟，沟底应低于深坑洼底至少 10cm，宽不宜小于 60cm；纵向渗沟由填方路段引出。渗沟应填碎石，并与路床同时碾压到规定的要求。
6. 开挖石方的清运与二次爆破
(1) 开挖石方如横向调运或小于 100m 的纵向调运用作填方时，可用推土机推运，但调运的石块必须符合填料粒径要求；对大块石料，可集中于挖方区进行二次爆破。
(2) 开挖石方如为废弃方，如装运受装载运输机械的限制，可对个别大石块进行二次爆破。
(3) 石方开挖区可分幅或分段进行爆破，石方清除和打炮眼可轮流作业。</td></tr>
<tr><td>审核人</td><td></td><td>交接人</td><td></td><td>接受交底人</td><td colspan="2"></td></tr>
</table>

2.9 城市道路路基机械化施工技术交底

城市道路路基机械化施工技术交底　　表 2-9

<table>
<tr><td>工程名称</td><td colspan="2"></td><td>施工单位</td><td></td><td>编号</td><td></td></tr>
<tr><td>序号</td><td>项目</td><td colspan="5">城市道路路基机械化施工技术交底内容</td></tr>
<tr><td>1</td><td>路基机械化施工的特点与要求</td><td colspan="5">1. 概述
(1) 城市道路路基工程采用机械化施工，是提高施工进度、降低劳动强度、加快工程进度、确保工程质量，及早发挥工程效益的重要方法，现代化高等级公路的路基工程施工，绝大多数是采用施工机械施工。
(2) 路基施工机械主要施工机械包括土石方机械和压实机械两大类：
1) 土石方施工机械包括推土机、装载机、挖掘机、铲运机、平地机和凿岩机等，这是路</td></tr>
<tr><td>审核人</td><td></td><td>交接人</td><td></td><td>接受交底人</td><td colspan="2"></td></tr>
</table>

续表

<table>
<tr><td>工程名称</td><td colspan="2"></td><td>施工单位</td><td></td><td>编号</td><td></td></tr>
<tr><td>序号</td><td>项目</td><td colspan="5">城市道路路基机械化施工技术交底内容</td></tr>
<tr><td>1</td><td>路基机械化施工的特点与要求</td><td colspan="5">基施工中用途最广泛的施工机械，它们担负着土石方的铲装、填挖、运输和平整等作业。
2）压实施工机械包括光轮式压路机、轮胎式压路机、振动式压路机及羊足碾等。
2. 路基机械化施工的特点
（1）能完成独特的任务：在现代化城市道路路基工程的施工过程中，有些工程或工序是人力所无法做到的，或者具有一定的危险性，必须借助于施工机械才能按照设计要求去完成。
（2）能改善劳动条件：在路基工程施工中，使用操作灵活、效率较高的机械，可以代替大量的体力劳动，使工者以较少的劳动付出，获得较大的经济效益和工程成果，在一定的工期内和有限的工作面上完成大量工程任务。
（3）能提高劳动生产率：路基工程实现机械化施工，能大幅度地提高劳动生产率。如一台斗容量为 0.5m^3 的挖掘机，可以代替 80～90 个工人的体力劳动；一台中型推土机，相当于 100～200 人的工作量。由此可见，机械施工与人力劳动相比，其效率可以提高几十倍甚至百倍以上。
（4）施工比较机动灵活：对于战线长、土石方量大的城市道路路基工程施工，随着工程的进展，施工队伍和机械设备转移是经常不断的。相对而言，机械的调转比起大批人员的转移方便得多，适用于流动性大的工程施工。
3. 路基工程机械化施工的要求
（1）需要有严密的科学的施工组织与管理，需要有充足的燃料能源，要有附属设施和维修设备，良好的零配件供应及相应的运输条件，更需要具有一定业务专长的技术干部和技术工人。
（2）为了确保整个施工过程中施工顺利，各个作业、各道工序均衡协调，需要有足够数量、种类及规格的机械设备，需要一次性投入大量的资金。</td></tr>
<tr><td>2</td><td>推土机的施工工艺</td><td colspan="5">1. 推土机施工的基本过程
推土机的基本作业是铲土、运送、卸土和空回四个工作过程，如图 2.9-1 所示。提高推土机作业效率的原则是：铲土时应以最短时间、最短距离铲满土；运送时应尽量减少土壤漏损，使较多的土运送到卸土点；卸土时应根据施工条件采取不同的卸土方法，以达到施工技术要求和施工安全；空回时应以较快的速度驶回铲土处。
(a)　(b)　(c)
图 2.9-1　推土机的基本作业
（a）铲土行程；（b）运土行程；（c）卸土行程
2. 直铲推土机的基本作业
（1）推土机的铲土作业：在此作业行程内，使铲刀切入土中一定深度，以最短的时间、最短的距离，使其铲刀前堆满土壤，并用铲刀推动；推土机铲土的深度，视土壤的类别而不同，一般Ⅰ级土壤铲土深度约 20cm，铲刀的铲土角可以陡一些，约 60°～65°在Ⅲ级土壤中铲土深度在 10～15cm，其铲土角度可用 52°～57°；至于在Ⅳ级以上的黏性土壤内铲土深度应在 0～15cm 范围内变动，其铲土角度调至 45°。
为了在最短的时间、最短的距离内铲满土或多铲土，一般常用接力铲土法。这种铲土法是分次铲土、叠堆推运，分次的目的是使柴油机有喘息接力的含义。按铲土距离的不同，此</td></tr>
<tr><td colspan="2">审核人</td><td></td><td>交接人</td><td></td><td>接受交底人</td><td></td></tr>
</table>

续表

<table>
<tr><td>工程名称</td><td colspan="2"></td><td>施工单位</td><td></td><td>编号</td><td></td></tr>
<tr><td>序号</td><td>项目</td><td colspan="5">城市道路路基机械化施工技术交底内容</td></tr>
<tr><td>2</td><td>推土机的施工工艺</td><td colspan="5">法又分四次、六次接力铲土，如图 2.9-2 所示。推土机第一次铲土时，应以最大可能深度切入土中，以刨削式铲土为好，从靠近填土处开始。铲土时，当柴油机稍有超负荷现象时即停止铲土，然后退回。推土机以同样方法进行第二次铲土，接着第三次铲土，并沿着前进方向把第一、二次所留的土推送到填土处。这样可以使柴油机功率得到充分利用。此法若与沟槽推土法配合，可以减少土壤的漏损，大大提高推土效率。 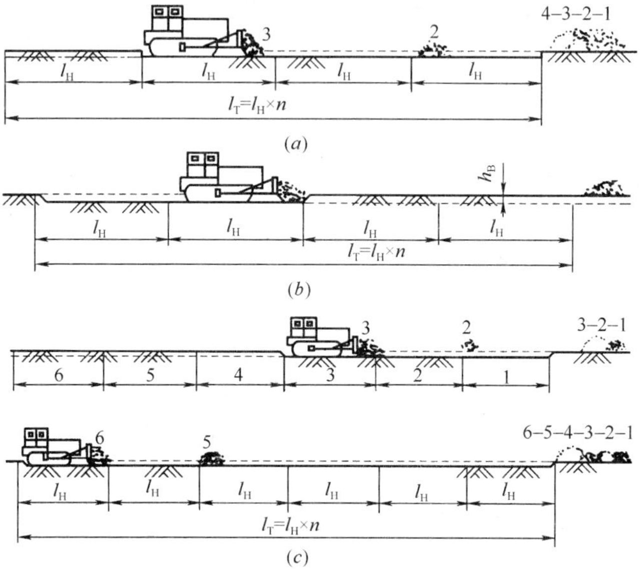

(a)
(b)
(c)
图 2.9-2　接力铲土施工法
(a) 四次接力铲土施工法；(b) 刨削式铲土施工法；(c) 六次接力铲土施工法
l_H—铲土长度；h_B—铲土深度；l_T—工作地段总长度（$l_T=l_H\times n$ n 为分段数）

（2）推土机的运土作业：在此作业行程中，为了尽可能地减少运土损失，常用的有沟槽运土（或推土）法、推土机并列推土法以及铲刀加挡板法。
1）沟槽推土法：在运送土壤时，为了尽可能地减少运土损失，可在一固定作业线上多次推运使之形成一条土槽，或者利用铲刀两端外漏的土壤所形成的土埂进行运土，如图 2.9-3 所示，一般槽深不大于铲刀的高度。 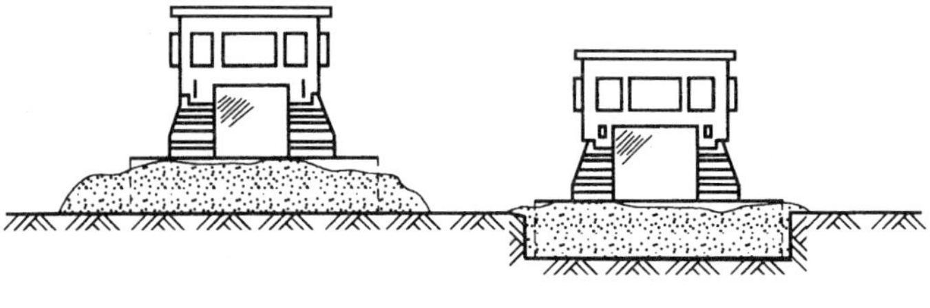

图 2.9-3　沟槽运土（推土）施工法

2）并列推土法：即两台以上同类型的推土机同步推土前进，如图 2.9-4 所示。这样可</td></tr>
<tr><td>审核人</td><td colspan="2"></td><td>交接人</td><td></td><td>接受交底人</td><td></td></tr>
</table>

续表

工程名称		施工单位		编号	
序号	项目	城市道路路基机械化施工技术交底内容			
2	推土机的施工工艺	见下文			

以减少运土损失。但两铲刀间隔不宜太小或过大，一般约 15～20cm。采用这种方法要求驾驶员操作技术熟练，作业时要注意两者的行进速度和方向，避免碰车。

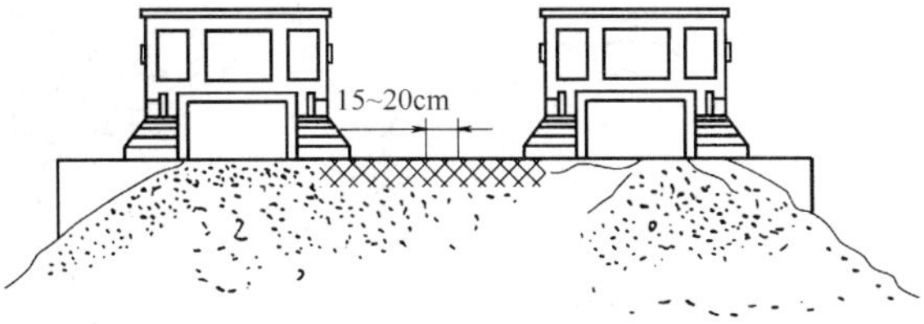

图 2.9-4　推土机并列推土施工法

3）下坡推土法：即利用下坡时推土机产生的重力分力，加速铲土过程和增大送土量，以提高效率。但下坡角度不宜过陡，一般不超过 20°，否则空车后退爬坡困难，反而使效率降低。如若采用刀架加挡板法，将大大增加推土的数量，如图 2.9-5 所示。

（3）推土机的卸土作业：

1）此作业行程是以提升铲刀来进行的。卸土的方法视施工条件不同而异。图 2.9-6 所示为推土机在分层填土行驶时卸土的情况，推土机在前进中要徐徐地提升刀架来卸土，铲刀提升的高度应等于所填土层的厚度。卸土路程的长度为 4～6m。

图 2.9-5　刀架加挡板法 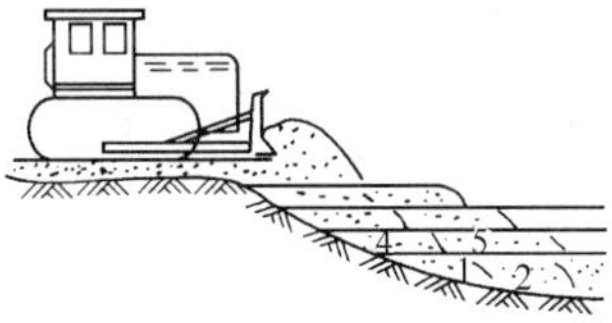　　　　图 2.9-6　推土机分层填土卸土法

2）图 2.9-7 所示为推土机自路侧取土坑或自路堑运土填筑路堤过程中，在推土机前进或停止后，将推土机铲刀慢慢地高高提升，以达卸土之目的，有时又将铲刀重新放下，让推土机倒退行驶将上拖平一下。

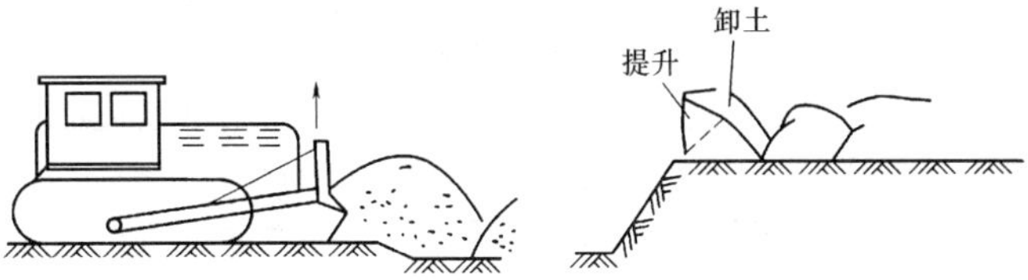

图 2.9-7　推土机局部填土卸土法

（*a*）局部填土；（*b*）提起铲力卸土下填摊单程序

3）从路堑取土填筑山坑及填筑路堤时，推土机卸土时应迅速提升铲刀卸土（图 2.9-8）。

3. 回转式、湿地式推土机的基本作业

（1）回转式推土机基本作业与直铲推土机相同。只是它更适合于傍山挖土填筑路堤以及在狭窄处回填沟槽和平整场地等作业。由于斜铲推土机的铲土、运土、卸土三个行程是同时连续进行的，其工作情况与平地机的工作基本相似。因此，在进行平整土壤面层等工作时，

审核人		交接人		接受交底人	

<table>
<tr><td>工程名称</td><td></td><td>施工单位</td><td></td><td>编号</td><td></td></tr>
<tr><td>序号</td><td>项目</td><td colspan="4">城市道路路基机械化施工技术交底内容</td></tr>
<tr><td>2</td><td>推土机的施工工艺</td><td colspan="4">大都是采用低挡进行。

铲刀
(a)　(b)
图 2.9-8　推土机填筑边坡下沟槽等卸土法

(2) 斜铲平面角（图 2.9-9），根据所进行工作的对象不同而不同。一般在推土时为 90°（直角），平土时为 60°，填土时为 40°。

图 2.9-9　斜铲推土施工法

(3) 当用斜铲推土在傍山取土时，应将铲刀调整为 60°平面角，然后向坡外平斜，并使其较坡面前端稍有下倾，以便在推土过程中，造成内倾的横向坡度，使机械安全运行。在挖土过程中坡上的土壤被内角切取后，就沿刀片卸于坡外，形成一条行驶道。随着此道的加宽，当超过刀宽较多时，推土机在切取土壤后就要向外侧转向，卸土于坡下，一次完成全断面的推卸工作。这比直铲推土的效率要高。
(4) 湿地式推土机与一般推土机不同是采用三角形加宽履带板，使接地比压由 1.3×109Pa 降低至 0.3×109Pa。这种履带板有以下特点：
1) 随着土壤硬度的变化和接地面积变化，三角履带板在硬土壤上压入深度浅，接地面积小，接地比压高。反之，接地比压低；三角履带在软土上压入的深度深，接地面积大，接地比压小。因此在松软的地面上作业效果较好。同时土壤剪力的增加有助于发挥机械的牵引力。
2) 由于三角履带板的顶角大于 90°，所以不易粘结土壤，且易剥落，使履带本身起到自洁作用。湿地推土机，不但可以用于沼泽地区施工，而且用于一般性质土壤的施工。
4. 推土机的填筑路堤
(1) 横向填筑路堤：
1) 这是推土机在路堤的两侧或一侧取土，向路堤依次移送土壤。单台或多台推土机施工时应采用分段进行，可以增大工作面，分段距离一般以 20～40m 为宜，每段也可以按班组的能力划分。</td></tr>
<tr><td>审核人</td><td></td><td>交接人</td><td></td><td>接受交底人</td><td></td></tr>
</table>

续表

工程名称		施工单位		编号	
序号	项目	城市道路路基机械化施工技术交底内容			
2	推土机的施工工艺	2）在一侧取土时，每段一台推土机，作业线路可采用“穿梭”法进行，如图 2.9-10 所示。在施工中，推土机推满土后，可向路堤直送到路堤坡脚，卸土后按原推土路线退回到挖土始点。这样在同一线路中按沟槽运土法送二、三刀就可挖到 0.7～0.8m。此后推土机作小转弯倒退，以便向一侧移位，仍按同法堆邻侧的土壤。以此类推地向一侧转移，直至一段路堤完工。然后推土机反向侧移，推平取土坑所遗留的各条土埂。 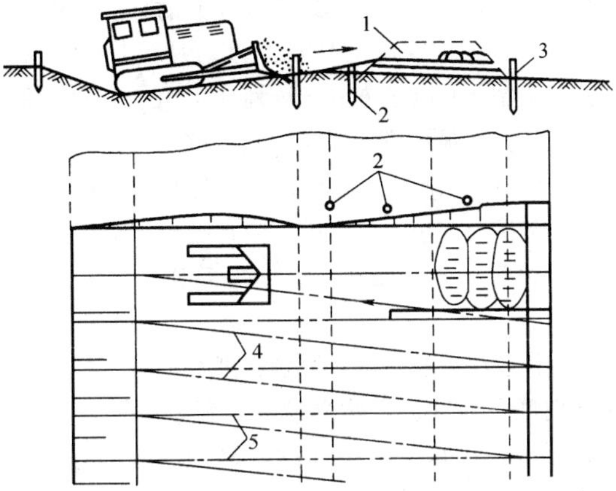 图 2.9-10　推土机从一侧取土填筑路堤施工 1—路堤；2—标定桩；3—间距为 100m 的高标杆；4、5—推土机“穿梭作业路线” 3）当推十机由两侧取土坑推土时，每段最好用两台并以同样的作业法，面对路堤中心线推土，但双方一定要推过中心线一些，并注意路堤中心线的压实，图 2.9-11 所示为从两侧取土时作业线路图。当路堤填高时，应分层有序地进行，一般每层厚度约 20～30cm，并分层压实。 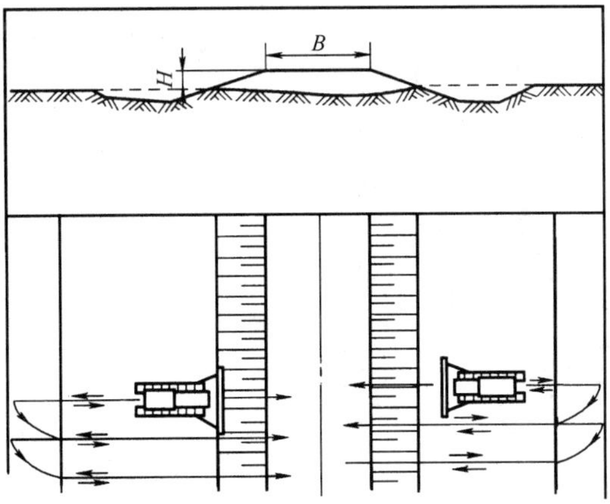 图 2.9-11　推土机从两侧土抗取土填筑路堤作业的线路 B—路基宽；H—路基高				
审核人		交接人		接受交底人	

续表

工程名称		施工单位		编号	
序号	项目	城市道路路基机械化施工技术交底内容			
2	推土机的施工工艺	见下文			

4）当推土机采用单机推土填筑路堤高度超过 1m 时，应设置推土机进出坡道（图 2.9-12）。通道的坡度应不大于 1∶2.5，宽度应与工作面宽度相同，长度约 5～6m。当采用综合机械化施工时，路堤填筑高度超过 1m 后，多采用铲运机来完成。

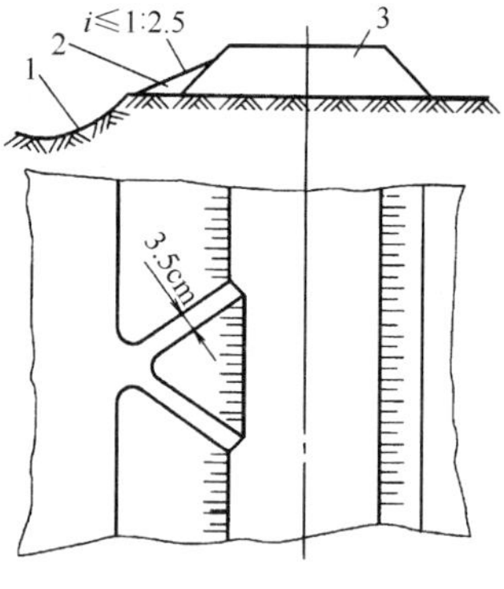

图 2.9-12　推土机作业坡道设置

（2）纵向填筑路堤：纵向填筑路堤作业的方法多用于移挖作填工程，其开挖深度与填筑高度可按设计标高规定，不受其他限制，只要挖方的土壤性质适用于填筑路堤即可。这种施工方法最经济，但应注意开挖部分的坡度不能大于 1∶2 开挖中应随时注意复核路基标高和宽度，避免出现超挖和欠挖。在填土过程中，应根据施工地段的施工条件，分层填筑、分层压实。纵向填筑作业法，如图 2.9-13 所示。

（3）综合作业法填筑路堤：综合作业法实际上是横向纵向联合作业。将路堤沿线路每 60～80m 分为若干段，在每段的中部设一横向送土道，采用横向填筑法，将土壤由通道送到路堤上，再由推土机纵向推送散土，分层填筑，分层压实，如图 2.9-14 所示。

图 2.9-13　推土机纵向移挖作业填筑法

5. 推土机的开挖路堑

用推土机开挖路堑有两种施工情况：一种是在平地上挖浅路堑；另一种是在山坡上开挖路堑或移挖作填开挖路堑。

（1）平地上两侧弃土，横向开挖路堑：

1）用推土机横向开挖路堑，其深度在 2m 以内为宜，如图 2.9-15 所示。开始推土机以路堑中线为界，向两侧横向按“穿梭”作业法进行，将路堑中挖出的土送至两侧弃土堆，最后，再做专门的清理与平整。如开挖深度超过 2m，则需与其他机械配合施工。

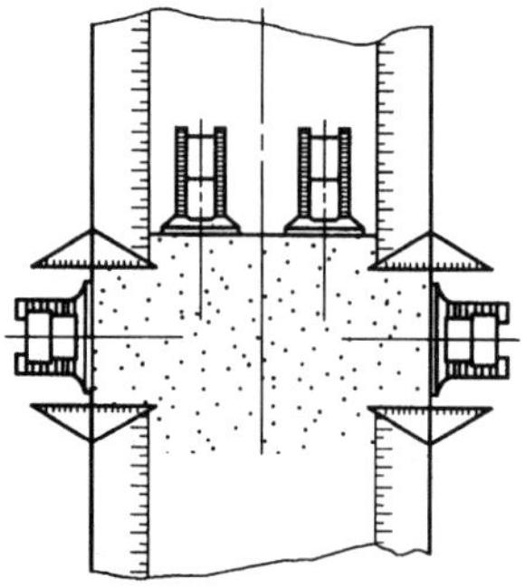

图 2.9-14　推土机横向纵向联合作业填筑路堤

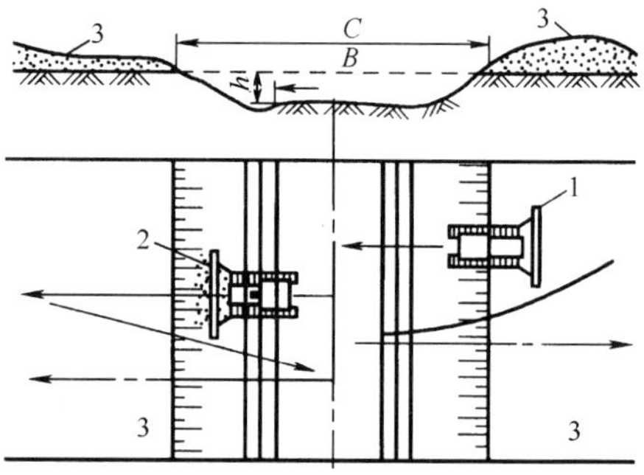

图 2.9-15　推土机在平地横向开挖路堑施工作业图

1、2—两台推土机采用“穿梭”作业法；3—弃土法

审核人		交接人		接受交底人	

工程名称		施工单位		编号	
序号	项目	城市道路路基机械化施工技术交底内容			
2	推土机的施工工艺	2）此外，对上述施工作业，推土机也可用环形作业法施工，如图 2.9-16 所示。施工时推土机可按椭圆形或螺旋形路线运行，这种运行路线可以对弃土堆进行分层平整和压实。 3）在整个路堑的开挖段上，应作出排水方向的坡度以利排水。在接近挖至规定断面时，应随时复核路基标高和宽度，以免出现超挖或欠挖。通常在挖出路堑的粗略外形后，多采用平地机来整修边坡和边沟。 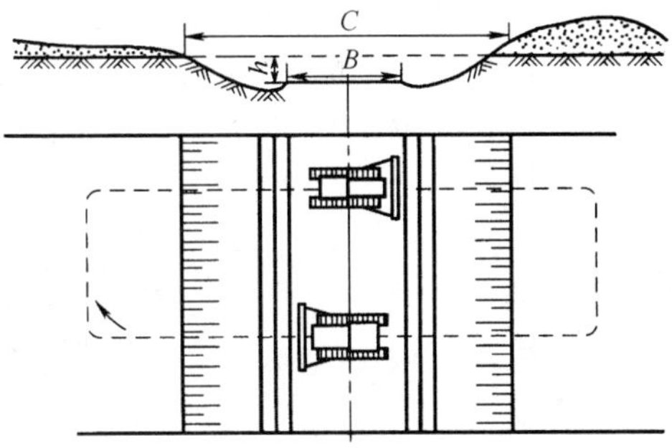 图 2.9-16　推土机环行作业法开挖路堑施工作业区图 （2）纵向开挖山坡路堑： 1）开挖傍山半路堑：一般多用回转推土机进行，开挖时先由路堑边坡上部开始，沿路中线行驶，渐次由上而下，分段分层将土送至坡下填筑路堤处，由于推土机沿山边施工，要特别注意安全。推土机应在坚实稳定的土壤上行驶，填土时应保持道路内侧低于外侧，行驶纵坡坡度不要超过推土机的最大爬坡角。 推土机的平面角应根据土壤的性质来调整。在Ⅰ、Ⅱ级土壤上施工时，可调至 60°；Ⅲ、Ⅳ级土壤上可调至 45°。推土时用铲刀的右角切入土壤，使被切下的土壤沿刀身向外送出。推土机开挖山边半路堑时，如果山坡不大（25°以下），可用直铲推土机，但在下坡送土时，最好铲土数次后将土壤堆成堆，最后再将土壤一起推送到边坡前沿。这样不但可以提高生产率，而且也较安全。 2）开挖深路堑：开挖深路堑运土填筑路堤施工时，应首先做好准备工作。要在开挖路堑的原地面线顶端各点和填挖相间的零点，都立起小标杆，同时挖平小丘，使推土机可以进入施工现场。开挖时用 1～2 台推土机沿路中心线的平行线进行纵向堆填，如图 2.9-17（*a*）所示。等路堑挖至其深度的一半时，再用 1～2 台推土机，横向分层推削路堑斜坡，如图 2.9-17（*b*）所示。 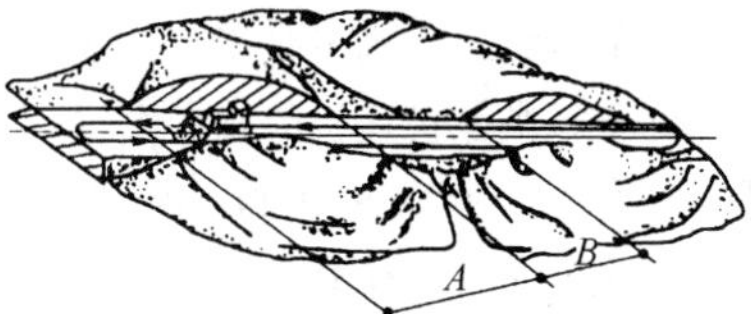 （*a*）  （*b*） 图 2.9-17　推土机深挖路堑作业 （*a*）推土机纵向推填；（*b*）纵向横向协作推填 *A*—挖方区；*B*—填方区			
审核人		交接人		接受交底人	

续表

<table>
<tr><td>工程名称</td><td></td><td>施工单位</td><td></td><td>编号</td><td></td></tr>
<tr><td>序号</td><td>项目</td><td colspan="4">城市道路路基机械化施工技术交底内容</td></tr>
<tr><td>2</td><td>推土机的施工工艺</td><td colspan="4">推土机的平面角应根据土壤的性质来调整。在Ⅰ、Ⅱ级土壤上施工时，可调至60°；Ⅲ、Ⅳ级上往下推的土壤仍由下面的推土机送到填土区，这样挖到路堑与路堤全部完成为止。这种深路堑的开挖顺序如图 2.9-18 所示。 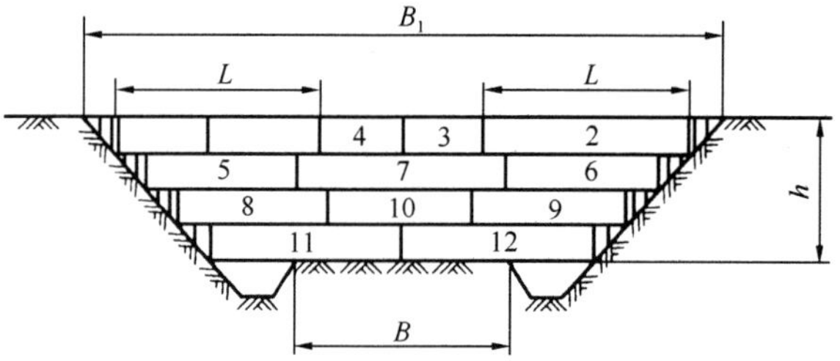
B₁ L L 4 3 2 5 7 6 8 10 9 11 12 h B
图 2.9-18　推土机开挖路堑运行顺序横断面图</td></tr>
<tr><td>3</td><td>铲运机的施工工艺</td><td colspan="4">铲运机的作业是铲土、运土、卸土三个工作行程和一个空载回驶行程。在施工中，由于挖填区的分布情况不同，为提高生产效率，应根据不同施工条件，选择合理的开行路线和施工方法。
1. 开行路线
（1）椭圆形开行路线：从挖方到填方按椭圆形路线回转［图 2.9-19（a）］。作业时应常调换方向行驶，以避免机械行驶部分的单侧磨损。适于长 100m 内，填土高 1.5m 内的路堤、路堑及基坑开挖、场地平整等工程采用。
（2）“8”字形开行路线：铲运机在装土、运土和卸土时按“8”字形运行，一个循环完成两次挖土和卸土作业［图 2.9-19（b）］。装土和卸土沿直线开行时进行，转弯时刚好把土装完或倾卸完毕，但两条路线间的夹角。应该小于 60°。本法可减少转弯次数和空车行驶距离，大大提高生产率，同时一个循环中两次转弯方向不同，可避免机械行驶部分单侧磨损。适于开挖管沟、沟边卸土或取土，坑较长（500m）的侧向取土、填筑路基以及场地平整等工程采用。
（3）大环形开行路线：从挖方到填方均按封闭的环形路线回转。当挖土和填土交替，而刚好填土区在挖土区的两端时，则可采用大环形路线［图 2.9-20（a）］。其优点是一个循环能完成多次铲土和卸土，减少铲运机的转弯次数，提高生产效率。
（4）连续式开行路线：铲运机在同一直线段连续地进行铲土和卸土作业［图 2.9-20（b）］。本法可消除跑空车现象，减少转弯次数，提高生产效率，同时还可使整个填方面积得到均匀压实。
（5）锯齿形开行路线：铲运机从挖土地段到卸土地段，以及从卸土地段到挖土地段都是顺转弯，铲土和卸土交替地进行，直到工作段的末端才转 180°弯，然后再按相反方向作锯形开行（图 2.9-21）。本法调头转弯次数相对减少，同时运行方向经常改变，使机械磨损减轻。此法适于工作地段很长（500m 以上）的路堤、堤坝修筑时采用。
（6）螺旋形开行路线：铲运机成螺旋形开行，每一循环装卸土两次（图 2.9-22）。本法可提高工效和压实质量。适于填筑很宽的堤坝或开挖很宽的基坑、路堑。</td></tr>
<tr><td>审核人</td><td></td><td>交接人</td><td></td><td>接受交底人</td><td></td></tr>
</table>

续表

<table>
<tr><td colspan="2">工程名称</td><td></td><td>施工单位</td><td></td><td>编号</td><td></td></tr>
<tr><td>序号</td><td>项目</td><td colspan="5">城市道路路基机械化施工技术交底内容</td></tr>
<tr><td>3</td><td>铲运机的施工工艺</td><td colspan="5">

2. 作业方法和提高生产率的措施

（1）下坡铲土法：铲运机顺地势（坡度为3°～9°）下坡铲土（图2.9-23所示），借机械往下运行重量产生的附加牵引力来增加切土深度和充盈数量，可提高生产率25%左右。最大坡度不应超过20°，铲土厚度以20cm为宜；平坦地形可将取土地段的一端先铲低，保持一定坡度向后延伸，创造下坡铲土条件，一般保持铲满铲斗的工作距离为15～20cm。在大坡度上应放低铲斗，低速前进。适于斜坡地形大面积场地平整或推土回填沟渠用。

（2）跨铲法：在较坚硬的地段挖土时，采取预留土埂间隔铲土（图2.9-24）。土埂两边沟槽深度以不大于0.3m、宽度在1.6m以内为宜。本法铲土埂时增加了两个自由面，阻力减少，可缩短铲土时间和减少向外撒土，比一般方法可以提高生产效率。适于较坚硬的土铲土回填或场地平整。

(a)

(b)

图2.9-19　椭圆形及“8”字形开行路线

（a）椭圆形开行路线；（b）“8”字形开行路线

1—铲土；2—卸土；3—取土坑；4—路堤

(a)

(b)

图2.9-20　大环形及连续式开行路线

（a）大环形开行路线；（b）连续式开行路线

1—铲土；2—卸土

图2.9-21　锯齿形开行路线

1—铲土；2—卸土

第2段 第1段 铲运土

图2.9-22　螺旋形开行路线

图2.9-23　下坡铲土施工法

</td></tr>
<tr><td colspan="2">审核人</td><td></td><td>交接人</td><td></td><td>接受交底人</td><td></td></tr>
</table>

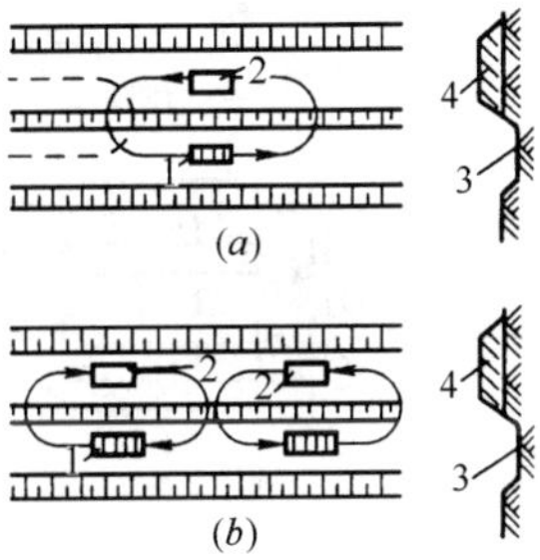

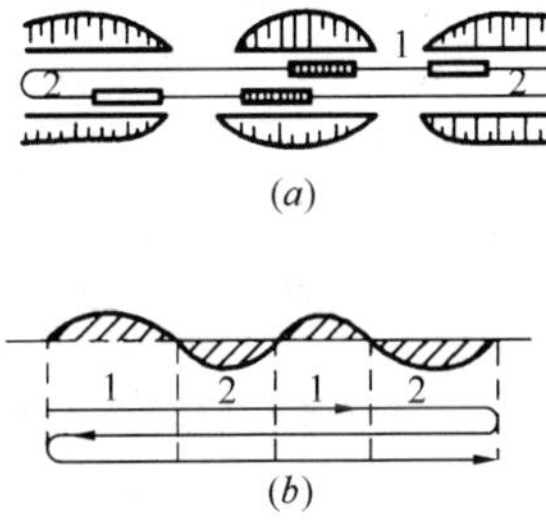

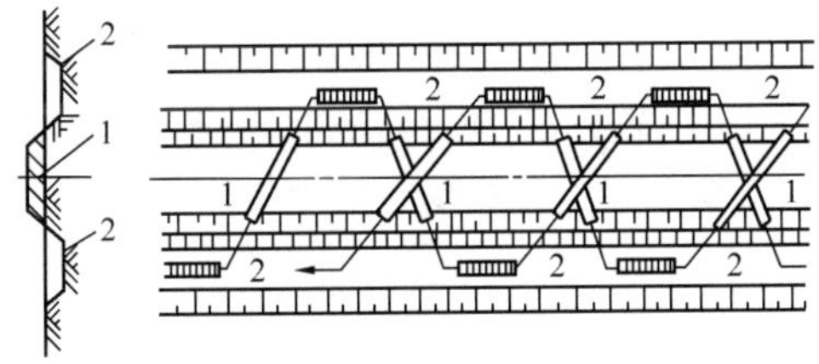

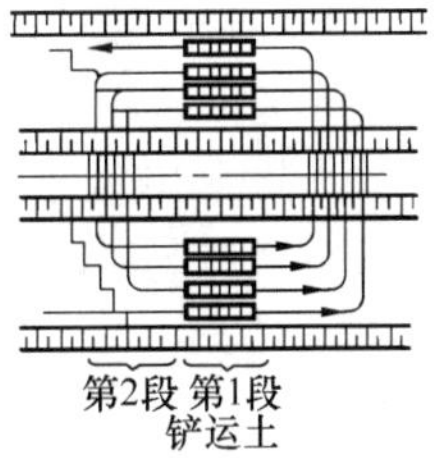

续表

<table>
<tr><td colspan="2">工程名称</td><td></td><td>施工单位</td><td></td><td>编号</td><td></td></tr>
<tr><td>序号</td><td>项目</td><td colspan="5">城市道路路基机械化施工技术交底内容</td></tr>
<tr><td>3</td><td>铲运机的施工工艺</td><td colspan="5">

（3）交错铲土法：铲运机开始铲土的宽度取大一些，随着铲土阻力增加，适当减少铲土宽度，使铲运机能很快装满土（图 2.9-25）。当铲第一排时，互相之间相隔铲斗一半宽度，铲第二排土则退离第一排挖土长度的一半位置，与第一排所挖各条交错开，以下所挖各排均与第二排相同。适于一般比较坚硬的土的场地平整。

（4）助铲法：在坚硬的土体中，使用自行铲运机，另配一台推土机在铲运机的后拖杆上进行顶推，协助铲土（图 2.9-26）。这样做可缩短每次铲土时间，装满铲斗，可提高生产率30%左右；推土机在助铲的空余时间，可作松土和零星的平整工作。助铲法取土场宽不宜小于 20m，长度不宜小于 40m；采用一台推土机配合 3～4 台铲运机助铲时，铲运机的半周程距离不应小于 250m，几台铲运机要适当安排铲土次序和开行路线，互相交叉进行流水作业，以发挥推土机效率。此法适于地势平坦、土质坚硬、宽度大、长度长的大型场地平整工程采用。

图 2.9-24　跨铲法
1—沟槽；2—土埂
A—铲斗宽；B—不大于拖拉机履带净距

图 2.9-25　交错铲土法
A—铲斗宽

（5）双联铲运法：铲运机运土时所需牵引力较小，当下坡铲土时，可将两个铲斗前后串在一起，形成一起一落依次铲土、装土（又称双联单铲）（图 2.9-27）；当地面较平坦时，将两个铲斗串联，同时起落，同时进行铲土，又同时起斗开行（称为双联双铲）。前者可提高工效 20%～30%，后者可提高工效约 60%。此法适于较松软的土，进行大面积场地平整及筑堤时采用。

图 2.9-26　助铲法施工示意图
1—铲运机铲土；2—铲运机助铲助

图 2.9-27　双联铲运施工示意图

</td></tr>
<tr><td colspan="2">审核人</td><td></td><td>交接人</td><td></td><td>接受交底人</td><td></td></tr>
</table>

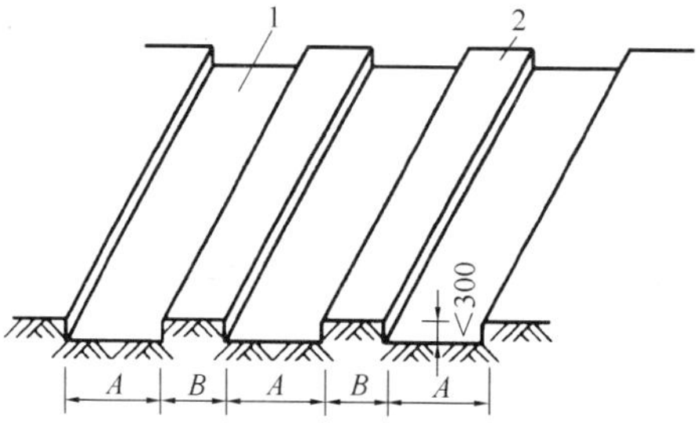

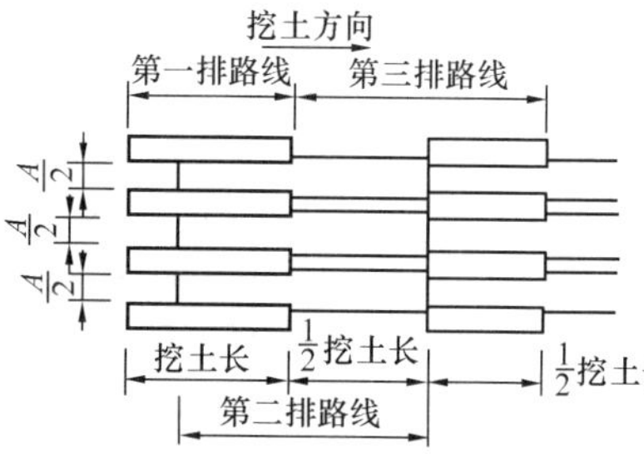

续表

<table>
<tr><td>工程名称</td><td colspan="2"></td><td>施工单位</td><td></td><td>编号</td><td></td></tr>
<tr><td>序号</td><td>项目</td><td colspan="5">城市道路路基机械化施工技术交底内容</td></tr>
<tr><td>4</td><td>装载机的施工工艺</td><td colspan="5">

1. 施工要点

（1）机械开挖应根据工程规范、地下水位高低、施工机械条件、进度要求等合理地选用施工机械，以充分发挥机械效率，节省机械费用，加速工程进度。一般深度 2m 以内的大面积基坑开挖，宜采用推土机或装载机推土和装车；对长度和宽度均较大的大面积土方一次开挖，可用铲运机铲土；对面积大且深的基础，多采用 $0.5m^3$、$1.0m^3$ 斗容量的液压正铲挖掘；如操作面较狭窄，且有地下水，土的湿度大，可采用液压反铲挖掘机在停机面一次开挖；深 5m 以上，宜分层开挖或开沟道用正铲挖掘机下入基坑分层开挖；对面积很大很深的设备基础基坑或高层建筑地下室深基坑，可采用多层接力开挖方法，土方用翻斗汽车运出；在地下土可用拉铲或抓铲，效率较高。

（2）土方开挖应绘制土方开挖图（图 2.9-28），确定开挖路线、顺序、范围、基底标高、边坡坡度、排水沟和集水井位置以及挖出的土方堆放地点等。绘制土方开挖图应尽可能使机械多挖，减少机械超挖和人工挖方。

图 2.9-28　土方开挖示意图

1—排水沟；2—集水井；3—土方机械进出口

Ⅰ、Ⅱ、Ⅲ、Ⅳ—开挖次序

（3）大面积基础群基坑底标高水中开挖不一，机械开挖次序一般采取先整片挖平，然后再挖个别较深部位。当一次开挖深度超过挖土机最大挖掘高度（5m 以上）时，宜分 2～3 层开挖，并修筑 10%～15%坡道，以便挖土机及运输车辆进出。

图 2.9-29　利用后开挖基础部位作车道

1—先开挖设备基础部位；2—后开挖设备基础或地下室、沟道部位；3—挖掘机、汽车进出运输道

（4）基坑边角部位，机械开挖不到之处，应用少量人工配合清坡，将松土清至机械作业半径范围内，再用机械掏取运走。人工清土所占比例一般为 1.5%～4%，修坡以厘米作限制误差单位。大基坑宜另配一台推土机清土、送土、运土。

（5）挖掘机、运土汽车进出基坑的运输道路，应尽量利用基础侧或两侧相邻的以后需开挖的基础部位，使它互相贯通作为车道（图 2.9-29），或利用提前挖除土方后的地下设施部位作为相邻的几个基坑开挖地下运输通道，以减少挖土量。

（6）对面积和深度均较大的基坑，通常采用分层挖土施工法，使用大型土方机械，在坑下作业。如为软土地基或在雨期施工，进入基坑行走需铺垫钢板或铺路基箱垫道。

（7）对大型软土基坑，为减少分层挖运土方的复杂性，可采用“接力挖土法”，它是利用

</td></tr>
<tr><td>审核人</td><td></td><td>交接人</td><td></td><td>接受交底人</td><td colspan="2"></td></tr>
</table>

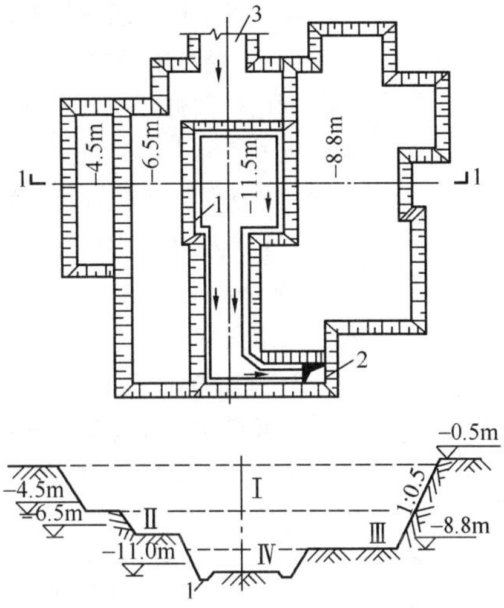

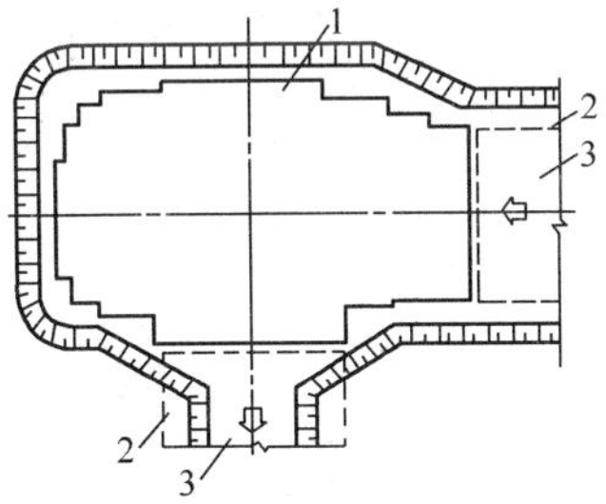

续表

工程名称		施工单位		编号	
序号	项目	城市道路路基机械化施工技术交底内容			
4	装载机的施工工艺	见下文			

两台或三台挖土机分别在基坑的不同标高处同时挖土。一台在地表，两台在基坑不同标高的台阶上，边挖土边向上传递到上层，由地表挖土机装车，用自卸汽车运至弃土地点。上部可用大型挖土机，中、下层可用液压中、小型挖土机，以便挖土、装车均衡作业。

（8）对某些面积不大、深度较大的基坑，一般亦宜尽量利用挖掘机开挖，不开或少开坡道，采用机械接力挖运土方法和人工与机械合理的配合挖土，最后用搭枕木垛的方法使挖土机开出基坑，如图 2.9-30 所示。

图 2.9-30　深基坑机械开挖

1—坡道；2—搭枕木垛

（9）机械开挖应由深而浅，基底及边坡应预留一层 300～500mm 厚土层用人工清底、修坡、找平，以保证基底标高和边坡坡度正确，避免超挖和土层遭受扰动。

2. 施工方案

装载机在进行大型土石方工程的装载作业中，如何与载重汽车紧密配合，创造出最佳的经济效益，是每个驾驶员十分关注的问题，下面介绍几种施工工艺方案，如图 2.9-31 所示。

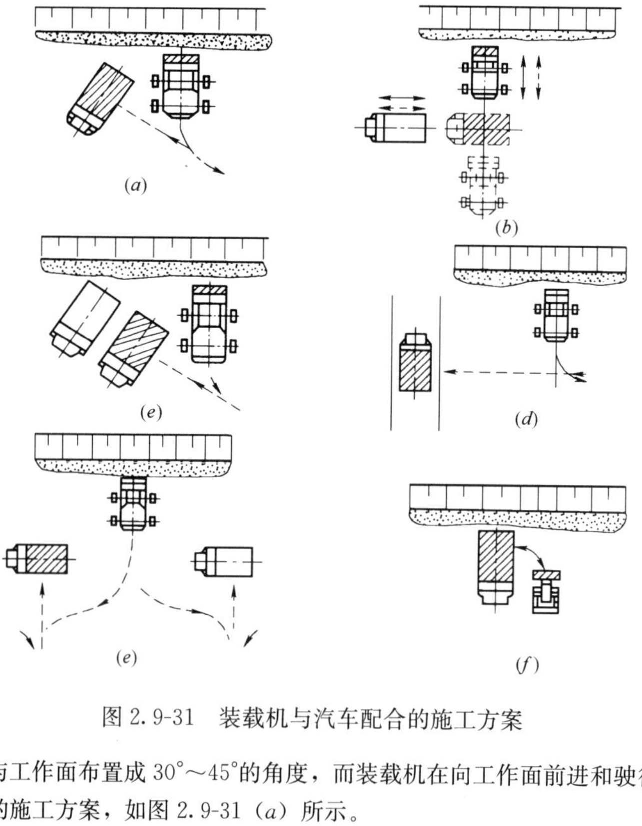

(*a*)　(*b*)　(*e*)　(*d*)　(*e*)　(*f*)

图 2.9-31　装载机与汽车配合的施工方案

（1）汽车与工作面布置成 30°～45°的角度，而装载机在向工作面前进和驶往汽车时，都带有一定转动的施工方案，如图 2.9-31（*a*）所示。

审核人		交接人		接受交底人	

续表

<table>
<tr><td>工程名称</td><td colspan="2"></td><td>施工单位</td><td></td><td>编号</td><td></td></tr>
<tr><td>序号</td><td>项目</td><td colspan="5">城市道路路基机械化施工技术交底内容</td></tr>
<tr><td>4</td><td>装载机的施工工艺</td><td colspan="5">履带式装载机和刚性车架后轮转向的轮胎式装载机，采用这一方案时，工作过程如下：装载机装满后，在倒车驶离工作面的过程中，调头 30°～45°，使装载机垂直于汽车，然后再前进驶向汽车，进行卸载。空载的装载机驶离汽车时，也同样转动不大的角度倒车，使装载机垂直于工作面，然后再前进驶往工作面，进行装载土石方；按照这种方案，装载机可以从工作面向汽车移动很小的距离（10～15m），并可在铲装时垂直地驶往工作面。
但必须考虑到汽车布置过于靠近装载机，就要求用低速准确的调车，结果增加了装载机向汽车运行的时间，反而降低了装载工作生产率。在装载机从汽车侧面装载时，两者之间的距离不应小于 300mm；铰接式车架的轮胎式装载机的工作过程如下：装载机在工作面铲装施工后，直线倒车后退 3～5m，然后用转向油缸使前车架转动 35°～45°，装载机再前进驶往汽车进行卸载。
（2）汽车往复地平行于工作面前进和后退，装载机则像穿梭一样垂直于工作面前进和后退的施工方案，如图 2.9-31（b）所示。装载机装载后，后退行驶直线距离 6～10m。这个距离是考虑在土堆和装载机之间，汽车能安全地行驶。在装载机后退的同时，把铲斗提升到卸载位置的过程中，汽车后退到与装载机垂直布置位置，在铲斗卸载后，汽车向前行驶一段距离，以保证装载机自由地驶往工作面，进行下一次铲装作业。循环重复如前，直到汽车装满为止。
（3）在装载机一侧成对地配置两台汽车的装载方案。装载机驶离工作面和驶向工作面时，转动 30°～90°，如图 2.9-31（c）所示。成对单侧配置的汽车，是倒车驶往工作面的，这使装载机等车时间减少了，但使汽车调车复杂了，同时在装载第二辆汽车的第一斗时装载机移动距离增加了。
（4）装载机向布置在干线上的汽车进行装载的方案，如图 2.9-31（d）。装载机装载后，在垂直于运输工具的方向上，倒车转动地驶离工作面，在转动 90°角后，装载机直线前进，驶往汽车进行卸载。空载的装载机沿直线倒车，随后在垂直于工作面的方向上转动 90°，再直线驶往工作面进行下一次装载。当装载工作面较小时，可使装载机装载后沿直线后退，然后前进驶向运输工具时转动 90°，使装载机垂直于运输工具卸载。这种施工方案增加装载机运行距离，但由于汽车不必在破坏性很大的工作面底板上行驶，因而减少了轮胎的磨损。
（5）在装载机两侧，汽车平行于工作面布置的施工方案，如图 2.9-31（e）。此方案是在工作量不大和运输距离较小时，一个汽车司机可以在两台汽车上工作。当后面的汽车装载时，前面的汽车把土方运输到卸载场地，空载汽车回到工作面后，汽车司机则转移到后面已经装满的汽车上，把土方运输到卸载点，这时空车进行装载。
（6）当汽车垂直于工作面布置时，装载机在卸载时向汽车转动 90°角的施工方案如图 2.9-31（f）所示。汽车垂直于工作面，倒车行驶到离装载机不远的距离，装载机铲装土方后，平行于汽车倒车行驶，然后转动 90°驶往汽车进行卸载。空载的装载机倒车后退，并转动 90°角而驶离汽车，然后驶向工作面进行下一次装载。这种装载方案生产能力小，但可在非常复杂的条件下工作。
3. 铲装方法
装载机的生产能力，在很大程度上取决于铲装时铲斗的装满系数。操纵熟练的司机可得到较好的铲斗装满系数，而不致产生附加的载荷。装载机的操纵方法有如下几种：</td></tr>
<tr><td colspan="2">审核人</td><td></td><td>交接人</td><td></td><td>接受交底人</td><td></td></tr>
</table>

续表

工程名称		施工单位		编号	
序号	项目	城市道路路基机械化施工技术交底内容			
4	装载机的施工工艺	（1）一次铲装法：图 2.9-32（*a*）。此法是装载机直线前进，将铲斗刀刃插入料堆，直至铲斗后壁与料堆接触时为止。在铲斗插入时，装载机采用用一挡或二挡前进，行驶的速度一般在 2.5～4.0km/h 以内。然后铲斗在翻斗油缸作用下，翻转到水平位置。在整个翻斗过程中，装载机不行走。待铲斗提升到运输位置（距地面高 300～400mm），后退驶离工作面。驶到卸载点后，铲斗再提升到为把物料卸载到运输车辆中所需的高度。 （2）配合铲装法：此法是在装载机前进的同时，配合以转斗或动臂提升动作来进行铲装作业，其方法主要有二种： 1）当铲斗插入料堆不大的深度（约为 20%～50%的斗深）时，在装载机前进的同时，间断地操纵铲斗上翻，并配合动壁提升，直至装满铲斗，如图 2.9-32（*b*）所示。 2）装载机在前进的同时，配合以动臂提升，如图 2.9-32（*c*）所示，在斗刃离开料堆后，铲斗转至运输位置。这种方法又称“挖掘机”的铲装法。 采用配合铲装施工的方法，是铲斗不需要插得很深，特别是采用前一种配合铲装法，靠插入运动与斗刃转动及提升运动的配合，使插入阻力大大减少，其阻力为一次铲装法的 1/2～1/3，并且斗也容易装满，用来铲装砾石、黏土、冻土和不均匀的块状物料是一种比较有效的作业方法，但其操作水平要求较高。在插入时是转斗还是提升动臂，或是两者配合动作，需视物料种类和司机的熟练程度而异，一般难以插入的物料，如大块岩石、大块冻土等，则需要配合铲斗的上下摆动或动臂的自动提升，以摆脱大块岩石，降低插入阻力。 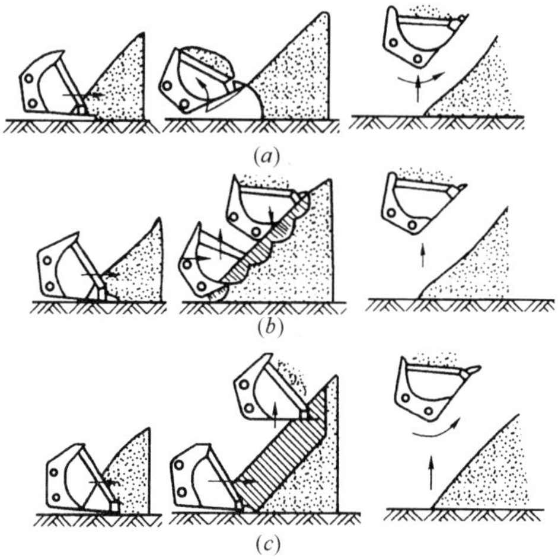 (*a*) (*b*) (*c*) 图 2.9-32　装载机铲装方法 （*a*）一次铲装法；（*b*）配合铲装法；（*c*）“挖掘机”铲装法			
5	正铲挖掘机的施工工艺	**1. 适应范围** 正铲挖掘机适用于开挖Ⅰ～Ⅳ类的土、经爆破后的岩石和冻土。土含水量应小于 27%，土块粒径应小于土斗口宽度的 1/3。正铲挖掘力大，生产率高，主要用于开挖停机面以上的土方，工作面的高度一般不小于 1.5m，过低一次不易装满铲斗，将降低生产效率。正铲经济合理的挖土高度见表 2.9-1 所列，开挖高度超过挖土机挖掘高度时，可分层开挖。正铲开			
审核人		交接人		接受交底人	

续表

工程名称		施工单位		编号	
序号	项目	城市道路路基机械化施工技术交底内容			
5	正铲挖掘机的施工工艺	（见下）			

挖应配备一定数量的自卸汽车运土，汽车道路应设置在正铲斗回转半径之内，可以在向二平面内，也略高于正铲的停机面，以便正铲下沟槽挖土。由于正铲不便于转移，一般用于较大型土方工程。

正铲的开挖高度参考数值（m）　　　　**表 2.9-1**

序号	土的类型	挖掘机的斗容量（m^3）			
		0.5	1.0	1.5	2.0
1	Ⅰ～Ⅱ	1.5	2.0	2.5	3.0
2	Ⅲ	2.0	2.5	3.0	3.5
3	Ⅳ	2.5	3.0	3.5	4.0

2. 施工工艺

（1）开挖方式。正铲挖掘机的挖土特点是："前进向上，强制切土"。根据开挖路线与运输汽车相对位置的不同，一般有以下两种：

1）正向开挖，侧向装土法：正铲向前进方向挖土，汽车位于正铲的侧向装车，如图 2.9-33（*a*）、（*b*）所示。本施工方法的铲臂卸土回转角度最小（＜90°），装车方便，循环时间短，生产效率高。用于开挖工作面较大而深度不大的边坡、基坑（槽）、沟渠和路堑等，为最常用的开挖方法。

2）正向开挖，后方装土法：正铲向前进方向挖土，汽车停在正铲的后面，如图 2.9-33（*c*）所示。本方法开挖的工作面较大，但是其铲臂卸土回转角度较大（在 180°左右），且汽车要侧向行车，增加工作循环时间，生产效率降低（回转角度 180°，效率约降低 23%；回转角度 130°，效率约降低 13%）。用于开挖工作面较小且较深的基坑（槽）、管沟和路堑等。

（*a*）　（*b*）　（*c*）

图 2.9-33　正铲挖掘机开挖方式

（*a*）、（*b*）正向开挖、侧向装土；（*c*）正向开挖、后方装土

挖土机挖土装车时，回转角度对生产率的影响数值参见表 2.9-2 所列。

影响生产率参考表　　　　**表 2.9-2**

土的类别	挖掘机的回转角度		
	90°	130°	180°
Ⅰ～Ⅳ	100%	87%	77%

（2）挖土方法和提高生产率的措施。主要有以下几种施工措施：

审核人		交接人		接受交底人	

续表

工程名称		施工单位		编号	
序号	项目	城市道路路基机械化施工技术交底内容			
5	正铲挖掘机的施工工艺	1）分层开挖法：将开挖面按机械的合理高度分为多层开挖，如图 2.9-34（*a*）所示；当开挖面高度不能成为一次挖掘深度的整数倍时，则可在挖方的边缘或中部先开挖一条浅槽作为第一次挖土运输的线路，如图 2.9-34（*b*），然后再逐次开挖直至基坑底部。用于开挖大型基坑或沟渠，工作面高度大于机械挖掘的合理高度时采用。 2）多层挖土法：将开挖面按机械的合理开挖高度，分为多层同时开挖，以加快开挖速度，土方可以分层运出，亦可分层递送至最上层（或下层），用汽车运出，如图 2.9-35 所示。但两台挖土机中，上层挖土机应先开挖，沿前进方向与下层挖土机保持 30～50m 的距离。适于开挖高边坡或大型基坑。 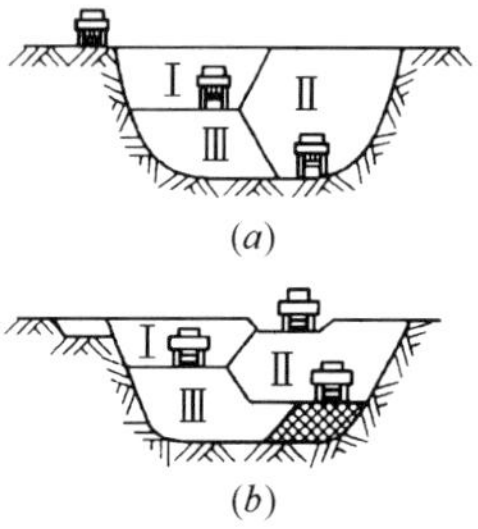 Ⅰ Ⅱ Ⅲ (*a*) Ⅰ Ⅱ Ⅲ (*b*) 图 2.9-34　分层挖土施工法 （*a*）、（*b*）分层挖土法；（*c*）设先锋槽分层挖土法 1—下坑漏道；Ⅰ、Ⅱ、Ⅲ— 一、二、三层 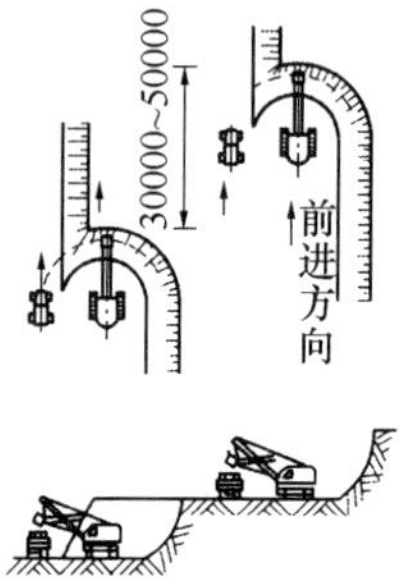 30000~50000 前进方向 图 2.9-35　多层挖土施工法 3）中心开挖法：挖掘机正铲施工时，应先在挖土区的中心位置开挖，当向前挖至回转角度超过 90°时，则转向两侧开挖，运土汽车按八字形停放装土，如图 2.9-36 所示。本施工方法开挖移位方便，回转角度小（<90°）。挖土区宽度宜在 40m 以上，以便于汽车靠近正铲装车。适用于开挖较宽的山坡地段或基坑、沟渠等。 图 2.9-36　中心开挖施工法 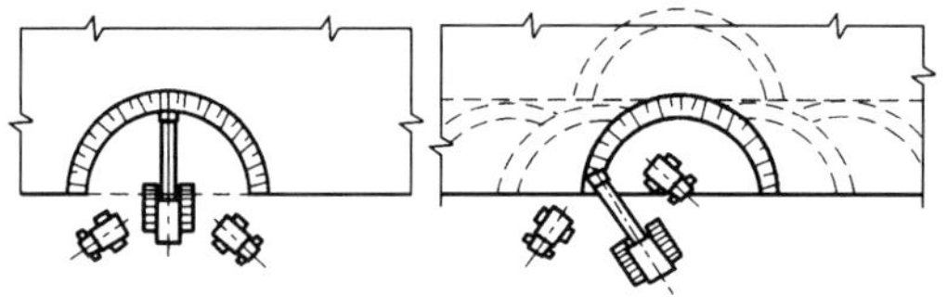 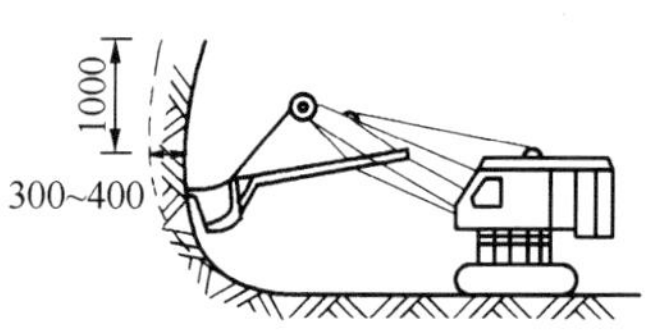 1000 300~400 图2.9-37　上下轮换开挖施工法 4）上下轮换开挖施工法：先装土层上部 1m 以下土挖入 30～40cm，然后再挖土层上部 1m 厚的土，如此上下轮换开挖，如图 2.9-37 所示。本法挖土阻力小，易装满铲斗，卸土容易。适于土层较高，土质不太硬，铲斗挖掘距离很短时使用。 5）顺铲开挖施工法：正铲挖掘机铲斗从一侧移向另一侧，并且是一斗挨一斗地进行开挖，如图 2.9-38（*a*），每次挖土增加一个自由面，使阻力减小，易于挖掘。也可依据土质的坚硬程度，每次只挖 2～3 个斗牙位置的土。适于土质坚硬，挖土时不易装满铲斗而且装土时间长时采用。				
审核人		交接人		接受交底人	

工程名称		施工单位		编号	
序号	项目	城市道路路基机械化施工技术交底内容			
5	正铲挖掘机的施工工艺	6）间隔开挖法：即在扇形工作面上第一铲与第二铲之间保留一定距离，如图 2.9-38（*b*），使铲斗接触土体的摩擦面减少，两侧受力均匀，铲土速度加快，容易装满铲斗，生产效率高。适于开挖土质不太硬、较宽的边坡或基坑、沟渠等。 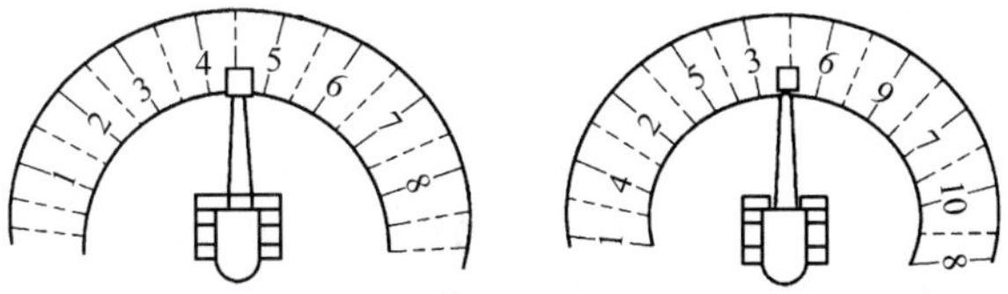 图 2.9-38　顺铲和间隔开挖施工法 （*a*）顺铲开挖法；（*b*）间隔开挖法			
6	反铲挖掘机的施工工艺	**1. 适用范围** 反铲挖掘机适用于开挖Ⅰ～Ⅲ类的砂土或黏土。主要用于开挖停机面以下深度不大的基坑（槽）或管沟及含水量大的土，最大挖土深度为 4～6m，经济合理的挖土深度为 1.5～3.0m。对地下水位较高处也适用，挖出的土方卸在基坑（槽）、管沟的两边堆放或用推土机推到远处堆放，或配备自卸汽车运走。 **2. 施工工艺** 反铲挖掘机施工的特点是："后退向下，强制切土"。一般有以下几种施工工艺： （1）沟端开挖施工法。反铲停于沟端，后退挖土，同时往沟一侧弃土或装汽车运走，如图 2.9-39（*a*）。挖掘宽度可不受机械最大挖掘半径的限制，臂杆回转范围仅 45°～90°，同时可挖到最大深度。对较宽的基坑可采用图 2.9-39（*b*）的方法，其最大一次挖掘宽度为反铲有效挖掘半径的两倍，但汽车须停在机身后面装土，生产效率降低。也可采用几次沟端开挖法完成作业。适于一次成沟后退挖土，挖出土方随即运走时采用，或就地取土填筑路基、堤坝等。 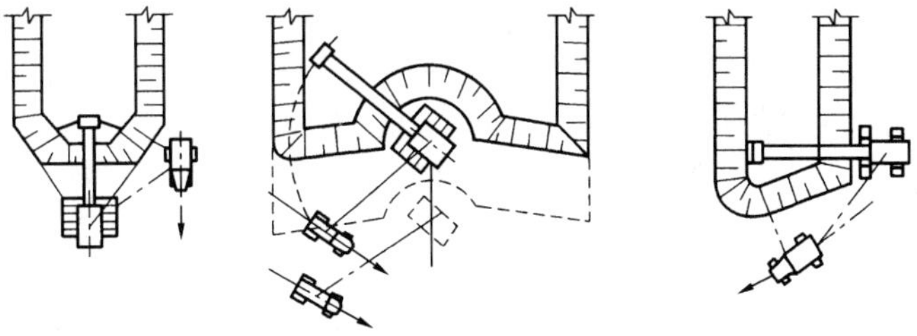 图 2.9-39　反铲沟端及沟侧开挖施工法 （*a*）、（*b*）沟端开挖法；（*c*）沟侧开挖法 （2）沟侧开挖法。反铲停于沟侧沿沟边开挖，汽车停在机旁装土或往沟一侧卸土，如图 2.9-39（*c*）所示。本法铲臂回转角度小，能装土弃于距沟边较远的地方，但挖土宽度比挖掘半径小，边坡不好控制，同时机身靠沟边停放，稳定性较差。用于横挖土体和需将土方甩			
审核人		交接人		接受交底人	

续表

<table>
<tr><td>工程名称</td><td colspan="2"></td><td>施工单位</td><td></td><td>编号</td><td></td></tr>
<tr><td>序号</td><td>项目</td><td colspan="5">城市道路路基机械化施工技术交底内容</td></tr>
<tr><td>6</td><td>反铲挖掘机的施工工艺</td><td colspan="5">到离沟边较远的距离时使用。
(3) 沟角开挖法。反铲位于沟前端的边角上，随着沟槽的掘进，机身沿着沟边往后作“之”字形移动，图2.9-40所示。臂杆回转角度平均在45°左右，机身稳定性好，可挖较硬的土体，并能挖出一定的坡度。适于开挖土质较硬，宽度较小的沟槽（坑）。 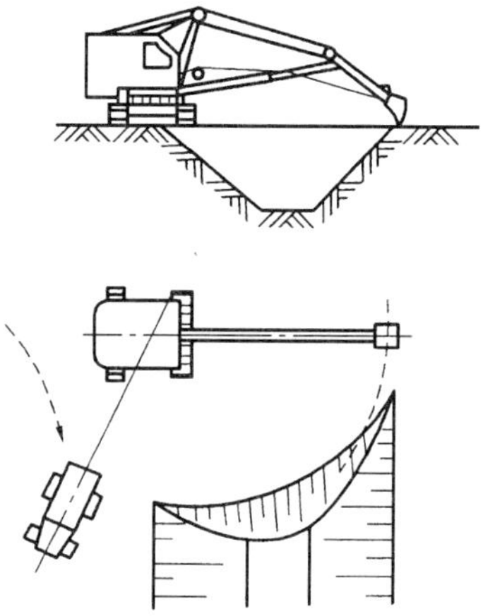
(4) 多层接力开挖法。用两台或多台挖土机设在不同作业高度上同时挖土，边挖土边将土传递到上层，由地表挖土机连挖土带装土，如图2.9-41所示；上部可用大型反铲，中、下层用大型或小型反铲进行挖土和装土，均衡连续作业。一般两层挖土可挖深10m，三层可挖深15m左右。本法可开挖较深基坑，一次开挖到设计标高，一次完成，避免汽车在坑下装运作业，提高生产效率，且不必设专用垫道。适于开挖土质较好、深10m以上的大型基坑、沟槽和渠道。 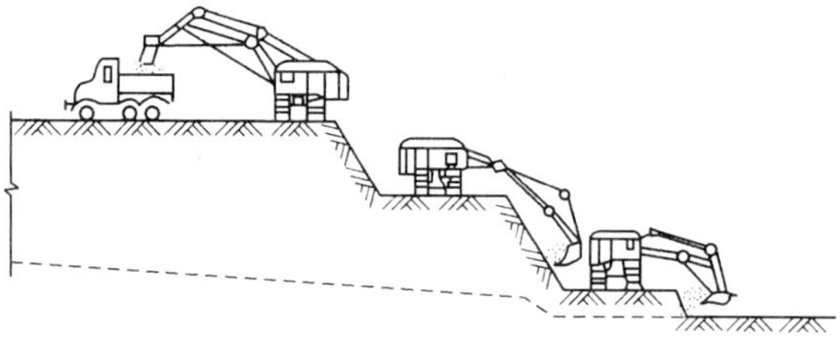
图2.9-40　反铲沟角开挖施工法
图2.9-41　反铲多层接力开挖施工法</td></tr>
<tr><td>7</td><td>平地机的施工工艺</td><td colspan="5">1. 平地机的基本操作方法
(1) 前轮倾斜的运用：作业时，由于刮刀有一定回转角，或由于刮刀在机外刮侧坡，使机器受到一个侧向力的作用，常会迫使机器前轮发生侧移以致偏离行驶方向，加剧轮胎的磨损；对前轮的转向销轴产生很大力矩。使偏摆前轮的阻力增大。这时，可以采用倾斜车轮的方法来避免，原则是：前轮的倾斜应总是与外力呈相抵消状态。例如：当刮刀以大回转角作业时，物料流向左侧，前轮应向左侧倾斜（图2.9-42）；当刮坡作业时（图2.9-43），轮子的倾斜方向取决于坡土的性质。
1）当土壤为软黏土时，刮刀受到一个切进力的作用，此时操纵轮子向离开坡道的方向倾向［图2.9-43（a）］，这样可以防止刮刀啃入土内。
2）当土壤为硬质土时，操纵前轮向坡道一侧倾斜［图2.9-43（b）］。前轮倾斜除了用来抵消机器受到的侧向力外，还可用于刮坡作业时刮刀切入深度的微调，以提高刮削精度。
(2) 斜行作业：利用车架铰接或全轮转向的特点，平地机可以斜行作业。在很多作业场合需要采用斜行作业法，使车轮避开料堆，使机器更加稳定，参见图2.9-44、图2.9-45所示。</td></tr>
<tr><td colspan="2">审核人</td><td></td><td>交接人</td><td></td><td>接受交底人</td><td></td></tr>
</table>

<table>
<tr><td>工程名称</td><td></td><td>施工单位</td><td></td><td>编号</td><td></td></tr>
<tr><td>序号</td><td>项目</td><td colspan="4">城市道路路基机械化施工技术交底内容</td></tr>
<tr><td>7</td><td>平地机的施工工艺</td><td colspan="4">

图 2.9-42　回转角的运用

图 2.9-43　刮坡时前轮的倾斜

（3）保持机器的稳定：应尽可能保证后轮在比较平坦的路面上行驶，必要时可以让前轮在坡道和土丘上行走，而机身放在平坦的地面以保持平地机的稳定。这样，平地机便于控制，刮刀也易于调节，可以保证具有较好的作业效果。图 2.9-45 所示为刮坡作业时后轮在地面上。前轮在坡上，使刮刀侧伸出的距离增大，机器横向宽度尺寸增大，作业的稳定性得到提高。

图 2.9-44　斜行作业

图 2.9-45　偏置行驶刮坡

（4）刮刀侧移：平地机作业时，除了采用前轮或后轮转向操纵机器沿要求的行驶路线作业外，还常需要同时操纵刮刀侧移来辅助实现刮刀的运动轨迹。当在弯道上或作业面边界呈不规则的曲线状地段作业时，可以同时操纵转向和刮刀侧向移动，机动灵活地沿曲折的边界作业。当侧面遇到障碍物时（图 2.9-46），一般不采用转向的方法躲避，而是将刮刀侧向收回。避过障碍物后再将刮刀伸出。

（5）刮土移土作业：

1）刮土直移（图 2.9-47）：将刮刀回转角置为 0°（即刮刀轴线垂直于行驶方向），此时的切削宽度最大。但是只能以较小的入土深度来作业。这种作业的方式主要用于铺平作业。

</td></tr>
<tr><td>审核人</td><td></td><td>交接人</td><td></td><td>接受交底人</td><td></td></tr>
</table>

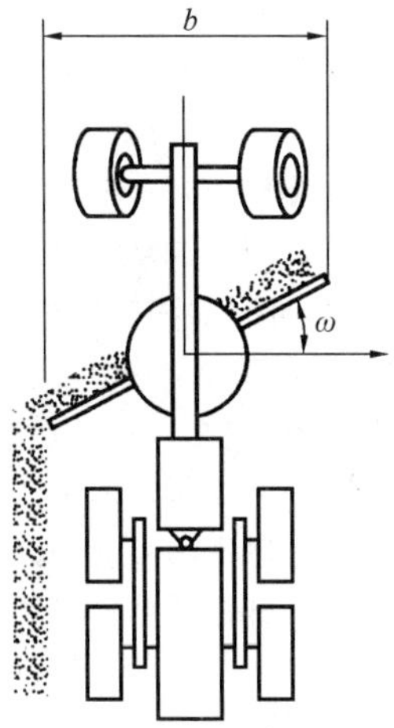

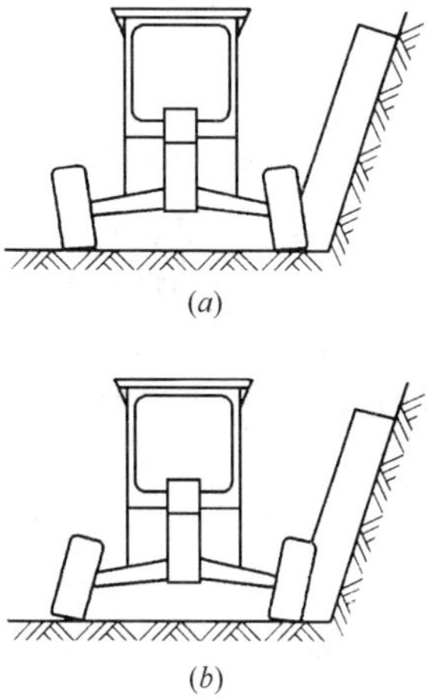

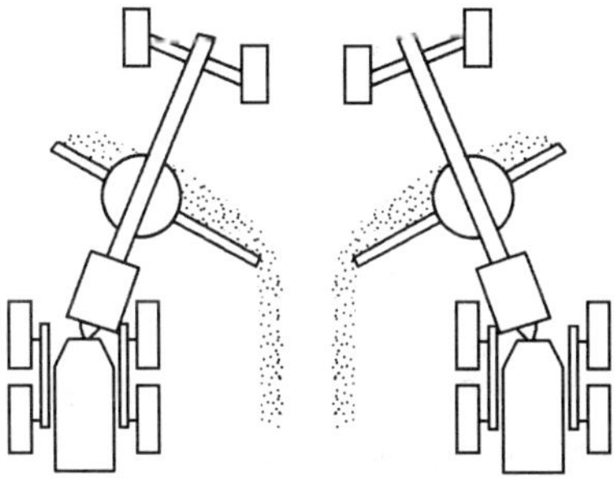

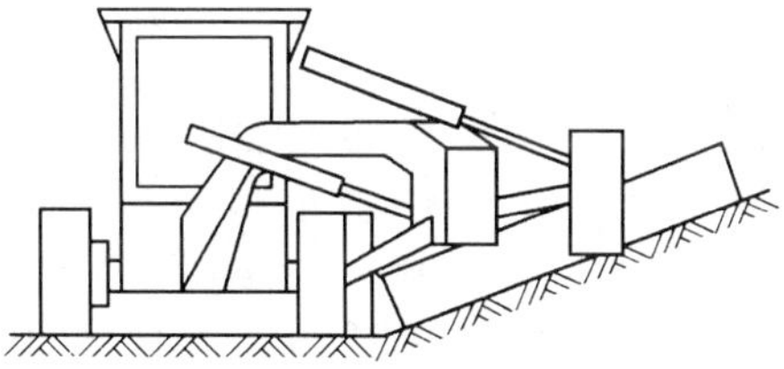

续表

<table>
<tr><td>工程名称</td><td colspan="3"></td><td>施工单位</td><td></td><td>编号</td><td></td></tr>
<tr><td>序号</td><td>项目</td><td colspan="6">城市道路路基机械化施工技术交底内容</td></tr>
<tr><td>7</td><td>平地机的施工工艺</td><td colspan="6">2）刮土侧移：保持一定的回转角，在切削和运土过程中，土沿刮刀侧向流动，回转角越大，切土和移土能力越强。刮刀侧移时应注意不要让车轮在料堆上行走，应使物料从车轮中间或两侧流过；必要时可采用斜行方法进行作业，使物料离开车轮更远一些。刮土侧移常用于物料混合作业，将待混合的物料用刮刀一端切入，从刮刀另一端流出。物料流动时有两种运动，即纵向滚动和横向流动，类似螺旋状运动（图 2.9-48），物料在运动中得到混合。这时应注意刮刀的回转角大小要适当，并要求采用较大的铲土角。如果回转角太大，物料就得不到充分的滚动混合，会影响混合质量。刮土侧移用于铺平时也应当注意采用适当的回转角，始终保证刮刀前有小量的但却是足够的料，既要运行阻力小，又要保证铺平质量。以切削整形为主的作业，平地机运行速度可控制在 4～6km/h；若是物料混合、铺平作业时，则平地机运行速度采用 6～10km/h 为宜；当地面容易陷车时，应适当提高平地机的作业速度。
图 2.9-46　躲避障碍物示意图
图 2.9-47　刮土直移示意图
图 2.9-48　物料混合侧移运动
2. 平地机的施工技术
（1）整修道路和场地施工技术
1）平地机常用于进行旧的路面整修。整修作业时，让刮刀保持一定回转角，使切深适宜，同时在刀前保持少量的土流向铲刀尾部，形成很小的条堆，道路刮平后再将条堤均匀地摊铺开。当路面崎岖不平时会使刮平效果变差，此时应尽量让后轮在较平的地方行走，采用斜行方法作业。很多旧的路面由于重型车辆行驶，地面留下很深的沟痕、轮迹，路面破坏较严重。
2）此时应置刮刀切深与沟、坑一样深进行切削（图 2.9-49），采用小切削角、大回转角，同时侧倾前轮进行削整作业。若机器牵引力不够，可作分层切削，去除所有的坑洞，将切下的土置于车轮外侧或两轮中间并使之形成条堤状。注意料堆尽可能离开车轮远一些。道路刮平后将堆起的料堆重新摊铺在路面上，最后一道铺平作业应以略快的速度采用刮土直移和侧移相结合的方式进行。并注意：
图 2.9-49　表层切除示意图</td></tr>
<tr><td>审核人</td><td colspan="2"></td><td>交接人</td><td colspan="2"></td><td>接受交底人</td><td></td></tr>
</table>

续表

<table>
<tr><td>工程名称</td><td></td><td>施工单位</td><td></td><td>编号</td><td></td></tr>
<tr><td>序号</td><td>项目</td><td colspan="4">城市道路路基机械化施工技术交底内容</td></tr>
<tr><td>7</td><td>平地机的施工工艺</td><td colspan="4">

① 有些旧路面上切下的土已不能再用，可将它们移到路旁或堆在路中间，用其他车辆运走，然后再铺上新料。对雨水较多、较泥泞的路面，需要整出合适的路拱和超高度，这样会使水很快流掉，有助于保持好的路面形状和延长使用寿命。

②在施工现场路面泥泞，易打滑的情况下，当泥泞层不厚时，可使用平地机以大回转角、小切深与高速度进行切削；对于较大面积的场地，如停车场，均可采用纵向和横向相结合的作业方式，先纵向粗刮平，再横向刮平，反复进行。

（2）开挖沟渠施工技术

1）开挖沟渠时应尽可能沿沟渠的走向设置标记。标记可用短木杆平行于沟渠设置，它可以位于平地机的正中，以帮助司机确定开挖方向。司机可根据标记（正中车灯对准标记）将刮刀边刃切入土内，边刃位于一侧的轮迹上，刮刀尾部提升高度则按照沟墙的角度要求调整［图 2.9-50（*a*）］。当进行第二遍切削时，一侧的车轮在沟内行驶，轮子即作为导向。当沟很深时，应避免后轮进入沟内以免翻车。

①
②
③
(*a*)　(*b*)

图 2.9-50　挖沟技术
（*a*）第一遍切挖；（*b*）挖沟程序

2）第一遍切削之后，接着进行大切削量的施工作业，直至达到应有的深度和宽度。每一次切下的土应清出沟底，以便作下一次切削。当进行沟内墙切削时，土移到内墙的上面，然后再用刮刀移到别处。当按照要求必须作沟外墙切削时，可用刮刀将土移到外墙上部，也可以留在沟的底部。在进行最后一次切削之前，用刮刀将留在沟底的土移到内墙上部，此时轮子沿着沟底进行施工。

3）切削梯形沟时，首先切出 V 形沟、平行地进行内墙切削，直至达到要求的宽度，若有可能，可用整个刮刀将沟底刮平图［2.9-50（*b*）］。切削较宽的梯形沟时，也可采用全刮刀切削，将刮刀回转至切削宽度等于沟底宽度，然后将土切移到内墙的上方［图 2.9-50（*b*）中的③］。

4）挖沟取出的土可用来铺路基、路肩或运走。对于所有的挖沟作业施工，都应将平地机前轮倾斜（垂直于水平面），以保持平地机运行稳定；在松软的边缘处挖沟，应让平地机的后轮在坚实的地面上行驶，可让前轮行驶于松软的地面上，呈斜行偏驶状态。

（3）修刮边坡施工技术

1）在刮削缓坡时，将前轮沿行驶方向放在斜坡上（单轮或双轮），后轮在坚实的地面上行驶。若有可能，采用由上向下的顺序，开始先刮削坡上部边缘，逐步向下移，前轮倾斜防止下滑。应注意在陡坡上行驶是危险的。

</td></tr>
<tr><td>审核人</td><td></td><td>交接人</td><td></td><td>接受交底人</td><td></td></tr>
</table>

续表

<table>
<tr><td>工程名称</td><td colspan="2"></td><td>施工单位</td><td></td><td>编号</td><td></td></tr>
<tr><td>序号</td><td>项目</td><td colspan="5">城市道路路基机械化施工技术交底内容</td></tr>
<tr><td>7</td><td>平地机的施工工艺</td><td colspan="5">2）刮削陡坡时，首先在坡脚行驶，清理路面，以避免刮坡时因地面不平使刮刀摆动，然后才可刮坡。侧伸出刮刀，按照要求的坡度角，用较小的切削角刮削，后轮不要太靠近坡脚，留出位置让土流在轮子的外侧。
3）平地机在做下一次刮坡之前，首先去除前一次刮坡堆在坡脚下的土，可以采用刮刀刮土侧移的方法将土移到远离坡脚的地方。如果在小坡度的边坡上施工，也可以采用较大的回转角（刮刀上部靠后，底部靠前）将刮下的土由下向上移动，并将土堆在坡的上方。
（4）修整路形的施工技术
1）平地机修整路形就是从边沟铲出土壤并移到路基上，修整成所需的路拱。如图2.9-51所示为平地机修整路形时的施工程序示意图。首先是用刮刀在路两侧按标记铲挖边沟，挖掘出的土移到沟内墙上方，并依次刮送到路中间。最后修刮成需要的路拱。一般一侧边沟所挖出的土方量正好铺填到另半边路基，使能修成所要求的坡度。
图2.9-51　修整路形时施工程序示意图
2）因为从边沟铲出并移送到路基上的土是松散的。平地机轮胎驶过后会压出很多凹槽，这样给下一次作业造成困难，所以在刮送第二层土时最好让平地机当作轮胎压路机来回驶压一层，或加挂拖式碾压滚子压一遍，这样将大大有利于第二层土的刮送作业。
3）当土方量基本够了的情况下可转入修刮路拱的工作。施工人员先在路基上用白粉放好标高。平地机由路边向路的中间逐次轻刮一遍，于是路基就基本形成，最后将路中间的小土堤刮散。使路中心露出标高白粉，如果流向两侧的余料土较多，可将余料再向两外侧铺刮，直到满足工艺。
（5）开挖路槽的施工技术：在修好的路基上铺筑路面之前要先挖好路槽。槽内铲出的土移送到路肩上并加以平整。最后按照要求的坡度平整好槽底。开挖路槽的施工程序如图2.9-52所示。
（6）路拌路面材料与铺平作业：直接利用平地机刮刀可以完成路面材料的摊铺、拌合、铺平等施工作业，其方法主要有如下两种：
1）直接在路面上拌料合铺平：
① 施工中，只要可能，让卡车将材料以条堤形卸在路侧，不要卸得太靠近路边，
①
②
③
④
⑤
⑥
⑦
⑧
图2.9-52　开挖路槽施工程序示意图</td></tr>
<tr><td colspan="2">审核人</td><td></td><td>交接人</td><td></td><td>接受交底人</td><td></td></tr>
</table>

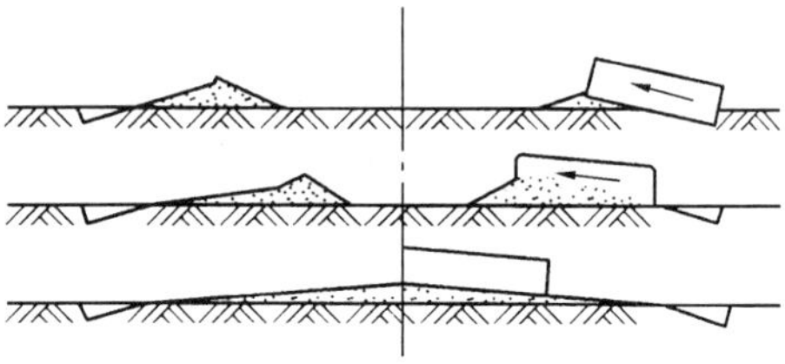

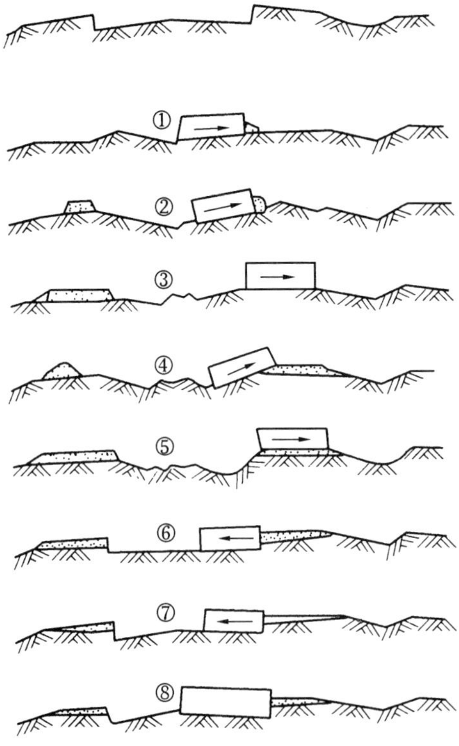

续表

工程名称			施工单位		编号	
序号	项目	城市道路路基机械化施工技术交底内容				
7	平地机的施工工艺	因为刮料时物料可能从刮刀内流出去。然后，机器平行于料堆行驶，刮刀侧伸出，逐层地切移物料堆，使物料沿刮刀侧向移动，同时物料得到混合。切移方式可从路两侧到路中间，再由中间到两侧，交替进行［图 2.9-53（*a*）］。 ② 在路面较窄时，卡车只能将料从车后卸下堆料于路中间。先使用推土铲将料堆纵向摊铺开，然后使用刮刀反复拌合铺平［图 2.9-53（*b*）］。 ③ 在行车道上拌和堆置两边的材料时。先将大粒料刮在车道内铺平，再把另一边的小粒料铺在大粒料上［图 2.9-53（*c*）］。然后按图 2.9-53（*a*）所示的办法进行拌合。 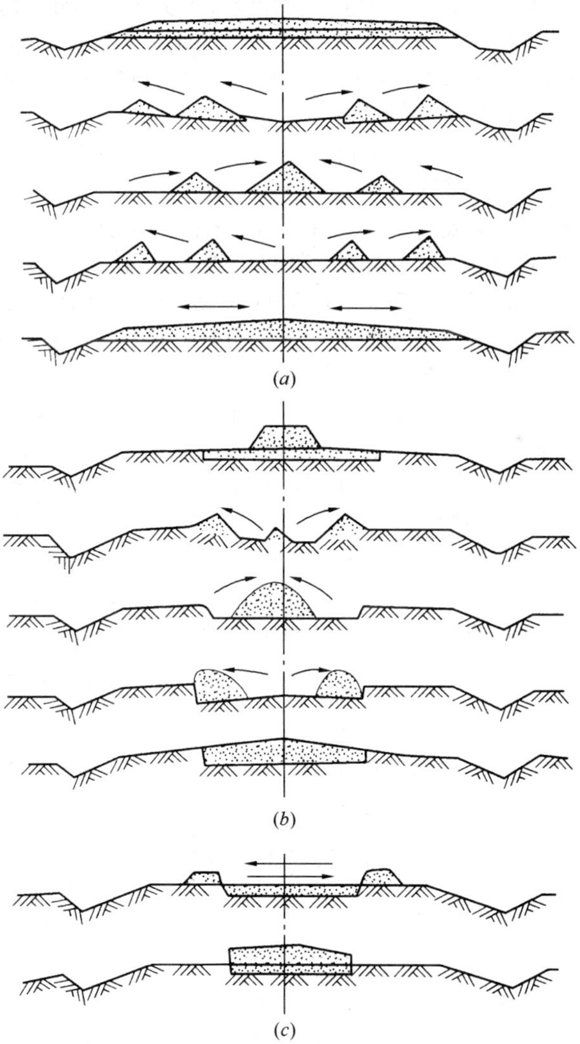 (*a*) (*b*) (*c*) 图 2.9-53　平地机路拌材料的程序示意图 （*a*）在路基上拌合路面材料；（*b*）在路基行车上拌合路面材料； （*c*）在路基行走道上拌合堆置路面材料				
审核人		交接人		接受交底人		

续表

工程名称			施工单位		编号	
序号	项目	城市道路路基机械化施工技术交底内容				
7	平地机的施工工艺	④ 当铺设松散的石子和砂子时，刮刀只能刮较少的料，同时以较高的速度行驶，否则机器可能停陷，刮平的路面也会破坏。 ⑤ 当铺设粒度大小不同的物料时，物料的最大粒度应小于最终要铺的路层的厚度，否则会出现石子卡刮刀的现象，并使路面出现“撕裂”和“孔洞”。 ⑥ 所以，铺料、拌合时最好采用大铲土角，以避免大粒物料对刮刀的推挤力作用，同时这样可容易地使大粒物料从刮刀下滚过去。 ⑦ 当铺设料含沥青材料时，在单位面积上的物料数量应足够。同时以长条形料堆方式堆卸，料堆不可太长，以免混合料没来得及铺开就冷凝固结了。 ⑧ 铺平时为了防止物料从刮刀一侧流出，可以在刮刀侧面装挡板。铺料时应注意保证沿整个刮刀长度上都有物料，以防止出现遗漏和孔洞。 2）就地取土为料的拌合、铺平作业。其施工方法： ① 剥离表层土，使路面有合适的拱度，剥离下的土沿路边堆成堤备用。然后按照要求的混合比例卸下掺合料（石灰、水泥等）。最好直接卸在土堆上面。让平地机沿着料堆在上面或侧面行驶，刮刀保持一定回转角将料向路中间刮送，然后再刮回路边，反复进行直到满足混合的要求为止。当料堆较大时，注意不要一次刮料太多，可分几次刮送。 ② 当路面比较宽时，可以将料在路面上横向排成几堆布置，以加快拌和速度。物料混合达到要求后即可进行铺平作业。当作最后一道铺平时，可在机器后面拖挂压路碾，这样能使铺平与压实同时进行。 ③ 在原路形较好的情况下，先用松土器将路面耙松，再用刮刀将路面刮平。接着在刮平的路面上卸下掺合料，并用刮刀将料摊铺开，完成均匀布料过程，然后开始拌合。 ④ 拌合开始时，先由路中间向外刮，刮刀应达到一定的切入深度。以满足物料混合比例的要求，同时根据行驶阻力的大小来取用回转角（改变切削宽度）。 ⑤施工中被刮起的土和掺合料在移动中逐步混合，在路肩上形成条堤；若路面较宽，可用几个行程逐列刮移，在路上形成几条料堤；然后由路外侧向中间刮，同时注意各条堤相互之间的混合，反复进行直到拌好为止。最后将料摊铺开、并刮平、压实。				
审核人		交接人		接受交底人		

2.10 城市道路特殊土路基施工技术交底

城市道路特殊土路基施工技术交底 **表 2-10**

工程名称			施工单位		编号	
序号	项目	城市道路特殊土路基施工技术交底内容				
1	一般规定	特殊土的种类及其定义规定如下： (1) 杂填土：房渣土（建筑垃圾）、工业废渣、生活垃圾等杂物堆积而成的土。 (2) 盐渍土：地表下 1m 深的土层内易溶盐平均含量大于 0.3%的土。 (3) 膨胀土：吸水后显著膨胀，失水后显著收缩的高液限黏质土。 (4) 湿陷性黄土：受水浸湿后会产生较大的沉陷的黄土。				
审核人		交接人		接受交底人		

续表

工程名称		施工单位		编号	
序号	项目	城市道路特殊土路基施工技术交底内容			
2	杂填土	（1）房渣土用于填土时，不应含有腐木之类不稳定物质，其烧失量不应大于5%，最大粒径不应大于10cm。 （2）城市道路在穿越房渣土地段时，要查明堆积年代、物质成分、均匀性、密实程度、压缩性和分化程度等。需经处理后采用。 （3）当利用工业废渣填筑城市道路路基时，应对废渣的稳定性、适用粒径和对地下水质污染影响通过试验研究，经技术鉴定后方可使用。 （4）城市生活垃圾不得用作路基填料，若道路穿越生活垃圾堆积年数长久的地段时，经过试验分析，证实其确已充分分解而稳定时，方可不换土。 （5）道路穿越杂填土地段，可选用以下几种方法处理，使其达到设计强度要求。 1）片石表面挤实法：适用于非冰冻区，地区水位较低（地面1.0m以下），软土较少和厚度不大的房渣土。可用20～30cm长的片石，尖端向下，密排夯入土中（从疏到密），以提高表层上的密实程度，减少土基的变形。 2）重锤夯实法：适用于处理地下水位在0.8m以上的稍湿的各种黏性土、砂土、湿陷性黄土和房渣土，以及工作面受限制及结构物接头处的填土。含水多的软弱土层不宜采用。大块钢渣因难以击碎，也不宜采用。 3）振动压实法：适用于处理城市地下水位离振实面不小于0.6m，含少量黏性土的房渣土、工业废渣。 （6）新填房渣土、炉渣及有级配的稳定冶炼渣应用机械碾压数遍后，再用重型压路机碾压至要求的压实度。			
3	盐渍土	（1）盐渍土用作路基填料时，土中易溶盐容许含量：总含盐量不得大于5%，其中氯盐含量不得大于5%；硫酸盐含量不得大于2%；碳酸盐含量不得大于0.5%。施工时应注意含盐量的均匀性。 （2）内陆干旱地区如当地无其他适宜的填料时，应根据当地的气候、水文、地质等情况，通过试验决定采用的技术措施。用石膏土作填料时，石膏含量不予限制，但应严格控制压实度。 （3）盐渍土路基宜采用路堤形式，并按设计要求设置隔离层，防止含盐的毛细水上升。 （4）盐渍土路基应从基底处理开始连续施工，一次做到设计标高。在采用隔离层的地段，至少要做到隔离层的顶部，避免路基再度盐渍化。 （5）盐渍土路基的地下排水管与地面排水沟渠，必须采取防渗措施。 （6）为截断路基下部的含盐毛细水而设置的隔离层，宜设在路床顶以下80cm深度处。若有盐胀的问题存在，隔离层应设在产生盐胀的深度以下。透水性隔离层及其上下的反滤层的含泥量不得超过5%。其总厚度可采用0.3～0.5m。 （7）路基全宽内应采用同样的压实标准，人行道应铺设面层，并应注意车行道、人行道与绿化带的结合部分，防止地面水浸入路基，必要时，可用不透水性材料封闭。 （8）盐渍土原土基为软弱土体，含水量超过液限，厚度在1m以内必须全部清除，换填砂、砂砾、炉渣等透水性材料。 （9）软弱土基已清除至地下水位以下时，应换填透水性材料。其高度至少超过地下水位以上30cm，方可填土。 （10）缺乏透水性材料的地区，可在路基下部设置不透水性隔离层，以阻止毛细水上升。 （11）路基应分层铺填，每层填土厚度，黏性土不得大于20cm，砂性土不得大于30cm。			
审核人		交接人		接受交底人	

续表

工程名称		施工单位		编号	
序号	项目	城市道路特殊土路基施工技术交底内容			
3	盐渍土	(12) 路基的压实宜采用重型压实标准，碾压时应严格控制含水量，使土的含水量接近最佳含水量。 (13) 在地下水位高的地区，黏性盐渍土宜在夏季施工，砂性盐渍土宜在春季和夏初施工，强盐渍土地区，应在表层含盐量较低的春季施工。			
4	膨胀土	(1) 膨胀土地区的路基应避免在雨期施工，土方工程及防护加固工程应连续施工，避免边坡长期暴露。挖方路段应先做好路堑堑顶排水工程，施工期内不得沿坡面排水。 (2) 膨胀土地区的路基可采取换填好土，设置隔离层以及改良土质等措施。 (3) 换填普通土时，可按路基土的施工要求进行压实，挖出的土不应堆积在路基两侧，以免积水。 (4) 良好排水条件下的路基可用原土填筑，施工中应符合下列规定： 1) 洒水均匀，大于 2.5cm 的土块应小于 40%。 2) 宜采用平衡含水量（在一定的土基部位，土的含水量呈稳定不变状态）的土作为填筑用土。 3) 人行道（路肩）应加固，以防止地面水浸入和冲刷，路肩横坡不得小于 4%。 (5) 人行道或路肩的加固应采用良好级配的碎石土铺筑，经压实后形成密实结构层，其厚度宜为 15～30cm。采用砂砾料铺筑时，应掺入少量水泥予以加固。 (6) 填方路段边坡的加固，可按照：采用碎石土加固边坡，厚度应大于 15cm；用非膨胀土将路堤包裹一层，厚度可为 30cm；路肩宽度不应小于 2m 等方法施工。 (7) 土工膜封闭法适用于膨胀性大而又缺乏非膨胀土的路堤。封闭形式有 3 种： 1) 路基底部封闭，以防止毛细水上升而影响路基稳定。 2) 路基全封闭，以保持路基土含水量不变。 3) 路基顶面封闭，以防降水渗入路基。 (8) 膨胀土路基可采用水泥、石灰处治方法增加其稳定性。石灰处治适用于塑性指数大于 7 的土，石灰用量不宜低于 8%；水泥处治的水泥用量宜为 4%～8%；石灰—水泥处治适用于塑性指数大于 30 的土。拌合分两步，石灰与土拌合均匀后，再加水泥拌匀。 (9) 膨胀土压实宜采用重型压路机在最佳含水量条件下碾压，要求压实度达到轻型击实标准的 100%。			
5	湿陷性黄土	(1) 湿陷性黄土路基应重视排水。无论是在城市路基施工期间或道路竣工后，都应防止地面水浸入路基。 (2) 黄土路基基底处理，应按土的湿陷类型和设计要求进行施工。对墓穴、坑井等路基隐患，应做彻底处理。 (3) 湿陷性黄土路基的地下排水管道与地面排水沟渠，必须采取防渗措施。 (4) 排水沟渠的纵坡大于 3%时，沟渠与出水口均应加固，以防冲刷。 (5) 湿陷性黄土的路基基底，若无不良地质或地下水影响，设计无特殊要求时，只按一般土施工技术要求，可不作特殊处理。自重湿陷性黄土的路基基底处理方法有：重机碾压、浸水湿陷、重锤夯实、石灰桩挤密加固、换填土等。 (6) 黄土用作路基填料时，其压实要求与一般黏性土相同。为保证填土质量，填筑用土要求使用充分扰动的土，大于 10cm 的土块必须打碎，并应注意掌握黄土的压实含水量。 (7) 车行道、人行道路床的碾压宽度两侧应各超出设计宽度 30cm。路缘石背后填土应夯实，以防地面水浸入。 (8) 黄土路堤的边坡应整平拍实，并应予以防护，防止地面水冲刷。			
审核人		交接人		接受交底人	

2.11 城市道路软土地基施工技术交底

城市道路软土地基施工技术交底 **表 2-11**

<table>
<tr><td colspan="2">工程名称</td><td></td><td>施工单位</td><td></td><td>编号</td><td></td></tr>
<tr><td>序号</td><td>项目</td><td colspan="5">城市道路软土路基施工技术交底内容</td></tr>
<tr><td>1</td><td>概述</td><td colspan="5">（1）所谓软土地基，主要是指黏土或粉土颗粒含量极高的软弱土，或由孔隙率大的有机质土、泥炭、松砂组成的土层。
（2）地下水位高，影响填土和构造物稳定或使用结构物产生沉降的这一类地基。软土地基的判定指标，可参考表 2.11-1。
软土鉴别表 表 2.11-1
特征指标名称 | 天然含水量（%） | 天然孔隙比 | 十字板剪切强度（kPa）
指标值 | ≥35 | ≥1.0 | ≤35
（3）软土地基的自身工程性质比较差，往往不能满足路基及桥涵基础的强烈要求，必须采取一定的加固措施，主要是提高地基的强度、硬度和稳定性，尽量减少地基的沉降与变形。
（4）在选择处理方法时，应综合考虑地基条件、道路条件、施工条件、技术条件和环境条件等，使选择的处理方法既符合目的要求又经济。
（5）通常每一种软土地基的处理方法都有自己的特点，产生的主要效果也有所不同。一般来说，按处理目的可分沉降处理和稳定处理两大类。
1）沉降处理包括加速沉降和减小总沉降量。
2）稳定处理包括控制剪切变形、阻止强度降低、促进强度增长、增加抗滑能力和防止产生液化等。
（6）软土地基原来常用的具体处理方法主要有：换填土层法、挤密法和化学加固法。随着科学技术的发展，软土地基处理的新材料、新方法和新技术日益增多。下面简单扼要介绍一些软土地基处理的基本规定和最新施工方法。</td></tr>
<tr><td>2</td><td>软土地基处理的基本规定</td><td colspan="5">（1）软土地遵的施工必须确施工质量，科学地施工组织设计，加强施工现场的技术管理，严格按照有关操作规程实施，认真做好工程量的检查和验收工作。
（2）在软地基处理前，应当先完成下列有关工作：
1）收集有关施工图纸、工程地质报告、土工实验报告和施工范围内的地下管线、构造物等有关资料。
2）组织有员编制施工组织设计或施工大纲。
3）对所准备采用的原材料、半成品、成品进行检验。
4）对所用施工机械进行调试，均达到正常运转的良好状态，进行必要的成桩试验。
（3）在软土地处理前，应做好施工期间的排水措施；对常年地表积水、水塘地段，应按设计要求先进行抽水、清淤和回填工作。
（4）软土地基处治材料的选择用，应当贯彻“因地制宜、就地取材”在原则。所有运至工地的材料必须分类堆放，妥善保管，按存关标准进行质量检验，不合格的材料不得用于工程。</td></tr>
<tr><td colspan="2">审核人</td><td></td><td>交接人</td><td></td><td>接受交底人</td><td></td></tr>
</table>

续表

<table>
<tr><td>工程名称</td><td colspan="2"></td><td>施工单位</td><td></td><td>编号</td><td></td></tr>
<tr><td>序号</td><td>项目</td><td colspan="5">城市道路软土路基施工技术交底内容</td></tr>
<tr><td>2</td><td>软土地基处理的基本规定</td><td colspan="5">（5）在软地基自治中，应当认真做好原始记录，积累资料，不断总结经验，提高软土地基自治施工技术水平。采用新技术、新工艺、新材料、新机具、新测试方法时，必须制定不低于《公路路基施工技术规范》JTG F10—2006 水平的质量标准和工艺要求。
（6）在进行软土基础处治施工的过程中，必须严格执行有关安全、劳保和环境保护等规定。</td></tr>
<tr><td>3</td><td>垫层及浅层的处治</td><td colspan="5">（1）对于垫层与浅层的处治，应当达到增加地表的强度、以防止地基局部剪切变形的目的。
（2）软土、泥沼地区采用换填地基时，其填筑、压实的施工及检验应遵照《公路路基施工技术规范》JTG F10—2006 中的规定。
（3）采用抛石挤淤施工时，应符合如下要求：
1）使用不易风化的石料挤淤，片石的颗粒大小随泥炭的稠度而定。对于容易流动的泥炭或淤泥，片石宜稍小一些，一般不宜小于 30cm，并规定小于 30cm 粒径含量不得超过 20％。
2）当软土地层比较平坦时，抛投应沿路的中线向前抛填，再逐渐向两侧扩展。软土地层横坡陡于 1∶10 时，应自高侧向低侧抛投，并在低侧边部多抛投，使低侧边部约有 2m 宽的平台顶面。
（4）片石抛出软地面后，应用较小的石块填塞垫平，并用重型机械碾压紧密，然后在其上面设反滤层，再进行填土。
（5）在砂（砾）垫层施工时，应当符合下列要求：
1）砂垫层材料宜采用洁净的中砂或粗砂，其含泥量不应大于 5％，并将其中的植物、杂质除尽。也可以采用天然级配的砂砾料，其最大粒径不应大于 5cm，砾石的强度不低于四级（即洛杉矶法磨耗率小于 60％）。
2）对于砂（砾）垫层摊铺后应适当洒水，分层压实，压实厚度宜为 15～20cm。如果采用砂砾石，应无粗细粒料分离现象。
3）砂（砾）垫层宽度应宽出路基边脚 0.5 ～1.0m，两侧端以片石护砌或采用其他方式进行防护，以免产生砂料流失。</td></tr>
<tr><td>4</td><td>反压护道自治</td><td colspan="5">（1）对于所采用的填料材质必须符合设计要求，不符合要求的填料绝对不能用于工程。
（2）反压护道的施工宜与路堤同时进行填筑；当分开填筑时，必须在路堤达到临界高度前将反压护道筑好。
（3）反正护道的压实度达到《公路土工试验规程》JTG E40—2007 中重型击试验法测定的最大密度的 90％，或满足设计提出的要求。</td></tr>
<tr><td>5</td><td>土工合成材料</td><td colspan="5">（1）采用的土工合成材料应具有质量轻、整体连续性好、抗拉强度高、耐腐蚀性和抗微生物侵蚀性好、施工方便等优点；非织型的土工纤维应具备当量孔隙直径小、渗透性能好、质地柔软、能与土很好结合的性质。
（2）应根据出厂单位提供的幅宽、质量、厚度、抗拉强度、顶破强度和渗透系数等测试数据，选用能够满足设计要求的土工合成材料。</td></tr>
<tr><td>审核人</td><td></td><td>交接人</td><td></td><td>接受交底人</td><td colspan="2"></td></tr>
</table>

续表

<table>
<tr><td>工程名称</td><td></td><td>施工单位</td><td></td><td>编号</td><td></td></tr>
<tr><td>序号</td><td>项目</td><td colspan="4">城市道路软土路基施工技术交底内容</td></tr>
<tr><td>5</td><td>土工合成材料</td><td colspan="4">（3）在土工合成材料的施工中，应当符合以下规定：
1）土工合成材料应在平整好的下承层上按路堤底宽全断面铺设，摊铺时应将土工合成材料拉直平顺，紧贴下承层，不得出现扭曲、折皱、重叠。在斜坡上摊铺时，应保持一定的松紧度（可用U形钉进行控制）。
2）铺设土工聚合物材料时，应在路堤每边各留足够的锚固长度，回折覆裹在压实的填料面上，平整顺适，外侧用土进行覆盖，以免造成人为的破坏。
3）应保证土工合成材料的整体性，当采用搭接法进行连接时，搭接长度宜为30～90cm；当采用缝接法进行连接时，缝接宽度应不小于5cm，粘合强度应不低于土工合成材料的抗拉强度。
4）在现场施工中，如果发现土工合成材料出现有破损时，必须立即对破损材料进行修补好。
5）土工合成材料在存放以及施工铺设过程中，应尽量避免长时间的暴晒或暴露无遗在施工现场；以避免土工合成材料的性能劣化。
6）对于双层土工合成材料，其上、下层的接缝应当相互交错开，错开长度不应小于0.5m。</td></tr>
<tr><td>6</td><td>袋装砂井的施工</td><td colspan="4">（1）袋装砂井材料。袋装砂井的材料包括以下两个方面：
1）袋。应当选用聚丙烯或其他适用的纺织料制成，抗拉强度应能保证承受砂袋的自重，装砂后砂袋的渗透系数应不小于砂的渗透系数。
2）砂。采用渗水率较高的中砂、粗砂，大于0.5mm的砂的含量宜占总量的50%以上，含泥量应不大于3%，渗透系数应不小于5×10^{-3}cm/s。
（2）施工机械。袋装砂井施工所用的主要机具为导管式振动打桩机，在行进方式上普遍采用轨道门架式、履带臂架式、吊机导架式等。
（3）施工工艺流程。
袋装砂井的施工工艺流程，应按以下程序进行：整平原地面→摊铺下层垫层→机具定位→打入套管→沉入砂袋→拔出套管→机具移位→埋砂袋头→摊清上层砂垫层。
（4）施工质量要求。袋装砂井的施工质量，应符合如下规定：
1）砂袋的灌砂率（γ）可按下公式计算：
$$\gamma = m_{sel} \times 100\% / 0.78 d^2 L \rho_d$$
式中 m_{sel}——实际灌入砂的质量（kg）；
d——袋装砂井的直径（m）；
L——袋装砂井的深度（m）；
ρ_d——中粗砂的干密度（kg/m^3）。
袋装砂井的灌砂率应当符合表2.11-2中规定。

袋装砂井施工允许偏差 表2.11-2
<table><tr><td>项次</td><td>项　目</td><td>标　准</td><td>允许偏差</td><td>检查方法</td></tr><tr><td>1</td><td>井距（cm）</td><td>符合设计要求</td><td>－15，＋15</td><td>抽查2%</td></tr><tr><td>2</td><td>井长（cm）</td><td>符合设计要求</td><td>不少于设计要求</td><td>查施工记录</td></tr></table></td></tr>
<tr><td>审核人</td><td></td><td>交接人</td><td></td><td>接受交底人</td><td></td></tr>
</table>

续表

工程名称		施工单位		编号	
序号	项目	城市道路软土路基施工技术交底内容			
6	袋装砂井的施工	续表 项次 / 项目 / 标准 / 允许偏差 / 检查方法 3 / 井径（mm） / 符合设计要求 / +10，−5 / 检验2% 4 / 竖直度（%） / / 1.5 / 查施工记录 5 / 灌砂率（%） / 符合设计要求 / +5.0 / 查施工记录 2）砂袋灌入砂后，露天堆放应有遮盖，切忌长时间暴晒，以免砂袋老化。 3）砂井可以用锤击法或振动法进行施工，导轨应当垂直，钢套管不得有变通，沉桩时应经纬仪或重锤控制其垂直度。 4）为了控制砂井的设计入土深度，一般在钢管套上应画出标尺，以确保井底标高符合设计的要求。 5）在砂袋入井时应用桩架吊起垂直下井，防止砂袋在井中发生扭曲、缩颈、断裂和磨损。 6）拔钢套管时应注意垂直起吊，以防止带出或损坏砂袋。在施工过程中如果发生上述现象，应在原孔边缘处进行重打砂井，如果两次将砂袋带出时，应立即停止施工，等待查明原因后再施工。 7）砂袋留出孔口长度应保证伸入砂垫层至少30cm，并且不得有卧倒现象。 8）袋装砂井的施工允许偏差应当符合表2.11-2中的规定。			
7	塑料排水板的施工	（1）塑料排水板的组成。塑料排水板是由芯板与滤套组成的复合体，或是由单一材料制成的多孔管道板带（无滤套）。主要功能如下： 1）塑料排水板的芯板是由聚乙烯或聚丙烯加工而制成的多孔管道或其他形式的板带，应具有足够的抗拉强度和垂直排水的能力。 2）当周围土体压力在15m深度范围内不大于250kPa，或者在大于15m范围不大于250kPa条件下，其排水通车不低于30cm^3/s。 3）芯板应具有较好的耐腐蚀性和足够的柔性，保证塑性排水板在地下的耐久性，并确保在土体固结变形时芯板不会被折断或破裂。 （2）施工机械的选择 塑料排水板的施工机械主要指捶板机，也可与袋装砂井打设机共用，但应将圆形套用管换成矩形套用管。对振动打设工艺、锤击振动大小，可根据每次打设的根数、导管断面大小、入土长度和地基均匀程度确定。 （3）塑料排水板施工工艺 塑料排水板的施工工艺，可以按以下程序进行：整平原地面→摊铺下层砂垫层→机具就位→塑料排水板穿靴→插入套管→拔出套管→割断塑料排水板→机具移位→摊铺上层砂垫层。 （4）质量要求：塑料排水板的施工质量，应当符合以下几方面的要求： 1）施工现场堆放的塑料排水板盘带应加以适当覆盖，以防止因在空气中暴露而产生变质和老化。			
审核人		交接人		接受交底人	

续表

工程名称		施工单位		编号	

序号	项目	城市道路软土路基施工技术交底内容

7　塑料排水板的施工

2）在塑料排水板的插入地下的施工过程中，导轨应当符合设计垂直度的要求，钢套用管不得出现弯曲透水滤套不应被撕破与污染；排水板底部应有可靠的锚固措施，以免拔出大套管时将芯板带出。

3）塑料排水板留出孔口长度应保证伸入砂垫层不小于 50cm，使其与砂垫层贯通，并将其保护好，以防止机械、车辆进出时受损，影响排水效果。

4）塑料排水板的塔接应采用滤套内平接的方法，芯板对扣，凹凸对齐，搭接长度不少于 20cm；滤纸套包裹要用可措施进行固定。

5）施工中要防止泥土等杂物进入套管内，发现杂物掉入套管时，要立即进行清除。

（5）施工允许偏差（表 2.11-3）。

塑料排水板施工允许偏差　　表 2.11-3

项号	项　目	允许偏差	检查方法和频率
1	板距（mm）	+15；-15	抽查 2%
2	板长（mm）	不小于设计	查施工记录
3	竖直度（%）	1.5	查施工记录

8　砂桩的施工

（1）砂桩的材料。砂桩对于砂的要求与袋装砂井相同，也可以使用砂和角砾的混合料，含泥量不得大于 5%。

（2）砂桩的施工机具。砂桩使用的施工机具有振动打桩机、柴油打桩机；按成型工艺又可分为冲击式和振动式。

（3）砂桩的施工工艺。其施工工艺按以下程序进行：整平原地面→机具定位→桩管沉入→加料压密实→拔管→机具移位。

（4）施工质量要求

1）砂的含水量对桩体的密实度有很大影响，应当根据成桩的方法分别符合以下规定：当采用单管冲击法、一次打桩成桩法或复打成桩法进行施工时，应当采用饱和砂。当采用双管冲击法、重复压拔法施工时，可使用含水量为 7%～9%的砂，饱和土中施工也可用天然湿砂。

2）地面以下 1～2m 土层由于侧向约束软弱，非常不利于成桩，应取超载投砂法，通过压挤提高表层砂的密实程度。

3）桩体在施工过程中，应确保连续、密实；在软弱黏性土中成型困难时，可以隔行施工，各行中也可以间隔施工。

4）实际灌砂量未达到设计用量要求时，应在原位置将桩管打入，补充灌砂后再复打一次，或在旁边补桩一根。

（5）施工允许偏差。砂桩施工允许偏差应符合表 2.11-4 中的要求。

砂桩施工允许偏差　　表 2.11-4

项　号	项　目	允许偏差	检查方法和频率
1	桩距（mm）	+15；-15	抽查 2%
2	桩长（mm）	不小于设计	查施工记录
3	桩径（mm）	不小于设计	抽查 2%
4	竖直度（%）	1.5	查施工记录
5	灌砂量（m^3）	3.0	不小于设计，查施工记录

审核人		交接人		接受交底人	

续表

工程名称		施工单位		编号	
序号	项目	城市道路软土路基施工技术交底内容			
9	碎石桩施工	见下文			

(1) 碎石桩材料。碎石的材料为填料，应由未风化的干净砾石或轧制碎石而成，粒径宜为20～50mm，含泥量不应大于10%；水一般可用饮用水。

(2) 进行成桩试验。在施工前应按规定做成桩试验，记录冲孔、清孔、制桩时间和深度、冲水量、水压、压入碎石量及电流的变化等。经验证设计参数和施工控制的有关参数，作为碎石桩施工的控制指标。

(3) 施工机械。碎石桩的主要施工机具是冲击、吊机，或施工专用平车和水泵。选择冲击器的型号应与桩径、桩长及加固工程离周围建筑物距离相适应。振动器应配备适用的供水设备，出口水压应在400～600kPa之间，出水流量为20～30m^3/h。起重机起吊能力，一般应大于100～200kN。

(4) 施工工艺。碎石桩的施工工艺应按以下程序进行：整平原地面→振动器就位对中→成孔→清孔→加料振密→关机停水→振动器移位。

(5) 施工质量。碎石桩的施工质量应符合以下规定：

1) 碎石桩施工应根据制桩试验成果严格控制水压、电流和振动器在固定深度位置的留振时间。水压应根据土质及强度而定，一般对强度较低的软土，水压应小一些；对于强度较高的软土，水压应当大一些。成孔时水压宜大些，制桩振密时水压宜小些。水量要充足，使孔内充满水，以防止出现塌孔。

2) 在碎石桩的施工中应严格控制电压的稳定，一般应当为380V。应控制加料振密过程中的密实电流，密实电流的规定值应根据现场制桩实验定出，宜为潜水电动机的空载电流加上10～15A。或为额定电流的90%左右；严禁在超过额定电流的情况下作业。振动器在固定深度位置的留振时间宜为10～20s。

3) 填料要分批加入，不宜一次加料过量，原则上掌握“沙吃多餐”，保证试桩标定的装料量，一般制作最深桩时填料偏多。每一深度的桩体在未达到规定的密实电流时应继续加料，继续振实，严格防止“断桩”和“颈缩桩”的发生。

(6) 允许偏差。碎石桩施工的允许偏差应符合表2.11-5中的要求。

碎石桩施工允许偏差 **表2.11-5**

项　号	项　目	允许偏差	检查方法和频率
1	桩距（mm）	+15；−15	抽查2%
2	桩长（mm）	不小于设计	抽查2%
3	桩径（mm）	不小于设计	查施工记录
4	竖直度（%）	1.5	查施工记录
5	灌砂量（m^3）	不小于设计	查施工记录

(7) 密实度抽查。碎石桩密实度宜抽查5%，要求用重Ⅱ型动力触探测试，贯入量为10cm时，击数不小于5次。

审核人		交接人		接受交底人	

续表

<table>
<tr><td>工程名称</td><td></td><td>施工单位</td><td></td><td>编号</td><td></td></tr>
<tr><td>序号</td><td>项目</td><td colspan="4">城市道路软土路基施工技术交底内容</td></tr>
<tr><td>10</td><td>加固土桩的施工</td><td colspan="4">(1) 加固土桩材料。加固土桩所用的材料比较多，目前主要有生石灰、水泥和粉煤灰等，它们的质量应满足以下要求：
1) 生石灰应是磨细的，最大粒径应不小于 0.2cm。石灰应无杂质，氧化镁和氧化钙含量不应小于 85%，其中氧化钙含量不低于 80%。
2) 水泥宜采用普通硅酸盐水泥或矿渣水泥，应当是国家免检产品，严禁使用过期、受潮、结块、变质的劣质水泥。对非免检厂生产的水泥，应分批提供有关强度等级、安定性等试验报告。
3) 粉煤灰化学成分中要求 SiO_2 和 Al_2O_3 的含量应大于 70%，烧失量应小于 10%。有条件地的地方可采用石膏粉为添加剂，有利于强度的提高。
(2) 进行成桩试验。
1) 满足设计喷入量的各种技术参数，选择合理的技术措施。
2) 掌握搅拌的均匀性。
3) 掌握下钻和提升的阻力情况，选择合理的技术措施。
4) 根据地层、地质情况，确定覆盖范围，成桩工艺性试验桩数不得小于 5 根。
(3) 外加剂的使用。室内配方试验施工实际使用的固化剂和外加剂，必须通过室内试验的检验，符合设计要求后方能使用。
(4) 成桩施工工艺。施工工艺必须按以下程序进行：平整原地面→钻机定位→钻杆下沉钻进→上提喷粉（或喷浆）强制搅拌→复拌→提杆出孔→钻机移位。
(5) 施工前的准备。施工前应丈量钻杆长度，并标出显著的标志，以便比较、准确地掌握钻杆的入土深度、复搅深度，保证设计桩长。
(6) 施工机械的选择。加固土桩的施工机械应按固化剂喷入的形态（浆液或粉体），采用不同的施工机械组合。对于浆液固化剂，主机为深层搅拌机，有双搅拌轴中心管输浆方式和单搅拌轴叶片喷方式两种；配套机械、主要有灰浆拌制机、骨料斗、灰浆泵、控制柜及计量装置。对粉体固化剂，施工机械包括钻机、粉体发送器、空气压缩机、搅拌外头等。
(7) 施工质量要求
1) 采用浆液固化剂施工的质量要求
① 固化剂浆液应严格按预定的配合比拌制。拌制的浆液不得离析，不得停置过长，超过 2h 浆液应降低强度等级使用；浆液倒入集料时应加筛过滤，以免浆内结块，损坏。
② 在泵送浆液前，管路应保持潮湿，以便于输浆。现场拌制浆液，应有专业人记录固化剂、外加剂用量，并记录泵送浆开始、结束时间。
③ 根据成桩试验确定的技术参数进行施工。操作人员应记录每米下沉时间、提升时间，记录送浆时间、停浆时间等有关参数的变化。
④ 供浆必须连续，拌合必须均匀。一旦因故停泵，为防止断桩和缺浆，应使浆搅拌机下沉至停浆面以下 0.5m，待恢复供浆后再喷浆提升。如因故停机超过 3h，为防止浆液硬结堵管，应先拆卸输浆管路，清洗后备用。
⑤ 搅拌机提升至地面以下 1m 时宜用慢速；当喷浆口即将要提出地面时，应立即停止提升，搅拌数秒，以保证桩头均匀密实。</td></tr>
<tr><td colspan="2">审核人</td><td>交接人</td><td></td><td>接受交底人</td><td></td></tr>
</table>

续表

<table>
<tr><td>工程名称</td><td></td><td>施工单位</td><td></td><td>编号</td><td></td></tr>
<tr><td>序号</td><td>项目</td><td colspan="4">城市道路软土路基施工技术交底内容</td></tr>
<tr><td>10</td><td>加固土桩的施工</td><td colspan="4">2）采用粉体固化剂
① 粉喷桩施工时，应根据成桩试验确定的技术参数进行；操作人员应随时记录压力、喷粉量、钻进速度、提升速度等有关参数的变化。
② 严格控制喷粉标高和停粉标高，不得中断喷粉，确保桩体长度；严禁在尚未喷粉的情况下进行钻杆提升作业。当钻头提升到地面以下不足 50cm 时，送灰器应停止喷灰，并用人工回填黏性土压实。
③ 桩身根据设计要求在一定深度即在地面以下 1/2～1/3 桩长并不小于 5m 的范围内必须进行重复搅拌，使固化料与地基土均匀拌合。
④ 施工中如果发现喷粉不足，应整桩进行复打，复打的喷粉量应不小于设计用量。如果遇到停电、机械故障等原因，发生喷粉中断时，必须进行复打，复打重叠孔段应大于 1m。
⑤ 施工机具设备的粉体发生器必须配置粉料计量装置，并记录水泥的瞬时喷入量和累计喷入量。严禁无粉料喷入计量装置的粉体发送器投入使用。
⑥ 储灰罐的容量应不小于一根桩的用量加 50kg；当储量不足时，不得对下一根桩开钻施工。同时，钻头直径的磨损量不得大于 1cm。
（8）施工允许偏差。粉喷桩施工允许偏差，应符合表 2.11-6 所列。

粉喷桩施工允许偏差　　表 2.11-6
<table>
<tr><th>项　号</th><th>项　目</th><th>允许偏差</th><th>检查方法和频率</th></tr>
<tr><td>1</td><td>桩距（cm）</td><td>+10；−10</td><td>抽查 2%</td></tr>
<tr><td>2</td><td>桩长（cm）</td><td>不小于设计</td><td>抽查 2%</td></tr>
<tr><td>3</td><td>桩径（cm）</td><td>不小于设计</td><td>查施工记录</td></tr>
<tr><td>4</td><td>竖直度（%）</td><td>1.5</td><td>查施工记录</td></tr>
<tr><td>5</td><td>单桩喷粉量（%）</td><td>不小于设计</td><td>查施工记录</td></tr>
<tr><td>6</td><td>强度（MPa）</td><td>不小于设计</td><td>抽查 5%</td></tr>
</table></td></tr>
<tr><td>11</td><td>路堤施工与观测</td><td colspan="4">（1）一般规定
1）路堤开工前，施工单位应做好充分的准备工作。首先应全面熟悉软土地基施工设计图纸和试验工程总报告等有关材料，并会同设计单位或软土试验工程单位进行现场实地核对和调查，以便于顺利开工。对不符合实际情况的设计内容，可提出修改设计的意见，或安排补充地质勘探工作，并按规定程序变更设计。
2）根据核实的工程数量、工程要求、施工设备，结合施工工地特点，制订实施性施工组织方案，并编写施工具体计划，做到材料、设备工具、观测测试仪具、劳动力、临时工程、生活设施等全面落实。
3）布设观测仪具的种类、位置、数量，应按设计图纸上的要求进行，测试的项目、观测内容和频率也应当符合规定的要求，并及时整理出有关数据，以满足优质、安全施工要求。
4）软土地基路堤施工宜安排在有利季节进行；如果条件允许，宜在旱季或冬季作业。应妥善安排施工计划，软土地基应比一般地基尽量提前施工。以便使地基有充分时间固结。</td></tr>
<tr><td>审核人</td><td></td><td>交接人</td><td></td><td>接受交底人</td><td></td></tr>
</table>

续表

工程名称		施工单位	编号	
序号	项目	城市道路软土路基施工技术交底内容		
11	路堤施工与观测	5）施工时应尽量减少对软土地基地表层硬壳层的损坏。 6）当需要进行软土地基基础处理或挖除淤泥时，应当按照施工图纸进行施工，统一安排，综合进行。 （2）路堤填筑 1）有关软土地基路堤施工中的一般事项，如施工测量、路基放样、清除场地、路基填料、材料试验和临时工程等，以及路堤、桥涵、通道的填筑，路基压实、取土堆的布置等方面要求，均应按照现行的《公路路基施工技术规范》JTG F10—2006 中的有关规定办理。 2）软土地基路堤施工时，应注意环境保护，所挖出的淤泥应安排在合适地点堆放，并妥善处理，尽量利用荒地凹凼，做到填平补齐，造田造地。在排除积水时，应引入附近沟渠，不得让其污染水源、农田、鱼塘或建筑物。 3）在常年积水或池塘（鱼塘）等地段施工时，宜先修围堰抽水，挖除表层淤泥，并用水稳定性好的透水性材料回填到常水位以上 50cm，然后再进行软基处理。围堰应高出水位以上 30cm，且无渗漏，同时应保证整个施工期间始终处于完好状态。 4）在软土地基上直接填筑路堤时，应按以下规定进行： ① 根据施工现场的地形情况，将场地地表水排除，以保证基底干燥；在有条件时，可采取降低地下水位措施。路基施工前应先做好排水设施。 ② 水面以下部分的填土，应选择透水性良好的土质，水面以上部分的填土，可用一般土分层填筑和分层压实，同时优先采取轻质材料进行填筑。 ③ 填筑路基的土宜在集中取土的土场取用。必须在两侧取土时，取土坑内缘距路堤坡脚近的距离是： a. 当路堤填土高度小于 2m 时，不小于 20m； b. 当路堤填土高度为 5m 时，宜大于 40m； c. 当土坑内每隔 50m 应留出顶宽为 3m 的横向土坡； d. 路堤填土应由路的中向两侧进行填筑，并应做出与路拱相同的横向坡度，一般 2%～4%的横坡为宜； e. 在填土筑路堤时，路堤最后填筑标高应达到设计图中的预压填土高度，而侧坡的余宽及边坡率也应留有余地，使其压实宽度大于路堤设计高度，并保证最后削坡后有效的断面尺寸和路基宽度。 5）在路堤填筑的过程中，应进行沉降和稳定监测。当接近或达到极限填土高度时，严格控制填土，以免由于加载过快而生成地基破坏。一般填一层，应进行一次监测，控制的标准为：路堤中心线地面沉降速率每昼夜不大于 10cm；坡脚水平移速率每昼夜不得大于 0.5cm。观测结果应结合沉降和位移发展趋势进行综合分析。填筑速率，应以水平位移控制为主，如果超过控制标准应立即停止填筑。 6）桥头路堤应于结构物施工前填筑，并不应小于 6 个月，使桥台地基先预压稳定后再进行开挖。在预压期内不应在路堤上做任何工程，只允许添加由于沉降而引起的附加填土。软土地区的桥台、涵洞、通道以及加固工程，应在预压期沉降完成后再进行修建。在软基上填筑路堤，当桥头路堤边坡受到河流冲刷时，应补设防护工程。		
审核人		交接人		接受交底人

续表

工程名称		施工单位		编号	
序号	项目	城市道路软土路基施工技术交底内容			
11	路堤施工与观测	7）在相应涵洞位置设置临时排水涵洞；对路堤工程也应当做好临时排水设施，以防止流水浸泡和冲刷路堤。路堤与桥台衔接部位、路堤与锥坡压填土应同步填筑与碾压。在大型压路机不易到位的边角宜用小型打夯机夯压密实。其分层碾压的厚度控制在15cm为宜，填料也宜选用渗水性土。 8）合理的路堤施工工期应考虑满足设计所要求的要求的堆载预压期，即路堤施工完成后，路面、结构物施工前应有足够的时间使地基排水固结。 9）填筑路堤加载或超载预压部分宜用细粒土分层填筑，具体要求与路基本体相同。也可以用砂砾等材料进行填筑，但应考虑这些材料能力为后期工程所利用，并不使材料受到污染。卸除的填料可予以利用，也可以废弃，但不宜置于反压护道上。加载或超载预压路堤的顶部应修整，使其具有2.5％～4.0％的横坡，以保持预压期限内有良好的排水条件。 10）超压路堤的顶面应通过摊铺和压实所需的附加土层，保持在超压标高上。任何时候超压路堤的顶面不应低于超压标高的20cm，也不应高于标高的10cm。其压实度：预压部分应满足路基施工技术规范中的压实要求，超载预压部分压实度应达到重型压实标准的90％，并注意路堤的排水。 11）超压路堤构筑后，应有一定的沉降时间，超压时间不宜低于3个月。超载预压到期后，卸除超载土方，路堤应挖至路槽底（路面底面），并将路槽底以下的路堤表层15cm深度的土层压实，其压实度应大于95％。 （3）吹填砂路堤 1）吹填砂路堤适用于缺土而多砂，且可用吹填方式填筑路堤的地区，它具有施工不受雨季影响的优点。 2）吹填砂的材料以中砂和粗砂为宜，含泥量（即小于74μm颗粒）不宜大于15％。 3）吹填砂路堤的施工程序是，地基如果需要进行处理，应先做处理施工，并进行压实后，再吹砂填筑。一般可按照以下要求进行作业，路堤压实度与一般填料路基要求相同。吹填料路堤时的要求： a. 一般先沿路堤坡脚线内侧两边修建挡水堤，此堤系路基的一部分； b. 挡水堤可以采用黏土、袋装砂土或片石等材料修筑。当用砂堆填挡水堤时，可先用推土机将吹填砂向两侧推成砂垅，并在砂垅内侧敷设塑料薄膜，以防止冲刷； c. 挡水堤的尺寸和两侧边坡应按设计图纸要求进行施工； d. 当路堤高度小于2m时，可做一次吹填。当路堤高度大于2m时，应采用分层吹填，分层吹填厚度一般为1～2m，下层厚度可大些，上层厚度可小些； e. 吹填宽度可分全幅和半幅吹填。全幅吹填时，排水管可以沿路堤中线敷设，此法可用宽度不大于30m的路堤和尚无无挡水堤的路段。吹填时，排砂管可沿路线的中线敷设，亦可在两半幅中部位置先后敷设或用两条排砂管在两个半幅同时敷设。沿中线敷设要求实现半幅时，可用人力或机械将排砂管的前段在适当时候做左右移动。半幅吹填可减少砂土横向移动和压实工作量，适用于宽度大和预先筑有挡水堤的路段； f. 吹填采用分段推进方式进行，即一段吹填完成后，再接长管线吹填下段，每吹填完一层经压实后吹再吹填上一层。当吹填距离超过吹砂设备最大能为时，可采取加压或二次抽				
审核人		交接人		接受交底人	

续表

工程名称		施工单位		编号	
序号	项目	城市道路软土路基施工技术交底内容			
11	路堤施工与观测	吸办法解决。当排砂管口高程超过砂泵最大扬程而不能排砂时，可采用附加加压泵。当吹填砂层的高度尚未达到路堤要求高度，高差在 1m 以下时，可用推土机或其他机械，将砂堆填到要求的高度。 4）吹填砂路堤排水的具体要求是： a. 对挡水堤内的积水，除地面上纵坡段较大外，一般应设横向盲沟排水。盲沟用砌片石修筑，但在连接砂堤防的端部还应设砂砾反滤层，以防止砂土阻塞盲沟； b. 在吹填挡水堤时，应做好堤内水的排除，并在适当位置留出排水口。排水口大小可按排水管面积 2～4 倍计算。排水口处两侧挡水堤应做加固处理，可在堤内侧装设木质或金属框式开口，开设活动闸板并用 1～2 根泄水管通到堤外。 5）吹填砂路堤的边坡防护工程应按设计图纸进行施工。一般在土质挡水堤外边坡用植物防护，而其水下边坡宜用浆砌片石加固，在坡面与浆砌片石间应加铺砂砾或碎石反滤层，以防止砂料随水外漏。 6）吹填时注意路堤采用“慢填、预压加观测”的施工方法并随时注意路堤的稳定性。当需要时可先修试验路堤，取得经验后再扩大施工。为保护砂层，在吹填砂路堤竣工以后，应随即在其上铺砌厚度约 40cm 的石渣土铺砌层。 （4）粉煤灰路堤 1）粉煤灰路堤是一种轻质路堤，对减轻软土土基的附加应力有显著的作用。在有条件的情况下，应优先采用粉煤灰路堤。 2）用于路堤的粉煤灰，不应含团块、腐烂变质及其他杂质。电厂排放的硅铝型低钙粉煤灰都可作为路堤填料使用，其烧失量宜小于 12%，应防范其冻敏性，并采取防冲刷和防淋溶等措施。 3）粉煤灰路堤的施工应按照《公路路基施工技术规范》JTG F10—2006 中的有关规定执行。 （5）矿渣路堤 1）适应于路堤填料的矿渣材料，应为出炉以后至少放置一年以上的高炉矿渣，必要时应加以破碎，且其应具有良好的级配。 2）矿渣填料顶面应采取级配良好的矿渣，或者用最大粒径为 8cm 的破碎矿渣或碎石进行嵌缝，其最小厚度为 10cm。每层铺筑厚度不得超过 50cm，并用大于 20t 以上的振动压路机进行压实，每层矿渣至少需要碾压 5～6 遍。 3）矿渣用于水位以上或地下水位为 30cm 以内的路堤施工时，其材料最大粒径不大于 30cm，粒径宜控制在每层铺填厚度的一半，通过 20cm 筛孔的材料应不大于 10%，通过 75μm 的筛余料塑性指数不应超过 6%。 （6）沉降与稳定观测 1）软土地基路堤的施工应注意观测填筑过程或以后的地基变形动态，对路堤施工实行动态观测。高速公路、一级公路和二级公路工程，在路堤施工中必须进行沉降和稳定的动态观测。观测的目的、项目、仪具，如表 2.11-7 中所列。				
审核人		交接人		接受交底人	

续表

工程名称		施工单位		编号	
序号	项目	城市道路软土路基施工技术交底内容			
11	路堤施工与观测	见下文			

沉降和稳定动态观测项目　　表 2.11-7

项　次	具体项目	仪具名称	观　测　目　的
1	地表沉降量	地表型沉降计（沉降板）	用于沉降管理。根据测定数据调整填土速率；预测沉降趋势，确定预压卸载时间和结构物及路面施工时间；提供施工期间沉降土方量的计算依据
2	表水平位移量及隆起量	地表水平位移桩（边桩）	用于稳定管理。监测地表水平位移及隆塌情况，以确保路堤施工的安全和稳定
3	下土体分层水平位移量	地下水平位移计（测斜管）	用于稳定管理研究。用作掌握分层难道钽，推定土体剪切破坏的位置

2）观测仪具、动态观测表具等，应在软土地基处理之后埋设，并在观测到稳定的初始值后，方可进行路堤的填筑。

3）根据设计文件要求确定测点位置，并应设在观测数据容易反馈的部位。地质条件差、地质变化大、设计问题多的部位和土质调查点附近也均应设置观测点。同一路段不同观测项目的测点宜布置在同一横断面上。

4）用于沉降与稳定观测的仪器使用前必须进行全性能的检查与校验，以确保测定仪器的正常使用和观测数据的可靠。观测仪器的操作和保养应按照使用说明和保养制度进行，易出故障或测读数异常的仪器应及时给予更换或修理。

5）测点标杆安装时应严格按规定进行，安装必须稳固，对露出地面的部分均设置保护装置。在路面施工期间，必须采取严格的防护措施，一旦发现标杆受拉或移位，需要立即进行修复，保证观测数据的连续性。

6）在施工期间，应严格按设计规定或合同文件要求同步进行沉降和稳定的跟踪观测。填筑一层应观测一次；如果两次填筑间隔时间较长时，每 3h 小时至少观测一次。路堤填筑完成任务后，堆载预压期间观测应根据地基稳定情况而定，一般半月或每月观测一次，直至预压期限结束。当路堤稳定出现异常情况而可能失稳时，应立即停止加载并采取果断措施，待路堤恢复稳定后，才可继续填筑。

7）每次观测都应按规定格式做记录，并及时整理、汇报观测结果。稳定性观测：地基的稳定性可通过观测地表面位移边桩的水平位移和地表隆起量而获知。一般路段沿纵向每隔 100～200m 设置一个观测断面；桥头路段应设置 2～3 个观测断面；桥头纵向坡脚、填挖交界的填方端、沿河等特殊路段均应酌情增设观测点。

位移观测边桩的埋设与观测有以下要求：

① 位移观测边桩时，根据需要应埋设在路堤两侧的趾部，以及边沟延缘与外缘以远 10cm 的地方，并结合稳定分析在预测可能的滑裂面与地面授切面布置布设测点，一般在趾部以外设置 3～4 个位移边桩。同一观测断面的边桩应在同一横轴线上。

② 边桩一般采用钢筋混凝土预制，混凝土的强度一般不得小于 25MPa，长度应不小于 1.5m；断面可采用正方形或圆形，其边长或直径以 10～20cm 为宜；并在桩顶预埋不易产生磨损的测头。边桩的埋置深度以地表以下不少于 1.2m 为宜，桩顶露出地面的高度不应大于

审核人		交接人		接受交底人	

续表

<table>
<tr><td>工程名称</td><td colspan="2"></td><td>施工单位</td><td></td><td>编号</td><td></td></tr>
<tr><td>序号</td><td>项目</td><td colspan="5">城市道路软土路基施工技术交底内容</td></tr>
<tr><td>11</td><td>路堤施工与观测</td><td colspan="5">10cm。埋置的方法可采取打入式或开挖埋设，要求桩的周围回填密实，桩的上部 50cm 用混凝土浇筑固定，确保边桩埋置稳固。
③ 在地势平坦、通视条件较好的平原地区，水平位移观测采用视准线法；在地形起伏较大山陵地区或水网地区，采用单三角前方交会法观测为宜；地表隆起后用高程控制观测法。
④ 视准线法要求布设三级点位，由位移标点和用以控制标点的工作基点，以及用控制工作基点的校核基点 3 部分组成。工作基点桩要求设置在路堤两端或两侧工作边桩的纵排或横向延长轴线上，且在地基变形影响区处，用以控制区位移边桩。位移边桩与工作基点的最小距离以不少于两倍路基底宽为宜；单三角前方交会法要求位移边桩与工作基点桩构成三角网，并且通视。校核基点要求设置在远离施工现场和工作基点而且地基本稳定的位置处。高程观测参照沉降板观测方法。
⑤ 工作基点桩可采取废弃的钻探用的无缝钢管或预制混凝土桩，埋置时要求打入硬土层中不少于 2.0m，在软土地基中要求打入深度大于 10m。桩周顶部 50cm 采用现浇混凝土加以固定，并在地面上浇筑 1.0m×1.0m×0.2m 的观测平台，桩顶露出平台 1.5cm，在顶部固定好基点测头。
⑥ 校核基点可用无缝钢管或预制混凝土桩打入到岩层或具有一定深度的硬土层中。如果附近有山地，应尽可能地利用山地处露基岩作为控制基点。控制基点周必须采取永久性保护措施，并定期与工作基点桩进行校核。
⑦ 地面位移观测仪器与精度当采用视准线法观测时，观测仪器宜采用光电测距仪；当采用单三角前方交会法观测时，观测仪器宜采用 J1 或 J2 经纬仪。观测的精度：测距仪误差为+5mm、−5mm；方向观测水平角误差为+2.5"、−2.5"。沿河、临河等凌空面大而稳定性很差的路段，必要时需要进行地基土体内部水平位移的观测。
8）沉降观测有以下几个方面：
① 沉降观测时间。对于沉降的具体观测时间，可根据设计规定时间办理。
② 施工路段的地表沉降观测常用的方法是在原地面上埋设沉降板进行高程观测。
③ 沉降板埋置于路中心、路肩及坡趾的基底。沉降板由钢板或钢筋混凝土底板、金属测杆和保护套管组成。底板尺寸不小于 50cm×50cm×3cm，测杆直径以 4cm 为宜，保护套管尺寸以套住测杆并使标尺能进入套管为宜。随着填土的逐渐增高，测杆和套管也随之相应接高，每节长度不宜超过 50cm。
④ 沉降板观测应 S1 型、S3 型水准仪，以二级中等精度要求的几何水准测量高程，观测精度应小于 1mm。
⑤ 观测基桩用于观测水平位移的位移标点桩、校核基点桩也可同时用于沉降观测，埋设于堤趾及以外的标点边桩一般也兼测地面的沉降。标点桩顶上应预埋立刻有十字线的半圆形测头，作为测量的依据。
9）测点保护。工作标点桩、沉降板观测标、工作基点桩、校核基点桩等，在观测期间均必须采取有效措施加以保护或专人看管。沉降观测标杆易遭受施工车辆、压路机等的碰撞和人为破坏，除用有效措施保护外，还应竖有醒目的警示标志。</td></tr>
<tr><td colspan="2">审核人</td><td></td><td>交接人</td><td></td><td>接受交底人</td><td></td></tr>
</table>

2.12 城市道路路基的整修、防护与边坡处理技术交底

城市道路路基的整修、防护与边坡处理技术交底　　表 2-12

<table>
<tr><td colspan="2">工程名称</td><td></td><td>施工单位</td><td></td><td>编号</td><td></td></tr>
<tr><td>序号</td><td>项目</td><td colspan="5">城市道路的整修、防护与边坡处理技术交底内容</td></tr>
<tr><td>1</td><td>路基整修处理</td><td colspan="5">1. 一般规定
（1）路基填挖工程接近完工时，应恢复和仔细检查道路中线、路基边缘及纵横断面，在重要桩号及坡度变更处用水平仪复核高程，随后进行路基整修。整修工作应包括路床、路肩、边沟、边坡等项目。
（2）当路基为填方时，路肩填土可与结构层分层填土同时进行；若路基为挖方时，可挖至路肩标高，待路面竣工后进行平整压实。
（3）整修路床应根据设计纵横高程清理土方，检查路拱、纵坡及边线，对不符合设计要求部分整修后再洒水作补充碾压。
（4）挖方路床均须碾压，应压至表面无显著轮迹，并符合密实度要求为止。如路床土壤干燥时，须酌量洒水，在水分渗透后不粘碾时再开始碾压。
（5）路肩的碾压要求与路床同，因碾压而破坏的路肩边线应重新修整。填土路基的路肩边沿压路机未压实处，应用小型压实机具或人工夯实。路肩及肩线横坡应符合设计要求。
（6）边沟内淤泥在整修前应清除。沟底低于设计时，应填土夯实。
（7）边沟在整修时，应用边沟样板或拉线放样，通过修整挖除土方后，要求边直坡平。
（8）整修挖土路堑边坡时，对凸出部分应予整平，对凹入部分应挖成台阶培土拍实以保证边坡坚实稳定。在土质不良或纵坡过大地段，边沟宜用块石、卵石等加固处理。
（9）填土路基，填土到最高层后应进行边坡的修整，整修时应按路基宽度挂线，削坡修整，使之符合设计要求，不得有挖亏贴坡现象。
（10）开挖岩石边坡应一次做到设计标准。如在边坡上有附着不牢的石块，或在净空范围内有突出的石块，均应即时清除。
（11）在土质不良或边坡易被雨水冲刷的地段，应按设计要求进行加固。路肩边缘碾压不到之处应用人工夯实。
（12）路面竣工后，路肩边缘要测量钉桩挂线，并要修理整齐，顺直见线。路肩要整修平整，宽度、压实度、横坡必须符合设计要求。
2. 路床挖填土方接近路基设计高程时的施工
（1）按照测量桩橛线位、高程及横坡的要求，使用平地机或人工进行清理找平，人工找平主要采用给高挂线。平地机找平采取每 20m 一个断面，每个断面 3～5 个点，按设计标高整平撒石灰作出标记，作为平地机找平的依据。根据土质和找平方法适当预留虚高，以便碾压后符合设计高程及横坡。
（2）当基层采用路拌法施工时，路基应比路面每侧宽出 80cm，以满足铧犁拌合灰土的要求。
3. 旧路改建时的路床施工
（1）城市的旧路改建时对各种地下管线、检查井、收水井、各种人孔。应妥善保护不得损坏，对地下管网种类、尺寸、位置、高程要了解清楚。电缆、燃气管线覆土不足 100cm，</td></tr>
<tr><td colspan="2">审核人</td><td></td><td>交接人</td><td></td><td>接受交底人</td><td></td></tr>
</table>

续表

工程名称			施工单位		编号	
序号	项目	城市道路的整修、防护与边坡处理技术交底内容				
1	路基整修处理	其他管道覆土不足50cm时，不得使用机械开挖，其他管道覆土不足40cm时，不得使用机械振压，燃气管属于无压管，未经加固或主管单位同意不得上碾碾压；重要管线施工除应向全体施工人员班组交底、插牌标志外，必须请所属主管单位派人员现场监护，防止出现意外事故。 （2）城市旧路表面硬层，如沥青混凝土、石灰土、碎石层等可用推土机松土器、镐车、风镐等机械破除后，再用推土机开挖底层。 （3）水泥混凝土可用风镐配合推土机松土器进行。各种井子、电杆、构筑物周围要甩开适当距离，必要时可配合风镐或人工刨除。 （4）当开挖至设计高程时要进行清理找平，并根据土质情况适当预留虚高。 （5）城市道路路基路床碾压的方法见本章2.7城市道路“路基土方施工技术交底”中的“填方路基工程施工”中的具体内容。				
2	路基防护处理	**1. 路基防护的一般规定** （1）城市道路路基的防护与加固工程可分为：边坡坡面防护，沿河、滨海路堤防护与加固，路基支挡工程三类。 （2）路基防护是以原边坡坡面和有关防护结构体的稳定为前提，施工前必须检查验收，严禁对失稳的土体进行防护。路基加固或支挡工程除要求自身坚固稳定外，施工前必须查明和核实前期工程的条件和质量。路基防护与加固工程施工应符合下列规定： 1）严格执行砌筑砌体的有关规定和质量标准；材料必须符合设计规定的强度、规格和其他品质要求。回填土宜选用砂性土，严格控制含水量，分层填筑，充分压（夯）实。 2）泄水孔、伸缩缝的位置要准确，孔正缝直，尺寸符合设计要求。 **2. 坡面防护** （1）坡面防护应根据路基土质选用，可分为植物防护和坡面处治两类，亦可混合使用。 （2）植物防护属简易防护措施。对于植物易生长的边坡，可采用种草、铺草皮及灌木丛防护。种草防护适用于边坡低，坡面冲刷较轻微有利于草类生长的土质边坡。 （3）铺草皮可用于边坡较陡，冲刷较严重，坡面仅有季节性浸水的土质边坡。铺砌方法有平铺、平铺叠置、方格式等。草皮应由下向上错缝铺砌，并用竹、木尖桩固定。 （4）采用植树防护边坡时，应按防护目的与采用树种确定树的平面布置形式。树成活前应防止流速大于3m/s的流水侵害，必要时可增设防护障加以保护。 （5）坡面处治可用于陡边坡和风化严重的岩石边坡。处治方法有：抹面、喷浆、勾缝、灌浆、石砌边坡或护面墙等。坡面处治要求原边坡稳定，无地下水外露。处治前应清理危石，剥去风化表层，嵌补坑槽，清洗污物杂质。 （6）抹面可用水泥砂浆，水泥石灰砂浆或石灰煤渣混合砂浆等材料，要求均匀紧贴坡面；抹灰面积大时，应预留伸缩缝。喷浆可用于易风化而较完整的石质，其厚度为1～2cm。 （7）护坡和护面墙可用片（块）石、混凝土等材料铺砌。局部铺砌时应使砌筑体深入软岩层或凹陷处，砌体表面应与坡面平顺相接。				
审核人		交接人		接受交底人		

续表

工程名称		施工单位		编号	
序号	项目	城市道路的整修、防护与边坡处理技术交底内容			
3	堤岸防护与加固	(1) 沿河、滨海路堤的防护与加固，可采用抛石、干砌或浆砌片（块）石、石笼和设置导流结构物等方法。 (2) 抛石可用于防护路基或河岸水下部分的边坡和坡脚。抛石大致成梯形石垛，石料尺寸宜为 30～50cm，总厚度约为石块尺寸的 3～4 倍，且不得小于 2 倍。抛石宜在低水位时进行。 (3) 干砌片（块）石护坡，可用于水流方向较平顺的河岸或一般路堤边坡。 (4) 护坡可分单层或双层铺砌，厚度不宜小于 20cm，边坡不宜陡于 1∶2。选用的石料应符合质量标准。 (5) 岩石节理裂隙窄而浅的石质边坡可以勾缝，节理裂隙宽而深的予以灌浆。材料可用水泥砂浆或水泥石灰砂浆，宽深较大缝隙可用细粒混凝土灌注。			
4	路基边坡处理	(1) 填土要达到要求标高，应由测量放出边线、坡脚线、给高挂线，进行切坡，切出的边坡表面应平整坚实，个别不足处应填补拍实。 (2) 路基填土宽度不足时，严禁路肩和边坡松土帮宽或自上而下倒土形成松坡拍平。 (3) 边坡坡度应符合设计要求，不得有鼓肚洼心。竣工交验前雨水冲刷的浪窝应填补夯实。 (4) 若是砂性土填筑路基，应与设计研究采取防冲刷措施，如放缓边坡，修筑水簸箕或用黏性土培坡等。 (5) 桥头砂性土高填土路堤，为防止雨水冲刷，应与设计研究确定，修筑砌石护坡或水簸箕。			
审核人		交接人		接受交底人	

2.13 城市道路路基在雨期、冬期施工技术交底

城市道路路基在雨期、冬期施工技术交底　　表 2-13

工程名称		施工单位		编号	
序号	项目	城市道路路基在雨期、冬期施工技术交底内容			
1	路基的雨期施工	(1) 雨期施工应适当缩小工作面，土方采用随挖、随运、随铺、随压实的方法，尽量当天施工当天成活，妥善安排好现场的排水和交通，切忌在全线大挖大填。 (2) 路基填土每日完工前，应将表面整平作横坡并压实，以避免积水浸软路基。填土施工中遇雨要立即用机械摊平排压并留出横坡或将来土堆成大堆，存于高处，以免雨水浸泡。 (3) 雨前应选择因雨易翻浆处或低洼处等不利地段先行施工。 (4) 填土地段或取土坑，应按原地面排水系统做好临时排水沟，使施工地段能及时排除积水。 (5) 填土时宜留出 3%以上的横坡，每日收工前或遇雨时，应将已填土碾压坚实平整，防止表面积水。			
审核人		交接人		接受交底人	

续表

工程名称		施工单位		编号	
序号	项目	城市道路路基在雨期、冬期施工技术交底内容			
1	路基的雨期施工	（6）槽形路床应在路肩上多挖横沟或作成盲沟将水引出。 （7）填土施工中遇雨应认真贯彻雨期施工措施填土排压，雨晴立即开犁翻晒，充分利用两次降雨间隙，突击成活。切不可观望等待，坐失良机。			
2	路基的冬期施工	（1）冬期施工，应编制冬期施工措施。 （2）为防止土冻结，可用砂、干松土等保温材料覆盖挖土地段或用剷路机先将土壤表面剷松 30cm 左右，以减少冻结深度。 （3）开挖冻土采用下列方法： 1）用人工破冻土时，依冻土厚度不同可采用铲钎或钢钎冲击。 2）如土方工程数量不大，冻土厚度在 0.7m 以内时，可用机械方法破碎。 3）用正铲（容量 0.5～1m^3）挖土机开挖冻土，当冻结深度小于 0.25m 时可不必先松散冻层。 4）炸药爆破冻土时应采用炮眼装药法和蛇穴装药法。炮眼深度为冻土层厚度 0.75～0.9 倍，蛇穴长度为爆破层厚度的 1.0～1.2 倍。蛇穴应设在未冻的下层土中。 5）融化冻土时应采用设置在钻孔中的蒸汽或热水的循环井管法，此法适用于冻结深度大于 1m 的冻土；根据工程情况和现场设备，先进行技术经济比较，选择冻土破碎方法。当冻土破碎后，再用撬棍、推土机等移开冻块，应尽量做到当日挖至规定深度，及时整理碾压，避免当夜再冻。 （4）挖土较深时先施工向阳处，如开挖时遇水应挑挖临时排水沟立即排除。 （5）挖方边坡的修整与加固，应配合挖土及时进行。 （6）冬期开石施工方法同常温施工，但应有完善的安全设备。 （7）填土高度应根据施工期间室外平均气温确定，当气温在－5℃以上时，填土高度不受限制，在－5℃以下时，则不得超过下列数值：①－10～－5℃时，4.5m；②－15～－10℃时，3.5m；③－20～－15℃时，2.5m。 （8）用砂石、石和石块填筑路基时，任何气温条件下填方高度均不受限制。 （9）填方前应清除原地面冰雪，将冻结层耙松，按水平分层压实，继续填土。 （10）填方上层宜用未冻易透水的好土，在－5℃以下时每层虚厚须较常温施工所规定的标准小 20%～25%。 （11）使用黏性土填筑路基时，除应符合本节内各有关规定外，并注意下列各点： 1）施工前预测出土壤含水量，施工中有较长时间中断时，工作面的斜坡宜用保温材料覆盖。 2）对于城市道路路基的填方上层 1m 以内不得用冻土填筑。 3）路基分段的连接部分应按阶梯形进行，每层宽度不得小于 1m。 （12）使用含有冻土的土料填筑路基时，冻土块尺寸不得大于 15cm，其含量不得超过下列数值：①填土后即作路面时，小于 15%；②填土沉落后再作路面时，小于 30%。 （13）冬期用含冻土的土料填方时，其预留下沉高度应较常温填方的数值增大。其增加数值的概略系数见表 2.13-1 所列。			
审核人		交接人		接受交底人	

续表

<table>
<tr><td>工程名称</td><td colspan="2"></td><td>施工单位</td><td></td><td>编号</td><td></td></tr>
<tr><td>序号</td><td>项目</td><td colspan="5">城市道路路基在雨期、冬期施工技术交底内容</td></tr>
<tr><td>2</td><td>路基的冬期施工</td><td colspan="5">

冬期填方预留下沉系数表　　表 2.13-1

填土种类	冻土占填方总体面积的百分数（%）			
	10～20	20～40	40～50	50～60
砂土	1.5	2	2.5	3
黏土	2	2.5	3	3.5

注：冬期用含冻土的土料填方预留下沉的总高度即将夏季沉降的数值乘以本表的系数。

（14）冬期开挖基坑必须遵守下列规定：
1）工作地点尽可能设置防风设备，各种动力机械、蒸汽锅炉、搅拌机和抽水机等应尽可能置于暖棚内。
2）用人工方法在基坑内挖土时，应尽量加速，每日收工前，如坑槽未见底时应将槽底刨松 30cm，或用草帘覆盖，以免土壤冻结。
3）有条件的工程准许用爆炸方法破冻土，但装药不可过多，以免损及围护设备。
4）冬期使用水泵必须做好水管保温，水泵置于机棚中。
5）挖掘涵洞基坑，应分段进行，分段挖完后，即刻进行基础施工。
6）不许在冻结土壤上砌筑基础，一般挖至设计标高以上 30～40cm，应即行中止。在浇筑基础混凝土前把最后一层冻土挖去。如基坑已挖至设计标高，不能及时砌筑基础时，应立即铺一层厚 10cm 的砂石，或铺盖草帘两层，以免土壤冻结。
（15）应随时与当地气象台取得联系，在寒流来临前，视工地条件做好防冻防滑等措施。
（16）冬期所弃冻土，当在自然坡较大的傍山路线下有人行小道、房屋、通航河道时，应注意堆置稳定，以免化冻时肇祸。
（17）填方施工要求：
1）填土前先清除原地面冻雪，并根据工程需要及设计要求，决定是否刨除原地面冻层，再进行分层填土，及时压实。
2）冻土块不宜大于 15cm，冻块含量不宜超过 30%，冻块间要求有松土灌满填实，每层虚铺厚度不得大于 25cm。
3）分段施工的接头部分，应按台阶形搭接分层压实，每层搭接宽度不小于 1m。
4）当年填筑冻土的路基，不准修筑路面，必须经过春融后，并将路槽以下 60cm 进行灰土处理加固后可修筑路面。冬期填筑路基需预留沉降量。
5）土方工程不得进行冬期施工，如必须进行冬期施工，须经上级主管部门批准。
</td></tr>
<tr><td>审核人</td><td></td><td>交接人</td><td colspan="2"></td><td>接受交底人</td><td></td></tr>
</table>

2.14　城市道路路基工程安全施工技术交底

城市道路路某工程安全施工技术交底　　表 2-14

<table>
<tr><td>工程名称</td><td colspan="2"></td><td>施工单位</td><td></td><td>编号</td><td></td></tr>
<tr><td>序号</td><td>项目</td><td colspan="5">城市道路路基工程安全施工技术交底内容</td></tr>
<tr><td>1</td><td>清理场地</td><td colspan="5">（1）清除的丛草、树木严禁放火焚烧，以防引起火灾。
（2）砍伐树木必须遵守下列规定：
1）伐树前，应将周围有碍砍伐作业的灌木和藤条砍除，并选好安全躲避的退路。</td></tr>
<tr><td>审核人</td><td></td><td>交接人</td><td colspan="2"></td><td>接受交底人</td><td></td></tr>
</table>

续表

<table>
<tr><td>工程名称</td><td colspan="2"></td><td>施工单位</td><td></td><td>编号</td><td></td></tr>
<tr><td>序号</td><td>项目</td><td colspan="5">城市道路路基工程安全施工技术交底内容</td></tr>
<tr><td>1</td><td>清理场地</td><td colspan="5">2）伐树范围内应布置警戒，非工作人员不得逗留、接近。
3）为使树木按预定方向倾倒，要在树木下部倒树方向砍一剁口，其深度为树干直径的1/4，然后再从剁口上边缘的对面开锯，最后应留2～3cm安全距离。
4）在陡坡悬岩处砍伐树木，应有防止树木伐倒后顺坡溜滑和撞落石块伤人的安全措施；在山坡上严禁在同一地段的上下同时作业。
5）截锯木料时，三叉马和树干垫撑必须稳固；大风、大雾和雨天不得进行伐树作业。
（3）拆除建（构）筑物前，应制定安全可靠的拆除方案。先将与拆除物有连通的电线、水、气管道切断，并在四周危险区域内围设安全护栏，非工作人员不得进入。拆除工序应由上而下，先外后里，严禁数层同时作业。操作人员应站在脚手架或稳固的结构部位上作业。对有倒塌危险的结构物应予临时支撑加固。拆除某部位时要防止其他部位发生坍塌。拆除梁柱之前应先拆除其承托的全部结构物，严禁采用掏空、挖切和大面积推倒的拆除方法。当采用控爆法拆除大型建（构）筑物时，必须有经批准的控制爆破设计文件。
（4）清除淤泥时，应先排除积水，并制定出相应的安全措施后方可清淤。</td></tr>
<tr><td>2</td><td>土方工程</td><td colspan="5">1. 一般规定
（1）人工挖掘土方必须遵守下列规定：
1）开挖土方的操作人员之间，必须保持足够的安全距离：横向间距不小于2m，纵向间距不小于3m。
2）土方开挖必须自上而下顺序放坡进行，严禁采用挖空底脚的操作方法。
（2）在靠近建筑物、设备基础、电杆及各种脚手架附近挖土时，必须采取安全防护措施。
（3）高陡边坡处施工必须遵守下列规定：
1）作业人员必须绑系安全带。
2）边坡开挖中如遇地下水涌出，应先排水，后开挖。
3）开挖工作应与装运作业面相互错开，严禁上、下双重作业。
4）弃土下方和有滚石危及范围内的道路，应设警告标志，作业时坡下严禁通行。
5）在坡面上的操作人员必须对松动的土、石块必须及时清除，严禁在危石下方作业、休息和存放机具。
（4）设有支挡工程的地质不良地段，在考虑分段开挖的同时，应分段修建支挡工程。
（5）施工中如发现山体有滑动、崩塌迹象危及施工安全时，应暂停施工，撤出人员和机具，并报上级处理。
（6）滑坡地段的开挖，应从滑坡体两侧向中部自上而下进行，严禁全面拉槽开挖，弃土不得堆在主滑区内。开挖挡墙基槽也应从滑坡体两侧向中部分段跳槽进行，并加强支撑，及时砌筑和回填墙背，施工中应设专人观察，严防塌方。
（7）在落石与岩堆地段施工，应先清理危石和设置拦截设施后再行开挖。其开挖面坡度应按设计进行，坡面上松动石块应边挖边清除。
（8）岩溶地区施工，应认真处理岩溶水的涌出，以免导致突发性的塌陷。泥沼地段施工，应有必要的防范措施，避免人、机下陷。挖出的废土应堆置在合适的地方，以防汛期造</td></tr>
<tr><td>审核人</td><td></td><td>交接人</td><td></td><td>接受交底人</td><td colspan="2"></td></tr>
</table>

续表

工程名称		施工单位		编号	
序号	项目	城市道路路基工程安全施工技术交底内容			
2	土方工程	成人为的泥石流。 (9) 采用人工挑、抬、运土，应检查箩筐、土箕、抬扛、扁担、绳索等的牢固程度。 (10) 会车时应轻车让重车。通过窄路、十字路口、交通繁忙地段及转弯时，应注意来往行人及车辆。重车运行，前后两车间距必须大于5m；下坡时，间距不小于10m，并严禁车上乘人。车道应有专人维修，悬崖陡壁处应设防护栏杆。 (11) 轨道翻斗车运土时，轨道应铺设平顺，防止死弯，坡度不应大于3%。双线的净间距不得小于1m，平交道两侧的轨道应设长度不小于20m的直线，卸车地段应有10～15m的反坡，并在尽头设车挡。操作时必须遵守下列规定： 1) 斗车及制动装置必须完好，装车前应先插牢锁销；装车不得超载、偏载。 2) 车辆宜在平道上装土，如在坡道上装土时，必须在下坡方向车轮下加楔，以防车辆滑溜。 3) 推车人员必须掌好车闸，车速不宜过快，前方有人时应鸣号示意避让；多车同行时，前后间距不得小于20m。 4) 卸土时，在下方的作业人员应避开，并应防止车辆倾覆，严禁在行走中卸土，卸土后应将锁销插好。数车同时卸土时，应设专人指挥，两车间距不得小于2m，其间严禁站人。 (12) 电动蛙式打夯机的电源线必须完好无损，并应安装漏电保护器。操作时应戴绝缘手套，一人操作、一人扶持电缆进行辅助。辅助与操作人员必须紧密配合，严禁在夯机前方隔机扔电缆和背线拖拉前进。电缆线不应扭结和缠绕，不得夯及电源线，也不得在斜坡上夯打。停用或搬运打夯机时应切断电源。 (13) 大型机械进场前，应查清所通过道路、桥梁的净宽和承载力是否足够，否则应先予拓宽和加固。施工单位应为进场机械提供临时机棚或停机场地。机械在停机棚内启动时，必须保持通风；棚内严禁烟火，机械人员必须掌握所备灭火器材的使用方法。 (14) 在电杆附近挖土时，对于不能取消的拉线地垄及杆身，应留出土台。土台半径：电杆为1～1.5m，拉线1.5～2.5m，并视土质决定边坡坡度。土台周围应插标杆示警。 (15) 机械在危险地段作业时，必须设明显的安全警告标志，并应设专人站在操作人员能看清的地方指挥。驾机人员只能接受指挥人员发出的规定信号。 (16) 机械在边坡、边沟作业时，应与边缘保持必要的安全距离，使轮胎（履带）压在坚实的地面上。配合机械作业的清底、平地、修坡等辅助工作应与机械作业交替进行。机上、机下人员必须密切配合，协同作业。当必须在机械作业范围内同时进行辅助工作时，应停止机械运转后，辅助人员方可进入。 (17) 施工中遇有土体不稳、发生坍塌、水位暴涨、山洪暴发或在爆破警戒区内听到爆破信号时，应立即停工，人机撤至安全地点。当工作场地发生交通堵塞，地面出现陷车（机），机械运行道路发生打滑，防护设施毁坏失效，或工作面不足以保证安全作业时，亦应暂停施工，待恢复正常后方可继续施工。 **2. 挖掘机作业** (1) 发动机起动后，铲斗内、臂杆、履带和机棚上严禁站人。 (2) 工作位置必须平坦稳固。工作前履带应制动，轮胎式挖掘机应顶好支腿，车身方向应与挖掘工作面延伸方向一致，操作时进铲不应过深，提斗不得过猛。				
审核人		交接人		接受交底人	

续表

<table>
<tr><td colspan="2">工程名称</td><td></td><td>施工单位</td><td></td><td>编号</td><td></td></tr>
<tr><td>序号</td><td>项目</td><td colspan="5">城市道路路基工程安全施工技术交底内容</td></tr>
<tr><td>2</td><td>土方工程</td><td colspan="5">（3）在高陡的工作面上挖掘夹有石块的土方时，应将较大的石块和杂物除掉。如果土体挖成悬空状态而不能自然塌落时，则需用人工处理，严禁用铲斗将悬空土方砸下。
（4）对吊杆顶端的滑轮和钢丝绳进行保养、检修拆换时，应将铲斗和吊杆放落地面，然后再进行维修。
（5）严禁铲斗从运土车的驾驶室顶上越过。向运土车辆卸土时，应降低铲斗高度，防止偏载或砸坏车厢。铲斗运转范围内，严禁站人。
3. 推土机作业
（1）推土机上下坡时，其坡度不得大于30°；在横坡上作业，其横坡度不得大于10°。下坡时，宜采用后退下行，严禁空挡滑行，必要时可放下刀片作辅助制动。
（2）在陡坡、高坎上作业时，必须有专人指挥，严禁铲刀超出边坡的边缘。送土终了应先换成倒车挡后再提铲刀倒车。
（3）在垂直边坡的沟槽作业，其沟槽深度，对大型推土机不得超过2m，对小型推土机不得超过1.5m。推土机刀片不得推坡壁上高于机身的孤石或大土块。
（4）推土机在摘卸推土刀片时，必须考虑下次挂装的方便。摘刀片时辅助人员应同司机密切配合，抽穿钢丝绳时应戴帆布手套，严禁将眼睛挨近绳孔窥视。
（5）多机在同一作业面作业时，前后两机相距不应小于8m，左右相距应大于1.5m。两台或两台以上推土机并排推土时，两推土机刀片之间应保持20～30cm间距。推土前进必须以相同速度直线行驶；后退时，应分先后，防止互相碰撞。
（6）用推土机伐除大树或清除残墙断壁时，应提高着力点，防止其上部反向倒下。
4. 铲运机作业
（1）拖式铲运机。
1）作业前应先将运行道路刮平，其宽度应大于机身宽约2m。
2）行驶中严禁把铲斗和斗门提升到最高点，以免在转弯时将钢丝绳崩断；下坡时应放下铲运机斗作辅助制动，严禁空挡滑行。
3）铲斗与机身不正时不得铲土；在开始铲土和提斗时，动作要缓慢；驾驶员离开机车时，应将变速杆放在空挡，关闭发动机，将铲斗放落在地面。
4）在新填的土堤上作业，应离开土堤边沿1m以上；靠路堤边沿填土时，必须保持外侧高内侧低和纵向基本平顺，卸土时铲斗应放低，防止铲运机滑下。
5）多台铲运机作业，前后净距不得小于10m，左右净距不得小于2m；两机会车应减速慢行。
6）清除铲斗内积土时，必须先把铲斗牢固支起，推土板恢复常位后，人员才能进入铲斗内清除积土；长距离拖运，必须用挂钩将铲斗挂牢，解除钢丝绳负荷。
（2）自行式铲运机。
1）自行式铲运机的行车道必须平整坚实，单行道的宽度不应小于4.5m（或车宽的1.5倍），超、会车时，两车净距不得小于1m。
2）多台机械在工地纵队行驶时，前后间距不得小于20m。
3）在作业过程中发现后主离合器制动不灵，机械有异声，警报器发声时，应立即停车检修。</td></tr>
<tr><td colspan="2">审核人</td><td></td><td>交接人</td><td></td><td>接受交底人</td><td></td></tr>
</table>

续表

<table>
<tr><td>工程名称</td><td colspan="2"></td><td>施工单位</td><td></td><td>编号</td><td></td></tr>
<tr><td>序号</td><td>项目</td><td colspan="5">城市道路路基工程安全施工技术交底内容</td></tr>
<tr><td>2</td><td>土方工程</td><td colspan="5">4）严禁在大于15°的横坡上行驶，不应在陡坡上进行危险性作业。
5. 平地机作业
（1）在公路上行驶时，应遵守道路交通规则，刮刀和松土器应提起，刮刀不得伸出机侧，速度不得超过20km/h。夜间不宜作业。
（2）刮刀的回转与铲土角的调整以及向机外倾斜都必须在停机时进行。作业中刮刀升降量差不得过大。
（3）遇到坚硬土质需要齿耙翻松时，应缓慢下齿。不宜使用齿耙翻松坚硬旧路面。
（4）在坡道停放时，应使车头向下坡方向，并将刀片或松土器压入土中。
6. 装载机作业
（1）起步前应将铲斗提升到离地面0.5m左右。作业时应使用低速挡。用高速挡行驶时，不得进行升降和翻转铲斗，严禁铲斗载人。
（2）行驶道路应平坦，不得在倾斜度超过规定的场地上作业，运送距离不宜过大。铲斗满载运送时，铲斗应保持在低位。
（3）在松散不平的场地作业，可将铲臂放在浮动位置，使铲斗平稳地推进。如推进阻力过大，可稍稍提升铲臂，装料时铲斗应从正面低速插入，防止铲斗单边受力。
（4）向运输车辆上卸土时应缓慢，铲斗应处在合适的高度，前翻和回位不得碰撞车厢。
（5）应经常注意机件运转声响，发现异响应立即停车排除故障。当发动机不能运转需要牵引时，应使各转向油缸能自由动作。
7. 压路机作业
（1）必须在压路机前后、左右无障碍物和人员时才能启动。
（2）变换压路机前进后退方向应待滚轮停止后进行。严禁利用换向离合器作制动用。
（3）压路机靠近路堤边缘作业时，应根据路堤高度留有必要的安全距离。碾压傍山道路时，必须由里侧向外侧碾压。上坡时变速应在制动后进行，下坡时严禁空挡滑行。
（4）两台以上压路机同时作业，其前后间距不得小于3m；在坡道上纵队行驶时，其间距不得小于20m。
（5）振动压路机尚应遵守下列规定：
1）起振和停振必须在压路机行走时进行；在坚硬路面行走，严禁振动。
2）碾压松软路基，应先在不振动情况下碾压1～2遍，然后再振动碾压。
3）换向离合器、起振离合器和制动器的调整，必须在主离合器脱开后进行，不得在急转弯时用快速挡；严禁在尚未起振情况下调节振动频率。
8. 汽车作业
（1）载重汽车。载重汽车施工时，必须遵守以下规定：
1）必须按规定吨位装载，不得超载、超高，不得人货混载，驾驶室内不得超额坐人。
2）车辆上土场地必须平整坚实，当用机械装土时，汽车就位后应拉紧手闸，装载均匀，不得偏载；在陡坡、高坡、坑或填方边坡卸土时，停卸地点必须平整坚实，地面宜有反坡，与边缘必须保持安全距离；在危险地段卸土，应有专人指挥。
3）施工机械在城市道路上行驶必须遵守道路交通规则，运载易燃、易爆等危险物品时，</td></tr>
<tr><td>审核人</td><td></td><td>交接人</td><td></td><td>接受交底人</td><td colspan="2"></td></tr>
</table>

续表

<table>
<tr><td>工程名称</td><td colspan="2"></td><td>施工单位</td><td></td><td>编号</td><td></td></tr>
<tr><td>序号</td><td>项目</td><td colspan="5">城市道路路基工程安全施工技术交底内容</td></tr>
<tr><td>2</td><td>土方工程</td><td colspan="5">应遵守有关规定，除必要的随车人员外，不得搭乘其他人员。
（2）自卸汽车。除应遵守上述载重汽车的各条规定外，还应遵守以下规定：
1）自卸汽车的发动机启动后应检查起翻装置，确保运转良好；严禁在驾驶室外进行操作，翻斗内严禁载人；卸料起斗时，应检视上空有无电线，防止刮断。
2）当装载高度超过车厢栏板时，应平稳行驶，不得猛力加速，也不得紧急制动。
9. 轮式拖拉机作业
（1）首先是严禁在拖拉机和拖斗之间站人，作业时不得在陡坡上转弯、倒车或停车。通行道路的纵坡不得超过20°，横坡不得超过6°。
（2）轮式拖拉机作业时严禁向驾驶员传递物品；驾驶室内不得超员坐人。
（3）在斜坡横向卸土时，严禁倒退。坡度较大，车身左右偏斜过甚时，不得卸土。</td></tr>
<tr><td>3</td><td>石方工程</td><td colspan="5">（1）石方爆破作业，以及爆破器材的管理、加工、运输、检验和销毁等工作均应按国家现行的《爆破安全规程》GB 6722执行。
（2）锻制钢钎时，锻工应按规定穿戴防护用品，煊钎和淬火支架必须牢固。截断钎子时，开锤及停锤用力应轻。热钎和冷钎应分开放置并以标志识别。
（3）在选择炮位时，炮眼口应避开正对的电线、路口和构造物。凿打炮眼时，坡面上的浮岩危石应清理。凿眼所用工具和机械要详细检查，确认完好。严禁在残眼上打孔。
（4）用人冲击法打松软岩眼时，应清理现场的妨碍物。双人、多人冲钎时动作应协调一致。人工打眼时，使锤人应站立在掌钎人侧面，严禁对面使锤。
（5）机械扩眼，宜采用湿式凿岩或带有捕尘器的凿眼机。凿岩机支架要支稳，严禁用胸部和肩头紧顶把手。风动凿岩机的管道要顺直，接头更要紧密，气压不应过高。电动凿岩机的电缆线宜悬空挂设，工作时应注意观察电流值是否正常。
（6）空压机必须在无荷载状态下起动。开启送气阀前，应将输气管连接好，不得扭曲。在征得凿岩机操作人员同意后方可送气，出气口前方不得有人工作或站立。贮气瓶内压力不得超过规定值，安全阀应灵敏有效。运转中应注意检查是否有异常情况，不得擅离岗位。
（7）爆破器材应严格管理，必须实施实销实报，剩余的爆破材料必须当日退库，严禁私自收藏，乱丢乱放。更不得用爆炸物品炸鱼、炸兽。发现爆破器材丢失、被盗要立即报告，等待处理。
（8）作业人员在保管、加工、运输爆破器材过程中，严禁穿着化纤衣服。
（9）爆破器材应按规定要求进行检验，对失效及不符合技术条件要求的不得使用。爆破器材应由专人领取，炸药与雷管严禁由一人同时搬运。电雷管严禁与带电物品一起携带运送。爆破器材运送，应避开人员密集地段，并直接送往工地，中途不得停留，并不得随地存放或带入宿舍。
（10）制作起爆药包（柱），应在专设的加工房或爆破现场的专用棚内进行。棚内不准有电气、金属设备，无关人员不得入内。导火索要用快刀切齐，轻轻插入雷管，不得猛插、旋转或摩擦。管口要用安全钳夹紧，严禁用牙咬。纸壳雷管应用胶布包严密。药卷应用和雷管同样直径的竹、木锥子扎一个深为1.5倍雷管长度的小孔，然后放入接好引线的雷管，封闭</td></tr>
<tr><td colspan="2">审核人</td><td></td><td>交接人</td><td></td><td>接受交底人</td><td></td></tr>
</table>

续表

<table>
<tr><td>工程名称</td><td colspan="2"></td><td>施工单位</td><td></td><td>编号</td><td></td></tr>
<tr><td>序号</td><td>项目</td><td colspan="5">城市道路路基工程安全施工技术交底内容</td></tr>
<tr><td>3</td><td>石方工程</td><td colspan="5">扎口。雷管不得露在药柱外面。加工的起爆药包，不应超过当班爆破作业的需要量。
（11）扩药壶时，孔口的碎石、杂物必须清除干净。装药量应随扩壶次数、扩壶的大小和石质而定，不得盲目加大药量。扩烘时，起爆药柱送入孔底后，不得使用炮棍在炮眼内捣插。导火索点燃后，人应迅速远离。严禁采用先点燃导火索再将药柱抛入孔底的危险操作方法。需要多次扩壶时，每次爆破后 15min（硝化甘油炸药应经过 30min），等孔壁岩石冷却后，方可再次装药扩壶。
（12）超过 5m 的深孔不得使用导火索起爆。装炮工作必须遵守下列规定：
1）装药前应对炮眼进行验收和清理；对刚打成的炮眼应待其冷却后装药，湿炮眼应擦干后才能装药。严禁烟火和明火、照明；无关人员应撤离现场。
2）应用木质炮棍装药，严禁使用金属器皿装药；深孔装药出现堵塞时，在未装入雷管、起爆药柱前，可采用铜和木制长杆处理。
3）装好的爆药包（柱）和硝化甘油类炸药，严禁投掷或冲击。
4）不得采用无填塞爆破（扩壶除外），也不得使用石块和易燃材料填塞炮孔；不得捣固直接接触药包的填塞材料或用填塞材料冲击起爆药包，也不得在深孔装入起爆药包后直接用木楔填塞；填塞炮眼时不得破坏起爆线路。
（13）已装药的炮孔必须当班爆破，装填的炮孔数量应以一次爆破的作业量。
（14）爆破工作必须有专人指挥。确定的危险区边界应有明显的标志，警戒区四周必须派设警戒人员。警戒区内的人、畜必须撤离，施工机具应妥善安置。预告、起爆、解除警戒等信号一般都有明确的规定。
（15）爆破作业时，个别飞散物对人员的安全距离不得小于表 2.14-1 的规定。

个别飞散物对人员的安全距离　　　表 2.14-1
<table><tr><th>序号</th><th>爆破类型及方法</th><th>个别飞散物对人员的安全距离（m）</th></tr><tr><td>1</td><td>破碎大块岩矿：
裸露药包爆破法
浅眼爆破法</td><td>
400
300</td></tr><tr><td>2</td><td>浅眼爆破法</td><td>200</td></tr><tr><td>3</td><td>浅眼药壶爆破</td><td>300</td></tr><tr><td>4</td><td>蛇穴爆破</td><td>300</td></tr><tr><td>5</td><td>深孔爆破</td><td>按设计要求，但不小于 200</td></tr><tr><td>6</td><td>深孔药壶爆破</td><td>按设计要求，但不小于 300</td></tr><tr><td>7</td><td>浅眼孔底扩壶</td><td>50</td></tr><tr><td>8</td><td>深眼孔底扩壶</td><td>50</td></tr><tr><td>9</td><td>峒室爆破</td><td>按设计要求，但不小于 300</td></tr></table>注：沿山坡爆破时，下坡方向的安全距离应比表内数值增大 50%。

（16）导火索起爆应采用一次点火法点火，其长度应保证点完导火索后人员能撤至安全地点，但不得短于 1.2m。不得在同次爆破中使用不同燃速的导火索。</td></tr>
<tr><td colspan="2">审核人</td><td></td><td>交接人</td><td></td><td>接受交底人</td><td></td></tr>
</table>

续表

工程名称		施工单位		编号	
序号	项目	城市道路路基工程安全施工技术交底内容			
3	石方工程	1）露天爆破，一人连续点火的导火索根数不得超过10根，严禁使用明火点燃，严禁脚踩和挤压已点燃的导火索。 2）多人同时点炮时，每人点炮数应大致相等。必须先点燃信号管，信号管响后无论导火索点完与否，人员必须立即撤离。信号管的长度不得超过该次被点导火索中最短导火索长度的1/3。 （17）爆破时，应点清爆炸数与装炮数量是否相符。确认炮响完并过5min后，方准爆破人员进入爆破作业点。 （18）电力起爆必须遵守下列规定： 1）在同一爆破网络上必须使用同厂、同型号的电雷管，其电阻值差不得超过规定值（应控制在±0.2Ω以内）。 2）爆破网路主线应绝缘良好，并设中间开关，与其他电源线路应分开敷设。 3）必须严格检查主线、区域线、端线、电源开关和插座等的断通与绝缘情况，在联入网络前各自的两端应短路。 4）爆破网路的连接必须在全部炮孔装填完毕，无关人员全部撤至安全地点后进行；连接应由工作面向起爆站依次进行，两线的接点应错开10cm，接点必须牢固，绝缘良好。 5）用动力或照明电源起爆时，起爆开关必须放在上锁的专用起爆箱内，起爆开关箱和起爆器的钥匙在整个爆破作业时间里，必须由爆破工作的负责人严加保管，不得交给他人。 6）装好炸药包后，必须撤除工作面的一切电源；雷雨季节应采用非电起爆法。 （19）裸露爆破必须保证先爆的药包不致破坏其他药包，否则应用齐发起爆。严禁用石块覆盖裸露药包，不应将炸药包插入石缝中进行爆破，特殊情况使用时，必须采用可靠的安全措施。各种类型的“盲炮”处理应按国家现行的《爆破安全规程》GB 6722有关规定办理。 （20）大型爆破必须按审批的爆破设计书，在征得当地县（市）以上公安部门同意后，由成立的现场指挥机构组织人员实施。大型爆破的安全距离，除考虑个别飞散物的因素外，尚应考虑因爆破引起地震及冲击波对人员、设施及建筑物的影响，按规定经计算后确定安全距离。 （21）石方地段爆破后，必须确认已经解除警戒，作业面上的悬岩危石也经检查处理后，清理石方人员方准进入现场。 （22）撬动岩石必须由上而下逐层撬（打）落，严禁上下双重作业，不得将下面撬空使其上部自然塌落。撬棍的高度不宜超过人的肩膀，不得将棍端紧抵腹部，也不得把撬棍放在肩上施力。抬运石块的铁链或绳索应理顺并拴牢，抬运时应同起同落、步调一致。			
4	防护工程	（1）防护工程砌筑： 1）边坡防护作业，必须搭设牢固的脚手架。 2）砌石工程必须自下而上砌筑。片石改小，不得在脚手架上进行。护墙砌筑时，墙下严禁站人。抬运石块上架，跳板应坚固，并设防滑条。 3）抹面、勾缝作业必须先上后下。严禁在砌筑好的坡面上行走，上下必须用爬梯。架上作业时，架下不准有人操作或停留，不得上面砌筑、下面勾缝。			
审核人		交接人		接受交底人	

续表

<table>
<tr><td>工程名称</td><td colspan="3"></td><td>施工单位</td><td></td><td>编号</td><td></td></tr>
<tr><td>序号</td><td>项目</td><td colspan="6">城市道路路基工程安全施工技术交底内容</td></tr>
<tr><td>4</td><td>防护工程</td><td colspan="6">（2）砂浆拌合机作业：拌合机应安置稳妥，开机前必须确认传动及各部装置牢固可靠，操作灵活。运转中不得用手或木棒等伸进筒内清理筒口的灰浆。砂浆拌合机作业中如发生故障，应立即切断电源，并将筒内砂浆倒出。
（3）砂浆输送泵作业：
1）输送管道各接头应连接牢固，并设有牢固的支撑，尽量减少管道长度和弯管数量，管道上不得加压或悬挂重物。
2）作业前应空运转，在确认旋转方向正确、电路开关、传动保护装置及料斗滤网齐全可靠后，方可进行作业。
3）运转正常后，方可向泵内注入砂浆；砂浆泵须连续运转，短时间不用砂浆时，应打开回浆阀使砂浆在泵内循环运行；如停机时间较长时，应每隔 3～5min 泵送一次，使灰浆在管道和泵体内流动，以防凝结、阻塞。
4）工作中应随时注意压力表指针是否正常，检查球阀、阀座和挤压管有无异常，如发现漏浆应停机修复后方可继续作业。
5）因故障停机时，应打开泄浆阀使压力下降，然后再排除故障；砂浆泵压力未降到零时，不得拆卸空气室、压力安全阀和管道。
（4）砂浆喷射机：
1）喷射机应保持内部清洁，输送泵和喷射机操作人员人员应密切联系，协调配合。
2）在喷嘴前 5m 范围内不得站人；工作停歇时，喷嘴不得朝向有人的方向。
3）砂浆喷射机的输料软管如发生堵塞，可用木棍轻轻敲打外壁，如无效时可在关闭砂浆后拆卸胶管，用压缩空气吹通。
4）砂浆喷射机转换作业面时，输料软管不得随地拖拉和弯折。</td></tr>
<tr><td colspan="2">审核人</td><td></td><td>交接人</td><td></td><td>接受交底人</td><td colspan="2"></td></tr>
</table>

2.15　城市道路路基工程施工及验收标准要求

2.15.1　城市道路路基工程施工准备与施工测量

2.15.1.1　城市道路路基工程施工准备与施工测量基本要求

（1）我国《城镇道路工程施工与质量验收规范》CJJ 1—2008 中对城镇道路路基工程施工准备与施工测量规定：

1）建设单位向施工单位办理桩点交接手续。给出施工图控制网、点等级、起算数据，并形成文件。施工单位应进行现场踏勘、复核；

2）施工单位应组织学习设计文件及相应的技术标准，根据工程需要编制施工测量方案；

3）测量仪器、设备、工具等使用前应进行符合性检查，确认符合要求。严禁使用未经计量检定、校准及超过检定有效期或检定不合格的仪器、设备、工具。

（2）施工单位开工前应对施工图规定的基准点、基准线和高程测量控制资料进行内业及外业复核。复核过程中，当发现不符合或与相邻施工路段或桥梁的衔接有问题时，应向建设单位提出，进行查询，并取得准确结果。

（3）开工前施工单位应在合同规定的期限内向建设单位提交测量复核书面报告。经监理工程师签字认可批准后，方可作为施工控制桩放线测量、建立施工控制网、线、点的依据。

（4）施工测量用的控制桩应进行保护并校测。

（5）测量记录应使用专用表格，记录应字迹清楚，严禁涂改。

（6）施工中应建立施工测量的技术质量保证体系，建立健全测量复核制度。从事施工测量的作业人员应经专业培训，考核合格后持证上岗。

（7）测量控制网应作好与相邻道路、桥梁控制网的联系。

（8）施工测量除执行《城镇道路工程施工与质量验收规范》CJJ 1—2008 规定外，尚应符合国家现行有关标准的规定。

2.15.1.2　城市道路路基工程平面控制测量

根据我国《城镇道路工程施工与质量验收规范》CJJ 1—2008 中对城镇道路路基工程施工准备与施工测量规定：

（1）平面测量，应按当地城市统一的坐标系统实施。当采用当地城市统一坐标系统确有困难时，小测区所采用的假设坐标系统应经上级建设行政主管、规划部门批准。

（2）平面控制网的布设，应因地制宜、确保精度、满足施工实际需要，且方便应用。

（3）国家有关标准规定的各种精度的三角点，一级、二级、三级导线点及相应的 GPS 点，根据施工需要均宜作为施工测量的首级控制。施工图提供的首级控制点（交桩点）点位中误差（相对起算点）不得大于 5cm。首级控制点应满足施工复核和施工控制需要，首级控制点应为 2 个以上，间距不宜大于 700m。控制点宜为控制道路施工图的相交道路交点、中线上点、折点及附近点、控制施工点等。

（4）施工测量应作好起点、终点、转折点、道路相交点及其他重要设施的位置、方向的控制及校核。

（5）三角测量应符合下列规定：

1）城镇道路工程施工首级控制（交班点）、复核的小三角测量的主要技术指标，应符合表 2.15-1 的规定；

2）城镇道路工程施工首级控制网的三角测量的主要技术指标不低于表 2.15-2 的规定精度；

三角测量的主要技术指标　　　　**表 2.15-1**

控制等级	平均边长（m）	测角中误差（″）	起始边边长相对中误差	最弱边边长相对中误差	测回数		三角形最大闭全差（″）
					DJ_2	DJ_6	
一级小三角形	1000	±5	≤1/40000	≤1/20000	2	4	±1
二级小三角形	500	±10	≤1/20000	≤1/10000	1	2	±30

施工控制三角测量的主要技术指标　　　　**表 2.15-2**

控制等级	边长（m）	测角中误差（″）	销的三角形个数	测回数 DJ_6	三角形最大闭合差（″）	方位角闭合差（″）
施工控制	≤150	±20	≤13	1	±60	$\pm60\sqrt{n}$

3）三角测量的网（锁）布设应符合下列要求：

① 各等级的首级控制网，宜布设成近似等边三角形的网（锁），且其三角形的最大内角不应大于100°，最小内角不宜小于30°，个别角受条件限制可为25°；

② 加密的控制网，可采取插网、线形锁或插点等形式。各等级的插点宜采用坚强图形布设。插点的内交会方向数不应少于4个或外交会方向数不应少于3个；

③ 三角网的布设，可采用线形锁。线形锁的布设，宜近于直伸形式。狭窄地区布设线形锁控制时，按传距角计算的图形强度的总和值，应以对数6位取值，并不得小于60。

（6）导线测量应符合下列规定：

1）城镇道路工程施工首级控制（交桩点）测量、复核的主要指标，应符合表2.15-3的规定：

导线测量的主要技术指标 **表2.15-3**

控制等级	导线长度（km）	平均边长（km）	测角中误差（″）	测距中误差（mm）	测距相对中误差	测回数		方位角闭合差（″）	相对闭合差
						DJ_2	DJ_6		
一级	4.0	0.5	±5	±15	≤1/30000	2	4	$\pm60\sqrt{n}$	≤1/150000
二级	2.4	0.25	±8	±15	≤1/14000	1	3	$\pm60\sqrt{n}$	≤1/10000
三级	1.2	0.1	±12	±15	≤1/7000	1	2	$\pm60\sqrt{n}$	≤1/5000

注：n为测站数。

2）城镇道路工程施工控制网的导线测量、复核的主要技术指标，应符合表2.15-4的规定：

施工控制三角测量的主要技术指标 **表2.15-4**

控制等级	导线长度（m）	相对闭合差	边长（m）	测距中误差（mm）	测回数 DJ_6	方位角闭合差（″）
施工控制	1000	≤1/14000	≤13	±20	1	$\pm40\sqrt{n}$

3）当导线平均边长较短时，应控制导线的边数，但不应超过表2.15-4中相应等级导线平均长度和平均边长算得的边数；当导线长度小于表2.15-4中规定的长度的1/3时，导线全长的绝对闭合差不应大于13m；

4）导线宜布设成直伸形状、相邻边长不宜相差过大。当附合导线长度超过规定时应设成结点网形。结点与结点、结点与高级点之间的导线长度，不应大于规定长度的70%。

（7）边角测量应符合下列规定：

1）各等级边角组合网的设计应与三角网的规格取得一致，也应重视图形结构，各边边长宜近似相等，各三角形内宜为30°～100°；个别角受条件限制时不应小于25°。

2）城镇道路的各等级边角组合网中边长测量的主要技术指标应符合表2.15-5的规定。

边长测量的主要技术指标 **表2.15-5**

控制等级	平均边长（m）	测距中误差（mm）	测距相对中误差
一级	1000	±16	≤1/60000
二级	500	±16	≤1/30000

3）边角组合网的角度测量的主要技术指标应符合表 2.15-1 的有关规定；

4）对于由测边组成的中点多边形、大地四边形或扇形，应根据经各项改正后的边长观测值进行圆周角条件及组合条件的检核。

（8）水平观测应符合下列规定：

1）水平角观测所用的仪器在使用前，应进行检验确认还好，各项技术性能、指标应符合相关的技术要求；

2）水平角观测应采用方向观测法。当方向数不多于 3 个时，可不归零。方向观测法的技术指标应符合表 2.15-6 的规定。

方向观测法的技术指标　　表 2.15-6

控制等级	仪器类型	测回数	光学测微器两次重合数差（″）	半测回归零差（″）	一测回中 2 倍照准差变动范围（″）	同一方向值各测回较差（″）
一级及以下	DJ_2	2	≤3	≤12	≤18	≤12
	DJ_6	4	—	≤13	—	≤24

3）水平角观测结束后，应计算三角形闭合差、导线闭合差及测角中误差。

（9）距离测量家优先采用Ⅰ级或Ⅱ级电磁波测距仪（含全站仪），并应符合下列规定：

1）当采用电磁波测仪时应符合下列要求：

① 当测距长度小于或等于 1km 时仪器精度应分别为：

Ⅰ级：$|m_D| \leqslant 5\text{mm}$

Ⅱ级：$5\text{mm} < |m_D| \leqslant 10\text{mm}$

Ⅲ级：$10\text{mm} < |m_D| \leqslant 20\text{mm}$

仪器标准精度计算应符合下式要求：

$$m_D = (a + bD)(\text{mm})$$

式中　m_D——测距中误差（mm）；

a——固定误差（mm）；

b——比例误差系数（mm/km）；

D——测距长度（km）。

② 测距边宜选在地面覆盖物相同、无强电磁场与强热源地段。仪器架设高度应距离地面 1.3m 以上，应便于观测并避开强电磁干扰；

③ 操作仪器时，应符合仪器的使用规定；

④ 测距边的水平距离应按规定进行计算、修正；

⑤ 电磁波测距仪测距的主要技术指标，应符合表 2.15-7 的规定：

2）当采用普通钢尺测距时，应符合《城市测量规范》CJJ/T 8—2011 规定。普通钢尺测距的主要技术指标，应符合表 2.15-8 的规定。

电磁波测距仪测距的主要技术指标　　表 2.15-7

控制等级	测回数	一测回读数较差（mm）	测回间距（mm）	往返测或不同时间所测较差（mm）
一级	>2	≤5	≤7	$2(a+bD)$
二级	>2	≤10	≤15	$2(a+bD)$

普通钢尺测距的主要技术指标 **表 2.15-8**

控制等级	边长丈量较差的相对误差	作业尺数	丈量总次数	尺段高差较差（mm）	估计数值至（mm）	温度读数值至（℃）	读尺次数	同尺各次或同段各尺的较差（mm）
一级	≤1/30000	2	4	≤5	0.5	0.5	3	≤2
二级	≤1/20000	1～2	2	≤10	0.5	0.5	3	≤2
	≤1/10000	1～3	2	≤10	0.5	0.5	3	≤3

3）施工控制直线丈量测距的允许偏差应符合表 2.15-9 的规定；

直线丈量测距的允许偏差 **表 2.15-9**

序号	固定测桩间距离（m）	允许偏差 Δ
1	＜200	≤1/5000
2	200～500	≤1/10000
3	＞500	≤1/20000

（10）内业计算应符合下列规定：

1）计算所用全部外业资料与起算数据，应经两人独立检核，确认无误后方可使用了；

2）各级平面控制点的计算，可根据需要采用严密平差法或近似平差法，计算时应采用两人对算或验算方式；

3）使用电子计算机平差计算时，应对所用程序进行确认，对输入数据进行校对、检验；

4）经平差后的坐标值应作为控制的依据，对方位、夹角和距离应按平差结果反算求得。

2.15.1.3　城市道路路基高程控制测量

（1）高程控制应在当地城市建立的高程系统下进行。当小测区采用独立高程系统时，应经上级行政主管和规划部门批准。

高程控制测量应采用直接水准测量。城镇道路工程应按二、三等级水准测量方法建立首级工程控制。高程控制测量应起闭于设计施工图给定的城镇水准点。

（2）水准测量的主要技术指标，应符合表 2.15-10 的规定：

水准测量的主要技术指标 **表 2.15-10**

等级	每千米高差全中误差	路线长度	水准仪型号	水准尺	观测次数		往返较差、闭合或环线闭合差（mm）
					与已知点联测	附合或环线	
一级	≤2	—	DS_1	铟瓦	往返各一次	往返各一次	$\pm\sqrt{L}$
二级	≤6	≤50	DS_1	铟瓦	往返各一次	往一次	$\pm 12\sqrt{L}$
			DS_3	双面		往返各一次	

注：1. 节点之间或节点与高级点之间，其线路的长度不得大于表中规定的 0.7 倍；

2. L 为往返测段、附合或环线的水准路线长度（km）；

3. 三等水准测量可采用双仪高法单面尺施测，每站观测顺序为一前一前一后。

（3）水准测量所使用的仪器及水准尺，应符合下列规定：

1）水准仪视准轴与水准管轴的夹角，DS_1 不得超过 15″，DS_3 不得超过 20″；

2）水准尺上的米间隔平均长与名义之差，对于铟瓦水准尺不得超过 0.15mm，对于双面水准尺不得超过 0.5mm；

3）当二等水准测量采用补偿式自动安平水准仪时，其补偿误差（Δ_a）不得超过 0.2″；

4）水准观测应按照操作规程、仪器使用说明书的规定进行。

（4）水准观测的主要技术指标，应符合表 2.15-11：

（5）光电测距三角高程测量可代替四等水准测量。具体测量方法可按国家现行标准《城市测量规范》CJJ/T 8—2011 的有关规定进行。

水准观测的主要技术指标　　表 2.15-11

等级	水准仪型号	视线长度（m）	前后视距较差（m）	前后视距累计差（mm）	视线距地面最低高度（mm）	基本分划、辅助分划或黑面、红面的读数较差（mm）	基本分划、辅助分划或黑面、红面的所测高差较差（mm）
一级	DS_1	≤50	≤1	≤3	0.5	≤0.5	≤0.7
二级	DS_1	≤100	≤3	≤6	0.3	≤1.0	≤1.5
	DS_3	≤75				≤2.0	≤3.0

注：1. 二等水准视线长度小于 20m 时，其视线高度不低于 0.3m；

2. 三等水准采用变动仪器高度观测单面水准尺时，所测两次高差较差，应与黑面、红面所测高差之差的要求相同。

（6）对高程控制网应进行平差计算，高程控制高程应以平差后的结果为准。

2.15.1.4　城市道路路基施工放线测量

（1）施工中应根据施工方案布设施工中线与高程控制桩，并根据工序要求布设测桩。

（2）测量作业前、后均应采用不同数据采集人核对的方法，分别核对从图纸上所采集的数据、实测数据的计算过程与计算结果，并应据以判定测量成果的有效性。

（3）施工布桩、放线测量前应建立平面、高程控制网，依实地情况埋设牢固、通视良好。道路施工放线采用的经纬仪，等级不应低于 DJ_6 级。以三级导线平面控制测量时，方位角闭合差为 $\pm 24\sqrt{n}$（″）；以施工平面控制测量方位角闭合差为 $\pm 40\sqrt{n}$（″），且应报建设单位验收、确认。

（4）路基施工前应根据图纸、资料和现场情况，测标出路基施工中可能暴露、触及、损坏的地下管线等构筑物的位置。

（5）施工准备阶段核对占地、拆迁范围时，应在现场测设道路施工范围边线。

（6）当工程较大，测量桩在施工中可能被损坏时，应设辅助平面测量基线与高程控制桩。

（7）施工中应及时完成中线桩的恢复与校测。

（8）城镇道路高程控制应符合下列规定：

1）高程测量视线长宜控制在 50～80m；

2）水准测量应采用 DS_3 及以上等级的水准仪施测；

3）水准测量闭合差为 $\pm 12\sqrt{L}$mm（L 为相邻控制点间距，单位为 km）。

（9）城镇道路控制测量应符合下列规定：

1）施工控制导线闭合差应符合本规范表 2.15-3 的有关规定；

2）采用 DJ_2 仪器时，角度应至少测一测回；采用 DJ_6 级仪器时，角度应至少测两测回；

3）距离应采用普通钢尺往返测一测回，用电磁波测距仪可单程测定；

4）当采用全站仪观测时，应符合本规范的有关规定。采用全站仪测设坐标定点，应使用不同方法进行坐标计算并进行已知点的复核，并均应有工作、复核记录，实施测量前应经监理签认；

5）放样测量直线丈量测距的偏差应符合本规范的表 2.15-9 的规定；

6）施工放样点允许误差 M，相对于相邻控制点，按极坐标法这么样，应符合表 2.15-12 的规定。

施工这么样点位允许误差 *M* **表 2.15-12**

横向偏位要求	≤1	≤1.5	≤2	≤3	其他
点位这么样允许误差	0.7	1	1.3	2	5
例	人行地道中线	筑砌片石、块石挡土墙	路面、基层中线	路床中线	一般桩位

7）道路中心桩间距宜为 10～20m。

（10）平曲线和竖曲线桩应在道路中线桩、边桩的测设中完成，并标出设计高程。当曲线长度小于或等于 40m 时，桩间距宜小于或等于 5m；当曲线长度大于 40m 时，桩间距宜小于或等于 10m。

（11）交叉路口路面高程作业测量应按规定的高程方格网、等分圆网等，分层测量高程。

（12）与路有关附属构筑物的外观控制测量应在控制方向按平面、高程控制需要设控桩。

（13）城镇道路工程完工后应进行竣工测量。竣工测量包括：中心线位置、高程、横断面图式、附属结构和地下管线的实际位置和高程。测量成果在竣工图中标明。

（14）施工测量的记录及成果均应在正式记录本上填写，并按规定整理测量资料。

（15）工程验收的测量依据点应按程序报经建设单位验收、确认。

2.15.2 城市道路路基工程验收标准

我国《城镇道路工程施工与质量验收规范》CJJ 1—2008 中对城镇道路路基工程施工验收标准如下：

（1）城镇道路路基的湿陷性黄土夯实质量检验标准应符合表 2.15-13 的规定。

湿陷性黄土夯实质量检验标准 **表 2.15-13**

项　目	检验标准	检验频率				检验方法
		范围（m）	点　数			
夯点累计夯沉量	不少于试夯时确定夯沉量的 95%	200	路　宽（m）	<9	2	查施工记录
				9～15	4	
				>15	6	
湿陷系数	符合设计要求		路　宽（m）	<9	2	见注解
				9～15	4	
				>15	6	

（2）城镇道路基层的石灰稳定土、石灰、粉煤灰稳定砂砾（碎石），石灰、粉煤灰稳定钢渣基层及底基层质量检验标准应符合下列规定：

1）原材料质量检验应符合下列要求：

① 土的宜采用塑性指数 10～15 的粉质黏土或黏土；土中的有机物含量宜小于 10%。

② 使用旧路的级配砾石、砂石或杂填土等应先进行试验。级别砾石、砂石等材料的最大粒径不宜超过层厚度的 60%，且不大于 10cm。土中如掺入碎砖等粒料时，粒料掺入含量应经试验确定。

2）石灰应符合下列要求：

① 宜用 1～3 级的新石灰，石灰的技术指标应符合表 2.15-14 的规定。

石灰技术指标 **表 2.15-14**

项目 \ 类别		钙质生石灰			镁质生石灰			钙质消石灰			镁质消石灰		
		等级											
		Ⅰ	Ⅱ	Ⅲ	Ⅰ	Ⅱ	Ⅲ	Ⅰ	Ⅱ	Ⅲ	Ⅰ	Ⅱ	Ⅲ
有效钙加氧化镁含量（%）		≥85	≥80	≥70	≥80	≥75	≥65	≥65	≥60	≥55	≥60	≥55	≥50
未消化残渣含量 5mm 圆孔筛余（%）		≤7	≤11	≤17	≤10	≤14	≤20	—	—	—	—	—	—
含水量（%）		—	—	—	—	—	—	≤4	≤4	≤4	≤4	≤4	≤4
细长	0.71mm 方孔筛的筛余（%）	—	—	—	—	—	—	0	≤1	≤1	0	≤1	≤1
	0.125mm 方孔筛的筛余（%）	—	—	—	—	—	—	≤	≤		≤	≤	
钙镁石灰的分类界限，氧化镁含量（%）		≤5			>5			≤4			>4		

注：硅、铝、镁氧化物含量之和大于 5%的生石灰，有效钙加氧化镁含量指标，Ⅰ等≥75%，Ⅱ等≥70%，Ⅲ等≥60%，未消化残渣含量均与镁质生石灰指标相同。

② 磨细生石灰，可不经消解直接使用，块灰应在使用前 2～3d 完成消解，未能消解的生石灰块应筛除，消解石灰的粒径不得大于 10mm；

③ 对储存较久或经过雨期的消解石灰应先经过试验，根据活性氧化物的含量决定能否使用和使用办法。

3）粉煤灰应符合如下规定：

① 粉煤灰中的 SiO_2、Al_2O_3 和 Fe_2O_2 总量宜大于 70%在温度为 700℃时的烧失量宜小于或等于 10%；当烧失量大于 10%时，应经试验确认混合料强度符合要求时，方可采用；

② 细度应满足 90%通过 0.3mm 筛孔，70%通过 0.075mm 筛孔，比表面积宜大于 $2500cm^2/g$。

4）砂砾应经破碎、筛分，级配宜符合表 2.15-15 的规定，破碎砂砾中最大料径不应大于 37.5mm。

砂砾、碎石级配 **表 2.15-15**

筛孔尺寸（mm）	通过质量百分率（%）			
	级配砂砾		级配碎石	
	次干路及以下道路	城市快速路、主干路	次干路及以下道路	城市快速路、主干路
37.5	100		100	
31.5	85～100	100	90～100	100

续表

筛孔尺寸（mm）	通过质量百分率（%）			
	级配砂砾		级配碎石	
	次干路及以下道路	城市快速路、主干路	次干路及以下道路	城市快速路、主干路
19.0	65～85	85～100	72～90	81～98
9.50	50～70	55～75	48～68	52～70
4.75	35～55	39～59	30～50	30～50
2.36	25～45	27～47	18～38	18～38
1.18	17～35	17～35	10～27	10～27
0.60	10～27	10～25	6～20	8～20
0.075	0～15	0～10	0～7	0～7

5）钢渣稳定土基层要符合的要求是钢渣破碎后堆存时间不应小于半年，宜达到稳定状态，游离氧化钙（fC_aO）含量应小于3%；粉化率不得超过5%。钢渣最大粒径不应大于37.5mm，压碎值不应大于30%，宜应清洁，不含废镁砖及其他有害物质；钢渣质量密度应以实际测试值为准，钢渣混合料中钢渣颗粒组成应符合表2.15-16的规定。

钢渣混合料中钢渣颗粒组成　　表2.15-16

通过下列筛孔（mm，方孔）的质量（%）								
37.5	26.5	16	9.5	4.75	2.36	1.18	0.60	0.075
100	95～100	60～85	50～70	40～60	27～47	20～40	10～30	0～15

6）基层、底基层的压实度应符合下列要求：

① 城市快速路、主干路基层大于或等于97%，底基层大于或等于95%；

② 其他等级道路基层大于或等于95%，底基层大于或等于93%；

检查数量：每1000m²，每压实层抽检1点；检验方法：环刀法、灌砂法或灌水法。

③ 基层、底基层试件作7d无侧限抗压强度，应符合设计要求。

7）一般项目，表面应平整、坚实、无粗细骨料集中现象，无明显轮迹、推移、裂缝，接茬平顺，无贴皮、散料现象；

基层及底基层允许偏差应符合表2.15-17的规定：

石灰稳定土类基层及底基层允许偏差　　表2.15-17

项目		允许偏差	检验频率				检验方法
			范围	点数			
中线全方位（mm）		≤20	100m	1			用经纬仪测量
纵断高程（mm）	基层	±15	20m	1			用水准仪测量
	底基层	±20					
平整度	基层	≤10	20m	路宽（m）	<9	1	用3m直尺和塞尺连续量两尺，取最大值
	底基层	≤15			9～15	2	
					<15	3	

续表

项　目	允许偏差	检　验　频　率				检验方法
		范围	点　数			
宽　度（mm）	不少于设计规定+B	40m	1			用钢尺量
横　坡	±0.3%且不反坡	20m	路　宽（m）	<9	2	用水准仪测量
				9～15	4	
				<15	6	
厚　度（mm）	±10	1000m²	1			用钢尺量

（3）水泥稳定土类基层及底层质量检验应符合下列规定：

1）原材料质量检验应符合下列要求：

① 水泥应选用初凝时间大于 3h、终凝时间不小于 6h 的 32.5 级、42.5 级普通硅酸盐水泥、矿渣硅酸盐水泥、火灰硅酸盐水泥。水泥应有出厂合格证与生产日期，复验合格方可使用；水泥贮存期超过 3 个月或受潮，应进行性能试验，合格后方可使用；

② 土的均匀系数不应小于 5，宜大于 10，塑性指数宜为 10～17；土中小于 0.6mm 颗粒的含量应小于 30%，宜选用粗粒土、中粒土；

③ 粒料应符合下列要求：级配碎石、砂砾、未筛分碎石、碎石土、砾石和煤矸石、粒状矿渣等材料均可做粒料；当作基层时，粒料最大粒径不宜超过 37.5mm；当作底层时，粒料最大粒径：对城市快速路、主干路不应超过 37.5mm；对次干路及以下道路不应超过 53mm；各种粒料，应按其自然级配状况，经人工调整使其符合表 2.15-18 的规定；

④ 碎石、砂砾、碎石土和煤矸石等的压碎值：对城市快速路、主干路基层与底基层不应大于 30%；对次干路及以下道路基层不应大于 30%，对底基层不应大于 35%；对集料中的有机质含量不应起过 2%、硫酸盐含量不应超过 0.25%。

水泥稳定土类的颗粒范围及技术指标　　　　表 2.15-18

项　目		通过质量百分率（%）				
		底　基　层		基　　层		
		次干路	城市快速路、主干路	次　干　路		城市快速路、主干路
筛孔尺寸（mm）	33	100	—	—		—
	37.5	—	100	100	90～100	—
	31.5	—	—	90～100	—	100
	26.5	—	—	—	66～100	90～100
	19	—	—	67～90	54～100	72～89
	9.5	—	—	45～68	39～100	47～67
	4，75	50～100	50～100	29～50	28～84	29～49
	2.36	—	—	18～38	20～70	17～35
	1.18	—	—	—	14～57	—

续表

项目		通过质量百分率（%）				
		底基层		基层		
		次干路	城市快速路、主干路	次干路		城市快速路、主干路
筛孔尺寸（mm）	0.60	17～100	17～100	8～22	8～47	8～22
	0.075	0～50	0～30	0～7	0～30	0～7
	0.002	0～30	—	—		—
液限（%）		—	—	—		＜28
塑性指数		—	—	—		＜9

2）基层、底基层的压实度应符合下列要求：

① 城市快速路、主干路基层大于等于97%，底基层大于等于95%；

② 其他等级道路基层大于等于97%，底基层大于等于93%；

检查数量：每1000m²，每压实层抽查1点；检查方法：灌砂法或灌水法；

3）基层、底基层7d的无限抗压强度应符合设计要求；

检查数量：每2000m²，每压实层抽查1组（6块）；

检查方法：现场取样试验。

4）表面应平整、坚实、接缝平顺，无明显粗、细集料集中现象，无推移、裂缝、贴皮、松散、浮料；

5）基层及底基层的偏差应符合本规范表2.15-17的规定。

（4）级配砂砾及级配砾石基层及底基层质量检验应符合下列规定：

1）集料质量及级配应符合下列规定：

① 天然砂砾应质地坚硬，含泥量不应大于砂质量（粒径小于5mm）的10%，砾石颗粒中细长及扁平颗粒的含量不应超过20%；

② 级配砾石做次干路及其以下道路底基层时，级配中最大粒径宜小于53mm，做基层时最大粒径不应大于37.5mm；

③ 级配砂砾及级配砾石的颗粒范围和技术指标必须符合表2.15-19的规定。

级配砂砾及级配砾石的颗粒范围及技术指标　　表2.15-19

项目		通过质量百分率（%）		
		基层	底基层	
		砾石	砾石	砂砾
筛孔尺寸（mm）	53	—	100	100
	37.5	100	90～100	80～100
	31.5	90～100	81～94	—
	19.0	73～88	63～81	—
	9.5	49～69	45～66	40～100
	4.75	29～54	27～51	25～85
	2.36	17～37	16～35	—

续表

项目		通过质量百分率（%）		
		基层	底基层	
		砾石	砾石	砂砾
筛孔尺寸（mm）	0.6	8～20	8～20	8～45
	0.075	0～7②	0～7②	0～15
液限（%）		<28	<28	<28
塑性指数		<9（或9①）	<9（或9①）	<9

① 潮湿多雨地区塑性指数宜小于6，其他地区塑性指数宜小于9；

② 对于无塑性混合料，小于0.075mm的颗粒含量接近高限。

④ 集料压碎值应符合规范要求，即碎裂中针片状颗粒的总含量不应超过20%。

检查数量：按砂石材料的进场批次，每批抽检1次；

检验方法：查检验报告。

2）基层压实度大于等于97%，底基层实度大于等于95%；

检查数量：每1000m²抽检1点；

检验方法：灌砂法或灌水法；

3）弯沉值，不应大于设计规定；

检查数量：设计规定时每车道、每20m，测1点；

检验方法：弯沉仪检测。

4）表面应平整、坚实，无松散和粗、细集料集中现象；

检查数量：全数检查；

检查方法：观察。

5）级配砂砾及级配砾石基层和底基层允许偏差应符合表2.15-20的有关规定。

石灰稳定土类基层及底基层允许偏差　　表2.15-20

项目		允许偏差	检验频率				检验方法
			范围	点数			
中线全方位（mm）		≤20	100m	1			用经纬仪测量
纵断高程（mm）	基层	±15	20m	1			用水准仪测量
	底基层	±20					
平整度	基层	≤10	20m	路宽（m）	<9	1	用3m直尺和塞尺连续量两尺，取最大值
	底基层	≤15			9～15	2	
					>15	3	
宽度（mm）	不少于设计规定+B		40m	1			用钢尺量
横坡	±0.3%且不反坡		20m	路宽（m）	<9	2	用水准仪测量
					9～15	4	
					>15	6	
厚度（mm）	砂石	±10	1000m²	1			用钢尺量
	砾石	+20 −10%厚度					

（5）级配碎石及级配碎砾石基层及底基层施工质量检验应符合下列规定：

1）碎石与嵌缝料质量及级配应符合下列规定：

① 轧制碎石的材料可为各种类型的岩石（软质岩石除外）、砾石。轧制碎石的砾石粒径应为碎石最大粒径的 3 倍以上，碎石中不应有黏土块、植物根叶、腐殖质等有害物质；

② 碎石中针片状颗粒的总含量不应超过 20%；

③ 级配碎石及级配碎砾石颗粒范围和技术指标应符合表 2.15-21 的规定：

级配碎石及级别碎砾石的颗粒范围及技术指标　　表 2.15-21

项目		通过质量百分率（%）			
		基层		底基层	
		次干路及以下道路	城市快速路、主干路	次干路及以下道路	城市快速路、主干路
筛孔尺寸（mm）	53	—	—	100	—
	37.5	100	—	85～100	100
	31.5	90～100	100	69～88	83～100
	19.0	73～88	85～100	40～65	54～84
	9.5	49～69	52～74	19～43	29～9
	4.75	29～54	29～54	10～30	17～45
	2.36	17～37	17～37	8～25	11～3
	0.6	8～20	8～20	6～18	6～21
	0.075	0～7②	0～7②	0～10	0～10
液限（%）		<28	<28	<28	<28
塑性指数		<9（或 9①）	<9（或 9①）	<9（或 9①）	<9（或 9①）

① 潮湿多雨地区塑性指数宜小于 6，其他地区塑性指数宜小于 9；
② 对于无塑性混合料，小于 0.075mm 的颗粒含量接近高限。

④ 级配碎石及级配碎砾石石料的压碎值应符合表 2.15-22 的规定：

级配碎石及级配碎砾石压碎值　　表 2.15-22

项目	压碎值	
	基层	底基层
城市快速路、主干路	<26%	<30
次干路	<30%	<35%
次干路以下道路	<35%	<40%

2）碎石或碎砾石应为多棱角块体，软弱颗粒含量应小于 5%，扁平细长碎石含量应小于 20%；

检查数量：按不同材料进场批次，每批次抽检不应少于 1 次；

检查方法：查检验报告。

3）级配碎石压实度，基层不得小于 97%，底基层不应小于 95%；

检查数量：每 $1000m^2$ 抽检 1 点；

检验方法：灌砂法或灌水法。

4）弯沉值，不应大于设计规定：

检查数量：设计规定每车道、每 20m，测 1 点；

检验方法：弯沉仪检测。

5）外观质量：表面应平整、坚实，无推移、松散、浮石现象：

检查数量：全数检查；

检验方法：观察。

（6）沥青混合料（沥青碎石）基层施工质量检验应符合下列规定：

用于沥青碎石各种原材料质量应符合下列要求：

① 道路用沥青的品种、标号应符合国家现行有关标准的规定；

检查数量：按同一生产厂家、同一品种、同一标号、同一批号连续进场的沥青（石油沥青每 100t 为 1 批，改性沥青每 50t 为 1 批）抽检 1 次；

检验方法：查出厂合格证，检验报告并进场复验。

② 沥青混合料所选用的粗集料、细集料、矿粉、纤维稳定剂等的质量及规格应符合本规定“沥青混合料面层”中的“一般规定”的规定；

检查数量：按不同品种产品进场批次和产品抽样检查方案确定；

检查方法：观察、检查进场检验报告；

③ 热拌沥青混合料、热拌改性沥青混合料、SMA 混合料，查出厂合格证、检验报告并进场复验，拌合温度、出厂温度应符合本规范要求，即沥青混合料搅拌及施工温度应根据沥青标号及黏度、气候条件、铺装层的厚度、下卧层温度来确定。

④ 压实度不得低于 95%（马歇尔击实试件密度）；

检查数量：每 $1000m^2$ 抽检 1 点；

检验方法：检查试验记录（钻孔取样、蜡封法）；

⑤ 表面平整、坚实、接缝紧密，不应有明显轮迹、粗细集料集中、推挤、裂缝、脱落等现象；

检查数量：全数检查；

检验方法：观察。

⑥ 沥青碎石基层允许偏差应符合表 2.15-23 的规定：

沥青碎石基层允许偏差 **表 2.15-23**

<table>
<tr><th rowspan="2">项目</th><th rowspan="2">允许偏差</th><th colspan="4">检验频率</th><th rowspan="2">检验方法</th></tr>
<tr><th>范围</th><th colspan="3">点数</th></tr>
<tr><td>中线偏位（mm）</td><td>±15</td><td>100m</td><td colspan="3">1</td><td>用经纬仪测量</td></tr>
<tr><td>纵断高程（mm）</td><td>≤15</td><td>20m</td><td colspan="3">1</td><td>用水准仪测量</td></tr>
<tr><td rowspan="3">平整度（mm）</td><td rowspan="3">不小于设计规定+B</td><td rowspan="3">20m</td><td rowspan="3">路宽（m）</td><td><9</td><td>1</td><td rowspan="3">用 3m 直尺和塞尺连续量两尺，取较大的值</td></tr>
<tr><td>9～15</td><td>2</td></tr>
<tr><td>>15</td><td>3</td></tr>
<tr><td>宽度（mm）</td><td></td><td>40m</td><td colspan="3">1</td><td>用钢尺测量</td></tr>
</table>

续表

项　目	允许偏差	检验频率				检验方法
		范围	点　数			
横　坡	±0.3% 且不反坡	20m	路宽 (m)	<9	2	用水准仪测量
				9～15	4	
				>15	6	
厚度（mm）	±10	100m^2	1			用钢尺测量

2.15.3　城市沥青混合料面层检验标准

我国《城镇道路工程施工与质量验收规范》CJJ 1—2008 中对城镇道路沥青混合料面层检验标准如下：

（1）一般规定：

1）施工中应根据面层厚度和沥青混合料的种类、组成、施工季节，确定铺筑层次及各分层厚度；

2）沥青混合料面层不得在雨、雪天气及环境最高温度低于 5℃时施工；

3）城镇道路不宜使用煤沥青。确需使用时，应当制定保护施工人员防止吸入煤沥青蒸气或皮肤直接接触煤沥青的措施；

4）当采用旧沥青面作为基层加铺沥青混合料面层时，应对原有路面进行处理、整平或补强，符合设计院要求，并应符合下列规定：

① 符合设计强度、基本无损坏的旧沥青路面经整平后可作基层使用；

② 旧路面有明显损坏，但强度能达到设计要求的，应对损坏部分进行处理；

③ 填补旧沥青路面，凹坑应按高程控制、分层铺筑，每层最大厚度不宜超过 10cm。

5）旧路面整治处理中刨除与铣刨产生的废旧沥青混合料应集中回收，再生利用；

6）当旧水泥混凝土路面作为基层加铺沥青混合料面层时，应对原水泥混凝土路面进行研究处理，整平或补强，符合设计要求，并应符合下列规定：

① 对原混凝土路面应作弯沉试验，符合设计要求，经表面处理后，可作为基层处理使用；

② 对原混凝土路面层与基层的间隙，应填补处理；

③ 对原局部破损的原混凝土面层应清除，并修补完好；

④ 对混凝土面层的胀缝、缩缝、裂缝应清理干净，并应采取防反射裂缝措施。

7）对原材料沥青应符合下列要求：

① 宜优先 A 级沥青作为道路面层使用。B 级沥青可作为次干路及以下道路面层使用。当缺乏所需要标号的沥青时，可采用不同标号沥青掺配，掺配比应当经过试验确定；

② 乳化沥青的质量应符合本规程的规定。在高温条件下宜采用黏度较大的乳化沥青，寒冷条件下宜使用黏度较小的乳化沥青；

③ 用于透层、粘层、封层及拌制冷拌沥青混合料的液体石油沥青的技术要求应符合本规程的规定；

④ 当使用改性沥青时，改性沥青的基质沥青应与改性剂有良好的配合性；

⑤ 改性乳化沥青技术要求应符合本规程的规定。

8）对原材料粗集料应符合下列要求：

① 粗集料应符合工程设计规程的级配范围；

② 集料对沥青的黏附性，城市快速路、主干路应大于或等于 4 级；次干路及以下道路应大于或等于 3 级。集料具有一定的破碎面颗粒含量，具有 1 个破碎面宜大于 90%，2 个及以上的宜大于 80%；

③ 粗集料的质量必须符合《城镇道路工程施工与质量验收规范》CJJ 1—2008 中的技术要求；

④ 粗集料的粒径规格应按《城镇道路工程施工与质量验收规范》CJJ 1—2008 中规定生产和使用。

9）对原材料细集料应符合下列要求：

① 细集料应洁净、干燥、无风化、无杂质；

② 热拌密级配沥青混合料中天然砂的用量不宜超过集料总量的 20%，SMAT OGFC 不宜使用天然砂。

（2）热拌沥青混合料面层必须符合规程的如下要求：

1）热拌沥青混合料（HMA）适用各种等级道路的面层。其种类应按集料公称最大粒径、矿料级配、空隙率划分；

2）沥青混合料集料的最大粒径应与分层压实层厚度相匹配。密级沥青混合料，每层的压实厚度不宜小于集料公称最大粒径的 2.5～3 倍，对 SMAC 等嵌挤型混合料不宜小于公称最大粒径的 2～3 倍；

3）各层沥青混合料应满足所在层位的功能要求，便于施工，不得离析。各层应连续施工并连接成一体；

4）热拌沥青混合料铺筑前，应复查基层和附属构筑物质量，确认符合要求，并对施工机具设备进行检查，确认处于良好状态；

5）沥青混合料搅拌及施工温度应根据沥青标号及黏度、气候条件、铺装层厚度、下卧层温度确定：

① 普通沥青混合料搅拌及压实温度宜通过在 135～175℃条件下测定的黏度－温度曲线来确定。当缺乏黏温曲线按数据时，结合实际情况确定混合料的搅拌及施工温度；

② 聚合物改性沥青混合料搅拌及施工温度应根据实践经验并试验确定。通常宜较普通沥青混合物料温度提高 10～20℃；

③ SMA 混合料的施工温度应经试验确定。

6）热拌沥青混合料由有资质的沥青混合料集中搅拌站供应；

7）自行设置集中搅拌站应符合下列规定：

① 搅拌站的设置必须符合国家有关环境保护、消防、安全等规定；

② 搅拌站与工地现场距离应满足混合料运抵现场时，施工对温度的要求，且混合物料不离析；

③ 搅拌站贮料场及场内道路应做硬化处理，具有完备的排水设施；

④ 各种集料（含外掺剂、混合料成品）必须分仓贮存，并有防雨设施；

⑤ 搅拌机必须设二级除尘装置。矿粉料仓应配置振动卸料装置；

⑥ 采用连续式搅拌机搅拌时，使用的集料料源应稳定不变；

⑦ 采用间歇式搅拌机搅拌时，搅拌能力应满足施工进度要求。冷料仓的数量应满足配合比需要，通常不宜少于5～6个；

⑧ 沥青混合料搅拌设备的各种传感器必须按规定周期检查确定；

⑨ 沥青混合料搅拌设备的各种传感器必须按规定周期检查；

⑩ 集料与沥青混合料取样应符合现行试验规程的要求。

8）搅拌机应配备计算机控制系统。生产过程中应逐盘采集材料用量和沥青混合料搅拌量、搅拌温度等各种参数指导生产；

9）沥青混合料搅拌时间应经试拌确定，以沥青均匀裹覆集料为度。间隙式搅拌机每盘的搅拌周期不宜少于45s，其中干拌时间不宜少于5～10s。改性沥青和SMA混合搅拌时间应适当延长；

10）用成品仓贮存沥青混合料，贮存期混合料降温不得大于10℃；贮存时间普通沥青混合料不得超过72h；改性沥青混合料不得超过24h；SMA混合料应当日使用；OGFC应随拌随用；

11）生产添加纤维的沥青混合时，搅拌机应配备同步添加投料装置，搅拌时间宜延长5s以上；

12）沥青混合料出厂时，应逐年车检测沥青混合质量和温度，并附带载有出厂时间的运料单。不合格品不得出厂；

13）热拌沥青混合料的运输应符合下列规定：

① 热拌沥青混合且采用与摊铺机匹配的自卸汽车；

② 运料车装料时，应防止粗细集料离析；

③ 运料车应具有保温、防雨、防混合料遗撒与沥青滴漏等功能；

④ 沥青混合料运输车辆的总运输力比搅拌能力或摊铺能力有所富余；

⑤ 沥青混合料运到摊铺地点，应对搅拌质量与温度进行检查，合格后方可使用。

14）热拌沥青混合料的摊铺应符合下列规定：

① 热拌沥青混合料应采用机械摊铺。摊铺温度应符合本规范的规定。城市快速路、主干路宜采用两台以上摊铺机联合摊铺作业。每台机器的摊铺宽度宜小于6m。表面层宜采用多机全幅摊铺，减少施工接缝；

② 摊铺机应具有自动或半自动方式调节摊铺厚度及找平的装置、可加热的振动熨平板或初步振动压实装置、摊铺宽度可调整等功能，且受料斗斗容应能保证更换运料车时连续摊铺；

③ 采用自动调平摊铺机摊铺最下层沥青混合料时，应使用钢丝或路缘石、平石控制高程与摊铺厚度，以上各层可用于导梁引导调和开控制，或采用声呐平衡梁控制方式。经摊铺机初步压实的摊铺层应符合平整度、横坡的要求；

④ 沥青混合料的最低摊铺温度防洪根据气温、下卧层表面温度、摊铺层厚度与沥青混合料种类经试验确定。城市快速路、主干路不宜在气温低于10℃条件下施工；

⑤ 热拌沥青混合料的松铺系数应根据混合料类型、施工机械和施工工艺等应通过试验段确定，试验段长不宜小于100m；

⑥ 热拌沥青混合料应均匀、连续不间断，不得随意变换摊铺速度或中途停顿。摊铺速度宜为2～6m/min。摊铺时螺旋送料器应不停顿地转动，两侧应保持有不少于送料器高度

2/3 的混合料，并保证在摊铺机全宽度断面不发生离析。熨平板按所需百度固定后不得随意调整；

⑦ 摊铺层发生缺陷应找补，并停机检查，排除故障；

⑧ 路面狭窄部分、平曲线半径过小的匝道小规模工程可采用人工摊铺。

15）热拌沥青混合料的压实应符合下列规定：

① 应选择合理的压路机组合方式及碾压步骤，以达到最佳碾压结果。沥青混合料压实宜采用钢筒式静态压路机与轮胎压路机或振动压路机组合的方式压实；

② 压实应按初压、复压、终压（包括成形）三个阶段进行；压路机以慢而均匀的速度碾压，压路机的碾压速度宜符合本规程的规定；

③ 初压应温度应符合本规范的有关规定，以能稳定混合料，且不产生推移、发生裂纹为度。碾压应从侧向中心碾压，碾压稳定均匀。初压应采用轻型号钢筒式压路机碾压 1～2 遍。初压后应检查平整度、路拱，必要时应修整；

④ 复压应紧跟初压连续进行，并应符合下列要求：复压时应连续进行，碾压段长度宜为 60~~80m。当采用不同型号的压路机组合碾时，每一台压路机均应做到全幅碾压。密级配沥青混凝土宜优先采用重型的轮胎压路机进行碾压，碾压到要求的压实为止。对沥青稳定碎石类的基层，宜优先采用振动压路机复压。厚度小于 30mm 的沥青层不宜采用振动压路机。相邻碾压带重叠宽度宜为 10～20cm。振动压路机折返时应先停止振动。采用三轮钢筒式压路机时，总重量不宜小于 12t。大型压路机难于碾压的部位，宜采用小型压实工具进行压实；

⑤ 终压温度应符合本规程的有关规定，终压选用双轮钢筒式压路机，碾压到无明显轮迹为止。

16）SMA 和 OGFC 混合料的压实应符合下列规定：

① SMA 混合料宜采用振动压路机或钢筒式压路机碾压；

② SMA 混合料不宜采用轮胎式压路机碾压；

③ OGFC 混合料宜用 12t 以上的钢筒式压路机碾压。

17）碾压过程中碾压轮应保持清洁，可对钢轮涂刷隔离剂或防粘剂，严禁刷柴油。当采用向碾压轮喷水（可添加少量表面活性剂）方式时，必须严格控制喷水量，并应成雾状，不得漫流；

18）压路机不得在未碾压成形路段上转向、调头、加水或停留。在当天成形的路面上，不得停放各种机械设备或车辆，不得散落矿料、油料等杂物；

19）接缝应符合下列规定：

① 沥青混合料面层的施工接缝应紧密、平顺；

② 上、下层的纵向热接缝应错开 15cm；冷接缝应错开 30～40cm。相邻两幅及上、下层的横向接缝均应错开 1m 以上；

③ 表面层接缝应采用直茬，以下各层可采用斜接茬，层较厚时也可做阶梯形接茬；

④ 对冷接茬施作前，应在茬面涂少量沥青并预热。

20）热拌沥青混合料路面应待摊铺层自然降温到表面温度低于 50℃后，方可开放交通；

21）沥青混合料面层完成后应加强保护，控制交通，不得在以上堆土或拌制砂浆。

（3）沥青混合料面层检验标准

热拌沥青混合料面层质量检验应符合下列规定：

1）热拌沥青混合料质量应符合下列要求：

① 道路用沥青的品种、标号应符合国家现行有关标准和本规程的有关规定：

检查数量：按同一生产厂家、同一品种、同一标号、同一批号连续进场的沥青（石油沥青每 100t 为 1 批，改性沥青每 50t 为 1 批）每批次抽检 1 次；

检查方法：查出厂合格证，检验报告并进场复验。

② 沥青混合料所选用的粗集料、细集料、矿粉、纤维稳定剂等的质量及规格应符合有关规定：

检查数量：查出厂合格证、检验报告并进场复验；

检验方法：查出厂合格证，检验报告并进场复验。

③ 热拌沥青混合料、热拌改性沥青混合料、SMA 混合料，查出厂合格证、检验报告并进场复验，拌合温度、出厂温度应符合有关规定：

检查数量：查出厂合格证、全数检查；

检验方法：查测温记录，现场检测温度。

④ 沥青混合料品质应符合马歇尔试验配合比技术要求：

检查数量：每日、每品种检查 1 次；

检验方法：现场取样试验。

2）热拌沥青混合料面层质量检验应符合下列规定：

① 沥青混合料面层压实度，对城市快速路、主干路不应小于 96％；对次干路及以下道路不应小于 95％：

检查数量：每 1000m^{2}测 1 点；

检验方法：查试验记录（马歇尔击实试件密度，试验室标准密度）。

② 面层厚度应符合设计规定，允许偏差为＋10～－5mm：

检查数量：每 1000m^{2}测 1 点；

检验方法：钻孔或刨挖，用钢尺量。

③ 弯沉值，不应大于设计规定：

检查数量：每车道、每 20m，测 1 点；

检验方法：弯沉仪检测。

3）表面应平整、坚实，接缝紧密，无枯焦；不应有明显轮迹、推挤裂缝、脱落、烂边、油斑、掉渣等现象，不得污染其他构筑物。面层与路缘厂、平石及其他构筑物应接顺，不得有积水现象：

检查数量：全数检查；

检验方法：观察。

4）热拌沥青混合料面层允许偏差应符合表 2.15-24 的规定：

5）冷拌沥青混合料面层质量检验应符合下列规定：

① 面层所用乳化沥青的品种、性能和集料的规格、质量应符合本规范的有关规定：

检查数量：按产品进场批次和产品抽样检验方案确定；

检验方法：查进场复查报告。

② 冷拌沥青混合料的压实度不应小于 95％：

检查数量：每 1000m^{2}测 1 点；

检验方法：检查配合比设计资料、复测。

③ 面层厚度应符合设计规定，允许偏差为＋15～－5mm：

检查数量：每 1000m^{2}测 1 点；

检验方法：钻孔或刨挖，用钢尺量。

④ 表面应平整、坚实，连接紧密，不应有明显轮迹、粗细骨料集中、推挤、裂缝、脱落等现象，不得污染其他构筑物。面层与路缘石、平石及其他构筑物应接顺，不得有积水现象：

热拌沥青混合料面层允许偏差　　表 2.15-24

<table>
<tr><th colspan="2" rowspan="2">项　目</th><th colspan="2" rowspan="2">允许偏差</th><th colspan="4">检查频率</th><th rowspan="2">检验方法</th></tr>
<tr><th>范围</th><th colspan="3">点　数</th></tr>
<tr><td colspan="2">纵断高程（mm）</td><td colspan="2">±15</td><td>20m</td><td colspan="3">1</td><td>用水准仪测量</td></tr>
<tr><td colspan="2">中线偏位（mm）</td><td colspan="2">≤20</td><td>100m</td><td colspan="3">1</td><td>用经纬仪测量</td></tr>
<tr><td rowspan="6">平整度（mm）</td><td rowspan="3">标准差 σ 值</td><td rowspan="2">快速路、主干路</td><td rowspan="2">≤1.5</td><td rowspan="3">100m</td><td rowspan="3">路宽（m）</td><td><9</td><td>1</td><td rowspan="3">用测平仪检测</td></tr>
<tr><td>9～15</td><td>2</td></tr>
<tr><td>次干路、支路</td><td>≤2.4</td><td>>15</td><td>3</td></tr>
<tr><td rowspan="3">最大间隙</td><td rowspan="3">次干路、支路</td><td rowspan="3">≤5</td><td rowspan="3">20m</td><td rowspan="3">路宽（m）</td><td><9</td><td>1</td><td rowspan="3">用 3m 直尺和塞尺连续量取两尺，取最大值</td></tr>
<tr><td>9～15</td><td>2</td></tr>
<tr><td>>15</td><td>3</td></tr>
<tr><td colspan="2">宽度（mm）</td><td colspan="2">不小于设计值</td><td>40m</td><td colspan="3">1</td><td>用钢尺量</td></tr>
<tr><td colspan="2" rowspan="3">横　坡</td><td colspan="2" rowspan="3">±0.3%
且不反坡</td><td rowspan="3">20m</td><td rowspan="3">路宽（m）</td><td><9</td><td>2</td><td rowspan="3">用水准仪测量</td></tr>
<tr><td>9～15</td><td>4</td></tr>
<tr><td>>15</td><td>6</td></tr>
<tr><td colspan="2">井框与路面高差（mm）</td><td colspan="2">≤5</td><td rowspan="3">200m</td><td colspan="3">1</td><td>十字法，用直尺、塞尺量取最大值</td></tr>
<tr><td rowspan="4">抗滑</td><td rowspan="2">摩擦系数</td><td colspan="2" rowspan="2">符合设计要求</td><td colspan="3">1</td><td>摆式仪</td></tr>
<tr><td colspan="3">全线连续</td><td>横向力系数车</td></tr>
<tr><td rowspan="2">构造浓度</td><td colspan="2" rowspan="2">符合设计要求</td><td rowspan="2">200m</td><td colspan="3" rowspan="2">1</td><td>砂铺法</td></tr>
<tr><td>激光构造深度仪</td></tr>
</table>

注：1. 测平仪为全线每车道连续检测 100m 计算标准差 σ；无测平仪时可采用 3m 直尺检测；表中检测频率点数为测线数；
2. 平整度、抗滑性能也可采用自动检测设备进行检测；
3. 底基层表面、下面层应按设计规定用量洒泼透层油、粘层油；
4. 中面层、底面层仅进行中线偏位、平整度、宽度、横坡的检测；
5. 改性（再生）沥青混凝土路面可采用此表进行检验；十字法检查井框与路面高差，每座检查井均应检查。十字法检查中，以平行于道路中线，过检查井盖中心的直线做基线，另一条线与基线垂直，构成检查用十字线。

检查数量：全数检查；

检查方法：观察。

⑤ 冷拌沥青混合料面层允许偏差应符合表 2.15-25 的规定：

冷拌沥青混合料面层允许偏差 **表 2.15-25**

<table>
<tr><th colspan="2" rowspan="2">项　目</th><th rowspan="2">允许偏差</th><th colspan="4">检查频率</th><th rowspan="2">检验方法</th></tr>
<tr><th>范围</th><th colspan="3">点　数</th></tr>
<tr><td colspan="2">纵断高程（mm）</td><td>±20</td><td>20m</td><td colspan="3">1</td><td>用水准仪测量</td></tr>
<tr><td colspan="2">中线偏位（mm）</td><td>≤20</td><td>100m</td><td colspan="3">1</td><td>用经纬仪测量</td></tr>
<tr><td rowspan="3">平整度（mm）</td><td rowspan="3">≤10</td><td rowspan="3">≤10</td><td rowspan="3">20m</td><td rowspan="3">路宽（m）</td><td><9</td><td>1</td><td rowspan="3">用 3m 直尺和塞尺连续量取两尺，取最大值
用钢尺量</td></tr>
<tr><td>9～15</td><td>2</td></tr>
<tr><td>>15</td><td>3</td></tr>
<tr><td colspan="2">宽度（mm）</td><td>不小于设计值</td><td>40m</td><td colspan="3">1</td><td>用钢尺测量</td></tr>
<tr><td colspan="2" rowspan="3">横　坡</td><td rowspan="3">±0.3%
且不反坡</td><td rowspan="3">20m</td><td rowspan="3">路宽（m）</td><td><9</td><td>2</td><td rowspan="3">用水准仪测量</td></tr>
<tr><td>9～15</td><td>4</td></tr>
<tr><td>>15</td><td>6</td></tr>
<tr><td colspan="2">井框与路面高差（mm）</td><td>≤5</td><td>每座</td><td colspan="3">1</td><td>十字法，用直尺、塞尺量取最大值</td></tr>
<tr><td rowspan="4">抗滑</td><td rowspan="2">摩擦系数</td><td rowspan="2">符合设计要求</td><td rowspan="2">200m</td><td colspan="3">1</td><td>摆式仪</td></tr>
<tr><td colspan="3">全线连续</td><td>横向力系数车</td></tr>
<tr><td rowspan="2">构造浓度</td><td rowspan="2">符合设计要求</td><td rowspan="2">200m</td><td colspan="3" rowspan="2">1</td><td>砂铺法</td></tr>
<tr><td>激光构造深度仪</td></tr>
</table>

6）粘层、透层与封层质量检验应符合下列规定：

① 透层、粘层、封层所采用沥青的品种、标号和封层粒料质量、规格应符合本规范的有关规定：

检查数量：按进场品种、批次，同品种 、同批次检查不应少于 1 次；

检验方法：查产品出厂合格证、出厂检验报告和进场复检报告。

② 透层、粘层、封层的宽度不小于设计规定值：

检查数量：每 40m 抽检 1 处；

检查方法：用尺量。

③ 封层油层与粒料洒布应均匀，不应有松散、裂缝、油丁、泛油、波浪、花白、漏洒、堆积、污染其他构筑物等现象：

检验数量：全数检查；

检验方法：观察。

2.15.4 城市水泥混凝土面层检验标准

我国《城镇道路工程施工与质量验收规范》CJJ 1—2008 中对城镇道路水泥混凝土面层检验应符合下列规定：

（1）原材料质量应符合下列要求：

① 水泥品种、级别、质量、包装、贮存，应符合国家现行有关标准的规定：

检查数量：按同一生产厂家、同一等级、同一品种、同一批号且连续进场的水泥，袋装水泥不超过 200t 为一批，散装水泥不超过 500t 为一批，每批抽样 1 次。当水泥超过三个月

（快硬硅酸盐水泥超过一个月）时，应进行复验，复验合格后方可使用；

检验方法：检查产品合格证、出厂检验报告，进场复验。

② 混凝土中掺加外加剂的质量应符合现行国家标准《混凝土外加剂》GB 8076—2008《混凝土外加剂应用技术规范》GB 50119—2013 的规定：

检查数量：按进场批次和产品抽样检验方法确定，每批不小于 1 次；

检验方法：检查产品合格证、出厂检验报告和进场复验报告。

③ 钢筋品种、规格、数量、下料尺寸及质量应符合设计要求及国家现行有关标准的规定：

检查数量：全数检查；

检验方法：观察，用钢尺量，检查出厂检验报告和进场复验报告。

④ 钢纤维的规格质量应符合设计要求及本规范的有关规定：

检查数量：按进场批次，每批抽检 1 次；

检验方法：现场取样、试验。

⑤ 粗集料、细集料应符合本规范的有关规定：

检查站数量：同亲自出马地出品种、同规格且连续进场的集料，每 400^3 为一批，不足 $400m^3$ 按一批计，每批抽检一次；

检验方法：检查出厂合格证和抽检报告。

⑥ 水位符合本规范的有关规定：

检查数量：同水源检查 1 次；

检查方法：检查水质分析报告。

（2）混凝土面层质量应符合设计要求：

① 混凝土弯拉强度应符合设计规定：

检查数量：每 $100m^2$ 的配合比的混凝土，取样 1 次；不足 $100m^2$ 时按 1 次计。每次取样应至少留 1 组标准养护试件。同条件养护试件的留置组数应根据实际需要确定，最少 1 组；

检验方法：检查试件强度试验报告。

② 混凝土面层厚度应符合设计规定，允许误差为±5mm：

检查数量：每 $1000m^2$ 测 1 点；

检验方法：查试验报告、复测。

③ 抗滑构造深度应符合设计要求：

检查数量：每 $1000m^2$ 测 1 点；

检验方法：铺砂法。

④ 水泥混凝土面层应板面平整、密实，边角应整齐、无裂缝，并不应有石子外露和浮浆、脱皮、踏痕、积水等现象，蜂窝麻面面积不得大于总面积的 0.5%：

检查数量：全数检查；

检验方法：观察、量测。

⑤ 伸缩缝应垂直、直顺、缝内不应有杂物。伸缩缝在规定的深度和宽度范围内应全部贯通，传力杆应与缝面垂直：

检查数量：全数检查；

检验方法：观察。

⑥ 混凝土面允许偏差应符合表 2.15-26 的规定：

混凝土面允许偏差　　　　表 2.15-26

项目		允许偏差或规定值		检验频率		检验方法
		城市快速路、主干路	次干路	范围	点数	
纵断高程（mm）		±15		20m	1	用水准仪测量
中线偏位（mm）		≤20		100m	1	用经纬仪测量
平整度	标准差 σ（mm）	≤1.2	≤2	100m	1	用测平仪测量
	最大间隙（mm）	≤3	≤5	20m	1	用 3m 直尺和塞尺连续量两尺，取较大值
宽　度（mm）		0 −20		40m	1	用钢尺量
横　坡（mm）		±0.3%且不反坡		20m	1	用水准仪测量
井框与路面高差（mm）		≤3		每座	1	十字法，用直尺和塞尺量，取最大值
相邻板高度（mm）		≤3		20m	1	用钢板尺和塞尺量
纵缝顺度（mm）		≤10		100m	1	用 20m 线和钢尺量
横缝直顺度（mm）		≤10		40m	1	
蜂窝麻面面积①（%）		≤2		20m	1	观察和用钢板尺量

① 每 20m 查 1 块的侧面。

2.15.5　城市道路工程质量与竣工验收

我国《城镇道路工程施工与质量验收规范》CJJ 1—2008 中对城镇道路工程质量与竣工验收如下：

（1）开工前，施工单位应会同建设单位、监理工程师确认构成建设项目的单位工程、分部工程、分项工程和检验批，作为施工质量检验、验收的基础，并应符合下列规定：

1）建设单位招标文件确定的每一个独立合同应为一个单位工程；当合同文件包含的工程内涵较多，或工程规模较大或由若干独立设计组成时，宜按工程部位或工程量、每一独立设计将单位工程分成若干子单位工程；

2）单位（子单位）工程应按工程的结构部位或特点、功能、工程量划分分部工程。分部工程的规模较大工程较大复杂时宜按材料种类、工艺特点、施工工法等，将分部工程划分成若干分部工程；

3）分部工程（子分部工程）可由一个或若干个分项工程组成，应按主要工种、材料、施工工艺等划分分项工程；

4）分项工程可由一个或若干检验批组成。检验批应根据施工、质量控制和专业验收需要划定。各地区应根据城镇道路建设实际需要，划定适应的检验批；

5）各分部（子分部）工程相应的分项工程、检验批应按表 2.15-27 的规定执行。本规范未规定时，施工单位应在开工前会同建设单位、监理工程师共同研究确定：

城市道路分部（子分部）工程与相应的分项工程、检验批　　表 2.15-27

分部工程	子分部工程	分　项　工　程	检　验　批
路　基	—	土方路基	每条路或路段
		石方路基	每条路或路段
		路基处理	每条处理段
		路　　肩	每条路肩
		石灰土基层	每条路或路段
		石灰粉煤灰稳定砂砾（碎石）	每条路或路段
		石灰粉煤灰钢渣基层	每条路或路段
		水泥稳定土类基层	每条路或路段
		级配砂砾（砾石）基层	每条路或路段
		级配碎石（碎砾石）基层	每条路或路段
		沥青碎石基层	每条路或路段
		沥青贯入式基层	每条路或路段
面层	沥青贯入式	透　层	每条路或路段
		粘　层	每条路或路段
		封　层	每条路或路段
		热拌沥青混合料面层	每条路或路段
		冷拌沥青混合料面层	每条路或路段
	沥青贯入式与沥青表面处治面层	沥青贯入式面层	每条路或路段
		沥青表面处治面层	每条路或路段
	水泥混凝土面层	水泥混凝土面层（模板、钢筋、混凝土）	每条路或路段
	铺砌式面层	料石面层	每条路或路段
		预制混凝土砌块成层	每条路或路段
广场与停车场	—	料石面层	每个广场或划分的区段
		预制混凝土砌块面层	每个广场或划分的区段
		沥青混合料面层	每个广场或划分的区段
		水泥混凝土面层	每个广场或划分的区段
人行道	—	料石人行道铺砌面层（含盲道砖）	每条路或路段
		混凝土预制块铺砌人行道面层（含盲道砖）	每条路或路段
		沥青混合料铺筑面层	每条路或路段
人行地道结构	现浇钢筋混凝土人行地道结构	地　　基	每座通道
		防　　水	每座通道
		基础（模板、钢筋、混凝土）	每座通道
		墙与顶板（模板、钢筋、混凝土）	每座通道
	预制安装钢筋混凝土人行地道结构	墙与顶部构件预制	每座通道
		地　　基	每座通道
		防　　水	每座通道
		基础（模板、钢筋、混凝土）	每座通道
		墙板、顶板安装	每座通道

续表

分部工程	子分部工程	分 项 工 程	检 验 批
人行地道结构	砌筑墙体、钢筋混凝土顶板人行地道结构	顶部构件预制	每座通道
		地　　基	每座通道
		防　　水	每座通道
		基础（模板、钢筋、混凝土）	每座通道
		墙体砌筑	每座通道或分段
		顶部构件、顶板安装	每座通道或分段
		顶部现浇（模板、钢筋、混凝土）	每座通道或分段
挡土墙	现浇钢筋混凝土挡土墙	地　　基	每道挡土墙基或分段
		基　　础	每道挡土墙基或分段
		墙（模板、钢筋、混凝土）	每道墙体或分段
		滤层、泄水孔	每道墙体或分段
		回填土	每道墙体或分段
		帽　石	每道墙体或分段
	装配式钢筋混凝土挡土墙	栏　杆	每道墙体或分段
		挡土墙预制	每道墙体或分段
		地　　基	每道挡土墙地基或分段
		基础（模板、钢筋、混凝土）	每道基础或分段
		墙板安装（含焊接）	每道基础或分段
		滤层、泄水孔	每道基础或分段
		回 填 土	每道基础或分段
		帽　　石	每道基础或分段
		栏　　杆	每道基础或分段
	砌筑挡土墙	地　基	每道墙体基础或分段
		基础（砌筑、混凝土）	每道基础或分段
		墙体砌筑	每道基础或分段
		滤层、泄水孔	每道基础或分段
		回 填 土	每道基础或分段
		帽　　石	每道基础或分段
	加筋土挡土墙	地　　基	每道基础或分段
		基础（模板、钢筋、混凝土）	每道基础或分段
		加筋挡土墙砌块与筋带安装	每道基础或分段
		滤层、泄水孔	每道基础或分段
		回 填 土	每道基础或分段
		帽　　石	每道基础或分段
		栏　　杆	每道基础或分段
附属构筑物	—	路缘石	每条路或分段
		雨水支管与雨水口	每条路或分段
		排（截）水沟	每条路或分段
		倒虹管及涵洞	每座结构
		护　　坡	每条路或分段
		隔 离 墩	每条路或分段

续表

分部工程	子分部工程	分项工程	检验批
附属构筑物	—	隔离栅	每条路或分段
		护栏	每条路或分段
		声屏障（砌体、金属）	每处声屏墙
		防眩板	每条路或分段

（2）施工中应按下列规定进行施工质量控制，并应进行过程检验、验收：

1）工程采用的主要材料、半成品、成品、构配件、器具和设备应按相关专业质量标准进行进场检验和使用前复验。现场验收和复验结果应经监理工程师检查认可。凡涉及结构安全和使用功能的，监理工程师应按规定进行平行检测或见证取样检测，并确认合格；

2）各分项工程应按《城镇道路工程施工与质量验收规范》CJJ 1—2008进行质量控制，各分项工程完成后应进行自检、交接检验，并形成文件，经监理工程师检查签认后方可进行下个分项工程施工。

（3）工程施工质量应按下列要求进行验收：

1）工程施工质量应符合《城镇道路工程施工与质量验收规范》CJJ 1—2008和相关专业验收规范的确定；

2）工程施工应符合工程勘探、设计文件的要求；

3）参加工程施工质量验收的各方人员应具备规定的资格；

4）工程质量的验收均应在施工单位自行检查评定合格的基础上进行；

5）隐蔽工程在隐蔽前，应由施工单位通知监理工程师和相关单位人员进行隐蔽验收，确认合格，并形成隐蔽验收文件；

6）监理工程师应按规定对涉及结构安全的试块、试件和现场检测项目，进行平行检测、见证取样检测并确认合格；

7）检验批的质量应按主控项目和一般项目进行验收；

8）对涉及结构安全和使用功能的分部工程应进行抽样检测；

9）承担复验或检测的单位应具有相应资质的独立第三方；

10）工程的外观质量应由验收人员通过现场检查其同确认。

（4）隐蔽工程应由专业监理工程师负责验收。检验批及分项工程应由专业监理工程师组织施工单位项目专业质量（技术）负责人等进行验收。关键分项工程及重要部位应由建设单位项目负责人组织总监理工程师、施工单位项目负责人和技术质量负责人、设计单位专业设计人员等进行验收。分部工程应由总监理工程师组织施工单位项目负责人和技术质量负责人等进行验收。

（5）检验批合格质量应符合下列规定：

1）主控项目的质量应经抽样检验；

2）一般项目的合格点率应达到80%及以上，且不合格的最大偏差值的以上，且不合格点的最大偏差值不得大于规定允许偏差的1.5倍；

3）具有完整的施工原始资料和质量检查记录。

（6）分项工程质量验收合格应符合下列规定：

1）分项工程所含检验批均应符合合格质量均规定；

2）分项工程所含检验批的质量验收记录应完整。

（7）分部工程质量验收合格应符合下列规定：

1）分部工程所含分项工程的质量均应验收合格；

2）质量控制资料应完整；

3）涉及结构安全和使用功能的质量应按规定验收合格；

4）外观质量验收应符合要求。

（8）单位工程质量验收合格应符合下列规定：

1）单位工程所含分部工程的质量均应验收合格；

2）质量控制资料应完整；

3）单位工程所含分部工程验收资料应完整；

4）影响道路安全使用和周围环境的参数指标应符合设计规定；

5）外观质量验收应符合要求。

（9）单位工程验收应符合下列要求：

1）施工单位应在自检合格基础上将竣工资料与自检结果，报监理工程师申请验收；

2）报监理工程师应约请相关人员审核竣工资料进行预检，并据结果写出评估报告，报建设单位；

3）建设单位项目负责人应根据监理工程师的评估报告组织单位项目技术质量负责人、有关专业设计人员、总监理工程师和专业监理工程师、施工单位项目负责人参加工程验收。该工程的设施运行管理单位应派员参加工程验收。

（10）工程竣工验收，应由建设单位组织验收组进行。验收组应由建设、勘察、设计、施工、监理、设施管理等单位的有关负责人组成，亦可邀请有关方面的专家学者参加。验收组组长由建设单位担任。

工程竣工验收应在构成道路的各分项工程、分部工程、单位工程质量验收均合格后进行。当设计规定进行道路弯沉试验、荷载试验时，验收必须在试验完成后进行。道路工程竣工资料应于竣工前完成。

（11）工程竣工验收应符合下列规定：

1）质量控制资料应符合相关的规定：

检查数量：查全部工程；

检查方法：查质量验收、隐蔽验收、试验检验资料。

2）安全和主要使用功能应符合设计要求：

检查数量：查全部工程；

检查方法：查相关检测记录，并抽检。

3）观感质量检验应符合规范要求：

检查数量：查全部；

检查方法：目测并抽检。

（12）竣工验收时，应对各单位工程的实体质量进行检查。

（13）当参加验收各方对工程质量验收意见不一致时，应由政府行政主管部门或工程质量监督机构协调解决。

（14）工程竣工验收合格后，建设单位应按规定将工程竣工验收报告和有关文件，报政府行政主管部门备案。

2.15.6 城市道路分项、分部、单位工程检验记录表

（1）检验批的质量验收记录宜由施工项目专业质量检查员填写，监理工程师（建设单位项目专业技术负责人）组织项目专业质量检查员进行验收，并应按表 2.15-28 记录。

（2）分项工程质量应由监理工程师（建设单位项目专业技术负责人）组织施工单位项目技术负责人等进行验收，并按 2.15-29 记录。

（3）分部（子分部）工程质量应由总监理工程师（建设单位项目专业负责人）组织施工项目经理和有关勘察、设计单位项目负责人进行验收，并按表 2.15-30 记录，分部工程检验汇总表由施工单位填写，详见表 2.15-31。

（4）单位（子单位）工程质量竣工验收记录由施工单位填写，验收结论由监理（建设）单位填写；综合验收结论由参加验收各方共同商定，建设单位填写。应对工程质量是否符合设计和规范要求及总体质量水平做出评价，并按表 2.15-32 记录。

检验批质量检验记录 **表 2.15-28**

编号________

<table>
<tr><td colspan="2">工程名称</td><td colspan="14"></td></tr>
<tr><td colspan="2">施工单位</td><td colspan="14"></td></tr>
<tr><td colspan="2">单位工程名称</td><td colspan="4"></td><td colspan="4">分部工程名称</td><td colspan="6"></td></tr>
<tr><td colspan="2">分项工程名称</td><td colspan="4"></td><td colspan="4">验收部位</td><td colspan="6"></td></tr>
<tr><td colspan="2">工程数量</td><td></td><td colspan="3">项目经理</td><td colspan="4"></td><td colspan="3">技术负责人</td><td colspan="3"></td></tr>
<tr><td colspan="2">制表人</td><td></td><td colspan="3">施工负责人</td><td colspan="4"></td><td colspan="3">质量检验员</td><td colspan="3"></td></tr>
<tr><td colspan="2">交方班组</td><td></td><td colspan="3">接方班组</td><td colspan="4"></td><td colspan="3">检验日期</td><td colspan="3"></td></tr>
<tr><td rowspan="2">序号</td><td rowspan="2">主控项目</td><td rowspan="2">检验依据/允许偏差（规定值或±偏差值）（mm）</td><td colspan="12">检查结果/实测点偏差值或实测值</td><td></td></tr>
<tr><td>1</td><td>2</td><td>3</td><td>4</td><td>5</td><td>6</td><td>7</td><td>8</td><td>9</td><td>应测点数</td><td>合格点数</td><td>合格率（%）</td><td></td></tr>
<tr><td>1</td><td></td><td></td><td></td><td></td><td></td><td></td><td></td><td></td><td></td><td></td><td></td><td></td><td></td><td></td><td></td></tr>
<tr><td>2</td><td></td><td></td><td></td><td></td><td></td><td></td><td></td><td></td><td></td><td></td><td></td><td></td><td></td><td></td><td></td></tr>
<tr><td>3</td><td></td><td></td><td></td><td></td><td></td><td></td><td></td><td></td><td></td><td></td><td></td><td></td><td></td><td></td><td></td></tr>
<tr><td>4</td><td></td><td></td><td></td><td></td><td></td><td></td><td></td><td></td><td></td><td></td><td></td><td></td><td></td><td></td><td></td></tr>
<tr><td>5</td><td></td><td></td><td></td><td></td><td></td><td></td><td></td><td></td><td></td><td></td><td></td><td></td><td></td><td></td><td></td></tr>
<tr><td>6</td><td></td><td></td><td></td><td></td><td></td><td></td><td></td><td></td><td></td><td></td><td></td><td></td><td></td><td></td><td></td></tr>
<tr><td rowspan="2">序号</td><td rowspan="2">一般项目</td><td rowspan="2">检验依据/允许偏差（规定值或±偏差值）（mm）</td><td colspan="12">检查结果/实测点偏差值或实测值</td><td></td></tr>
<tr><td>1</td><td>2</td><td>3</td><td>4</td><td>5</td><td>6</td><td>7</td><td>8</td><td>9</td><td>应测点数</td><td>合格点数</td><td>合格率（%）</td><td></td></tr>
<tr><td>1</td><td></td><td></td><td></td><td></td><td></td><td></td><td></td><td></td><td></td><td></td><td></td><td></td><td></td><td></td><td></td></tr>
<tr><td>2</td><td></td><td></td><td></td><td></td><td></td><td></td><td></td><td></td><td></td><td></td><td></td><td></td><td></td><td></td><td></td></tr>
<tr><td>3</td><td></td><td></td><td></td><td></td><td></td><td></td><td></td><td></td><td></td><td></td><td></td><td></td><td></td><td></td><td></td></tr>
<tr><td>4</td><td></td><td></td><td></td><td></td><td></td><td></td><td></td><td></td><td></td><td></td><td></td><td></td><td></td><td></td><td></td></tr>
<tr><td>5</td><td></td><td></td><td></td><td></td><td></td><td></td><td></td><td></td><td></td><td></td><td></td><td></td><td></td><td></td><td></td></tr>
<tr><td colspan="3">平均合格率（%）</td><td colspan="13"></td></tr>
<tr><td colspan="3">检验结论</td><td colspan="13"></td></tr>
<tr><td colspan="2">监理（建设）单位意见</td><td colspan="14"></td></tr>
</table>

分项工程质量检验记录

表 2.15-29

编号________

<table>
<tr><td colspan="2">工程名称</td><td colspan="6"></td></tr>
<tr><td colspan="2">施工单位</td><td colspan="6"></td></tr>
<tr><td colspan="2">单位工程名称</td><td colspan="3"></td><td colspan="2">分部工程名称</td><td></td></tr>
<tr><td colspan="2">分项工程名称</td><td colspan="3"></td><td colspan="2">检验批数</td><td></td></tr>
<tr><td colspan="2">项目经理</td><td></td><td>项目技术负责人</td><td></td><td></td><td>制表人</td><td></td></tr>
<tr><td rowspan="2">序号</td><td colspan="2" rowspan="2">检验批部
位、区段</td><td colspan="3">施工单位自检情况</td><td colspan="2" rowspan="2">监理（建设）单位验收情况
验收意见</td></tr>
<tr><td>合格率（%）</td><td colspan="2">检验结论</td></tr>
<tr><td>1</td><td colspan="2"></td><td></td><td colspan="2"></td><td colspan="2"></td></tr>
<tr><td>2</td><td colspan="2"></td><td></td><td colspan="2"></td><td colspan="2"></td></tr>
<tr><td>3</td><td colspan="2"></td><td></td><td colspan="2"></td><td colspan="2"></td></tr>
<tr><td>4</td><td colspan="2"></td><td></td><td colspan="2"></td><td colspan="2"></td></tr>
<tr><td>5</td><td colspan="2"></td><td></td><td colspan="2"></td><td colspan="2"></td></tr>
<tr><td>6</td><td colspan="2"></td><td></td><td colspan="2"></td><td colspan="2"></td></tr>
<tr><td>7</td><td colspan="2"></td><td></td><td colspan="2"></td><td colspan="2"></td></tr>
<tr><td>8</td><td colspan="2"></td><td></td><td colspan="2"></td><td colspan="2"></td></tr>
<tr><td>9</td><td colspan="2"></td><td></td><td colspan="2"></td><td colspan="2"></td></tr>
<tr><td>10</td><td colspan="2"></td><td></td><td colspan="2"></td><td colspan="2"></td></tr>
<tr><td>11</td><td colspan="2"></td><td></td><td colspan="2"></td><td colspan="2"></td></tr>
<tr><td>12</td><td colspan="2"></td><td></td><td colspan="2"></td><td colspan="2"></td></tr>
<tr><td>13</td><td colspan="2"></td><td></td><td colspan="2"></td><td colspan="2"></td></tr>
<tr><td>14</td><td colspan="2"></td><td></td><td colspan="2"></td><td colspan="2"></td></tr>
<tr><td>15</td><td colspan="2"></td><td></td><td colspan="2"></td><td colspan="2"></td></tr>
<tr><td>16</td><td colspan="2"></td><td></td><td colspan="2"></td><td colspan="2"></td></tr>
<tr><td>17</td><td colspan="2"></td><td></td><td colspan="2"></td><td colspan="2"></td></tr>
<tr><td colspan="2">平均合格率（%）</td><td colspan="6"></td></tr>
<tr><td>施工单位检查结果</td><td colspan="3">项目技术负责人

年　月　日</td><td>验收结论</td><td colspan="3">监理工程师：
（建设单位项目专业技术负责人）

年　月　日</td></tr>
</table>

分部（子分部）工程检验记录 表 2.15-30

编号：________

<table>
<tr><td colspan="2">工程名称</td><td colspan="6"></td></tr>
<tr><td colspan="2">施工单位</td><td colspan="6"></td></tr>
<tr><td colspan="2">单位工程名称</td><td colspan="2"></td><td colspan="2">分部工程名称</td><td colspan="2"></td></tr>
<tr><td colspan="2">项目经理</td><td></td><td>项目技术负责人</td><td></td><td>制表人</td><td colspan="2"></td></tr>
<tr><td colspan="2">施工负责人</td><td></td><td>质量检查员</td><td></td><td>日期</td><td colspan="2"></td></tr>
<tr><td>序号</td><td colspan="2">分项工程名称</td><td colspan="2">检验批数</td><td>合格率（%）</td><td colspan="2">质量情况</td></tr>
<tr><td>1</td><td colspan="2"></td><td colspan="2"></td><td></td><td colspan="2"></td></tr>
<tr><td>2</td><td colspan="2"></td><td colspan="2"></td><td></td><td colspan="2"></td></tr>
<tr><td>3</td><td colspan="2"></td><td colspan="2"></td><td></td><td colspan="2"></td></tr>
<tr><td>4</td><td colspan="2"></td><td colspan="2"></td><td></td><td colspan="2"></td></tr>
<tr><td>5</td><td colspan="2"></td><td colspan="2"></td><td></td><td colspan="2"></td></tr>
<tr><td>6</td><td colspan="2"></td><td colspan="2"></td><td></td><td colspan="2"></td></tr>
<tr><td>7</td><td colspan="2"></td><td colspan="2"></td><td></td><td colspan="2"></td></tr>
<tr><td>8</td><td colspan="2"></td><td colspan="2"></td><td></td><td colspan="2"></td></tr>
<tr><td>9</td><td colspan="2"></td><td colspan="2"></td><td></td><td colspan="2"></td></tr>
<tr><td>10</td><td colspan="2"></td><td colspan="2"></td><td></td><td colspan="2"></td></tr>
<tr><td>11</td><td colspan="2"></td><td colspan="2"></td><td></td><td colspan="2"></td></tr>
<tr><td>12</td><td colspan="2"></td><td colspan="2"></td><td></td><td colspan="2"></td></tr>
<tr><td>13</td><td colspan="2"></td><td colspan="2"></td><td></td><td colspan="2"></td></tr>
<tr><td>14</td><td colspan="2"></td><td colspan="2"></td><td></td><td colspan="2"></td></tr>
<tr><td>15</td><td colspan="2"></td><td colspan="2"></td><td></td><td colspan="2"></td></tr>
<tr><td>16</td><td colspan="2"></td><td colspan="2"></td><td></td><td colspan="2"></td></tr>
<tr><td colspan="3">质量控制资料</td><td colspan="5"></td></tr>
<tr><td colspan="3">安全和功能检验
（检测）报告</td><td colspan="5"></td></tr>
<tr><td colspan="3">观感质量验收</td><td colspan="5"></td></tr>
<tr><td colspan="3">分部（子分部）工程
检验结果</td><td colspan="2"></td><td>平均合格率
（%）</td><td colspan="2"></td></tr>
<tr><td rowspan="4">参加验收单位</td><td colspan="2">施工单位</td><td colspan="5">项目经理 年 月 日</td></tr>
<tr><td colspan="2">监理（建设）单位</td><td colspan="5">总监理工程师：
（建设单位项目专业技术负责人）
年 月 日</td></tr>
<tr><td colspan="2"></td><td colspan="5"></td></tr>
<tr><td colspan="2"></td><td colspan="5"></td></tr>
</table>

单位工程分部检验汇表 **表 2.15-31**

编号：________

<table>
<tr><td colspan="2">工程名称</td><td colspan="5"></td></tr>
<tr><td colspan="2">施工单位</td><td colspan="5"></td></tr>
<tr><td colspan="2">单位工程名称</td><td colspan="5"></td></tr>
<tr><td colspan="2">项目经理</td><td></td><td>项目技术负责人</td><td></td><td>制表人</td><td></td></tr>
<tr><td>序号</td><td colspan="4">外观检查</td><td colspan="2">质量情况</td></tr>
<tr><td>1</td><td colspan="4"></td><td colspan="2"></td></tr>
<tr><td>2</td><td colspan="4"></td><td colspan="2"></td></tr>
<tr><td>3</td><td colspan="4"></td><td colspan="2"></td></tr>
<tr><td>4</td><td colspan="4"></td><td colspan="2"></td></tr>
<tr><td>5</td><td colspan="4"></td><td colspan="2"></td></tr>
<tr><td>6</td><td colspan="4"></td><td colspan="2"></td></tr>
<tr><td></td><td colspan="4"></td><td colspan="2"></td></tr>
<tr><td></td><td colspan="4"></td><td colspan="2"></td></tr>
<tr><td>序号</td><td colspan="4">分部（子分部）工程名称</td><td>合格率（%）</td><td>质量情况</td></tr>
<tr><td>1</td><td colspan="4"></td><td></td><td></td></tr>
<tr><td>2</td><td colspan="4"></td><td></td><td></td></tr>
<tr><td>3</td><td colspan="4"></td><td></td><td></td></tr>
<tr><td>4</td><td colspan="4"></td><td></td><td></td></tr>
<tr><td>5</td><td colspan="4"></td><td></td><td></td></tr>
<tr><td>6</td><td colspan="4"></td><td></td><td></td></tr>
<tr><td>7</td><td colspan="4"></td><td></td><td></td></tr>
<tr><td>8</td><td colspan="4"></td><td></td><td></td></tr>
<tr><td>9</td><td colspan="4"></td><td></td><td></td></tr>
<tr><td>10</td><td colspan="4"></td><td></td><td></td></tr>
<tr><td>11</td><td colspan="4"></td><td></td><td></td></tr>
<tr><td>12</td><td colspan="4"></td><td></td><td></td></tr>
<tr><td>13</td><td colspan="4"></td><td></td><td></td></tr>
<tr><td>14</td><td colspan="4"></td><td></td><td></td></tr>
<tr><td>15</td><td colspan="4"></td><td></td><td></td></tr>
<tr><td>16</td><td colspan="4"></td><td></td><td></td></tr>
<tr><td>17</td><td colspan="4"></td><td></td><td></td></tr>
<tr><td>18</td><td colspan="4"></td><td></td><td></td></tr>
<tr><td>19</td><td colspan="4"></td><td></td><td></td></tr>
<tr><td>20</td><td colspan="4"></td><td></td><td></td></tr>
<tr><td></td><td colspan="4"></td><td></td><td></td></tr>
<tr><td></td><td colspan="4"></td><td></td><td></td></tr>
<tr><td colspan="2">平均合格率（%）</td><td colspan="5"></td></tr>
<tr><td colspan="7">检验结果</td></tr>
<tr><td colspan="2">施工负责人</td><td colspan="3">质量检查员</td><td colspan="2">日　　期</td></tr>
<tr><td colspan="2"></td><td colspan="3"></td><td colspan="2"></td></tr>
</table>

单位（子单位）工程质量竣工验收记录

表 2.15-32

编号：________

<table>
<tr><td colspan="2">工程名称</td><td colspan="5"></td></tr>
<tr><td colspan="2">施工单位</td><td colspan="5"></td></tr>
<tr><td colspan="2">道路类型</td><td colspan="2"></td><td>工程造价</td><td colspan="2"></td></tr>
<tr><td colspan="2">项目经理</td><td></td><td>项目技术负责人</td><td></td><td>制表人</td><td></td></tr>
<tr><td colspan="2">开工日期</td><td colspan="2">年　月　日</td><td>竣工日期</td><td colspan="2">年　月　日</td></tr>
<tr><td>序号</td><td>项　目</td><td colspan="3">验　收　记　录</td><td colspan="2">验　收　结　论</td></tr>
<tr><td>1</td><td>分部工程</td><td colspan="3">共　　分部，经查　　分部
符合标准及设计要求　　分部</td><td colspan="2"></td></tr>
<tr><td>2</td><td>质量控制资料核查</td><td colspan="3">共　项，经审查符合要求　项，
经核定符合规范要求　项</td><td colspan="2"></td></tr>
<tr><td>3</td><td>安全和主要使用功能核查及抽查结果</td><td colspan="3">共核查　项，符合要求　项，共抽查　项，符合要求　项，经返工处理符合要求　项</td><td colspan="2"></td></tr>
<tr><td>4</td><td>观感质量检验</td><td colspan="3">共抽查　项，符合要求　项，不符合要求　项</td><td colspan="2"></td></tr>
<tr><td>5</td><td>综合验收结论</td><td colspan="3"></td><td colspan="2"></td></tr>
<tr><td rowspan="4">参加验收单位</td><td colspan="2">建设单位</td><td colspan="2">监理单位</td><td colspan="2">施工单位</td></tr>
<tr><td colspan="2">（公章）
单位（项目）负责人
年　月　日</td><td colspan="2">（公章）
总监理工程师
年　月　日</td><td colspan="2">（公章）
单位负责人
年　月　日</td></tr>
<tr><td colspan="2">设计单位</td><td colspan="2"></td><td colspan="2"></td></tr>
<tr><td colspan="2">（公章）
单位（项目）负责人
年　月　日</td><td colspan="2"></td><td colspan="2"></td></tr>
</table>

3 城市道路基层

3.1 城市道路砂石基层施工技术交底

城市道路砂石基层施工技术交底 **表 3-1**

<table>
<tr><td colspan="2">工程名称</td><td></td><td>施工单位</td><td></td><td>编号</td><td></td></tr>
<tr><td>序号</td><td>项目</td><td colspan="5">城市道路砂石基层施工技术交底内容</td></tr>
<tr><td>1</td><td>材料要求</td><td colspan="5">砂石基层原材料的基本要求：组成的砂石级配要符合规范规定，质地必须坚硬，最大粒径不得小于 0.7 倍石基层厚度，最大也不得大于 100mm，基中 5mm 以下的颗粒含量不得大于 30%（体积比），含泥量也不得大于砂质量的 10%。</td></tr>
<tr><td>2</td><td>砂石基层的施工</td><td colspan="5">
(1) 在铺设前，对路基应进行认真地测量与修整。摊铺厚度应按设计厚度乘以松铺系数（1.2～1.3），在摊铺时发生细集料与粗集料拌合不均匀，将容易出现砂窝现象时，应及时处理。
(2) 砂石摊铺至少一个碾压长度 30～50m 后，可开始洒水，洒水量应使全部砂石湿润，不可使路基积水，以防泡软下层路基。砂石层厚度小于 10cm 时，可预先在料堆上泼水，泼水后待表面稍干即可进行碾压，若压实厚度大于 20cm 时，就应分层摊铺、分层碾压。砂石基层的厚度不同、在不同的季节时的洒水量可参见表 3.1-1 所列。
砂石基层不同厚度、不同季节洒水量参考表 表 3.1-1
<table>
<tr><th rowspan="2">厚度（cm）</th><th colspan="2">季　节</th></tr>
<tr><th>春秋季（kg/m²）</th><th>夏季（kg/m²）</th></tr>
<tr><td>10</td><td>6～8</td><td>8～12</td></tr>
<tr><td>15</td><td>9～12</td><td>12～16</td></tr>
<tr><td>20</td><td>12～16</td><td>16～20</td></tr>
<tr><td>25</td><td>15～20</td><td>20～28</td></tr>
</table>
注：1. 天然级配砂石含水量未计入，施工时应扣除天然含水量。
2. 天然级配砂砾石含水量约 7%，天然级配砂砾石最佳含水量约 5%～9%。
(3) 冬天施工现场的温度较低可泼洒防冻剂。如若泼盐水时，其浓度冰点的系数见表 3.1-2 所列。
(4) 施工碾压：碾压施工是由路边向路中线逐次碾压，一般路边应先碾压 3～4 遍，并且是先轻后重，最后采用 12t 以上的压路机碾压成型。碾压轮迹应该是重叠进行，重叠的宽度不得少于 30cm，碾压速度一般不得超过 30m/min，碾压后的轮迹深度不得大于 5mm。
不同浓度盐水溶液的冰点 表 3.1-2
<table>
<tr><th rowspan="2">序号</th><th rowspan="2">温度在 15℃的情况下溶液密度（g/cm³）</th><th colspan="2">食盐含量（g）</th><th rowspan="2">冰点（℃）</th></tr>
<tr><th>在 100g 溶液内</th><th>在 100g 水内</th></tr>
<tr><td>1</td><td>1.04</td><td>5.6</td><td>5.9</td><td>−3.5</td></tr>
<tr><td>2</td><td>1.06</td><td>8.3</td><td>9.0</td><td>−5.0</td></tr>
</table>
</td></tr>
<tr><td colspan="2">审核人</td><td></td><td>交接人</td><td></td><td>接受交底人</td><td></td></tr>
</table>

续表

<table>
<tr><td>工程名称</td><td colspan="2"></td><td>施工单位</td><td></td><td>编号</td><td></td></tr>
<tr><td>序号</td><td>项目</td><td colspan="5">城市道路砂石基层施工技术交底内容</td></tr>
<tr><td>2</td><td>砂石基层的施工</td><td colspan="5">

续表

序号	温度在15℃的情况下溶液密度（g/cm^3）	食盐含量（g）		冰点（℃）
		在100g溶液内	在100g水内	
3	1.09	12.02	14.0	−8.5
4	1.10	13.6	15.7	−10.0
5	1.14	18.8	23.1	−15.0
6	1.17	22.4	29.0	−20.0

</td></tr>
<tr><td>3</td><td>质量标准</td><td colspan="5">

（1）表面应坚实、平整，不得有浮石、粗细料集中等现象。

（2）砂石基层允许偏差应符合表3.1-3的规定。

砂石层允许偏差　　表3.1-3

序号	主要项目	允许偏差（mm）	检验频率				检验方法
			范围	点数			
1	厚度	+20% −10%	$1000m^2$	1			用尺量
2	平整度	15	20m	路宽（m）	<9	1	用3m直尺量取最大值
					9～15	2	
					>15	3	
3	宽度	不小于设计规定	40m	1			用尺量
4	中线高程	±20	20m	1			用水准仪测量
5	横坡	±20且横坡差不大于±30%	20m	路宽（m）	<9	2	用水准仪测量
					9～15	4	
					>15	6	
6	Δ压实密度	≥2.3t/m^3	$1000m^2$	1			灌砂法

</td></tr>
<tr><td colspan="2">审核人</td><td></td><td>交接人</td><td></td><td>接受交底人</td><td></td></tr>
</table>

3.2 城市道路碎石基层施工技术交底

城市道路碎石基层施工技术交底　　表3-2

<table>
<tr><td>工程名称</td><td colspan="2"></td><td>施工单位</td><td></td><td>编号</td><td></td></tr>
<tr><td>序号</td><td>项目</td><td colspan="5">城市道路碎石基层施工技术交底内容</td></tr>
<tr><td>1</td><td>材料要求</td><td colspan="5">碎石基层宜采用坚硬的碎石作主要材料，不得掺用软硬不同的石料，其碎石一般使用多棱角的块体，清洁、不含石粉及风化杂质。原材料的强度要求标准如下：</td></tr>
<tr><td colspan="2">审核人</td><td></td><td>交接人</td><td></td><td>接受交底人</td><td></td></tr>
</table>

续表

<table>
<tr><td>工程名称</td><td></td><td>施工单位</td><td></td><td>编号</td><td></td></tr>
<tr><td>序号</td><td>项目</td><td colspan="4">城市道路碎石基层施工技术交底内容</td></tr>
<tr><td>1</td><td>材料要求</td><td colspan="4">（1）所有原材料的抗压强度不应小于 80MPa。
（2）对于软弱颗粒的含量不得大于 5%，所有原材料的含泥量不得大于 2%。
（3）原材料的破碎一般为 30～70mm，其嵌缝料为 15～25mm。</td></tr>
<tr><td>2</td><td>碎石基层施工</td><td colspan="4">碎石基层施工的技术交底如下：
（1）摊铺碎石时应按虚铺厚度要求一次进行铺齐，其大小颗粒分布要求均匀，虚铺的厚度一致；松铺的厚度，一般是按设计厚度乘以压实系数，即：人工松铺为 1.30～1.40，机械摊铺为 1.20～1.40。
（2）碾压时的洒水量：总用量为 12～14kg/m^2，当稳压两遍后再用水量约 2.0～2.5kg/m^2，紧接着其用水量约为 1kg/m^2。
（3）压路机的碾压遍数一般为 6～10 遍，以达到压实标准为止，施工中必须是“先慢后快”、“先轻后重”为好，压路机应逐次重叠碾压，重叠的宽度一般是：三轮压路机为 1/2 后轮宽，双轮压路机不应小于 30cm。
（4）在碾压施工过程中，首先用 6～8t 的压路机稳定碎石，以 25～30m/min 速度，碾压 4～6 遍后，再用 2t 以上的压路机继续碾压，碾速为 30～35m/min，每次用水量不得超过 1kg，并且根据原材料的质量适宜碾压 6～8 遍。
（5）碎石压好后先泼水，再撒布 15～25mm 的嵌缝料（每 100m^2 约 0.5m^3）撒布均匀，嵌缝料成型碾压，用 12t 以上的压路机，并以 40～50m/min 的速度进行碾压，使其表面平整、稳定、轮迹小于 5mm，使压实的密度达到质量要求。</td></tr>
<tr><td>3</td><td>质量标准</td><td colspan="4">（1）碎石基层的表面应坚实、平整，嵌缝料不得浮于表面或聚集形成一层。
（2）碎石基层的表面是采用 12t 以上的压路机碾压后，轮迹的深度不得大于 5mm。
（3）碎石基层允许偏差应符合表 3.2-1 的规定。

碎石基层允许偏差　　　表 3.2-1
<table>
<tr><td rowspan="2">序号</td><td colspan="2" rowspan="2">主要项目</td><td rowspan="2">允许偏差（mm）</td><td colspan="4">检验频率</td><td rowspan="2">检验方法</td></tr>
<tr><td>范围</td><td colspan="3">点　数</td></tr>
<tr><td>1</td><td colspan="2">厚度</td><td>±10%</td><td>1000m^2</td><td colspan="3">1</td><td>用尺量</td></tr>
<tr><td rowspan="3">2</td><td colspan="2" rowspan="3">平整度</td><td rowspan="3">15</td><td rowspan="3">20m</td><td rowspan="3">路宽（m）</td><td><9</td><td>1</td><td rowspan="3">用 3m 直尺量取最大值</td></tr>
<tr><td>9～15</td><td>2</td></tr>
<tr><td>>15</td><td>3</td></tr>
<tr><td>3</td><td colspan="2">宽度</td><td>不小于设计规定</td><td>40m</td><td colspan="3">1</td><td>用尺量</td></tr>
<tr><td>4</td><td colspan="2">中线高程</td><td>±20</td><td>20m</td><td colspan="3">1</td><td>用水准仪测量</td></tr>
<tr><td rowspan="3">5</td><td colspan="2" rowspan="3">横坡</td><td rowspan="3">±20 且不大于±0.3%</td><td rowspan="3">20m</td><td rowspan="3">路宽（m）</td><td><9</td><td>2</td><td rowspan="3">用水准仪测量</td></tr>
<tr><td>9～15</td><td>4</td></tr>
<tr><td>>15</td><td>6</td></tr>
<tr><td rowspan="2">6</td><td rowspan="2">Δ压实密度</td><td>嵌缝</td><td>≥2.1t/m^3</td><td rowspan="2">1000m^2</td><td colspan="3" rowspan="2">1</td><td rowspan="2">灌砂法</td></tr>
<tr><td>不嵌缝</td><td>≥2.0t/m^3</td></tr>
</table>
注：本表也适用于工业废渣铺筑的基层。</td></tr>
<tr><td>审核人</td><td></td><td>交接人</td><td></td><td>接受交底人</td><td></td></tr>
</table>

3.3 城市道路石灰土基层施工技术交底

城市道路石灰土基层施工技术交底　　表 3-3

<table>
<tr><td colspan="2">工程名称</td><td></td><td>施工单位</td><td></td><td>编号</td><td></td></tr>
<tr><td>序号</td><td>项目</td><td colspan="5">城市道路石灰土基层施工技术交底内容</td></tr>
<tr><td>1</td><td>一般规定</td><td colspan="5">(1) 按照土颗粒的粒径大小及其主要组成，可以将土分为下述几种类型：
1) 细粒土：颗粒的最大粒径不得大于 10mm，并且其中少于 2mm 的颗粒含量不小于 90％；
2) 中粒土：颗粒的最大粒径不得大于 30mm，并且其中少于 20mm 的颗粒含量不小于 85％；
3) 粗粒土：颗粒的最大粒径不得大于 50mm，并且其中少于 40mm 的颗粒含量不小于 85％。
(2) 在粉碎的土和原来松散的土中掺入足量的石灰和水，经拌合、压实及养护后得到的混合料，其抗压强度符合规定要求时，称为石灰稳定土。如若采用石灰稳定细粒土得到的混合料，简称为石灰土。如若采用石灰稳定中粒土和粗粒土得到的混合料，原材料为碎石及土时，简称为石灰碎石土。
(3) 如若同时采用石灰和水泥稳定某种土得到的混合料，简称综合稳定土。采用石灰稳定土铺筑的路面基层和底基层，分别称石灰稳定土基层和石灰稳定土底基层，也可简称石灰土基层、石灰土底基层等。石灰土的石灰剂量是按熟石灰占灰土总干重的百分率计算。
(4) 一般情况下，石灰土具有良好的力学性能，并有较好的水稳性和抗冻性。它的初期强度和水稳性较低，后期强度较高，但由于干缩、冷缩也易产生裂缝。石灰土可用于次干路和支路路面的基层和底基层。但是石灰土不宜用作城市快速路和主干路路面的基层而宜用作底基层。
(5) 为了保证石灰土的质量，在施工时必须具有以下条件：即首先配料必须准确，要有足够的石灰用量，路拌法石灰必须摊铺均匀。然后将土尽可能粉碎，洒水拌合必须均匀，并应严格掌握层铺厚度，其路拱横坡应与面层一致。
(6) 在施工中可用原路基的土或外运土，按重量比掺和石灰洒水拌合均匀，在接近最佳含水量情况下压实成为石灰土底层。如果是就地刨出的旧路面的级配砾石、砂石等粒料均可利用，与石灰土掺拌成粒料石灰土。当石灰土直接为沥青路面基层时，宜在表面上撒布一薄层碎石或小砾石，经过碾压后使其嵌入基层，形成粗糙面，以便与道路的面层结合牢固。
(7) 黏性土石灰土应在处于或略小于最佳含水量的－2％～－1％时进行碾压，对塑性指数小的砂性土或粉性土石灰土则应掌握碾压时含水量适当偏高，并及时碾压至要求的压实度，使其尽快和充分地起化学反应，紧密地胶结在一起。
(8) 对于石灰土层应采用 12t 以上的压路机进行碾压。如若采用 12～15t 三轮压路机碾压时，每层的压实厚度不得超过 15cm；如若采用 18～20t 三轮压路机、重型轮胎压路机或振动压路机碾压时，每层的压实厚度不得超过 20cm；如若压实厚度超过上述规定时，必须分层铺筑；并且每层的最小压实厚度不得超过 10cm。
(9) 对于石灰土层的施工应在气温较高的季节进行，施工期间的最低气温应在 5℃以上，并在第一次冰冻（－5～－3℃）到来之前 1～1.5 月完成，主要是使其达到一定的强度。</td></tr>
<tr><td colspan="2">审核人</td><td></td><td>交接人</td><td></td><td>接受交底人</td><td></td></tr>
</table>

续表

<table>
<tr><td>工程名称</td><td></td><td>施工单位</td><td></td><td>编号</td><td></td></tr>
<tr><td>序号</td><td>项目</td><td colspan="4">城市道路石灰土基层施工技术交底内容</td></tr>
<tr><td>1</td><td>一般规定</td><td colspan="4">（10）对于石灰稳定土结构层应采用 12t 以上的压路机进行碾压。一般情况下，采用 12～15t三轮压路机碾压时，每层压实厚度不得超过 15cm；如采用 18～20t 三轮压路机和振动压路机碾压时，每层的压实厚度不得超过 20cm；对于石灰稳定土，如若采用能量大的振动压路机碾压时，或对于石灰土，采用振动羊足碾与三轮压路机配合碾压时，每层压实厚度可以根据试验适当增加。
（11）石灰稳定土层宜在当天碾压完成，碾压完成后必须保湿养护，不得使稳定土层的表面干燥，也不应过分潮湿。石灰稳定土层上未铺封层或面层时，禁止开放交通施工中断，临时开放交通时，应采取保护措施，不得使基层表面遭破坏。</td></tr>
<tr><td>2</td><td>材料要求</td><td colspan="4">1. 原材料要求
（1）土的性质应符合设计要求，土块要经过粉碎。
1）塑性指数为 15～20 的黏性土以及含有一定数量的黏性土的中粒土和粗粒土均适宜于用石灰稳定。用石灰稳定无塑性指数的级配砂砾、级配碎石和未筛分碎石时，应添加 15％的黏性土。塑性指数在 15 以上的黏性土，更适宜于用石灰和水泥综合稳定；
2）塑性指数在 10 以下的亚砂土和砂土用石灰土时，应采取适当的技术措施或采用水泥稳定；
3）塑性指数偏大的黏性土，应加强粉碎，粉碎后土块的最大尺寸不应大于 15mm。一般可以采用两次拌合法，第一次加部分石灰拌合后，闷放 1～2d，再加入其余的石灰，进行第二次拌合。
（2）使用石灰稳定土时，应遵守下列规定：
1）石灰土用作城市快速路、高等级道路和一级公路的底基层时，颗粒的最大粒径不应超过 37.5mm，用作其他等级公路的底基层时，颗粒的最大粒径不应超过 53mm；
2）试验证明：石灰土用做基层时，颗粒的最大粒径不应超过 37.5mm。级配碎石、未筛分碎石、砂砾、碎石土、砂砾土、煤矸石和各种粒状矿渣等均宜用做石灰土的材料。石灰稳定土中的碎石、砂砾或其他粒状材料的含量应在 80％以上，并应具有良好的级配；
3）石灰土中碎石或砾石的压碎值应符合下列要求：
① 基层：二级公路不大于 30％，二级以下公路不大于 35％；
② 底基层：快速路、高等级道路和一级公路不大于 35％。
4）硫酸盐含量超过 0.8％的土和有机质含量超过 10％的土，不宜用石灰稳定，可用水泥稳定；
5）石灰技术指标应符合表 3.3-1 中的规定。应尽量缩短石灰的存放时间。石灰在野外堆放时间较长时，应覆盖防潮；

石灰的技术指标　　表 3.3-1
<table><tr><td>级　别</td><td colspan="3">钙质生石灰</td><td colspan="3">镁质生石灰</td><td colspan="3">钙质消石灰</td><td colspan="3">镁质消石灰</td></tr><tr><td rowspan="2">指　标
主要项目</td><td colspan="12">等　级</td></tr><tr><td>Ⅰ</td><td>Ⅱ</td><td>Ⅲ</td><td>Ⅰ</td><td>Ⅱ</td><td>Ⅲ</td><td>Ⅰ</td><td>Ⅱ</td><td>Ⅲ</td><td>Ⅰ</td><td>Ⅱ</td><td>Ⅲ</td></tr><tr><td>有效钙加氧化镁含量（％）</td><td>≥85</td><td>≥80</td><td>≥70</td><td>≥80</td><td>≥75</td><td>≥65</td><td>≥65</td><td>≥60</td><td>≥55</td><td>≥60</td><td>≥55</td><td>≥50</td></tr></table></td></tr>
<tr><td>审核人</td><td></td><td>交接人</td><td></td><td>接受交底人</td><td></td></tr>
</table>

续表

工程名称		施工单位		编号	
序号	项目	城市道路石灰土基层施工技术交底内容			
2	材料要求	（见下）			

续表

级　别		钙质生石灰			镁质生石灰			钙质消石灰			镁质消石灰		
指　标 / 主要项目		等　级											
		Ⅰ	Ⅱ	Ⅲ	Ⅰ	Ⅱ	Ⅲ	Ⅰ	Ⅱ	Ⅲ	Ⅰ	Ⅱ	Ⅲ
未消化残渣含量（5mm 圆孔筛的筛余，%）		≤7	≤11	≤17	≤10	≤14	≤20						
含水量（%）								≤4	≤4	≤4	≤4	≤4	≤4
细度	0.71mm 方孔筛的筛余（%）							0	≤1	≤1	0	≤1	≤1
	0.125mm 方孔筛的筛余（%）							≤13	≤20	—	≤13	≤20	—
钙镁石灰的分类界限，氧化镁含量（%）		≤5			>5			≤4			>4		

注：硅、铝、镁氧化物含量之和大于 5%的生石灰，有效钙加氧化镁含量指标，Ⅰ等≥75%，Ⅱ等≥70%，Ⅲ等≥60%，未消化残渣含量指标与镁质生石灰指标相同。

6）使用等外石灰、贝壳石灰、珊瑚石灰等，应进行试验，如混合料的强度符合表 3.3-2 中的标准，即可使用。对于高速公路和一级公路，宜采用磨细生石灰粉；

7）凡是饮用水（含牲畜饮用水）均可用于石灰土的施工。

2. 混合料组成设计

（1）一般规定

1）各级公路用石灰稳定土的 7d 浸水抗压强度应符合表 3.3-2 中的规定。

石灰土的抗压强度标准（MPa）　　**表 3.3-2**

道路等级 / 层　位	二级及二级以下的道路	城市快速路、高等级道路及一级道路
路基基层	≥0.8①	—
路基底基层	0.5～0.7②	≥0.8

① 在低塑性土（塑性指数<7）地区，石灰稳定砂砾土和碎石土的 7d 浸水抗压强度应大于 0.5MPa（100g 平衡锥测液限）。

② 低限用于塑性指数<7 的黏性土，且低限值宜仅用于二级以下公路。高限用于塑性指数>7 的黏性土。

2）石灰稳定土混合料的组成设计应根据表 3.3-2 中的强度标准，通过试验选取最适宜于稳定的土，确定必需的或最佳的石灰剂量和混合料的最佳含水量，在需要改善混合料的物理力学性质时，还应确定掺加料的比例。

3）采用综合稳定土时，如水泥用量占结合料总量的 30%以下，则应按照本节中的有关技术要求进行组成设计。

4）石灰土的各项试验应按照行业标准《公路工程无机结合料稳定材料试验规程》JTG E51—2009 进行。

（2）原材料试验：

审核人		交接人		接受交底人	

续表

<table>
<tr><td colspan="2">工程名称</td><td></td><td>施工单位</td><td></td><td>编号</td><td></td></tr>
<tr><td>序号</td><td>项目</td><td colspan="5">城市道路石灰土基层施工技术交底内容</td></tr>
<tr><td>2</td><td>材料要求</td><td colspan="5">

1）在石灰稳定土层施工前，应取所定料场中有代表性的土样进行下列试验：即①颗粒分析试验；②液限和塑性指数试验；③击实试验；④碎石或砾石的压碎值试验；⑤有机质含量试验；⑥硫酸盐含量试验；

2）如碎石、碎石土、砂砾、砂砾土等的级配不好，宜先改善其级配；

3）应检验石灰的有效钙和氧化镁含量。

3. 混合料的设计步骤

（1）按下列石灰剂量配制同一种土样、不同石灰剂量的混合料：

1）做基层用：①砂砾土和碎石土：3%，4%，5%，6%，7%；②塑性指数<12 的黏性土：10%，12%，13%，14%，16%；③塑性指数>12 的黏性土：5%，7%，9%，11%，13%；

2）做底基层用：①塑性指数<12 的黏性土：10%，12%，13%，14%，16%；②塑性指数>12 的黏性土：5%，7%，8%，9%，11%。

（2）确定混合料的最佳含水量和最大干密度，至少做三个不同石灰剂量混合料的击实试验，即最小剂量、中间剂量和最大剂量，其余两个混合料的最佳含水量和最大干密度用内插法进行确定。按规定的压实度，分别计算不同石灰剂量的试件应有的干密度。

（3）按最佳含水量和计算得的干密度制备试件。进行强度试验时，作为平行试验的最少试件数量应不小于表 3.3-3 中的规定。如果试验结果的偏差系数大于表中规定的值，则应重做试验，并找出原因，加以解决。如不能降低偏差系数，则应增加试件的数量。

最少试件数量　　表 3.3-3

试件数量 / 土的类	偏差系数		
	<10%	10%～15%	15%～20%
细粒土	6	9	—
中粒土	6	9	13
粗粒土	—	9	13

（4）试件在规定温度下保湿养生 6d、浸水 24h 后，按照行业标准《公路工程无机结合料稳定材料试验规程》JTG E51—2009 进行无侧限抗压强度试验。

（5）计算试验结果的平均值和偏差系数。

（6）根据表 3.3-2 中的强度标准，选定合适的石灰剂量。此剂量试件室内试验结果的平均抗压强度应符合要求。一般情况下，水泥改善土的塑性指数应不大于 6，承载比应不小于 240。

（7）工地实际采用的水泥剂量应比室内试验确定的剂量多 0.5%～1.0%。采用集中厂拌法施工时，可以增加 0.5%；采用路拌法施工时，宜增加 1.0%。

（8）石灰稳定不含黏性土的级配碎石、未筛分碎石和级配砂砾用作高级沥青路面的基层时，碎石和砂砾的颗粒组成应符合有关级配的规定，或未筛分碎石或级配砾石的级配范围，并应添加黏性土。石灰和所加土的总质量与碎石或砂砾的质量比为 1∶4～1∶5，即碎石或砾石在混合料中的质量应不少于 80%。

</td></tr>
<tr><td colspan="2">审核人</td><td></td><td>交接人</td><td></td><td>接受交底人</td><td></td></tr>
</table>

续表

<table>
<tr><td>工程名称</td><td colspan="2"></td><td>施工单位</td><td></td><td>编号</td><td></td></tr>
<tr><td>序号</td><td>项目</td><td colspan="5">城市道路石灰土基层施工技术交底内容</td></tr>
<tr><td>3</td><td>施工要点</td><td colspan="5">

1. 路拌法施工
（1）工艺流程：路拌法施工石灰土的工艺流程即：准备下承层→施工放样→备料摊铺土→洒水闷料→整平与轻压→卸料与摊铺石灰→拌合与洒水→整形→碾压→接缝与调头处的处理→养护。
（2）准备下承层工序：
1）石灰土的下承层表面应平整、坚实，具有规定的路拱，没有任何松散材料和软弱地点。下承层的平整度和压实度应符合《公路路面基层施工技术细则》JTG/T F20—2015 中的规定；
2）当石灰稳定土用作基层时，要准备底基层；当石灰稳定土用作老路面的加强层时，要准备老路面；当石灰稳定土用作底基层时，要准备土基：
① 对土基不论是路堤或路堑，必须用 12～15t 三轮压路机或等效的碾压机械进行碾压检验（一般压 3～4 遍）。在碾压过程中，如发现土过于干燥、表面松散，应适当洒水；如土过于潮湿，发生“橡皮土”现象，应采用挖开晾晒、换土、掺石灰或粒料等措施进行处理；
② 对于底基层应进行压实度检查，对于柔性底基层还应进行弯沉测定，凡不符合设计要求的路段，必须根据情况，分别采用补充碾压、换填好的材料、挖开晾晒等措施，使其达到标准；
③ 对于老路面，应检查其材料是否符合底基层材料的技术要求。如果不符合技术要求，应翻松老路面并采取必要的处理措施。底基层或老路面上的低洼或坑洞，应仔细填补及压实；搓板和辙槽应刮除；松散处应耙松洒水并重新进行碾压，达到平整密实；
④ 对于新完成的底基层或土基，必须按照《公路路面基层施工技术细则》JTG/T F20—2015 中的规定进行验收。凡验收不合格的路段，必须采取措施，使其达到标准后，方可在上面铺筑石灰稳定土层。应逐个断面检查下承层标高是否符合设计要求。下承层标高的误差应符合规定。
3）在槽式断面的路段，两侧路肩上每隔一定距离（如 5～10m）应交错开挖泄水沟（或做盲沟）。
（3）施工放样工序：在底基层或老路面或土基上恢复中线。在直线段每隔 15～20m 设一个桩，平曲线段每隔 10～15m 设一个桩，并在两侧路肩边缘外设指示桩。进行水平测量，在两侧指示桩上用明显标记标出石灰稳定土基层边缘的设计高。
（4）施工备料工序：
1）利用老路面或土基的备料工序：
① 老路面或土基表面的石块等杂物必须首先清除干净；
② 每隔 10～20m 挖一小洞，使洞底标高与预定的水泥稳定土层的底面标高相同，并在洞底做一标记，以控制翻松及粉碎的深度；
③ 用犁、松土机或装有强固齿的平地机或推土机将老路面或土基的上部翻松到预定的深度，土块应粉碎到符合要求；
④ 应经常用犁将土向路中心翻松，使预定处治层的边部成一个垂直面，防止处治宽超过规定；
⑤ 采用专用的机械粉碎黏性土。在无专用机械的情况下，也可以用旋转耕作机、圆盘耙粉碎塑性指数不大的土。
2）利用料场的土的备料工序：料场的土种类很多，用于石灰稳定土的土主要包括细粒土、中粒土和粗粒土，对这些土都有具体的要求；
</td></tr>
<tr><td colspan="2">审核人</td><td></td><td>交接人</td><td></td><td>接受交底人</td><td></td></tr>
</table>

续表

<table>
<tr><td colspan="2">工程名称</td><td></td><td>施工单位</td><td></td><td>编号</td><td></td></tr>
<tr><td>序号</td><td>项目</td><td colspan="5">城市道路石灰土基层施工技术交底内容</td></tr>
<tr><td>3</td><td>施工要点</td><td colspan="5">
3）当需要分层采集土时，应将土先分层堆放在一场地上，然后从前到后将上下层土一起装车运送到现场；
4）对于塑性指数<15 的黏性土，在采用机械拌合时，可根据土质和机械性能确定是否需要过筛。在采用人工拌合时，应筛除 15mm 以上的土块；
5）石灰应选择城市道路两侧宽敞、临近水源且地势较高的场地集中堆放。当堆放时间较长时，应覆盖封存。石灰堆放在集中拌合场地时间较长时，也应覆盖封存。
6）生石灰块应在使用前 7～10d 充分消解。消解后的石灰应保持一定的湿度，不得产生扬尘，也不可过湿成团。对于消石灰宜过孔径 10mm 的筛，并尽快使用。
（5）摊铺土工序：
1）应事先通过试验确定土的松铺系数。人工摊铺混合料时，其松铺系数可参考表 3.3-4 的值；
混合料松铺系数参考表　　表 3.3-4
<table>
<tr><th>序号</th><th>材料名称</th><th>松铺系数</th><th>备　注</th></tr>
<tr><td>1</td><td>石灰土</td><td>1.53～1.58</td><td>现场人工摊铺土和石灰，机械拌合，人工整平</td></tr>
<tr><td>2</td><td>石灰土</td><td>1.65～1.70</td><td>路外集中拌合，运到现场人工摊铺</td></tr>
<tr><td>3</td><td>石灰土</td><td>1.53～1.56</td><td>路外集中拌合，运到现场人工摊铺</td></tr>
</table>
2）摊铺土的长度按日进度的需要量控制，满足次日完成掺加石灰、拌合、碾压成型即可；
3）应将土均匀地摊铺在预定的宽度上，表面力求平整，并有规定的路拱。在摊料过程中，应将土块、超径的颗粒及其他杂物拣除；
4）如果土中存有较多的土块，应当进行粉碎，使其达到要求的规格。检验松铺材料层的厚度，看其是否符合预计的要求。在铺料碾压的施工过程中，除洒水车外，严禁其他车辆在土层上通行。
（6）洒水闷料工序：
1）如果已经整平的集料（含粉碎的老路面）含水量过小，应在土层上洒水闷料。洒水要均匀，防止出现局部水分过多的现象；在洒水的过程中，严禁洒水车在洒水段内停留和调头；
2）细粒土应经过夜闷料；中粒土和粗粒土，根据其细土含量的多少，可适当缩短闷料时间；
3）如果为综合稳定土，应先将石灰和土拌合均匀后一起进行闷料。
（7）整平与轻压工序：对于人工摊铺的土层整平后，用 6～8t 的两轮轻型压路机碾压 1～2 遍，使其表面平整，并具有一定的压实度。
（8）卸置和摊铺石灰工序：
1）计算每车石灰的纵横间距，用石灰在集料层上做卸置石灰标记，同时画出摊铺石灰的边线；
2）用刮板将石灰均匀摊开，石灰摊铺完毕后，表面上应没有空白位置。量测石灰的松铺厚度，根据石灰的含水量和松密度，校核石灰用量是否合适。
（9）拌合与洒水工序：
1）对于城市高等级道路，要求采用专用稳定土拌合机进行拌合，并设专人跟随拌合机，
</td></tr>
<tr><td colspan="2">审核人</td><td></td><td>交接人</td><td></td><td>接受交底人</td><td></td></tr>
</table>

续表

<table>
<tr><td>工程名称</td><td colspan="2"></td><td>施工单位</td><td></td><td>编号</td><td></td></tr>
<tr><td>序号</td><td>项目</td><td colspan="5">城市道路石灰土基层施工技术交底内容</td></tr>
<tr><td>3</td><td>施工要点</td><td colspan="5">随时检查拌合深度并配合拌合机操作人员调整拌合深度。拌合深度应达到稳定层底并宜侵入下承层5～10mm，以有利于上下层粘结。当使用生石灰粉时，宜先用平地机或多铧犁将石灰翻到土层中间，但不能翻到底部；
2）对于次干路或支路的石灰稳定细粒土和中粒土，在没有专用拌合机械的情况下，如为石灰稳定细粒土和中粒土，也可用农用旋转耕作机与多铧犁或平地机相配合拌合4遍。先用旋转耕作机拌合，后用铧犁式平地机将底部素土翻起。再用旋转耕作机拌合两遍，用多铧犁或平地机将底部料再翻起，并随时检查调整翻犁的深度，使稳定土层全部翻透。严禁在稳定土层与下承层之间残留一层素土，但也应防止翻犁过深，过多会破坏下承层的表面；
3）在拌合过程中，混合料的含水量宜略大于最佳值，不应小于最佳值。对于粗粒石灰稳定土，其比最佳含水量大于0.5%～1.0%；对于细粒石灰稳定土，其比最佳含水量大于0.5%～1%；
4）如为石灰稳定加黏性土的碎石或砂砾，则应先将石灰和黏性土拌合均匀，然后均匀地摊铺在碎石或砂砾层上，再一起进行拌合；
5）用石灰稳定塑性指数大的黏土，应采用两次拌合法。第一次加70%～100%预定剂量的石灰进行拌合，闷放1～3d，此后再补足需用的石灰，再进行第二次拌合。
（10）整形工序：
1）混合料拌合均匀后，应立即用平地机初步进行整形。在直线段，平地机由两侧向路中心进行刮平；在平曲线段，平地机由内侧向外侧进行刮平。必要时，再返回刮一遍；
2）用平地机或轮胎式压路机立即在初步整形的路段上快速碾压一遍，以暴露出潜在的不平整之处；再用平地机按照第1）款进行整形，整形前应用齿耙将轮迹低洼处表层5cm以上耙松，并按照第2）款的方法再碾压一遍；
3）对于暴露出的局部不平和低洼处，应用齿耙将其表层5cm以上耙松，并用新拌的混合料进行找平。再用平地机整形一次。应将高处料直接刮出路外，不应形成薄层贴补现象；每次整形都应达到规定的坡度和路拱，并应特别注意接缝处必须顺适平整；
4）当采用人工整形时，应用锹和耙先将混合料摊平，用路拱板进行初步整形。采用静力式压路机初压1～2遍后，根据实测的松铺系数，确定纵横断面的标高，并设置标记和挂线。利用锹、耙按线进行整形，再用路拱板校正成型。如为水泥土，在拖拉机初压之后，可用重型框式路拱板进行整形；
5）在整个整形的施工过程中，严禁任何车辆在上面通行，并保持无明显的粗细集料离析现象。
（11）碾压工序：
1）根据路宽、压路机的轮宽和轮距的不同，制订切实可行的碾压方案，应使各部分碾压到的次数尽量相同，路面的两侧应多压2～3遍；
2）在整形之后，当混合料中的含水量为最佳含水量（+1%～+2%）时，应立即用轻型压路机并配12t以上压路机在结构层全宽内进行碾压。直线和不设超高的平曲线段，由两侧路肩向路中心碾压；设超高的平曲线段，由内侧路肩向外侧路肩进行碾压。碾压时，应重叠1/2轮宽，后轮必须超过两段的接缝处，后轮压完路面全宽时，即为一遍。一般需要碾压6～8遍；</td></tr>
<tr><td>审核人</td><td></td><td>交接人</td><td colspan="2"></td><td>接受交底人</td><td></td></tr>
</table>

续表

<table>
<tr><td>工程名称</td><td colspan="2"></td><td>施工单位</td><td></td><td>编号</td><td></td></tr>
<tr><td>序号</td><td>项目</td><td colspan="5">城市道路石灰土基层施工技术交底内容</td></tr>
<tr><td>3</td><td>施工要点</td><td colspan="5">3）压路机的碾压速度，头两遍以采用1.5～1.7km/h为宜，以后以采用2.0～2.5km/h为宜。采用人工摊铺和整形的稳定土层，宜先用拖拉机或6～8t两轮压路机或轮胎压路机碾压1～2遍，然后再用重型压路机进行碾压；
4）严禁压路机在已完成的路段上调头或急刹车，应保证稳定土层表面不受破坏；在碾压过程中，石灰土的表面应始终保持湿润，如水分蒸发过快，应及时补洒少量的水，但严禁洒大水碾压；
5）在碾压过程中，如果出现“橡皮土”、松散、起皮等现象，应及时翻开重新进行拌合（加适量的石灰）或用其他方法处理，使其达到质量要求；
6）经过拌合、整形的水泥稳定土，宜在水泥初凝前并应在试验确定的延迟时间内完成碾压，并达到要求的密实度，同时没有明显的轮迹；
7）在碾压结束之前，用平地机再终平一次，使其纵向顺适，路拱和超高符合设计，终平应仔细进行，必须将局部高出部分刮除并扫出路外；对于局部低洼之处，不再进行找补，可留待铺筑沥青面层时处理。
（12）接缝和调头工序：
1）同日施工的两个工作段的衔接部分，应采用对接形式。前一工作段拌合和整形后留出5～8m不进行碾压。在后一工作段施工时，将前一工作段留下未压路部分，一起再进行拌合；
2）拌合机械及其他机械不宜在已压成的石灰稳定土层上调头。如必须在上面进行调头时，应采取措施保护调头部分，使石灰稳定土表层不受损坏；经过拌合、整形的水泥稳定土，应在试验确定的延迟时间内完成碾压；
3）应当注意每天最后一段末端缝的处理。工作缝和调头处可按下述方法进行处理：
① 在已碾压完成的水泥稳定土层末端，沿稳定土挖一条横贯铺筑层全宽的宽约30cm的槽，一直挖到下承层的顶面。此槽应与路的中心线垂直，靠稳定土的一面应成垂直面，并放两根与压实厚度等厚、长为全宽一半的方木紧贴其垂直面；
② 用原来挖出的素土回填槽内其余部分；如果拌合机械或其他机械必须到已压成的水泥稳定土层上调头，应采取措施保护调头作业段。一般可在准备用于调头的约8～10m长的稳定土层上，先覆盖一张厚质塑料布或油毡纸，然后再铺上约10cm厚的土、砂或砂砾；
③ 第二天，邻接作业段拌合后，除去方木，用混合料回填。靠近方木未能拌合的一小段，应用人工进行补充拌合。整平时，接缝处的水泥稳定土应比已完成断面高出约5cm，以利形成一个平顺的接缝；
④ 整平后，用平地机将塑料布上大部分土除去（注意勿刮破塑料布），然后用人工除去余下的土，并收起塑料布。
2. 中心站集中厂拌法施工
（1）水泥稳定土可以在中心站用厂拌设备进行集中拌合。对于高速公路和一级公路，应采用专用稳定土集中厂拌机械拌制混合料。在采用集中拌合时，应符合下列要求：
1）土块应粉碎，使最大尺寸不得大于15mm。配料要准确，拌合应均匀；
2）含水量要略大于最佳值，使混合料运到现场摊铺后碾压时的含水量不小于最佳含水量；
3）不同粒级的碎石或砾石以及细集料（如石屑和砂）应隔离，分别堆放。</td></tr>
<tr><td colspan="2">审核人</td><td></td><td>交接人</td><td></td><td>接受交底人</td><td></td></tr>
</table>

续表

工程名称		施工单位		编号	
序号	项目	城市道路石灰土基层施工技术交底内容			
3	施工要点	(2) 当采用连续式的稳定土厂拌设备拌合时，应保证集料的最大粒径和级配符合要求。 (3) 在正式拌制混合料之前，必须先调试所用的设备，使混合料的颗粒组成和含水量都达到规定的要求。原集料的颗粒组成发生变化时，应重新调试设备。 (4) 在潮湿多雨地区或其他地区的雨期施工时，应采取措施，保护集料，特别是细集料（如石屑和砂等）应有覆盖，防止雨淋。应根据集料和混合料含水量的大小，及时调整加水量。 (5) 应尽快将拌成的混合料运送到铺筑现场。车上的混合料应该覆盖，减少水分损失。 (6) 应采用沥青混凝土摊铺机或稳定土摊铺机摊铺混合料。如下承层是稳定细粒土，应先将下承层顶面拉毛，再摊铺混合料。 (7) 拌合机与摊铺机的生产能力应互相匹配。对于城市快速路、高等级道路和一级道路，摊铺机宜连续摊铺，拌合机的产量宜大于 400t/h。如果拌合机的生产能力较小，在摊铺机摊铺混合料时，应采用最低速度进行摊铺，减少摊铺机停机待料的情况。 (8) 在摊铺机后面应设专人消除粗细集料离析现象，特别应该铲除局部粗集料“窝”，并用新拌混合料填补。宜先用轻型两轮压路机跟在摊铺机后及时进行碾压，后用重型振动压路机、三轮压路机或轮胎压路机继续碾压密实。 (9) 在二、三、四级道路上，当没有摊铺机时，可采用摊铺箱摊铺混合料，也可以用自动平地机按以下步骤摊铺混合料： 1) 根据铺筑层的厚度和要求达到的压实干密度，计算每车混合料的摊铺面积。将混合料均匀地卸在路幅的中央，当路幅比较宽时，也可将混合料卸成两行。用平地机将混合料按松铺厚度摊铺均匀； 2) 在铺筑施工中，应当专设一个 3～5 人的工作小组，携带一辆装有新拌混合料的小车，跟在平地机的后面，及时铲除粗集料“窝”和粗集料“带”，补以新拌合的均匀混合料，或补撒拌匀的细混合料，并与粗集料拌合均匀。 (10) 用平地机摊铺混合料后的整形和碾压与路拌法施工基本相同，这里不再重述。 (11) 集中厂拌法施工时的横向接缝应符合下列要求： 1) 用摊铺机摊铺混合料时，不宜出现中断，如因故中断时间超过 2h，应设置横向接缝，摊铺机应驶离混合料末端； 2) 人工将末端含水量合适的混合料弄整齐，紧靠混合料放两根方木，方木的高度应与混合料的压实厚度相同；整平紧靠方木的混合料； 3) 方木的另一侧用砂砾或碎石回填约 3m 长，其高度应高出方木 2～5cm。将混合料按照设计规定碾压密实，其压实度必须达到设计指标的要求； 4) 在重新开始摊铺混合料之前，将砂砾或碎石和方木除去，并将下承层顶面清扫干净； 5) 摊铺机返回到已压实层的末端，重新开始摊铺混合料； 6) 如摊铺中断后，未按上述方法处理横向接缝，而中断时间已超过 2～3h，则应将摊铺机附近及其下面未经压实的混合料铲除，并将已碾压密实且高程和平整度符合要求的末端挖成与路中心线垂直向下的断面，然后再摊铺新的混合料。 (12) 应避免纵向接缝。快速路和主干路的基层应分两幅摊铺，宜采用两台摊铺机一前一后相隔约 5～10m 同步向前摊铺混合料，并一起进行碾压。在不能避免纵向接缝的情况下，纵缝必须垂直相接，严格禁止出现斜接，同时应按下述方法进行处理： 1) 在前一幅摊铺时，在靠中央的一侧用方木或钢模板做支撑，方木或钢模板的高度应与稳定土层的压实厚度相同；			
审核人		交接人		接受交底人	

续表

<table>
<tr><td>工程名称</td><td colspan="2"></td><td>施工单位</td><td></td><td>编号</td><td></td></tr>
<tr><td>序号</td><td>项目</td><td colspan="5">城市道路石灰土基层施工技术交底内容</td></tr>
<tr><td>3</td><td>施工要点</td><td colspan="5">2）养生结束后，在摊铺另一幅之前，拆除支撑木（或板）。
3. 人工沿路拌合法施工
（1）适用场合：二级以下公路的小工程可以采用人工沿路拌合法施工。
（2）备料工序：将需稳定土料按照事先计算的数量运到路上分别进行堆放，应每隔一定距离留一缺口。然后将消石灰按照事先计算的数量运到路上，直接卸在土堆上或卸在土堆的一旁，以便与土料进行拌合。
（3）拌合工序：
1）筛拌法：将土和石灰混合或交替过孔径为15mm的筛，筛余土块随打碎随过筛。过筛以后，适当加水，拌合到均匀为止；
2）翻拌法：将过筛的土和石灰先干拌1～2遍，然后再加适量的水拌合，至少拌合3遍，直至拌合均匀为止；
3）堆放闷料：使混合料的水分充分均匀，可在当天拌合后堆放闷料，第二天再摊铺。
（4）摊铺工序：将拌合均匀经过堆放闷料的石灰土混合料，按照设计的松铺厚度摊铺均匀。
（5）整形与碾压：石灰稳定土的整形与碾压，与路拌法相同。
4. 养护及交通管制
（1）石灰稳定土在养护期间应保持一定的湿度，但不应过湿或忽干忽湿。养护的时间在一般气候条件下不宜少于7d。每次洒水后，应用两轮压路机将表层压实。石灰稳定土基层碾压结束后1～2d，当其表层较干燥（如石灰土中的含水量不大于10%，石灰粒料土中的含水量为5%～6%）时，可以立即喷洒透层沥青，然后做下封层或铺筑面层，但初期应禁止重型车辆通行。
（2）在养护期间未采用覆盖措施的石灰稳定土层上，除洒水车外，应封闭交通。在采用覆盖措施的石灰稳定土层上，不能封闭交通时，应当限制车速不得超过30km/h，禁止重型卡车通行。
（3）养护期结束后，在铺筑沥青面层前，应清扫基层并喷洒透层沥青或做下封层。如果面层是沥青混凝土，在喷洒透层沥青后，应撒布5～10mm的小碎（砾）石，小碎（砾）石应均匀撒布约60%的面积。如果喷洒的透层沥青能透入基层，其上作业车辆不会破坏沥青膜时，可以不撒布小碎（砾）石。在喷洒沥青时，石灰稳定土层的上层应比较湿润。
（4）石灰稳定土分层施工时，下层石灰稳定土碾压完成后，可以立即铺筑上一层石灰稳定土，不需要专门的养护期。
5. 其他事项
（1）路缘的处理：如石灰稳定土层上为薄沥青面层，基层每边应比面层宽出20cm以上。在基层全宽上喷洒透层沥青或设下封层，沥青面层边缘向外侧做成三角形。如果道路两侧设置路缘石时，必须注意防止路缘石阻滞路面上表面水和结构层中水的顺利排除。
（2）施工要点：用石灰稳定低塑性土时，在施工中应掌握下列要点：
1）当采用石灰稳定低塑性土时，宜分两阶段进行碾压。第一阶段，机先压2～3遍，达到初步稳定；第二阶段，待水分接近最佳含水量时，再用12t以上压路机压实。
2）在洒水以后，先用轻型压路机碾压两遍，洒水后用12t以上压路机，然后覆盖上一层素土，继续用12t以上的压路机压实，在养生结束后，将素土层清除干净。</td></tr>
<tr><td colspan="2">审核人</td><td></td><td>交接人</td><td></td><td>接受交底人</td><td></td></tr>
</table>

续表

工程名称		施工单位		编号	
序号	项目	城市道路石灰土基层施工技术交底内容			
4	质量标准	见下			

1. 施工过程中的质量控制

(1) 外形尺寸的测量频度和质量标准：在石灰稳定土路基施工过程中，对其外形尺寸的控制是非常重要的质量指标。外形尺寸的测量频度和质量标准，如表 3.3-5 所列。

外形尺寸的测量频度和质量标准　　表 3.3-5

工程种类	主要项目	频　　度	质量标准	
			城市快速路与高等级路	一般道路
底基层	纵断高程（mm）	二级及二级以下道路每 20 延米 1 点；快速路、高等级路每 20 延米 1 个断面，每个断面 3～5 个点	+5 −15	+5 −20
	厚度（mm） 均值　单个值	每 1500～2000m²6 个点	−10 −25	−12 −30
	宽度（mm）	每 40 延米 1 处	+0 以上	+0 以上
	横坡度（%）	每 100 延米 3 处	±0.3	±0.5
	平均度（mm）	第 200 延米 2 处，每处连续 10 尺（3m 直尺）	15	20
基层	纵断高程（mm）	二级及以下道路每 20 延米 1 点；快速路、高等级路每 20 延米 1 个断面，每个断面 3～5 个点	+5， −15	+5， −20
	厚度（mm） 均值　单个值	−10 −25	−8 −20	−10 −25
	宽度（mm）	每 40 延米 1 处	+0 以上	+0 以上
	横坡度（%）	每 100 延米 3 处	±0.3	±0.5
	平均度（mm）	第 200 延米 2 处，每处连续 10 尺（3m 直尺）	10	15

(2) 材料控制项目：石灰土所用的材料控制项目如表 3.3-6 所列。

石灰土所用的材料控制项目表　　表 3.3-6

序号	检查项目	检　查　频　率	质 量 标 准
1	级配	每 2000m²1 次	在规定范围内
2	集料压碎值	据观察，异常时随时试验	不超过规定值
3	石灰剂量	每 2000m²1 次，至少 6 个样品，用滴定法或用直读法测钙仪试验，并与实际石灰用量较核	不小于设计值−1%
4	含水量	据观察，异常时随时试验	在规定范围内
5	拌合均匀性	随时进行观察	无灰条、灰团，色泽均匀，无离析现象

审核人		交接人		接受交底人	

续表

工程名称		施工单位		编号	
序号	项目	城市道路石灰土基层施工技术交底内容			
4	质量标准	见下			

续表

序号	检查项目	检　查　频　率	质量标准
6	压实度	每一作业段或不超过 2000m² 检查 6 次以上	稳定细粒土：二级及二级以下道路底层 93%以上；稳定中粒土和粗粒土；二级及二级以下道路底基层 95%，基层 97%；城市快速路、高等级道路底基层 96%，基层 98%
7	抗压强度	稳定细粒土，每一作业段或每 2000m²6 个试件；稳定中粒土和粗粒土；每一件作业段或每 2000m²6 个试件或 9 个试件	符合规范规定

2. 质量评定

(1) 石灰土基层和底基层

1) 基本要求：土质应符合设计要求，土块要经粉碎；用于石灰稳定土的石灰质量应符合设计要求，石灰必须经充分消解后才能使用；石灰和土的用量比例按设计要求控制准确，未消解生石灰块必须加以剔除；路拌深度要达到层底。混合料处于最佳含水量的状况下，应选用轻型压路机进行初压，再用重型压路机碾压至要求的压实度；进行保湿养生，养生期要符合规范要求。

2) 实测项目：石灰土基层和底基层实测项目，如表 3.3-7 所列。

石灰土基层和底基层实测项目　　表 3.3-7

序号	检查项目		规定值或允许偏差				检查方法	权值
			基层		底基层			
			快速路主干路	次干路支路	快速路主干路	次干路支路		
1	压实度(%)	代表值	—	97	96	95	检查每 200m 每车道 2 处	3
		极　值	—	93	92	91		
2	平整度(mm)		—	12	12	15	3m 直尺：每 200m 测 2 处×10 尺	2
3	纵断高程(mm)		—	+5，−15	+5，−15	+5，−20	水准仪每 200m 测 4 个断面	1
4	宽度(mm)		符合设计要求		符合设计要求		尺量：多 200m 测 4 个断面	1
5	厚度(mm)	代表值	—	−10	−10	−12	按有关规定检查，每 200m 每车道 1 点	2
		合格值	—	−20	−25	−30		
6	横　坡(mm)		—	±0.5	±0.3	±0.5	水准仪每 200m 测 4 个断面	1
7	强　度(MPa)		符合设计要求		符合设计要求		按有关规定检查	3

审核人		交接人		接受交底人	

续表

<table>
<tr><td>工程名称</td><td></td><td>施工单位</td><td></td><td>编号</td><td></td></tr>
<tr><td>序号</td><td>项目</td><td colspan="4">城市道路石灰土基层施工技术交底内容</td></tr>
<tr><td>4</td><td>质量标准</td><td colspan="4">3）外观鉴定：
① 表面平整密实，无坑洼缺陷。不符合要求时，每处减 1～2 分。
② 施工接茬平整、稳定。不符合要求时，每处减 1～2 分。
（2）石灰稳定粒料基层和底基层：
1）基本要求：
① 粒料应符合设计和施工规范要求，矿渣应分解稳定后才能使用。
② 石灰质量应符合设计要求，块灰必须经充分消解后才能使用。
③ 石灰的用量应按设计要求控制准确，未消解的生石灰块必须剔除。
④ 路拌深度要达到层底。
⑤ 混合料处于最佳含水量状况下，用重型压路机碾压至要求的压实度。
⑥ 进行保湿养生，养生期要符合规范要求。
2）实测项目
石灰稳定粒料基层和底基层的实测项目，如表 3.3-8 所列。

石灰稳定粒料基层和底基层的质量或允许偏差　　表 3.3-8

（见下表）

注：Δ表示关键项目。</td></tr>
<tr><td colspan="2">审核人</td><td>交接人</td><td></td><td>接受交底人</td><td></td></tr>
</table>

石灰稳定粒料基层和底基层的质量或允许偏差 表 3.3-8

<table>
<tr><td rowspan="3">序号</td><td rowspan="3" colspan="2">检查项目</td><td colspan="4">规定值或允许偏差</td><td rowspan="3">检查方法</td><td rowspan="3">权值</td></tr>
<tr><td colspan="2">基层</td><td colspan="2">底基层</td></tr>
<tr><td>快速路主干路</td><td>次干路支路</td><td>快速路主干路</td><td>次干路支路</td></tr>
<tr><td rowspan="2">1Δ</td><td rowspan="2">压实度（%）</td><td>代表值</td><td>—</td><td>95</td><td>95</td><td>93</td><td rowspan="2">检查每 200m 每车道 2 处</td><td rowspan="2">3</td></tr>
<tr><td>极　值</td><td>—</td><td>91</td><td>91</td><td>89</td></tr>
<tr><td>2</td><td colspan="2">平整度（mm）</td><td>—</td><td>12</td><td>12</td><td>15</td><td>3m 直尺：每 200m 测 2 处×10 尺</td><td>2</td></tr>
<tr><td>3</td><td colspan="2">纵断高程（mm）</td><td>—</td><td>+5，−15</td><td>+5，−15</td><td>+5，−20</td><td>水准仪每 200m 测 4 个断面</td><td>1</td></tr>
<tr><td>4</td><td colspan="2">宽度（mm）</td><td colspan="2">符合设计要求</td><td colspan="2">符合设计要求</td><td>尺量：多 200m 测 4 个断面</td><td>1</td></tr>
<tr><td rowspan="2">5Δ</td><td rowspan="2">厚度（mm）</td><td>代表值</td><td>—</td><td>−10</td><td>−10</td><td>−12</td><td rowspan="2">按有关规定检查，每 200m 每车道 1 点</td><td rowspan="2">2</td></tr>
<tr><td>合格值</td><td>—</td><td>−20</td><td>−25</td><td>−30</td></tr>
<tr><td>6</td><td colspan="2">横坡（mm）</td><td>—</td><td>±0.5</td><td>±0.3</td><td>±0.5</td><td>水准仪每 200m 测 4 个断面</td><td>1</td></tr>
<tr><td>7Δ</td><td colspan="2">强度（MPa）</td><td colspan="2">符合设计要求</td><td colspan="2">符合设计要求</td><td>按有关规定检查</td><td>3</td></tr>
</table>

3.4 城市道路石灰粉煤灰碎石基层施工技术交底

城市道路石灰粉煤灰碎石基层施工技术交底　　　　表 3-4

<table>
<tr><td colspan="2">工程名称</td><td></td><td>施工单位</td><td></td><td>编号</td><td></td></tr>
<tr><td>序号</td><td>项目</td><td colspan="5">城市道路石灰粉煤灰碎石基层施工技术交底内容</td></tr>
<tr><td>1</td><td>一般规定</td><td colspan="5">（1）将一定数量的石灰和粉煤灰与碎石相配合，加入适量的水，经拌合、压实及养护后得到的混合料，当其抗压强度符合规定的要求时，称石灰粉煤灰碎石，也可简称二灰碎石。
（2）用石灰粉煤灰碎石铺筑的路面基层称为石灰粉煤灰碎石基层。也可简称为二灰碎石基层。
（3）石灰粉煤灰碎石，是一种缓凝性硅酸盐材料，在一定的温度、湿度下，其强度随龄期而增加，用它铺筑的道路基层将会结成整体层，具有良好的力学性能、板体性、水稳性和一定的抗冻性，其抗冻性较石灰土高得多。但早期强度较低，耐磨性差，并且会发生一定程度的收缩裂缝，与石灰土相比较石灰粉煤灰碎石强度高，且收缩系数小，可能产生的裂缝轻。
（4）石灰粉煤灰碎石混合料道路基层的强度增长速度受气温的影响较大，为了保证道路基层施工质量，应尽量选择有利的施工季节，施工的最低气温在5℃以上，并在第一次重冰冻（－5～－3℃）到来之前1～1.5月完成。
（5）石灰粉煤灰碎石结构层施工时，必须具备以下条件：
1）配料必须准确，各种材料必须摊铺均匀，洒水拌合必须均匀；
2）应严格掌握基层厚度，其路拱横坡应与面层一致；
3）应在混合料处于或略大于最佳含水量时进行碾压，直到要求的压实度；
4）石灰粉煤灰碎石应用12t以上压路机碾压。用12～15t三轮压路机碾压时，每层的压实厚度不应超过15cm；用18～20t的三轮压路机、重型轮胎压路机或振动压路机碾压时，每层的压实厚度不应超过20cm。压实厚度超过上述规定时，应分层铺筑，每层的最小压实厚度为10cm；
5）必须保湿养护至少7d，不使石灰粉煤灰碎石层表面干燥；
6）石灰粉煤灰碎石基层碾压成活后，常因洒水养护不到，表面干燥和未能有效地控制交通，致使表面产生部分松散现象，如不彻底消除，将在沥青面层下形成松散薄层，严重影响质量，因此保湿养护后必须洒透层油一道；
7）洒透层油以前必须将表面松散部分及雨后带入的泥土彻底清除，石灰粉煤灰碎石养护也可于碾压结束后，当其表层适当晾干时，立即喷洒透层油。初期亦应禁止重型车辆通行。养护期结束应立即铺筑沥青面层；
8）石灰粉煤灰碎石基层，应按“宁刮勿补”的原则施工，严禁用贴补的办法进行找平。</td></tr>
<tr><td>2</td><td>材料要求</td><td colspan="5">1. 原材料的要求
（1）石灰：石灰粉煤灰碎石基层所用的石灰质量应符合表3.3-1规定的Ⅲ级消石灰或Ⅲ级生石灰的技术指标，应尽量缩短石灰的存放时间，如存放时间较长，应采取覆盖封存措施，妥善保管储存较久或经季雨的消石灰经试验，根据活性氧化物含量合格后才可使用。对于城市快速路和主干路，适宜采用磨细生石灰粉。
（2）粉煤灰：城市道路工程中所使用的粉煤灰，应为低活性火山灰质材料。粉煤灰是火力发电厂燃烧煤粉后排放的废渣，一般呈灰色或浅灰色粉状颗粒。对于粉煤灰材质要求稳定</td></tr>
<tr><td colspan="2">审核人</td><td></td><td>交接人</td><td></td><td>接受交底人</td><td></td></tr>
</table>

续表

<table>
<tr><td>工程名称</td><td colspan="2"></td><td>施工单位</td><td></td><td>编号</td><td></td></tr>
<tr><td>序号</td><td>项目</td><td colspan="5">城市道路石灰粉煤灰碎石基层施工技术交底内容</td></tr>
<tr><td>2</td><td>材料要求</td><td colspan="5">性好，粒径以偏粗为宜，化学成分（$SiO_2+Al_2O_3$）的总量应大于70%，在900℃高温下烧失量应不大于10%，含水量在20%左右为宜，干密度一般采用500～800kg/m³，粉煤灰与石灰混合一起能起水硬作用，增强了抗压强度。粉煤灰的含水量宜为15%～20%。
（3）土：一般是采用城市内就地取土的方法，塑性指数宜在7～17之间，550℃烧失量小于或等于5%，特殊情况小于或等于7%，可溶性盐含量小于或等于5%。
（4）二灰土的配合比：一般采用体积比（松方）：
1）土源较少选用比例：熟石灰：粉煤灰：土=1：2：1；
2）土源较多选用比例：熟石灰：粉煤灰：土=1：2：2。
（5）城市快速路、高等级道路对二灰稳定土和碎石层的要求：
1）二灰稳定土用作底基层时，土中碎石、砾石颗粒的最大粒径不应超过37.5mm，各种细粒土、中粒土和粗粒土都可以用二灰稳定后用于底基层；
2）二灰稳定土用作基层时，二灰的质量应占15%，最多不超过20%，石料颗粒的最大粒径不应超过31.5mm；
3）对所用的砾石或碎石，应预先筛分成3～4个不同粒级，然后再配合颗粒组成符合要求；
4）碎石或砾石的压碎值应符合下列要求：
①基层：快速路和主干路：不大于30%；次干路和支路以下道路：不大于35%；
②底基层：快速路和主干路：不大于35%；次干路和支路以下道路：不大于40%。
（6）集料：
1）集料系指碎石、砾石、砂砾、高炉矿渣、碎砖和稳定的钢渣等材料。集材的压碎值、抗压强度与适应范围，应符合表3.4-1所列。

集材的压碎值、抗压强度与适应范围　　表3.4-1
<table>
<tr><td rowspan="2">序号</td><td>压碎值（%）</td><td colspan="2">抗压强度（MPa）</td><td rowspan="2">适应范围</td></tr>
<tr><td>悬浮密实型混合料</td><td>骨架密实型混合料</td><td>悬浮密实型混合料</td></tr>
<tr><td>1</td><td>≤35</td><td>≥30</td><td>—</td><td>快速路和主干路的基层</td></tr>
<tr><td>2</td><td>≤40</td><td>≥35</td><td>—</td><td rowspan="2">次干路、支路的基层和快速路和主干路的底基层</td></tr>
<tr><td>3</td><td>—</td><td>—</td><td>—</td></tr>
</table>

2）悬浮密实型混合料的最大粒径不应大于50mm，并应小于混合料每层压实厚度的1/3。骨架密实型混合料中集料的最大粒径不应大于40mm，并应小于混合料每层压实厚度的1/3，集料应有级配。
3）集料的表面应清洁，不得粘附泥土。
（7）水：对水的要求是不含油质和非酸性水均可用于消解石灰，也可以说，凡饮用水（包括牲畜饮用水）、地下水及pH值大于6的水均可用于拌制石灰粉煤灰碎石混合料和养护。
（8）原材料的试验：在石灰粉煤灰矿渣（或碎石）施工前，应取有代表性的样品进行粒料的颗粒分析实验、碎石的压碎值试验；应试验石灰的有效钙和氧化镁含量，应试验粉煤灰的$SiO_2+Al_2O_3$含量和烧失量。</td></tr>
<tr><td colspan="2">审核人</td><td></td><td>交接人</td><td></td><td>接受交底人</td><td></td></tr>
</table>

续表

<table>
<tr><td>工程名称</td><td colspan="2"></td><td>施工单位</td><td></td><td>编号</td><td></td></tr>
<tr><td>序号</td><td>项目</td><td colspan="5">城市道路石灰粉煤灰碎石基层施工技术交底内容</td></tr>
<tr><td>2</td><td>材料要求</td><td colspan="5">

2. 混合料的组成设计

(1) 根据石灰粉煤灰混合料基层质量标准，确定石灰、粉煤灰、碎石的比例和混合料最佳含水量。

(2) 石灰粉煤灰碎石的最佳配合比，应通过试验确定，当不具备试验条件时，可参照某市道路工程施工技术规程中规定的石灰粉煤灰类混合料常用配合比范围配制各料用量，见表3.4-2所列。

石灰粉煤灰类混合料常用配合比范围　　表3.4-2

序号	混合料种类	常用配合比范围（质量比%）	备注
1	石灰：粉煤灰	25～15：75～85	
2	石灰：粉煤灰：土	6：30：64或9：35：56	
3	石灰：粉煤灰：碎石	7：30：63或10：50：40	
4	石灰：粉煤灰：砂砾	5：15：80或12：38：50	5：15：80的砂砾应有级配
5	石灰：粉煤灰：碎砖	10：50：40	

(3) 混合料的设计步骤：

1) 制备石灰粉煤灰碎石混合料，可参照有关道路施工或科研的配合比配制；

2) 确定石灰粉煤灰碎石混合料的最佳含水量和最大干密度（用击实试验法）；

3) 按工地预定达到的压实度，计算所用配合比的石灰粉煤灰碎石试件应有的干密度；

4) 按最佳含水量和计算得出的干密度制备试件。进行强度试验时，作为平行试验最少的试件数量应为9个，试验结果的偏差系数规定值为10%～15%，如试验结果的偏差系数大于规定值的15%时，则应重做试验，并找出原因加以解决，如不能降低偏差系数，则应增加试验数量；

5) 试件在规定温度下保湿养护6d，浸水1d后，进行无侧限抗压强度试验。计算试验结果的平均值和偏差系数。不同交通类别道路上，石灰粉煤灰碎石的7d浸水抗压强度标准规定如表3.4-3所列；

石灰粉煤灰碎石强度标准（MPa）　　表3.4-3

道路等级 用的层位	支路	次干路	快速路与主干路
基层	≥0.6	≥0.8	≥1.0

6) 根据表3.4-3的强度标准，选定合适的石灰粉煤灰碎石配合比；

7) 当混合料中集料用量在75%以上时，可用1%～3%水泥取代部分石灰，这种混合料适宜用于城市快速路和主干路的基层。

</td></tr>
<tr><td>3</td><td>施工要点</td><td colspan="5">

1. 准备工作

(1) 新建城市道路路床质量应符合现行行业标准《城镇道路工程施工与质量验收规范》CJJ 1—2008的有关规定。

(2) 旧路加铺混合料时，旧路上泥土杂物和松散集料等应清理干净。干燥路段需用水润湿。局部槽应修补夯实。

</td></tr>
<tr><td>审核人</td><td></td><td>交接人</td><td colspan="2"></td><td>接受交底人</td><td></td></tr>
</table>

续表

<table>
<tr><td>工程名称</td><td colspan="2"></td><td>施工单位</td><td></td><td>编号</td><td></td></tr>
<tr><td>序号</td><td>项目</td><td colspan="5">城市道路石灰粉煤灰碎石基层施工技术交底内容</td></tr>
<tr><td>3</td><td>施工要点</td><td colspan="5">

(3) 备料可分路床备料和集中备料两种。在能封闭交通道路时，可采用路床备料，当施工场地狭小时，可采用集中备料或厂拌混合料。

(4) 各种原材料应根据工程进度所需数量预先准备好，并取样试验，其规格与品质应符合《城镇道路工程施工与质量验收规范》CJJ 1—2008 的规定。

(5) 钙质石灰应在用灰前 7d、镁质石灰应在用灰前 10d 加水充分消解，严禁随消解随使用。消解石灰应掌握用水量，使石灰能充分消解，并保持含水量在 25%～35%。消解生石灰用水量可为生石灰重的 65%～80%。

(6) 湿排粉煤灰含水量大于 40%时应堆高加水，干排粉煤灰应加水润湿，其含水量均宜保持在 25%～35%，并应防止雨淋或灰粉飞扬。

(7) 对已完工多日的底基层或老城市路面，必须按以下要求进行：

1) 当石灰粉煤灰碎石用作基层时，要整理底基层；当石灰粉煤灰碎石用作老路面的加强层时，要整理老路面；下承层必须平整、坚实，并没有任何松散的材料和软弱地点；

2) 下承层的平整度和压实度应符合设计的规定；

3) 底基层或老路面上的低洼和坑洞应仔细修补及压实，达到平整。老路面的壅包、辙槽和严重裂缝或松散处应刨除整修，使其符合设计要求；

4) 逐一断面检查下承层高程是否符合设计要求。下承层高程的误差应符合设计的规定。

(8) 新完成的底基层：必须按规定进行验收，凡验收不合格的路段，必须采取措施使其达到标准后，才能在上铺筑石灰粉煤灰碎石基层。

2. 配料

(1) 配料可按下列三种方法进行：

1) 质量法——根据混合料质量比、一次拌合混合料总干质量和各种原材料含水量，按照《城镇道路工程施工与质量验收规程》CJJ 1—2008 的规程算出各种原材料湿质量，然后按各湿料质量称料，掺配成混合料。快速路和主干路的基层混合料应采用质量法配料施工。表 3.4-4 为石灰、粉煤灰、钢渣稳定土类混合料常用配合比。

石灰、粉煤灰、钢渣稳定土类混合料常用配合比　　　　表 3.4-4

序号	混合料的种类	钢　渣	石　灰	粉煤灰	土
1	石灰、粉煤灰、钢渣	60～70	10～7	30～23	—
2	石灰、钢渣、土	50～60	10～8	—	40～32
3	石灰、钢渣	90～95	10～5	—	—

2) 体积法——根据混合粉质量比、各种原材料湿松密度和含水量，按照《城镇道路工程施工与质量验收规程》CJJ 1—2008 的规程换算为体积比，用容器按比例量取各种原材料掺配成混合料。体积法适用于拌合少量混合料。

3) 层铺法——根据混合粉质量比和最大干密度、各种原材料湿松密度和含水量，及混合料压实层厚和压实度等数据，按照《城镇道路工程施工与质量验收规程》CJJ 1—2008 的规程中计算方法，计算各种原材料松铺厚度，以此控制各层原材料摊铺厚度。层铺法适用于机械路拌施工。

(2) 根据原材料的含水量变化，应能够随时计算出调整各种材料的用量。

3. 含水量要求

(1) 施工中，当混合料含水量小于最佳含水量时，应适当增加水量。加水量和加水次数都要根据施工时的气候条件和原材料的含水量而定，并使加水后混合料含水量略高于最佳含水量。

(2) 人工拌合或机械厂拌宜用压力喷头加水。机械路拌可以用洒水车或其他河水工具将水均匀喷洒。可随拌合随加水，也可一次加水后闷料 8～12h，再进行拌合。

</td></tr>
<tr><td colspan="2">审核人</td><td></td><td>交接人</td><td></td><td>接受交底人</td><td></td></tr>
</table>

续表

<table>
<tr><td>工程名称</td><td></td><td>施工单位</td><td></td><td>编号</td><td></td></tr>
<tr><td>序号</td><td>项目</td><td colspan="4">城市道路石灰粉煤灰碎石基层施工技术交底内容</td></tr>
<tr><td>3</td><td>施工要点</td><td colspan="4">
(3) 混合料中水分过多时应晾晒风干，使水量接近最佳含水量。
(4) 混合料的加（或减）水量应根据混合料湿度、实际含水量和最佳含水量等数据，按照《城镇道路工程施工与质量验收规程》CJJ 1—2008 进行计算。
4. 拌合
(1) 粉煤灰石灰碎石混合料的拌合方式，应符合下列规定：
1) 混合料量少时，可采用人工拌合；
2) 对基层质量要求高、城市环境保护严和地下管线较多的快速路和主干路，应采取机械厂拌合法拌合混合料；
3) 对施工场地开阔或需要利用现场土等原材料时，可用机械路拌合法拌合混合料；也可在路床外场地用机械集中拌合混合料。
(2) 机械厂拌合法是采用强制式拌合机、粉碎机、皮带运输机和装载机等设备拌合，拌合均匀的混合料应卸至储料场（或仓）待运。在装运混合料时，当粗、细料有离析现象时，应用装载机翻拌均匀后，再运至工地摊铺。在干燥地区或遇干热天气，由于混合料在储存、运输和摊铺时蒸发失水，拌合含水量应高于最佳含水量的 2%～5%。混合料宜随拌合，随运输、随摊铺、随压实。
(3) 机械路拌合法是由下至上按顺序分层摊铺集料、细料、结合料等原材料，各层材料摊铺后应整平。宜采用专用稳定土拌合机拌合均匀，也可用拖拉机带多铧犁和旋转犁或圆盘耙相配合翻拌均匀。用机械路拌合法拌合混合料，对机械不易拌到之处，应辅以人工拌合均匀。
(4) 人工路拌合宜采用条拌法。将各种原材料分铺成条形后，边翻拌边前进，翻拌数遍直至拌合均匀。
(5) 混合料从拌合均匀到压实时间应根据不同温度混合料水化结硬速度而定，当气温在 20℃以上时，不宜超过 2～1d；当气温在 5～20℃时，不宜超过 4～2d。用水泥取代部分石灰的混合料，从开始拌合至压实时间，应在 5～8h 内完成。
(6) 拌合均匀的粉煤灰石灰碎石混合料中，不应含有大于 15mm 的土团粒和大于 10mm 的石灰或粉煤灰团粒，以及大于规定最大粒径的集料。拌合后的混合料应均匀，无夹心，集料无离析现象。
5. 摊铺整型
(1) 当拌合均匀的粉煤灰石灰碎石混合料摊铺整型时含水量允许偏差应符合表 3.4-5 的规定。
(2) 应将拌合均匀、含水量符合表 3.4-5 规定的混合料按设计断面和松铺厚度均匀摊铺于路床内。松铺厚度应为压实厚度乘压实系数，并可用人工路拌合宜采用条拌法。将各种原材料分铺成条形后，边翻拌边前进，翻拌数遍直至拌合均匀。
粉煤灰石灰碎石混合料摊铺整型时含水量允许偏差　　表 3.4-5
<table>
<tr><th>序号</th><th>混合料种类</th><th>含水量允许偏差</th></tr>
<tr><td>1</td><td>粉煤灰石灰</td><td>+1%
−5%</td></tr>
<tr><td>2</td><td>粉煤灰石灰土</td><td>±2%</td></tr>
<tr><td>3</td><td>粉煤灰石灰集料：
集料 50%左右
集料 70%左右</td><td>+1%
−3%
±1%</td></tr>
</table>
粉煤灰石灰碎石混合料压实系数宜由试铺决定，亦可采用表 3.4-6 中的数值。
</td></tr>
<tr><td>审核人</td><td></td><td>交接人</td><td></td><td>接受交底人</td><td></td></tr>
</table>

续表

<table>
<tr><td>工程名称</td><td colspan="3"></td><td>施工单位</td><td></td><td>编号</td><td></td></tr>
<tr><td>序号</td><td>项目</td><td colspan="6">城市道路石灰粉煤灰碎石基层施工技术交底内容</td></tr>
<tr><td>3</td><td>施工要点</td><td colspan="6">

粉煤灰石灰碎石混合料压实系数　　　　表 3.4-6

人工拌合人工摊铺		机械拌合机械摊铺	
不含集料	含集料	不含集料	含集料
1.6～1.9	1.4～1.6	1.3～1.5	1.2～1.4

（3）粉煤灰石灰碎石混合料摊铺整形后应封锁交通，并立即进行压实施工作业。

6. 碾压施工

（1）粉煤灰石灰碎石混合料每层压实厚度应根据压路机械的压实功能来决定，并不得大于20cm，且不得小于10cm。若采用振动力大的重型振动压路机碾压时，每层压实厚度可增至25cm。

（2）人工拌合、人工摊铺整形的混合料应先用6～8t两轮压路机、轮胎压路机或履带拖拉机在基层全宽内进行碾压。直线段应由两侧路肩向路中心碾压；平曲线段应由内侧路肩向外侧路肩碾压。碾压1～2遍后，可再用12～15t的三轮压路机或振动压路机压实。

（3）机械拌合、机械摊铺整形的混合料可直接用12～15t三轮压路机、振动压路机或轮胎压路机压实。当采用振动压路机时，应先静压后再振动碾压。

（4）用两轮压路机碾压时，每次应重叠1/3轮宽；用三轮压路机碾压时，每次应重叠后轮宽的1/2。其碾压速度：光轮压路机宜为30～40m/min；振动压路机宜为60～100m/min。

（5）最后均应碾压至混合料基层表面无明显轮迹。基层压实度应达到设计要求，当设计无规定时，应符合下列规定：

1）快速路和主干路压实度基层不得小于97%，底基层和垫层不得小于95%；

2）次干路和支路压实度：基层不得小于95%，底基层和垫层不得小于93%。

（6）压实混合料基层的厚度、宽度、横坡、标高和平整度的过程中，应符合设计要求和按照《城镇道路工程施工与质量验收规程》CJJ 1—2008进行。

（7）初压时应设人跟机，检查基层有无高低不平之处，高处铲除，低处填平，填补处应翻松洒水再铺混合料压实。当基层混合料压实后再找修补时，应在修补处挖深8～10cm，并洒适量水分后及时压实成型。不得用贴补薄层混合料找平。

（8）在碾压中出现“弹簧现象”时，应立即停止碾压，并将混合料翻松晾干或加集料或加石灰，重新翻拌均匀，再进行压实。碾压时若出现松散堆移现象，应适量洒水，再翻拌、整平、压实。

（9）当工作间断或分段施工时，衔接处可预留混合料不压实段，人工摊铺时，宜预留2m，机械排铺时，应预留10m及以上。

（10）混合料基层施工应避免纵向接缝。当分幅施工时，纵缝应垂直连接，不得斜接。

（11）在有检查井、缘石等设施的城市道路上碾压混合料，应配备火力夯等小型夯、压机具；对大型碾压机械碾压不到或碾压不实之处，应进行人工补压或夯实。

（12）压路机或汽车不得在刚压实或正在碾压的基层上转弯、调头或刹车。

7. 早期养护

（1）压实成型并经检验符合标准的粉煤灰石灰类混合料基层，经1～2d后，应保持潮湿状态下养护。养护期的长短应根据环境温度确定，当环境温度在20℃以上时，每次不得少于7d；当环境温度在5～20℃时，不得少于14d。

（2）必要时应浇洒乳化沥青进行养护，一般其乳化沥青用量宜为0.6～1.0kg/m^2。

</td></tr>
<tr><td colspan="2">审核人</td><td></td><td>交接人</td><td></td><td>接受交底人</td><td colspan="2"></td></tr>
</table>

续表

工程名称		施工单位		编号	
序号	项目	城市道路石灰粉煤灰碎石基层施工技术交底内容			
3	施工要点	(3) 可洒水养护，水应分次均匀洒布，并应以在养生期内保持混合料基层表面湿润为度，不得有薄层积水。不得用水管直接对基层表面冲水养护。温度较低时，尚应在基层上适量喷洒盐水。 (4) 养护期间应封闭交通。对个别不能断绝交通的道路，可选用集料含量大的混合料基层，并用乳化沥青养护，再按 0.3～0.5m^3/100m^2 的用量撒布粗砂或按约 0.5m^3/100m^2 的用量撒布 3～6mm 石屑后，方可开放交通，并应限制车速和交通量。 (5) 在粉煤灰石灰矿石混合料基层上铺筑沥青面层或其他结构层时，应对基层表面进行一次检查和清扫。发现局部变形、松散和污染，应及时修补清理。并宜适量地洒水保养，保持基层表面湿润。 (6) 粉煤灰石灰矿石基层应在达到设计规定的结硬强度后，方可在其上铺筑沥青面层或其他结构层。在粉煤灰石灰矿石基层规定养护期内（7～14d）基层提前达到设计强度时，可在基层上铺筑沥青面层或其他结构层。 (7) 当粉煤灰石灰矿石基层超过规定养护期，基层仍未达到设计强度时，应延长养护期限。 (8) 石灰加固类混合料底基层和垫层的养护，可在下层混合料压实后，采取立即覆盖上层混合料或原材料的方式进行。 **8. 雨期施工措施** (1) 雨期施工应集中力量分段施工，各段土基应在下雨前碾压密实。对软土地段或低洼之处，应在下雨前先行施工。路床应开挖临时排水沟。 (2) 因下雨造成土基湿软地段，可采取晾晒、换土或掺加石灰、集料等措施处理。雨天及雨后应封闭交通。 (3) 粉煤灰、石灰、土等原材料一次备料不宜太多，并应大堆存放，材料堆周围应设排水沟。 (4) 粉煤灰石灰矿石混合料应边拌合，边摊铺，边压实。对已摊铺好的混合料，应在下雨前或冒雨进行初压，雨停后再碾压密实。对已摊铺尚未碾压的混合料遇雨时，雨后应封闭交通，晾晒至接近最佳含水量后，再进行拌合压实。基层分层施工时，应在下雨前铺压垫层，并应防止雨水浸入土基。 **9. 提高粉煤灰石灰碎石混合料早期强度措施** 提高混合料早期强度可采用下列措施： (1) 在混合料中掺入 2%～5%水泥取代部分石灰。 (2) 掺加混合料总干重 0.5%～1.5%的工业用液碱溶液或其他早强剂。 (3) 在符合混合料结构组成设计规定的前提下，可加大集料用量。 (4) 混合料应采用碾压成型的最低含水量的情况下压实，其最低含水量宜小于最佳含水量的 1%（集料用量为 85%时）至 6%（集料用量为零时）。 **10. 低温施工措施和低温施工条件** (1) 粉煤灰石灰矿石混合料的低温（0～5℃）施工措施应符合上述“提高混合料早期强度可采用下列措施”的要求，但外掺材料用量应取高限，并应增加石灰剂量 2%～3%，或用生石灰粉代替消石灰，也可采用氯盐降低混合料冰点。 (2) 在非重冰冻地区，路段水文条件很好，压实混合料从结冻至解冻过程中，不因外力作用（如行车、冻胀等）而使结构受到破坏；低温时采用石灰加固类材料施工，应符合下列要求：			
审核人		交接人		接受交底人	

续表

<table>
<tr><td>工程名称</td><td colspan="2"></td><td>施工单位</td><td></td><td>编号</td><td></td></tr>
<tr><td>序号</td><td>项目</td><td colspan="5">城市道路石灰粉煤灰碎石基层施工技术交底内容</td></tr>
<tr><td>3</td><td>施工要点</td><td colspan="5">1）在次干路和支路上可铺筑混合料垫层、底基层和基层；
2）在快速路和主干路上可铺筑混合料垫层和底基层。
11. 基、面层结合措施
粉煤灰石灰矿石混合料基层与其上铺筑的沥青面层应结合紧密稳定。首先应养护好粉煤灰石灰矿石基层的表面层后，再采取下列措施：
（1）快速路和主干路的基层上，当沥青面层较薄时，可铺筑层厚 7cm 及以上沥青碎石层；当沥青面层较厚时，可洒布一层结合沥青，其用量宜为 0.6～0.8kg/m^2。
（2）次干路的基层上，可洒布一层结合沥青，其用量宜为 0.8kg/m^2。
（3）支路的基层上，可洒布一层结合沥青，其用量宜为 0.5kg/m^2，或直接在清扫洁净的基层上铺筑沥青面层。
12. 改善基层缩裂性质措施
粉煤灰石灰矿石混合料基层在水、温变动下，发生有规律的收缩性裂缝。控制或减少以至消除这类裂缝，可采用下列措施：
（1）不用或少用土，尤其是黏土等收缩性大的原材料。
（2）粉煤灰石灰矿石混合料结构组成应符合设计要求。
（3）控制粉煤灰石灰矿石混合料基层碾压含水量，使其小于最佳含水量。
（4）重视混合料基层初期湿治养护。
（5）粉煤灰石灰矿石混合料基层上预设缝距和设缝工艺都选用恰当的人工收缩缝。或在基层设缝后，宜在缝上再条铺土工织物，其宽度宜为 1m。</td></tr>
<tr><td>4</td><td>质量标准</td><td colspan="5">（1）施工中应建立健全的材料试验、质量检查及工序间交接验收等项制度。每道工序完成后均应进行检验，合格后方可进行下一道工序。凡检验不合格的作业段，均应进行补救或整修。
（2）粉煤灰石灰类混合料基层质量与检查验收应符合表 3.4-7 的规定，并应做到原始记录齐全。
粉煤灰石灰类混合料基层质量与检查验收要求　　表 3.4-7
<table>
<tr><th>序号</th><th>主要项目</th><th>质量标准</th><th>检查要求</th></tr>
<tr><td>1</td><td>石灰质量</td><td>充分消解、无杂质、CaO＋MgO 大于 50%消石灰，60%生石灰</td><td>每批质量相同的石灰视数量多少检查 1～3 次</td></tr>
<tr><td>2</td><td>石灰剂量</td><td>＋2%～－1%</td><td>每拌合作业段检验不得少于 1 次，并小于 1000m^2</td></tr>
<tr><td>3</td><td>粉煤灰</td><td>SiO_2＋Al_2O_3 宜大于 70%，烧失量宜少于 10%</td><td>对每批质量相同的粉煤灰应检验 1～3 次</td></tr>
<tr><td>4</td><td>集料</td><td>必须符合本节“原材料的要求”中“(6) 集料”的“1）～3)”的全部内容</td><td>对每批质量相同的集料应检验 1～3 次</td></tr>
<tr><td>5</td><td>土</td><td>塑性指数宜大于 6，小于 30，有机质应小于 8%</td><td>对每一批质量相同的土均应检验 1～3 次</td></tr>
</table></td></tr>
<tr><td>审核人</td><td></td><td>交接人</td><td></td><td>接受交底人</td><td colspan="2"></td></tr>
</table>

续表

工程名称		施工单位		编号	
序号	项目	城市道路石灰粉煤灰碎石基层施工技术交底内容			
4	质量标准	（见下表）			

续表

序号	主要项目	质量标准	检查要求
6	水	pH值大于6	对每个水源应检查1～3次
7	混合料拌合均匀度	颜色均匀无夹心，无大于10mm石灰、粉煤灰和大于15mm土团粒，集料无离析现象	每拌合作业段检验不得少于1处，并小于1000m²
8	混合料摊铺整型时含水量	必须符合本节“表16中的具体要求”	每拌合作业段不得少于1处，并小于1000m²
9	混合料抗压强度	（1）粉煤灰石灰碎石基层7d强度须符合如下要求： ①基层：快速路、主干路≥0.70MPa 次干路、支路≥0.55～0.50MPa ②底基层：快速路、主干路≥0.50MPa （2）粉煤灰石灰碎石基层28d龄期抗压强度必须符合如下要求：快速路、主干路基抗压强度不小于1.75MPa，次干路基抗压强度不小于1.38MPa	取工地每作业段（小于2000m²）拌合好的混合料，在试验室成型试件，每组不得少于6个
10	压实度	快速路、主干路不得小于：97%基层，95%底基层和垫层；次干路和支路不得小于：95%基层，93%底基层和垫层	每碾压作业段检验不得少于1处，并小于1000m²
11	厚度	无联结层时±10mm；有联结层时±15mm	每碾压作业段检验不得少于1处，并小于1000m²
12	宽度	大于设计宽度	每碾压作业段检验不得少于1处，并小于50m
13	横坡	±20mm，且不得大于±0.3%	每碾压作业段检验不得少于1处，并小于50m
14	平整度	不得大于10mm	用3m直尺靠量，着地间隙不得大于10mm，平顺无波浪，每20m检查1处
15	中线高程	无联结层时±10mm；有联结层时±20mm	用水准仪测量，每20m一个测点
16	养护检查	必须符合本节“早期养护”中的“（1）～（7）”的全部内容	对全路段的混合料基层进行多次普遍检查

（3）原材料和混合料的试验或检验项目应符合表3.4-8的规定：

原材料和混合料的试验或检验项目　　表3.4-8

序号	主要材料	试验或检验项目
1	石灰	活性CaO+MgO含量测定，不消解颗粒测定，含水量和湿松密度试验

审核人		交接人		接受交底人	

续表

<table>
<tr><td>工程名称</td><td colspan="2"></td><td>施工单位</td><td></td><td>编号</td><td></td></tr>
<tr><td>序号</td><td>项目</td><td colspan="5">城市道路石灰粉煤灰碎石基层施工技术交底内容</td></tr>
<tr><td>4</td><td>质量标准</td><td colspan="5">续表

| 序号 | 主要材料 | 试验或检验项目 |
2	粉煤灰	烧塑限试验，$SiO_2+Al_2O_3$测定，含水量和湿松密度试验
3	土	液塑限试验，有机质测定，含水量和湿松密度试验
4	集料	压碎值试验，大于50mm颗粒筛分和颗粒组成分析。含水量、湿松密度、毛体积密度和持水量试验
5	混合料	最大干密度和最佳含水量试验，现场拌合均匀度（一般指目测）、含水量、湿松密度。工地取样或成塑试件，进行7d和28d龄期抗强度试验 | （4）如若需要快速（在1～2d内）决定混合料基层28d抗压强度时，可采用《城镇道路工程施工与质量验收规程》CJJ 1—2008的规程中的试验方法进行，测定试件相对于28d龄期抗压强度。</td></tr>
<tr><td>审核人</td><td colspan="2"></td><td>交接人</td><td></td><td>接受交底人</td><td></td></tr>
</table>

3.5 城市道路水泥砂砾基层施工技术交底

城市道路水泥砂砾基层施工技术交底　　表3-5

<table>
<tr><td>工程名称</td><td colspan="2"></td><td>施工单位</td><td></td><td>编号</td><td></td></tr>
<tr><td>序号</td><td>项目</td><td colspan="5">城市道路水泥砂砾基层施工技术交底内容</td></tr>
<tr><td>1</td><td>一般要求</td><td colspan="5">（1）在粉碎的或原状松散的土（包括各种粗、中、细粒土）中，掺入适当水泥和水，按照技术要求，经拌合摊铺，在最佳含水量时压实及养护成型，其抗压强度符合规定要求，以此修建的城市道路路面基层称水泥砂砾基层（又称水泥稳定类基层）。当用水泥稳定细粒土（砂性土、粉性土或黏性土）时，简称水泥土。
（2）水泥稳定类基层具有良好的整体性，足够的力学强度、抗水性和耐冻性。其初期强度较高，且随龄期增长而增长，所以应用范围很广。近年来，在我国一些路面工程中，水泥稳定土常用于路面结构的基层和底基层，在保证路面使用品质上取得了满意的效果。
（3）水泥稳定土中粒土和粗粒土用作基层时，水泥剂量一般不宜超过6%。必要时，应首先改善集料的级配，然后再用水泥进行稳定。
（4）在只能使用水泥稳定细粒土作为基层时，或水泥稳定集料的强度要求明显大于规定时，水泥剂量不受此限制。但水泥土有以下三个不利特征，不适用做主干路和快速路以上的高级沥青路面和水泥混凝土路面的基层，只可用作底基层。
1）水泥土的干缩系数和干缩应变以及温缩系数均较大；容易产生比较严重的干缩裂缝，并影响沥青面层的开裂；
2）当水泥土的强度没有充分形成时，如果接触到水，其表层易发生软化，导致沥青面层出现龟裂破坏；</td></tr>
<tr><td>审核人</td><td colspan="2"></td><td>交接人</td><td></td><td>接受交底人</td><td></td></tr>
</table>

续表

<table>
<tr><td colspan="2">工程名称</td><td></td><td>施工单位</td><td></td><td>编号</td><td></td></tr>
<tr><td>序号</td><td>项目</td><td colspan="5">城市道路水泥砂砾基层施工技术交底内容</td></tr>
<tr><td>1</td><td>一般要求</td><td colspan="5">3）水泥土的抗冲刷能力小，易使沥青面层变形，水泥混凝土路面出现边角断裂。
（5）在雨期施工的水泥稳定土，特别是水泥土结构层时，应特别注意气候的变化，千万不可使水泥和混合料遭到雨淋。降雨时应停止施工，但已经摊铺的水泥混合料应尽快碾压密实。采用路拌法施工时，应考虑排除下承层表面水的措施，勿使运到路上的集料过分潮湿。
（6）在水泥结构层施工时，应遵守下列规定：
1）土块应尽可能地进行粉碎，在一般情况下，土块的最大尺寸不应大于 15mm；
2）为确保道路底基层的质量，水泥稳定土混合料的配料应当准确，配料误差应符合设计要求；
3）采用路拌法进行施工时，水泥应当摊铺均匀，不得出现缺料和水泥过于集中现象；
4）对混合料的洒水、拌合应均匀。应严格控制底基层的厚度和高程，其每层的路拱横坡应与面层一致；
5）应在混合料处于或略大于最佳含水量时进行碾压，如果气候炎热干燥，混合料中的含水量可大于最佳含水量 1%～2%，直至达到下列按重型击实试验法确定的要求压实度（最低要求）：
① 基层。城市快速路和主干路：压实度应达到 98%；次干路和支路：水泥稳定中粒土和粗粒土达到 97%，水泥稳定细粒土达到 93%；
② 底基层。城市快速路和主干路：水泥稳定中粒土和粗粒土达到 97%，水泥稳定细粒土达到 95%；城市次干路和支路以下的道路：水泥稳定中粒土和粗粒土达到 95%，水泥稳定细粒土达到 93%；由于在道路工程施工中已广泛应用大能量压路机，所以对压实度宜提高 1%～2%。
6）水泥稳定土结构层应用 12t 以上的压路机进行碾压。用 12～15t 三轮压路机碾压时，每层的压实厚度不应超过 15cm；用 18～20t 三轮压路机碾压时，每层的压实厚度不应超过 20cm；对于水泥稳定中粒土和粗粒土，采用能量大的振动压路机碾压时，或对于水泥稳定细粒土，采用振动羊足碾与三轮压路机配合碾压时，每层的压实厚度可以根据试验适当增加。压实厚度如果超过上述规定时，应当分层进行铺筑，每层的最小压实厚度为 10cm，下层可以稍厚一些。对于稳定细粒土，以及用摊铺机摊铺的混合料，都应当采用先轻型、后重型的碾压方式；
7）采用路拌法施工时，必须严密组织，采用流水作业法施工，尽可能缩短从加水拌合到碾压终结的延迟时间。此时间一般不应超过 3～4h，并应短于水泥的终凝时间。采用集中厂拌法施工时，延迟时间不应超过 2h；
8）水泥稳定土基层施工时，如果压实层表面不平整，严禁用薄层贴补法进行找平；
9）必须采用保湿养护，不使稳定土层表面干燥，也不能使稳定土忽干忽湿；
10）水泥稳定土基层上未铺封层或面层时，除施工车辆可慢速（不超过 30km/h）通行外，禁止一切车辆通行。
（7）对于高等级路，直接铺筑在土基上的底层下层可以用稳定土拌合机进行路拌法施工，当土基上层已用石灰或固化剂处理，底基层的下层也宜用集中拌合法拌制混合料。其上的各个稳定土层都应用集中厂拌法拌制混合料，并用摊铺机摊铺基层混合料。
（8）基层分两层施工时，在铺筑上一层之前，应在下层顶面先洒薄层水泥或水泥净浆。
（9）水泥稳定土结构层宜在春末和气温较高季节组织施工。施工期的日最低气温应在 5℃以上，在有冰冻的地区，并应在第一次重冰冻（−3～−5℃）到来之前半个月到一个月内彻底完成。</td></tr>
<tr><td colspan="2">审核人</td><td></td><td>交接人</td><td></td><td>接受交底人</td><td></td></tr>
</table>

续表

<table>
<tr><td>工程名称</td><td colspan="2"></td><td>施工单位</td><td></td><td>编号</td><td></td></tr>
<tr><td>序号</td><td>项目</td><td colspan="5">城市道路水泥砂砾基层施工技术交底内容</td></tr>
<tr><td>2</td><td>施工要点</td><td colspan="5">

1. 基本要求

（1）底基层按有关检验标准进行复检，凡不合格的路段应进行整修，使其达到标准。底基层表面应平整、坚实，具有规定的路拱，没有任何松散和软弱地点。

（2）水泥稳定碎石基层施工期的最低气温应在5℃以上，并在第一次冰冻到来之前半个月到一个月完成。确定每一作业段的合理长度时，必须综合考虑下列因素：

1）水泥的终凝时间，施工季节和气候条件；

2）延缓时间对混合料密度和抗压强度的影响；

3）施工机械的效率和数量；

4）操作的熟练程度，尽量减少底基层接缝。

（3）水泥稳定土结构层施工时，必须遵守下列规定：

1）细粒土应尽可能粉碎，土块最大尺寸不应大于15mm；

2）各种配料必须准确无误；

3）路拌法施工时水泥必须摊铺均匀；在洒水和拌合时必须保持均匀；

4）应严格掌握基层厚度和高程，其路拱横坡应与面层一致；

5）应在混合料处于或略小于最佳含水量时进行碾压，并要求符合压实度。

2. 拌合与摊铺

（1）混合料应在中心拌合厂拌合，可采用间歇式拌合设备。所有拌合设备都应按配合比例配料要准确，其加料方法应便于监理工程师对每盘的配合比进行核实。拌合要均匀，含水量要略大于最佳值，使混合料运到现场摊铺碾压时的含水量不小于最佳值。运距远时，运送混合料的车厢应覆盖，以防水分损失过多。

（2）用平地机或摊铺机按松铺厚度摊铺，但摊铺要均匀，如有粗细料离析现象，应以人工或机械补充拌匀。混合料松铺系数参考值：水泥稳定砂砾为1.30～1.35，水泥土为1.53～1.58。

3. 整形

对城市次干路或支路所用混合料，在摊铺后立即用平地机初步刮平和整形。在直线段，平地机由内侧向路中心刮平；在平曲线段，平地机由内侧向外侧刮平，需要时再返回刮一遍。

4. 碾压

（1）整形后，当混合料的含水量大于或等于最佳含水量时，立即用停振状态的振动压路机在全宽范围内先静压1～2遍，然后打开振动器均匀压实到规定的压实度。

（2）碾压时振动轮必须重叠1/2，通常除路面的两侧应多压2～3遍以外，其余各部分碾压的次数应尽量相同。严禁压路机在已完成的或正在碾压的路段上调头或急刹车。

（3）在碾压过程中，水泥稳定碎石的表面应始终保持潮湿，如表层水分蒸发过快，应尽快洒少量的水。在施工中如有松散、起皮等现象时，必须及时翻开重新拌合（如加少量的水泥）或其他方法处理，使其达到质量要求。

（4）在碾压过程结束之前，用平地机再终平一次，使其纵向顺适，路拱和标高符合规定要求。终平时应仔细用路拱板校正，必须将高出部分刮除，并扫出路外。

</td></tr>
<tr><td colspan="2">审核人</td><td></td><td>交接人</td><td></td><td>接受交底人</td><td></td></tr>
</table>

工程名称		施工单位		编号	
序号	项目	城市道路水泥砂砾基层施工技术交底内容			

2 施工要点

5. 接缝处理

（1）当天的两工作段衔接处，应搭接拌合，即先施工的前一段尾部留 5～8m 不进行碾压，待第二段施工时，对前段留下未压部分要再加部分水泥重新拌合，并与第二段一起碾压。应十分注意每天最后一段末端缝（即工作缝）的处理，工作缝应成直线，且上下垂直。

（2）经过摊铺整型的水泥稳定碎石当天应全部压实，不留尾巴。第二天铺筑时为了使碾压成型的稳定边缘不致遭受破坏，应用方木（厚度与其压实后厚度相同）保护，碾压前将方木提出，用混合料回填并整平。

6. 养护及交通管制

（1）每一段碾压完成后应立即开始养护，不得延误。在整个养护期间都应使水泥稳定碎石层保持潮湿状态，养护结束后，必须将覆盖物清除干净。

（2）在养护期间未采取覆盖措施的水泥稳定碎石层上，除洒水车外，应封闭交通；在采取覆盖措施的水泥稳定碎石层上不能封闭交通时，应限制重车通行，其他车辆车速不得超过 30km/h。

（3）水泥稳定碎石层上立即铺筑沥青面层时，不需要太长的养护期，但应始终保持表面湿润，至少洒水养护 3d。

（4）养护期满验收合格后，应立即浇透层油。

3 质量标准

1. 水泥土基层和底基层

（1）基本要求

1）土质符合设计要求，土块应经过粉碎；

2）水泥用量应按设计要求控制准确；

3）路拌深度达到层底；

4）混合料应处于最佳含水量状况下，用重型压路机碾压至要求压实度。从加水拌合到碾压终了的时间不应超过 3～4h，并应短于水泥的终凝时间；

5）碾压检查合格后，应立即覆盖或洒水养护，养护期应符合规范要求。

（2）实测项目

水泥稳定土在施工过程中的实测项目主要内容如表 3.5-1 所示。

（3）外观鉴定

1）表面平整密实、无坑洼、无明显离析。不符合要求时，每处减 1～2 分；

2）施工接茬平整、稳定。不符合要求时，每处减 1～2 分。

水泥稳定土底基层、基层质量或允许偏差　　表 3.5-1

序号	检查项目		规定值或允许偏差				检查方法	权值
			基层		底基层			
			快速路主干路	次干路支路	快速路主干路	次干路支路		
1Δ	压实度（%）	代表值	—	95	95	93	检查每 200m 每车道 2 处	3
		极值	—	91	91	89		

审核人		交接人		接受交底人	

续表

工程名称		施工单位		编号	
序号	项目	城市道路水泥砂砾基层施工技术交底内容			
3	质量标准	见下			

续表

序号	检查项目		规定值或允许偏差				检查方法	权值
			基层		底基层			
			快速路主干路	次干路支路	快速路主干路	次干路支路		
2	平整度（mm）		—	12	12	15	3m直尺：每200m测2处×10尺	2
3	纵断高程（mm）			+5，−15	+5，−15	+5，−20	水准仪每200m测4个断面	1
4	宽度（mm）		符合设计要求		符合设计要求		尺量：多200m测4个断面	1
5	厚度（mm）	代表值	—	−10	−10	−12	按有关规定查，每200m每车道1点	2
		极值	—	−20	−25	−30		
6	横坡（%）		—	±0.5	±0.3	±0.5	水准仪每200m测4个断面	1
7Δ	强度（MPa）		符合设计要求		符合设计要求		按有关规定检查	3

注：Δ表示关键项目。

2. 水泥稳定粒料基层和底基层

（1）基本要求

1）粒料应符合设计和施工规范的要求，并应根据当地料源选择质地坚硬、干净无杂的粒料，矿渣应分解稳定，未分解渣块应予剔除；

2）水泥用量和矿料级配按设计要求控制准确；

3）路拌深度要求达到基层的底部；

4）摊铺时要注意混合料均匀，坚决消除离析现象；

5）混合料应处于最佳含水量状况下，用重型压路机碾压至要求压实度。从加水拌合到碾压终了的时间不应超过3～4h，并应短于水泥的终凝时间；

6）水泥稳定粒料碾压检查合格后，立即进行覆盖或洒水养护，养护期应符合有关规范要求。

（2）实测项目

水泥稳定砾料基层和底层在施工过程中的实测项目主要内容表3.5-2所示。

水泥稳定砾料基层和底基层质量或允许偏差　　　表3.5-2

序号	检查项目		规定值或允许偏差				检查方法	权值
			基层		底基层			
			快速路主干路	次干路支路	快速路主干路	次干路支路		
1Δ	压实度（%）	代表值	98	97	96	93	检查每200m每车道2处	3
		极值	94	93	92	91		

审核人		交接人		接受交底人	

续表

工程名称		施工单位		编号	
序号	项目	城市道路水泥砂砾基层施工技术交底内容			
3	质量标准	（见下）			

续表

序号	检查项目		规定值或允许偏差				检查方法	权值
			基层		底基层			
			快速路主干路	次干路支路	快速路主干路	次干路支路		
2	平整度（mm）		8	12	12	15	3m 直尺：每 200m 测 2 处×10 尺	2
3	纵断高程（mm）		+5，−10	+5，−15	+5，−15	+5，−20	水准仪每 200m 测 4 个断面	1
4	宽度（mm）		符合设计要求		符合设计要求		尺量：多 200m 测 4 个断面	1
5	厚度（mm）	代表值	−8	−10	−10	−12	按有关规定查，每 200m 每车道 1 点	2
		极值	−15	−20	−25	−30		
6	横坡（%）		±0.3	±0.5	±0.3	±0.5	水准仪每 200m 测 4 个断面	1
7△	强度（MPa）		符合设计要求		符合设计要求		按有关规定检查	3

注：△表示关键项目。

（3）外观鉴定

1）表面平整密实、无坑洼、无明显离析。不符合要求时。每处减 1～2 分；

2）施工接茬平整、稳定。不符合要求时，每处减 1～2 分。

审核人		交接人		接受交底人	

3.6 城市道路级配碎石基层施工技术交底

城市道路级配碎石基层施工技术交底　　表 3-6

工程名称		施工单位		编号	
序号	项目	城市道路级配碎石基层施工技术交底内容			
1	一般规定	（1）用于城市主干路和支路基层和底基层的级配碎石应用预先筛分成几组不同粒径的碎石（如 19～37.5mm，9.5～19mm，4.75～9.5mm 的碎石）及 4.75mm 以下的石屑组配而成。 （2）在其他等级公路上，级配碎石可用未筛分碎石和石屑组配而成。 （3）缺乏石屑时，可以添加细砂砾或粗砂。也可以用颗粒组成合适的含细集料较多的砂砾与未筛分碎石组配成级配碎砾石。 （4）级配碎石可用于各级城市道路的基层和底基层。 （5）级配碎石可用作较薄沥青面层与半刚性基层之间的中间层。 （6）级配碎石层施工时，应遵守下列规定：			
审核人		交接人		接受交底人	

续表

<table>
<tr><td>工程名称</td><td></td><td>施工单位</td><td></td><td>编号</td><td></td></tr>
<tr><td>序号</td><td>项目</td><td colspan="4">城市道路级配碎石基层施工技术交底内容</td></tr>
<tr><td>1</td><td>一般规定</td><td colspan="4">1）颗粒组成应是一根顺滑的曲线；
2）配料必须准确；
3）塑性指数应符合规定；
4）混合料必须拌合均匀，没有粗细颗粒离析现象；
5）在最佳含水量时进行碾压，直到达到下列按重型击实试验法确定的要求压实度：
①中间层：100%；
②基层：98%；
③底基层：96%。
6）应使用12t以上三轮压路机碾压，每层的压实厚度不应超过15～18cm。用重型振动压路机和轮胎压路机碾压时，每层的压实厚度可达20cm；
7）级配碎石基层未洒透层沥青或未铺封层时，禁止开放交通，以保护表层不受破坏。
(7）级配碎石用作半刚性路面的中间层以及基层时，应采用集中厂拌法拌制混合料，并用摊铺机摊铺混合料。</td></tr>
<tr><td>2</td><td>材料要求</td><td colspan="4">(1）轧制碎石的材料可以是各种类型的岩石、圆石或矿渣，圆石的粒径应是碎石最大粒径的3倍以上。矿渣应是已崩解稳定的，其干密度和质量应比较均匀，干密度不小于960kg/m^3。
(2）施工中使用碎石中针片状颗粒的总含量应不得超过20%。碎石中不应有黏土块、植物等有害物质。
(3）石屑或其他细集料可以使用一般碎石场的细筛余料，也可以利用轧制沥青表面处治和贯入式用石料时的细筛余料，或专门轧制的细碎石集料。
(4）也可以用天然砂砾或粗砂代替石屑。天然砂砾的颗粒尺寸应该合适，必要时应筛除其中的超尺寸颗粒。天然砂砾或粗砂应有较好的级配。
(5）级配碎石或级配碎砾石用作城市支路的基层时，其颗粒组成和塑性指数应满足表3.6-1中1号级配的规定。
(6）级配碎石用作城市快速路和主干路的基层时，其颗粒组成和塑性指数应满足表3.6-1中2号级配的规定。同时，级配曲线宜为圆滑曲线。
(7）在塑性指数偏大的情况下，塑性指数与0.5mm以下细土含量的乘积应符合下列规定：
1）在年降雨量小于600mm的地区，地下水位对土基没有影响时，乘积不应大于120；
2）在潮湿多雨地区，乘积不应大于100。
(8）级配碎石用作中间层时，其颗粒组成和塑性指数应符合表3.6-1中2号级配的规定。

级配碎石或级配碎砾石的颗粒组成范围　　表3.6-1
<table><tr><td colspan="2" rowspan="2">通过质量百分率（%）
主要项目</td><td colspan="2">编　号</td></tr><tr><td>1</td><td>2</td></tr><tr><td rowspan="2">筛子尺寸
(mm)</td><td>37.5</td><td>100</td><td>—</td></tr><tr><td>31.5</td><td>90～100</td><td>100</td></tr></table></td></tr>
<tr><td>审核人</td><td></td><td>交接人</td><td></td><td>接受交底人</td><td></td></tr>
</table>

续表

工程名称		施工单位		编号	
序号	项目	城市道路级配碎石基层施工技术交底内容			

2　材料要求

续表

主要项目 \ 通过质量百分率（%）		编号 1	编号 2
筛孔尺寸（mm）	19.0	73～88	85～100
	9.5	49～69	52～74
	4.75	29～54	29～54
	2.36	17～37	17～37
	0.6	8～20	8～20
	0.075	0～7②	0～7②
液限（%）		<28	<28
塑性指数		<6 或 9①	<6 或 9①

① 潮湿多雨地区塑性指数宜小于 6，其他地区塑性指数宜小于 9。

② 对于无塑性的混合料，小于 0.075mm 的颗粒含量应接近高限。

3　路拌施工法

1. 工艺流程

级配碎石路拌法施工的工艺流程：准备下承层施工→施工放样→未筛分碎石的运输和摊铺→洒水使碎石湿润→运输和撒布石屑→拌合并补充洒水→整形→碾压。

2. 下承层准备与施工放样

（1）下承层不宜做成槽式断面。

（2）准备下承层，有关要求同水泥稳定土。

（3）施工放样，有关要求同水泥稳定土。

3. 备料

（1）计算材料用量：若采用未筛分碎石和石屑组成级配碎石时，按前述表 3.6-1 的要求，计算未筛分碎石和石屑的配合比。

（2）在采用不同粒级的单一尺寸碎石和石屑组成级配碎石时，按表 3.6-1 的要求，计算不同粒级碎石和石屑的配合比。

（3）根据各路段基层的宽度、厚度及规定的压实干密度并按确定的配合比分别计算各段需要的未筛分碎石和石屑的数量或不同粒级碎石和石屑的数量，并计算每车料的堆放距离。

（4）未筛分碎石的含水量较最佳含水量宜为 1%左右。

（5）未筛分碎石和石屑可按预定比例在料场混合，同时洒水加湿，使混合料的含水量超过最佳含水量约 1%。

4. 运输和摊铺集料

（1）集料装车时，应控制每车料的数量基本相等。

（2）在同一料场供料的路段内，宜由远到近卸置集料。卸料距离应严格掌握，避免料不够或过多。未筛分碎石和石屑分别运送时，应先运送碎石。

审核人		交接人		接受交底人	

续表

<table>
<tr><td>工程名称</td><td colspan="3"></td><td>施工单位</td><td></td><td>编号</td><td></td></tr>
<tr><td>序号</td><td>项目</td><td colspan="6">城市道路级配碎石基层施工技术交底内容</td></tr>
<tr><td>3</td><td>路拌施工法</td><td colspan="6">

(3) 料堆每隔一定距离应留一缺口。集料在下承层上的堆置时间不应过长。运送集料较摊铺集料工序宜只提前数天。

(4) 应事先通过试验确定集料的松铺系数并确定松铺厚度。人工摊铺混合料时，其松铺系数约为 1.40～1.50；平地机摊铺混合料时，其松铺系数约为 1.25～1.35。

(5) 用平地机或其他合适机具将料均匀地摊铺在预定的宽度上，表面应力求平整，并具有规定的路拱。应同时摊铺路肩用料。检查松铺材料层的厚度，必要时，应进行减料或补料工作。

(6) 未筛分碎石摊铺平整后，在其较潮湿的情况下，将石屑按施工方案计算的距离卸置其上。用平地机并辅以人工将石屑均匀摊铺在碎石层上，并摊铺均匀。

(7) 采用不同粒级的碎石和石屑时，应将大碎石铺在下层，中碎石铺在中层，小碎石铺在上层。洒水使碎石湿润后，再摊铺石屑。

5. 拌合及整形

(1) 对于城市快速路及主干路，应采用专用稳定土拌合机拌合级配碎石。对于次干路或支路，在无稳定土拌合机的情况下，可采用平地机或多铧犁与缺口圆盘耙相配合进行拌合。

1) 用稳定土拌合机应拌合两遍以上。拌合深度应直到级配碎石层底。在进行最后一遍拌合之前，必要时先用多铧犁紧贴底面翻拌一遍；

2) 用平地机进行拌合，宜翻拌 5～6 遍，使石屑均匀分布于碎石料中。平地机拌合的作业长度，每段宜为 300～500m。平地机刀片的安装角度宜符合表 3.6-2 的要求；

平地机刀片安装角度　　表 3.6-2

序号	拌合条件	平面角 α (°)	倾角 β (°)	切角 γ (°)
1	干拌	30～50	45	3
2	湿拌	35～40	45	2

3) 拌合结束时，混合料的含水量应均匀，并较最佳含水量大 1%左右，同时应没有粗细颗粒离析现象；

4) 用缺口圆盘耙与多铧犁相配合拌合级配碎石时，用多铧犁在前面翻拌，圆盘耙紧跟在后面拌合，即采用边翻边耙的方法，共翻耙 4～6 遍。应随时检查调整翻耙的深度。用多铧犁翻拌时，第一遍由路中心开始，将混合料向中间翻，同时机械应慢速前进。第二遍从两边开始，将混合料向外翻。拌合过程中，应保持足够的水分。拌合结束时，混合料的含水量和均匀性应符合设计的要求。

(2) 使用在料场已拌合均匀的级配碎石混合料时，摊铺后混合料如有粗细颗粒离析现象，应用平地机进行补充拌合。

(3) 用平地机将拌合均匀的混合料按规定的路拱进行整平和整形，在整形过程中，应注意消除粗细集料离析现象。

(4) 用拖拉机、平地机或轮胎压路机在已初平的路段上快速碾压一遍，以暴露潜在的不平整，再用平地机进行整平和整形。

</td></tr>
<tr><td colspan="2">审核人</td><td></td><td>交接人</td><td colspan="2"></td><td>接受交底人</td><td></td></tr>
</table>

续表

<table>
<tr><td>工程名称</td><td colspan="2"></td><td>施工单位</td><td></td><td>编号</td><td></td></tr>
<tr><td>序号</td><td>项目</td><td colspan="5">城市道路级配碎石基层施工技术交底内容</td></tr>
<tr><td>3</td><td>路拌施工法</td><td colspan="5">6. 碾压
（1）整形后，当混合料的含水量等于或略大于最佳含水量时，立即用12t以上三轮压路机、振动压路机或轮胎压路机进行碾压。直线和不设超高的平曲线段，由两侧路肩开始向路中心碾压；在设超高的平曲线段，由内侧路肩向外侧路肩进行碾压。碾压时，后轮应重叠1/2轮宽；后轮必须超过两段的接缝处。后轮压完路面全宽时，即为一遍。碾压一直进行到要求的密实度为止。一般需碾压6～8遍，应使表面无明显轮迹。压路机的碾压速度，头两遍以采用1.5～1.7km/h为宜，以后用2.0～2.5km/h。
（2）路面的两侧应多压2～3遍。
（3）严禁压路机在已完成的或正在碾压的路段上调头或急刹车。
（4）凡含土的级配碎石层，都应进行滚浆碾压，一直压到碎石层中无多余细土泛到表面为止。滚到表面的浆应清除干净。
7. 横缝与纵缝的处理
（1）两作业段的衔接处，应搭接拌合。第一段拌合后，留5～8m不进行碾压，第二段施工时，前段留下未压部分与第二段一起拌合整平后进行碾压。
（2）应避免纵向接缝。在必须分两幅铺筑时，纵缝应搭接拌合。前一幅全宽碾压密实，在后一幅拌合时，应将相邻的前幅边部约30cm搭接拌合，整平后一起碾压密实。</td></tr>
<tr><td>4</td><td>中心站集中厂拌施工法</td><td colspan="5">（1）级配碎石混合料可以在中心站用多种机械进行集中拌合，如强制式拌合机、卧式双转轴桨叶式拌合机、普通水泥混凝土拌合机等。
（2）对用于城市快速路的级配碎石基层和中间层，宜采用不同粒级的单一尺寸碎石和石屑，按预定配合比在拌合机内拌制级配碎石混合料。
（3）不同粒级的碎石和石屑等细集料应隔离，分别堆放。细集料应有覆盖，防止雨淋。
（4）在正式拌制级配碎石混合料之前，必须先调试所用的厂拌设备，使混合料的颗粒组成和含水量都能达到规定的要求。
（5）在采用未筛分碎石和石屑时，如未筛分碎石或石屑的颗粒组成发生明显变化，应重新调试设备。
（6）将级配碎石用于城市快速路时，应用沥青混凝土摊铺机或其他碎石摊铺机摊铺碎石混合料。摊铺机后面应设专人消除粗细集料离析现象。
（7）级配碎石用于支路时，如没有摊铺机，也可用自动平地机（或摊铺箱）摊铺混合料：
1）根据摊铺层的厚度和要求达到的压实干密度，计算每车混合料的摊铺面积；
2）将混合料均匀地卸在路幅中央，路幅宽时，也可将混合料卸成两行；
3）用平地机将混合料按松铺厚度摊铺均匀；
4）设一个三人小组跟在平地机后面，及时消除粗细集料离析现象。对于粗集料“窝”和粗集料“带”，应添加细集料，并拌合均匀；对于细集料“窝”，应添加粗集料，并拌合均匀。
（8）集中厂拌法施工时的横向接缝按下述方法处理：
1）用摊铺机摊铺混合料时，靠近摊铺机当天未压实的混合料，可与第二天摊铺的混合料一起碾压，但应注意此部分混合料的含水量。必要时，应人工补充洒水，使其含水量达到规定的要求；
2）用平地机摊铺混合料时，每天的工作缝可按上述（6）、（7）两项处理。</td></tr>
<tr><td colspan="2">审核人</td><td></td><td>交接人</td><td></td><td>接受交底人</td><td></td></tr>
</table>

续表

工程名称		施工单位		编号	
序号	项目	城市道路级配碎石基层施工技术交底内容			
4	中心站集中厂拌施工法	(9) 应避免纵向接缝。如摊铺机的摊铺宽度不够，必须分两幅摊铺时，宜采用两台摊铺机一前一后相隔约 5～8m 同步向前摊铺混合料。在仅有一台摊铺机的情况下，可先在一条摊铺带上摊铺一定长度后，再开到另一条摊铺带上摊铺，然后一起进行碾压。 (10) 在不能避免纵向接缝的情况下，纵缝必须垂直相接，不应斜接，并按下述方法处理： 1) 在前一幅摊铺时，在靠后一幅的一侧应用方木或钢模板做支撑，方木或钢模板的高度与级配碎石层的压实厚度相同； 2) 在摊铺后一幅之前，将方木或钢模板除去； 3) 如在摊铺前一幅时未用方木或钢模板支撑，靠边缘的 30cm 左右难于压实，而且形成一个斜坡，在摊铺后一幅时，应先将未完全压实部分和不符合路拱要求部分挖松并补充洒水，待后一幅混合料摊铺后一起进行整平和碾压。			
审核人		交接人		接受交底人	

3.7 城市道路沥青类柔性基层施工技术交底

城市道路沥青类柔性基层施工技术交底　　表 3-7

工程名称		施工单位		编号	
序号	项目	城市道路沥青类柔性基层施工技术交底内容			
1	沥青类柔性基层的类型与适用范围	沥青类柔性基层是指用热拌或冷拌沥青混合料、沥青贯入碎石以及不加任何结合料的粒料类等材料铺筑的道路基层，沥青类柔性基层可以用于城市各级道路。按照基层材料可分为两大类： (1) 密级配沥青稳定碎石基层混合料（ATB），其公称最大粒径大于 26.5mm，设计空隙率为 3%～6%，也称其为大粒径沥青碎石混合料（ATB）；根据大粒径沥青混合料研究成果及大量的实体工程经验，采用大粒径沥青碎石混合料（ASM），基层，可取得较经济合理的使用效果。 (2) 半开级配或开级配的排水沥青碎石混合料基层，其公称最大粒径通常大于 19mm。半开级配排水沥青碎石基层的设计空隙率为 15%～18%，开级配排水沥青碎石基层的设计空隙率为 19%～24%，在结构层内起到排水的作用。 研究表明开级配排水沥青碎石基层的抗疲劳性能较差，实际上设计空隙率为 15%～18%时已具有一定的排水作用，通过国内的工程实践，综合考虑推荐半开级配排水沥青碎石混合料基层。 大粒径沥青碎石混合料与传统沥青混合料的最大不同之处，在于采用大粒径的骨架结构，最粗一级的粗集料含量通常在 50%以上，以确保具有良好的抵抗车辙能力。因此在级配组成上区别于传统的沥青、混凝土和沥青碎石，而趋向于贯入式结构的矿料组成。密级配大粒径沥青碎石混合料、半开级配大粒径沥青碎石的级配应符合表 3.7-1 的要求。			
审核人		交接人		接受交底人	

续表

工程名称		施工单位		编号	
序号	项目	城市道路沥青类柔性基层施工技术交底内容			
1	沥青类柔性基层的类型与适用范围	见表 3.7-1			
2	沥青类柔性基层的技术要求	见下文及表 3.7-2			
审核人		交接人		接受交底人	

大粒径沥青碎石的集料级配范围　　表 3.7-1

筛孔尺寸（mm）＼级配类型		密级配大粒径沥青碎石			半开级配大粒径沥青碎石	
		LSM-25	LSM-30	LSM-40	AM-25	AM-40
通过下列筛孔的质百分率	3.3	—	—	100	—	100
	37.5	—	100	90～100		75～98
	31.5	100	90～100	75～90	100	67～96
	26.5	90～100	75～90	65～85	70～98	50～80
	19	70～90	60～85	55～75	50～85	25～60
	16	55～75	45～70	50～70	—	—
	13.2	45～65	40～60	35～55	32～62	15～40
	9.5	35～55	35～55	30～50	20～50	10～35
	4.75	25～45	23～45	23～45	6～29	6～25
	2.36	17～35	17～35	17～35	6～18	6～18
	1.18	10～25	10～25	10～25	3～15	3～15
	0.6	8～20	8～20	8～20	2～10	2～10
	0.3	5～15	5～15	5～15	1～7	1～7
	0.15	3～12	3～12	3～12	1～6	1～6
	0.075	3～7	3～7	3～7	1～4	1～4

（1）大粒径沥青碎石基层可分为密级配、半开级配和开级配沥青混合料，其设计空隙率分别为4%～6%、12%～18%、18%～24%。密级配沥青碎石具有较高的承载能力，半开级配沥青碎石混合料，具有承重、减缓反射裂缝和一定的排水作用。公称最大粒径等于或大于26.5mm的大粒径沥青碎石混合料应采用大型马歇尔试件进行试验，其试件尺寸为ϕ152.4mm×95.3mm，试件压实成型方法宜选用振动成型。

（2）大粒径沥青碎石混合料的配合比设计宜采用马歇尔试验方法，其技术指标应符合表3.7-2的具体要求。

大粒径沥青碎石马歇尔试验技术指标　　表 3.7-2

序号	密级配大粒径沥青碎石			半开级配大粒径沥青碎石	
1	试验指标		技术要求	试验指标	技术要求
2	马歇尔试件尺寸(mm)		ϕ152.4mm×95.3mm	马歇尔试件尺寸(mm)	ϕ152.4mm×95.3mm
3	设计空隙率（%）		4～6	设计空隙率（%）	12～18
4	矿料间隙率不少于（%）	26.5	＞12.5	沥青膜厚度（μm）	＞12
		31.5	＞12	谢伦堡沥青析漏试验的结合料损失（%）	＜0.2
		37.5	＞11.5		

续表

<table>
<tr><td>工程名称</td><td colspan="2"></td><td>施工单位</td><td></td><td>编号</td><td></td></tr>
<tr><td>序号</td><td>项目</td><td colspan="5">城市道路沥青类柔性基层施工技术交底内容</td></tr>
<tr><td>2</td><td>沥青类柔性基层的技术要求</td><td colspan="5">续表
<table>
<tr><th>序号</th><th colspan="2">密级配大粒径沥青碎石</th><th colspan="2">半开级配大粒径沥青碎石</th></tr>
<tr><td>5</td><td>稳定度（kN）</td><td>>18</td><td rowspan="2">肯塔堡飞散试验的混合料损失或浸水飞散试验（%）</td><td rowspan="2"><20</td></tr>
<tr><td>6</td><td>流值（mm）</td><td>实测</td></tr>
<tr><td>7</td><td>沥青饱和度（%）</td><td>55～70</td><td>最大公称粒径（mm）</td><td>≤26.5mm</td></tr>
<tr><td>8</td><td>浸水马歇尔残留稳定性（%）</td><td>>75</td><td>参考沥青用量（kg）</td><td>3.0～3.5</td></tr>
<tr><td>9</td><td>参考沥青用量（kg）</td><td>3.0～4.0</td><td rowspan="4" colspan="2">注：试件的毛体积密度测试，以体积法为准</td></tr>
<tr><td>10</td><td>20℃无侧限抗压强度（MPa）</td><td>>3</td></tr>
<tr><td>11</td><td>20℃抗压回弹模量（MPa）</td><td>>1000</td></tr>
<tr><td>12</td><td>动稳定度</td><td>实测</td></tr>
</table>
（3）半开级配大粒径沥青碎石的公称最大粒径宜用26.5mm（AM-25）和37.5mm（AM-40），集料的级配应为单粒径粗集料的骨架结构，用少量细集料进行部分填充。填充料可掺入1%～2%的磨细石灰粉。半开级配大粒径沥青碎石的粘结料宜采用高黏度的改性沥青。</td></tr>
<tr><td>3</td><td>沥青类柔性基层的施工要点</td><td colspan="5">（1）有关试验路段的取芯结果表明，室内压实标准采用标准马歇尔击实法，压实度易于达到规范所要求的98%并都超过100%，大致波动范围为105%～114%。
（2）而压实标准采用振动压实时，压实度为97%～101%，另外击实法易打碎石料，改变了原有级配。
（3）由于沥青碎石作为基层用，最大公称粒径一般大于26.5mm，应采用大型马歇尔试件，成型试件尺寸为4ϕ152.4mm×95.3mm，推荐用振动成型，旋转压实仪成型，只有在没有设备时，可临时暂用击实法成型。
（4）LSM混合料配合比设计包括目标配合比设计、生产配合比设计及生产配合比验证三阶段，设计者主要进行目标配合比设计。通过配合比设计确定混合料的材料品种及配比、矿料级配、最佳沥青用量，并进行混合料的性能验证，以保证混合料具有骨架结构的良好性能。</td></tr>
<tr><td colspan="2">审核人</td><td></td><td>交接人</td><td></td><td>接受交底人</td><td></td></tr>
</table>

4 城市水泥混凝土路面

4.1 概　　述

城市水泥混凝土路面类型、特点及施工方法的技术交底　　　　表 4-1

<table>
<tr><td colspan="2">工程名称</td><td></td><td>施工单位</td><td></td><td>编号</td><td></td></tr>
<tr><td>序号</td><td>项目</td><td colspan="5">城市水泥混凝土路面类型、特点及施工方法的技术交底内容</td></tr>
<tr><td>1</td><td>水泥混凝土路面的分类</td><td colspan="5">水泥混凝土路面指用水泥混凝土作面板或基（垫）层所组成的路面，亦称刚性路面。它是一种选用水泥、粗细集料和水按一定比例配合、均匀拌合而成的混合料，经摊铺、振实、整平、硬化而成的一种高级的路面面层。它包括普通混凝土、钢筋混凝土、碾压混凝土、钢纤维混凝土、连续配筋混凝土与预应力混凝土等路面。
（1）普通混凝土（亦称无筋混凝土或素混凝土）路面指除接缝和局部范围外均不配筋的水泥混凝土路面。它是目前国内采用最广泛的一种水泥混凝土路面。
（2）钢筋混凝土路面指为防止可能产生的裂缝缝隙张开，板内配置纵、横向钢筋或钢筋网的水泥混凝土路面。钢筋混凝土路面适用于当混凝土板的平面尺寸较大；面板形状不规则、预计路基或基层有可能产生不均匀沉陷；板下埋有地下设施等路段。
（3）碾压混凝土路面指水泥和水的用量较普通混凝土显著减少的水泥混凝土混合料经摊铺、碾压成型的水泥混凝土路面。
（4）钢纤维混凝土路面指在混凝土中掺入钢纤维的水泥混凝土路面。钢纤维混凝土路面一般适用于标高受限制地段的路面、旧混凝土路面的加铺层、公共汽车站、收费站、桥面铺装等路段。
（5）连续配筋混凝土路面指沿纵向配置连续的钢筋，除了在与其他路面交接处或邻近构造物处设置胀缝以及视施工需要设置施工缝外，不设横向伸缩缝的水泥混凝土路面。
（6）预应力混凝土路面指对混凝土面板施加预压应力以抵消部分轮载和温度产生拉应力的水泥混凝土路面。这种路面的板厚可减薄到 10～15cm，板长可增大到 100～150m，具有较大的柔性和弹性，可适应基础较大的不均匀变形。</td></tr>
<tr><td>2</td><td>水泥混凝土路面的特点</td><td colspan="5">1. 水泥混凝土路面的优点
（1）强度高、刚度大、承载能力强、疲劳寿命长：水泥混凝土路面具有较高的强度及刚度，混凝土板弹性模量在（3～5）×10^4 MPa 之间，板底所受到的单位压小，标准轴 10t 作用下，实测仅 0.03～0.04MPa 压应力；水泥混凝土路面对基层的承载力要求相对较低的情况下，更适应在稳定基层上的大交通量和重载交通的高速公路、城市的快速路、主干路、次干路、支路上使用。对于水泥混凝土弯拉强度≥5.5MPa，抗压强度≥35MPa 的合格混凝土路面板在标准轴载的应力强度比下，疲劳寿命长，可达到 500～1000 万次弯曲疲劳循环。
（2）耐水性、耐高温性强，耐候性及耐久性优良：水泥混凝土路面的耐水性好，能够较好地使用在降雨量较大的地区和短期浸水的过水路面上，并在洪水短期淹没路面条件下，可照常通行。水泥混凝土路面耐高温性强，不会像沥青路面那样，在持续高温下产生严重影响平整度和行车质量的车辙变形；在正确设计和保证施工质量条件下，水泥混凝土路面的耐候性、抗冻性、抗滑性和耐磨性等耐久性优良。水泥混凝土全部是无机材料，它仅有风化问题，</td></tr>
<tr><td colspan="2">审核人</td><td></td><td>交接人</td><td></td><td>接受交底人</td><td></td></tr>
</table>

续表

工程名称			施工单位		编号	
序号	项目	城市水泥混凝土路面类型、特点及施工方法的技术交底内容				
2	水泥混凝土路面的特点	而没有沥青等有机材料的老化问题，而风化是老化时间的100倍。 （3）路面平整度衰减慢、维持时间长、集料磨光值和磨耗值的要求低、集料易得：水泥混凝土路面只要施工平整度好，基层抗冲刷性高，其良好平整度的衰变很慢，优良平整度的保持年限将比其他路面长得多。除建造对表面有特殊要求的路面外，水泥混凝土路面对粗集料的磨光值和磨耗值的要求相对较低，可使用的粗集料岩石种类范围广泛，集料易得。 （4）水泥混凝土路面耐油、酸碱腐蚀性强，属环保型路面：水泥混凝土路面对油类、盐碱、酸类、粪便或其他易腐蚀沥青的化学和生物介质相对不敏感。当水流经或渗透过水泥混凝土天然材料时，路面的水对周围土壤和地下水无污染，是环保型路面类型，同时可在水泥混凝土路面中使用粉煤灰，具有良好的环保效益。 （5）水泥混凝土路面的色度低、色差小、隔热性好：白色水泥混凝土路面的色度低、色差小，具有比黑色沥青路面更高的阳光反射、热量反射和隔热性能，路面冰雪融化得较慢，特别是对于季节性冻土路段，保证路基冻土不融化失稳具有重要使用价值。 **2. 水泥混凝土路面的缺点** （1）同等平整度舒适性较低：水泥混凝土路面模量高，行车颠簸较大，荷载、温度、干湿变形较大，设置的接缝很多，且接缝极易破坏，行车的噪声较大，同时减振效果差，影响路面的舒适性。同等平整度时的舒适性较沥青路面差。 （2）刚性大、面板不适应大沉降差、对基层的抗冲刷性要求高：普通水泥混凝土路面不适应于基层和路基大变形和不均匀沉降的软土地基、山区填挖方交界、高填方及长期浸水路段。要求更加稳固的路基和基层支撑条件。在交通量大、重载车多的路面上，对基层的抗冲刷性要求较高，否则将在接缝部位出现唧泥、错台和啃边等现象，从而造成路面更严重的破坏及行车颠簸。 （3）对超载与脱空相当敏感：普通水泥混凝土路面在超载条件下对板厚设计不足、材料强度不高或不均匀、结构内渗透排水不畅、施工质量不高、基层冲刷和基础支撑不稳固等很敏感，超轴载运行对刚性路面极为不利，极易形成断板、断边、断角等结构性破坏。维修难度大，水泥混凝土路面强度高，即使断板破损，硬度仍很大，在缺乏修复新材料和机械时，维修较为困难。				
3	水泥混凝土路面的施工方法	（1）水泥混凝土路面的施工方法主要有固模式施工、滑模式施工两大类。其中滑模式施工利用成套机械设备，使路面施工达到了一个新水平，每个台班修筑路面可达1km。特别是水泥混凝土搅拌自动化和路面摊铺的自动化导致了施工过程控制的自动化。这不仅提高了劳动生产率，而且提高了施工工序所要求的精度，提高了施工机械的可靠性和寿命，降低了劳动强度，保证了施工安全，从而提高了路面产品的质量。 （2）滑模式施工主要使用带滑动模板的混凝土摊铺机，该机器在牢固路基上自行并沿着样线自动转向和自动找平，一次性完成布料、振动密实、外部成型和表面抹光等工序，最终水泥混凝土路面在固定于机器上的滑动模板中生成滑出。而固模式施工是摊铺设备沿轨道模板运行，轨道模板不仅作为机器行走转向和路面找平的基准，而且同时作为水泥混凝土混合料的固定模板使用。滑模式施工和固模式施工在路面成型方式和机器找平和转向原理上都不同，两者施工方式相比较，具有以下特点：				
审核人		交接人		接受交底人		

续表

工程名称			施工单位		编号	
序号	项目	城市水泥混凝土路面类型、特点及施工方法的技术交底内容				
3	水泥混凝土路面的施工方法	1）滑模式施工最初机械投资较大，但节省了轨模及其安装拆卸人工作业。在路面工程规模大于10km时，工程量越大，费用节省越多，滑模式施工的经济效益越好。因此，小规模的路面工程采用固模式施工较经济； 2）滑模式施工由于消除了繁重且费时的轨模安装、基准调整和拆卸，故而降低了施工工作强度，大大提高了水泥混凝土路面施工的效率，其平均昼夜施工进度是固模式施工的3～5倍； 3）固模式施工由于轨道安装误差和轨模板下路基发生变形，将会导致路面平整度差，轨模在路面弯道处的适应性和连续性都较差。滑模式施工依靠自动找平和自动转向系统，摊铺路面的路拱、纵坡、横坡和弯道均可通过调整摊铺装置控制机构自动实现。两三车道的路面可以全幅施工，一次成型，提高了路面平整度和路面几何尺寸精度，能满足更高的路面质量要求； 4）滑模式施工与固模式施工相比，对混合料的稠度和黏聚性，搅拌质量的均匀性、供料的连续性、机器的适应性、施工技术水平和管理水平要求较高，对施工工序控制的精度要求也高。				
审核人		交接人		接受交底人		

4.2 城市水泥混凝土路面材料要求技术交底

城市水泥混凝土路面材料要求的技术交底 **表 4-2**

工程名称			施工单位		编号	
序号	项目	城市水泥混凝土路面材料要求的技术交底内容				
1	水泥	**1. 概述** 民用建筑所采用的水泥都应具有强度高、收缩性小、耐磨性强、抗冻性好，其物理性能和化学成分应符合国家有关标准的规定： （1）城市道路应采用硅酸盐水泥或普通硅酸盐水泥（简称普通水泥），一般城市快速路、主干路所采用的水泥等级不应低于42.5级。当条件受限制时，可采用矿渣水泥，其等级不应低于42.5级，并应严格控制用水量，适当延长搅拌时间，加强养护工作；城市的次主干、支路可采用32.5级普通水泥，但应采取掺外加剂、干硬性混凝土或真空吸水等措施。 （2）民航机场道面，必须采用强度等级高于42.5级的硅酸盐水泥。 （3）水泥进场时，应有产品合格证及化验单。并应对品种、等级、包装、数量、出厂日期等进行检查验收；不同等级、厂牌、品种、出厂日期的水泥，不得混合堆放，严禁混合使用。 （4）出厂期超过三个月或受潮的水泥，必须经过试验，按其试验结果决定正常使用或降级使用。已经结块变质的水泥不得使用。 **2. 通用水泥的特性和适用范围** （1）硅酸盐水泥 硅酸盐水泥又称纯熟料水泥，它可分为P·Ⅰ型硅酸盐水泥和P·Ⅱ型硅酸盐水泥两种类型。凡是以适当成分的生料，烧至部分熔融，所得以硅酸钙为主要成分的硅酸盐水泥熟料、				
审核人		交接人		接受交底人		

续表

工程名称			施工单位		编号	
序号	项目	城市水泥混凝土路面材料要求的技术交底内容				
1	水泥	0～5%石灰石或粒化高炉矿渣、适量的石膏，磨细制成的水硬性胶凝材料，即不掺加混合材料的称为P·Ⅰ型硅酸盐水泥。在硅酸盐水泥熟料粉磨时，掺入不超过水泥质量5%的石灰石或粒化高炉矿渣混合材料和适量石膏磨细而成的称为P·Ⅱ型硅酸盐水泥。 1）硅酸盐水泥的特点：凝结硬化快，早期强度高，混凝土3d、7d龄期的抗压强度比同等级的普通水泥混凝土高3%～7%，等级高不仅可满足配制高等级混凝土的需要，其耐磨性、抗冻性、抗渗性都比普通水泥好；当施工中掺入外加剂时，效果更好； 2）硅酸盐水泥的适用范围：适用于预应力混凝土构件、悬臂浇筑的预应力桥、城市道路路面混凝土工程；要求早期强度高、拆模快的工程，在严寒地区遭受反复冰冻的工程和水下工程；有抗渗要求的工程；各种地下工程和隧道的喷射衬砌。但是硅酸盐水泥不适用于受流动的淡水和有水压作用的工程，也不适用于受海水和矿物水作用的工程及有耐热要求的工程。 （2）普通硅酸盐水泥 凡是由硅酸盐水泥熟料、6%～15%混合材料、适量的石膏磨细制成的水硬性胶凝材料，称为普通硅酸盐水泥（简称普通水泥），其代号为P·O。掺入活性混合材料时，最大掺量不得超过水泥质量的15%，其中允许用不超过水泥质量5%的窑灰或不超过水泥质量10%的非活性混合材料来代替。掺入非活性混合材料时，最大掺入量不得超过水泥质量的10%。 1）普通硅酸盐水泥的特点：普通硅酸盐水泥因混合材料含量少，其特性和使用范围大体上和硅酸盐水泥相同。普通硅酸盐水泥的早期强度和水化热仅低于硅酸盐水泥，但是比矿渣水泥、火山灰水泥、粉煤灰水泥高。这种水泥在低温环境中凝结硬化较矿渣水泥、火山灰水泥快； 2）普通硅酸盐水泥的适用范围：适用于一般的地上工程、水下工程和水中反复冰冻的工程、有抗渗要求的工程和有耐磨要求的城市道路路面混凝土工程。 （3）矿渣硅酸盐水泥 以硅酸盐水泥熟料和粒化高炉矿渣，加入适量的石膏磨细制成的水硬性胶凝材料，称为矿渣硅酸盐水泥（简称矿渣水泥），其代号为P·S。水泥中粒化高炉矿渣掺入量按质量百分比计为20%～70%。允许用石灰石、窑灰、粉煤灰和火山灰质混合材料中的一种代替矿渣，代替数量不超过水泥质量的8%，替代后水泥中粒化高炉矿渣不得少于20%。 1）矿渣硅酸盐水泥的特点：早期强度低、凝结较慢，低温（10℃以下）更甚。但是保持湿润下，后期强度增进较快；适宜在蒸汽条件下养护，在较高温（60℃以上）并保持湿润的情况下，强度发展较快。有较好的抗软水侵蚀和抗硫酸盐侵蚀的能力；耐热性较好，水化热低。抗冻性差，干缩性大，常有泌水现象； 2）矿渣硅酸盐水泥的适用范围：适用于地下淡水或海水中的工程，经常受水压作用的工程；大体积、混凝土工程；极宜适用于较迟承受设计荷载并易保持湿润的工程；也应用城市路面工程。不适用于需要早期达到要求强度的工程；不宜在有抗渗要求的工程中使用。 （4）火山灰质硅酸盐水泥 以硅酸盐水泥熟料和火山灰质混合材料，加入适量石膏磨细制成的水硬性胶凝材料称为火山灰质硅酸盐水泥（简称火山灰水泥），其代号为P·P。水泥中火山灰质混合材料掺入量按质量百分比计为20%～50%。 1）火山灰质硅酸盐水泥的特点：这种水泥水化热较低、耐水性好，而且对硫酸盐类侵蚀的抵抗力较好；早期强度低、凝结硬化慢、低温（10℃以下）尤甚。在保持潮湿的情况下，后期强度增进较快；在高温（60℃以上）并保持潮湿的环境中（如蒸汽）强度增长比普通水泥快；抗冻性差，干缩率较大，吸水性比普通水泥、矿渣水泥略大；					
审核人		交接人		接受交底人		

续表

工程名称		施工单位		编号	
序号	项目	城市水泥混凝土路面材料要求的技术交底内容			
1	水泥				

2）火山灰质硅酸盐水泥的适用范围：这种水泥适用于地下、水中，尤其是海水中的工程和经常受到水压作用的工程，但是含烧黏土性火山灰水泥不应采用；还适用于大体积混凝土工程、高湿条件下的地上工程；对于泌水性小、凝结慢、宜于集中搅拌、运输较远的混凝土工程也很适用，极适用于蒸汽养护的构件和蒸汽养护的混凝土工程。不适用于反复冻融及干湿变化的结构和干燥环境中的工程；也不适用于要求耐磨的工程。

（5）粉煤灰硅酸盐水泥

在硅酸盐水泥熟料和粉煤灰中加入适量的石膏磨细制成的水硬性胶凝材料称为粉煤灰硅酸盐水泥（简称粉煤灰水泥），其代号为P·F。水泥中粉煤灰掺入量以质量百分比计为20%～40%。

1）粉煤灰硅酸盐水泥的特点：干缩性小，抗裂性好，配制混凝土时和易性好，流动度大，水化热低，对碱—集料反应能起一定的抑制作用。早期强度低，但是后期强度增长较快。在露天施工时，要精心养护；

2）粉煤灰硅酸盐水泥的适用范围：适用于大体积水工建筑、地下和潮湿环境中构造物、蒸汽养护的构件和一般工业民用建筑。不适用于有耐磨要求的工程和低温环境中施工要求早强的混凝土（不包括蒸汽养护）。

（6）复合硅酸盐水泥（简称复合水泥）

以硅酸盐水泥熟料、不少于两种规定的混合材料，适量石膏磨细制成的水硬性胶凝材料，称为复合硅酸盐水泥（简称复合水泥），其代号为P·C。水泥中混合材料总掺入量按质量百分比计应>15%，但不超过50%，允许用不超过8%的窑灰代替部分混合材料；掺入矿渣时，混合材料掺入量不可与矿渣硅酸盐水泥重复。

3. 通用水泥的技术性能

（1）通用硅酸盐水泥强度等级和各龄期强度指标如表4.2-1所列。

通用硅酸盐水泥强度等级和各龄期强度指标　　表4.2-1

品　　种	强度等级	抗压强度		抗折强度	
		3d	28d	3d	28d
硅酸盐水泥	42.5	≥17.0	≥42.5	≥3.5	≥6.5
	42.5R	≥22.0		≥4.0	
	52.5	≥23.0	≥52.5	≥4.0	≥7.0
	52.5R	≥27.0		≥5.0	
	62.5	≥28.0	≥62.5	≥5.0	≥8.0
	62.5R	≥32.0		≥5.5	
普通硅酸盐水泥	42.5	≥17.0	≥42.5	≥3.5	≥6.5
	42.5R	≥22.0		≥4.0	
	52.5	≥23.0	≥52.5	≥4.0	≥7.0
	52.5R	≥27.0		≥5.0	
矿渣硅酸盐水泥 火山灰硅酸盐水泥 粉煤灰硅酸盐水泥 复合硅酸盐水泥	32.5	≥10.0	≥32.5	≥2.5	≥5.5
	32.5R	≥15.0		≥3.5	
	42.5	≥15.0	≥42.5	≥3.5	≥6.5
	42.5R	≥19.0		≥4.0	
	52.5	≥21.0	≥52.5	≥4.0	≥7.0
	52.5R	≥23.0		≥4.5	

审核人		交接人		接受交底人	

续表

<table>
<tr><td>工程名称</td><td colspan="2"></td><td>施工单位</td><td></td><td>编号</td><td></td></tr>
<tr><td>序号</td><td>项目</td><td colspan="5">城市水泥混凝土路面材料要求的技术交底内容</td></tr>
<tr><td>1</td><td>水泥</td><td colspan="5">

（2）通用硅酸盐水泥各项性能技术指标如表 4.2-2 所列。

通用硅酸盐水泥化学指标（%） **表 4.2-2**

品　种	代号	不溶物（质量分数）	烧失量（质量分数）	三氧化硫（质量分数）	氧化镁（质量分数）	氯离子（质量分数）
硅酸盐水泥	P·Ⅰ	≤0.75	≤3.0	≤3.5	≤5.0	≤0.08[c]
	P·Ⅱ	≤1.5	≤3.5			
普通硅酸盐水泥	P·O	—	≤5.0			
矿渣硅酸盐水泥	P·S·A	—	—	≤4.0	≤6.0[a]	
	P·S·B	—	—		—	
火山灰质硅酸盐水泥	P·P	—	—	≤3.5	≤6.0[b]	
粉煤灰硅酸盐水泥	P·F	—	—			
复合硅酸盐水泥	P·C	—	—			

[a] 如果水泥压蒸试验合格，则水泥中氧化镁的含量（质量分数）允许放宽至 6.0%。
[b] 如果水泥中氧化镁的含量（质量分数）大于 6.0%时，需进行水泥压蒸安定性试验并合格。
[c] 当有更低要求时，该指标由买卖双方确定。

4. 专用水泥和特性水泥的技术性能及适用范围

（1）《道路硅酸盐水泥》，GB/T 13693—2017：

1）以适当成分生料烧至部分熔融，所得以硅酸钙为主要成分和较多量的铁铝酸钙的硅酸盐水泥熟料，加入 0～10%的活性混合材料和适量石膏磨细制成的水硬性胶凝材料称为道路硅酸盐水泥（简称道路水泥），其代号为 P·R；

2）道路硅酸盐水泥的适用范围：适用于城市道路路面和对耐磨、抗干缩等性能要求较高的其他混凝土工程。

（2）《钢渣硅酸盐水泥》GB 13590—2006：

1）以平炉、转炉钢渣、粒化高炉矿渣为主要组分，加入适量的硅酸盐水泥熟料、石膏，磨细制成的水硬性胶凝材料，称为钢渣矿渣水泥。其中掺人量以质量计，钢渣不少于 30%，钢渣和矿渣总掺人量不少于 60%；

2）钢渣矿渣水泥的适用范围：可用于一般工业与民用建筑、地下工程和防水工程，大体积混凝土工程和道路工程等。

（3）《中热硅酸盐水泥、低热硅酸盐水泥》GB/T 200—2017：

1）中热硅酸盐水泥是以适当成分的硅酸盐水泥熟料，加入适量的石膏，磨细制成的具有中等水化热的水硬性胶凝材料（简称中热水泥），其代号为 P·MH；

2）低热矿渣硅酸盐水泥是以适当成分的硅酸盐水泥熟料，加入按质量百分比计为20%～60%的矿渣和适量石膏，磨细制成的具有低水化热的水硬性胶凝材料（简称低热矿渣水泥）。允许用不超过混合材料总量 50%的磷渣或粉煤灰代替部分粒化高炉矿渣代号 P·LH；

3）中热硅酸盐水泥和低热矿渣硅酸盐水泥。主要适用于要求水化热较低的大坝和大体积混凝土工程。

（4）《抗硫酸盐硅酸盐水泥》GB 748—2005：

1）这种水泥是以硅酸盐为主的特定矿物组成的熟料，加入适量的石膏磨细制成的具有抵抗中等浓度硫酸根离子侵蚀性能的水硬性胶凝材料，称为中抗硫酸盐硅酸盐水泥（简称中抗硫酸盐水泥），其代号为 P·MSR；

</td></tr>
<tr><td>审核人</td><td></td><td>交接人</td><td></td><td>接受交底人</td><td colspan="2"></td></tr>
</table>

续表

工程名称		施工单位		编号	
序号	项目	城市水泥混凝土路面材料要求的技术交底内容			
1	水泥	见下文			

2）以特定矿物组成的硅酸盐水泥熟料，加入适量石膏，磨强制成的具有抵抗较高浓度硫酸根离子侵蚀的水硬性胶凝材料，称为高抗硫酸盐硅酸盐水泥，代号P·HSR；

3）抗硫酸盐硅酸盐水泥适用于一般受硫酸盐侵蚀的海港、水利、地下、隧道、引水、道路和桥涵基础等工程。

（5）《白色硅酸盐水泥》GB/T 2015—2017：

以氧化铁含量少的硅酸盐水泥熟料，加入适量的石膏（同时也允许加入不超过水泥质量0～10%的石灰石或窑灰作为外加物），经磨细后制成的水硬性胶凝材料，称为白色硅酸盐水泥（简称白水泥）代号P·W。白水泥的白度值应不低于87。白色硅酸盐水泥强度等级分为32.5、42.5、52.5。白水泥主要用于建筑装饰，可配成彩色灰浆或制造各种彩色和白色混凝土如水磨石、斩假石等。不同等级和白度的水泥应分别贮运，不得混杂。

（6）专用水泥及特性水泥的技术条件：

1）专用水泥和特性水泥各龄期强度和技术条件，如表4.2-3所列；

专用水泥和特性水泥各龄期强度的技术条件　　　　表 4.2-3

水泥标准号		GB/T 13693—2017		GB 13590—2006		GB/T 200—2017				GB 748—05		GB/T 2015—2017	
水泥名称		道路硅酸盐水泥		钢渣硅酸盐水泥		中热硅酸盐水泥		低热硅酸盐水泥		抗硫酸盐硅酸盐水泥		白色硅酸盐水泥	
龄期		3d	28d	7d	28d	3d	28d	3d	28d	3d	28d	3d	28d
抗压强度（MPa）	27.5	—	—	13	27.5	—	—	—	—	—	—	—	—
	32.5	16	32.5	15	32.5	—	—	—	32.5	—	—	12	32.5
	42.5	21	42.5	21	42.5	12	42.5	—	—	15	42.5	17	42.5
	52.5	26	52.5	—	—	—	—	—	—	—	—	22	52.5
抗折强度（MPa）	27.5	—	—	2.5	5	—	—					—	—
	32.5	3.5	6.5	3	5.5	—	—		5.5	—		3	6
	42.5	4	7	4	6.5	—3	6.5		—	3	6.5	3.5	6.5
	52.5	5	7.5	—	—	—	—		—	—	—	4	7
成分和技术性能指标（%不大）	氧化镁	5		—		(5)		(5)		(5)		—	
	三氧化硫	3.5		4		3.5		3.5		2.5		3.5	
	铝酸三钙	(5)		—		(6)		(8)		(3)		—	
	硅酸三钙	—		—		—		—		(50)		—	
	铁铝酸钙	(≥16)		—		—		—		—		—	
	烧失量	3		—		—		—		3		—	
	28d干缩率	0.1		—		—		—		—		—	
	游离氧化钙	旋窑1.0 立窑1.8		—		(1)		(1.2)		—		—	
	细度 8μm方孔筛余	—		8		—		—		—		10	
	细度 比表面积（m³/kg）	≥350		—		—		—		—		—	

审核人		交接人		接受交底人	

续表

工程名称		施工单位		编号	
序号	项目	城市水泥混凝土路面材料要求的技术交底内容			
1	水泥	见下			

续表

水泥标准号		GB/T 13693—2017	GB 13590—2006	GB/T 200—2017		GB 748—05	GB/T 2015—2017
水泥名称		道路硅酸盐水泥	钢渣硅酸盐水泥	中热硅酸盐水泥	低热硅酸盐水泥	抗硫酸盐硅酸盐水泥	白色硅酸盐水泥
耐磨性（m^3/kg）		≤	—	—	—	—	—
凝结时间	初凝不早(mm)	90	45	60	60	45	45
	终凝不迟(h)	10	12	12	12	10	10
安 定 性		合 格	合 格	合 格	合 格	合 格	合 格

注：1. 表中（ ）内数字为水泥熟料中含量。
2. 凡氧化镁、三氧化硫、初凝时间、安定性任一指标达不到规定值，均为废品。其他成分和技术性能指标任一项达不到规定值及强度低于商品等级指标时为不合格品（抗硫酸盐水泥除外，其各项性能指标不符合规定的不得出厂）。
3. 道路水泥、中热水泥和低热矿渣水泥中混合材料掺加量不符合规定也为不合格品。

2）中热硅酸盐水泥、低热硅酸盐水泥和低热矿渣硅酸盐水泥的水化热指标，如表 4.2-4 所列。

水泥水化热指标 **表 4.2-4**

序号	水泥品种	强度等级	水化热（kJ/kg）	
			3d	7d
1	中热水泥	42.5	251	293
2	低热矿渣水泥	32.5	197	230

5. 水泥的试验报告和贮运要求

试验报告应符合下列要求：

1）当用户需要时，水泥厂在水泥发出日起 11d 之内（道路水泥为 7d 内，高铝水泥和快硬水泥为 6d 内），寄发水泥品质试验报告。在试验报告中，应包括除 28d 强度以外的各标准所规定的各项技术要求及试验结果。28d 强度数值应在水泥发出之日起 32d 内补报。试验报告还应填报混合材料的名称和掺入量，属旋窑或立窑生产，并应附有该水泥的品质指标；

2）运输保管应符合下列要求：水泥在运输、装卸与保管中，注意防水防潮，并防止混入杂物；

3）水泥仓库要严防漏雨渗水，门窗要完好严密，库房要设在地势高亢、排水良好的干燥地点，库房地面应高于库外；

4）水泥进库应按生产厂、品种、等级、批号分别堆垛，严防混存。袋装水泥堆垛高度一般以 10 袋为宜，最多不超过 12 袋。要堆放整齐，便于点数，垛堆离墙壁不应少于 50cm，垛底最好以垫木垫底，离地面 20～30cm；

5）露天堆放更应选择高亢、平坦、干燥和排水良好的地方。垛底用垫木垫高，应高出

审核人		交接人		接受交底人	

工程名称		施工单位		编号	
序号	项目	城市水泥混凝土路面材料要求的技术交底内容			

2　砂

地面 40cm，并垫上一层油毡或其他防潮材料，水泥垛要苫盖严实。

混凝土板用的砂，应采用洁净、坚硬，符合规定级配、细度模数在 2.5 以上的粗、中砂；当无法取得粗、中砂时，经配合比试验可行，可采用泥土杂物含量小于 3%的细砂；砂的技术要求应符合表 4.2-5 的规定。

砂的主要技术要求　　表 4.2-5

主要项目			技术要求					
颗粒级配	筛孔尺寸（mm）		方孔				圆孔	
			0.16	0.315	0.63	1.25	2.50	5.0
	累计筛余量（%）	Ⅰ区	100～90	95～80	85～71	65～35	35～5	10～0
		Ⅱ区	100～90	92～70	70～41	50～10	25～0	10～0
		Ⅲ区	100～90	85～55	40～16	25～10	15～0	10～0
泥土杂物含量（冲洗法）（%）			≤3					
硫化物和硫酸盐含量（折算为 SO_3 质量计）（%）			≤1					
有机物含量（比色法）			颜色不应深于标准溶液的颜色					
其他杂物			不得混有石灰、煤渣、草根等其他杂物					

注：1. Ⅰ区砂基本属于粗砂。Ⅱ区砂属于中砂和一部分偏粗的细砂，颗粒适中，级配最好，Ⅲ区砂属细砂和一部分偏细的中砂。

2. 有机物质含量标准溶液的配制方法：取 2g 鞣酸粉溶解于 98mL 的 10%酒精溶液中即得所需的鞣酸溶液，然后取该溶液 2.5mL。注入 97.5mL、浓度为 3%的氢氧化钠溶液中，加塞后剧烈摇动，静置 24h 即标准溶液。

3　碎（砾）石

混凝土板用的碎（砾）石应质地坚硬，并应符合规定级配，最大粒径不应超过 40mm，碎石的技术要求，应符合表 4.2-6 的规定；砾石的技术要求，应符合表 4.2-7 的规定；用于抗冻性混凝土的碎（砾）石，应进行冻融和坚固性试验；但在一月份平均温度不低于－10℃的地区，不考虑石料的抗冻性。

碎石的主要技术要求　　表 4.2-6

主要项目		技术要求			
颗粒级配	筛孔尺寸（圆孔筛）（mm）	40	20	10	5
	累计筛余量（%）	0～5	30～65	75～90	95～100
强度	石料饱水抗压强度与混凝土设计抗压强度比（%）	≥200			
	石料强度分级（级）	≥3			
针片状颗粒含量（%）		≤15			
硫化物及硫酸盐含量（折算为 SO_3 质量计）（%）		≤1			
泥土杂物含量（冲洗法）（%）		≤1			

注：石料强度分级，应符合《公路工程岩石试验规程》JTG E41—2005 的规定。

审核人		交接人		接受交底人	

续表

<table>
<tr><td>工程名称</td><td colspan="2"></td><td>施工单位</td><td></td><td>编号</td><td></td></tr>
<tr><td>序号</td><td>项目</td><td colspan="5">城市水泥混凝土路面材料要求的技术交底内容</td></tr>
<tr><td>3</td><td>碎（砾）石</td><td colspan="5">

砾石的主要技术要求　　表 4.2-7

主要项目		技术要求			
颗粒级配	筛孔尺寸（圆孔筛）(mm)	40	20	10	5
	累计筛余量（%）	0～5	30～65	75～90	95～100
空隙率（%）		≤45			
软弱颗粒含量（%）		≤5			
针片状颗粒含量（%）		≤15			
泥土杂物含量（冲洗法）（%）		≤1			
硫化物及硫酸盐含量（折算为 SO_3 质量计）（%）		≤1			
有机物含量（比色法）		颜色不应深于标准溶液的颜色			
石料强度分级（级）		≥3			

注：石料强度可采用压碎指标值（%）。

</td></tr>
<tr><td>4</td><td>水</td><td colspan="5">

混凝土搅拌和养护用水应清洁，宜采用饮用水。当使用非饮用水时，应经过化验，并应符合下列规定：

（1）硫酸盐含量（按 SO_4 计）不得超过 2700mg/L。

（2）含盐量不得超过 5000m/L。

（3）pH 值不得小于 4。

</td></tr>
<tr><td>5</td><td>外加剂</td><td colspan="5">

（1）混凝土掺用的外加剂，应经配合比试验符合要求后方可使用。掺用的外加剂，可按下列规定选用：

1）为了减少混凝土拌合物的用水量，改善和易性，节约水泥用量，提高混凝土强度，可掺入减水剂；

2）夏期施工或需要延长作业时间时，可掺入缓凝剂；

3）冬期施工为提高早期强度或为缩短养护时间，可掺入早强剂；

4）严寒地区为抗冻，可掺入引气剂。

（2）随着混凝土新结构、新工艺的发展，对混凝土性能提出了新的要求，如高强、早强、大流动度、高耐久性、缓凝、速凝、降低水化热等。这些要求都可通过外加剂技术解决。常用外加剂种类如下：

1）减水剂。使用减水剂可使混凝土在和易性不变的条件下，减少用水量提高强度。如果用水量不减少，则可改善所拌混凝土的和易性，提高流动性。目前，常用的减水剂有木质素磺酸钙等，其掺入量约为水泥用量的 0.25%，其减水效果为 5%以上，一般为 5%～12%，这种减水剂同时具有缓凝和引气作用，使混凝土的含气量为 3%～4%；

</td></tr>
<tr><td>审核人</td><td></td><td>交接人</td><td></td><td>接受交底人</td><td colspan="2"></td></tr>
</table>

续表

工程名称		施工单位		编号	
序号	项目	城市水泥混凝土路面材料要求的技术交底内容			
5	外加剂	2）引气剂。引气剂与混凝土组成成分不发生化学反应，不产生气体。掺入混凝土中，由于拌合时的物理作用，使混凝土拌合物中的空气由少数大气泡改变成细小、球形、稳定、均匀分布、互不连通的大量微气泡。这些气泡在混凝土拌合时能起到滚珠一样的减磨滑动作用，硬化后仍保留在混凝土中，阻断毛细管，阻止外界水分渗入混凝土中，因此，能大大地提高混凝土的抗渗性。加之气泡内不是饱水的，当混凝土中的水受冷结冰产生体积膨胀时，这些微气泡就成了消纳压力的空间，防止混凝土冻坏。最常用的引气剂是松香聚合物，掺量一般为水泥用量的0.1%～0.2%，减水率10%，提高耐冻性4～5倍。其含气量应当控制在3%～6%。超过此值后，不但强度降低，耐久性也不再提高； 3）缓凝剂。缓凝剂能使混凝土拌合物在较长的时间内保持良好的和易性，延缓大体积混凝土的放热时间，防止分层灌浇的混凝土之间出现裂缝。常用的缓凝剂有木质素磺酸盐类、糖类、羟基羟酸类及无机盐类。缓凝剂的用量应根据要求的混凝土凝结时间通过试验而定，一般剂量都很小。缓凝剂中很多还兼有塑化、减水、抗渗、抗冻和提高混凝土后期强度的综合作用，如木质素磺酸钙等； 4）早强剂。早强剂能提高混凝土的早期强度，常用于冬期施工、抢修工程等。常用的有氯盐、硫酸盐和三乙醇胺三类。此外，还有它们的复合物，复合物的早强效果更好。氯化钙价廉、效果好，是最常用的一种早强剂，在钢筋混凝土中掺量不得超过1%，掺量多会引起钢筋锈蚀，在素混凝土中掺量不超过3%； 5）防水剂。防水剂能提高混凝土的防水性或抗渗性。常用的为密实剂，有氢氧化铁、氢氧化铝或其复合物。引气剂和三乙醇胺等也有防水、抗渗的效果，掺用量应根据要求通过试验来确定。			
6	钢筋	（1）钢筋的品种、规格应符合设计要求，所有的钢筋均应出厂合格证。 （2）钢筋不能有锈蚀、麻坑、劈裂、夹砂、夹层等缺陷。 （3）钢筋应按类型、直径、钢号、批号等分别堆放，并应避免油污、锈蚀。			
7	接缝材料	（1）接缝材料按使用性能分为接缝板和填缝料两类。接缝板要求能适应混凝土面板的膨胀收缩，且施工时不变形、耐久性良好的材料。填缝料要求能与混凝土面板缝壁粘结力强、回弹性好、能适应混凝土面板收缩、不溶于水和不渗水、高温时不溢出、低温时不脆裂和耐久性好的材料。 （2）接缝板可采用杉木板、纤维板、泡沫橡胶板、泡沫树脂板等。填缝料按施工温度分为加热施工式和常温施工式两种。加热施工式填缝料主要有沥青橡胶类、聚氯乙烯胶泥类和沥青玛碲脂类等。 （3）常温施工式填缝料有聚氨酯焦油类、氯丁橡胶类、乳化沥青橡胶类等。			
审核人		交接人		接受交底人	

4.3 城市道路水泥混凝土路面施工准备技术交底

城市道路水泥混凝土路面施工准备技术交底 **表 4-3**

<table>
<tr><td colspan="2">工程名称</td><td></td><td>施工单位</td><td></td><td>编号</td><td></td></tr>
<tr><td>序号</td><td>项目</td><td colspan="5">城市水泥混凝土路面施工准备的技术交底内容</td></tr>
<tr><td>1</td><td>基底与垫层的准备</td><td colspan="5">（1）混凝土路面的路基应符合下列要求：
1）路基的高度、宽度、纵横坡度和边坡等，均应符合设计要求；
2）路基应有良好的排水系统；
3）路基应坚实、稳定、均匀、压实度和平整度应符合设计要求；
4）现有路基加宽应使新旧路基结合良好，压实度应符合要求，新旧部分强度一致。
（2）混凝土路面的基层宜采用板体性好、强度高的半刚性基层，强度应满足设计要求。一般采用石灰土基层、石灰粉煤灰基层、石灰土类基层。冬期施工可采用煤渣石灰土或石灰煤渣基层。特重和重交通干道，为提高基层的抗水性，基层宜采用水泥稳定砂砾（碎石），上述各类基层顶上加铺沥青下封闭层，施工时按设计要求办理。
（3）基层完成后应加强养护，控制行车使不出现车槽。如有损坏，应在浇筑混凝土板前采用相同材料修补压实，如局部基层须用薄层松散料填铺时必须压实。垫层一般可采用石灰土。在垫层施工前应处理好路基病害，并完成排水设施，垫层铺筑应碾压密实。
（4）当利用旧路基作基层时，应作到下列各点：
1）检查旧基层的结构厚度、压实度是否符合设计要求；
2）表面坑槽及松散部分应挖补后重新压实平整，并彻底排除积水；
3）加宽部分应做成台阶形，再填铺砂石，与旧基础衔接处要加强碾压。</td></tr>
<tr><td>2</td><td>施工机械的选用与配套</td><td colspan="5">施工需用的专用机具应在施工前准备齐全，并检查运转完好情况。现以轨道式和滑模式水泥混凝土路面施工机械的选用与配套为例说明之。
1. 施工工序可选用的机械
水泥混凝土面层施工的主要内容有：施工前的准备工作、安装模板或轨道、筑做接缝和安装钢筋、制备与运送水泥混凝土混合料、水泥混凝土混合料的摊铺与捣实、水泥混凝土面层的修整与光面、拉毛防滑槽、拆模与养护、填缝与开通。当采用轨道式摊铺机施工时，各工序选用的机械见表 4.3-1 所列；若采用滑模式摊铺机施工时，各工序所选用的机械见表 4.3-2 所列。
轨道式摊铺机施工各工序可选用的施工机械 表 4.3-1
<table><tr><td>序号</td><td>工艺名称</td><td>可考虑选择的施工机械设备</td></tr><tr><td>1</td><td>混凝土制备</td><td>水泥混凝土搅拌机、装载机、水泥输送设备、碎石联合筛分机械</td></tr><tr><td>2</td><td>混凝土运输</td><td>自卸汽车、自卸翻斗车、水泥混凝土搅拌运输车</td></tr><tr><td>3</td><td>卸料</td><td>侧面卸料机、纵向卸料机</td></tr><tr><td>4</td><td>摊铺</td><td>刮板式摊铺机、箱式摊铺机、螺旋式摊铺机</td></tr></table></td></tr>
<tr><td colspan="2">审核人</td><td></td><td>交接人</td><td></td><td>接受交底人</td><td></td></tr>
</table>

续表

工程名称		施工单位		编号	
序号	项目	城市水泥混凝土路面施工准备的技术交底内容			
2	施工机械的选用与配套	（见下）			

续表

序号	工艺名称	可考虑选择的施工机械设备
5	振捣	振捣机、内部振动式振动器
6	接缝施工	水泥混凝土切缝机
7	表面修整	修整机、纵向表面修整机、斜向表面修整机
8	修整粗糙面	拉毛机、压槽机

滑模式摊铺机施工各工序所选的施工机械　　　　表 4.3-2

序号	工艺名称	可考虑选择的施工机械设备
1	混凝土混合料制备	水泥混凝土搅拌机、装载机、水泥输送设备、碎石联合筛分机械
2	混凝土混合料运输	自卸汽车、自卸翻斗车、水泥混凝土搅拌运输车
3	卸料	运输车直接卸料或混凝土输送机
4	摊铺、振捣、接缝、平整	滑模式摊铺机、自动切缝机
5	修整粗糙面	拉毛机、压槽机
6	混凝土铺层养护	养护剂喷洒车

2. 施工机械选型与配套原则

(1) 在水泥混凝土面层施工机械选型时，应首先选定主导机械，然后根据主导机械的技术性能和生产率，配置相应的配套机械。

(2) 在选择摊铺机作为第一主导机械时，既要考虑施工质量和进度得到满足，又应兼顾施工单位的技术人员素质、管理水平和购买能力等实际情况。在保证摊铺机发挥最大效益的前提下，应使配套机械的类型和数量尽可能少。

(3) 若以水泥混凝土搅拌设备作为第二主导机械，在机型选择时，除了生产率应与摊铺机相适宜外，还应考虑：拌和品质和拌和能力、机械设备的可靠度、工作效率和经济性。因为摊铺机铺筑路面的质量（密实度和平整度）以及工作进度取决于水泥混凝土的拌制质量，混凝土摊铺的工作进度除与混凝土配比有关外，还与拌和的方式有关。

(4) 当水泥混凝土搅拌和摊铺设备选型后，应考虑水泥混凝土运输车辆的配套。如水泥混凝土的坍落度小于5cm，若运距在1km以内，则以2t以下的小型自卸车比较经济；运距在5km左右时，以3～5t中型自卸车最为经济；运距为6～10km左右时，以选用8t以上的自卸车为宜；当运距大于10km时，或水泥混凝土的坍落度大于5cm时，考虑到混凝土在运输过程中有水分散失和离析等问题，应当采用容量为6m^{3}以上的水泥混凝土搅拌运输车。运距与搅拌设备的设置有关，一般要求水泥混凝土运输中，夏季不超过30～40min，冬季不超过

审核人		交接人		接受交底人	

续表

<table>
<tr><td>工程名称</td><td></td><td>施工单位</td><td></td><td>编号</td><td></td></tr>
<tr><td>序号</td><td>项目</td><td colspan="4">城市水泥混凝土路面施工准备的技术交底内容</td></tr>
<tr><td>2</td><td>施工机械的选用与配套</td><td colspan="4">60～90min。如若运距超过这两种时间，可以让搅拌输送车先装上干料或半干料水泥混凝土，待搅拌输送车运行到离施工现场只有 20min 的路程时，才加水搅拌混凝土，这种搅拌输送车所送的混凝土拌合料，同样能保证质量。</td></tr>
<tr><td>3</td><td>施工放样</td><td colspan="4">（1）在验收合格的道路基层上，根据设计图纸放出中心及道路边线，并将路线的起始点及曲线折点中心桩拴在路旁固定建筑物上。
（2）每隔 100～200m 应在路线两旁测设临时水准点。
（3）按设计规定划分路面板。由路口开始，在曲线段及路口“八字”分块时，应注意曲线上内侧和外侧纵的混凝土分块距离，应使横向分块线与路中心线垂直，以免路面板出现锐角，分块线距离检查井盖的边缘应保持至少 1m 的距离为宜。</td></tr>
<tr><td>4</td><td>模板准备</td><td colspan="4">（1）机械摊铺水泥混凝土路面用钢模板要求。钢模板应具有足够刚度，通常直线段可使用定型钢模板，钢模板制作质量标准：高度允许偏差±2mm，长度允许偏差±5mm，局部变形允许偏差 3mm，中部最大变形（挠曲）4mm。
（2）机械摊铺水泥混凝土路面用木模板要求：
1）通常采用红松板，板厚为 5cm 以上，弯道部分厚度为 1.5～3cm，长度宜大于一块路面板长，宽度与路面板厚度相同，内侧和顶部需刨光，纵缝衔接。一般为平接，也可采用凸形企口，模板衔接；
2）模板安放位置支立，宜用铁钎固定，间距宜为 0.8～1m，弯道处宜为 0.5～0.8m，内侧铁钎应高出模板，模板接头应平顺，模板与路基间的空隙应堵严，保证振捣时模板不下沉，使混凝土板厚度均匀一致；
3）支好的模板应高程准确，线条直顺，内侧与顶部光滑平整，棱角整齐，拼缝接头处严密不漏浆；
4）模板支好后，在内侧均匀涂刷一薄层隔离剂，以保证拆模时水泥混凝土表面光滑，不粘模板。水泥混凝土路面模板安装允许偏差应符合表 4.3-3 规定。

水泥混凝土路面层模板安装允许偏差　　表 4.3-3
<table>
<tr><td rowspan="2">序号</td><td rowspan="2" colspan="2">主要项目</td><td rowspan="2">允许偏差（mm）</td><td colspan="2">检查频率</td><td rowspan="2">检查方法</td></tr>
<tr><td>范围</td><td>点数</td></tr>
<tr><td>1</td><td colspan="2">直顺度</td><td>≤5</td><td>40m</td><td>1</td><td>采用 20m 小线量取最大值</td></tr>
<tr><td>2</td><td colspan="2">高程</td><td>±5</td><td>20m</td><td>1</td><td>采用水准仪具测量</td></tr>
<tr><td rowspan="2">3</td><td rowspan="2">传力杆位置</td><td>水平</td><td>±10</td><td>每条缝</td><td>1</td><td>用尺量取最大值</td></tr>
<tr><td>上下</td><td>±5</td><td>每条缝</td><td>1</td><td>用尺量取最大值</td></tr>
<tr><td>4</td><td colspan="2">传力杆外露尺寸</td><td>±10</td><td>每条缝</td><td>1</td><td>用尺量取最大值</td></tr>
<tr><td>5</td><td colspan="2">企口缝模板各部尺寸</td><td>±5</td><td>每条缝</td><td>1</td><td>用尺量取最大值</td></tr>
</table></td></tr>
<tr><td>审核人</td><td></td><td>交接人</td><td></td><td>接受交底人</td><td></td></tr>
</table>

4.4 城市道路水泥混凝土配合比设计与混合料配制技术交底

城市道路水泥混凝土配合比设计与混合料配制技术交底　　表 4-4

<table>
<tr><td>工程名称</td><td colspan="3"></td><td>施工单位</td><td colspan="2"></td><td>编号</td><td></td></tr>
<tr><td>序号</td><td>项目</td><td colspan="7">水泥混凝土配合比设计与混合料配制的技术交底内容</td></tr>
<tr><td>1</td><td>混凝土配合比设计</td><td colspan="7">(1) 混凝土配合比，应保证混凝土的设计强度、耐磨、耐久和混凝土拌合物和易性的要求。在冰冻地区还应符合抗冻性的要求。
(2) 混凝土配合比，应根据水灰比与强度关系曲线进行计算和试配确定。可按抗压强度作配合比设计。也可按抗折强度作配合比设计，均以抗折强度作强度检验。
(3) 混凝土的试配强度宜按设计强度提高 10%～15%。
(4) 混凝土拌合物的稠度试验采用坍落度宜为 1～2.5cm，坍落度小于 1cm 时。应采用维勃稠度仪测定，维勃时间宜为 10～30s。每一工作班至少检查两次。
(5) 混凝土的水灰比当有经验数值时，可按经验数值选用，如无经验数值时，可按下列公式计算。按抗压强度作配合比设计：
1) 碎石混凝土：$$C=0.48C_{e}^{o}\left(\frac{c}{w}-0.52\right) \quad (4.4\text{-}1)$$
2) 砾石混凝土：$$C=0.48C_{e}^{o}\left(\frac{c}{w}-0.61\right) \quad (4.4\text{-}2)$$
式中　C——混凝土试件抗压强度（MPa）；
C_{e}^{o}——水泥实际抗压强度（MPa）；
$\frac{c}{w}$——混凝土灰水比。
(6) 混凝土最大水灰比，应符合《公路水泥混凝土路面施工技术规范》JTGF 30—2015 的规定，即：城市道路、公路和厂矿道路不应大于 0.50；城市快速路和主干路不应大于 0.46；冰冻地区的冬期施工不应大于 0.45。
(7) 混凝土的单位用水量应按骨料的种类、最大粒径、级配、施工温度和掺用外加剂等通过试验确定。粗骨料最大粒径为 40mm，粗细骨料均干燥时，混凝土的单位用水量，应按下列经验数值采用：
1) 碎石混凝土为 150～170kg/m^3；
2) 砾石混凝土为 140～160kg/m^3；
3) 掺用外加剂或掺合料时，应相应增减用水量。
(8) 混凝土的单位水泥用量应根据选用的水灰比和单位用水量进行计算，单位水泥用量不应小于 300kg/m^3。
(9) 混凝土的砂率应按碎石和砂的用量、种类、规格及混凝土的水灰比确定，并应按表 4.4-1 规定选用。
(10) 选用砂率并经试配后，采用绝对体积法或假定容重法计算砂、石用量、并确定混凝土拌合物的理论配合比。在施工时，应测定现场骨料的含水率。将理论配合比换算为施工配合比。作为混凝土配料的依据。</td></tr>
<tr><td colspan="2">审核人</td><td colspan="2"></td><td>交接人</td><td></td><td>接受交底人</td><td colspan="2"></td></tr>
</table>

续表

工程名称		施工单位		编号	
序号	项目	水泥混凝土配合比设计与混合料配制的技术交底内容			

1 混凝土配合比设计

（11）按经验或计算试算水灰比确定砂、石、水泥用量后，应通过实际试验验证再作最后确定。试验时可按原水灰比及加减 0.05 共 3 组进行，如时间所限可考虑按水泥混凝土快速测强法测定。

混凝土混合料砂率范围　　　　表 4.4-1

序号	水灰比	碎石最大粒径（mm）		
		15	20	40
1	0.40	30～35	29～34	27～32
2	0.50	33～38	32～37	30～35
3	0.60	36～41	35～40	33～38

注：1. 表中数值为Ⅰ区砂的选用砂率。

2. 采用Ⅱ区砂时，应采用较大砂率；采用Ⅲ区砂时，应采用较小砂率采用真空工艺混凝土的砂率宜用表列较高值。

2 混凝土混合料配制

（1）根据水泥混凝土施工配合比设计和试验结果，选用以弯拉强度、耐久性、耐腐蚀性、水温稳定性、施工和易性和经济合理的原则，在水泥混凝土中应控制总含碱量小于 6kg/m^3，集料膨胀量不得大于 0.06%，通过试验或经验确定配合比所选用的砂率，通过配合比中的水灰比确定水泥用量及用水量与集料配合，然后在室内制备 15cm×15cm×55cm 的梁式试件及 15cm×15cm×15cm。立方体试件，在标准温度的水中养生到 7d、28d 后进行抗折、抗压试验，并符合《公路水泥混凝土路面施工技术规范》JTGF 30—2015 的规定。

此配合比是理论配合比也称试验室配合比，将此配合比应用在施工中必须换算成施工配合比，随着气候条件及粗、细集料含水量的变化，应随时调整用水量，以满足施工和易性要求。

（2）水泥混凝土面层混合料的配合比设计，应以抗折强度为主要指标，配料设计若用抗压强度公式试配时，可参见表 4.4-2 所列。

特定设计抗折强度时，混凝土应达到的抗压强度　　　　表 4.4-2

序号	混凝土强度	龄期	强度单位	对应抗压强度要求			
1	设计抗折值	28d	MPa	4.0	4.5	5.0	5.5
2	应达到抗压值	28d	MPa	25.0	30.0	35.0	40.0

（3）若配制大于 C30 级水泥混凝土，可用 42.5 级以上水泥，水泥用量可控制在 300～350kg/m^3；水灰比应小于 0.5，水泥混凝土宜采用低流动性混凝土。

（4）配制有抗渗要求的路面水泥混凝土，配合比设计应满足设计要求的抗折强度和抗渗要求。

审核人		交接人		接受交底人	

4.5 城市道路水泥混凝土板常规施工方法的技术交底

城市道路水泥混凝土路面板常规施工方法的技术交底　　　　表 4-5

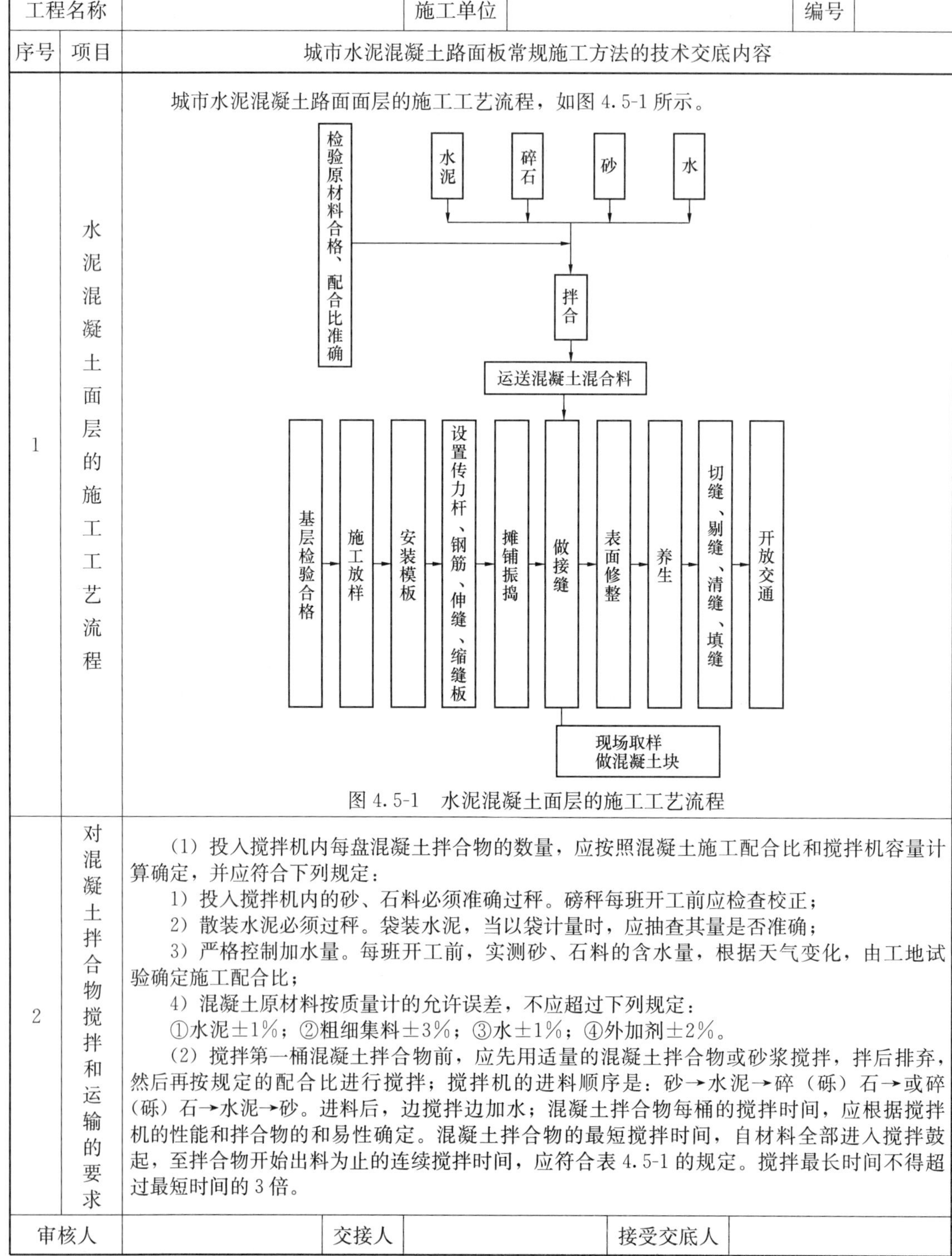

工程名称		施工单位		编号	
序号	项目	城市水泥混凝土路面板常规施工方法的技术交底内容			
1	水泥混凝土面层的施工工艺流程	城市水泥混凝土路面面层的施工工艺流程，如图 4.5-1 所示。 图 4.5-1　水泥混凝土面层的施工工艺流程			
2	对混凝土拌合物搅拌和运输的要求	（1）投入搅拌机内每盘混凝土拌合物的数量，应按照混凝土施工配合比和搅拌机容量计算确定，并应符合下列规定： 1）投入搅拌机内的砂、石料必须准确过秤。磅秤每班开工前应检查校正； 2）散装水泥必须过秤。袋装水泥，当以袋计量时，应抽查其量是否准确； 3）严格控制加水量。每班开工前，实测砂、石料的含水量，根据天气变化，由工地试验确定施工配合比； 4）混凝土原材料按质量计的允许误差，不应超过下列规定： ①水泥±1%；②粗细集料±3%；③水±1%；④外加剂±2%。 （2）搅拌第一桶混凝土拌合物前，应先用适量的混凝土拌合物或砂浆搅拌，拌后排弃，然后再按规定的配合比进行搅拌；搅拌机的进料顺序是：砂→水泥→碎（砾）石→或碎（砾）石→水泥→砂。进料后，边搅拌边加水；混凝土拌合物每桶的搅拌时间，应根据搅拌机的性能和拌合物的和易性确定。混凝土拌合物的最短搅拌时间，自材料全部进入搅拌鼓起，至拌合物开始出料为止的连续搅拌时间，应符合表 4.5-1 的规定。搅拌最长时间不得超过最短时间的 3 倍。			
审核人		交接人		接受交底人	

续表

工程名称		施工单位		编号	
序号	项目	城市水泥混凝土路面板常规施工方法的技术交底内容			

2　对混凝土拌合物搅拌和运输的要求

混凝土拌合物最短搅拌时间　　表 4.5-1

搅拌机械的容量		转速（r/min）	搅拌时间（s）	
			低流动性混凝土	干硬性混凝土
自由式	400L	18	105	120
	800L	14	165	210
强制式	375L	38	90	100
	1500L	20	180	240

（3）混凝土拌合物的运输，宜采用自卸机动车运输。当运距较远时，宜采用搅拌运输车运输。混凝土拌合物从搅拌机出料后，运至铺筑地点进行摊铺、振捣、做面，直至浇筑完毕的允许最长时间，由试验室根据水泥初凝时间及施工气温确定，并应符合表 4.5-2 的规定；装运混凝土拌合物，不应漏浆，并应防止离析。夏期和冬期施工，必要时应有遮盖或保温措施。出料及铺筑时的卸料高度，不应超过 1.5m。当有明显离析时，应在铺筑时重新拌匀。

混凝土从搅拌机出料至浇筑完毕的允许最长时间　　表 4.5-2

序号	施工现场天气温度（℃）	允许最长时间（h）
1	5～10	2
2	10～20	1.5
3	20～30	1
4	30～35	0.75

3　对混凝土拌合物的浇筑、摊铺与做面板要求

（1）对混凝土拌合物的浇筑要求：浇筑混凝土拌合物用的模板宜采用钢模板。模板的制作与立模应符合下列规定：

1）钢模板的高度应与混凝土板厚度一致；

2）木模板应选用质地坚实，变形小，无腐朽、扭曲、裂纹的木料。模板厚度宜为 5cm，其高度应与混凝土板厚度一致。模板内侧面、顶面要刨光，拼缝紧密牢固，边角平整无缺；

3）模板高度的允许误差为±2mm。企口舌部或凹槽的长度允许误差：钢模板为±1mm，木模板为±2mm；

4）立模的平面位置与高程，应符合设计要求，并应支立准确稳固，接头紧密平顺，不得有离缝、前后错茬和高低不平等现象。模板接头和模板与基层接触处均不得漏浆。模板与混凝土接触的表面应涂隔离剂。

（2）混凝土拌合物的摊铺要求：混凝土拌合物摊铺前，应对模板的间隔、高度、润滑、支撑稳定情况和基层的平整、润湿情况，以及钢筋的位置和传力杆装置等进行全面检查；混凝土拌和物的摊铺，应符合下列规定：

1）当混凝土板的厚度不大于 22cm 时，可一次摊铺，大于 22cm 时，可分两次摊铺，下部厚度宜为总厚度的 3/5；

审核人		交接人		接受交底人	

续表

工程名称		施工单位		编号	
序号	项目	城市水泥混凝土路面板常规施工方法的技术交底内容			
3	对混凝土拌合物的浇筑、摊铺与做面板要求	2）摊铺厚度应考虑振实预留高度； 3）采用人工摊铺时，应用锹反扣，严禁抛掷和楼耙，防止混凝土拌合物离析。 （3）混凝土拌合物的振捣要求：混凝土拌合物的振捣，应符合下列规定： 1）对厚度不大于22cm的混凝土板，靠边角应先用插入式振捣器顺序振捣，再用功率不小于2.2kW的平板振捣器纵横交错全面振捣。纵横振捣时，应重叠10～20cm，然后用振动梁振捣拖平。在有钢筋的部位，振捣时应防止钢筋变位； 2）振捣器在每一位置振捣的持续时间，应以拌合物停止下沉、不再冒气泡并泛出水泥砂浆为准，并不宜过振。用平板式振捣器振捣时，不宜少于15s；水灰比小于0.45时，不宜少于30s。用插入式振捣器时，不宜少于20s； 3）当采用插入式与平板式振捣器配合使用时，应先用插入式振捣器进行振捣，后用平板式振捣器振捣。分两次摊铺的，振捣上层混凝土拌合物时，插入式振捣器应插入下层混凝土拌合物5cm，上层混凝土拌合物的振捣必须在下层混凝土拌合物初凝以前完成。插入式振捣器的移动间距不宜大于其作用半径的1.5倍，插入式振捣器至模板的距离不应大于振捣器作用半径的0.5倍，并应避免碰撞模板和钢筋； 4）振捣时应辅以人工找平，并应随时检查模板。如有下沉、变形或松动，应及时纠正。干硬性混凝土搅拌时可先增大水灰比，浇筑后采用真空吸水工艺再将水灰比降低，以提高混凝土在未凝结硬化前的表层结构强度；混凝土拌合物整平时，填补板面应选用碎（砾）石较细的混凝土拌合物，严禁用纯砂浆填补找平。经用振动梁整平后，可再用铁滚筒进一步整平。设有路拱时，应使用路拱成型板整平。整平时必须保持模板顶面整洁，接缝处板面平整。 （4）混凝土板的做面要求：城市水泥混凝土板的做面要求如下： 1）当烈日暴晒或干旱风吹时，做面宜在遮阴篷下进行；在做路面之前，应做好清边整缝，清除粘浆，修补掉边、缺角。做面时严禁在面板混凝土上洒水、撒水泥粉； 2）做面宜分两次进行。先找平抹平，待混凝土表面无泌水时，再作第二次抹平。混凝土板面应平整、密实； 3）抹平后沿横坡方向拉毛或采用机具压槽。城市的道路拉毛和压槽深度应为1～2mm。民航场道面拉毛的平均纹理深度（填砂法）：跑道不得小于0.8mm；滑行道、停机坪不得小于0.4mm。				
4	混凝土板真空吸水工艺	（1）真空吸水的作用：采用真空吸水工艺，可解决干硬性混凝土施工操作的困难，并可提高混凝土在未凝结硬化前的表层结构强度，能有效地防治表面缩裂和防冻等性能，缩短整平、抹面、拉毛、拆模工序的间隔时间，为混凝土施工机械化连续作业创造条件。 （2）真空吸水设备：该设备包括真空泵机组、气垫薄膜吸水装置和振动梁、抹光机等组成。 （3）真空吸水施工： 1）采用真空吸水的混凝土拌合物，按设计配合比适当增大用水量，水灰比可为0.48～0.55，其他材料用量维持原设计不变； 2）混凝土拌合物经振实整平后进行真空吸水，真空吸水时间（min）宜为板厚（cm）1～15倍，并应以剩余水灰比来检验真空吸水效果；真空吸水的作业深度不宜超过30cm； 3）开机后真空度应逐渐增加，当达到要求的真空度［（500～600）mmHg］开始正常出水后，真空度要保持均匀；结束吸水工作前，真空度应逐渐减弱，防止在混凝土内部留下出水通路，影响混凝土的密实度；混凝土板完成真空吸水作业后，用抹光机抹面，并进行拉毛或压槽等工作。				
审核人		交接人		接受交底人	

续表

<table>
<tr><td>工程名称</td><td colspan="2"></td><td>施工单位</td><td></td><td>编号</td><td></td></tr>
<tr><td>序号</td><td>项目</td><td colspan="5">城市水泥混凝土路面板常规施工方法的技术交底内容</td></tr>
<tr><td>5</td><td>对钢筋设置的要求</td><td colspan="5">城市水泥钢筋混凝土路面中所安置的钢筋网片，应符合下列规定：
（1）不得踩踏钢筋网片。
（2）安放单层钢筋网片时，应在底部先摊铺一层混凝土拌合物，摊铺高度应按钢筋网片设计位置预加一定的沉落度。待钢筋网片安放就位后，再继续浇筑混凝土。
（3）当安放双层钢筋网片时，对厚度不大于 25cm 的板，上下两层钢筋网片可事先用架立筋扎成骨架后一次安放就位。厚度大于 25cm 的，上下两层钢筋网片应分两次安放。
（4）当安放角隅钢筋时，应先在安放钢筋的角隅处摊铺一层混凝土拌合物，摊铺高度应比钢筋设计位置预加一定的沉落度。角隅钢筋就位后，用混凝土拌合物压住；安放边缘钢筋时，应先沿边缘铺一条混凝土拌合物，拍实至钢筋设置高度，然后安放边缘钢筋，在两端弯起处，用混凝土拌合物压住。</td></tr>
<tr><td>6</td><td>对接缝的施工要求</td><td colspan="5">对于城市工业水泥混凝土胀缝的施工，应符合下列要求：
（1）胀缝应与路面中心线相垂直；缝壁必须垂直；缝隙宽度必须一致；缝中不得连浆。缝隙上部应浇筑填缝料，下部应设置胀缝板；
（2）胀缝传力杆的活动端，可设在缝的一边或交错布置。固定后的传力杆必须平行于板面及路面中心线，其误差不得大于 5mm。传力杆的固定，可采用顶头木模固定或支架固定安装的方法，并应符合下列规定：
1）顶头木模固定传力杆安装方法，宜用于混凝土板不连续浇筑时设置的胀缝。传力杆长度的一半应穿过端头挡板，固定于外侧定位模板中。混凝土拌合物浇筑前应检查传力杆的位置；在浇筑时，应先摊铺下层混凝土拌合物用插入式振捣器振实，并应在校正传力杆位置后，再浇筑上层混凝土拌合物。浇筑邻板时应拆除顶头木模，并应设置胀缝板、木制嵌条和传力杆套管，如图 4.5-2 所示；

图 4.5-2　顶头木模固定传力杆安装图
2）支架固定传力杆安装方法，宜用于混凝土板连续浇筑时设置的胀缝。传力杆长度的一半应穿过胀缝板和端头挡板，并应用钢筋支架固定就位。浇筑时应先检查传力杆位置，再在胀缝两侧摊铺混凝土拌合物至板面，振捣密实后，抽出端头挡板，空隙部分填补混凝土拌合物，并用插入式振捣器振实，如图 4.5-3 所示。</td></tr>
<tr><td>审核人</td><td></td><td>交接人</td><td></td><td>接受交底人</td><td colspan="2"></td></tr>
</table>

续表

<table>
<tr><td>工程名称</td><td colspan="2"></td><td>施工单位</td><td></td><td>编号</td><td></td></tr>
<tr><td>序号</td><td>项目</td><td colspan="5">城市水泥混凝土路面板常规施工方法的技术交底内容</td></tr>
<tr><td>6</td><td>对接缝的施工要求</td><td colspan="5">
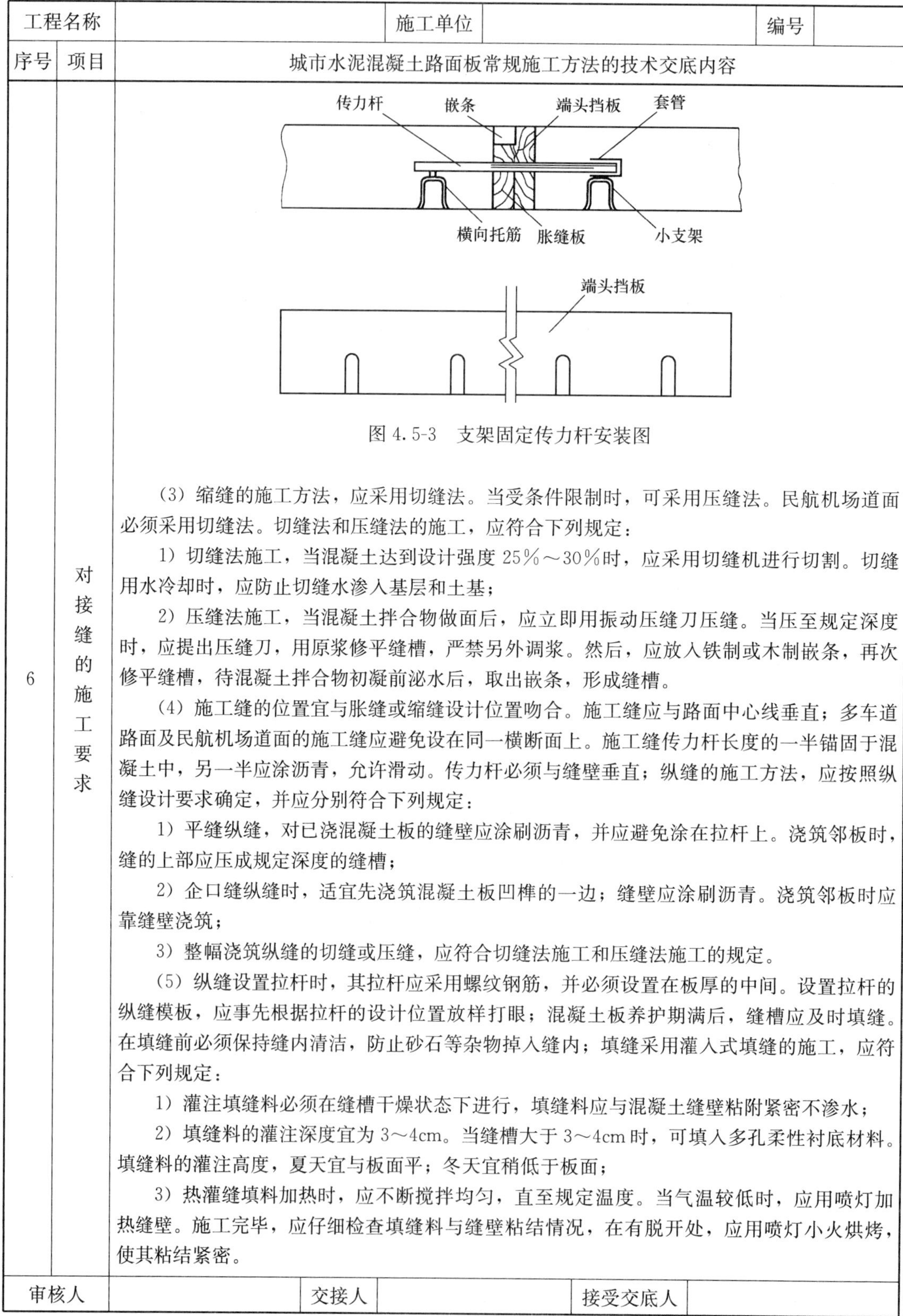

图 4.5-3　支架固定传力杆安装图

(3) 缩缝的施工方法，应采用切缝法。当受条件限制时，可采用压缝法。民航机场道面必须采用切缝法。切缝法和压缝法的施工，应符合下列规定：
1) 切缝法施工，当混凝土达到设计强度 25%～30%时，应采用切缝机进行切割。切缝用水冷却时，应防止切缝水渗入基层和土基；
2) 压缝法施工，当混凝土拌合物做面后，应立即用振动压缝刀压缝。当压至规定深度时，应提出压缝刀，用原浆修平缝槽，严禁另外调浆。然后，应放入铁制或木制嵌条，再次修平缝槽，待混凝土拌合物初凝前泌水后，取出嵌条，形成缝槽。
(4) 施工缝的位置宜与胀缝或缩缝设计位置吻合。施工缝应与路面中心线垂直；多车道路面及民航机场道面的施工缝应避免设在同一横断面上。施工缝传力杆长度的一半锚固于混凝土中，另一半应涂沥青，允许滑动。传力杆必须与缝壁垂直；纵缝的施工方法，应按照纵缝设计要求确定，并应分别符合下列规定：
1) 平缝纵缝，对已浇混凝土板的缝壁应涂刷沥青，并应避免涂在拉杆上。浇筑邻板时，缝的上部应压成规定深度的缝槽；
2) 企口缝纵缝时，适宜先浇筑混凝土板凹榫的一边；缝壁应涂刷沥青。浇筑邻板时应靠缝壁浇筑；
3) 整幅浇筑纵缝的切缝或压缝，应符合切缝法施工和压缝法施工的规定。
(5) 纵缝设置拉杆时，其拉杆应采用螺纹钢筋，并必须设置在板厚的中间。设置拉杆的纵缝模板，应事先根据拉杆的设计位置放样打眼；混凝土板养护期满后，缝槽应及时填缝。在填缝前必须保持缝内清洁，防止砂石等杂物掉入缝内；填缝采用灌入式填缝的施工，应符合下列规定：
1) 灌注填缝料必须在缝槽干燥状态下进行，填缝料应与混凝土缝壁粘附紧密不渗水；
2) 填缝料的灌注深度宜为 3～4cm。当缝槽大于 3～4cm 时，可填入多孔柔性衬底材料。填缝料的灌注高度，夏天宜与板面平；冬天宜稍低于板面；
3) 热灌缝填料加热时，应不断搅拌均匀，直至规定温度。当气温较低时，应用喷灯加热缝壁。施工完毕，应仔细检查填缝料与缝壁粘结情况，在有脱开处，应用喷灯小火烘烤，使其粘结紧密。
</td></tr>
<tr><td>审核人</td><td></td><td>交接人</td><td colspan="2"></td><td>接受交底人</td><td></td></tr>
</table>

续表

工程名称		施工单位		编号	
序号	项目	城市水泥混凝土路面板常规施工方法的技术交底内容			
6	对接缝的施工要求	（6）填缝采用预制嵌缝条的施工，应符合下列规定： 1）预制胀缝板嵌入前，缝壁应干燥，并应清除缝内杂物，使嵌缝条与缝壁紧密结合； 2）缩缝、纵缝、施工缝的预制嵌缝条，可在缝槽形成时嵌入。嵌缝应顺直整齐。			
7	混凝土板切缝机具及施工工艺	（1）切缝机具 切缝机具由切割、进刀、行走、定位导向和冷却五个部分组成。工作时由两台电动机带动，一台进行切割，一台行走移动。切缝机应有良好的静态和动态稳定性。转速、切速、冷却装罩等都应符合切缝的工作要求。 （2）切缝施工工艺 1）切缝前应仔细检查电源、水源及切缝机组试行运转的情况，切缝机刀片应与机身中心线成90°角，并应与切缝线成直线； 2）开始切缝前，应调整刀片的进刀深度，切割时应随时调整刀片切割方向。停止切缝时，应先关闭旋钮开关，将刀片提升到混凝土板面以上，停止运转； 3）切缝时刀片冷却用水，水的压力不应低于0.2MPa； 4）采用切缝机切缝的混凝土，宜采用42.5级以上普通水泥浇筑。碎石混凝土的最佳切割抗压强度为6.0～12.0MPa，砾石混凝土为9.0～12.0MPa。当气温突变时，应适当提早切缝时间，防止产生不规则裂缝； 5）切缝时，应尽快灌注填缝料。			
8	混凝土板接缝填缝料	（1）灌入式填缝料： 1）聚氯乙烯胶泥：制造的分工厂预先配制和现场临时调制两种： ①工厂配制的聚氯乙烯胶泥，为用橡胶煤沥青、聚氯乙烯树脂、硫磺、稳定剂等材料配制而成。在工厂整批配制，装桶储运使用。其使用性能，与混凝土有良好的粘结力，耐热、耐寒性能好，适用于寒冷地区和温热地区的缩缝和胀缝的上部。使用时缓缓加热至130℃。保持恒温15min，并不断搅拌，灌注后冷却成型。加热最高温度不得超过160℃，否则树脂将炭化失效； ②现场调制的聚氯乙烯胶泥，为煤焦油、聚氯乙烯树脂、粉煤灰和二盐或三盐（稳定剂）等材料调制而成。必须在使用时，现场临时调制，调制好即用，不能久放。其使用性能，低温时性能好，常温、高温时粘结力差，适用于寒冷地区的缩缝和胀缝上部。使用时，先将脱水煤焦油倒入锅内，加热至60℃拌匀，再加入其他材料，边加边搅拌，加热至140℃后，恒温塑化10～20min即灌注。加热最高温度不得超过150℃。其材料和配合比可按表4.5-3使用。 **聚氯乙烯胶泥（现场调制）配合比（质量比）　表4.5-3** 材料名称：脱水煤焦油 100；聚氯乙烯树脂 9～11；增塑剂 15～25；粉煤灰 30～50；二盐或三盐（稳定剂）0.5 2）沥青橡胶： ①沥青橡胶配合比及使用性能，可按表4.5-4使用； ②使用时将油-10沥青加热脱水，温度升到180～220℃，加入柴油拌匀，再加入经预热的石粉和石棉粉的混合物，最后加入橡胶粉，边加入边搅拌，慢火升温到180～220℃，恒温1～1.5h使其有较大流动性时，即可灌注。			
审核人		交接人		接受交底人	

聚氯乙烯胶泥（现场调制）配合比（质量比）　表4.5-3

材料名称	脱水煤焦油	聚氯乙烯树脂	增塑剂	粉煤灰	二盐或三盐（稳定剂）
配合比	100	9～11	15～25	30～50	0.5

续表

<table>
<tr><td>工程名称</td><td colspan="2"></td><td>施工单位</td><td></td><td>编号</td><td></td></tr>
<tr><td>序号</td><td>项目</td><td colspan="5">城市水泥混凝土路面板常规施工方法的技术交底内容</td></tr>
<tr><td>8</td><td>混凝土板接缝填缝料</td><td colspan="5">

沥青橡胶配合比（质量比） **表 4.5-4**

<table>
<tr><th>材料名称</th><th>配合比</th><th>性能及适应部位</th></tr>
<tr><td>油-10 石油沥青</td><td>55～60</td><td rowspan="5">粘结强度较好，回弹率和低温延伸率较差，适应于温热带地区的缩缝</td></tr>
<tr><td>重柴油或轻柴油</td><td>10～20</td></tr>
<tr><td>橡胶粉</td><td>10～15</td></tr>
<tr><td>石棉粉或棉短绒</td><td>4～6</td></tr>
<tr><td>石粉</td><td>10～15</td></tr>
</table>

注：以重柴油较好，胀缝宜用石棉短绒。

（2）预制嵌缝条

1）胀缝板宜用软木板、木纤维板或沥青浸制油毛毡压制即成，适用于胀缝的下半部分；

2）沥青橡胶嵌缝条，采用沥青、石棉粉、石粉按比例配合压制成板条，适用于缩缝、纵缝及胀缝的上半部分。其配合比可按表 4.5-5 使用；

3）有孔氯丁胶嵌缝条，采用氯丁橡胶原料，按设计图形用橡胶挤出机挤压成型，然后放在硫化罐内硫化而成，适用胀缝的上半部。

沥青橡胶嵌缝条配合比（质量比） **表 4.5-5**

<table>
<tr><th>沥青掺配成分</th><th>渗配后沥青（%）</th><th>废橡胶粉（%）</th><th>石粉（%）</th><th>石棉粉短绒（%）</th><th>适应范围</th></tr>
<tr><td>油-10 石油沥青(80%)＋重(轻)柴油(20%)</td><td>50</td><td>25</td><td>20</td><td>石棉粉 5</td><td>缩缝纵缝</td></tr>
<tr><td>油-10 石油沥青(80%)＋重(轻)柴油(20%)</td><td>50</td><td>20</td><td>20</td><td>棉短绒 10</td><td>胀缝上半部</td></tr>
</table>

</td></tr>
<tr><td>9</td><td>混凝土板养护的要求</td><td colspan="5">

城市道路水泥混凝土板做面完毕后，应及时养护。养护应根据施工工地情况及条件，选用湿治养护和塑料薄膜养护等方法。

1. 湿治养护的要求

（1）宜用草袋、草帘等，在混凝土终凝以后覆盖于混凝土板表面，每天应均匀洒水，经常保持潮湿状态。

（2）在昼夜温差较大的地区，其混凝土板浇筑后 3d 内应采取保温措施，特别要防止混凝土板产生收缩裂缝。

（3）混凝土板在养护期间和填缝前，应禁止车辆通行。在达到设计强度的 40%以后，方可允许行人通行。

（4）养护时间应根据混凝土强度增长情况而定，一般宜为 14～21d，养护期满方可将覆盖物清除，板面不得留有痕迹。

2. 塑料薄膜的养护要求

（1）塑料薄膜溶液的配合比应由试验确定。薄膜溶剂一般具有易燃或有毒等特性，应做好贮运和安全工作。

</td></tr>
<tr><td>审核人</td><td></td><td>交接人</td><td></td><td>接受交底人</td><td colspan="2"></td></tr>
</table>

续表

<table>
<tr><td>工程名称</td><td></td><td>施工单位</td><td></td><td>编号</td><td></td></tr>
<tr><td>序号</td><td>项目</td><td colspan="4">城市水泥混凝土路面板常规施工方法的技术交底内容</td></tr>
<tr><td>9</td><td>混凝土板养护的要求</td><td colspan="4">

(2) 若采用塑料薄膜施工时，宜采用喷洒法来施工。当混凝土表面不见浮水和用手指压无痕迹时，应进行喷洒。

(3) 喷洒厚度宜以能形成薄膜为度。用量宜控制在每千克溶剂喷洒 3m² 左右。

(4) 在高温、干燥、刮风时，在喷膜前后，应用遮阴篷加以遮盖。

(5) 养护期间应保护塑料薄膜的完整。当破裂时应立即修补。薄膜喷洒后 3d 内应禁止行人通行，养护期和填缝前禁止一切车辆行驶。

3. 混凝土板塑料薄膜养护工艺

主要是将几种化工原料按照一定的比例配制成油状溶液，用喷洒机具喷（或刷）在拉毛后的混凝土表面，等溶液中挥发物挥发后形成一层较坚韧的纸状薄膜，利用薄膜不透水的作用，将混凝土中的水化热和蒸发水大部分积蓄下来自行养护混凝土的方法。

(1) 过氯乙烯树脂：过氯乙烯树脂应选用粒细、色纯、容易溶解的白色蜂窝状颗粒。

1) 配合比可根据施工条件和气温情况，经试验确定。也可按照表 4.5 6 配合比使用；

过氯乙烯树脂配合比（质量比）　　表 4.5-6

<table>
<tr><td>材料名称</td><td>过氯乙烯树脂</td><td>二辛脂（增塑剂）</td><td>硬脂酸钡（稳定剂）</td><td>粗苯（溶剂）</td><td>醋酸丁脂（帮助剂）</td></tr>
<tr><td>配合比</td><td>10</td><td>4</td><td>1</td><td>84</td><td>10</td></tr>
</table>

注：溶剂除粗苯外，甲苯、重苯、轻苯和轻溶剂油等无机溶均可作为溶剂。

2) 配制方法，应随配随用，调配时加料的顺序为：

①先将溶剂盛入木桶，边掺加过氯乙烯树脂边搅拌；当过氯乙烯树脂全部加入后，再搅拌 10～20min；

②加入稳定剂（硬脂酸钡）再搅拌；

③加助溶剂（醋酸丁脂）或强溶剂，在寒冷地区或低温施工时，酌加丙酮搅拌；

④最后加增塑剂（二辛脂或二丁脂）搅拌均匀，盖上木盖，每隔 1h 左右搅拌一次，每次 10～20min，直到树脂全部溶解（不含白色小颗粒，一般约 3～5 次）为止。调配成的溶液静放 24h，即可使用。如果 24h 后，过氯乙烯树脂仍未完全溶解，可加少量丙酮，不断搅拌，使其溶解。

3) 喷洒方法：

①喷洒机具采用小型空压机和喷漆枪，先在混凝土板外试喷，待均匀后再进入混凝土板喷洒，喷液的压力宜 0.5MPa；

②先喷洒板边，再逐条均匀喷洒，喷嘴离混凝土板面 20～30cm 为宜。

(2) 氯偏乳液：氯偏乳液为抗离子水稳性较高，能与湿的混凝土连成一体，并形成一定的强度，无毒，无刺激味。

1) 配合比：氯偏乳液的配合比可以按照表 4.5-7 来使用；

氯偏乳液配合比（质量比）　　表 4.5-7

<table>
<tr><td>材料名称</td><td>氯乙苯</td><td>偏氯乙苯</td><td>烷基苯酚环氧乙烷缩合物（OP 乳化剂）</td><td>十六烷基磺酸钠（OP 乳化剂）</td><td>过硫酸铵（引发剂）</td><td>亚硫酸氢钠（还原剂）</td><td>水</td></tr>
<tr><td>配合比</td><td>30</td><td>70</td><td>1.5</td><td>4</td><td>0.3</td><td>0.2</td><td>100</td></tr>
</table>

注：水应为蒸馏水或无离子水。

</td></tr>
<tr><td>审核人</td><td></td><td>交接人</td><td></td><td>接受交底人</td><td></td></tr>
</table>

续表

<table>
<tr><td colspan="2">工程名称</td><td></td><td>施工单位</td><td></td><td>编号</td><td></td></tr>
<tr><td>序号</td><td>项目</td><td colspan="5">城市水泥混凝土路面板常规施工方法的技术交底内容</td></tr>
<tr><td>9</td><td>混凝土板养护的要求</td><td colspan="5">2）配制方法：乳液略呈酸性，应用塑料桶装运，不宜用金属桶。乳液在使用前应加磷酸三钠予以中和，磷酸三钠掺量，在拌匀后用试剂纸测定，pH 值宜为 7～8。乳液宜掺 0.5%的磷酸三钠。中和后的氯偏乳液，在常温天气，应采用一份乳液，再掺 1～3 份的水稀释后使用；
3）喷洒方法：
①喷洒时间、喷洒机具及操作方法与过氯乙烯树脂薄膜相同；
②喷嘴距混凝土板面的距离宜在 30～60cm。第一次喷洒成无色透明后，应再喷一次，两次的喷洒移动方向应保持垂直，两次喷洒用量宜在 10kg/m^2（按一份乳液掺一份水计算）；
③贮存温度不宜低于 0℃。</td></tr>
<tr><td>10</td><td>拆除模板的要求</td><td colspan="5">城市道路水泥混凝土路面摊铺的模板拆除，应符合下列规定：
（1）拆模时间应根据气温和混凝土强度增长情况确定，当采用普通水泥时，一般允许拆模时间应符合表 4.5-8 的规定；

混凝土板允许拆模时间　　表 4.5-8
<table>
<tr><th>昼夜平均气温（℃）</th><th>允许拆模时间（h）</th><th>昼夜平均气温（℃）</th><th>允许拆模时间（h）</th></tr>
<tr><td>5</td><td>72</td><td>20</td><td>30</td></tr>
<tr><td>10</td><td>48</td><td>25</td><td>24</td></tr>
<tr><td>15</td><td>36</td><td>30 以上</td><td>18</td></tr>
</table>
注：1. 允许拆模时间，自混凝土成型后至开始拆模时计算；
2. 使用矿渣水泥时，允许拆模时间宜延长 50%～100%。

（2）拆模应仔细，不得损坏混凝土板的边、角，尽量保持模板完好；混凝土板达到设计强度时，可允许开放交通。当遇特殊情况需要提前开放交通时（不包括民航机场跑道），混凝土板应达到设计强度的 80%以上，其车辆荷载不得大于设计荷载。混凝土板的强度，应以混凝土试块强度作为依据，也可以按照现行《混凝土结构工程施工质量验收规范》GB 50204—2015 中的温度、龄期对混凝土强度影响的规定执行。</td></tr>
<tr><td>11</td><td>旧水泥板加厚施工</td><td colspan="5">对于城市道路中的旧水泥混凝土板的加厚问题，可以采用结合式加厚施工法或隔离式加厚施工法进行施工。旧混凝土板加厚之前，应对旧混凝土板进行复查。如果有基础沉陷、翻浆、混凝土板翘曲、悬空等病害，以及已经形成结构损坏的混凝土板，应在妥善处理之后，方可进行加厚施工。
（1）结合式加厚施工法：
1）首先应将旧混凝土板凿毛，使得混凝土表面粗糙，然后清除混凝土碎渣，用水冲洗干净；
2）加厚混凝土板的分仓应与旧混凝土板完全一致，加厚混凝土板的接缝必须与旧混凝土板的接缝相重合。加厚混凝土板的胀缝宽度应与旧混凝土板的胀缝宽度同宽。加厚混凝土板的横向缩缝和纵缝应分开；
3）在支立模板时，可采用混凝土块顶撑模板或利用旧混凝土板的接缝钻孔插入钢钎的方法来固定模板；</td></tr>
<tr><td colspan="2">审核人</td><td></td><td>交接人</td><td></td><td>接受交底人</td><td></td></tr>
</table>

续表

工程名称		施工单位		编号	
序号	项目	城市水泥混凝土路面板常规施工方法的技术交底内容			
11	旧水泥板加厚施工	4）在浇筑新混凝土之前，应洒水湿润旧混凝土板，待晾干无积水时喷刷水泥砂浆，水泥砂浆的水灰比宜采用0.4～0.5，水泥砂浆的用量宜采用1.5～2.0kg/m²，喷刷水泥砂浆后即可浇筑混凝土。 （2）隔离式加厚施工法 1）隔离式加厚施工法所使用的隔离层材料，可使用沥青砂、油毡、塑料布等，沥青砂的厚度宜为2cm；油毡和塑料布以摊平为度； 2）支立模板的方法与结合式加厚施工法中支立模板的方法相同。			
12	机场场道的施工	（1）机场场道施工应符合下列要求： 1）机场场道的施工应根据工程具体情况进行质量策划并形成文件。在质量计划中，应附有施工方案、施工组织设计和施工技术措施； 2）对于机场场道施工的质量策划主要应以招标文件合同条款、国家有关民航机场场道技术规定和设计要求为依据； 3）凡是在城市道路工程施工技术规程中适用于机场场道施工的各项规定，应列入质量计划中，但应经建设单位（监理工程师）批准后执行； 4）对于机场场道的施工应采用机械化施工作业。 （2）对各种地下管线施工进度的要求：在城市道路路面层（含步道）以下的交通通信信号管线、照明管线等各种地下管线应首先报告城市有关部门，经批准后才能施工作业，这一切且必须在路面层施工前完成。			
审核人		交接人		接受交底人	

4.6 城市道路水泥混凝土路面机械摊铺施工技术交底

城市道路水泥混凝土路面机械摊铺施工技术交底　　表4-6

工程名称		施工单位		编号	
序号	项目	城市水泥混凝土路面机械摊铺施工技术交底内容			
1	轨道式摊铺机的施工方法	**1. 水泥混凝土的摊铺** 混凝土的摊铺是将倾卸在摊铺机箱内的混凝土按摊铺厚度均匀地充满模板范围之内，摊铺机可以选用刮板式、箱形式或螺旋式。 （1）用刮板式摊铺机摊铺 1）刮板式摊铺机的施工作业如图4.6-1所示，刮板式摊铺机在轨道上进退中，安装在粗导管上的刮板可沿导轨左右滑动，同时刮板自身旋转，从而将混凝土自由摊开。调整导轨上的支座，可变更摊铺宽度。这种摊铺机因质量轻、容易操作，故使用较普遍，但其摊铺能力较小；			
审核人		交接人		接受交底人	

续表

工程名称		施工单位		编号	
序号	项目	城市水泥混凝土路面机械摊铺施工技术交底内容			
1	轨道式摊铺机的施工方法	图 4.6-1　刮板式摊铺机的施工作业图 1—刮板式摊铺机；2—刮板；3—混凝土；4—轨道；5—导轨 2）使用刮板式摊铺机应尽量将混凝土多卸几小堆，以便于用刮板摊铺，且摊铺时材料也不易离析；摊铺上层混凝土时，如亏料过多要费时间调整，故每次摊铺长度大致以横缝间的距离为宜，在沿模板及传力杆组装件附近摊铺时，不能使离析的混凝土集中在这些地方，刮板不应使传力杆组装件变形、移位。 （2）用箱形摊铺机摊铺 1）箱形摊铺机的施工作业如图 4.6-2 所示，在料斗下方的出料口关闭时，将混凝土装入料斗并运到摊铺位置后，轻轻打开料斗下面的出料口，前后移动摊铺机，同时左右移动料斗，按松铺厚度刮平混凝土： (*a*) (*b*) 图 4.6-2　箱形摊铺机的施工作业图 1—料斗行走轨道；2—轨道（模板）；3—链条；4—料仓； 5—驱动系统；6—混凝土；7—混凝土排口			
审核人		交接人		接受交底人	

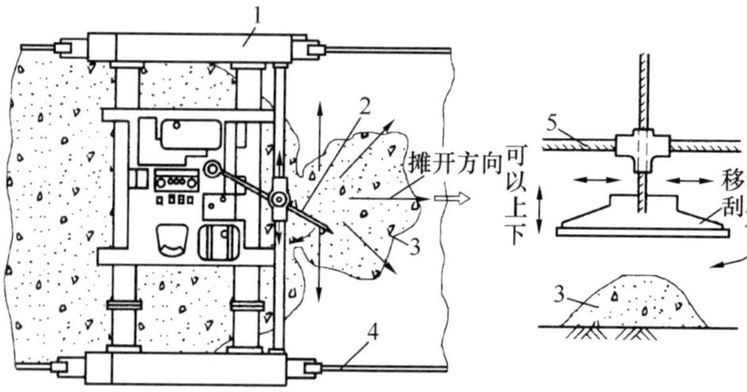

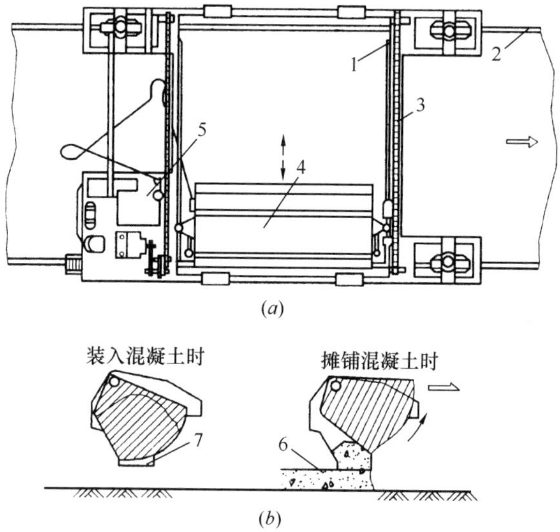

续表

工程名称		施工单位		编号	
序号	项目	城市水泥混凝土路面机械摊铺施工技术交底内容			
1	轨道式摊铺机的施工方法	2）箱形摊铺机摊铺混凝土的能力大，密度均匀，标高正确，故障较小； 3）箱形混凝土摊铺机使用注意事项： ①考虑连续钢筋网、边缘补强钢筋的设置和上层混凝土的摊铺、振捣等作业，下层混凝土的摊铺长度不能过长； ②摊铺时，首先将料斗放在横缝或纵缝的传力杆组装件上方，轻轻打开料斗下面的出料口，沿传力杆组装件将混凝土堆成“堤状”，然后再摊铺其他部分，以防止传力杆组装件的变形和移位； ③料斗装满混凝土时，其垂直度相当大，此时的摊铺高度低于规定值。因此，应在料斗中残留少量混凝土的状态下确定铺筑标高。 （3）用螺旋式摊铺机摊铺 1）螺旋式摊铺机摊铺施工作业中，正反方向旋转的螺杆（直径约 50cm）将混凝土摊开，利用安装在螺杆后面的刮平器将摊开后的混凝土刮平。刮平器的升降可调整摊铺的高度。这种摊铺机的摊铺能力大，其松铺系数一般在 1.15～1.30 之间。它与混凝土的配合比、集料粒径和坍落度等有关，松铺系数和坍落度之间的关系见表 4.6-1 所列； **松铺系数与坍落度的关系** **表 4.6-1** 坍落度（cm）：1 / 2 / 3 / 4 / 5 松铺系数：1.25 / 1.22 / 1.19 / 1.17 / 1.15 2）使用螺旋式摊铺机时，应将混凝土卸在铺筑宽度的中间，以便向两侧均匀摊铺；在卸混凝土时料应足够，以免因螺杆前面的混凝土不够而使摊铺后铺层的标高不够。 **2. 水泥混凝土的振捣** 水泥混凝土的振捣原则上是上层及下层混凝土总厚一次振捣，可利用表面振动式的修整机或内部振动式振捣机械进行。 （1）用修整机振捣 1）修整机的工作过程如图 4.6-3 所示，对于摊铺后的混凝土，先用粗整刮板或旋转式刮平器刮平，再用振动板振捣，最后用整平刮板进行粗修整。 2）使用粗修整机时应注意以下几点： ①用粗修整板或旋转式刮平器刮平混凝土时，混凝土摊铺余高量应调整合适，以免机械前面拥有过量的混凝土或振动板下面不能与混凝土均匀接触。 ②振动板通过混凝土铺层后，铺层表面有适量的砂浆，方表明振动板是在板底整个底面与混凝土均匀接触状态下进行振捣的。 ③在使用修整机振捣前，应将模板边缘、角隅及接缝部位用振捣棒等振捣密实，然后再全面振捣，以使铺层整体振捣均匀。 (a) (b) 图 4.6-3　修整机工作示意图 （a）一般型修整机；（b）修整机 1—整平刮板；2、5—振动板； 3—粗整刮板；4—旋转式刮平器				
审核人		交接人		接受交底人	

松铺系数与坍落度的关系 **表 4.6-1**

坍落度（cm）	1	2	3	4	5
松铺系数	1.25	1.22	1.19	1.17	1.15

续表

<table>
<tr><td>工程名称</td><td colspan="2"></td><td>施工单位</td><td></td><td>编号</td><td></td></tr>
<tr><td>序号</td><td>项目</td><td colspan="5">城市水泥混凝土路面机械摊铺施工技术交底内容</td></tr>
<tr><td>1</td><td>轨道式摊铺机的施工方法</td><td colspan="5">(2) 用内部振动式振捣机械振捣
内部式振捣机械的振捣棒有斜插入式和垂直插入式两种类型。工作中机械上并列安装的振捣棒插入混凝土中，在内部进行振实。振捣棒一般安装在有轮子的振捣器上，振捣器可在勒道上自行或用其他机械牵引，当一处的混凝土振实后，将振捣棒拔出，再移到另一处进行不连续振捣。
3. 混凝土的表面修整
(1) 振动捣实后的混凝土应进行整平、精光、纹理制作等工序。
(2) 混凝土的表面整平使用表面修整机进行，表面修整机有纵向表面修整机和斜向表面修整机两种类型。纵向表面修整机作业时，整平刮板在混凝土铺层的表面纵向滑动，同时还横向来回移动，在机身的行进中将混凝土铺层表面修整平坦；斜向表面修整机作业时，刮板沿斜向左右滑动，同时机身行进，将混凝土表面修整平坦。
(3) 使用表面修整机时应注意以下几点：
1) 修整速度应由混凝土的可修整性和机械的特性决定；
2) 轨道应经常清扫，以使修整机能顺畅地通过；
3) 混凝土铺层表面低时，不能为了方便施工而采用砂浆多的混凝土补；
4) 修整水泥混凝土路面作业中，一般不允许往混凝土表面加水，只有表面显著干燥时，方可用喷雾器喷洒水雾；
5) 在刮板的滑动方向残留有平行的微小波浪时，可将修整机边缘的砂浆用路面整平板或木抹子尽快将其修平整。
(4) 对城市水泥混凝土路面精光工序是对混凝土表面的最后修整，以使其更加致密、平整、美观。精光工作可采用表面修光机进行，也可用人工进行。施工中应加强质量管理，以确保精光工序的质量。
(5) 纹理制作是提高水泥混凝土路面行车安全的重要措施之一。施工时使用的拉毛机具有模板上牵引或自行的框架，在框架上装有用尼龙、钢丝或棕榈丝制成的扫帚或埽刷子，在混凝土表面上横向行走，形成比较浅的沟，构成粗糙的表面。纹理制作的平均深度控制在1～2mm以内，且相邻板的纹理要相互衔接，横向邻板的纹理要沟通，以利于排水。
(6) 混凝土表面的硬度应均匀，以得到均匀的粗糙表面；适宜的纹理制作时间应以混凝土表面无波纹水迹比较合适，过早或过晚都会影响纹理制作质量。为提高圆曲线半径小、行驶速度比较高以及制动起动多等路段混凝土表面的粗糙程度，以提高滑动摩擦阻力，纹理沟槽应适当加深。
(7) 为加大沟槽的深度，以提高排水效果。也可以在完全凝固的路面层上用切槽机切出深5～6mm、宽3mm、间距20mm的横向防滑槽。</td></tr>
<tr><td>2</td><td>滑模式摊铺机的施工方法</td><td colspan="5">连续作业滑模式摊铺机不需轨模，用由四个液压支腿控制的履带行走机构行走。整个摊铺机的机架支承在四个液压缸上，通过控制机构作上下移动，以调整铺层厚度。在摊铺机的两侧设置有随机移动的固定滑模板，故不需加设轨模或模板，施工中一次通过就可以完成摊铺、振捣、整平等多道工序。</td></tr>
<tr><td>审核人</td><td></td><td>交接人</td><td></td><td>接受交底人</td><td colspan="2"></td></tr>
</table>

续表

<table>
<tr><td>工程名称</td><td colspan="2"></td><td>施工单位</td><td></td><td>编号</td><td></td></tr>
<tr><td>序号</td><td>项目</td><td colspan="5">城市水泥混凝土路面机械摊铺施工技术交底内容</td></tr>
<tr><td>2</td><td>滑模式摊铺机的施工方法</td><td colspan="5">

1. 滑模式摊铺机施工工艺

滑模式摊铺机摊铺施工工艺如图 4.6-4 所示。螺旋摊铺器把堆积在基层上的水泥混凝土向左右横向摊开；刮平器进行初步整平；然后振捣器进行振捣；刮平器进行振捣后的整平；再利用搓动式振捣板对混凝土层振实和整平，以形成密实光滑的平面；最后用光面带抹光混凝土层表面。施工工作中，各种机械均采用电-液操纵系统来控制。

图 4.6-4 滑模式水泥混凝土摊铺机铺路工艺图

A—第一作业行程，自整平的基层或沙层上开始；B—第二作业行程，在铺好的钢筋网层上开始

1—自卸汽车；2—进料槽；3—滑模式混凝土摊铺机；4—装钢筋网格大平板车；5—钢筋网格；6—钢筋网格压入机；7—导航线；8—导航杆

滑模式摊铺机施工中时应注意以下几点：

（1）摊铺机的振捣器应在水泥混凝土面层全断面均匀分布，两边的振捣器距侧板一般为 15cm，中间每两个振捣器间距为 45cm，应水平放置，高度一致；作业时，振捣器中线位置应根据面层厚度调整，一般在面层顶面之下 0～10cm；振捣器的振捣频率为 120～200Hz，水泥混凝土坍落度大时取低值，摊铺机工作速度高时取高值。

（2）振捣板的频率一般为 1～3Hz，摊铺速度高时取高值，其振幅与粗集料粒径有关，对于最大粒径为 4cm 的粗集料，振捣板振幅应为 5～6mm。

（3）摊铺机工作速度可根据供料量、坍落度的大小及施工现场具体情况来选择，一般应为 1～2.5m/min。

2. 滑模摊铺机铺筑钢筋混凝土面层

采用滑模式摊铺机铺筑钢筋混凝土面层双层施工工艺如图 4.6-5 所示。其施工过程由以下两个连续作业行程完成：

图 4.6-5 滑模式摊铺机铺筑钢筋混凝土面层时施工机械的组合

1—摊铺机；2—钢筋网络平板车；3—混凝土输送机；4—混凝土摊铺机；5—切缝机；6—养护剂喷洒机；7—传送带

</td></tr>
<tr><td colspan="2">审核人</td><td></td><td>交接人</td><td></td><td>接受交底人</td><td></td></tr>
</table>

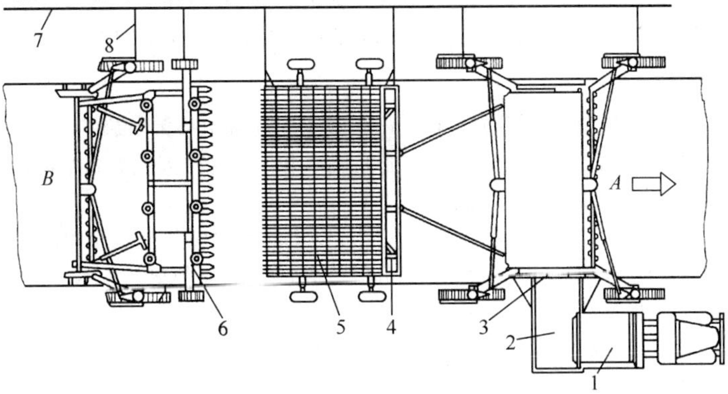

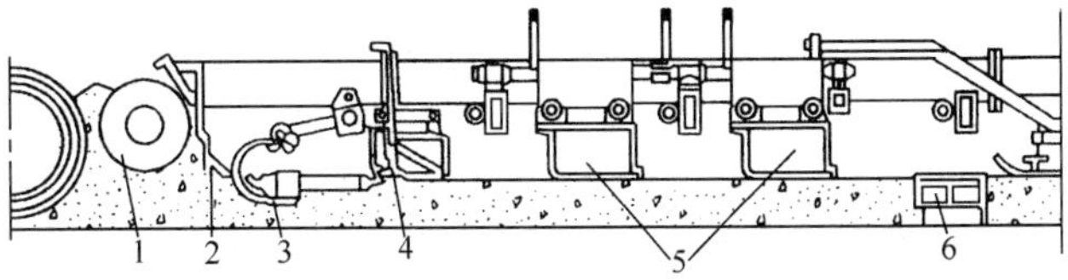

续表

<table>
<tr><td>工程名称</td><td></td><td>施工单位</td><td></td><td>编号</td><td></td></tr>
<tr><td>序号</td><td>项目</td><td colspan="4">城市水泥混凝土路面机械摊铺施工技术交底内容</td></tr>
<tr><td>2</td><td>滑模式摊铺机的施工方法</td><td colspan="4">（1）第一作业行程：摊铺机牵引装载着钢筋网络的大平板车，从已整平的基层地段开始摊铺，此时从纵向或侧向卸混凝土，随后的钢筋网络大平板车，按规定位置将钢筋网络自动卸下，并铺压在已推平的混凝土铺层上，如此连续不断地向前摊铺。
（2）第二作业行程：用压入机将第一作业行程卸下的钢筋网络压入混凝土铺层，摊铺机在推着压入机行进中，进行摊铺、振捣、整平、光面等工作，最后进行切缝和喷洒养护剂。压入机是摊铺机附属装置，由几个液压千斤顶组成，使用时安装在摊铺机的前面，不用时可以卸下。</td></tr>
<tr><td>3</td><td>水泥混凝土摊铺机铺路机械化施工</td><td colspan="4">（1）当前，水泥混凝土路面施工还有混凝土摊铺机施工，它主要由输送卡车、摊铺机、混凝土整面机等组成综合性作业的机械群体。这样大大提高水泥混凝土路面施工的机械化程度，缩短施工工期，提高了生产率。
（2）图 4.6-6 所示为修建水泥混凝土路面的施工现场布置图。图中除了施工前的准备工作，如定线放样等工作由施工员做好外，至于如何进行修筑混凝土路，必须根据机械化程度、机械类型和施工方法来确定。但在机械化施工过程中，由于使用机械类型不同，有的工序可交叉进行或省略。使用自动化滑模式水泥混凝土摊铺机施工时，就不需要安装边模这一道工序。
（3）由于它取消了固定边模代之以滑模，因而可取消轨轮代之以电子导航，与带边模轨道式摊铺机相比，不但简化了配套的机械和施工作业程序，而且还大大地提高了机械生产率（一般轨模式摊铺机最高生产率仅 50～60m^3/h，而滑模式摊铺机则可达 200～300m^3/h）。 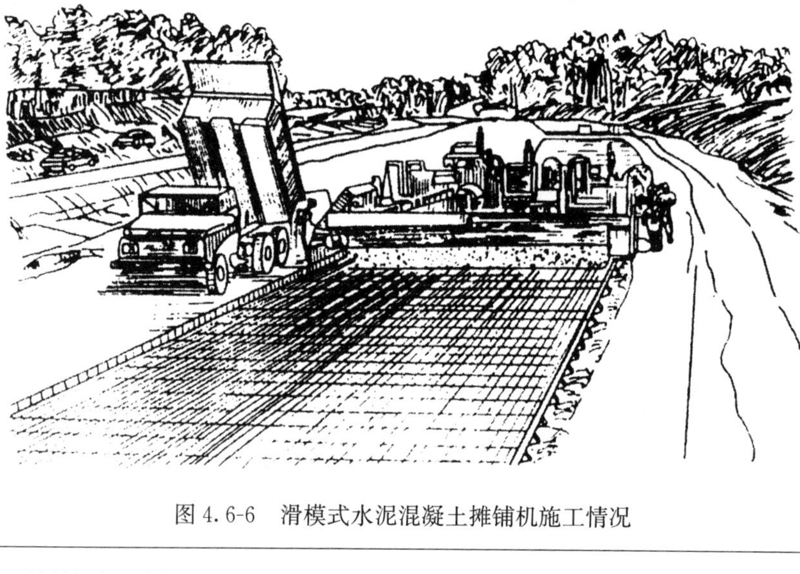

图 4.6-6　滑模式水泥混凝土摊铺机施工情况</td></tr>
<tr><td>4</td><td>城市混凝土路面养生</td><td colspan="4">对于铺筑好的混凝土板，为了得到要求的强度、耐久性及抗磨耗性能，在开放交通之前应进行如下几方面的养护：
（1）初期养护：混凝土板表面修整完毕，当进行养护操作不致破坏混凝土表面时，立即进行初期养护，在此期间应使混凝土板保持充分湿润状态，并保持适当的温度直到混凝土凝结。</td></tr>
<tr><td>审核人</td><td></td><td>交接人</td><td></td><td>接受交底人</td><td></td></tr>
</table>

续表

工程名称		施工单位		编号	
序号	项目	城市水泥混凝土路面机械摊铺施工技术交底内容			
4	城市混凝土路面养生	1）三角罩棚养护：对于高等级水泥路面机械化施工，在表面修整过程中，用一个顶上及侧面都用帷布遮起来的三角罩棚，将混凝土都罩起来，在其中进行操作。三角罩棚可以减少混凝土水分的表面蒸发，避免日光直射，防止风吹雨淋； 2）薄膜养护：混凝土板渗水结束后，在混凝土板的表面洒布薄膜养护剂进行养护，养护剂喷洒后可在混凝土板表面形成一不透水的薄膜，以防止混凝土内水分的蒸发，养护剂应在纵横方向各洒一次以上，洒布要均匀，当采用原液浓度的乙烯树脂作为养护剂时，其洒布量应大于0.07kg/m²。 （2）后期养护：后期养护紧接在初期养护之后，其目的是使混凝土充分硬化；防止水分蒸发、温度急剧变化。后期养护是用泡沫塑料、麻布、草帘等将混凝土板表面盖严，洒水使其保持湿润状态。 （3）养护时间：养护时间随铺筑时间差别很大，一般应经试验确定。试验决定养护时间时，现场养护试件的抗弯拉强度应大于3.5MPa。经试验决定养护时间时，普通硅酸盐水泥混凝土为14d；早强硅酸盐水泥混凝土为7d；中热硅酸盐水泥混凝土为21d。			
审核人		交接人		接受交底人	

4.7 特殊情况下水泥混凝土路面层施工技术交底

特殊情况下水泥混凝土路面层的施工技术交底　　表4-7

工程名称		施工单位		编号	
序号	项目	特殊情况下水泥混凝土路面层的施工技术交底内容			
1	暑季混凝土面层的施工	（1）暑季铺筑混凝土面层，当施工现场的气温≥30℃时，高温会促进水化作用，增加水分的蒸发量，使混凝土面板表面容易出现裂缝。在暑季施工应尽可能降低混凝土的浇筑温度，缩短从开始浇筑到表面修整完毕的操作时间，并保证混凝土进行充分的养护。 （2）施工单位应提出高温施工的工艺设计，包括降温措施，保持混凝土摊铺进度和基本性质的措施等。如材料方面可采取降低砂石和水的温度或掺加缓凝剂等措施。 （3）铺筑方面可通过洒水降低模板与基层温度、缩短运输时间以及摊铺后尽快覆盖表面等措施，以便可迅速进行后期养护。在后期养护中不应直接往修整好的混凝土板表面洒水，以免混凝土板急剧冷却而诱发裂缝。 （4）当整个施工现场的环境气温大于35℃时，在没有专门的防高温工艺措施之下，不应进行水泥混凝土面层施工。			
2	寒季混凝土面层的施工	在水泥混凝土面层施工操作和养护的环境温度等于或小于5℃时，混凝土会因水化速度降低而使强度增长缓慢，同时会因结冰而遭冻害。因此，在冬期施工时，应采取以下措施： （1）提高混凝土拌合温度 1）气温在5℃以下时，水及集料必须加温。一般规定水加热温度不应超过60℃。砂、石料应采用间接加热法，如保温储仓、热空气加热，在矿料堆内埋设蒸汽管等。不允许用炒、烧等法直接加热及直接用蒸汽喷洒砂、石料，砂、石料加热不能超过40℃。不允许对水泥加热；			
审核人		交接人		接受交底人	

续表

工程名称		施工单位		编号	
序号	项目	特殊情况下水泥混凝土路面层的施工技术交底内容			
2	寒季混凝土面层的施工	2）因冬期混凝土希望早期强度高，应选用早强普通硅酸盐水泥，或在普通硅酸盐水泥中加入速凝剂； 3）铺筑时混凝土的温度应大于5℃（特别冷时应大于10℃）。 （2）路面保温措施 混凝土面层铺筑后，通常采用蓄热法保温养护。即选用合适的保温材料覆盖路面，使已加热材料拌制成的混凝土其热量储蓄起来，以减少路面热量的失散，使之在适宜温度条件下硬化而达到要求的强度。保温层的设计可就地取材，常用麦秸、谷草、油毡纸、锯末、石灰等作为保温材料，覆盖于路面混凝土上，保温层至少10cm厚，具体厚度视气温而定。 （3）其他应注意的问题： 1）设计混凝土配合比时，不宜用过大的水灰比，一般应≤0.6； 2）应延长混凝土混合料的搅拌时间，较常温施工增加50%左右，且出料温度不低10℃； 3）混凝土摊铺时，不宜把工作面铺大、拉长，应集中力量全幅尽快推进，以缩短摊铺时间； 4）建立定期检测温度制度。在混凝土搅拌站应检测砂、石料、水和水泥入拌前温度，混凝土混合料出料时的温度，每台班不少于4次。测定混凝土运输车卸料时混凝土混合料的温度及摊铺振实后的温度，每台班不少于6次； 5）测定混凝土养护阶段温度。浇筑完毕后，头两天每隔6小时测1次，其后每昼夜至少3次，其中一次应在凌晨四点测定。测量孔位置应设在路面板边缘，深度10～15cm，温度计在测孔内应留3min以上。路面纵向每50cm设一对测孔。全部测孔应按路面桩号编号，绘制测孔布置图，并绘出每一测孔的温度时间曲线； 6）铺筑后的路面混凝土面层，要求在72h内养护温度应保持在10℃以上，接下来7d养护保持在5℃以上。			
3	雨期施工	（1）在雨季来临之前，应掌握降雨趋势的中期预报，同时也应掌握近期预报的降雨时间和雨量，以便合理安排施工。 （2）拟订雨期施工方案和建立雨期施工组织，了解和掌握施工路段的汇水面积和历年水情，调查施工区段内，路线的桥涵和人工构造物排水系统是否畅通，防止雨水和洪水影响铺筑现场及拌合场地。 （3）在搅拌站（楼），应对拌合设备搭雨棚遮雨。砂、石场因含水量变化较大，需要经常测定，以调整拌合时的加水量。雨季空气潮湿，水泥贮放要防止漏雨和受潮。混凝土在运输途中应加以遮盖，以防止雨水进入运输车箱中。 （4）禁止雨天施工，如铺筑前现场有积水，应排除基甚上的积水后再摊铺。在混凝土达到终凝前，覆盖塑料膜不允许雨水直接淋浇在已抹平的水泥混凝土面层上。需在雨下操作时，施工现场制备工作雨棚，雨棚应轻便、易于移动，大小高矮应满足操作要求。			
审核人		交接人		接受交底人	

续表

工程名称		施工单位		编号	
序号	项目	特殊情况下水泥混凝土路面层的施工技术交底内容			
4	隧道内混凝土面层的铺筑	(1) 隧道内与混凝土面层相接的结构物（如缘石、L形边沟、U形边沟、圆形水渠、检查通道及各种管道等）多先于混凝土面层施工。若混凝土面层先于路侧结构物施工时，模板的设置与通常情况相同，但支立模板打桩时，一定要注意不要损坏埋设在路基或基层下的排水管。 (2) 由于受到隧道内净空高度的限制，用自卸汽车运送混凝土不能达到需要的卸料角度时，应采用混凝土搅拌运输车送料。此时，混凝土的坍落度以6.5cm为准。 (3) 为保证铺筑的精度与安全，铺筑时应有足够的照明。对于特别深的隧道，应注意铺筑机械与运输车辆废气能从隧道内的排出。隧道内距洞口150m以上的混凝土板的温度，受洞外气温的影响较小，因此，筑做假缝的间隔比露天场合可以适当加长。 (4) 混凝土板应尽快进行后期养护。虽隧道内没有阳光照射，但考虑通风的影响，要用苫布遮挡洞口，以免混凝土板因隧道内通风太强而干燥过速。混凝土板按单车道铺筑时，后期养护用与露天时相同；当双车道混凝土板采用全幅铺筑时，可在路侧安装临时输水管洒水养护。			
5	用钢筋补强的混凝土板铺筑	为适应桥台及箱涵等横过道路的结构物背后可能出现的不均匀沉降而设置的桥头搭板，以及用钢筋补强的混凝土板，在铺筑时应注意以下几点： (1) 在规定的铺筑位置用支架及架立钢筋预先将钢筋组装好。此时支架及架立钢筋的需要量，应根据卸混凝土、摊铺及振捣作业时钢筋的位置而定。 (2) 对铺装位置预先设置组装好的钢筋，当用刮板摊铺机摊铺时，坍落度标准值为6.5cm，应采用混凝土搅拌运输车运送混凝土；当采用箱形摊铺机时，可采用通常的坍落度，但均应使用卸料机往基层上倾卸混凝土。 (3) 当双车道混凝土板全幅铺筑时，如若桥头搭板及用钢筋补强的混凝土板长度太长，且无施工便道，当混凝土运输车辆不能进入时，桥头搭板及用钢筋补强的混凝土板可按车道分别铺筑。			
6	水泥混凝土面层施工缺陷的防止措施	(1) 针对早期裂缝的措施 1) 尽量减少单位水泥用量。若有选择余地，应当采用热量小及收缩量小的水泥。不允许使用高温水泥，长时间在日光下暴晒的干燥粗集料时，要充分洒水湿润，尽量减少单位用水量； 2) 调整配合比，尽量减少泛浆；混凝土的铺筑温度，夏季时应低于35℃。为防止混凝土中的水分渗入基层，即使采用防水性基层，铺筑混凝土之前，还应洒水湿润基层表面； 3) 横缩缝采用假缝时，每隔30m设一个预塑假缝；纵缝采用设置拉杆的真缝；铺筑与已铺好板的邻板时，预塑假缝的间距可适当缩短，切割缝应尽早切断； 4) 滑动传力杆应平行道路中线设置，滑动段应容易滑动。混凝土板应充分养护，应避免其升温过高及干燥；强风时，应尽快采用特殊的养护。 (2) 针对滑模摊铺机施工中出现塌边和麻面的措施 1) 为防止边缘塌落，模板边缘调整角度应正确，故应根据混凝土的坍落度调整一定的预抛高，使塌落定形时恰好符合设计的边缘要求；因L形振动器强有力的振动会影响滑模板已摊铺好的边缘，引起边缘塌落，滑模摊铺机的作业速度宜为2m/min左右； 2) 为避免出现倒边和松散无边，应避免拌合料出现离析现象；采用人工粗布料或适当调整靠边侧的振捣器的振动频率，以避免布料器布料中将振捣的混凝土稀浆分到两边而导致倒边；尽量避免采用扁平状或圆状骨料，以避免边缘在脱离滑模板后失去支承而发生倒边； 3) 应采用坍落度小的混凝土，以防塌边； 4) 应使混凝土混合料拌合均匀，且混凝土的坍落度不应太小，以消除混凝土板的麻面。			
审核人		交接人		接受交底人	

4.8 水泥混凝土路面施工的安全技术交底

水泥混凝土路面施工的安全技术交底 **表 4-8**

<table>
<tr><td colspan="2">工程名称</td><td></td><td>施工单位</td><td></td><td>编号</td><td></td></tr>
<tr><td>序号</td><td>项目</td><td colspan="5">城市道路水泥混凝土路面施工的安全技术交底内容</td></tr>
<tr><td>1</td><td>概述</td><td colspan="5">(1) 工程安全生产直接关系到国家经济建设的发展和社会的稳定，同时也标志着社会进步和文明发展进程。建筑施工由于产品固定和作业人员流动的特性，决定了它们的临时性、流动性、事故多发性和时效性的特点。
(2) 同时建筑施工往往要在有限的场地、空间集中大量的人员、设备、材料，进行多工种、多层次的主体交叉作业，不安全因素多。
(3) 施工前应进行安全生产教育，树立安全生产、质量第一的思想。建立和健全安全生产的管理制度，制定安全生产操作规程，工地应有领导分管安全生产工作，班组应有负责安全生产的人员，并制定安全生产守则，经常检查执行情况。
(4) 施工现场必须做好交通安全工作。在不中断交通的情况下，应在施工现场设立明显标志，有专人守管和负责指挥，维持交通，确保施工和交通安全。
(5) 施工机电设备，应有专人负责保管修理，保证安全生产。工地应有消防设施，并应处理好污水，做好环境保护工作。
(6) 现场操作人员必须按规定佩戴防护用品。在进行有毒、易燃材料施工时，其防毒、防火等应严格按现行有关规定执行。</td></tr>
<tr><td>2</td><td>混凝土拌合及运送</td><td colspan="5">(1) 水泥混凝土的拌合，应按以下规定办理。
1) 人工手推车上料时，手推车不得松手撒把。运输斜道上，应设有防滑设施；
2) 机械上料时，在铲斗（或拉铲）移动范围内不得站人。铲斗下方严禁有人停留和通过；
3) 向搅拌机内倾倒水泥，宜采用封闭式加料斗。为减少进出料口的粉尘飞扬应加设防护板；
4) 作业结束时，应将料斗放下，落入斗坑或平台上。
(2) 手推车或小型翻斗车装运混凝土，车辆之间应保持一定的安全距离。
(3) 水泥混凝土运输车运送混凝土拌合物时，应遵守下列规定：
1) 动力元件及阀件应紧固，与管道连接牢固，密封良好。各泵旋转时应无卡阻和异常声响；
2) 当传动系统出现故障，液压油输出中断而导致滚筒停转，并一时无法修复时，要利用紧急排出系统快速排出混凝土拌合物；严禁用手触摸旋转中的搅拌筒和随动轮。
(4) 自卸汽车运送混凝土拌合物，不得超载和超速行驶。车停稳后方准顶升车厢卸料。车厢尚未放下时，操作人员不得上车清除残料。</td></tr>
<tr><td>3</td><td>机械摊铺</td><td colspan="5">(1) 轨模式水泥混凝土摊铺机摊铺时，应遵守下列规定：
1) 布料机与振平机之间应保持 5～8m 的安全距离。布料机传动钢丝的松紧要适度。不得将刮板置于运行方向垂直的位置，也不得借助整机的惯性冲击料堆；
2) 作业中严禁驾驶员擅自离开驾驶台。无关人员不得在驾驶台上停留或上下摊铺机。在弯道上作业时，要注意防止摊铺机脱轨。</td></tr>
<tr><td colspan="2">审核人</td><td></td><td>交接人</td><td></td><td>接受交底人</td><td></td></tr>
</table>

续表

<table>
<tr><td>工程名称</td><td colspan="2"></td><td>施工单位</td><td></td><td>编号</td><td></td></tr>
<tr><td>序号</td><td>项目</td><td colspan="5">城市道路水泥混凝土路面施工的安全技术交底内容</td></tr>
<tr><td>3</td><td>机械摊铺</td><td colspan="5">（2）滑模式水泥混凝土摊铺机摊铺时，应遵守下列规定：
1）停机处应平坦、坚实，并用支垫牢固的木块垫起机体。履带垫离地面后方可进行调整、安装工作；
2）调整机器高度时，工作踏板及扶梯等处不得站人。作业期间严禁碰撞引导线；
3）摊铺机应避免紧急转向，防止与预置钢筋、路机缘石等碰撞；
4）摊铺机不得牵引其他机械。其他机械牵引摊铺机时应用刚性拖杆；
5）摊铺机停放在通车道路上时，周围必须设置明显的安全标志。夜间应以红灯示警，其能见度不得小于 150m。
（3）真空吸水作业时，严禁操作人员在吸垫上行走或将物件置压在吸垫上。
（4）电动振捣器的使用应符合下列规定：
1）操作人员要佩戴安全防护用品，配电盘（箱）的接线宜使用电缆线；在大体积混凝土中作业时，电源总开关应放置在干燥处；
2）当采用多台振捣器同时作业，应特别注意安全施工作业，首先设集中开关箱，并由专人负责看管；
3）风动振捣器的连接软管不得有破损或漏气，作用时要逐渐开大通气阀门。
（5）使用水泥混凝土抹平机时，应确保抹平机的叶片光洁平整，并处于同一水平面，其连接螺栓应紧固不松动，并在无负荷状态下起动。电缆要有专人收放，确保不打结，不砸压，如发现有异常现象应立即停机检查。</td></tr>
<tr><td>4</td><td>人工摊铺</td><td colspan="5">（1）装卸钢模时，必须逐片轻抬轻放，不得随意抛掷。
（2）使用振捣器时，应按以下规定办理：
1）操作人员要佩戴安全防护用品，配电盘（箱）的接线宜使用电缆线；
2）在大体积混凝土中作业时，电源总开关应放置在干燥处；多台振捣器同时作业，应设集中开关箱，并由专人负责看管；
3）风动振捣器的连接软管不得有破损或漏气，使用时要逐渐开大通气阀门。</td></tr>
<tr><td>5</td><td>切缝与养护</td><td colspan="5">（1）切缝机锯缝时，刀片夹板的螺母应紧固，各连接部位和安全防护罩应完好正常。切缝前应先打开冷却水，冷却水中断时应停止切缝。
（2）切缝时刀片要缓缓切入，并注意割切深度指示器，当遇有较大切割阻力时，应立即升起刀片检查。停止切缝时应先将刀片提离板面后才可停止运转。
（3）薄膜养护的溶剂，一般具有毒性和易燃等特性，应做好贮运装卸的安全工作。喷洒时应站在上风，穿戴安全防护用品。</td></tr>
<tr><td>6</td><td>压路机作业</td><td colspan="5">（1）严禁在压路机没有熄火、下无支垫三角木的情况下，进行机下检修。压路机应停放在平坦、坚实并对交通及施工作业无妨碍的地方。停放在坡道上时，前后轮应置垫三角木。
（2）压路机前后轮的刮板，应保持平整良好。碾轮刷油或洒水的人员应与司机密切配合，必须跟在辗轮行走的后方，要注意压路机转向。</td></tr>
<tr><td>审核人</td><td></td><td>交接人</td><td></td><td>接受交底人</td><td colspan="2"></td></tr>
</table>

续表

<table>
<tr><td>工程名称</td><td colspan="2"></td><td>施工单位</td><td></td><td>编号</td><td></td></tr>
<tr><td>序号</td><td>项目</td><td colspan="5">城市道路水泥混凝土路面施工的安全技术交底内容</td></tr>
<tr><td>7</td><td>旧水泥混凝土路面凿除</td><td colspan="5">(1) 旧路面凿除宜分小段进行，以免妨碍交通。
(2) 用镐开挖旧路面时，应并排前进，左右间距应不小于 2m，不得面对面使镐。
(3) 大锤砸碎旧路面时，周围不得有人站立或通行。锤击钢钎，使锤人应站在扶钎人的侧面，使垂者不得戴手套，锤柄端头应有防滑措施。
(4) 风动工具凿除旧路面，应遵守下列规定：
1) 各部管道接头必须紧固，不漏气。胶皮管不得缠绕打结，不得用折弯风管的办法作断气之用，不得将风管置于胯下；风管通过过道，须将风管下埋；钎子插入风动工具后不得空打；
2) 风管连接风包后要试送气，检查风管内有无杂物堵塞。送气时，要缓慢旋开阀门，不得猛开；风镐操作人员应与空压机司机紧密配合，及时送气或闭气。
(5) 利用机械破碎旧路面时，应有专人统一指挥，操作范围内不得有人，铲刀切入地面不宜过深，推刀速度应缓慢。</td></tr>
<tr><td colspan="2">审核人</td><td></td><td>交接人</td><td></td><td>接受交底人</td><td></td></tr>
</table>

4.9 水泥混凝土路面的质量标准技术交底

水泥混凝土路面的质量标准技术交底　　表 4-9

<table>
<tr><td>工程名称</td><td colspan="2"></td><td>施工单位</td><td></td><td>编号</td><td></td></tr>
<tr><td>序号</td><td>项目</td><td colspan="5">城市水泥混凝土路面的质量标准技术交底内容</td></tr>
<tr><td>1</td><td>概述</td><td colspan="5">根据中华人民共和国国家标准《水泥混凝土路面施工及验收规范》(GBJ 97—87) 的质量要求，城市水泥混凝土道路路面竣工后，应根据设计文件、竣工资料和施工单位提出的竣工验收报告，按国家有关规定组织其质量检查与竣工验收工作。</td></tr>
<tr><td>2</td><td>水泥混凝土路面的质量检查</td><td colspan="5">(1) 混凝土用的水泥、砂、碎（砾）石、水、外加剂和钢筋等原材料，应按规定进行检查和试验并做好记录。
(2) 基层完成后，应检查强度和质量。基层强度应以基层顶面的当量回弹模量值或以黄河标准汽车测算回弹弯沉值作为强度检查指标，其值不得低于设计规定。基层质量检查，其允许误差应符合规定。钢筋混凝土板的钢筋网片允许误差，应符合表 4.9-1 的规定。

钢筋网片的允许误差　　表 4.9-1
<table><tr><th>序号</th><th>主要项目</th><th>允许误差 (mm)</th><th>检查方法</th></tr><tr><td>1</td><td>钢筋网片的长度、宽度</td><td>±10</td><td>采用直尺量</td></tr><tr><td>2</td><td>钢筋网眼的尺寸</td><td>±10</td><td>采用直尺量</td></tr><tr><td>3</td><td>上下两网片的高度</td><td>±5</td><td>采用水准仪检查垫块和钢筋表面</td></tr><tr><td>4</td><td>上下表面的保护层厚度</td><td>±5</td><td>采用直尺量</td></tr><tr><td>5</td><td>钢筋网片的平整度</td><td>±10</td><td>拉线用尺检查</td></tr></table></td></tr>
<tr><td colspan="2">审核人</td><td></td><td>交接人</td><td></td><td>接受交底人</td><td></td></tr>
</table>

续表

工程名称		施工单位		编号	
序号	项目	城市水泥混凝土路面的质量标准技术交底内容			
2	水泥混凝土路面的质量检查	见下文			

（3）混凝土的配合比、搅拌、模板、浇筑以及接缝等；应在施工中按照规定及时进行检查，并应做好记录。

（4）混凝土抗折强度检验，应以28d龄期的计算抗折强度为标准，采用小梁试体方法测定，也可采用圆柱劈裂强度推算小梁抗折强度。当采用钻取圆芯检验的推算强度和小梁抗折强度时，应同时符合规定的强度要求。混凝土抗折强度检验，应符合下列规定：

1）应用正在摊铺的混凝土拌合物制作试件，试件的养护条件与现场混凝土板养护相同；

2）如若每天铺筑城市道路200m^3的混凝土（机场400m^3），应同时制作两组试件，龄期应分别为7d和28d；每铺筑1000～2000m^3混凝土应增做一组试件，用于检查后期强度，龄期不应小于90d；

3）当普通水泥混凝土的7d强度达不到28d（换算成标准养生条件的强度）强度的60%（矿渣水泥混凝土为50%）时，应检查分析原因，并对混凝土的配合比作适当修正；

4）浇筑完成的混凝土板，应检验实际强度，可现场钻取圆柱试件，进行圆柱劈裂强度的试验，以圆柱劈裂强度推算小梁抗折强度。混凝土抗压、抗折和劈裂抗拉强度试验及其劈裂强度与小梁抗折强度的计算关系式，应符合规范规定。

序号	项目
3	水泥混凝土路面的竣工验收

（1）竣工验收应提供下列资料：

1）设计文件、竣工资料和竣工验收报告；

2）混凝土试件的试验报告、混凝土工程施工和材料检查或材料试验记录；

3）基层检查记录和工程重大问题处理文件。

（2）城市道路混凝土面板的工程质量验收允许偏差，应符合表4.9-2的规定（国家标准《水泥混凝土路面施工及验收规范》GBJ 97—87）。

城市道路、厂矿道路水泥混凝土面层质量验收允许误差　　　表4.9-2

主要项目	单位	质量标准及允许偏差		检查要求			检查方法
		快速路、主干路	一般道路	范围		点数	
抗折强度 15×15×55 （cm×cm×cm）	MPa	不低于设计规定的强度		每天	≤200m^3	1组	合格评定 现场钻孔 劈裂复核
				每天	400m^3	2组	
				每天	1000～2000m^3	增1组	
抗折强度15×15×55 （cm×cm×cm）	MPa	不低于设计规定的强度		每个台班		1组	合格评定式
平整式	mm	3	5	块		1	3m直尺量 取最大值
板厚度	mm	+10，−5	+10， −5	量板边		每块2	用直尺量
				钻孔		视需要	

审核人		交接人		接受交底人	

续表

<table>
<tr><td>工程名称</td><td></td><td>施工单位</td><td></td><td>编号</td><td></td></tr>
<tr><td>序号</td><td>项目</td><td colspan="4">城市水泥混凝土路面的质量标准技术交底内容</td></tr>
<tr><td>3</td><td>水泥混凝土路面的竣工验收</td><td colspan="4">
续表

<table>
<tr><th rowspan="2" colspan="2">主要项目</th><th rowspan="2">单位</th><th colspan="2">质量标准及允许偏差</th><th colspan="3">检查要求</th><th rowspan="2">检查方法</th></tr>
<tr><th>快速路、主干路</th><th>一般道路</th><th>范围</th><th colspan="2">点数</th></tr>
<tr><td rowspan="2" colspan="2">相邻板高差</td><td rowspan="2">mm</td><td rowspan="2">2</td><td rowspan="2">3</td><td>每胀缝</td><td colspan="2">2</td><td rowspan="2">用直尺量</td></tr>
<tr><td>横缝</td><td colspan="2">每缝 1</td></tr>
<tr><td colspan="2">纵断高程</td><td>mm</td><td>±5</td><td>±10</td><td>20m</td><td colspan="2">1</td><td>用水准仪测量</td></tr>
<tr><td rowspan="3" colspan="2">横坡度</td><td rowspan="3">%</td><td rowspan="3">±0.15 且
<±10</td><td rowspan="3">±0.25 且
<±10</td><td rowspan="3">20m</td><td rowspan="3">路宽
(m)</td><td><9　2</td><td rowspan="3">按设计规定，用水准仪测量</td></tr>
<tr><td>9～15　4</td></tr>
<tr><td>>15　6</td></tr>
<tr><td colspan="2">板长度</td><td>mm</td><td>±20</td><td>±20</td><td>100m</td><td colspan="2">2</td><td>用直尺量</td></tr>
<tr><td colspan="2">板宽度</td><td>mm</td><td>±20</td><td>±20</td><td>100m</td><td colspan="2">2</td><td>用直尺量</td></tr>
<tr><td colspan="2">总宽度</td><td>mm</td><td>−20</td><td>−20</td><td>40m</td><td colspan="2">1</td><td>用直尺量</td></tr>
<tr><td colspan="2">板面拉毛</td><td>—</td><td colspan="2">拉毛或压槽满足要求</td><td>100m</td><td colspan="2">2</td><td>表面构造深度铺砂法，其余用尺量</td></tr>
<tr><td colspan="2">井框与
路面高差</td><td>mm</td><td colspan="2">3</td><td>只</td><td colspan="2">1</td><td>用尺量取最大值</td></tr>
<tr><td rowspan="2">顺直度</td><td>纵缝</td><td>mm</td><td colspan="2">10</td><td>100m 缝长</td><td colspan="2">1</td><td>拉 20m 线量取值</td></tr>
<tr><td>横缝</td><td>mm</td><td colspan="2">10</td><td>40m</td><td colspan="2">1</td><td>沿路宽拉尺量取</td></tr>
<tr><td colspan="2">板边垂直度</td><td>mm</td><td colspan="2">±5</td><td>100m</td><td colspan="2">2</td><td>沿板边垂直拉线量取最大</td></tr>
<tr><td colspan="2">板边蜂窝麻面</td><td>%</td><td colspan="2"><2</td><td>每板每侧面</td><td colspan="2">1</td><td>用尺量蜂窝麻面面积</td></tr>
</table>

(3) 水泥混凝土路面面层质量应符合下列规定：
城市道路、厂矿道路混凝土板面外观，不应有露石、蜂窝、麻面、裂缝、脱皮、啃边、掉角、印痕和轮迹等现象。接填缝应平实、粘结牢固和缝缘清洁整齐。
</td></tr>
<tr><td>审核人</td><td></td><td>交接人</td><td></td><td>接受交底人</td><td></td></tr>
</table>

5 沥青混凝土路面

5.1 概　　述

城市沥青路面的使用条件及分类技术交底　　表 5-1

工程名称		施工单位		编号	
序号	项目	城市沥青路面的使用条件及分类技术交底内容			
1	城市沥青路面的使用条件	沥青适用于各种等级道路的沥青面层。对于城市快速路、主干路的沥青面层的上面层、中面层及下面层应采有沥青混凝土铺筑，沥青碎石混合料仅适用于过渡层及整平层。其他等级道路的沥青面层上面层宜采用沥青混凝土铺筑。 **1. 沥青路面的使用条件** （1）沥青路面在使用中承受着各种车辆荷载和环境因素的直接作用，作用于路面上的行车荷载是比较复杂的，大致可分为下列几种： 1）通过车轮传给路面的垂直压力； 2）由于制动、变速、转向以及克服前进中的各种阻力对路面施加的水平力； 3）由于路面高低不平、汽车颠簸和汽车机件振动而施加于路面的冲击力和振动力； 4）由于车轮后方与路面之间形成暂时真空而产生的真空吸力。 （2）在环境因素方面，沥青路面的使用温度可分为冬季低温（大部分地区约为 0～－10℃以下）、夏季高温（25～30℃以上）以及中间温度域的常温季节。 （3）在高温季节，沥青路面“软化”，并在车轮荷载的重复作用下，塑性变形逐步积累，导致产生永久变形或车辙，从而使路面平整度降低。这对于渠化交通的高等级道路尤其重要。 （4）在常温季节，沥青路面在车轮垂直荷载的作用下，当基层的整体强度较低（这一季节常伴随着春融或多雨）时，将产生较大的弯拉应力与弯拉应变，在车轮荷载的反复作用下，当应力或应变超过沥青混合料的疲劳极限时，则产生裂缝。在低温季节，沥青混合料质地脆硬，抵抗变形的能力较差，沥青混合料的降温收缩成为主要问题，温度裂缝在许多地方发生。 （5）行车荷载的水平力作用对沥青路面的力学特性有着重要的意义。在垂直力与水平力的综合作用下，沥青面层中将产生较大的剪应力。在高温季节，路面的强度降低，当所产生的剪应力超过其本身的抗剪强度时，常发生路面的推移、壅包等。这些现象多发生在急弯、陡坡以及停车站、十字路口等水平力作用较大之处。沥青混合料由于刚度较低，对来自车轮荷载的冲击、振动力有一定的缓冲与消振的能力。 （6）铺筑在路表的沥青面层还承受着车轮的磨耗作用。当沥青膜磨掉以后，路面的耐磨性主要依靠粗集料提供。由于沥青混合料中的细料被沥青牢固地粘结在一起，故在真空吸力作用下不会导致扬尘。 **2. 环境因素对沥青路面的影响** （1）温度的影响：沥青的黏度受温度的影响极大，即随着温度的升高，其黏度下降，由低温时的硬脆固体，到常温下的黏弹性体，以及高温时软化呈流动状态。相同的沥青混合料的强度及刚度受温度的影响也很大。当温度高于脆化点温度时，沥青混合料的强度随着温度的下降而急剧增大；当温度低于脆化点温度以后，沥青混合料的强度则随着温度的降低有所减小。				
审核人		交接人		接受交底人	

续表

<table>
<tr><td>工程名称</td><td colspan="2"></td><td>施工单位</td><td></td><td>编号</td><td></td></tr>
<tr><td>序号</td><td>项目</td><td colspan="5">城市沥青路面的使用条件及分类技术交底内容</td></tr>
<tr><td>1</td><td>城市沥青路面的使用条件</td><td colspan="5">（2）水的影响：主要表现在以下两个方面：
1）沥青路面在水的作用下会使沥青与矿料剥离，还会将沥青中某些可溶性物质溶解并冲掉，尤其是当水中含有易溶盐时会发生乳化作用，从而加剧了溶蚀作用；
2）沥青路面长时间浸水后会因含水量增加而发生体积膨胀，强度降低。沥青路面受水影响的程度取决于矿料品种与性质，表面粗糙度，当地的气候、水文情况，路表的排水能力，路面的渗水性，以及沥青路面本身的水稳定性。
（3）使用过程中的老化：沥青路面在使用过程中，在阳光、温度、空气等大气因素的作用下，沥青中的轻质组分逐渐挥发，并不断发生氧化聚合反应，使沥青中的油分、树脂逐渐减少，沥青质相对增多，且因为沥青质部分地转化为沥青碳，致使沥青混合料粘塑性降低，路面干涩、裂缝、松散相继出现，即发生沥青路面的“老化”。
沥青路面的老化速度取决于当地的气候、沥青路面的层位以及沥青和沥青混合料的性能。在气温高及日照时间较长的地区，受大气因素作用较强烈的表层，老化速度较快；沥青中不饱和烃友芳香烃较多时，也易发生老化；集料中含有铝、铁等盐类时，会起催化作用，它们与沥青中的沥青酸作用生成有机酸铝盐或铁盐，从而也可加速沥青的老化。</td></tr>
<tr><td>2</td><td>沥青路面的破损类型</td><td colspan="5">沥青路面在行车荷载的反复作用和自然因素的不断影响下，会逐渐出现损坏。由于环境、材料组成、结构层组合、荷载、施工和养护等条件的变异，损坏的形态多种多样，常见的沥青路面破损类型主要有裂缝类破损（如龟裂、块裂及各类单根裂缝等）、变形类破损（如车辙、沉陷、拥包、波浪等）、松散类破损（如掉粒、松散、剥落、脱皮等引起的集料散失、形成坑槽等）、其他破损（如泛油、磨光）等。各种破损的严重程度又分为轻微、中度、严重三种不同情况。在城市沥青路面上常见的损坏现象主要有裂缝（横向、纵向及网、状裂缝）、车辙、松散、剥落和表面磨光等。
1. 裂缝
沥青路面上经常出现裂缝，其成因各种各样，从表现形式看可分为横向裂缝、纵向裂缝和网状裂缝三种类型。裂缝是沥青路面最主要的破损形式之一。
（1）横向裂缝：横向裂缝是指基本上垂直于行车方向的裂缝。按其成因不同，横向裂缝又可分为荷载型裂缝与非荷载型裂缝两大类。
1）荷载型裂缝：荷载型裂缝是路面承载能力下降、强度不足以承担车辆荷载或者反复循环荷载作用引起的疲劳所产生的。由于路面结构设计不当、施工配合比不当、拌合不均匀或施工质量低劣，或者由于车辆严重超载，致使半刚性基层沥青路面在反复的交通荷载作用下，沥青面层或半刚性基层内产生的拉应力超过其疲劳强度而断裂；
2）非荷载型裂缝：非荷载型裂缝是横向裂缝的主要形式。非荷载裂缝的形成原因复杂，可以是温缩裂缝、反射性裂缝、不均匀沉降裂缝、冻胀裂缝、施工裂缝、构造物接头（伸缩缝等裂缝、老化裂缝等。其中最主要的是温缩裂缝和半刚性基层开裂引起的反射性裂缝。我国规范把块裂定义为裂缝与裂缝连接成网，其短边长度大于 40cm，但长边长度小于 3m 者，这种情况在我国的广场和城市道路普遍发生。
（2）纵向裂缝：产生纵向裂缝的原因有多种，除了荷载作用过大，承载能力不足引起的纵向开裂外，还有以下几种原因引起的裂缝。由于沥青面层分路幅摊铺时施工纵向接缝没有做好产生的裂缝；路基压实度不均匀或由于路基边缘受水侵蚀产生不均匀沉陷而引起的裂缝；轮胎破坏后轮毂在路面上行走造成的轮毂压裂。“车辙裂缝”是另一类荷载裂缝，其特点是发生在城市道路行车道两侧轮辙带边缘，由沥青面层表面开始并向下延伸。</td></tr>
<tr><td>审核人</td><td colspan="2"></td><td>交接人</td><td></td><td>接受交底人</td><td></td></tr>
</table>

续表

<table>
<tr><td colspan="2">工程名称</td><td></td><td>施工单位</td><td></td><td>编号</td><td></td></tr>
<tr><td>序号</td><td>项目</td><td colspan="5">城市沥青路面的使用条件及分类技术交底内容</td></tr>
<tr><td>2</td><td>沥青路面的破损类型</td><td colspan="5">(3) 网状裂缝：网状裂缝是由单根裂缝发展而引起的。除了由于路面的整体强度不足而产生裂缝外，路面开始出现裂缝后未及时封填，致使水分渗入下层，尤其是在春融期间冻融交加情况下，会加剧路面的破坏，促使裂缝的形成。沥青在施工期间以及在长期使用过程中的老化也是导致沥青路面形成网裂的原因之一。
2. 车辙
(1) 第一种类型是由路面基层及路基变形引起的。由于荷载作用传播扩散后仍超过路面各层的强度，发生在沥青面层以下包括路基在内的各结构层的永久性变形，叫做结构性车辙。这种车辙的宽度较大，两侧没有隆起现象，横断面呈“V”形（凹形）。
(2) 第二种类型是在温度较高的季节，经车辆反复碾压产生永久变形和塑性流动而逐渐形成的沥青混凝土的侧向流动变形。这种车辙通常是伴随着沥青面层压缩变形的同时，出现侧向隆起，两者组合起来构成“W”形车辙。在高温条件下，由于车轮的反复作用，荷载应力超过沥青混合料所能承受的稳定性应力极限，发生流动变形不断累积形成的车辙，叫做沥青路面的流动性车辙，或失稳性车辙。
(3) 第三种类型是轮胎形成的磨损性车辙，主要发生在冰雪严重的寒冷地区。在我国，由于基层基本上是半刚性基层，有较大的刚度，路面永久变形主要发生在沥青面层中，车辙基本上都属于沥青混合料的流动性车辙。因此，为了延缓车辙的形成，应主要从提高沥青材料的高温稳定性着手。
(4) 第四种类型是沥青路面本身的压密性车辙，这是一种非正常情况下的车辙。若在道路施工中，只为片面追求平整度，或在降低温度后碾压，造成压实不足，致使通车后的第一个高温季节混合料继续压密，在交通荷载的反复作用下空隙率不断减小，达到极限的残余空隙率后才趋于稳定，路面产生压实变形，同时平整度迅速下降，进而形成明显的车辙。这种车辙的特点是只有轮迹带处下凹，也呈“V”形或“W”形，但两侧没有隆起。
3. 水损害
水损害是指沥青路面在水的作用下，沥青逐渐丧失与矿料的粘结力，从集料表面脱落，在车辆的作用下沥青面层呈现松散状态，以致集料从路面脱落形成坑槽。产生松散剥落的原因主要是由于沥青与集料之间的粘附性较差，在水或冰冻的作用下，沥青从集料表面剥落所致。产生松散剥落的另一种是施工中混合料加热温度过高，致使沥青老化失去黏性。其主要表现为以下几方面：
(1) 沥青混合料的空隙率较大，施工时压实不足，更使空隙率变大。造成路面透水，从表面渗下去的水及基层毛细作用积聚的水都可能聚集在层间的空隙中，半刚性基层本身透水性很差，路面中渗入的水滞留在基层表面不能继续向下渗，形成饱和状态。车辆作用下形成动水压力，促使沥青与集料的粘结力严重破坏。
(2) 许多路面没有考虑设置完善的路面内部排水结构体系，尤其是路边缘大都设置混凝土路缘石、浆砌护坡等，水沿着基层顶面渗流到路边缘以后无法排出。
(3) 使用了与沥青黏附性不好甚至很差的中性或者酸性石料，界面上容易为水浸入，降低黏附性。也有的虽然使用了抗剥落剂，但效果不好，未达到目的。由于这些原因的综合作用，导致目前我国许多沥青路面水损害破坏严重。</td></tr>
<tr><td colspan="2">审核人</td><td></td><td>交接人</td><td></td><td>接受交底人</td><td></td></tr>
</table>

续表

工程名称		施工单位		编号	
序号	项目	城市沥青路面的使用条件及分类技术交底内容			
2	沥青路面的破损类型	**4. 表面功能迅速下降** 沥青路面在使用过程中，在车轮反复滚动摩擦的作用下，集料表面被逐渐磨光，有时还伴有沥青的不断上翻、泛油，导致沥青面层表面光滑，尤其在雨季常会因此而酿成车祸。这种现象与采用了敏感性比较大的沥青混合料级配类型有关。表面磨光的内在原因是集料质地软弱，缺少棱角，或集料级配不当，粗集料尺寸偏小，细料偏多或沥青用量偏多等。在集料磨光的同时，路面噪声、水雾、溅水、炫光等一系列表面功能也跟着下降。			
3	对沥青路面的基本要求	为防止沥青路面在车辆荷载和自然因素的综合作用下产生破坏，这就要求沥青路面在使用中必须满足下列基本要求： (1) 足够的高温稳定性：沥青路面的强度与刚度随温度升高而显著下降，为了保证沥青路面高温季节在行车荷载的反复作用下不致产生诸如波浪、推移、车辙、泛油等病害，沥青路面应具有良好的高温稳定性，即在高温时具有足够的强度与刚度。 (2) 良好的低温抗裂性：裂缝是沥青路面的一种主要破坏形式，且裂缝的出现往往是路面损坏急剧增加的开始。沥青路面的裂缝可归为两种类型：一种是在交通荷载反复作用下的疲劳开裂；另一种是由于降温而产生的温度收缩裂缝，或由于半刚性基层开裂而引起的反射裂缝。从低温抗裂性的要求出发，沥青路面在低温时应具有较低的劲度和较大的抗变形能力，且在行车荷载和其他因素的反复作用下不致产生疲劳开裂。 (3) 良好的耐久性：沥青路面应具有抵抗温度、阳光、空气、水等各种自然因素作用的能力，即在这些因素的作用下，沥青路面的性质不致很快恶化失去黏性、性质变脆，以致在行车荷载和其他因素的作用下发生碎裂，乃至于沥青与矿料脱离，使路面松散破坏。沥青路面的使用寿命及耐久性与沥青混合料中的沥青含量有很大关系。当沥青用量不足时，则沥青膜变薄，沥青路面的延伸能力降低，脆性增加，且沥青路面的空隙率增大，使沥青膜暴露增多，从而促进了老化作用。 (4) 良好的抗疲劳性：抗疲劳性是沥青混合料抵抗荷载重复作用的能力。通常把沥青混合料出现疲劳破坏时的重复应力值称为疲劳强度，相应的重复作用次数称为疲劳寿命，而把可以承受无限次重复荷载循环而不发生疲劳破坏的应力值称为疲劳极限。影响抗疲劳性能的主要因素有：沥青的质量与含量、混合料的空隙率、矿料的性质及级配。 (5) 足够的抗滑能力：现代交通车速不断提高，对路面的抗滑能力也提出更高的要求。沥青路面应具有足够的抗滑能力，以保证在最不利的情况下，车辆能够高速安全行驶，而且在外界因素作用下其抗滑能力不致很快降低。沥青路面的粗糙度与矿质集料的微表面性质、混合料的级配组成以及沥青用量等因素有关。为保证沥青路面的粗糙度不致很快降低，应选择硬质有棱角的石料。沥青用量对抗滑性的影响相当敏感，当沥青用量超过最佳用量的0.5%时就会导致抗滑系数的明显降低。 (6) 良好的防渗能力：沥青路面的防渗能力，不仅影响到沥青面层本身的水稳定性，而且还会影响到基层的稳定性。滞留在基层表面的水将使基层表面的半刚性基层材料产生唧浆、软化，并导致承载能力降低。沥青路面的防渗能力主要取决于沥青混合料的水密性，沥青混合料的空隙越大，其抗渗能力就越差。 (7) 良好的平整度：路面不平整会引起车辆振动，从而对车辆磨损、燃油、行车舒适、路面损坏和交通安全等都会产生直接的影响。因此，平整度是衡量路面使用性能的一项重要指标。			
审核人		交接人		接受交底人	

续表

工程名称		施工单位	编号	
序号	项目	城市沥青路面的使用条件及分类技术交底内容		
3	对沥青路面的基本要求	(8) 良好的工作度(施工和易性):工作度是指沥青混合料摊铺和碾压工作的难易程度,影响沥青混合料工作度的因素很多,首先是混合料的级配情况。如粗细矿料的颗粒大小相距过大,缺乏中间尺寸,混合料容易分层层积;如细矿料太少,沥青层就不容易均匀地分布在粗颗粒表面;细矿料过多,则使拌合困难。此外当沥青用量过少,或矿粉用量过多时,混合料容易变得疏松不易压实。反之,如沥青用量过多,或矿粉质量不好,则易使混合料粘结成团,不易摊铺。沥青通常不是工作度问题的主要原因,但仍有一定影响,这是因为混合料的温度影响着沥青的黏度,温度太低混合料无法施工,而温度太高混合料又太软。		
4	沥青路面的分类	(1) 按施工工艺分类:按施工工艺的不同,沥青路面可分为层铺法、路拌法和厂拌法三类。 1) 层铺法是用分层洒布沥青,分层铺撒集料和碾压的方法修筑。其优点是工艺和设备简便、工效较高、施工进度快、造价低;其缺点是路面成型期较长,需要经过炎热季节行车碾压之后路面方能成型。用这种方法修筑的沥青路面主要有沥青贯入式、沥青表面处治和封层等; 2) 路拌法是在路上用机械将矿料和沥青材料就地拌合摊铺和碾压密实而成的沥青结构层,此类面层所用的集料为碎(砾)石者称为路拌沥青碎(砾)石;所用的集料为土则称为路拌沥青稳定土。路拌沥青结构层,通过就地拌合,沥青材料在集料中分布比层铺法均匀,可以缩短路面的成型期,但因所用的集料为冷料,需使用黏稠度较低的沥青材料,故混合料的强度较低; 3) 厂拌法是将规定级配的集料和沥青材料在工厂用专用设备加热拌合,然后运送到工地摊铺碾压而成的沥青路面。集料中细颗粒含量少,不含或含少量矿粉,混合料为半开级配的(空隙率达6%~12%),称为厂拌沥青碎石;若集料中含有矿粉,混合料是按最佳密实级配原则配制的(空隙率6%以下),称为沥青混凝土。厂拌法按混合料铺筑时温度的不同,又可分为热拌热铺和热拌冷铺两种。热拌热铺是混合料在专用设备加热拌合后立即趁热运到路上摊铺压实。 (2) 按技术特性分类:根据沥青路面的技术特性,沥青面层可分为沥青表面处治、沥青贯入式、热拌沥青(稳定)碎石、乳化沥青碎石混合料、沥青混凝土、沥青玛瑞脂碎石和开级配沥青磨耗层等多种类型: 1) 沥青表面处治路面是指用沥青和集料按层铺法而成的厚度不超过3cm的沥青路面。沥青表面处治的厚度一般为1.5~3.0cm。层铺法可分为单层、双层、三层。单层表处厚度为1.0~1.5cm,双层表处厚度为1.5~2.5cm,三层表处厚度为2.5~3.0cm。沥青表面处治适用小城市的次干路及支路的面层和旧沥青面层上加铺罩面或抗滑层、磨耗层及封层等; 2) 沥青贯入式路面是指用沥青贯入碎(砾)石作面层的路面。沥青贯入式路面的厚度一般为4~8cm。当沥青贯入式的上部加铺拌合的沥青混合料时,也称为上拌下贯,此时拌合层的厚度宜为3~4cm,其总厚度为7~10cm。沥青贯入式碎石路面适用于城市次干路以下的沥青面层; 3) 热拌沥青碎石路面是指用沥青碎石作面层的路面。也是目前大中城市应用最多的一种沥青混合料拌制方法。沥青碎石的配合比设计应根据实践经验和混合料技术性质试验的结果,并通过施工前的试拌合试铺确定。沥青碎石有时也用作联结层或高等级道路的柔性基层使用;		
审核人		交接人	接受交底人	

续表

工程名称			施工单位		编号	
序号	项目	城市沥青路面的使用条件及分类技术交底内容				
4	沥青路面的分类	4）乳化沥青碎石混合料适用于小城市的次干路及支路的沥青面层和道路养护维修、罩面以及各级道路的调平层或柔性基层； 5）沥青混凝土路面是指用沥青混凝土作面层的路面。其面层可由单层、双层或三层沥青混合料组成，各层混合料的组成设计应根据其层厚和层位、气温和降雨等气候条件、交通量和交通组成等因素确定，以满足对沥青面层使用功能的要求。沥青混凝土通常用作城市道路的面层； 6）沥青玛瑞脂碎石路面是指用沥青玛瑞脂碎石混合料作面层或抗滑层的路面。沥青玛瑞脂碎石混合料（简称 SMA）是以间断级配为骨架，用改性沥青、矿粉及木质纤维素组成的沥青玛瑞脂为结合料，经拌合、摊铺、压实而形成的一种构造深度较大的抗滑面层。它具有抗滑、耐磨、空隙率小、抗疲劳、高温抗车辙、低温抗开裂的优点，是一种全面提高密级配沥青混凝土使用质量的新结构，适用于高速公路及城市快速路、主干路的沥青面层； 7）开级配沥青磨耗层（简称 OGFC）是利用大空隙的沥青混合料铺筑而成的沥青磨耗层。开级配沥青磨耗层属骨架空隙结构形，其矿料级配为间断开级配，它的空隙率大，一般为 20%左右。具有防滑、抗车辙及降低噪声等功能，一般用于高等级公路及城市快速路的表面层。				
审核人		交接人		接受交底人		

5.2 沥青路面基层与材料要求技术交底

沥青路面基层与材料要求技术交底 **表 5-2**

工程名称			施工单位		编号	
序号	项目	沥青路面基层与材料要求技术交底内容				
1	沥青混合料路面基层	(1) 沥青路面基层的材料要求、施工工艺应符合现行的路面设计规范和基层施工规范的规定。沥青面层施工前应对基层进行检查，当基层的质量检查符合要求后方可修筑沥青面层。对于沥青路面的基层应符合下列要求： 1）强度、刚度、干燥收缩和温度收缩变形、高程符合要求； 2）并具有较好的稳定性； 3）表面应平整、密实；基层的拱度与面层的拱度应一致。 (2) 新建的沥青路面的基层可按设计要求选用水泥、石灰、粉煤灰等无机结合料稳定土或粒料的半刚性基层及泥（灰）结碎石、级配碎石、级配砂砾基层，也可采用沥青贯入式、沥青碎石或碾压式水泥混凝土基层。对高速公路和城市快速路，主干路宜采用高强少裂、整体性能好的无机结合料或稳定粒料的半刚性基层，稳定细粒土只可作底基层。 (3) 旧沥青路面作为基层加铺沥青面层时，应根据旧路质量，确定对原有路面进行处理、整平或补强，并应遵循下列原则： 1）应符合设计强度、基本无损坏的旧沥青混合料路面经整平后可作基层使用； 2）旧沥青混合料路面已有明显损坏的，应调查损坏原因。强度能达到设计要求的，进行全部或部分处理，铲除壅包、车辙及龟裂严重的结构层，填补坑槽并整平后，再加铺沥青面层。对于损坏严重、强度达不到设计要求时，应重新设计，不得直接作基层使用。				
审核人		交接人		接受交底人		

续表

工程名称		施工单位		编号	

序号	项目	沥青路面基层与材料要求技术交底内容

1 沥青混合料路面基层

（4）可作基层使用的旧沥青混合料路面的整平应按高程控制铺筑，分层整平的一层最大厚度不宜超过 10cm，如图 5.2-1 所示。

正确的做法

错误的做法

图 5.2-1　旧沥青路面的整平方法

（5）对于新建半刚性基层铺筑后应及时进行养护及保护，浇洒透层或铺筑下封层，并尽快铺筑沥青面层。

2 沥青混合料材料一般要求

（1）沥青材料应附有炼油厂的沥青质量检验单。运至现场的各种材料必须按要求进行试验，经评定合格方可使用。

（2）道路石油沥青仍然是我国沥青路面建设最主要的材料，目前沥青供应的数量和质量与需求相比仍有较大差距，在选购沥青时应查明其原油种类及炼油工艺，并征得主管部门的同意，是因为沥青质量基本上受制于原油品种，且与炼油工艺关系很大。为防止因沥青质量发生纠纷，参照国外各炼油厂的做法，沥青出厂均应附有质量检验单，使用单位在购货后进行试验确认。如有疑问或达不到检验单的数据，可请有关质检部门或质量监督部门仲裁，以明确责任。

（3）沥青路面骨料的粒径选择和筛分应以方孔筛为准。当受条件限制时，可按表 5.2-1 的规定采用与方孔筛相对应的圆孔筛。

方孔筛与圆孔筛的对应关系　　表 5.2-1

序号	方孔筛孔径（mm）	对应的圆孔筛孔径（mm）	序号	方孔筛孔径（mm）	对应的圆孔筛孔径（mm）
1	106	130	10	1302	15
2	75	90	11	9.5	10
3	63	75	12	4.75	5
4	53	65	13	2.36	205
5	37.5	45	14	1.18	102
6	31.5	40 或 35	15	0.6	0.6
7	26.5	30	16	0.3	0.3
8	19.0	25	17	0.15	0.15
9	16.0	20	18	0.075	0.075

注：表中的圆孔筛系列，孔径小于 2.5mm 的筛孔为方孔。

审核人		交接人		接受交底人	

续表

工程名称		施工单位		编号	

序号	项目	沥青路面基层与材料要求技术交底内容
2	沥青混合料一般要求	（4）沥青路面的沥青材料可采用道路石油沥青、煤沥青、乳化石油沥青、液体石油沥青等。沥青材料的选择应根据交通量、气候条件、施工方法、沥青面层类型、材料来源等情况确定。当采用改性沥青时应进行试验并应进行技术论证。 （5）路面材料进入施工场地时，应登记，并签发材料验收单。验收单应包括材料来源、品种、规格、数量、使用目的、购置日期、存放地点及其他应予注明的事项。
3	道路石油沥青	见下文

（1）道路石油沥青适用于各类沥青路面的面层，并应符合下列规定：

1）城市快速路、主干路铺筑沥青路面时，石油沥青材料的质量要求应符合表5.2-2的规定。当沥青材料来源确有困难时，高速公路、一级公路和城市快速路、主干路的下面层、连接层，可将技术要求中的含蜡量指标放宽至5%，15℃延度放宽至60cm（AH-50）及80cm（除AH-50外的其他标号），其他指标应符合要求。

重交通道路石油沥青技术要求 **表5.2-2**

序号	试验项目		AH-130	AH-110	AH-90	AH-70	AH-50
1	针入度（25℃，100g，5s）（0.1mm）		120～140	100～120	80～100	60～80	40～60
2	延度（5cm/min，15℃）不少于（cm）		100	100	100	100	80
3	软化点（环球法）（℃）		40～50	41～51	42～52	44～54	45～55
4	闪点（COC）不少于（℃）		230	230	230	230	230
5	含蜡量（蒸馏法）不大于（%）		3	3	3	3	3
6	密度（15℃）（g/cm）		实测记录	实测记录	实测记录		
7	溶解度（三氯乙烯）不少于（%）		99.0	99.0	99.0	99.0	99.0
8	薄膜加热试验 163℃，5h	质量损失 不大于（%）	1.3	1.2	1.0	0.8	0.6
		针入度比 不少于（%）	45	48	50	55	58
		延度（25℃）不少于（%）	75	75	75	50	40
		延度（15℃）（/cm）	实测记录		实测记录		

注：1. 有条件时，应测定沥青60℃温度的动力黏度（Pa·s）及135℃温度的运动黏度（mm^2/s），并在检验报告中注明。

2. 对于高速公路、一级公路和城市快速路、主干路的沥青路面，如有需要，用户可对薄膜加热试验后的15℃延度、黏度等指标向供方提出要求。

2）除1）规定以外的城市道路，石油沥青材料的质量要求应符合表5.2-3的规定。

中、轻交通道路石油沥青技术要求（CB 50092—96） **表5.2-3**

试验项目 \ 标号		A-200	A-180	A-140	A-100甲	A-10乙	A-60甲
针入度（25℃100g，5s）（0.1mm）		200～300	160～200	120～160	90～120	80～120	50～80
延度（5cm/min，15℃）不少于（cm）		—	100	100	90	60	70
软化点（环球法）（℃）		30～45	35～45	38～48	42～52	42～52	45～55
溶解度（三氯乙烯）不少于（%）		99.0	99.0	99.0	99.0	99.0	99.0
薄膜加热试验 163℃，5h	质量损失 不大于（%）	1	1	1	1	1	1
	针入度比 不少于（%）	50	60	60	65	65	70
闪点（COC）不少于（%）		180	200	230	230	230	230

注：当25℃延度达不到100cm时，如15℃延度不小于100cm，也认为是合格的。

审核人		交接人		接受交底人	

续表

工程名称		施工单位		编号	

序号	项目	沥青路面基层与材料要求技术交底内容
3	道路石油沥青	见下文

（2）沥青面层所采用的沥青标号，应根据气候分区、沥青路面类型和沥青种类等按表5.2-4选用。对照我国的气候条件，如南方最热处MAAT不到24℃，在沈阳以南直至海南岛，MAAT为7～23℃，宜用AH-90、AH-70、AH-50，在沈阳以北宜用AN-90及AH-110、AH-130。表5.2-4的规定与它们大体符合。

沥青标号的选择（GB 50092—96）　　**表5.2-4**

气候分区	沥青种类	沥青混合料路面类型			
		沥青表面处治	沥青贯入式	沥青碎石	沥青混凝土
寒区	石油沥青	A-140 A-180 A-200	A-140 A-180 A-200	AH-90 AH-110A AH-130 A-100 A-140	AH-90 AH-110 AH-130 A-100 A-140
	煤沥青	T-5 T-6	T-6 T-7	T-6 T-7	T-7 T-8
温区	石油沥青	A-100 A-140 A-180	A-100 A-140 A-180	AH-90 AH-110 — A-100 A-140	AH-70 AH-90 — A-60 A-100
	煤沥青	T-6 T-7	T-6 T-7	T-7 T-8	T-7 T-8
热区	石油沥青	A-60 A-100 A-140	A-60 A-100 A-140	AH-50 AH-70 AH-90 A-100 A-60	AH-50 AH-70 — A-60 A-100
	煤沥青	T-6 T-7	T-7	T-7 T-8	T-7 T-8 T-9

（3）当沥青标号不符合使用要求时，可采用几种不同标号掺配的混合沥青，其掺配比例应由试验决定。掺配时应混合均匀，掺配后的混合沥青应符合表5.2-5或表5.2-6的要求。结合我国实际情况规定，在使用期沥青存放温度不宜低于130℃，在冬天非使用期可以在低温状态下存放。

（4）面层的上层宜采用较稠的沥青，下层或连接层宜采用较稀的沥青。对于重交通的道路，宜采用较稠的沥青。

（5）沥青贮运站及沥青混合料拌合厂应将不同来源、不同标号的沥青分开存放，不得混杂。使用期间，贮存沥青的沥青罐或贮油池中的温度不宜低于130℃，也不得高于180℃。在冬季停止施工期间，沥青可在低温状态下存放。经较长时间存放的沥青在使用前应抽样检验，不符合质量要求的不得使用。同一工程使用不同沥青时，应明确记录各种沥青所使用的路段及部位。

（6）道路石油沥青在贮运、使用及存放过程中应采取防水措施，并应避免雨水或加热管道蒸汽进入沥青罐或贮油池中。

序号	项目	内容
4	乳化石油沥青	见下文

（1）如若选用乳化石油沥青作为城市道路沥青路面，其质量要求必须符合表5.2-5的规定。

（2）乳化沥青适用于沥青表面处治路面、沥青贯入式路面、常温沥青混合料路面以及透层、粘层与封层。

（3）乳化沥青的类型应根据使用目的、矿料种类、气候条件选用。对酸性石料，以及当石料处于潮湿状态或在低温下施工时，宜采用阳离乳化沥青；对碱性石料，且石料处于干燥状态，或与水泥、石灰、粉煤灰共同使用时，宜采用阴离子乳化沥青。

审核人		交接人		接受交底人	

续表

工程名称		施工单位		编号	
序号	项目	沥青路面基层与材料要求技术交底内容			
4	乳化石油沥青	（见下）			

道路乳化石油沥青质量要求（CB 50092—96） **表 5.2-5**

项目	种类	PC-1 PA-1	PC-1 PA-1	PC-1 PA-1	BC-3 BA-3	BC-3 BA-3	BC-3 BA-3
筛上剩余量	不大于（%）	0.3					
电荷		阳离子带正电（+）、阴离子带负电（—）					
破乳速度试验		快裂	慢裂	快裂	中裂或慢裂		慢裂
黏度	沥青标准黏度计 $C_{25.3}$ (s) 恩格拉度 E_{25}	12～45 3～15	8～20 1～6		12～100 3～40		40～100 15～40
蒸发残留物含量	不小于（%）	60	50		55		60
蒸发残留物性质	针入度（100g，25℃，5s （0.1mm）	80～200	80～300	80～160	80～200	80～300	80～200
	残留延度比（25℃） 不小于（%）	80					
	溶解度（三氯乙烯） 不小于（%）	97.5					
贮存稳定性	5d 不大于（%） 1d 不大于（%）	5 1					
与矿料的黏附性，裹覆面积不少于		2/3					
粗粒式骨料拌合试验		—			均匀	—	
细粒式骨料拌合试验		—				均匀	
水泥拌合试验，1.18mm 筛上剩余量 不大于（%）		—				5	
低温贮存稳定度	(−5℃)	无粗颗粒或结块					
主要用途		表面处治及贯入式洒布用	透层油用	粘层油用	拌制粗粒式沥青混合料	拌制中粒式及细粒式沥青混合料	拌制砂粒式沥青混合料及稀浆封层

注：1. 乳液黏度可选沥青标准黏度计或恩格拉黏度计测定，$C_{25.3}$ 表示测试温度 25℃、黏度计孔径 3mm，E_{25} 表示在 25℃时测定。
2. 贮存稳定性一般用 5d 的，如时间紧迫也可用 1d 的稳定性。
3. PC、PA、BC、BA 分别表示洒布型阳离子、洒布型阴离子、拌合型阳离子、拌合型阴离子乳化沥青。
4. 用于稀浆封层的阴离子乳化沥青 BA3 型的蒸发残留物含量可放宽至 55%。

（4）乳化沥青的应用在品种上应考虑其各自的特点，不要一刀切。阳离子乳化沥青的技术性能好，尤其适用于潮湿矿料及低温气候，与石料黏附性好。阴离子乳化沥青与碱性石料黏附性好，且价格较便宜，来源较丰富，尤其是与水泥、石灰、粉煤灰共同使用时宜用阴离子乳化沥青。

（5）乳化沥青可利用胶体磨或匀油机等乳化机械在沥青拌合厂现场制备。乳化剂用量（按有效含量计）宜为沥青质量的 0.3%～0.8%。制备现场乳化沥青的温度应通过试验确定，乳化剂水溶液的温度宜为 40～70℃，石油沥青宜加热至 120～160℃。乳化沥青制造后应及时使用。经较长时间存放的乳化沥青在使用前应抽样检验，不得离析、冻结、破乳，质量不符合要求者不得使用。

审核人		交接人		接受交底人	

续表

工程名称		施工单位		编号	
序号	项目	沥青路面基层与材料要求技术交底内容			
5	煤沥青	见下文			

（1）道路用煤沥青适用于透层、黏层，也可用于三级及三级以下的公路和城市的次干路以下的城市道路铺筑沥青面层，但热拌沥青混合料路面的表面层不宜采用煤沥青。煤沥青的标号可根据气候分区、沥青路面类型和沥青种类按表5.2-4选用。

（2）道路用煤沥青的质量应符合表5.2-6的规定。

（3）在煤沥青使用期间，其贮油池或沥青罐中的温度宜为70～90℃，并应避免长期贮存。经较长时间存放的煤沥青在使用前应抽样检验，质量不符合要求者不得使用。

道路用煤沥青质量要求（GB 50092—96）　　**表5.2-6**

试验项目		T-1	T-2	T-3	T-4	T-5	T-6	T-7	T-8	T-9
黏度（s）	$C_{30.5}$	5～25	26～70							
	$C_{30.5}$			5～20	21～50	51～120	121～200			
	$C_{30.5}$								10～75	76～200
	$C_{30.5}$									36～65
蒸馏试验出量（%）	170℃前 不大于	3	3	3	2	1.5	1.0	1.0	1.0	1.0
	270℃前 不大于	20	20	20	15	15	15	10	10	10
	300℃前 不大于	15～35	15～35	30	30	25	25	20	20	15
300℃蒸馏残渣软化点（环球法）（℃）		30～45	30～45	35～65	35～65	35～65	40～65	40～70	40～70	40～70
水分　不大于（%）		1.0	1.0	1.0	1.0	1.0	0.5	0.5	0.5	0.5
甲苯不溶物 不大于（%）		20	20	20	20	20	20	20	20	20
含萘量 不大于（%）		5	5	5	4	4	3.5	3	2	2
焦油酸含量 不大于（%）		4	4	3	3	2.5	2.5	1.5	1.5	1.5

注：黏度使用道路沥青黏度计测定，C脚标第1个数字代表测试温度（℃），第2个数字代表黏度计孔径（mm）。

（4）液体石油沥青适用于透层、黏层及拌制常温沥青混合料。根据使用目的与场所，可分别选用快凝、中凝、慢凝的液体石油沥青。

（5）液体石油沥青使用前应由试验确定掺配比例，其质量应符合表5.2-7的规定。

道路用液体石油沥青质量要求（GB 50092—96）　　**表5.2-7**

试验项目		快凝		中凝						慢凝					
		AL(R)-1	AL(R)-2	AL(M)-1	AL(M)-2	AL(M)-3	AL(M)-4	AL(M)-5	AL(M)-6	AL(S)-1	AL(S)-2	AL(S)-3	AL(S)-4	AL(S)-5	AL(S)-6
黏度（s）	$C_{25.5}$	＜20		＜20						＜20					
	C		3～15		5～15	16～25	26～40	41～100	101～200		5～15	16～25	26～40	41～100	101～200
蒸馏体积（%）	225℃前	＞20	＞15	＜10	＜7	＜3	＜2	0	0						
	315℃前	＞35	＞30	＜35	＜25	＜17	＜14	＜8	＜5						
	360℃前	＞45	＞35	＜50	＜35	＜30	＜25	＜20	＜15	＜40	＜35	＜25	＜20	＜15	＜5

审核人		交接人		接受交底人	

续表

工程名称		施工单位		编号	
序号	项目	沥青路面基层与材料要求技术交底内容			

6 液体石油沥青

续表

试验项目		快凝		中凝						慢凝					
		AL(R)-1	AL(R)-2	AL(M)-1	AL(M)-2	AL(M)-3	AL(M)-4	AL(M)-5	AL(M)-6	AL(S)-1	AL(S)-2	AL(S)-3	AL(S)-4	AL(S)-5	AL(S)-6
蒸馏后残留物	针入度(25℃,100g,5s)(0.1mm)	60~200	60~200	100~300	100~300	100~300	100~300	100~300							
	延度(25℃)5cm/min(cm)	>60	>60	>60	>60	>60	>60	>60	>60						
	浮漂度(50℃)(s)									<20	>20	30	>40	>45	>50
闪点(TOC法)(℃)		>30	>30	>65	>65	>65	>65	>65	>65	>70	>70	>100	>100	>120	>120
含水量不大于(%)															

注：黏度使用道路沥青黏度计测定，C脚标第1个数字代表测试温度（℃），第2个数字代表黏度计孔径（mm）。

7 粗集料

（1）用于沥青面层的粗集料包括碎石、破碎砾石、筛选砾石、矿渣等。其粗集料应由具有正规的、且有生产许可证的采石场生产。

（2）粗集料的粒径规格应按照表5.2-8或表5.2-9所规定进行选用。当生产的粗集料不符合规格要求，但与其他材料配合后的级配符合各类沥青面层的矿料使用要求时，也可使用。

沥青面层用集料规格（方孔筛）（GB 50092—96） **表5.2-8**

规格	公称粒径(mm)	通过下列筛孔（方孔筛，mm）的质量百分率（%）												
		106	75	63	53	37.5	31.5	26.5	19.0	13.2	9.5	4.75	2.36	0.6
S1	40~75	100	90~100	—	—	0~15	—	0~5						
S2	40~60		100	90~100	—	0~15	—	0~5						
S3	30~60		100	90~100	—	—	0~15	—	0~5					
S4	25~50			100	90~100	—	—	0~15	—	0~5				
S5	20~40				100	90~100	—	—	0~15	—	0~5			
S6	15~30					100	90~100	—	—	0~15	0~5			
S7	10~30					100	90~100	—	—	—	0~15	0~5		
S8	15~25						100	95~100	—	0~15	—	0~5		
S9	10~20							100	95~100	—	0~15	0~5		
S10	10~15						100	90~100	—	—	0~15	0~5		
S11	5~15								100	95~100	40~75	0~15	0~5	
S12	5~10									100	95~100	0~10	0~15	
S13	3~10									100	95~100	40~70	0~15	0~5
S14	3~5										100	85~100	0~25	0~5

审核人		交接人		接受交底人	

工程名称		施工单位		编号	
序号	项目	沥青路面基层与材料要求技术交底内容			
7	粗集料				

沥青面层用集料规格（圆孔筛）（GB 50092—96） **表 5.2-9**

规格	公称粒径（mm）	通过下列筛孔（方孔筛，mm）的质量百分率（%）														
		130	90	75	60	50	40	35	30	25	20	15	10	5	2.5	0.6
S1	40～90	100	90～100	—	—	—	0～15	—	0～5							
S2	40～75		100	90～100	—	—	0～15	—	0～5							
S3	40～60			100	90～100	—	0～15	—	0～5							
S4	30～60			100	90～100	—	—	—	0～15	—	—	0～5				
S5	25～50				100	90～100	—	—	—	0～15	—	0～5				
S6	20～40					100	90～100	—	—	—	0～15	—	0～5			
S7	10～40					100	90～100	—	—	—	—	—	0～15	0～5		
S8	15～35						100	95～100	—	—	—	0～15	—	0～5		
S9	10～30							100	95～100	—	—	—	0～15	0～5		
S10	10～20									100	95～100		0～15	0～5		
S11	5～15										100	95～100	40～70	0～15	0～5	
S12	5～10											100	95～100	0～10	0～5	
S13	3～10											100	95～100	40～70	0～15	0～5
S14	3～5												100	85～100	0～25	0～5

（3）对于沥青路面所使用的粗集料应该洁净、干燥、无杂质，并具有足够的强度和耐磨性能，其质量应符合表 5.2-10 所列的规定。

沥青面层用粗集料持量要求 **表 5.2-10**

序号	主要指标			高速公路、一级公路城市快速路、主干路	其他等级公路与城市道路
1	石料压碎值		不大于（%）	28	30
2	洛杉矶磨耗损失		不大于（%）	30	40
3	视密度		不小于（t/m³）	2.50	502.45
4	吸水率		不大于（%）	2.0	3.0
5	对沥青的黏附性		不小于	4 级	3 级
6	坚固性		不大于（%）	12	—
7	细长扁平颗粒含量		不大于（%）	15	20
8	水洗法<0.075mm 颗粒含量		不大于（%）	1	1
9	软石含量		不大于（%）	5	5
10	石料磨光值		不小于（%）	42	实测
11	石料冲击值		不小于（BPN）	28	实测
12	破碎砾石的破碎面积	沥青混合料路面表面层	不小于（%）	90	40
		沥青混合料路面中下面层	不小于（%）	50	40
		沥青贯入式路面	不小于（%）	—	40

注：1. 坚固性试验可根据需要进行。
2. 当粗骨料用于高速公路、一级公路和城市快速路、主干路时，多孔玄武岩的视密度可放宽至 2.45t/m³，吸水率可放宽至 3%，并应得到主管部门的批准。
3. 石料磨光值是为高速公路、一级公路和城市快速路、主干路的表层抗滑需要而试验的指标，石料冲击值可根据需要进行。其他公路与城市道路如需要时，可提出相应的指标值。
4. 钢渣的游离氧化钙的含量不应大于 3%，浸水后的膨胀率不应大于 2%。

审核人		交接人		接受交底人	

续表

工程名称		施工单位		编号	

序号	项目	沥青路面基层与材料要求技术交底内容
7	粗集料	(4) 粗集料应具有良好的颗粒形状，用于道路沥青面层的碎石不宜采用颚式破碎机加工。 (5) 路面抗滑表层粗集料应选用坚硬、耐磨、抗冲击性好的碎石或破碎砾石，不得使用筛选砾石、矿渣及软质集料。用于高速公路、一级公路和城市快速路、干路沥青路面表面层及各类道路抗滑表层的粗集料应符合表 5.2-10 中石料磨光值的要求，但允许掺加不超过 40%粗集料总量的普通集料作为中等或较小粒径的粗集料。 (6) 破碎砾石应采用粒径大于 50mm 的颗粒轧制。破碎砾石中 4.75mm（圆孔筛 5mm）及以上颗粒的破碎面积应符合表 5.2-10 的要求。 (7) 筛选砾石适用于三级及三级以下公路和次干路以下的城市道路的沥青表面处治路面或拌合法施工的沥青面层的下面层，不得用于贯入式路面及拌合法施工的沥青面层的中、上面层。 (8) 三级及三级以下公路和次干路以下的城市道路可采用钢渣作为粗集料。钢渣在破碎后应有 6 个月以上的存放期，其质量应符合表 5.2-10 的要求，钢渣沥青混合料的沥青用量必须经配合比设计确定。 (9) 当用于高速公路、一级公路和城市快速路、主干路的石料为酸性岩石时，宜使用针入度较小的沥青，并应采用下列抗剥离措施，使沥青与矿料的粘附性符合表 5.2-10 的要求。 1) 采用干燥的磨细消石灰或者生石灰粉、水泥作为填料的一部分，其用量宜为矿料总量的 1%～2%； 2) 在沥青中掺加抗剥离剂，将粗集料用石灰浆处理后使用。
8	细集料	(1) 城市道路沥青面层的细集料可以采用天然砂、机制砂及石屑，其规格应分别符合表 5.2-11 和表 5.2-12 的具体要求。

沥青面层用天然砂规格　　表 5.2-11

方孔筛（mm）	圆孔筛（mm）	通过各筛孔的质量百分率（%）		
		粗砂	中砂	细砂
9.5	10	100	100	100
4.75	5	90～100	90～100	90～100
2.36	2.5	65～95	75～100	85～100
1.18	1.2	35～65	50～90	75～100
0.6	0.6	15～29	30～59	60～84
0.3	0.3	5～20	8～30	15～45
0.15	0.15	0～10	0～10	0～10
0.075	0.075	0～5	0～5	0～5
细度模数 M_x		3.7～3.1	3.0～2.3	2.2～1.6

沥青面层用石屑规格　　表 5.2-12

规格	公称粒径（mm）	通过各筛孔的质量百分率（%）					
		方孔筛（mm）	9.5	4.75	2.36	0.6	0.075
		圆孔筛（mm）	10	5	2.5	—	—
S15	0～5	100		85～100	40～70	—	0～15
S16	0～3			100	85～100	20～50	0～15

审核人		交接人		接受交底人	

续表

<table>
<tr><td>工程名称</td><td colspan="2"></td><td>施工单位</td><td></td><td>编号</td><td></td></tr>
<tr><td>序号</td><td>项目</td><td colspan="5">沥青路面基层与材料要求技术交底内容</td></tr>
<tr><td>8</td><td>细集料</td><td colspan="5">

(2) 城市道路沥青面层所用的细集料应具有洁净、干燥、无风化、无杂质等特点，并有适当的颗粒级配，其质量应符合表 5.2-13 的规定要求。

沥青面层用细集料质量要求　　表 5.2-13

主要指标		高速公路、一级公路 城市快速路、主干路	其他等级公路 与城市道路
视密度	不少于 (t/m³)	2.50	2.45
坚固性 (>0.3mm 部分)	不大于 (%)	12	—
砂当量	不少于 (%)	60	50

注：1. 坚固性试验可根据需要进行。
2. 当进行砂当量试验有困难时，也可用水洗法测定小于 0.075mm 部分的含量（仅适用于天然砂），对高速公路、一级公路和城市快速路、主干路要求该含量不大于 3%，对其他公路与城市道路要求该含量不大于 5%。

(3) 热拌沥青混合料的细集料宜采用优质天然砂或机制砂。在缺砂地区，也可使用石屑，但城市快速路、主干路沥青混凝土面层及抗滑表面的石屑用量不宜超过天然砂及机制砂的用量。

(4) 细集料应与沥青有良好的粘结能力。与沥青粘结性能很差的天然砂及用花岗岩、石英岩等酸性石料破碎的机制砂或石屑不宜用于城市快速路、主干路沥青面层。

</td></tr>
<tr><td>9</td><td>填料</td><td colspan="5">

(1) 沥青混合料的填料宜采用石灰岩或岩浆岩中的强基性岩石等憎水性石料经磨细得到的矿粉。原石料中的泥土杂质应除净。矿粉要求干燥、洁净，其质量应符合表 5.2-14 的要求。当采用水泥、石灰、粉煤灰作填料时，其用量不宜超过矿料总量的 2%。

沥青面层用矿粉质量要求　　表 5.2-14

主要指标		高速公路、一级公路 城市快速路、主干路	其他等级公路 与城市道路
视密度	不大于 (t/m³)	2.50	2.45
含水量	不大于 (%)	1	1
粒度范围	<0.6mm (%)	100	100
	<0.15mm (%)	90～100	90～100
	<0.075mm (%)	75～100	70～100
外观		无团粒结块	无团粒结块
亲水系数		<1	<1

(2) 粉煤灰作为填料使用时，其烧失量应小于 12%，塑性指数应小于 4%，其余质量要求与矿粉相同。粉煤灰的用量不宜超过填料总量的 50%，并应经试验确认与沥青有良好的粘结力，沥青混合料的水稳性能应满足要求。城市快速路、主干路的沥青混凝土面层不宜采用粉煤灰作填料。

(3) 拌合机采用干法除尘措施回收的粉尘，可作为矿粉的一部分使用。采用湿法除尘措施回收的粉尘，使用时应经干燥粉碎处理，且不得含有杂质。回收粉尘的用量不得超过填料总量的 50%，掺有粉尘填料的塑性指数不得大于 4%，其余质量要求应与矿粉相同。

</td></tr>
<tr><td>审核人</td><td></td><td>交接人</td><td></td><td>接受交底人</td><td colspan="2"></td></tr>
</table>

5.3 热拌沥青混合料路面施工技术交底

热拌沥青混合料路面施工技术交底　　表 5-3

工程名称		施工单位		编号	
序号	项目	热拌沥青混合料路面施工技术交底内容			

1　概述

(1) 热拌热铺沥青混合料路面是指沥青与矿料在热态下进行拌合、在热态下进行铺筑施工成型的沥青路面。沥青混合料可分为沥青混凝土和沥青碎石混合料。

(2) 沥青混凝土混合料是由适当比例的粗集料、细集料及填料组成的符合规定级配的矿料与沥青拌合而制成的符合技术标准的沥青混合料，简称沥青混凝土。用沥青混凝土铺筑的路面称为沥青混凝土路面。

(3) 沥青碎石混合料是由适当比例的粗集料、细集料及少量填料（或不加填料）与沥青拌和而成，压实后剩余空隙率在 10%以上的半开式沥青混合料。

(4) 热拌热铺沥青混合料适用于各种等级道路的沥青面层。高速公路、一级公路及城市快速路、主干路次干路等沥青面层均应采用沥青混凝土混合料铺筑，沥青碎石混合料仅适用于过渡层及整平层。其他等级公路和城市支路的沥青面层的上面层，宜采用沥青混凝土混合料铺筑。

2　一般规定

(1) 热拌沥青混合料按其集料最大粒径可分为粗粒式、中粒式、细粒式等类型，见表 5.3-1 其规格应以方孔筛为准，集料最大粒径不宜超过 31.5mm。当采用圆孔筛作为过渡时，集料最大粒径不宜超过 40mm。

热拌沥青混合料种类表　　表 5.3-1

序号	混合料类别	方孔筛系列（mm）			圆孔筛系列（mm）		
		沥青混凝土	沥青碎石	最大骨料粒径	沥青混凝土	沥青碎石	最大骨料粒径
1	特粗式	—	AM-40	37.5	—	LS-50	50
2	粗粒式	AC-30	AM-30	31.5	LH-40 或 LH-35	LS-40 LS-35	4035
		AC-25	AM-25	26.5	LH-30	LS-30	30
3	中粒式	AC-20	AM-20	19.0	LH-25	LS-25	25
		AC-16	AM-16	16.0	LH-20	LS-20	20
4	细粒式	AC-13	AM-13	13.2	LH-15	LS-15	15
		AC-10	AM-10	9.5	LH-10	LS-10	10
5	砂粒式	AC-5	AM-5	4.75	LH-5	LS-5	5
6	抗滑表层	Ak-13	—	13.2	Lk-15	—	15
		Ak-16	—	16.0	Lk-20	—	20

(2) 粗粒式沥青混合料适用于下面层；中粒式沥青混合料适用于单层式面层或下面层；砂砾式沥青混合料面层及人行道面层。沥青混合料面层中的骨料最大粒径不宜超过层厚的 0.6 倍，下面层中骨料最大粒径不宜超过层厚的 0.7 倍。

(3) 沥青路面各层的具体混合料类型应根据城市道路等级及所处的层次，按表 5.3-2 确定，并应符合以下要求：

1) 沥青混合料应满足耐久性、抗车辙、抗裂、抗水损害能力、抗滑性能等多方面要求，并应根据施工机械、工程造价等实际情况选择沥青混合料的种类：

审核人		交接人		接受交底人	

续表

工程名称		施工单位		编号	
序号	项目	热拌沥青混合料路面施工技术交底内容			
2	一般规定	见下文			

沥青路面各层的沥青混合料类型　　表 5.3-2

筛孔系列	结构层次	高速公路、一级公路 城市快速路、主干路		其他等级公路 与城市道路		城市道路次干路、 支路及其他道路工程	
		三层式沥青混凝土路面	两层式沥青混凝土路面	沥青混凝土路面	沥青碎石路面	沥青混凝土	沥青碎石路面
方孔筛系列	上面层	AC-13 AC-16 AC-20	AC-13 AC-16 —	AC-13 AC-16 —	AC-13 — —	AC-5 AC-10 AC-13	AM-5 AM-10 —
	中面层	AC-20 AC-25	— —	— —	— —	— —	— —
	下面层	AC-25 AC-30 — — —	AC-20 AC-25 AC-30 — —	AC-20 AC-25 AC-30 AM-25 AM-30	AM-25 AM-30 — — —	AC-20 AC-25 AM-25 AM-30 —	AM-25 AM-30 AM-40 — —
圆孔筛系列	上面层	LH-15 LH-20 LH-25	LH-15 LH-20 —	LH-15 LH-20 —	LS-15 — —	LH-5 LH-10 LH-15	LS-5 LS-10 —
	中面层	LH-25 LH-30	— —	— —	— —	— —	— —
	下面层	LH-30 LH-35 LH-40 — —	LH-30 LH-35 LH-40 — 1 —	LH-25 LH-30 LH-35 LM-30 LM-35	LS-30 LS-35 LS-40 — —	LH-25 LH-30 LS-30 LS-35 LS-40	LS-30 LS-35 LS-40 LS-50 —

注：当铺筑抗滑表层时，可采用 Ak-13 或 Ak-16 型热拌沥青混合料，也可在 AC-10（LH-15）型细粒式沥青混凝土上嵌压沥青预拌单粒径碎石 S-10 铺筑而成。

2）沥青混凝土混合料面层宜采用双层或三层式结构，其中应有一层及一层以上是Ⅰ型密级配沥青混凝土混合料。当各层均采用沥青碎石混合料时，沥青面层下必须做下封层；

3）对于多雨潮湿地区的高速公路和城市快速路、主干路的上面层宜采用抗滑表层混合料，一般道路及少雨干燥地区的高速公路和城市快速路、主干路宜采用Ⅰ型沥青混凝土混合料作表层；

4）沥青面层骨料的最大粒径宜从上至下逐渐增大。上层宜使用中粒式及细粒式，不应使用粗粒式混合料。砂粒式仅适用于城市一般道路、市镇街道及非机动车道、行人道路等工程。

5）上面层沥青混合料骨料的最大粒径不宜超过层厚的 1/2，中、下面层及连结层骨料的最大粒径不宜超过层厚的 2/3；

6）高速公路、城市快速路的硬路肩沥青面层宜采用Ⅰ型沥青混凝土混合料作表层。

审核人		交接人		接受交底人	

续表

<table>
<tr><td>工程名称</td><td colspan="2"></td><td>施工单位</td><td></td><td>编号</td><td></td></tr>
<tr><td>序号</td><td>项目</td><td colspan="5">热拌沥青混合料路面施工技术交底内容</td></tr>
<tr><td>2</td><td>一般规定</td><td colspan="5">

(4) 砂粒式沥青混合料（沥青砂）及细粒式沥青混合料适用于路面磨耗层、非机动车道面与人行道面层。

(5) 城市道路的热拌热铺沥青混合料路面摊铺应采用机械化连续施工。常用热拌热铺沥青混合料搅拌、摊铺与压实机械见表 5.3-3 所列。

常用热拌沥青混合料搅拌、摊铺与压实机械选择表　　表 5.3-3

序号	机械名称		单位	主要技术性能指标	备注
1	搅拌机	滚动式移动沥青混合料搅拌机	t/h	生产能力：25～40	各种机械的数量应根据工量和机械效率来确定
		滚动式固定沥青混合料搅拌机	t/h	生产能力：80～100	
		强制式移动沥青混合料搅拌机	t/h	生产能力：20～60	
		强制式间歇沥青混合料搅拌机	t/h	生产能力：50～300	
2	摊铺机	轮胎式沥青混合料摊铺机	mm	摊铺宽度：2.5～7.5	
		履带式沥青混合料摊铺机	mm	摊铺宽度：3～12.5	
		拖式沥青混合料摊铺机	mm	摊铺宽度：2～4.5	
3	压实机	双轮钢筒压路机	t	压实重量：6～8	
		轮胎式压路机	t	压实重量：12～20 或 20～25	
		三轮筒式压路机	t	压实重量：8～12 或 12～15	
		振动式压路机	t	压实重量：2～6 或 6～14	

(6) 如果采用机械摊铺，在设定道路中心线、边线与高程控制点后，应设定摊铺机行走基准桩、栓基准绳，其位置、高程应准确。在表面平整、光滑、高程准确的面层上，可利用摊铺机滑靴控制摊铺厚度，摊铺沥青混凝土时，应控制摊铺机走向。

(7) 人工不能全幅铺筑面层时，沿摊铺边缘应设置标高靠尺（木制或金属制），横向靠尺应与路拱形状吻合。道路同侧两雨水口间距中点的钢栓托线高程宜比设计高程提高 3mm。

</td></tr>
<tr><td>3</td><td>对原材料质量要求</td><td colspan="5">

1. 沥青材料

(1) 可采用道路石油沥青、乳化石油沥青、液体石油沥青和煤沥青等；使用沥青应根据交通量、气候条件、施工方法、面层类型及材料来源等情况来确定。当采用改性沥青时，可通过试验进行选用。

(2) 城市道路沥青面层所用的沥青标号，可以根据气候分区、沥青路面类型及沥青的种类按表 5.3-2 所示。

(3) 城市道路石油沥青。如城市的快车路、主干路，均采用重交通石油沥青做沥青混凝土粘结材料时，宜改性使用，改性后的沥青性能应满足设计及施工时沥青混凝土性能的要求。

(4) 按照《沥青路面施工及验收规范》GB 50092—96 重交通道路石油沥青主要技术指标应符合表 5.2-2 的规定，其他等级的道路也可采用中、轻交通道路石油沥青技术要求，如表 5.2-3 所示。

(5) 乳化石油沥青。乳化石油沥青可用于沥青表面处治、沥青贯入式路面、常温沥青混合料路面及透层、黏层与封层。乳化石油沥青的质量应符合表 5.2-5 的规定。适用乳化沥青要根据使用目的、矿料种类、气候条件来选择。对于酸性石料，在低温条件下，石料表面处于潮湿状态时，宜选用阳离子乳化沥青；对于碱性石料宜选用阴离子乳化沥青。

</td></tr>
<tr><td colspan="2">审核人</td><td></td><td>交接人</td><td></td><td>接受交底人</td><td></td></tr>
</table>

续表

<table>
<tr><td colspan="2">工程名称</td><td></td><td>施工单位</td><td></td><td>编号</td><td></td></tr>
<tr><td>序号</td><td>项目</td><td colspan="5">热拌沥青混合料路面施工技术交底内容</td></tr>
<tr><td>3</td><td>对原材料质量要求</td><td colspan="5">（6）煤沥青。道路用煤沥青可用于透层、黏层。选用煤沥青的质量应符合表 5.2-6 所列。
（7）液体石油沥青。用于透层、粘层及拌制常温下施工的沥青混合料可选用液体石油沥青，液体石油沥青在使用前应通过试验确定掺配比例，配置的液体石油沥青的类型与质量应符合表 5.2-7 所列。
2. 矿料
城市道路的沥青混合料采用的矿料主要包括粗集料、细集料、填料等。
（1）粗集料。用于沥青面层的粗集料包括碎石、破碎砾石、矿渣等，对粗集料要求是洁净、无风化、无杂质，具有足够的强度和耐磨性。粗集料的质量应符合表 5.2-7 所列。
（2）细集料。沥青面层用的细集料可采用短砂、机制砂及石屑。细集料表面应洁净、无风化、无杂质、质地坚硬，符合级配要求的粗砂、中砂，其最大粒径应小于或等于 5mm，含泥量小于或等于 5%（快速路、主干路小于或等于 3%），砂应与沥青有良好的粘附性。粘附性小于 4 级的天然砂及花岗石、石英岩等机制破碎砂不可用于城市快速路、主干路。
1）当选用天然砂作为细集料时可按表 5.2-11 沥青面层用天然砂的规格选用；
2）当选用石屑作为细集料时可按表 5.2-12 沥-青面层用石屑规定选用，要求石屑应质地坚硬、清洁、有棱角，最大粒径小于或等于 95mm，小于 0.075mm 的颗粒含量小于或等于 5%；
3）细集料质量应符合表 5.2-13 所列。
（3）填料。沥青混合料的填料宜采用石灰岩石料磨细而成的矿粉，矿粉要求干燥、洁净，空隙率应小于或等于 45%，颗粒全部通过 0.6mm 筛，小于 0.075mm 的颗粒含量应占总量的 75%以上，亲水系数小于或等丁 1，沥青面层用矿粉质量应符合表 5.2-14 所列。当用水泥、石灰、粉煤灰作填料时，其用量不超过矿料总量的 2%。</td></tr>
<tr><td>4</td><td>热拌沥青混合料施工准备</td><td colspan="5">1. 一般规定
（1）沥青路面在施工前应对各种材料调查试验，经选择确定的材料在施工过程中应保持稳定，不得随意变更。施工前对各种施工机具应做全面检查，应经调试并使其处于良好的性能状态。应有足够的机械，施工能力应配套，重要机械宜有备用设备。
（2）城市道路所采用的沥青加热温度及沥青混合料施工温度应根据沥青品种、标号、黏度、气候条件及铺筑层的厚度，按表 5.3-4 的规定选择。当沥青黏度大、气温低、铺筑层厚度薄时，施工温度宜用高限。
热拌沥青混合料的施工温度（℃）（GB 50092—96）　　表 5.3-4
<table><tr><td>沥青种类</td><td colspan="3">石油沥青</td><td colspan="2">煤沥青</td></tr><tr><td>沥青标号</td><td>AH-50
AH-70
AH-90
A-60</td><td>AH-110 AH-130
A-100 A-140
A-180</td><td>A-200</td><td>T-8
T-9</td><td>T-5
T-6
T-7</td></tr><tr><td>沥青加热温度</td><td>150～170</td><td>140～160</td><td>130～150</td><td>100～130</td><td>80～120</td></tr></table></td></tr>
<tr><td colspan="2">审核人</td><td></td><td>交接人</td><td></td><td>接受交底人</td><td></td></tr>
</table>

续表

工程名称		施工单位		编号	
序号	项目	热拌沥青混合料路面施工技术交底内容			
4	热拌沥青混合料施工准备				

续表

沥青种类		石油沥青			煤沥青	
矿料温度	间隙式拌合机	比沥青加热温度高10～20（填料不加热）			比沥青加热温度高15（填料不加热）	
	连续式拌合机	比沥青加热温度高5～10（填料加热）			比沥青加热温度高8（填料加热）	
沥青混合料出厂正常温度		140～170	125～160	120～150	90～120	80～110
混合料贮料仓贮存温度		贮料过程中温度降低不过10			贮料过程中温度降低不过10	
运输到现场温度		不低于120～150			不低于90	
摊铺温度	正常施工	不低于110～130且不超过165			不低于80不超过120	
	低温施工	不低于120～140且不超过175			不低于100不超过140	
碾压温度	正常施工	110～140且不低于110			80～110不低于75	
	低温施工	120～150且不低过70			90～120不低于85	
碾压终了温度	钢轮压路机	不低于70			不低于50	
	轮胎压路机	不低于80			不低于60	
	振动压路机	不低于65			不低于50	
开放交通温度		路面冷却后			路面冷却后	

注：1. 施工温度与沥青品种及标号有关，较稠沥青的施工温度宜靠近高限，较稀沥青的施工温度可靠近低限。

2. 本表不适用于改性沥青混合料施工。

3. 对高速公路、一级公路和城市快速路、主干路，沥青混合料出厂温度超过正常温度高限30℃时，混合料应予废弃。

2. 城市道路基层准备

（1）城市沥青混凝土路面应铺筑在具有足够强度、坚实稳定的基层上。

（2）铺筑路面层前，对基层应认真交接验收，各项指标应符合质量标准，特别应注意标高、横坡度、密实度、含灰量、含水量等。不合格必须翻工修理。

（3）基层表面不得有松散、重皮及弹软现象。完工后应采取如下的养护措施：即有条件时断行交通。包括工地运输车辆一律绕行。在基层表面喷洒透层油，表面干燥后方可铺筑面层；基层完工后不能断行交通应立即喷洒透层油。

（4）严禁基层因行车而磨损，如表面有较厚松散浮尘情况下闷水碾压或黏附泥浆层未清除干净喷洒透层油或封层，以防止春融时基层与面层之间形成一软弱夹层，促使油面早期破坏。

（5）若铺筑沥青面层的基层，必须平整、坚实、洁净、干燥，标高和横坡合乎要求。

审核人		交接人		接受交底人	

续表

<table>
<tr><td>工程名称</td><td colspan="2"></td><td>施工单位</td><td></td><td>编号</td><td></td></tr>
<tr><td>序号</td><td>项目</td><td colspan="5">热拌沥青混合料路面施工技术交底内容</td></tr>
<tr><td>4</td><td>热拌沥青混合料施工准备</td><td colspan="5">(6) 城市道路路面原有的坑槽应用沥青碎石材料填补，泥砂、尘土应扫除干净。当基层为旧沥青面层时，为了有利于上下层的良好粘结，应洒布粘层油。粘层沥青宜用快裂的洒布型乳化沥青 PC-3、PA-3 型；也可使用快、中凝液体石油沥青 AL（R）-1、2，AL（M）-3，或者煤沥青 T-3、T-4、T-5。粘层沥青宜与面层所用种类和标号相同的石油沥青经乳化或稀释制成。
(7) 如若基层为水泥或石灰稳定类材料，为防止面层同基层间出现滑动面，避免面层铺筑前车辆损害基层，并保护基层免受气候影响，应在基层表面干燥后立即浇洒透层油。透层的沥青材料，宜用慢裂的洒布型乳化沥青 PC-2、PA-2 型，也可用中、慢凝液体石油沥青 AL（M）-1、-2，AL（S）-1、-2 或者煤沥青 T-1、-2。
(8) 基层铺筑后不立即修筑沥青面层，且须维持一段时间交通时（一般为 2～3 月），为防止车辆损坏基层，减少雨水侵入基层，加强面层材料同基层的粘结，应铺筑下封层。下封层沥青材料宜用慢裂的洒布型乳化沥青 PC-2、PA-2，也可用道路石油沥青 AH-110、AH-130、A-100、A-140、A-180，或者液体石油沥青 AL（M）-5、AL（M）-6、AL（S）-5、AL（S）-6，或者煤沥青 T-4、T-5。下封层材料质量、施工程序或要求，与单层式沥青表面处治相同。
(9) 为了保证面层材料符合高程要求，可沿路面中心线和边缘线每隔一定距离示出路面设计标高，当路面较宽时，还应在横坡方向补设控制标高。铺筑细粒式沥青混凝土前应将各种井子调整好，井盖标高、纵横坡度应与设计一致，井体坚固并能承受各种车辆荷载。
(10) 城市道路的侧缘石边缘及路面纵横接槎应涂抹沥青油。</td></tr>
<tr><td>5</td><td>热拌沥青混合料的配合设计</td><td colspan="5">(1) 热拌沥青混合料应选用符合要求的材料，充分利用同类道路与同类材料的施工实践经验，并应经配合比设计确定矿料级配和沥青用量。
(2) 热拌沥青混合料配合比设计按《沥青路面施工及验收规范》有关要求进行。经配合比设计确定的各类沥青混凝土混合料的技术指标应符合表 5.3-5 的规定，并应具有良好的施工性能。
(3) 对用于高速公路、一级公路和城市快速路、主干路沥青路面的上面层和中面层的沥青混凝土混合料进行配合比设计时，应通过车辙试验机对抗车辙能力进行检验。
(4) 沥青碎石混合料的配合比设计应根据实践经验和马歇尔试验的结果，经过试拌、试铺论证确定。高等级公路和城市快速路、主干路的热拌沥青混合料配合比设计应按下列步骤进行：
1) 目标配合比设计阶段。应采用工程实际使用的材料计算各种材料的用量比例，配合成的矿料级配应符合设计的规定，并应通过马歇尔试验确定最佳沥青用量；
2) 生产配合比设计阶段。对间歇式拌合机，应从二次筛分后进入各热料仓的材料中取样，并进行筛分，确定各热料仓的材料比例，供拌合机控制室使用。同时，应反复调整冷料仓进料比例，使供料均衡，并取目标配合比设计的最佳沥青用量、最佳沥青用量加 0.3%和最佳沥青用量减 0.3%等 3 个沥青用量进行马歇尔试验，确定生产配合比的最佳沥青用量；
3) 生产配合比验证阶段。拌合机应采用生产配合比进行试拌，铺筑试验段，应用拌合的沥青混合料进行马歇尔试验及路上钻取的芯样检验，由此确定生产用的标准配合比。标准配合比应作为生产上控制的依据和质量检验的标准。标准配合比的矿料合成级配中，0.075mm、2.36mm、4.75mm（圆孔筛 0.075mm、2.5mm、5mm）三档筛孔的通过率应接近要求级配的中值。</td></tr>
<tr><td colspan="2">审核人</td><td></td><td>交接人</td><td></td><td>接受交底人</td><td></td></tr>
</table>

续表

工程名称		施工单位		编号	
序号	项目	热拌沥青混合料路面施工技术交底内容			
5	热拌沥青混合料的配合设计	见下文			

（5）经设计确定的标准配合比在施工过程中不得随意变更。生产过程中，当进场材料发生变化，沥青混合料的矿料级配、马歇尔试验技术指标不符合要求时，应及时调整配合比，使沥青混合料质量符合要求并保持相对稳定，必要时重新进行配合比设计。

（6）当二级及二级以下公路、次干路以下城市道路热拌沥青混合料的配合比设计时，可按上述（2）～（5）的步骤进行。当材料与同类道路相同时，可直接引用成功的经验。

热拌沥青混合料马歇尔试验技术指标　　表 5.3-5

试验项目	沥青混合料类型	高速公路、一级公路、城市快速路、主干路	其他等级公路与城市道路	行人道路
击实次数（次）	沥青混凝土 沥青碎石、抗滑表层	两面各 75 两面各 50	两面各 50 两面各 50	两面各 35 两面各 35
稳定度①（kN）	Ⅰ型沥青混凝土 Ⅱ型沥青混凝土、抗滑表层	＞7.5 ＞5.0	＞5.0 ＞4.0	＞3.0 —
流值（0.1mm）	Ⅰ型沥青混凝土 Ⅱ型沥青混凝土、抗滑表层	20～40 20～40	20～45 20～45	20～50 —
空隙率②（%）	Ⅰ型沥青混凝土 Ⅱ型沥青混凝土、抗滑表层 沥青碎石	3～6 4～10 ＞10	3～6 4～10 ＞10	2～5 — —
沥青饱和度（%）	Ⅰ型沥青混凝土 Ⅱ型沥青混凝土、抗滑表层 沥青碎石	70～85 60～75 40～60	70～85 60～75 40～60	75～90 — —
残留稳定度（%）	Ⅰ型沥青混凝土 Ⅱ型沥青混凝土、抗滑表层	＞75 ＞70	＞75 ＞70	＞75 —

注：1. 沥青混凝土混合料的矿料间隙率（VMA）应符合下表要求：

最大骨料粒径（mm）	方孔筛	37.5	31.5	26.5	19.0	16.0	13.2	9.5	4.75
	圆孔筛	50	35 或 40	30	25	20	15	10	5
VMA 不少于（%）		12	12.5	13	14	14.5	15	16	18

2. 沥青碎石混合料试件在 60℃水中浸泡即发生松散时，可不进行马歇尔试验，但应测定密度、空隙率、沥青饱和度等指标。

3. 残留稳定度可根据需要采用浸水马歇尔试验或真空饱水后浸水马歇尔试验进行测定。

① 粗粒式沥青混凝土稳定度可降低 1kN。

② Ⅰ型细粒式及砂粒式沥青混凝土的空隙率为 2%～6%。

审核人		交接人		接受交底人	

续表

<table>
<tr><td>工程名称</td><td></td><td>施工单位</td><td></td><td>编号</td><td></td></tr>
<tr><td>序号</td><td>项目</td><td colspan="4">热拌沥青混合料路面施工技术交底内容</td></tr>
<tr><td>6</td><td>热拌沥青混合料面层的施工工艺</td><td colspan="4">热拌沥青混合料面层的施工工艺流程如图 5.3-1 所示。
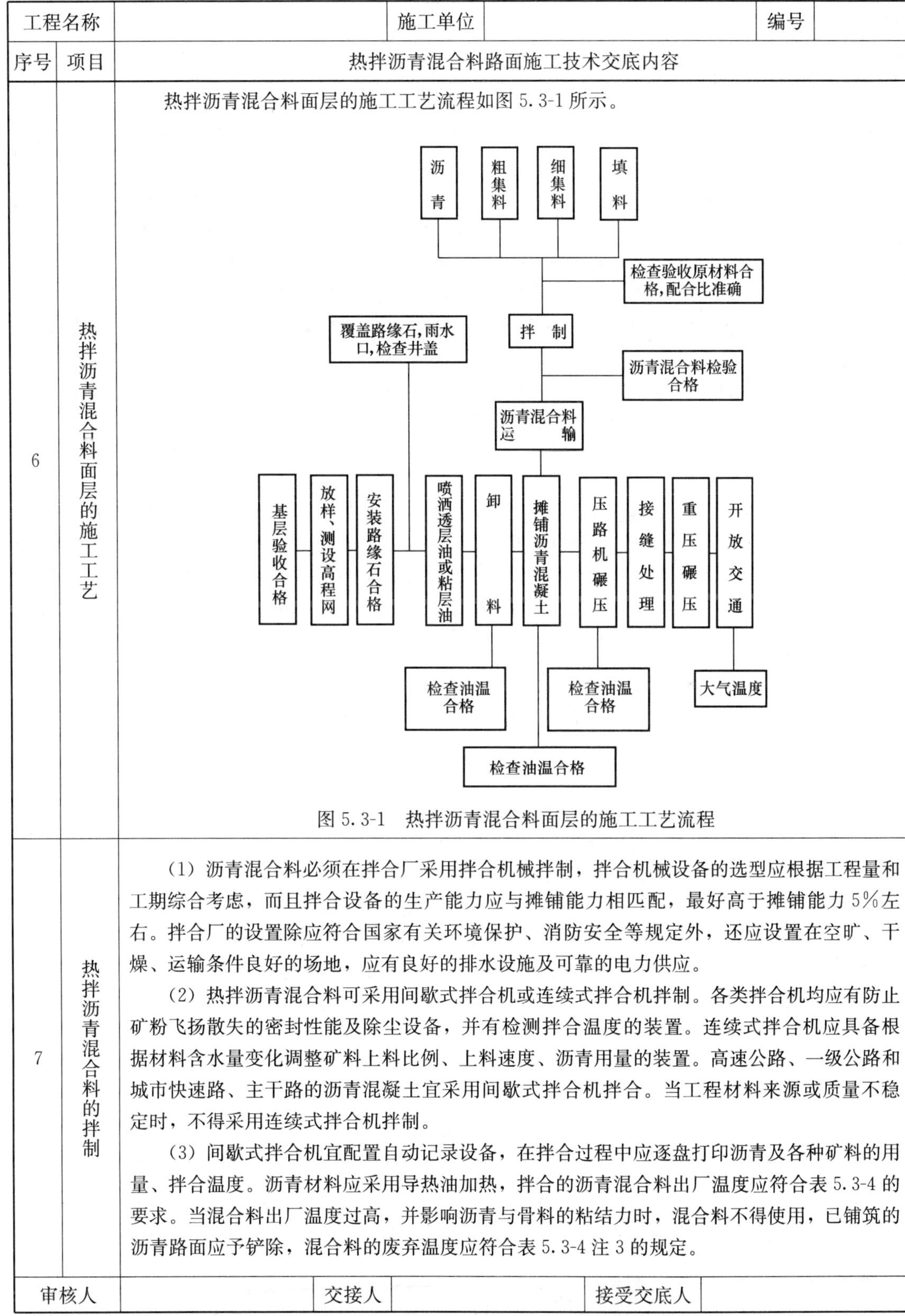

图 5.3-1 热拌沥青混合料面层的施工工艺流程</td></tr>
<tr><td>7</td><td>热拌沥青混合料的拌制</td><td colspan="4">（1）沥青混合料必须在拌合厂采用拌合机械拌制，拌合机械设备的选型应根据工程量和工期综合考虑，而且拌合设备的生产能力应与摊铺能力相匹配，最好高于摊铺能力 5%左右。拌合厂的设置除应符合国家有关环境保护、消防安全等规定外，还应设置在空旷、干燥、运输条件良好的场地，应有良好的排水设施及可靠的电力供应。
（2）热拌沥青混合料可采用间歇式拌合机或连续式拌合机拌制。各类拌合机均应有防止矿粉飞扬散失的密封性能及除尘设备，并有检测拌合温度的装置。连续式拌合机应具备根据材料含水量变化调整矿料上料比例、上料速度、沥青用量的装置。高速公路、一级公路和城市快速路、主干路的沥青混凝土宜采用间歇式拌合机拌合。当工程材料来源或质量不稳定时，不得采用连续式拌合机拌制。
（3）间歇式拌合机宜配置自动记录设备，在拌合过程中应逐盘打印沥青及各种矿料的用量、拌合温度。沥青材料应采用导热油加热，拌合的沥青混合料出厂温度应符合表 5.3-4 的要求。当混合料出厂温度过高，并影响沥青与骨料的粘结力时，混合料不得使用，已铺筑的沥青路面应予铲除，混合料的废弃温度应符合表 5.3-4 注 3 的规定。</td></tr>
<tr><td>审核人</td><td></td><td>交接人</td><td></td><td>接受交底人</td><td></td></tr>
</table>

续表

<table>
<tr><td colspan="2">工程名称</td><td></td><td>施工单位</td><td></td><td>编号</td><td></td></tr>
<tr><td>序号</td><td>项目</td><td colspan="5">热拌沥青混合料路面施工技术交底内容</td></tr>
<tr><td>7</td><td>热拌沥青混合料的拌制</td><td colspan="5">(4) 沥青混合料拌合时间应经试拌确定。混合料应拌合均匀，所有矿料颗粒应全部裹覆沥青结合料。间歇式拌合机每锅拌合时间应为 30～50s，其中干拌时间不得少于 5s；连续式拌合机的拌合时间应根据上料速度及拌合温度确定。
(5) 间歇式拌合机热矿料二次筛分用的振动筛筛孔应根据矿料级配要求选用，其安装角度应根据材料的可筛分性、振动能力等由试验确定。拌合厂拌合的沥青混合料应均匀一致、无花白料、无结团成块或严重的粗细料分离现象，不符合要求时不得使用，并应及时调整。
(6) 拌好的热拌沥青混合料不立即铺筑时，可放入成品储料仓储存。储料仓无保温设备时，允许的储料时间应以符合摊铺温度要求为准，有保温设备的储料仓储料时间不宜超过 72h。
(7) 出厂的沥青混合料应逐车用地磅称重，并按现行试验方法测量运料车中沥青混合料的温度，签发一式三份的运料单，一份存拌合厂，一份交摊铺现场，一份交司机。
(8) 拌合质量检查。沥青混合料拌合质量检查的内容包括拌合温度的测试和抽样进行马歇尔试验并做好检查记录。
1) 控制拌合温度是确保沥青混合料拌合质量的关键，通常在混合料装车时用有度盘和铠装枢轴的温度计或红外测温仪测试；
2) 抽取拌合的沥青混合料进行马歇尔试验，测试稳定度、流值、空隙率。用沥青抽提试验确定沥青用量，并检查抽提后矿料的级配组成，以各项测试数据作为判定拌合质量的依据。</td></tr>
<tr><td>8</td><td>热拌沥青混合料的运输</td><td colspan="5">(1) 热拌沥青混合料应采用较大吨位的自卸汽车运输。运输时应防止沥青与车厢板黏结。车厢应清扫干净，车厢侧板和底板可涂一薄层油水混合液，并不得有余液积聚在车厢底部。从拌合机向运料车上装料时，应防止粗细骨料离析，每卸一斗混合料应挪动一下汽车位置。运料车应采取覆盖篷布等保温、防雨、防污染的措施，夏季运输时间短于 0.5h 时，也可不加覆盖。
(2) 沥青混合料运输车的运量应比拌合能力或摊铺速度有所富余，施工过程中摊铺机前方应有运料车在等候卸料。对高速公路、一级公路和城市快速路、主干路，开始摊铺时在施工现场等候卸料的运料车不宜少于 5 辆。连续摊铺过程中，运料车应停在摊铺机前 10～30cm 处，不得撞击摊铺机。卸料过程中运料车应挂空挡，靠摊铺机推动前进。
(3) 沥青混合料运至摊铺地点后应凭运料单接收，检查拌合质量。试验人员立即测量沥青混合料的温度，凡不符合《公路沥青路面施工技术规范》JTG F40—2004 的温度要求，或结成团块、已被雨淋湿的混合料不得用于铺筑。</td></tr>
<tr><td>9</td><td>热拌沥青混合料的摊铺</td><td colspan="5">1. 一般要求
(1) 铺筑沥青混合料前，应检查确认下层的质量。当下层质量不符合要求，或未按规定洒布透层、黏层、铺筑下封层时，不得铺筑沥青面层。
(2) 热拌沥青混合料应采用机械摊铺。对高等级公路和城市快速路、主干路应采用两台以上摊铺机成梯队作业，进行联合摊铺。相邻两幅之间应有重叠，重叠宽度应为 5～10cm。</td></tr>
<tr><td colspan="2">审核人</td><td></td><td>交接人</td><td></td><td>接受交底人</td><td></td></tr>
</table>

续表

<table>
<tr><td colspan="2">工程名称</td><td></td><td>施工单位</td><td></td><td>编号</td><td></td></tr>
<tr><td>序号</td><td>项目</td><td colspan="5">热拌沥青混合料路面施工技术交底内容</td></tr>
<tr><td>9</td><td>热拌沥青混合料的摊铺</td><td colspan="5">相邻两台摊铺机应相距 10～30m，且不得造成前面摊铺的混合料冷却。当混合料供应能满足不间断摊铺时，也可全宽度摊铺机一幅摊铺。沥青混合料摊铺机的摊铺工艺流程如图 5.3-2 所示。
（3）摊铺机在开始受料前应在料斗内涂刷少量防止黏料用的柴油。用于铺筑高等级和城市快速路、主干路的沥青混合料摊铺机应符合下列要求：即：具有自动或半自动方式调节摊铺厚度及找平的装置；具有足够容量的受料斗，在运料车换车时能连续摊铺，并有足够的功率推动运料车；具有可加热的振动熨平板或振动夯等初步压实装置；摊铺机宽度可以调整。
图 5.3-2　沥青混合料摊铺机的摊铺工艺流程
1—料斗；2—驾驶台；3—送料器；4—履带；5—螺旋摊铺器；
6—振动器；7—调节器节螺杆；8—摊平板
（4）摊铺机自动找平时，中、下面层应采用由一侧钢丝绳引导的高程控制方式。表面层应采用摊铺层前后保持相同高差的雪撬式摊铺厚度控制方式。经摊铺机初步压实的摊铺层应符合平整度、横坡的规定要求。
（5）沥青混合料的摊铺温度应符合《公路沥青路面施工技术规范》JTG F40—2004 的要求，并应根据沥青标号、黏度、气温、摊铺层厚度选用。当高等级公路和城市快速路、主干路施工气温低于 10℃，其他等级道路施工气温低于 5℃时，不应摊铺热拌沥青混合料。当需要摊铺时，应采取以下措施：即：提高沥青混合料的拌合温度，符合表 18 的低温施工温度要求。运料车必须采取覆盖等保温的措施；施工中应采用高密实度的摊铺机，熨平板应加热。摊铺后紧接着碾压，应缩短碾压长度。
（6）在施工前，应根据施工条件，细致拟定摊铺机行程示意图，按照计划行程进行。摊铺机应距路缘石或平石 20cm 以外处操作。路边缘、雨水口和检查井附近应同时用人工摊铺补齐，以减少接缝。一次摊铺长度一般为 50～120m，低温季节摊铺长度应适当缩短，并预估出每天摊铺工作量，尽量全路幅铺筑以减少纵缝。摊铺下一幅与上一幅纵缝要重叠 10cm，以便紧密结合。
（7）当摊铺工作中断，已铺好的沥青混凝土降至大气温度左右时，如继续铺筑，应采取“直槎热接”方法，认真细致地处理。沥青混合料的松铺系数应根据实际的混合料类型、施工机械和施工工艺等由试铺试压方法或根据以往实践经验确定，可按表 5.3-6 进行选用。</td></tr>
<tr><td colspan="2">审核人</td><td></td><td>交接人</td><td></td><td>接受交底人</td><td></td></tr>
</table>

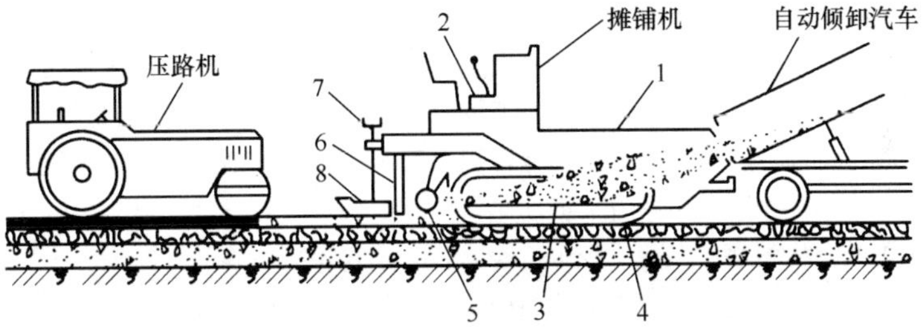

<table>
<tr><td>工程名称</td><td colspan="2"></td><td>施工单位</td><td></td><td>编号</td><td></td></tr>
<tr><td>序号</td><td>项目</td><td colspan="5">热拌沥青混合料路面施工技术交底内容</td></tr>
<tr><td>9</td><td>热拌沥青混合料的摊铺</td><td colspan="5">

沥青混合料的松铺系数　　表 5.3-6

序号	种类	机械摊铺	人工摊铺
1	沥青混凝土混合料	1.15～1.35	1.25～1.50
2	沥青碎石混合料	1.15～1.30	1.20～1.45

2. 摊铺作业

（1）铺下层时挂基准线。支撑桩间距 10m，弯道较小或转角处，适当加密，固定长度为 90～150m，桩要牢固，线要平顺、绷紧，纵坡度应符合设计要求。铺上层时用滑靴滑板控制。

（2）调整熨平板高度及横坡度，其方法是将摊铺厚度板垫放在熨平板下两端。徐徐降下熨平板检查其横坡度是否符合要求，并调整一侧垫板厚度满足横坡要求。摊铺厚度由摊铺混合料种类、机械有无振动夯锤以及熨平板压力等情况确定，一般稍厚于压实厚度。

（3）摊铺前要把熨平板加热，使其达到混合料温度。料斗内壁薄涂一层油水混合液，防止混合料黏结。当翻斗汽车运输时，一定要保持正确的方向倒车，在稍离开摊铺机的前方停车。待卸料时由摊铺机前的两个辊轴顶住汽车后轮，推动车轮同时移动，然后向料斗卸下混合料。翻斗汽车后退不得碰撞摊铺机，以免影响路面平整度。

（4）路面摊铺最好整幅进行，如路面较宽，可采用两台摊铺机前后分幅搭接摊铺。前一幅按基准线作业，后一幅利用滑靴以前一幅路面为基准进行作业。两台摊铺机应当互相搭接 15cm。前后相距 20～50m，前一幅保留 15cm 松槎与第二幅一起碾压，当天整幅交活不留纵槎。

（5）熨平板操作者要不断用厚度尺检查摊铺的是否达到要求厚度，必要时可调整熨平板，但应注意厚度调整不应过快，否则会出现不规则波纹。调整熨平板的结果要在 3～5m 后才能显示出来，而调节盘转一圈厚度变化约为 1cm，因此调整 1cm 最好在 10～20m 内完成，故调节盘应徐徐转动。

（6）摊铺机开始启动摊铺的 3～5m 路面最容易出现波浪，应加强人工找平，在此段距离内亦可用手驱动，待混合料对熨平板施加的力达到稳定后，再改用自动装置驱动。

（7）摊铺工作应连续进行，摊铺速度以 6m/min 以下为宜，应根据摊铺宽度、厚度、拌合机生产效率等适当调整摊铺速度，应保持摊铺机料斗中有足够数量的混合料，以保持连续作业，来料中断或当天收工前应将纵槎找齐或压实不留纵槎。

（8）螺旋摊铺器两端混合料至少应达到螺旋高度的 2/3，以使混合料对熨平板保持均衡压力，使铺筑的路面具有良好的平整度。

（9）机械摊铺后不准行人踩踏，原则上不再用耙子找平，对个别表面空洞、沟槽、大料等。可局部进行点补，但需在初压后进行。为防止细粒式表面出现大料或因细料中混有大料，熨平时拉出沟槽，应采取以下措施。

1）沥青混合料加工时，不得发生串仓现象；

2）换盘时拌合缸清理干净，应指派专人将运输车辆的车厢黏附大料清理干净，并涂抹油水混合液。摊铺细料前应将浮料、杂物清扫干净；

</td></tr>
<tr><td>审核人</td><td></td><td>交接人</td><td></td><td>接受交底人</td><td colspan="2"></td></tr>
</table>

续表

工程名称			施工单位		编号	
序号	项目	热拌沥青混合料路面施工技术交底内容				
9	热拌沥青混合料的摊铺	3）沥青混凝土摊铺机每班收工前应清理干净，或涂抹油水混合物。 （10）除不能用机械摊铺的边角外，一般不准用人工摊铺，因人工摊铺的厚度要比机械摊铺厚一些。 **3. 人工补修** （1）用机械摊铺的混合料，不应用人工反复修整。当出现下列情况时，可用人工做局部找补或更换混合料： 1）横断面不符合要求，构造物接头部位缺料； 2）摊铺带边缘局部缺料，表面明显不平整； 3）局部混合料明显离析，摊铺机后有明显的拖痕。 （2）人工找补或更换混合料应在现场主管人员指导下进行。缺陷较严重时，应予铲除，并调整摊铺机或改讲摊铺工艺。当由机械原因引起严重缺陷时，应立即停止摊铺。人工修补时。 （3）路面狭窄部分、平曲线半径过小的匝道或加宽部分等可用人工摊铺。其要求如下： 1）半幅施工时，路中一侧宜事先设置挡板；沥青混合料应卸在钢板上，摊铺时应扣锹摊铺，不得扬锹远甩。边摊铺边用刮板整平，刮平时应轻重一致，往返刮 2～3 次达到平整即可，不得反复撒料反复刮平，引起粗集料离析； 2）撒料用的铁锹等工具使用前应加热，也可以沾轻柴油或油水混合液，以防粘结混合料。沾轻柴油或油水混合液时，不得过于频繁； 3）摊铺不得中途停顿。摊铺好的沥青混合料应及时碾压。当不能及时碾压或遇雨时，应停止摊铺，并应对卸下的沥青混合料采取覆盖等保温措施； 4）特别是在低温施工时，所有卸下的混合料必须采用苫布覆盖保温。				
10	热拌沥青混合料的压实及成型	（1）碾压是保证沥青混合料使用性能的最重要的一道工序。沥青混合料需要在一定的温度和一定的压实方法下才能取得良好的压实度。若施工时压实不足，沥青面层表层以下部分在施工后就难以取得必要的密实度，从而降低了材料的使用寿命。 （2）影响沥青混合料压实效果的因素有：沥青混合料的性质（如沥青的稠度和含量，矿料的尺寸、形状和级配，矿粉含量等），沥青混合料的温度，基层的状况，压实层厚，压实机具和方法等。其中最重要的是沥青混合料的温度。 （3）温度过低，混合料压实不易充分，面层材料的耐久性受很大影响；温度过高，则混合料会出现发丝状裂纹或推移。压实后的沥青混合料应符合压实度及平整度的要求。沥青混合料的分层压实厚度不得大于 10cm。 （4）应选择合理的压路机组合方式及碾压步骤，并应达到最佳碾压结果。沥青混合料压实采用钢筒式静态压路机与轮胎压路机或振动压路机组合的方式。 （5）城市道路沥青混合料压实应采用人工热夯及双轮钢筒式压路机、三轮钢筒式压路机、轮胎压路机、振动压路机、手扶式小型振动压路机、振动夯板等机械。各种施工机械都应符合下列规定： 1）双轮钢筒式压路机为 6～8t； 2）三轮钢筒式压路机为 8～12t 或 12～15t；				
审核人		交接人		接受交底人		

续表

<table>
<tr><td>工程名称</td><td colspan="2"></td><td>施工单位</td><td></td><td>编号</td><td></td></tr>
<tr><td>序号</td><td>项目</td><td colspan="5">热拌沥青混合料路面施工技术交底内容</td></tr>
<tr><td>10</td><td>热拌沥青混合料的压实及成型</td><td colspan="5">

3）轮胎压路机为 12～20t 或 20～25t；

4）振动压路机为 2～6t 或 6～14t；

5）手扶式小型振动压路机为 1～2t；

6）振动夯板的质量不小于 180kg，振动频率不小于 3000 次/min。

（6）沥青混合料的压实应按初压、复压、终压（包括成型）三个阶段进行。压路机应以慢而均匀的速度碾压，压路机的碾压速度应符合表 5.3-7 的规定。

压路机碾压速度（km/h） **表 5.3-7**

压路机类型	初压		复压		终压	
	适宜	最大	适宜	最大	适宜	最大
钢筒式压路机	1.5～2	3	2.5～3.5	5	2.5～3.5	5
轮胎压路机	—	—	3.5～4.5	8	4～6	8
振动压路机	1.5～2（静压）	5（静压）	4～5（振动）	4～5（振动）	2～3（静压）	5（静压）

（7）沥青混合料的初压应符合下列要求：

1）城市沥青道路路面的初压应在混合料摊铺后较高温度下进行，并不得产生推移、发裂，压实温度应根据沥青稠度、压路机类型、气温、铺筑层厚度、混合料类型经试铺试压确定，并应符合表 5.3-4 的要求；

2）压路机应从外侧向中心碾压。相邻碾压带应重叠 1/3～1/2 轮宽，最后碾压路中心部分，压完全幅为一遍。当边缘有挡板、路缘石、路肩等支挡时，应紧靠支挡碾压。当边缘无支挡时，可用耙子将边缘的混合料稍稍耙高，然后将压路机的外侧轮伸出边缘 10cm 以上碾压。也可在边缘先空出宽 30～40cm，待压完第一遍后，将压路机大部分重量位于已压实过的混合料面上再压边缘，减少边缘向外推移；

3）应采用轻型钢筒式压路机或关闭振动装置的振动压路机碾压两遍，其线压力不宜小于 350N/cm，初压后应检查平整度、路拱，必要时应修整；碾压时应将驱动轮面向摊铺机，如图 5.3-3 所示，碾压路线及碾压方向不应突然改变而导致混合料产生推移。压路机起动、停止应减速缓慢进行。

图 5.3-3 压路机的碾压方向

</td></tr>
<tr><td>审核人</td><td></td><td>交接人</td><td></td><td>接受交底人</td><td colspan="2"></td></tr>
</table>

续表

<table>
<tr><td>工程名称</td><td colspan="2"></td><td>施工单位</td><td></td><td>编号</td><td></td></tr>
<tr><td>序号</td><td>项目</td><td colspan="5">热拌沥青混合料路面施工技术交底内容</td></tr>
<tr><td>10</td><td>热拌沥青混合料的压实及成型</td><td colspan="5">(8) 复压应紧接在初压后进行，并应符合下列要求：
1) 复压应采用重型的轮胎压路机，也可采用振动压路机或钢筒式压路机。碾压遍数应经试压确定，并不应少于4～6遍。复压后路面达到要求的压实度，并无显著轮迹。
2) 当采用轮胎压路机时，总质量不应小于15t。碾压厚层沥青混合料，总质量不应小于22t。轮胎充气压力不小于0.5MPa，相邻碾压带应重叠1/3～1/2的碾压轮宽度。
3) 若采用三轮钢筒式压路机时，总质量不宜小于12t，相邻碾压带应重叠后轮的1/2宽度。
4) 若采用振动压路机时，振动频率应为35～50Hz，振幅应为0.3～0.8mm，并应根据混合料种类、温度和层厚选用。相邻碾压带重叠宽度应为10～20cm。振动压路机倒车时应先停止振动，并在向另一方向运动后再开始振动，并应避免混合料形成鼓包。
(9) 沥青混合料压实的初压、复压、终压三阶段中，复压最为重要。目前，用于复压的压路机有轮胎压路机、振动压路机、钢筒式压路机，一般都能达到要求，但从实践效果来看，用轮胎压路机更应容易掌握，效果更好。为此应优先采用轮胎压路机。现在国产的轮胎压路机吨位尚嫌小，如有国外普遍使用的20～25t轮胎压路机，效果将更好。当采用振动压路机时，其振动频率和振幅应该很好调整选择，不能保持一成不变。
(10) 终压应紧接在复压后进行。终压可选用双轮钢筒式压路机或关闭振动的振动压路机碾压，终压不应少于两遍，路面应无轮迹。路面压实成型的终了温度应符合《公路沥青路面施工技术规范》JTG F40—2004的要求。
(11) 压路机的碾压段长度应与摊铺速度相适应，并保持大体稳定。压路机每次由两端折回的位置应阶梯形地随摊铺机向前推进，折回处不应在同一横断面上。在摊铺机连续摊铺的过程中，压路机不得随意停顿。压路机碾压过程中有沥青混合料沾轮现象时，可向碾压轮洒少量水或加洗衣粉的水，严禁洒柴油。轮胎压路机在连续碾压一段时间轮胎发热后，应停止向轮胎洒水。压路机不得在未碾压成型并冷却的路段上转向、调头或停车等候。振动压路机如若在已成型的路面上行驶时应该停止振动。
(12) 对压路机无法压实的桥梁、挡墙等构造物接头、拐弯死角、加宽部分及某些路边缘等局部地区，应采用振动夯板压实。对雨水井与各种检查井的边缘还应用人工夯锤、热烙铁补充压实。在当天碾压的尚未冷却的沥青混合料面层上，不得停放任何机械设备或车辆，不得散落矿料、油料等杂物。</td></tr>
<tr><td>11</td><td>沥青面层的接缝施工</td><td colspan="5">(1) 在施工缝及构造物两端的连接处操作应仔细，接缝应紧密、平顺。
(2) 纵向接缝部位的施工应符合下列要求：
1) 摊铺时采用梯队作业的纵缝应采用热接缝。施工时应将已铺混合料部分留下10～20cm宽暂不碾压，作为后摊铺部分的高程基准面，在最后作跨缝碾压；
2) 当半幅施工不能采用热接缝时，宜加设挡板或采用切刀切齐。在铺另半幅前应将缝边缘清扫干净，并应涂洒少量黏层沥青。摊铺时应重叠在已铺层上5～10cm，摊铺后用人工将摊铺在前半幅上面的混合料铲走；</td></tr>
<tr><td>审核人</td><td></td><td>交接人</td><td></td><td>接受交底人</td><td colspan="2"></td></tr>
</table>

续表

<table>
<tr><td colspan="2">工程名称</td><td></td><td>施工单位</td><td></td><td>编号</td><td></td></tr>
<tr><td>序号</td><td>项目</td><td colspan="5">热拌沥青混合料路面施工技术交底内容</td></tr>
<tr><td>11</td><td>沥青面层的接缝施工</td><td colspan="5">

3）碾压时应先在已压实路面上行走，碾压新铺层的10～15cm，然后压实新铺部分，再伸过已压实路面10～15cm，接缝应压实紧密，如图5.3-4上下层的纵缝应错开15cm以上，表层的纵缝应顺直，且应留在车道区画线位置上。

新铺部分　已压实路面　10~15cm

(a)

新铺部分　已压实路面　10~15cm

(b)

图5.3-4　纵缝冷接缝的碾压

(3) 相邻两幅及上下层的横向接缝均应错位1m以上。对高速公路、一级公路和城市快速路、主干路，中下层的横向接缝可采用斜接缝，上面层应采用垂直的平接缝，如图5.3-5所示。其他道路的各层均可采用斜接缝。铺筑接缝时，可在已压实部分上面铺设一些热混合料，并应使接缝预热软化。碾压前应将预热用的混合料铲除。

已压实路面　新铺部分　已压实路面　新铺部分

(a)　(b)

图5.3-5　横向接缝的两种形式

(a) 斜接缝；(b) 平接缝

(4) 斜接缝的搭接长度应为0.4～0.8m，搭接处应清扫干净并洒粘层油。当搭接处混合料中的粗骨料颗粒超过压实层厚度时应予剔除，并应补上细混合料，斜接缝应充分压实并搭接平整。

(5) 平接缝应粘结紧密，压实充分，连接平顺。可采用下列方法施工；

1）在施工结束时，摊铺机在接近端部前约1m处将熨平板稍稍抬起驶离现场，用人工将端部混合料铲齐后再碾压。然后用3m直尺检查平整度，趁尚未冷透时垂直刨除端部层厚不足的部分，使下次施工时成直角连接。

2）在预定的摊铺段的末端先撒一薄层砂带，摊铺混合料后趁热在摊铺层上挖出一道缝隙，缝隙应位于撒砂与未撒砂的交界处，在缝中嵌入一块与压实层厚度相等的木板或型钢，待压实后铲除撒砂的部分，扫尽砂子，撤去木板或型钢，并在端部洒粘层沥青接着摊铺。

</td></tr>
<tr><td colspan="2">审核人</td><td></td><td>交接人</td><td></td><td>接受交底人</td><td></td></tr>
</table>

续表

工程名称		施工单位		编号	
序号	项目	热拌沥青混合料路面施工技术交底内容			
11	沥青面层的接缝施工	3）在预定摊铺段的末端先铺上一层麻袋或牛皮纸，摊铺碾压成斜坡，下次施工时将铺有麻袋或牛皮纸的部分用人工刨除，在端部洒粘层沥青接着摊铺。 4）在预定摊铺段的末端先撒一薄层砂带，再摊铺混合料，待混合料稍冷却后将撒砂的部分用切割机切割整齐后取走，用干拖布吸走多余的冷却水，待完全干燥后在端部洒粘层沥青接着摊铺，在接头有水或潮湿时不得铺筑混合料。 （6）从接缝处起继续摊铺混合料前应用 3m 直尺检查端部平整度，当不符合要求时，应予清除。摊铺时应调整好预留高度，接缝处摊铺层施工结束后再用 3m 直尺检查平整度，有不符合要求者，应趁混合料尚未冷却时立即处理。 （7）横向接缝的碾压应先用双轮或三轮钢筒式压路机进行横向碾压，如图 5.3-6 所示。碾压带的外侧应放置供压路机行驶的垫木，碾压时压路机应位于已压实的混合料层上，伸入新铺层的宽度应为 15cm。然后每压一遍向新铺混合料移动 15～20cm，直至全部在新铺层上为止，再改为纵向碾压。当相邻摊铺层已经成型同时又有纵缝时，可先用钢筒式压路机沿纵缝碾压一遍，其碾压宽度为 15～20cm，然后再沿横缝作横向碾压，最后进行正常的纵向碾压。 图 5.3-6　横向接缝的碾压方法			
12	沥青面层雨期与冬期施工	**1. 雨期施工** （1）沥青路面雨期施工的要求： 1）应加强工地现场与沥青拌合厂联系，缩短施工长度，各项工序衔接应紧密。 2）运料汽车和工地应备有防雨设施，并应做好基层及路肩的排水工作。当遇雨或下层潮湿时，不得摊铺沥青混合料。对未经压实即遭雨淋的沥青混合料，应全部清除，更换新料。 （2）沥青面层若在雨期施工要做好防雨措施，郊区公路应在路肩两侧适当距离挖出横向排水沟，市区道路应在收水井两侧预留泄水孔，以排除雨后积水。 （3）雨后基层、底基层潮湿未干或泥土未清除干净，不准摊铺沥青混凝土。 （4）雨季应注意气象预报，并加强与沥青厂联系，遇雨立即停盘。小雨抢铺压实，雨大应待阵雨过后将来料撒铺在基层上，并做好记录。			
审核人		交接人		接受交底人	

续表

<table>
<tr><td>工程名称</td><td colspan="2"></td><td>施工单位</td><td></td><td>编号</td><td></td></tr>
<tr><td>序号</td><td>项目</td><td colspan="5">热拌沥青混合料路面施工技术交底内容</td></tr>
<tr><td>12</td><td>沥青面层雨期与冬期施工</td><td colspan="5">2. 冬期施工
（1）气温低于＋10℃即进入低温施工。当气温低于－10℃，现场风力4级以上及降雪天气，或郊区风大不能施工时，应停止施工。
（2）适当提高沥青混合料拌合温度，石油沥青混合料为160～180℃。
1）加强沥青混合料保温，运输用的自动倾卸汽车车厢内应加设木板保温层，并用棉被等覆盖严密，要求石油沥青混合料到达工地时温度不低于140℃，煤沥青混合料不低于110℃；
2）在施工底层表面时应该干燥、清洁，无冰、雪、霜等。工地应准备好挡风、加热、保温工具和设备等；卸料后应用苫布等及时覆盖保温，并打碎结块成团的沥青混合料，或用热料焖散；摊铺时间应在上午9时至下午4时；
3）人工摊铺，卸料后应及时覆盖保温；并宜采用“三快两及时”操作法，即：卸料快、摊铺快、搂平快，及时找细、及时碾压；在接铺沥青混凝土前，应用喷灯加热旧槎至65～75℃，接槎处用热墩锤、烙铁夯实熨平后，再用碾骑槎加强碾压两遍以上。
（3）来料中断，应将沥青混合料松槎压实切出立槎。继续施工时，按凉槎处理。
（4）碾压方法，先重后轻交错进行，重碾压实。碾压不停，平碾找平，消灭轮迹，随摊铺逐步推向前进，有条件时可用轮胎压路机进行追实。
（5）严格控制碾压终了温度，石油沥青混合料不低于60℃。
（6）发现油面掉渣，应及时用手压喷油车喷洒沥青油0.5～0.6kg/m^2，并撒砂养护保护过冬。为保持路面外观，喷洒沥青油应划段整幅进行。
（7）冬期施工期间应备有足够的压路机等进行碾压，碾压温度不应低于90℃。</td></tr>
<tr><td>13</td><td>质量标准</td><td colspan="5">沥青路面的施工质量检查和控制标准，包括如下五个方面：沥青路面基层质量检查、施工过程中材料质量检查、沥青面层施工过程中工程质量的控制标准、施工过程中沥青面层外形尺寸的质量控制标准及沥青面层交工检查与验收的质量标准。
1. 沥青路面基层质量检查
（1）沥青路面面层在施工之前，应按照沥青路面施工设计图纸的要求，分清是新建的沥青路面基层还是将旧沥青路面作为基层，如果是新建的沥青路面基层是碎石基层或砂石基层，那么，就应按照碎石基层或砂石基层的质量标准进行检查验收。
（2）如若是将旧沥青路面作为基层加铺沥青面层时，应根据旧路质量，确定对原有路面边行处理、整平或补强，并应符合如下要求：
1）符合设计强度、基本无损坏的旧沥青路面经整个后可作基层使用；
2）如果旧路面已经有明显损坏，应查明损坏原因。强度能达到设计要求时，应全部或部分进行处理，铲除拥包、车辙及龟裂严重的结构层，填补坑槽并整平后，再加铺沥青面层；
3）如若损坏严重，强度达不到设计要求，则应重新设计，不得直接作基层使用。</td></tr>
<tr><td colspan="2">审核人</td><td></td><td>交接人</td><td></td><td>接受交底人</td><td></td></tr>
</table>

续表

工程名称		施工单位		编号	
序号	项目	热拌沥青混合料路面施工技术交底内容			
13	质量标准	（见下文）			

2. 施工过程中的材料质量检查（表 5.3-8）

(1) 对粗集料的检查：对于城市快速路、主干路和其他城市道路，应随时对石料的品种、扁平细长颗粒、含泥量等进行外观检查。必要时，应对颗粒组成、压碎值、磨光值、洛杉矶磨耗值进行检查。当施工需要时，应对含水量、松方单位重进行检查。

(2) 对细集料的检查：对于城市快速路、主干路和其他城市道路：在必要时，应对颗粒组成进行检查。当施工需要时，应对含水量、松方单位重进行检查。

(3) 对矿粉的检查：对于城市快速路、主干路和其他城市道路：应随时检查矿粉的外观必要时，应对小于 0.075mm 含量、含水量进行检查。

施工过程中材料质量检查的内容与要求　　　　表 5.3-8

序号	主要材料	检查项目	检查频率	
			城市快速路、主干路	其他城市道路
1	粗集料	外观（石料品种、扁平细长颗粒、含泥量等）	随时	随时
		颗粒组成	—	—
		压碎值	必要时	必要时
		磨光值	必要时	必要时
		洛杉矶磨耗值	必要时	必要时
		含苞欲放水量	必要时	必要时
		含水量	施工需要时	施工需要时
		松方单位重	施工需要时	施工需要时
2	细集料	颗粒组成	必要时	必要时
		含苞欲放水量	施工需要时	施工需要时
		松方单位重	施工需要时	施工需要时
3	矿粉	外观	随时	随时
		<0.075mm 含量	必要时	必要时
		含苞欲放水量	必要时	必要时
4	石油沥青	针入度	每 100t　1 次	每 100t　1 次
		软化点	每 100t　1 次	必要时
		延度	每 100t　1 次	必要时
		含蜡量	必要时	必要时
5	煤沥青	黏度	每 50t　1 次	每 100t　1 次
6	乳化沥青	黏度	每 50t　1 次	每 100t　1 次
		沥青含量	每 50t　1 次	每 100t　1 次

注：1. 表列内容是在材料进场时已按“批”对材料进行了全面检查的基础上，日常施工过程中质量检查的项目与要求。

2. “必要时”是指施工企业、监理、质量监督部门、业主等各个部门对其质量发生怀疑，提出需要检查时，或是指根据需要商定的检查频度。

3. 摘自国家标准《沥青路面施工及验收规范》GB 50092—96。

审核人		交接人		接受交底人	

续表

工程名称		施工单位		编号	
序号	项目	热拌沥青混合料路面施工技术交底内容			
13	质量标准	（见下）			

（4）对石油沥青的检查：

1）对于城市快速路、主干路和其他城市道路：每100t石油沥青应进行1次针入度检查。必要时，应对含蜡量进行检查。

2）对于城市快速路、主干路：每100t石油沥青进行1次软化点检查。对于其他城市道路：必要时，应对软化点进行检查。

3）对于城市快速路、主干路：每100t石油沥青进行1次延度检查。对于其他城市道路：必要时，对延度进行检查。

（5）对煤沥青的检查：对于城市快速路、主干路：每50t煤沥青，应进行1次黏度检查。对于其他城市道路：每100t煤沥青应进行1次黏度检查。

（6）对乳化沥青的检查：

1）对于城市快速路、主干路：每50t乳化沥青应进行1次黏度检查。对于其他城市道路：每100t乳化沥青应进行1次黏度检查；

2）对于城市快速路、主干路：每50t应进行1次沥青含量检查。对于其他城市道路：每100t乳化沥青应进行1次沥青含量检查。

3. 热拌沥青混合料路面的质量控制标准

城市热拌沥青混合料路面的质量控制标准，必须按照国家标准《沥青路面施工及验收规范》GB 50092—96的规定执行：

（1）施工过程中热拌沥青混合料路面面层的质量控制（表5.3-9），主要由如下几方面组成：

热拌沥青混合料路面施工过程中工程质量的控制标准　　表5.3-9

序号	检查项目		检查频率	质量要求或允许偏差（单点检验）		试验方法
				城市快速路、主干路	其他城市道路	
1	外观		随时	表面平整密实，不得有轮迹、裂缝、推挤、油丁油包、离析、花白料等现象		目测
2	接缝		随时	紧密平整、顺直、无跳车		目测、用3m直尺测量
3	施工温度	出厂温度 摊铺温度 碾压温度	不少于1次/车 不少于1次/车 随时	符合《沥青路面施工及验收规范》GB 50092—96的“热拌沥青混合料的施工温度”中规定，见《公路沥青路面施工技术规范》JTG F40—2004		温度计测量
4	矿料级配：与生产设计标准级配的差（mm） 方孔筛　圆孔筛 0.075　0.075 ≤2.36　≤2.5 ≥4.75　≥5.0		每台拌合机1次或2次/d	±2% ±6% ±7%	±2% ±7% ±8%	拌合厂取样，用抽提后的矿料筛分，应至少检查0.075mm、2.36mm、4.75mm、最大集料粒径及中间粒径等5个筛孔，中间粒径宜为：细、中粒式为9.5mm（圆孔10），粗粒式为13.2mm（圆孔15）

审核人		交接人		接受交底人	

续表

工程名称		施工单位		编号	
序号	项目	热拌沥青混合料路面施工技术交底内容			

续表

序号	检查项目	检查频率	质量要求或允许偏差（单点检验）		试验方法
			城市快速路、主干路	其他城市道路	
5	沥青用量（油石比）	每台拌合机1次或2次/d	±0.3%	±0.5%	拌合厂取样，离心法抽提（用射线法沥青含量测定仪随时检查）
6	马歇尔试验：稳定度流值密度、空隙率	每台拌合机1次或2次/d	符合《沥青路面施工及验收规范》GB 50092—96的规定		拌合厂取样成型试验
7	浸水马歇尔试验	必要时	符合《沥青路面施工及验收规范》GB 50092—96的规定		拌合厂取样成型试验
8	压实度	每2000m²检查1次，1次不少于钻1个孔	马歇尔试验密度的96%试验段钻孔密度的99%	马歇尔试验密度的96%试验段钻孔密度的99%	现场钻孔（或挖坑）试验（用核子密度仪随时检查）
9	抗滑表层构造深度	不少于12次/d	符合设计要求		砂铺法（手工或电动）

注：构造深度根据设计需要决定是否检测，且只对表层测定。

13 质量标准

1）对施工温度的检查：对于城市快速路、主干路和其他城市道路：应使用温度计测量沥青混合料的出厂温度，每车不少于1次。测量摊铺温度，每车不少于1次。应随时测量沥青混合料的碾压温度。出厂温度、摊铺温度和碾压温度的要求，应符合表5.3-4的规定；

2）对沥青面层外观的检查：对于城市快速路、主干路和其他城市道路：应随时对外观进行检查（目测），表面应平整密实，不得有轮迹、裂缝、推挤、油丁、油包、离析、花白料现象；

3）对沥青面层接缝的检查：对于城市快速路、主干路和其他城市道路：应随时对接缝进行检查（目测、采用3m直尺测量），接缝应紧密平整、顺直、无跳车；

4）对矿料级配的检查：对于城市快速路、主干路：每台拌合机每天检查1次或2次。试验方法按规范要求。对于其他城市道路：每台拌合机每天检查1次或2次；

5）对沥青用量（油石比）的检查：对于城市快速路、主干路：每台拌合机每天检查1次或2次。允许偏差为±0.3%。对于其他城市道路：每台拌合机每天检查1次或2次。允许偏差为±0.5%。试验方法按《沥青路面施工及验收规范》GB 50092—96的规定要求执行；

6）对马歇尔试验的检查：对于城市快速路、主干路和其他城市道路：每台拌合机每天检查1次或2次。其稳定度、流值二密度、空隙率均应符合规范要求。试验方法按规范要求；

7）对浸水马歇尔试验的检查：对于城市快速路、主干路和其他城市道路：在必要时，应对浸水马歇尔试验进行检查，其质量要求或允许偏差应符合规范的要求。试验方法按规范要求；

8）对压实度的检查：对于城市快速路、主干路：每2000m²检查1次，1次不少于钻1个孔。质量要求达到马歇尔试验密度的96%、试验段钻孔密度的99%。对于其他城市道路：每2000m²检查1次，1次不少于钻1个孔。质量要求达到马歇尔试验密度的95%、试验段钻孔密度的99%。试验方法按《沥青路面施工及验收规范》GB 50092—96的规定要求执行；

审核人		交接人		接受交底人	

续表

工程名称		施工单位		编号	
序号	项目	热拌沥青混合料路面施工技术交底内容			
13	质量标准	见下文			

9）对抗滑表层构造深度的检查：对于城市快速路、主干路和其他城市道路：每天不少于检查1次。其质量要求应符合设计的要求。试验方法按规范要求。

（2）施工过程中热拌沥青混合料路面面层外形尺寸的质量控制标准（表5.3-10）：

热拌沥青混合料路面面层施工过程中的外形尺寸控制标准　　表5.3-10

序号	检查项目	检查频率	质量要求或允许偏差（单点检验）		试验方法
			城市快速路、主干路	其他城市道路	
1	厚度： 总厚度 上面层	不少于每2000m²1点 不少于每2000m²1点	－8mm －4mm	－8%或5mm －4mm	铺筑时随时插入量取，每日用混合料数量及实铺面积校核，成型后钻孔或挖坑检测
2	平整度： 上面层 中下面层	随时 随时	最大间隙3mm 最大间隙5mm	最大间隙5mm 最大间隙7mm	采用3m直尺在纵横各方向检测
3	宽度： 有侧石 无侧石	设计断面逐个检测 设计断面逐个检测	±2cm 不小于设计宽度	±2cm 不小于设计宽度	用尺量 用尺量
4	纵断面高程	设计断面逐个检测	±15mm	±20mm	用水准仪检测
5	横坡度	设计断面逐个检测	±0.3%	±0.5%	用水准仪检测

注：1. 表中厚度检测频度指成型后钻坑（或挖孔）频度。
2. 其他城市道路的厚度控制，当设计厚度＞60mm时，以厚度的百分率控制；≤60mm时，以绝对值控制。

1）对厚度的检查：对于城市快速路、主干路：在进行总厚度检查时，每2000m² 不少于1点。允许偏差为－8mm。对于其他城市道路：在进行总厚度检查时，每2000m² 不少于1点。允许偏差为－5mm或－8%。对于城市快速路、主干路：在进行上面层检查时，每2000m² 不少于1点。允许偏差为－4mm。对于其他城市道路：在进行上面层检查时，每2000m² 不少于1点，允许偏差为－4mm。试验方法按规范要求；

2）对平整度（最大间隙）的检查：对于城市快速路、主干路：应随时对上面层进行检查，上面层的允许偏差为3mm。对于其他城市道路：应随时对上面层进行检查，上面层的允许偏差为5mm。对于城市快速路、主干路：应随时对中下层进行检查，中下面层的允许偏差为5mm。对于其他城市道路：应随时对中下面层进行检查。中下面层的允许偏差为7mm。试验方法按《沥青路面施工及验收规范》GB 50092—96的规定要求执行；

3）对宽度的检查：对于城市快速路、主干路：当有侧石时，应按设计断面逐个检测路面宽度。路面宽度的允许偏差为±2cm。对于其他城市道路：当有侧石时，应按设计断面逐个检测路面宽度。路面宽度的允许偏差为±2cm。对于城市快速路、主干路：当无侧石时，应按设计断面逐个检测路面宽度。路面宽度的允许偏差应不小于设计宽度。对于其他城市道路：当无侧石时，应按设计断面逐个检测路面宽度。路面宽度的允许偏差应不小于设计宽度。试验方法按规范要求；

审核人		交接人		接受交底人	

续表

工程名称		施工单位		编号	
序号	项目	热拌沥青混合料路面施工技术交底内容			
13	质量标准	见下文			

4）对纵断面高程的检查：对于城市快速路、主干路：应按设计断面逐个检测纵断面高程，纵断面高程的允许偏差应为±15mm。对于其他城市道路：应按设计断面逐个检测纵断面高程。纵断面高程的允许偏差应为±20mm。试验方法按规范要求；

5）对横向坡度的检查：对于城市快速路、主干路：应按设计断面逐个检测横坡度。横坡度的允许偏差应为±0.3%。对于其他城市道路：应按设计断面逐个检测横坡度。横坡度的允许偏差应为±0.5%。试验方法按规范要求。

（3）沥青混凝土、沥青碎石路面面层交工检查与验收质量标准（表5.3-11）：

沥青面层交工检查与验收质量标准　　表5.3-11

序号	检查项目	检查频率	质量要求或允许偏差（单点检验）		试验方法
			城市快速路、主干路	其他城市道路	
1	面层总厚度： 代表值 极值	每4000m²1点 每4000m²1点	－8mm －15mm	－10mm －15mm	钻孔 钻孔
2	上面层厚度： 代表值 极值	每4000m²1点 每4000m²1点	－4mm －8mm	－4mm －8mm	钻孔 钻孔
3	平整度（标准差） （最大间隙）	全线连续 每1km10处， 各连续10尺	2.0mm —	2.6mm 5mm	3m平整度仪 3m直尺
4	宽度：有侧石 无侧石	每100m2个断面 每100m2个断面	±2cm —	±3m 不小于设计宽度	用尺量 用尺量
5	纵断面高程	每100m5个断面	±15m	±20mm	水准仪
6	横坡度	每100m5个断面	±0.3%	±0.4%	水准仪
7	沥青用量	每4000m²1点	±0.3%	±0.5%	钻孔后抽提
8	矿料级配	每4000m²1点	符合设计级配	符合设计级配	抽提后筛分
9	压实度代表值	每4000m²1点	95%（98%）	95%（98%）	钻孔取样法
10	弯沉	全线每20m1点 全线每5m1点	符合设计要求	符合设计要求	贝克曼梁 自动弯沉仪
11	构造深度	每100m²点	符合设计要求	符合设计要求	砂铺法（手动或电动）
12	摩擦系数摆值	每100m5点	符合设计要求	符合设计要求	摆式仪
13	横向力系数μ	全线连续	符合设计要求	符合设计要求	横向力摩擦系数测定车

注：1. 城市快速路、主干路面层除验收总厚度外，尚须验收上面层厚度。
2. 表中压实度以马歇尔试验密度为标准密度，当以试验段密度为标准密度时，压实度标准采用括弧中的值。
3. 弯沉可选用贝克曼梁或自动弯沉仪测试，测试时间由设计规定，无规定时实测记录。
4. 抗滑表层的摩擦系数摆值或横向力系数根据设计需要凑定是否检测，测试时间由设计规定。
5. 各项指标应按单个测值评定，有关代表值的计算应按规范办理。

审核人		交接人		接受交底人	

续表

工程名称			施工单位		编号	
序号	项目	热拌沥青混合料路面施工技术交底内容				
13	质量标准	1）对面层总厚度的检查：对于城市快速路、主干路、面层总厚度（代表值）应每 4000m^2 检查 1 点，允许偏差为－8mm。对于其他城市道路：面层总厚度（代表值）应每 4000m^2 检查 1 点，允许偏差为－10mm。对于城市快速路、主干路：路面总厚度（极值）应每 4000m^2 检查 1 点，允许偏差为－15mm。对于其他城市道路：路面总厚度（极值）应每 4000m^2 检查 1 点，允许偏差为－15mm； 2）对上面层厚度的检查：对于城市快速路、主干路：上面层厚度（代表值）应每 4000m^2 检查 1 点，允许偏差为－4mm。对于城市快速路、主干路：上面层厚度（极值）应每 4000m^2 检查 1 点，允许偏差为－8mm； 3）对平整度的检查：对于城市快速路、主干路：应对平整度（标准差）进行全线连续检查，允许偏差为 2mm。对于其他城市道路：应对平整度进行全线连续检查，允许偏差为 2.6mm。对于其他城市道路：平整度（最大间隙）应每 1km 检查 10 处，各连续 3.3m。允许偏差为 5mm； 4）对宽度的检查：对于城市快速路、主干路：当有侧石时，应 100m 检查 2 个断面，允许偏差为±2cm。对于其他城市道路：当有侧石时，应 100m^2 检查 2 个断面，允许偏差为±3cm。对于其他城市道路：当无侧石时，应每 100m 检查 2 个断面，允许偏差不小于设计宽度； 5）对纵断面高程的检查：对于城市快速路、主干路：应每 100m 检查 5 个断面，允许偏差为±15mm。对于其他城市道路：应每 100m 检查 5 个断面，允许偏差为±20mm； 6）对横坡的检查：对于城市快速路、主干路：应每 100m 检查 5 个断面，允许偏差为±0.3%。对于其他城市道路：应每 100m 检查 5 个断面，允许偏差为±0.4%； 7）对沥青用量的检查：对于城市快速路、主干路：应每 4000m^2 检查 1 个点，允许偏差为±0.3%。对于其他城市道路：应每 4000m^2 检查 1 个点，允许偏差为±0.5%； 8）对矿料级配的检查：对于城市快速路、主干路和其他城市道路：每 4000m^2 应检查 1 个点。质量要求应符合设计级配； 9）对压实度的检查：对于城市快速路、主干路：压实度（代表值）每 4000m^2 应检查 1 点，允许偏差为 95%（98%）对于其他城市道路：压实度（代表值）每 4000m^2 应检查 1 点，允许偏差为 94%（98%）（注：当以试验段密度为标准密度时，压实度标准采用括弧中的值）； 10）对弯沉的检查：对于城市快速路、主干路和其他城市道路：当采用贝克曼梁试验法时，应全线每 20m 检查 1 点，允许偏差应符合设计要求； 对于城市快速路、主干路和其他城市道路：当采用自动弯沉仪进行试验时，应全线每 5m 检查 1 点，允许偏差应符合设计要求； 11）对抗滑表层的检查：对于城市快速路、主干路和其他城市道路：构造深度的检查，应每 100m 枪杳 2 点，允许偏差应符合设计要求； 12）对摩擦系数摆值的检查：对于城市快速路、主干路和其他城市道路：对摩擦系数摆值应每 100m 检查 5 点。质量要求应符合设计要求； 13）对横向力系数 μ 的检查：对于城市快速路、主干路和其他城市道路：对横向力系数 μ 应全线连续进行检查，质量要求应符合设计要求； 14）上述各项检查的试验方法应符合表 5.3-11 的要求。				
审核人		交接人		接受交底人		

续表

工程名称		施工单位		编号	
序号	项目	热拌沥青混合料路面施工技术交底内容			
13	质量标准				

（4）热拌沥青混合料面层质量标准与检测频率必须按照表 5.3-12 的规定标准和要求验收，同时还应符合下列规定：

热拌沥青混合料面层质量标准与检测频率　　　　表 5.3-12

<table>
<tr><th rowspan="2">序号</th><th rowspan="2" colspan="2">主要项目</th><th colspan="2">规定值或允许偏差（mm）</th><th colspan="4">检查频率</th><th rowspan="2">检验方法</th></tr>
<tr><th>快速路、主干路</th><th>一般道路</th><th>范围</th><th colspan="3">点数</th></tr>
<tr><td>1</td><td colspan="2">压实度</td><td>≥96%</td><td>≥95%</td><td>2000m²</td><td colspan="3">1</td><td>钻孔蜡封法、仪器测量</td></tr>
<tr><td rowspan="3">2</td><td rowspan="3">厚度</td><td>下层</td><td>+20，−10</td><td>+20，−10</td><td rowspan="3">2000m²</td><td rowspan="3" colspan="3">1</td><td rowspan="3">用尺量</td></tr>
<tr><td>上层</td><td>≤±5</td><td>+10，−5</td></tr>
<tr><td>总厚度</td><td>+20，−5</td><td>+20，−5</td></tr>
<tr><td rowspan="3">3</td><td rowspan="3" colspan="2">弯沉值</td><td rowspan="3"><设计规定</td><td rowspan="3"><设计规定</td><td rowspan="3">20m</td><td rowspan="3">路宽（m）</td><td><9</td><td>2</td><td rowspan="3">用弯沉仪检测</td></tr>
<tr><td>9～15</td><td>4</td></tr>
<tr><td>>15</td><td>6</td></tr>
<tr><td rowspan="3">4</td><td rowspan="3" colspan="2">平整度（mm）</td><td rowspan="3">≤4</td><td rowspan="3">≤5</td><td rowspan="3">20m</td><td rowspan="3">路宽（m）</td><td><9</td><td>1</td><td rowspan="3">3m 直尺量</td></tr>
<tr><td>9～15</td><td>2</td></tr>
<tr><td>>15</td><td>3</td></tr>
<tr><td>5</td><td colspan="2">宽度（mm）</td><td>−20，+50</td><td>≤−20</td><td>40m</td><td colspan="3">1</td><td>用尺量</td></tr>
<tr><td>6</td><td colspan="2">中线高程（mm）</td><td>±20</td><td>±20</td><td>20mm</td><td colspan="3">1</td><td>水准仪测量</td></tr>
<tr><td rowspan="3">7</td><td rowspan="3" colspan="2">横坡高（mm）</td><td rowspan="3" colspan="2">≤±0.3%，且不大于±10</td><td rowspan="3">20mm</td><td rowspan="3">路宽（m）</td><td><9</td><td>2</td><td rowspan="3">水准仪测量</td></tr>
<tr><td>9～15</td><td>4</td></tr>
<tr><td>>15</td><td>6</td></tr>
<tr><td>8</td><td colspan="2">井框与路面的高差（mm）</td><td>≤4</td><td>≤5</td><td>每座</td><td colspan="3">1</td><td>用尺量取最大值</td></tr>
<tr><td>9</td><td colspan="2">外观检查</td><td colspan="6">1. 表面应平整、坚实，不得有脱落、掉渣、裂缝、推挤、烂边、粗细料集中等现象；
2. 沥青混凝土路面表层采用 10t 以上压路机碾压后，不得有明显轮迹；
3. 面层与平石及其他构筑物应接顺，不得有积水现象。</td><td>目测</td></tr>
</table>

注：标准质量密度（压实度）采用马歇尔稳定仪或 30MPa（300kg/cm²）成型法测定。

1）外观要求：沥青混凝土路面表面应平整、坚实，不得有脱落、掉渣、裂缝、推挤、烂边、粗细料集中等现象；

2）沥青混凝土路面表层采用 10t 以上压路机碾压后，不得有明显轮迹；

3）接茬应紧密、平顺、烫缝不应枯焦；

4）沥青混凝土路面面层与路缘石及其他构筑物应接顺，不得有积水现象；

5）沥青混凝土面层允许偏差应符合表 5.3-12 的规定。

审核人		交接人		接受交底人	

5.4 沥青路表面处治施工技术交底

沥青路表面处治施工技术交底 **表 5-4**

<table>
<tr><td colspan="2">工程名称</td><td></td><td>施工单位</td><td></td><td>编号</td><td></td></tr>
<tr><td>序号</td><td>项目</td><td colspan="5">沥青路表面处治施工技术交底内容</td></tr>
<tr><td>1</td><td>概述</td><td colspan="5">(1) 所谓沥青表面处治路面是指用沥青和集料按层铺法或拌合法进行施工，其厚度不大于 3cm 的一种薄层面层。这种路面适用于城市道路的支路和街坊路及在旧沥青面层上加铺的罩面层或磨耗层。
(2) 所谓沥青表面处治路面层铺法施工是指采用分层浇洒沥青、撒布集料、碾压成型的方法而筑成的沥青表面处治路面。在层铺法中，又分为单层式沥青表面处治路面、双层式表面处治路面和三层式表面处治路面。
(3) 单层式沥青表面处治路面是指采用浇洒一次沥青，撒布一次集料铺筑而成的厚度为 1～1.5cm（乳化沥青表面处治为 0.5cm）的层铺法沥青表面处治路面。
(4) 双层式沥青表面处治路面是指采用浇洒两次沥青，撒布两次集料铺筑而成的厚度为 1.5～2.5cm（乳化沥青表面处治为 1cm）的层铺法沥青表面处治路面。
(5) 三层式表面处治路面是指采用浇洒三次沥青，撒布三次集料铺筑而成的厚度为 2.5～3cm（乳化沥青表面处治为 3cm）的层铺法沥青表面处治路面。
(6) 在采用层铺法施工时，宜采用沥青洒布车和集料撒布机联合作业。沥青表面处治施工的工序应紧密衔接，每个作业段长度应根据压路机数量、洒油设备及集料撒布机能力等确定。
(7) 在新做的底层上，昼夜交通量大于 300 辆采用三层式；昼夜交通量小于 300 辆采用二层式。底层坚实且昼夜交通量小于 500 辆的土路可采用三层式做防尘处理。
(8) 当天施工的路段应当天完成。拌合法沥青表面处治路面可采用热拌热铺或冷拌冷铺法施工。热拌热铺法的施工工艺应符合热拌沥青混合料路面的规定，冷拌冷铺法的施工工艺应符合乳化沥青碎石混合料路面的规定。</td></tr>
<tr><td>2</td><td>一般规定</td><td colspan="5">(1) 拌合法沥青表面处治路面可采用热拌热铺或冷拌冷铺法施工。热拌热铺法的施工工艺应符合本章 5.3 的规定。冷拌冷铺法的施工工艺应符合本章 5.5 的规定。
(2) 层铺法沥青表面处治路面的施工宜采用沥青洒布车及骨料撒布机联合作业。
(3) 沥青表面处治施工的工序应紧密衔接，每个作业段长度应根据压路机数量、洒油设备及骨料撒布机能力等确定。当天施工的路段应当天完成。
(4) 沥青表面处治宜在干燥和较热的季节施工，并应在雨季及日最高温度低于 15℃到来以前半个月结束，使表面处治层通过开放交通压实，成型稳定。</td></tr>
<tr><td>3</td><td>对原材料质量要求</td><td colspan="5">(1) 沥青表面处治采用的骨料最大粒径应与处治层的厚度相等，一般规格和用量应按表 5.4-1～表 5.4-4 选用；当采用乳化沥青时，应减少乳液流失，可在主层骨料中掺加 20%以上较小粒径的骨料。沥青表面处治施工后，应在路侧另备碎石或石屑、粗砂或小砾石作为初期养护用料，其中，碎石的规格为 S12（5～10mm），粗砂或小砾石的规格为 S14（3～5mm），其用量为每 1000m^2 准备 2～3m^3。城市道路的初期养护料，在施工时应与最后一遍料一起撒布。

沥青表面处理砂、石规格表 **表 5.4-1**
<table>
<tr><td>序号</td><td>材料名称</td><td>规格（mm）</td><td>使用说明</td><td>技术标准</td></tr>
<tr><td>1</td><td>碎石、砾石</td><td>15～25</td><td>三层式头遍料</td><td>抗压强度＞80MPa</td></tr>
<tr><td>2</td><td>碎石、砾石</td><td>10～15</td><td>二层式头遍料</td><td>软弱颗粒＜5%</td></tr>
<tr><td>3</td><td>碎石、砾石</td><td>5～15</td><td>三层式头遍料</td><td>扁平细长（1：2）＜20%</td></tr>
<tr><td>4</td><td>石屑、米粒石</td><td>2～8</td><td>罩面料</td><td>石料含泥量＜2%</td></tr>
<tr><td>5</td><td>粗砂</td><td>5 以下</td><td>罩面料</td><td>粗砂含泥量＜5%</td></tr>
</table>
注：碎石、砾石、石屑和砂的技术标准，除表内规定动作外，应参照设计规定。</td></tr>
<tr><td colspan="2">审核人</td><td></td><td>交接人</td><td></td><td>接受交底人</td><td></td></tr>
</table>

续表

工程名称		施工单位		编号	
序号	项目	沥青路表面处治施工技术交底内容			
3	对原材料质量要求	见下表			

沥青路表面处理采用的沥青规格　　　　表 5.4-2

序号	种类与规格 / 试验项目	石油沥青		煤沥青		页岩沥青	
		气温 25℃以上	气温 15～25℃	气温 25℃以上	气温 15～25℃	气温 25℃以上	气温 15～25℃
1	针入度（25℃，100g，5s）（mm）	121～150	121～180	—	—	＞200	—
2	延伸度（25℃）5cm（min）	＞60	＞60	—	—	—	—
3	标准稠度<$^{10}_{60}$（s）	—	—	—	—	＞40	＞32
4	浮漂度（50℃）（s）	—	—	151～200	75～150	—	—
5	软化点（环球法）（℃）	＞35	＞35	32～35	30～33	33～36	30～33
6	加热温度（℃）	130～160	130～160	不超过 120	不超过 120	不超过 115	不超过 110

沥青路表面处治材料规格和用量（方孔筛）　　　　表 5.4-3

沥青种类	类型	厚度（cm）	集料（$m^3/1000m^2$）						沥青或乳液用量（km/m^2）			
			第一层		第二层		第三层		第一层	第二层	第三层	合计用量
			粒径规格	用量	粒径规格	用量	粒径规格	用量				
石油沥青	单层	1.0	S12	7～9					1.0～1.2			1.0～1.2
		1.5	S10	12～14					1.4～1.6			1.4～1.6
	双层	1.0	S12	10～12	S14	5～7			1.2～1.4	0.8～1.0		2.0～2.4
		1.5	S10	12～14	S12	7～8			1.4～1.6	1.0～1.2		2.4～2.8
		2.0	S9	16～18	S12	7～8			1.6～1.8	1.0～1.2		2.6～3.0
		2.5	S8	18～20	S12	7～8			1.8～2.0	1.0～1.2		2.8～3.2
	三层	2.5	S9	18～20	S11	9～11	S14	5～7	1.6～1.8	1.1～1.3	0.8～1.0	3.5～4.1
		2.5	S8	18～20	S10	12～14	S12	7～8	1.6～1.8	1.2～1.4	1.0～1.2	3.8～4.4
		3.0	S6	20～22	S10	12～14	S12	7～8	1.8～2.0	1.2～1.4	1.0～1.2	4.0～4.5
乳化沥青	单层	0.5	S14	7～9	—		—		0.9～1.0			0.9～1.0
	双层	1.0	S12	9～11	S14	4～6	—		1.8～2.0	1.0～1.2		2.8～3.2
	三层	3.0	S6	20～22	S10	9～11	S12 S14	4～6 3.5～4.5	2.0～2.2	1.8～2.0	1.0～1.2	4.8～5.4

注：1. 煤沥青路表面处治的沥青用量可比石油沥青用量增加 15%～20%。
2. 有 * 符号的规格和用量只适用于城市道路。最后一层骨料中已包括了 2～3$m^3/1000m^2$ 养护料。
3. 表中乳化沥青的乳液用量适用于乳液中沥青用量约为 60%的情况。
4. 在高寒地区及干旱风沙大的地区，可超出高限 5%～10%。

审核人		交接人		接受交底人	

续表

工程名称		施工单位		编号	
序号	项目	沥青路表面处治施工技术交底内容			
3	对原材料质量要求	见下			

沥青路表面处治材料规格和用量（圆孔筛） **表 5.4-4**

沥青种类	类型	厚度(cm)	集料(m³/1000m²) 第一层 粒径规格	第一层 用量	第二层 粒径规格	第二层 用量	第三层 粒径规格	第三层 用量	沥青或乳液用量(km/m²) 第一层	第二层	第三层	合计用量
石油沥青	单层	1.0 1.5	S12 S11	7～9 12～14					1.0～1.2 1.4～1.6			1.0～1.2 1.4～1.6
石油沥青	双层	1.0 1.5 2.0 2.5	S12 S11 S10 S9	10～12 12～14 16～18 18～20	S14 S12 S12 S12	5～7 7～8 7～8 7～8			1.2～1.4 1.4～1.6 1.6～1.8 1.8～2.0	0.8～1.0 1.0～1.2 1.0～1.2 1.0～1.2		2.0～2.4 2.4～2.8 2.6～3.0 2.8～3.2
石油沥青	三层	2.5 2.5 3.0	S9 S9 S8	18～20 18～20 20～22	S11 S10 S10	9～11 12～14 12～14	S14(S14) S12(S14) S12(S14)	5～7 7～8 7～8	1.6～1.8 1.6～1.8 1.8～2.0	1.1～1.3 1.2～1.4 1.2～1.4	0.8～1.0 1.0～1.2 1.0～1.2	3.5～4.1 3.8～4.4 4.0～4.5
乳化沥青	单层	0.5	S14	7～9	—		—		0.9～1.0			0.9～1.0
乳化沥青	双层	1.0	S12	9～11	S14	4～6	—		1.8～2.0	1.0～1.2		2.8～3.2
乳化沥青	三层	3.0	S8 (S9)	20～22	S10	9～11	S12 S14	4～6 3.5～4.5	2.0～2.2	1.8～2.0	1.0～1.2	4.8～5.4

注：1. 煤沥青路表面处治的沥青用量可比石油沥青用量增加15%～20%。
2. 有 * 符号的规格和用量只适用于城市道路。最后一层骨料中已包括了2～3m³/1000m² 养护料。
3. 表中乳化沥青的乳液用量适用于乳液中沥青用量约为60%的情况。
4. 在高寒地区及干旱风沙大的地区，可超出高限5%～10%。

（2）沥青表面处治可采用道路石油沥青、煤沥青或乳化沥青铺筑，并应符合下列规定：

1）当采用道路石油沥青时，沥青用量应按表5.4-3、表5.4-4选定，沥青标号应按表5.2-4选用。当采用煤沥青时，应将表5.4-3、表5.4-4中的沥青用量相应增加15%～20%，沥青标号应按表5.2-4选用；

2）当采用乳化沥青时，乳液用量应根据表5.4-3、表5.4-4所列的乳液用量并按其中的沥青含量进行折算。乳化沥青的类型及标号应按表5.2-5选用；

3）沥青表面处治各层沥青的用量都应根据施工气温、沥青标号、基层等情况，在规定范围内进行选用。特别在施工气温较低的寒冷地区，当沥青针入度较小、基层空隙较大时，沥青用量宜采用高限。

（3）在旧沥青路面、清扫干净的碎（砾）石路面、水泥混凝土路面、块石路面上铺筑沥青表面处治路面时，可在第一层中增加10%～20%沥青用量，不再另洒透层油。

审核人		交接人		接受交底人	

续表

工程名称		施工单位		编号	
序号	项目	沥青路表面处治施工技术交底内容			
4	对施工机械的要求	（1）在洒布施工作业时，沥青必须均匀地喷洒在路面上，尤其是表面处治的沥青路面。沥青量过多或过少，都会严重影响路面的使用寿命。所以在洒布过程中应注意下列事项： 1）要保证沥青在工作温度范围内进行喷洒。若沥青温度降低，将会增加其黏度，同时也减少其流量。调整好喷嘴的喷射角，使各个相邻喷嘴喷出沥青所形成的喷雾扇或喷雾锥，在其下角能有少量重叠； 2）喷雾扇角和锥角的大小与喷射压力有关。它们下部的重叠量则与喷嘴离地面高度有关，在同喷雾角下，随着喷嘴离地高度的不同，在其下面洒布的宽度也不同。喷嘴离地面高，其洒布宽度就较大，相邻喷嘴所喷沥青的喷雾重叠量就较多； 3）反之，洒布宽度就较小，重叠量也就较小。对于长缝喷嘴，相邻喷嘴所喷沥青喷雾的重叠程度还同嘴缝与管轴线的交角有关，一般应事前调好交角（25°～30°）。锥孔喷嘴安装位置的高低也影响其洒布宽度及与毗邻喷嘴喷雾的重叠量。一般情况，喷嘴都是事先调整好的，只有喷嘴的离地高度会在施工时随着洒布管位置的高低调整而变化。一般在施工时应将洒布管调整到离地面 25cm 左右； 4）要在洒布作业的整个过程中保持一定的喷洒压力，最好是进行恒压洒布。喷雾角是靠一定压力来维持的，此压力在管径与喷孔都是一定的情况下，将随沥青在管内的流速而变化。此流速又同沥青泵的转速与沥青的温度以及洒布量有关，所以工作时尽可能使沥青泵转速恒定（专用发动机驱动的较易掌握），并保持沥青在规定的工作温度范围之内； 5）鉴于洒布量的改变影响管内沥青的压力，所以现代沥青洒布机的洒布管为全循环式，并配有卸压阀。工作时，洒布管始终处于恒压状态； 6）要保持相邻洒布带之间有一定重叠量，横缝重叠量一般为 10～15cm。纵缝重叠量一般为 20～30cm。为了确保横向重叠控制在一定范围之内，沥青洒布机应在起点前约 5～10m 处起步，到洒布点时应迅速打开喷嘴开关，避免横向接头处有过多的沥青； 7）每台班操作结束后，要先将管路中的残留沥青吸净，并排空沥青罐，然后注入适量柴油，对管路进行循环清洗。如长期不用，还要及时拆洗沥青滤清器、阀和喷嘴等。 （2）小规模沥青表面处治施工可采用机动或手摇的手工沥青洒布机洒布沥青，乳化沥青也可用齿轮泵或气压式洒布机洒布，但不宜采用柱塞式洒布机。手工喷洒，洒布应均匀，喷洒工人应拥有熟练的技术。 （3）沥青表面处治施工宜采用 6～8t 及 8～10t 的压路机。碾压时，应使骨料嵌挤紧密，石料不得有较多压碎。乳化沥青表面处治宜采用较轻的机械。				
5	沥青表面处治施工准备	（1）沥青表面处治施工应在路缘石安装完成以后进行，基层必须清扫干净。 （2）在施工前应对旧路进行细致的调查研究工作，对于不同的路线和路段，则需要分别拟订出不同的处理方案。 （3）对城市旧路的路型和路面平整度以与排水设施等应及时进行修整。如果旧路为碎石或级配砾石，应将表面的泥土、砂和磨耗层以及一切杂物彻底清除干净，使石子外露部分保持干燥，坑坎应修补平整。 （4）如旧路为黑色路面，应将油包、油垄铲除，将坑洼处填平，表面清除干净。 （5）对强度不够、局部翻浆地段的路线，应进行加固，一般加固方法有以下几种： 1）在旧路上加铺 15～30cm 厚砂石，或利用旧路材料加适量砂石后洒水碾压，然后在上面撒铺粒径为 2～3cm 的碎石或破碎砾石。经碾压稳定后，使石料嵌入基层，外露石面或石角，形成坚硬的封层，再做表面处理；				
审核人		交接人		接受交底人	

<table>
<tr><td>工程名称</td><td></td><td>施工单位</td><td></td><td>编号</td><td></td></tr>
<tr><td>序号</td><td>项目</td><td colspan="4">沥青路表面处治施工技术交底内容</td></tr>
<tr><td>5</td><td>沥青表面处治施工准备</td><td colspan="4">2）在旧路上铺10～30cm厚石灰土（石灰含量10%～12%），嵌入一层粒径为1～3cm的碎石封层料，经过碾压密实平整后，做表面处理；
3）对交通量很少的土路，将土路翻松8～10cm，掺入10%～12%石灰，拌合均匀，洒水碾压，嵌入碎石封层料，再做表面处理。如底层内含土量超过20%，应将路面翻松8～10cm，掺拌适量的石灰或加适量的骨料，加强底层的稳定性后，做表面处理；
4）局部翻浆地段应用石灰土或砂石彻底换填后，再做表面处理。
（6）施工前应检查沥青洒布车的油泵系统、输油管道、油量表、保温设备等。将一定数量的沥青装入油罐后，应先在路上试洒，确定喷洒速度及洒油量。每次喷洒前喷油嘴应保持干净，管道应畅通，喷油嘴的角度应一致，并与洒油管成15°～25°的夹角，洒油管的高度应如图5.4-1所示，使同一地点接受两个或三个喷油嘴喷洒的沥青，并不得出现花白条。 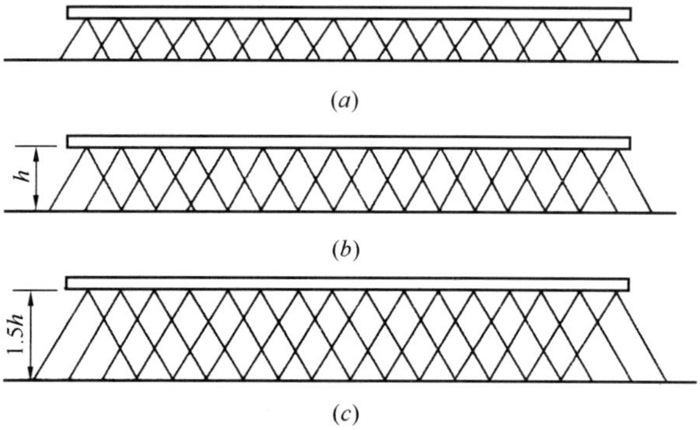
(a)
h
(b)
1.5h
(c)
图5.4-1　沥青洒布车喷油嘴的高度
(a) 高度不适当；(b) 双重喷油高度（同一点接受两个喷油嘴喷洒）；
(c) 三重喷油高度（同一点接受三个喷油嘴喷洒）
（7）在有风的天气下不宜使用三重喷洒高度。当采用洒布过热沥青的机械洒布乳化沥青时，必须将残留沥青除净，并用柴油清洗干净。
（8）集料撒布机使用前应检查其传动和液压调整系统，并应进行试洒，确定撒布各种规格集料时应控制的下料间隙及行驶速度。
（9）当为半幅施工并采用人工撒布集料时，应先在半幅等距离划分小段，并应按规定用量备足集料，以后每层按同样办法备料。</td></tr>
<tr><td>6</td><td>沥青表面处治施工</td><td colspan="4">1. 沥青表面处治的施工工艺流程
（1）三层式沥青表面处治的施工工艺流程，如图5.4-2所示。
（2）二层式沥青表面处治的施工工艺流程，如图5.4-3所示。
（3）单层式沥青表面处治的施工工艺流程，如图5.4-4所示。
2. 三层式沥青表面处治的施工工艺步骤
（1）在透层沥青充分渗透，或在已做透层或封层并已开放交通的基层清扫后，可按要求速度浇洒第一层沥青。浇洒沥青应符合下列要求：
1）城市道路施工时，沥青的浇洒温度应根据施工气温及沥青标号选择，石油沥青的洒布温度宜为130～170℃，煤沥青的洒布温度宜为80～120℃。乳化沥青可在常温下洒布，当气温偏低，破乳及成型过慢时，可将乳液加温后洒布，但乳液温度不得超过60℃；
2）当发现浇洒沥青后有空白、缺边时，应及时进行人工补洒；当有沥青积聚时，应刮除；</td></tr>
<tr><td>审核人</td><td></td><td>交接人</td><td></td><td>接受交底人</td><td></td></tr>
</table>

续表

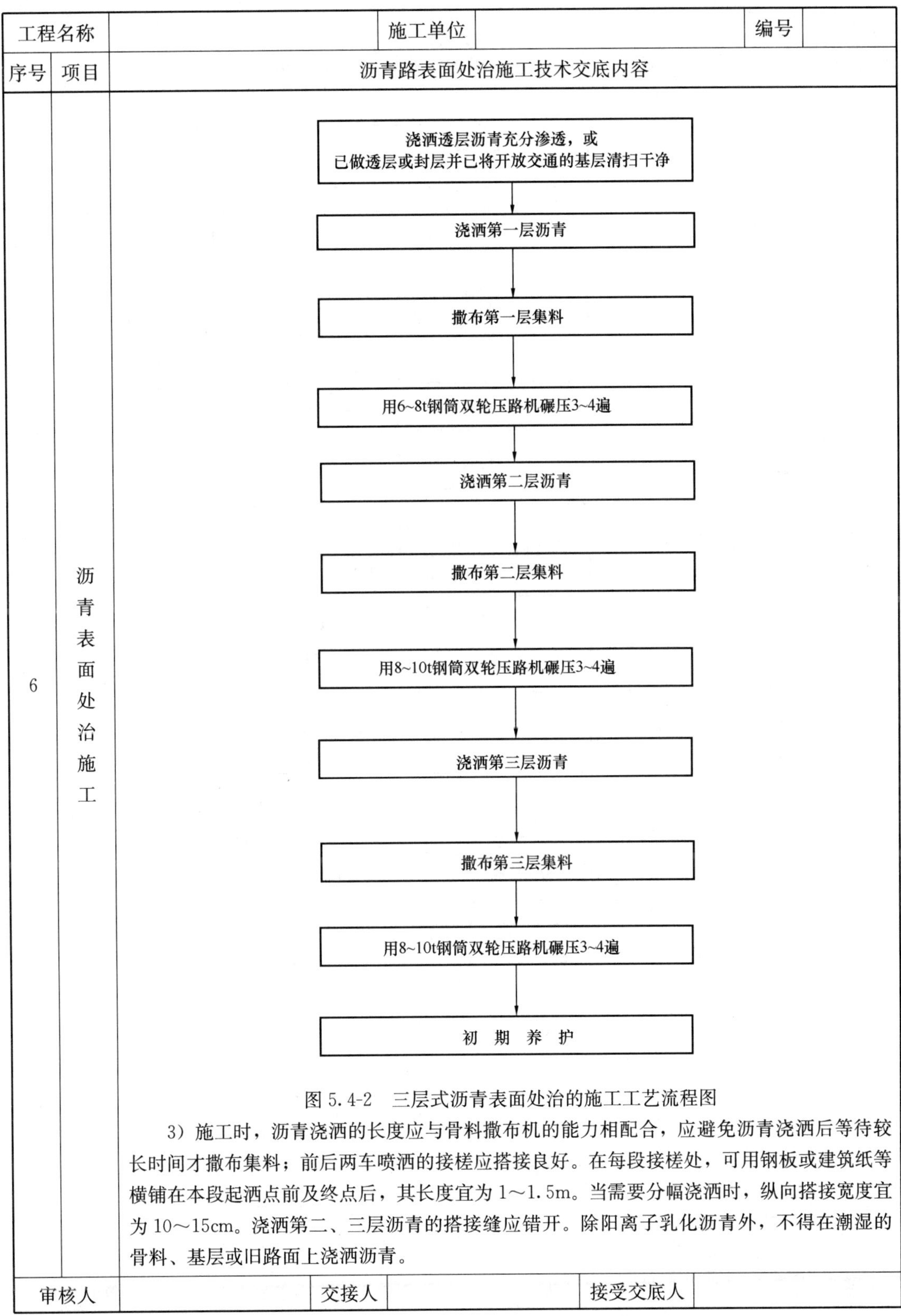

工程名称		施工单位		编号	
序号	项目	沥青路表面处治施工技术交底内容			
6	沥青表面处治施工	见下文			
审核人		交接人		接受交底人	

图 5.4-2　三层式沥青表面处治的施工工艺流程图

3）施工时，沥青浇洒的长度应与骨料撒布机的能力相配合，应避免沥青浇洒后等待较长时间才撒布集料；前后两车喷洒的接槎应搭接良好。在每段接槎处，可用钢板或建筑纸等横铺在本段起洒点前及终点后，其长度宜为 1～1.5m。当需要分幅浇洒时，纵向搭接宽度宜为 10～15cm。浇洒第二、三层沥青的搭接缝应错开。除阳离子乳化沥青外，不得在潮湿的骨料、基层或旧路面上浇洒沥青。

续表

<table>
<tr><td>工程名称</td><td colspan="2"></td><td>施工单位</td><td></td><td>编号</td><td></td></tr>
<tr><td>序号</td><td>项目</td><td colspan="5">沥青路表面处治施工技术交底内容</td></tr>
<tr><td>6</td><td>沥青表面处治施工</td><td colspan="5">
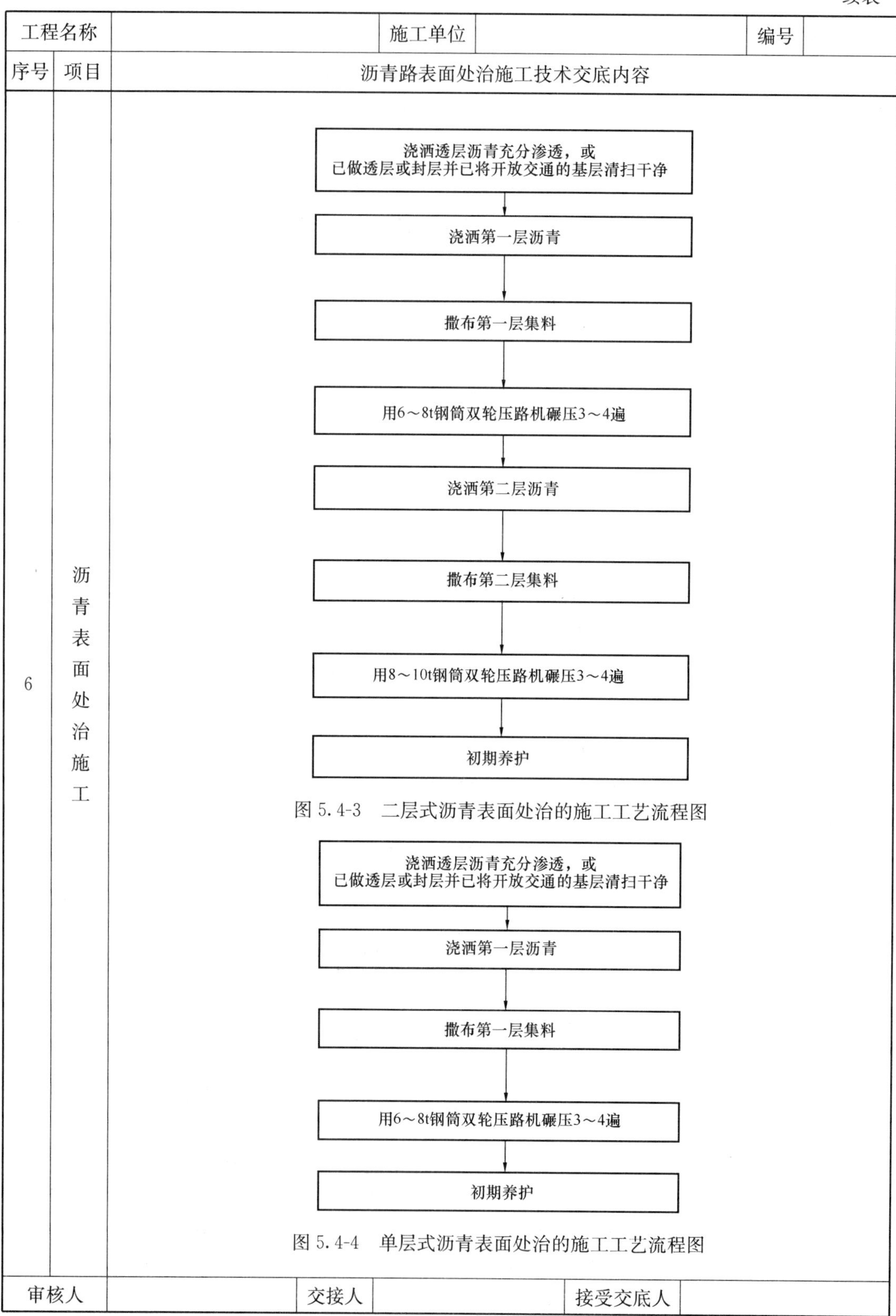

图 5.4-3　二层式沥青表面处治的施工工艺流程图

图 5.4-4　单层式沥青表面处治的施工工艺流程图
</td></tr>
<tr><td>审核人</td><td></td><td>交接人</td><td></td><td>接受交底人</td><td colspan="2"></td></tr>
</table>

续表

工程名称		施工单位		编号	
序号	项目	沥青路面表面处治施工技术交底内容			

6　沥青表面处治施工

(2) 第一层次集料在浇洒主层沥青后立即进行撒布，不宜在主层沥青全段洒布完成后进行。撒布集料应采用集料撒布机或人工撒布，并应符合下列要求：

1) 当使用乳化沥青时，集料撒布应在乳液破乳之前完成；

2) 撒布集料后应及时扫匀，应覆盖施工路面，厚度应一致，集料不应重叠，也不应露出沥青。当局部有缺料时，应及时进行人工找补，局部料过多时，应将多余集料扫出。前幅路面浇洒沥青后，应在两幅搭接处暂留 10～15cm 宽度不撒石料，待后幅浇洒沥青后一起撒布集料。

(3) 撒布一段集料后，应立即用 6～8t 钢筒双轮压路机碾压，碾压时每次轮迹应重叠约 30cm，并应从路边逐渐移至路中心，然后再从另一边开始移向路中心，以此作为一遍，宜碾压 3～4 遍。碾压速度开始不宜超过 2km/h，以后适当增加。

(4) 第二、三层的施工方法和要求与第一层相同，但可采用 8～10t 压路机。当使用乳化沥青时，第二层撒布规格为 S12（5～10mm）的碎石作嵌缝料后尚应增加一层封层料，其规格为 S14（3～5mm），用量为 3.5～5.5m^3/1000m^2。

3. 双层式或单层式沥青表面处治施工

双层式或单层式沥青表面处治施工时，浇洒沥青及撒布集料的次数分别为一次和两次，其施工程序和要求应符合三层式沥青表面处治的施工工艺的要求。

4. 开放交通

除乳化沥青表面处治应待破乳后水分蒸发并基本成型后方可通车外，其他沥青表面处治在碾压结束后可开放交通。在通车初期应设专人指挥交通或设置障碍物控制行车，并使路面全部宽度均匀压实。在路面完全成型前应限制行车速度不超过 20km/h，严禁兽力车及铁轮车行驶。

5. 沥青表面处治的养护

沥青表面处治应进行初期养生。当发现有泛油时，应在泛油处补撒嵌缝料，嵌缝料应与最后一层石料规格相同，并应扫匀。当有过多的浮动集料时，应扫出路面，并不得搓动已经黏着在位的集料，如有其他破坏现象，也应及时进行修补。

6. 季节性施工

沥青表面处治宜在干燥和较热的季节施工，并应在雨季及日最高温度低于 15℃到来以前半个月结束。沥青表面处治不得在潮湿的基层或集料上进行洒油施工。如果在施工过程中遇到雨淋，那么，应待基层或集料晾干后，方可继续进行施工。

7　质量标准

(1) 按照国家标准《沥青路面施工及验收规范》GB 50092—96 的规定：沥青面层施工过程中工程质量的控制标准如表 5.4-5 所列，施工过程中沥青面层外形尺寸的质量控制标准如表 5.4-6 所列，沥青表面处治交工检查与验收质量标准如表 5.4-7 所列。

沥青表面处治路面施工中工程质量的控制标准　　表 5.4-5

序号	检查项目	检查频率	质量要求或允许偏差（单点检验）		试验方法
			城市快速路、主干路	其他城市道路	
1	外观	随时		集料嵌挤密实，沥青撒布均匀，无花白料	目测
2	集料撒布量	不少于 1～2 次/d	—	接头无油包，符合规范的规定	按相应施工长度的实际用量计算
3	沥青撒布量	不少于 1～2 次/d	—	符合规范的规定	
4	沥青撒布温度	每车 1 次		符合规范的规定	温度计测量

审核人		交接人		接受交底人	

续表

工程名称		施工单位		编号	
序号	项目	沥青路表面处治施工技术交底内容			
7	质量标准	（见下）			

沥青表面处治路面施工中外形尺寸质量的控制标准　　表 5.4-6

序号	检查项目	检查频率（每一幅车行道）	质量要求或允许偏差（单点检验）		试验方法
			城市快速路、主干路	其他城市道路	
1	厚度	不少于 $2000m^2$ 1 点	—	−5mm	挖坑（路中及路侧各一点）
2	平整度（最大间隙）	随时	—	−10mm	用 3m 直尺检测
3	宽度	设计断面逐个检测	—	±30mm	用尺量
4	横坡度	设计断面逐个检测	—	±0.5%	用横断面仪或水准仪检测

沥青表面处治交工检查与验收质量标准　　表 5.4-7

序号	检查项目		检查频率	质量要求或允许偏差（单点检验）		试验方法
				城市快速路、主干路	其他城市道路	
1	外观		全线	—	密实，不松散	目测
2	厚度	代表值	每 $5000m^2$ 1 点	—	表处−8mm	挖坑
		极值	每 $5000m^2$ 1 点	—	表处−8mm	挖坑
3	平整度	标准差	全线连续	—	表处 4.5mm	3m 平整度仪
		最大间隙	每 200m 2 处，各连续 3.3m	—	表处 10mm	3m 直尺
4	宽度	有侧石 无侧石	每 100m 2 个断面 每 100m 2 个断面	—	±3cm 不小于设计宽度	用尺量 用尺量
5	纵断面高程		每 100m 2 个断面	—	±20mm	水准仪
6	横坡度		每 100m 2 个断面	—	±0.4%	水准仪
7	沥青用量		每 $5000m^2$ 1 点	—	±0.5%	抽提
8	矿料用量		每 $5000m^2$ 1 点	—	±5%	抽提后筛分

（2）按照国家行业标准《市政道路工程质量检验评定标准》CJJ 1—90 的规定：①表面应平整、密实，不得有松散、裂缝、油包、油丁、波浪、泛油等现象；②沥青浇洒应均匀，不得污染其他构筑物；③嵌缝料必须扫墁均匀，不得有重叠现象；④沥青用量应满足有关规范要求；⑤沥青表面处治面层允许偏差应符合表 5.4-8 的规定。

审核人		交接人		接受交底人	

续表

工程名称		施工单位		编号	
序号	项目	沥青路表面处治施工技术交底内容			
7	质量标准	见下表			

沥青表面处治面层允许偏差　　表 5.4-8

序号	检查项目	允许偏差（mm）	检查频率			试验方法
			范围	点数		
1	平整度	10	20m	路宽（m）	<9	1	用3m直尺量取最大值
					9～15	2	
					>15	3	
2	宽度	−20	40m	1			用尺量
3	中线高程	±20	20m	1			用水准仪具测量
4	横坡	±20 且不大于 ±1%	20m	路宽（m）	<9	2	用水准仪具测量
					9～15	4	
					>15	6	

注：在旧路上进行表面处治，可不检查中线高程和横坡。

审核人		交接人		接受交底人	

5.5　沥青路贯入式面层施工技术交底

沥青路贯入式面层施工技术交底　　表 5-5

工程名称		施工单位		编号	
序号	项目	沥青路贯入式面层施工技术交底内容			
1	概述	（1）所谓沥青贯入式路面是在初步压实的碎石层上浇筑沥青，再分层撒铺嵌缝料和浇洒沥青，并通过分层压实而形成的一种较厚路面面层，其厚度通常为4～8cm，但乳化沥青贯入式路面的厚度不宜超过5cm。沥青贯入式路面适用于二级及二级以下的公路、城市道路的次干路及支路。沥青贯入层也可作为沥青混凝土路面的联结层。 （2）沥青贯入式路面具有强度较高、稳定性好、施工简便和不易产生裂缝等优点。由于沥青贯入式路面主要取决于矿料间的嵌挤作用，受温度变化影响较小，故温度稳定性较好。其缺点是沥青不易均匀洒布在矿料中，在矿料密实处沥青不易贯入，而在矿料空隙较大处，沥青又容易结成块，因而强度不够均匀。 （3）当贯入上部加铺拌合的沥青混合料面层时，总厚度适宜为6～10cm，其中拌合厚度宜为3～4cm。此种结构一般称之为沥青上拌下贯式路面。 （4）沥青贯入式路面是一种多孔隙结构，为了防止表面水的渗入，增强路面的水稳性，使路面面层坚固密实，贯入式路面必须加铺封层或加铺拌合层，但当用作联结层时可不撒表面封层料。乳化沥青贯入式路面铺筑在半刚性基层上时，应铺筑下封层。 （5）沥青贯入式路面根据沥青贯入深度的不同，可分深贯入式及浅贯入式，深贯入式的深度为6～8cm，浅贯入式的深度为4～5cm。			
审核人		交接人		接受交底人	

续表

工程名称		施工单位		编号	
序号	项目	沥青路贯入式面层施工技术交底内容			

2　一般规定

（1）沥青贯入式路面的最上层应撒布封层料或加铺拌合层。当乳化沥青贯入式路面铺筑在半刚性基层上时，应铺筑下封层。当沥青贯入层作为连接层时，可不撒表面封层料。

（2）沥青贯入式面层施工程序：①在验收合格的基层，进行中线、高程放样；②铺砌路缘石、平石，洒透层油；③摊铺主层石料，检查松铺厚度，进行碾压、整形；③洒布第一遍沥青，撒第一遍嵌缝料，进行碾压并扫匀；④洒布第二遍沥青，撒第二遍嵌缝料，进行碾压、初期养护；⑤进行罩面沥青，撒第三遍嵌缝料，进行碾压、初期养护。

（3）沥青贯入式路面宜在干燥和较热的季节施工，并宜在雨期及日最高温度低于 15℃到来以前半个月结束，使贯入式结构层通过开放交通碾压成型。

（4）石油沥青和煤沥青不可混合使用，当使用煤沥青时，操作人员要采取防护措施，采用贯入式其沥青标号详见表 5.5-1。当石料与沥青黏附性较差时，在沥青中可掺表面活化剂。

贯入式面层用沥青标号　　　　表 5.5-1

种面种类	适用沥青标号	
	石油沥青	煤沥青
沥青贯入式上拌下贯式的下贯部分	AH-90　A-60	T-7　RT-12
	A-100　A-140	RT-11　RT-10

注：1. 6 月、7 月、8 月、9 月用较稠沥青；4 月、5 月、10 月、11 月用较稀沥青。
2. 12 月、1 月、2 月、3 月只有在气温符合要求时用最稀沥青。

（5）洒布时沥青加热温度应符合表 5.5-2 的规定。

洒布施工时各种沥青的温度　　　　表 5.5-2

沥青种类	沥青标号	一般用途	适宜洒布温度（℃）
石油沥青	AH-90　AH-110 A-100　A-60	贯入式，沥青稳定碎石，表面处治，热沥青封层	150～170
	A-140		140～160
煤沥青	T-7　RT-12 RT-11　RT-10	贯入式，沥青稳定碎石，表面处治，热沥青封层	100～120

3　对原材料质量要求

（1）沥青贯入式路面的骨料应选择有棱角、嵌挤性好的坚硬石料，其规格和用量应根据贯入层厚度按表 5.5-3～表 5.5-10 选用。当使用破碎砾石时，其破碎面应符合表 5.5-10 的要求。

（2）沥青贯入层主层集料中大于粒径范围中值的数量不得少于 50%。细粒料含量偏多时，嵌缝料用量宜采用低限。表面不加铺拌合层的贯入式路面，在施工结束后每 1000m^3 应另备 2～3m^3 石屑或粗砂等，供初期养护使用，石屑或粗砂的规格应与最后一层嵌缝料规格相同。

（3）沥青贯入层的主层骨料最大粒径宜与贯入层厚度相同。当采用乳化沥青时，主层骨料最大粒径可采用厚度的 0.8～0.85 倍，数量宜按压实系数 1.25～1.30 计算。

审核人		交接人		接受交底人	

续表

工程名称		施工单位		编号	
序号	项目	沥青路贯入式面层施工技术交底内容			
3	对原材料质量要求	见下文			

（4）沥青贯入式路面的结合料可采用黏稠石油沥青、煤沥青或乳化沥青等材料，并应符合以下要求：

1）当采用石油沥青时，沥青用量应按表 5.5-3～表 5.5-10 选定，沥青标号按表 5.2-4 选用；

2）当采用煤沥青时，沥青用量应相应增加 15%～20%，沥青标号应按表 5.2-4 选用；

3）当采用乳化沥青时，乳液用量应根据表 5.5-3～表 5.5-10 所列的乳液用量并按其中的沥青含量进行折算。乳化沥青的标号应按表 5.2-5 选用。

沥青贯入式面层材料规格和用量（方孔筛）　　表 5.5-3

（用量单位：集料为 $m^3/1000m^2$，沥青及沥青乳液为 kg/m^2）

序号	沥青品种	石油沥青					
	厚度（cm）	4		5		6	
	规格和用量	规格	用量	规格	用量	规格	用量
1	封层料	S14	3～5	S14	3～5	S13（S14）	4～6
2	第三遍沥青		1.0～1.2		1.0～1.2		1.0～1.2
3	第二遍嵌缝料	S12	6～7	S11（S10）	10～12	S11（S10）	10～12
4	第二遍沥青		1.6～1.8		1.8～2.0		2.0～2.2
5	第一遍嵌缝料	S10（S9）	12～14	S8	16～18	S8（S6）	16～18
6	第一遍沥青		1.8～2.1		2.4～2.6		2.8～3.0
7	主要层石料	S5	45～50	S4	55～60	S3（S2）	66～76
8	沥青总用量		4.4～5.1		5.2～5.8		5.8～6.4

序号	沥青品种	石油沥青				乳化沥青			
	厚度（cm）	7		8		4		5	
	规格和用量	规格	用量	规格	用量	规格	用量	规格	用量
1	封层料	S13(S14)	4～6	S13(S14)	4～6	S14	4～6	S14	4～6
2	第五遍沥青								0.8～1.0
3	第四遍嵌缝料							S13(S14)	5～6
4	第四遍沥青						0.8～1.0		1.2～1.4
5	第三遍嵌缝料					S14	5～6	S12	7～9
6	第三遍沥青		1.0～1.2		1.0～1.2		1.4～1.6		1.5～1.7
7	第二遍嵌缝料	S10(S11)	11～13	S10(S11)	11～13	S12	7～8	S10	9～11
8	第二遍沥青		2.4～2.6		2.6～2.8		1.6～1.8		1.6～1.8
9	第一遍嵌缝料	S6(S8)	18～20	S6(S8)	20～22	S9	12～14	S8	10～12
10	第一遍沥青		3.3～3.5		4.0～4.2		2.2～2.4		2.6～2.8
11	主要层石料	S3	80～90	S1(S2)	95～100	S5	40～45	S4	50～55
12	沥青总用量		6.7～7.3		7.6～8.2		6.0～6.8		7.5～8.5

注：1. 煤沥青贯入式的沥青用量可比石油沥青用量增加 15%～20%。

2. 表中乳化沥青用量是指乳液的用量，并适用于乳液浓度约为 60%的情况。

3. 在高寒地区及干旱风沙大的地区，可超出高限 5%～10%。

审核人		交接人		接受交底人	

续表

工程名称		施工单位		编号	
序号	项目	沥青路贯入式面层施工技术交底内容			
3	对原材料质量要求	(5)贯入式路面各层结合料的用量应根据施工气温及沥青标号等在规定范围内选用，在气温较低的寒冷地区，或沥青针入度较小时，沥青用量宜采用高限。在低温潮湿气候下用乳化沥青贯入时，应按乳液总用量不变的原则进行调整，上层应比正常情况适当增加，下层应比正常情况适当减少。			

沥青贯入式面层材料规格和用量(圆孔筛)　　表 5.5-4

(用量单位：集料为 $m^3/1000m^2$，沥青及沥青乳液为 kg/m^2)

序号	沥青品种	石油沥青					
	厚度(cm)	4		5		6	
	规格和用量	规格	用量	规格	用量	规格	用量
1	封层料	S14	3～5	S14	3～5	S13(S14)	4～6
2	第三遍沥青		1.0～1.2		1.0～1.2		1.0～1.2
3	第二遍嵌缝料	S12	6～7	S11(S10)	10～12	S11(S10)	10～12
4	第二遍沥青		1.6～1.8		1.8～2.0		2.0～2.2
5	第一遍嵌缝料	S10	12～14	S9	16～18	S9	16～18
6	第一遍沥青		1.8～2.1		2.4～2.6		2.8～3.0
7	主要层石料	S6	45～50	S5	55～60	S4(S3)	66～76
8	沥青总用量		4.4～5.1		5.2～5.8		5.8～6.4

序号	沥青品种	石油沥青				乳化沥青			
	厚度(cm)	7		8		4		5	
	规格和用量	规格	用量	规格	用量	规格	用量	规格	用量
1	封层料	S13(S14)	4～6	S13(S14)	4～6	S14	4～6	S14	4～6
2	第五遍沥青							0.8～1.0	
3	第四遍嵌缝料							S14	5～6
4	第四遍沥青						0.8～1.0		1.2～1.4
5	第三遍嵌缝料					S14	5～6	S12	7～9
6	第三遍沥青		1.0～1.2		1.0～1.2		1.4～1.6		1.5～1.7
7	第二遍嵌缝料	S10(S11)	11～13	S10(S11)	11～13	S12	7～8	S10	9～11
8	第二遍沥青		2.4～2.6		2.6～2.8		1.6～1.8		1.6～1.8
9	第一遍嵌缝料	S6(S9)	18～20	S9(S8)	20～22	S9	12～14	S7	10～12
10	第一遍沥青		3.3～3.5		4.0～4.2		2.2～2.4		2.6～2.8
11	主要层石料	S2	80～90	S2	95～100	S6	40～45	S5	50～55
12	沥青总用量		6.7～7.3		7.6～8.2		6.0～6.8		7.5～8.5

注：1. 煤沥青贯入式的沥青用量可比石油沥青用量增加 15%～20%。
2. 表中乳化沥青用量是指乳液的用量，并适用于乳液浓度约为 60%的情况。
3. 在高寒地区及干旱风沙大的地区，可超出高限 5%～10%。

审核人		交接人		接受交底人	

续表

工程名称		施工单位		编号	
序号	项目	沥青路贯入式面层施工技术交底内容			
3	对原材料质量要求	见下表			

表面加铺拌合层时贯入层部分层材料规格和用量(方孔筛)　　表 5.5-5

(用量单位：集料为 $m^3/1000m^2$，沥青及沥青乳液为 kg/m^2)

序号	沥青品种	石油沥青					
	厚度(cm)	4		5		6	
	规格和用量	规格	用量	规格	用量	规格	用量
1	第二遍嵌缝料	S12	5～6	S12(S11)	7～9	S12(S11)	7～9
2	第二遍沥青		1.4～1.6		1.6～1.8		1.6～1.8
3	第一遍嵌缝料	S10(S9)	12～14	S8	16～18	S8(S7)	16～18
4	第一遍沥青		2.0～2.3		2.6～2.8		3.2～3.4
5	主要层石料	S5	45～50	S4	55～60	S3(S2)	66～76
6	沥青总用量		3.4～3.9		4.2～4.6		4.8～5.2

序号	沥青品种	石油沥青		乳化沥青			
	厚度(cm)	7		5		6	
	规格和用量	规格	用量	规格	用量	规格	用量
1	第四遍嵌缝料					S14	4～6
2	第四遍沥青						1.3～1.5
3	第三遍嵌缝料			S14	4～6	S12	8～10
4	第三遍沥青				1.4～1.6		1.4～1.6
5	第二遍嵌缝料	S10(S11)	8～10	S12	9～10	S9	8～12
6	第二遍沥青		1.7～1.9		1.8～2.0		1.5～1.7
7	第一遍嵌缝料	S6(S8)	18～20	S8	15～17	S6	24～26
8	第一遍沥青		4.0～4.2		2.5～2.7		2.4～2.6
9	主要层石料	S2(S3)	80～90	S4	50～55	S3	50～55
10	沥青总用量		5.7～6.1		5.9～6.2		6.7～7.2

注：1. 煤沥青贯入式的沥青用量可比石油沥青用量增加 15%～20%。
2. 表中乳化沥青用量是指乳液的用量，并适用于乳液浓度约为 60%的情况。
3. 在高寒地区及干旱风沙大的地区，可超出高限 5%～10%。
4. 表面加铺拌合层部分的材料规格及沥青(或乳化沥青)用量按热拌沥青混合料(或常温沥青碎石混合料路面)的有关规定执行。

审核人		交接人		接受交底人	

续表

工程名称		施工单位		编号	
序号	项目	沥青路贯入式面层施工技术交底内容			
3	对原材料质量要求	（见下表）			

表面加铺拌合层时贯入层部分层材料规格和用量(圆孔筛)　　表 5.5-6

(用量单位：骨料为 $m^3/1000m^2$，沥青及沥青乳液为 kg/m^2)

序号	沥青品种	石油沥青					
	厚度(cm)	4		5		6	
	规格和用量	规格	用量	规格	用量	规格	用量
1	第二遍嵌缝料	S12	5～6	S12(S11)	7～9	S12(S11)	7～9
2	第二遍沥青		1.4～1.6		1.6～1.8		1.6～1.8
3	第一遍嵌缝料	S10(S11)	12～14	S9	16～18	S9	16～18
4	第一遍沥青		2.0～2.3		2.6～2.8		3.2～3.4
5	主要层石料	S6	45～50	S5	55～60	S4	66～76
6	沥青总用量		3.4～3.9		4.2～4.6		4.8～5.2

序号	沥青品种	石油沥青		乳化沥青			
	厚度(cm)	7		5		6	
	规格和用量	规格	用量	规格	用量	规格	用量
1	第四遍嵌缝料					S14	4～6
2	第四遍沥青						1.3～1.5
3	第三遍嵌缝料			S14	4～6	S12	8～10
4	第三遍沥青			1.4～1.6			1.4～1.6
5	第二遍嵌缝料	S10(S11)	8～10	S12	9～10	S10	8～12
6	第二遍沥青		1.7～1.9		1.8～2.0		1.5～1.7
7	第一遍嵌缝料	S9(S8)	18～20	S9	15～17	S8(S9)	24～26
8	第一遍沥青		4.0～4.2		2.5～2.7		2.4～2.6
9	主要层石料	S4(S2)	80～90	S5	50～55	S4	50～55
10	沥青总用量		5.7～6.1		5.9～6.2		6.7～7.2

注：1. 煤沥青贯入式的沥青用量可比石油沥青用量增加15%～20%。
2. 表中乳化沥青用量是指乳液的用量，并适用于乳液浓度约为60%的情况。
3. 在高寒地区及干旱风沙大的地区，可超出高限5%～10%。
4. 表面加铺拌合层部分的材料规格及沥青(或乳化沥青)用量按热拌沥青混合料(或常温沥青碎石混合料路面)的有关规定执行。

审核人		交接人		接受交底人	

续表

工程名称		施工单位		编号	
序号	项目	沥青路贯入式面层施工技术交底内容			
3	对原材料质量要求	见下文			

(6)沥青贯入式路面的主层集料可采用碎石摊铺机或人工摊铺。嵌缝料宜采用集料撒布机撒布。沥青贯入式路面在施工时，应采用沥青洒布车喷洒各种液态沥青材料(包括热态沥青、乳化沥青)。洒布时车速和喷洒量应保持稳定。沥青洒布车在整个宽度内喷洒应均匀。沥青贯入式路面施工的压路机宜采用 6～8t 及 8～10t 的振动式压路机。其主层集料宜用钢筒式压路机碾压。

沥青贯入式面层材料规格和用量　　表 5.5-7

厚度(cm)	石材								石油沥青(kg/m²)			
	主层		第一遍嵌缝料		第二遍嵌缝料		封层料		分次用量			合计
	粒径规格(mm)	数量(m^3/1000m^2)	粒径规格(mm)	数量(m^3/1000m^2)	粒径规格(mm)	数量(m^3/1000m^2)	粒径规格(mm)	数量(m^3/1000m^2)	1	2	3	
4	20～40	44	10～20或15～20	12～14	5～10	7～8	3～5	3～5	1.8～2.7	1.6～1.8	1.0～1.2	4.4～5.0
5	30～50	55	15～25	16～18	5～15	10～12	3～5	3～5	2.4～2.6	1.8～2.0	1.0～1.2	5.2～5.8
6	30～60或40～60	66	15～25或15～30	16～18	15～25或10～15	10～12	3～8或5	4～6	2.8～3.0	2.0～2.2	1.0～1.2	5.8～6.4
7	30～70	80	15～30或25	18～20	10～15	11～13	3～8或5	4～6	3.3～3.5	2.4～2.6	1.0～1.2	6.7～7.3
8	30～70或40～70	96	15～30或25	20～22	10～15	11～13	3～8或5	4～6	4.0～4.2	2.6 2.8～	1.0～1.2	7.6～8.2

注：采用煤沥青时，按石油沥青用量增加 20%。

沥青上拌下贯入式面层下贯部分材料规格和用量　　表 5.5-8

厚度(cm)	石材								石油沥青(kg/m²)		
	主层		第一遍嵌缝料		第二遍嵌缝料		封层料		分次用量		合计
	粒径规格(mm)	数量(m^3/1000m^2)	粒径规格(mm)	数量(m^3/1000m^2)	粒径规格(mm)	数量(m^3/1000m^2)	粒径规格(mm)	数量(m^3/100m^2)	1	2	
4	20～40或25～35	50	5～15	14	3～5	5	上拌料由设计及大型拌合工厂定		2.5	1.5	4.0
5	30～50或35～50	55	15～25	18	5～15	8			3.0	1.8	4.8
6	30～60或35～50	66	15～25	18	5～15	8			3.8	1.8	5.6
7	30～70或35～65	80	15～25	20	5～15	8			4.6	2.0	6.6

注：当上拌与下贯不能连续施工，中间需短期开放交通时，下贯部分第二遍嵌缝料应增加 $3m^3/100m^2$。

审核人		交接人		接受交底人	

续表

工程名称		施工单位		编号	

序号	项目	沥青路贯入式面层施工技术交底内容
3	对原材料质量要求	（见下表 5.5-9、表 5.5-10）

贯入式面层石油沥青的规格要求　　表 5.5-9

序号	试验项目 \ 气温条件	气温在 25℃以上时	气温在 10～25℃时
1	针入度 25℃	101～120	120～150
2	软化点(环球法)(℃)	大于 40	大于 30
3	延度℃(cm)	大于 0	大于 60
4	相对密度	1	1
5	溶解度(三氯甲烷苯)	大于 90	大于 99
6	蒸发减量 160℃，5h 重量损失(%)	小于 1	小于 1
7	蒸发后残留物针入度为原始针入度(%)	大于 60	大于 60
8	含水溶物质重量(%)	不大于 0.3	不大于 0.2
9	加热温度(熬油或烤油)(℃)	130～160	130～160

贯入式面层煤沥青的规格要求　　表 5.5-10

序号	试验项目 \ 气温条件		气温在 25℃以上时	气温在 10～25℃时
1	软化点(环球法)(℃)		32～35	30～33
2	浮游试验 50(℃)(s)		151～200	75～150
3	蒸馏后损失的重量(%)	至 170(℃)	不大于 1	不大于 1
		至 270(℃)	不大于 8	不大于 8
		至 300(℃)	不大于 16	不大于 16
4	蒸馏后留残留物软化点(环球法)(℃)		40～70	40～70
5	相对密度		1.20～1.25	1.20～1.25
6	加热温度(熬油或烤油)(℃)		不大于 120	不大于 120

4　施工前的准备

(1)沥青贯入式路面施工前，基层应清扫干净。当需要安装路缘石时，应在路缘石安装完成以后施工。乳化沥青贯入式路面必须浇洒透层或黏层沥青。当沥青贯入式路面厚度小于或等于 5cm 时，也应浇洒透层或黏层沥青。

(2)测量放线：根据路面的设计宽度和厚度放出路中心线和边线并放好平砖，以便控制摊铺主层石料松厚的高度。

(3)材料布置：根据定额计算主层石料用量，分段堆置于已经整理的基础上，各层嵌缝料亦应根据定额用量分别堆置于路肩或路外空地上，如有条件，则在铺筑面层过程中陆续运到现场配合进行为宜。石料用量见表 5.5-11 所列。

(4)选定熬油场址：当采用人工喷油，需要现场熬油时，应选择地点适中、运输便利的场地，避免在建筑物、树林或电线等处附近熬油，以防火灾。并应准备灭火器和砂等防火用品。

(5)事先安好路缘石、平石等，背后填土夯实，宽度不小于 50cm。内侧用碎石嵌严，以防碾压挤歪。各种沥青贯入式面层施工总程序，见表 5.5-12 所列。

审核人		交接人		接受交底人	

续表

工程名称		施工单位		编号	
序号	项目	沥青路贯入式面层施工技术交底内容			
4	施工前的准备	（见下表）			

沥青贯入式面层材料用量参考表　　表 5.5-11

贯入深度(cm)			6～8(深贯入)		3～5(浅贯入)		6～7(砾石贯入)	
面层石料厚度(cm)			10		10		8	
	层次	单位	规格(mm)	用量	规格(mm)	用量	规格(mm)	用量
材料用量	碎石层	$m^3/100m^2$	30～70	14～14.2	30～70	14～14.2	30～70 砾石	11.0
	碎石层表面嵌缝	$m^3/100m^2$	—	—	15～25	1.0～1.2	—	—
	第一遍嵌缝料	$m^3/100m^2$	15～25	1.6～1.8	10～15	1.1～1.3	15～25 砾石或碎石	1.6～1.8
	第二遍嵌缝料	$m^3/100m^2$	10～15	1.1～1.2	5～10	0.7～0.8	10～15 砾石或碎石	1.0～1.1
	罩面	$m^3/100m^2$	2～10(8)石屑<7 砾石或粗砂	0.8	—	0.8	2～10(8)石屑<7 砾石	0.5
	第一遍	kg/m^2	石油煤沥青	3.5 4.3	石油煤沥青	2.8 3.1	石油煤沥青	2.7 3.3
	第二遍	kg/m^2	石油煤沥青	2.5 3.0	石油煤沥青	1.5 2.0	石油煤沥青	2.5 3.0
	罩面	kg/m^2	石油煤沥青	1～1.1 1.2～1.35	石油煤沥青	1.0～1.1 1.8	石油煤沥青	1.0 1.2

各种沥青贯入式面层施工程序表　　表 5.5-12

施工程序			深贯入			浅贯入		
工序	碾重(t)	细小工序	编号	碾压遍数	材料规格(mm)	编号	碾压遍数	材料规格(mm)
摊铺石料	—	摊铺石料	1	—	30～70(碎、砾石)	1	—	30～70
碾压材料	稳定6～8	初压	2	1～2	—	2	1～2	—
		修整路型局部找补	3	—		3	—	
		泼水	4	—		4	—	
		碾压	5	3～4		5	3～4	
	压实≥10	碾压、泼水、点补	6	6～8		6	6～8	
嵌缝	>10	嵌缝	—	—	—	7	—	15～25
		碾压				8	3～5	—
第一遍沥青用嵌缝	>10	泼油	7	—	—	9	—	—
		嵌缝	8	—	15～25(碎石)	10	—	10～15
		碾压	9	4～6	—	11	4～6	—
第二遍沥青用嵌缝	>10	泼油	10	—	—	12	—	—
		嵌缝	11	—	10～15(碎石)	13	—	5～10
		碾压	12	6～8	—	14	6～8	—
罩面	8～10	泼油	13	—	—	15	—	—
		撒细集料	14	—	石屑、米砾石或粗砂	16	—	石屑、米砾石或粗砂
		碾压	15	2～4	—	17	2～4	—
总碾压遍数			22～32			25～37		

审核人		交接人		接受交底人	

续表

工程名称			施工单位		编号	
序号	项目	沥青路贯入式面层施工技术交底内容				
5	施工工艺	**1. 施工工艺流程** 沥青贯入式路面施工工艺流程如图 5.5-1 所示。 基层验收合格并清扫干净 ↓ 浇洒透层或粘层沥青 ↓ 撒布主层集料 ↓ 初　压 ↓ 浇洒第一遍沥青 ↓ 撒布第一遍嵌缝料 ↓ 碾　压 ↓ 浇洒第二遍沥青 ↓ 撒布第二遍嵌缝料 ↓ 碾　压 ↓ 浇洒第三遍沥青 ↓ 撒布封层料 ↓ 终　压 ↓ 开放交通并初期养护 图 5.5-1　沥青贯入式路面施工工艺流程图 **2. 撒料与碾压** （1）撒布主层集料。撒布时应避免颗粒大小不均，并应检查松铺厚度。撒布后严禁车辆在铺好的骨料层上通行。 （2）主层集料撒布后应采用 6～8t 的钢筒式压路机进行初压，碾压速度应为 2km/h。 1）碾压应自路边缘逐渐移向路中心，每次轮迹应重叠约 30cm，接着应从另一侧以同样方法压至路中心，以此为碾压一遍。然后检验路拱和纵向坡度，当不符合要求时应调整，找平后再压，至集料无显著推移为止；				
审核人		交接人		接受交底人		

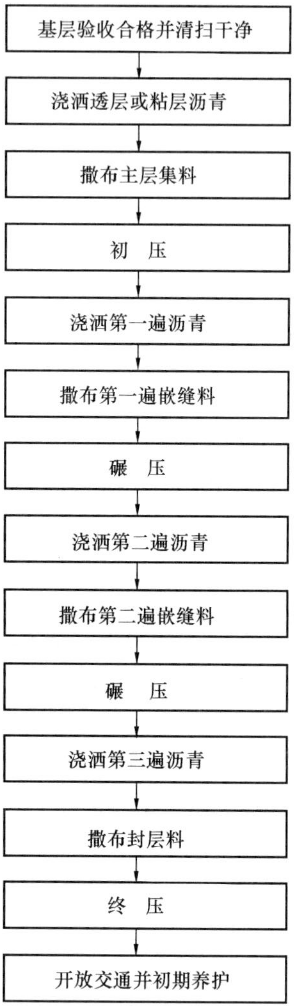

续表

<table>
<tr><td>工程名称</td><td colspan="2"></td><td>施工单位</td><td></td><td>编号</td><td></td></tr>
<tr><td>序号</td><td>项目</td><td colspan="5">沥青路贯入式面层施工技术交底内容</td></tr>
<tr><td>5</td><td>施工工艺</td><td colspan="5">2）然后再用10～12t压路机进行碾压，每次轮迹重叠1/2左右，应碾压4～6遍，直至主层骨料嵌挤稳定，无显著轮迹为止；
3）碾压应做到各点均匀一致，不遗漏，不重复，每次当外侧后轮行至原内侧轮迹前，应跳过一个碾（即大摆轴）再碾压，以免轮迹重叠，造成一点重复受压，路幅全宽上受压不匀；
4）两部以上碾子同时进行时，应互相配合，避免碾压时有遗漏之处；
5）当碎石初压一、二遍后，即应开始找补，在碾压第四遍以前完成全部找补工作。在碾压过程中对路型、高度和平整度要经常检查，发现问题及时纠正，保证路型符合设计要求；
6）当碎石层经初压和找补后，在继续稳渣和压实阶段中，应随碾压随洒水，以利碎石压实，不得干压，以免过分压碎和出现石粉。洒水时应作到勤洒、少洒、洒匀。洒水量以刚湿透碎石层底为宜，不得过大，以免浸泡路基，对喷油不利。每遍洒水间隔要随气候而变，以使碎石经常保持湿润为原则。
（3）各种沥青贯入式路面的压实施工作业参数见表5.5-12所列。
3. 嵌缝
（1）沥青浅贯入式路面在碎石压实后，应先用15～25mm碎石嵌缝，并仔细扫匀，使碎石嵌入或半嵌入缝隙内，洒水后进行碾压。
（2）碾压时应加强扫墁，但要注意不得扫起嵌牢的碎石，碾压3～5遍，至碎石嵌挤紧密、均匀一致时即可停碾，准备喷洒沥青。
4. 喷洒第一遍沥青及嵌缝
（1）喷洒沥青前碎石表面应保持清洁、干燥、无石粉，两侧道牙外露部分应加以覆。盖或抹涂泥浆。
（2）沥青的浇洒温度应按表5.5-2及天气温度的具体情况来选择。当采用乳化沥青贯入时，应防止乳液下漏过多。当主层骨料碾压稳定后，应先撒布一部分上一层嵌缝料，再浇洒主层沥青。乳化沥青在常温下洒布，当气温偏低需要加快破乳速度时，可将乳液加温后洒布，但乳液温度不得超过60℃。
（3）嵌缝料扫匀后用重碾碾压（使用软质碎石用轻碾），随碾压随扫墁，使嵌缝料均匀嵌牢，一般碾压4～6遍。嵌缝料如有浮土或石粉，应在使用前，用5mm筛孔的筛子过筛至少一遍，或用水冲洗干净，晒干后再用。
（4）主层沥青浇洒完成后，应立即撒布第一层嵌缝料，嵌缝料撒布应均匀并应扫匀，不足处应找补。当使用乳化沥青时，石料撒布应在乳液破乳前完成。
（5）嵌缝料扫匀后应立即用8～12t钢筒式压路机进行碾压，轮迹应重叠轮宽的1/2左右，应碾压4～6遍，直至稳定为止。碾压时应随压随扫，并应使嵌缝料均匀嵌入。当气温较高使碾压过程中发生较大推移现象时，应立即停止碾压，待气温稍低时再继续碾压。
5. 喷洒第二遍沥青及嵌缝
（1）第一遍嵌缝料碾压完成后，立即喷洒第二遍沥青。
（2）撒布第二遍嵌缝料要求同前，碾压时应换用12t或12t以上的重碾，每分钟碾速可提高至40m，压至表面平整，稍泛油迹，初步构成密实不透水的面层为止，一般碾压6～8遍。</td></tr>
<tr><td colspan="2">审核人</td><td></td><td>交接人</td><td></td><td>接受交底人</td><td></td></tr>
</table>

续表

<table>
<tr><td>工程名称</td><td></td><td>施工单位</td><td></td><td>编号</td><td></td></tr>
<tr><td>序号</td><td>项目</td><td colspan="4">沥青路贯入式面层施工技术交底内容</td></tr>
<tr><td>5</td><td>施工工艺</td><td colspan="4">（3）碾压中尽量避免找补，如发现嵌缝不匀及漏油处，只补撒少量嵌缝料，并扫匀压实，如有黏碾现象用柴油加水（1∶2～1∶3）混合液喷洒碾轮，或适当补撒少量小一级的嵌缝料。
（4）当沥青贯入式路面表面不撒布封层料，加铺沥青混合料拌合层时，应紧跟贯入层施工，上下应成为一个整体。贯入部分采用乳化沥青时，应待其破乳、水分蒸发且成型稳定后，方可铺筑拌合层。当拌合层与贯入部分不能连续施工，且要在短期内通行施工车辆时，贯入层部分的第二遍嵌缝料用量应增加 2～3m^3/1000m^2。在摊铺拌合层沥青混合料前，应清除贯入层表面的杂物、尘土以及浮动石料，再补充碾压一遍，并应浇洒黏层沥青。
6. 罩面
（1）罩面前应将路面清扫干净，喷洒沥青后，立即撒布一薄层 2～10（8）mm 的石屑或小于 7mm 的米粒石，趁热碾压。
（2）碾压时宜采用 8～10t 中型碾，每分钟碾速 35～40m，随压随扫随补足石屑、米料石等，把粒料压入油中，一般碾压 2～4 遍。
（3）无石屑、米砾石时，在次要道路可使用粗砂罩面，厚度不应大于 5mm，中午温度较高时补充碾压，使粗砂吃入油内。
（4）在沥青凝固、路面压实后，即可开放交通，并继续进行初期养护工作。
7. 沥青上拌下贯式路面施工
（1）沥青贯入式路面若为加铺沥青混合料拌合层时，应紧跟贯入层施工，使其上下成为整体。贯入部分若采用乳化沥青时，应待其破乳、水分蒸发，且成型稳定后方可铺筑拌合层，当拌合层与贯入层不能同步连续施工，且需开放交通时，贯入层的第二层嵌缝料应增加用量 2～3m^3/1000m^2。
（2）在摊铺拌合层沥青混合料前，应清除贯入层表面的杂物、尘土以及浮动石料，再补充碾压一遍，并应浇洒黏层沥青。拌合层的施工，与热拌沥青混合料路面相同。
8. 现场熬油操作方法
（1）油锅在指定地点支搭好后进行加热时，必须有专人看管，油锅旁边必须备有钢板、干砂和松土以防失火。
（2）沥青应事先经试验人员检查合格后方可使用，每日所用的沥青应至少提前半天烤化，倒入油锅内，烤油时应先将油桶桶盖打开，里面如有浮水应倒出后再将油桶放于火旁，并勤转动，使油桶内沥青均匀受热，防止局部温度过高。
（3）对锅内的沥青需用微火慢热，逐渐达到需要温度，并用油勺勤加搅动；沥青加热至需要温度时应将炉火压住，以防超温；石油沥青加热温度规定最高不得超过 170℃，煤沥青不得超过 120℃，烤油或熬油时应经常用温度计检查，如有超过规定加热温度时应由试验人员重新鉴定才能使用。
（4）沥青加热到需要温度，且各处油温均匀一致后，及时用油勺和溜子将沥青掏入油车内，运到工地使用。每次出锅应有记录，不要使沥青在高温下长时间加热或反复加热，以免沥青老化，影响质量。
9. 人工喷油机操作方法
（1）人工喷油机适用于小面积喷油，应作到三均匀：各处油量喷洒均匀，机头左右摆动均匀，压油速度掌握均匀。</td></tr>
<tr><td>审核人</td><td></td><td>交接人</td><td></td><td>接受交底人</td><td></td></tr>
</table>

续表

<table>
<tr><td>工程名称</td><td colspan="2"></td><td>施工单位</td><td></td><td>编号</td><td></td></tr>
<tr><td>序号</td><td>项目</td><td colspan="5">沥青路贯入式面层施工技术交底内容</td></tr>
<tr><td>5</td><td>施工工艺</td><td colspan="5">(2) 石油沥青喷洒时温度规定为160～170℃，煤沥青规定为110～120℃。喷油前应用挡板或涂刷泥浆等方法将道牙或附近建筑物保护好。并在喷油机内安设控制用油量的木标尺，以便于经常检查和控制沥青喷油数量。
(3) 沥青倒入喷油机内后应加热和保温，喷油前先将机头浸入油中预热。温度达到100℃以上时开始压油，使沥青经过胶皮管及机头返入锅中反复多次循环（约需15min)。
(4) 皮管及机头均已预热后，向锅内试喷，油喷出为一均匀扇面时才能开始向路面上喷洒。喷油时机头距地面高度应保持在1～1.2m，压油速度均匀稳定，锅内油量充足时压油速度宜慢；油量减少时压油速度宜快；锅内油量不足1/3时应及时上油，以免出油量不足。
(5) 在路边、检查井和雨水口附近以及前一遍油量偏小或嵌缝料较多处都应适当增大喷油量，同时还根据各处泛油程度掌握喷油量，泛油较大处少喷，泛油小处多喷，以使路面成型均匀一致。
10. 沥青洒布机的操作方法
(1) 操作前的准备工作：
1) 作业前应对汽车本身进行一次常规的全面检查，发现问题及时处理好；
2) 认真检查沥青是否被沥青所凝固。为此，先将分动箱挂上低挡位置，然后缓慢松开离合器踏板，若发现发动机熄火或离合器有拖滞现象，即表明沥青泵齿轮被沥青凝固住，这时要利用手提喷灯烤热沥青泵，直到齿轮泵运转灵活为止；
3) 调整好各操纵阀和洒布管至不同的安装位置，调整时可参照说明书进行。
(2) 操作中的注意事项：在洒布作业时，沥青必须均匀地喷洒在路面上。沥青量过多或过少，都会严重影响路面的使用寿命。所以在洒布过程中应注意下列事项：
1) 要保证沥青在工作温度范围内进行喷洒。如若沥青温度降低，将会增加其黏度，同时也减少其流量；调整好喷嘴的喷射角，使各个相邻喷嘴喷出沥青所形成的喷雾扇或喷雾锥，在其下角能有少量重叠。喷雾扇角和锥角的大小与喷射压力有关。它们下部的重叠量则与喷嘴离地面高度有关，在同喷雾角下，随着喷嘴离地高度的不同，在其下面洒布的宽度也不同。喷嘴离地面高，其洒布宽度就较大，相邻喷嘴所喷沥青的喷雾重叠量就较多；
2) 反之，洒布宽度就较小，重叠量也就较小。对于长缝喷嘴，相邻喷嘴所喷沥青喷雾的重叠程度还同嘴缝与管轴线的交角有关，一般应事前调好交角（25°～30°)。锥孔喷嘴安装位置的高低也影响其洒布宽度及与毗邻喷嘴喷雾的重叠量。一般情况，喷嘴都是事先调整好的，只有喷嘴的离地高度会在施工时随着洒布管位置的高低调整而变化。一般在施工时应将洒布管调整到离地面25cm左右；
3) 要在洒布作业的整个过程中保持一定的喷洒压力，最好是进行恒压洒布。喷雾角是靠一定压力来维持的，此压力在管径与喷孔都是一定的情况下，将随沥青在管内的流速而变化。此流速又同沥青泵的转速与沥青的温度以及洒布量有关，所以工作时应尽可能使沥青泵转速恒定（专用发动机驱动的较易掌握)，并保持沥青在规定的工作温度范围之内；
4) 鉴于洒布量的改变影响管内沥青的压力，所以现代沥青洒布机的洒布管为全循环式，并配有卸压阀。工作时，洒布管始终处于恒压状态；
5) 要保持相邻洒布带之间有一定重叠量，横缝重叠量一般为10～15cm。纵缝重叠量一般为20～30cm。为了确保横向重叠控制在一定范围之内，沥青洒布机应在起点前约5～10m处起步，到洒布点时应迅速打开喷嘴开关，避免横向接头处有过多的沥青；</td></tr>
<tr><td>审核人</td><td></td><td>交接人</td><td></td><td>接受交底人</td><td colspan="2"></td></tr>
</table>

续表

<table>
<tr><td>工程名称</td><td colspan="2"></td><td>施工单位</td><td></td><td>编号</td><td></td></tr>
<tr><td>序号</td><td>项目</td><td colspan="5">沥青路贯入式面层施工技术交底内容</td></tr>
<tr><td>5</td><td>施工工艺</td><td colspan="5">6）每台班操作结束后，要先将管路中的残留沥青吸净，并排空沥青罐，然后注入适量柴油，对管路进行循环清洗。如长期不用，还要及时拆洗沥青滤清器、阀和喷嘴等。
11. 季节性施工
沥青贯入式路面宜在干燥和较热的季节进行施工，并宜在雨季及日最高温度低于15℃到来以前半个月结束，使贯入式结构层通过开放交通碾压成型。当气温低于10℃时，应采取低温施工措施；气温低于5℃时不宜施工。在低温施工时应注意以下几点：
（1）碾压碎石应尽量少泼水，选用较稀软的沥青，贯入层宜选用针入度为170～200的石油沥青，或用软化点为30～33℃的煤沥青；罩面用软化点为27～30℃的煤沥青。
（2）喷油时间宜在上午10时～下午3时，且地表温度不低于5℃时进行，应随喷油随撒嵌缝料，每次洒布长度不宜过长，喷油要均匀，一次喷足，不要找补，有风天气避免喷油。</td></tr>
<tr><td>6</td><td>开放交通及养护</td><td colspan="5">（1）沥青贯入式路面在终压结束后即可开放交通。在通车初期应设专人指挥交通或设置障碍物控制行车量，并使路面全部宽度均匀压实。在路面完全成型前应限制行车速度不超过20km/h，严禁兽力车和铁轮车行驶。
（2）沥青贯入式路面应进行初期养护。当发现有泛油时，应在泛油处补撒嵌缝料，嵌缝料应与最后一层石料规格相同，并应扫匀。当有过多的浮动集料时，应扫出路面，并不得搓动已经黏着在位的集料。如有其他破坏现象，也应及时进行修补。</td></tr>
<tr><td>7</td><td>质量标准</td><td colspan="5">（1）对于贯入式沥青路面的路面施工验收工作，必须严格按照国家标准《沥青路面施工及验收规范》GB 50092—96的规定：
1）沥青面层施工过程中工程质量的控制标准如表5.5-13所列；

贯入式沥青面层施工过程中工程质量的控制标准　　表5.5-13
<table><tr><td rowspan="2">序号</td><td rowspan="2">检查项目</td><td rowspan="2">检查频率</td><td colspan="2">质量要求或允许偏差（单点检验）</td><td rowspan="2">试验方法</td></tr><tr><td>城市快速路、主干路</td><td>其他城市道路</td></tr><tr><td>1</td><td>外观</td><td>随时</td><td></td><td>集料嵌挤密实，沥青撒布均匀无花白料，接头无油包</td><td>目测</td></tr><tr><td>2</td><td>集料撒布量</td><td>不小于1～2次/d</td><td></td><td>符合规范的要求</td><td>按相应施工长度实际用量计算</td></tr><tr><td>3</td><td>沥青撒布量</td><td>不小于1～2次/d</td><td></td><td>符合规范的要求</td><td>按相应施工长度实际用量计算</td></tr><tr><td>4</td><td>沥青撒布温度</td><td>每车1次</td><td></td><td>符合规范的要求</td><td>温度计测量</td></tr></table>
2）施工过程中沥青面层外形尺寸的质量控制标准如表5.5-14所列；
3）沥青贯入式路面面层交工检查与验收质量标准如表5.5-15所列。
（2）按照国家行业标准《城镇道路工程施工与质量验收规范》CJJ 1—2008的规定，沥青贯入式路面面层质量应符合下列要求：
1）表面应平整、密实、不得有松散、裂缝、油包、油丁、波浪、泛油等；
2）面层用12t以上压路机碾压后，不得有明显轮迹。沥青贯入应深透，浇洒应均匀，不得污染其他构筑物；
3）嵌缝料必须扫墁均匀，不得有重叠现象。面层与路缘石及其他构筑物应接顺，不得有积水现象；
4）沥青用量应满足有关规范要求，沥青贯入式面层允许偏差应符合表5.5-16的规定。</td></tr>
<tr><td>审核人</td><td></td><td>交接人</td><td></td><td>接受交底人</td><td colspan="2"></td></tr>
</table>

续表

工程名称		施工单位		编号	
序号	项目	沥青路贯入式面层施工技术交底内容			
7	质量标准				

贯入式路面施工中沥青面层外形尺寸的质量控制标准　　表 5.5-14

序号	检查项目	检查频率	质量要求或允许偏差（单点检验）		试验方法
			城市快速路、主干路	其他城市道路	
1	厚度	不少于每 2000m²1 点		～8%或～5mm	挖坑
2	平整度（最大间隙）	随时		8mm	用 3m 直尺检测
3	宽度	设计断面逐个检测		±30mm	用尺量
4	横坡度	设计断面逐个检测		0.5%	用横断面仪或水准仪检测

贯入式路面层交工检查与验收质量标准（城市道路）　　表 5.5-15

序号	检查项目		检查频率（每一辆车行道）	质量要求或允许偏差		试验方法
				城市快速路、主干路	其他城市道路	
1	外观		全线		密实，不松散	目测
2	厚度	代表值	每 5000m² 1 点		贯入－15mm	挖坑
		极值	每 5000m² 1 点		贯入－15mm	挖坑
3	平整度	标准值	全线连续		贯入 3.5mm	3m 平整度仪
		最大间距	每 200m² 处，各连续 10 尺		贯入 8mm	3m 直尺
4	宽度	有侧石	每期 100m² 个断面		±3cm	用直尺
		无侧石	每期 100m² 个断面		不小于设计宽度	用直尺
5	纵断面高程		每期 100m² 个断面		±20mm	水准仪
6	横坡度		每期 100m² 个断面		±0.4%	水准仪
7	沥青用量		每 5000m²1 点		±0.5%	抽提
8	矿料用量		每 5000m²1 点		±5%	抽提后筛分

沥青贯入式面层质量标准及检验频率　　表 5.5-16

<table>
<tr><th rowspan="2">序号</th><th rowspan="2" colspan="2">主要项目</th><th rowspan="2">单位</th><th colspan="2">质量要求或允许偏差</th><th colspan="4">检验频率</th><th rowspan="2">试验方法</th></tr>
<tr><th>单个测定值</th><th>统计值 a_1</th><th>范围</th><th colspan="3">点数</th></tr>
<tr><td>1</td><td colspan="2">压实密度</td><td>t/m³</td><td>≥2.15</td><td>≥2.15</td><td>2000m²</td><td colspan="3">1</td><td>灌砂法</td></tr>
<tr><td rowspan="2">2</td><td rowspan="2">厚度</td><td>面层</td><td>mm</td><td>+20，−5</td><td>+20，−5</td><td rowspan="2">2000m²</td><td rowspan="2" colspan="3">1</td><td rowspan="2">用钢尺量</td></tr>
<tr><td>连接层
下面层</td><td>mm</td><td>−10</td><td>−10 以内</td></tr>
<tr><td rowspan="5">3</td><td rowspan="3">平整度
（1）</td><td>面层</td><td>mm</td><td>≤7</td><td>—</td><td rowspan="3">20m</td><td rowspan="3">路宽
（m）</td><td><9</td><td>1</td><td rowspan="3">用 3m 直尺，塞尺量取最大值</td></tr>
<tr><td rowspan="2">连接层
下面层</td><td rowspan="2">mm</td><td rowspan="2">≤10</td><td rowspan="2">≤10</td><td>9～15</td><td>2</td></tr>
<tr><td>>15</td><td>3</td></tr>
<tr><td rowspan="2">平整度
（2）</td><td rowspan="2">面层</td><td rowspan="2">mm</td><td rowspan="2">—</td><td rowspan="2">≤4</td><td rowspan="2">100m</td><td colspan="2">≤20</td><td>2</td><td rowspan="2">3m 平整度仪，1m 测 1 点，100m 计算成本个 σ 值（a_3）</td></tr>
<tr><td colspan="2">>20</td><td>4</td></tr>
</table>

审核人		交接人		接受交底人	

续表

工程名称		施工单位		编号	
序号	项目	沥青路贯入式面层施工技术交底内容			
7	质量标准	（见下表）			

续表

序号	主要项目	单位	质量要求或允许偏差		检验频率				试验方法
			单个测定值	统计值 a_1	范围	点数			
4	宽度	mm	−50 以内		100m	1			用钢尺
5	纵断面中心高程	mm	≤±20		20m	1			用水准仪
6	横坡度	百分点	≤±0.3，且不大于面层±10mm，连接层±20mm			路宽	<9	2	用水准仪测量
							9～15	4	
							>15	6	
7	井框与路面的高差	mm	≤5		每座	1			用尺量取最大值
8	弯沉值	—	≤设计规定		20m	布点同横坡度			3m 弯沉仪贝壳曼梁式
9	沥青用量（按规定值）	百分点	≤±5		全线	按施工分段			根据施工用量记录
10	矿料用量（按规定值）	百分点	≤±5		全线	按施工分段			根据施工用量记录

注：1. 沥青贯入式作基层时，其厚度和中线高程的允许偏差按基层要求取值。

2. 弯沉值单位：$\frac{mm}{100}$。

审核人		交接人		接受交底人	

5.6 乳化沥青碎石混合料面层施工技术交底

乳化沥青碎石混合料面层施工技术交底　　表 5-6

工程名称		施工单位		编号	
序号	项目	乳化沥青碎石混合料面层施工技术交底内容			
1	一般规定	（1）所谓乳化沥青碎石混合料路面是指由沥青和级配矿料按一定比例拌合并经碾压而成的路面。其特点是有较好的热稳性，但由于空隙率较大，所以透水性大，用于次高级路面中。 （2）乳化沥青碎石混合料路面的适用范围：乳化沥青碎石混合料适用于城市道路支线的沥青面层和各级道路沥青路面的联接层或整平层。 （3）乳化沥青碎石混合料路面的沥青面层结构和乳化沥青的类型、规格：乳化沥青碎石混合料路面的沥青面层宜采用双层式。下层应采用粗粒式沥青碎石混合料，上层应采用中粒式或细粒式沥青碎石混合料。 （4）单层式只宜在少雨干燥地区或半刚性基层上使用。在多雨潮湿地区必须做上封层或下封层。乳化沥青的类型和规格应符合《公路沥青路面施工技术规范》JTG F40—2004 的要求。			
审核人		交接人		接受交底人	

续表

工程名称			施工单位		编号	
序号	项目	乳化沥青碎石混合料面层施工技术交底内容				
2	原材料要求	(1) 碎石：一般采用抗压强度大于80MPa的2级石料，要求碎石颗粒有棱角、洁净干燥，含泥量不大于2%，针片状颗粒含量不大于15%，不含风化颗粒，与沥青的黏结力在三级以上。 (2) 沥青：通常采用针入度为120～150的石油沥青，延度大于60cm，煤沥青的软化点为32～35℃。当气温高于25℃时，石油沥青针入度为70～90，延度大于60cm，煤沥青软化点为35～38℃，低温施工不应使用煤沥青。 (3) 其他材料质量要求可见“热拌沥青混合料面层”。				
3	施工准备	(1) 基层的准备工作：基层的准备工作，应符合本章“5.3热拌沥青混合料路面施工技术交底”的有关要求。 (2) 材料的准备：进入施工现场的各种材料均应有试验报告和合格证。在施工之前，应对各种材料进行调查试验，经选择确定的材料在施工过程中应保持稳定，不得随意变更。 (3) 施工机具的准备：在施工之前，应对各种施工机具进行全面检查，同时，还应经过调试并使其处于良好的性能状态。应有足够的机械，施工能力应配套，重要机械宜有备用设备。				
4	配合比设计	乳化沥青碎石混合料的配合比设计如下： (1) 乳化沥青碎石混合料应采用合理的矿料级配，并根据已有道路的成功经验经试拌确定配合比。 (2) 乳化沥青碎石混合料的乳液用量可按热拌沥青碎石混合料的沥青用量折算，实际的沥青用量宜根据当地实践经验以及交通量、气候、石料情况、沥青标号、施工机械等条件，比同规格热拌沥青混合料的沥青用量减少15%～20%。				
5	施工工艺	(1) 乳化沥青碎石混合料宜采用拌合厂机械拌合。在条件限制时也可在现场用人工拌制。 (2) 当采用阳离子乳化沥青时，在与乳液拌合前应将骨料用水湿润，集料总含水量应达到5%左右。天气炎热应多加，低温潮湿可少加。当骨料湿润后仍不能与乳液拌合均匀时，应改用破乳速度更慢的乳液，或用1%～3%浓度的氯化钙水溶液代替水预先润湿集料表面。 (3) 混合料的拌合时间应保证乳液与骨料拌合均匀。拌合时间应根据施工现场使用的集料级配情况、乳液裂解速度、拌合机械性能、施工时的气候等具体条件通过试拌确定。机械拌合时间不宜超过30s；人工拌合时间不宜超过60s。 (4) 混合料应具有充分的施工和易性，混合料的拌合、运输和摊铺应在乳液破乳前结束。已拌好的混合料应立即运至现场进行摊铺。在拌合与摊铺过程中已破乳的混合料，应予废弃。 (5) 袋装的乳化沥青混合料，存放时应密封良好，存放期不得超过乳液的破乳时间，拌合时应加入适量的稳定剂。 (6) 拌制的混合料应用沥青摊铺机摊铺。当用人工摊铺时，应采取防止混合料离析的措施。乳化沥青碎石混合料的松铺系数可根据《公路沥青路面施工技术规范》JTG F40—2004的规定通过试验确定。 (7) 乳化沥青碎石混合料的碾压，可按热拌沥青混合料的规定进行，并应符合下列要求： 1) 混合料摊铺后，应采用6t左右的轻型压路机初压，碾压1～2遍，使混合料初步稳定，再用轮胎压路机或轻型钢筒式压路机碾压1～2遍。初压时应匀速进退，不得在碾压路段上紧急制动或快速启动。当有黏轮现象时，可在碾轮上洒少量水。				
审核人		交接人		接受交底人		

续表

工程名称		施工单位		编号	
序号	项目	乳化沥青碎石混合料面层施工技术交底内容			

5　施工工艺

2）当乳化沥青开始破乳、混合料由褐色转变成黑色时，应用12～15t轮胎压路机或10～12t钢筒式压路机复压。复压2～3遍后，立即停止。待晾晒一段时间，水分蒸发后，再补充复压至密实为止。当压实过程中有推移现象时应立即停止碾压，待稳定后再碾压。如当天不能完全压实，应在较高气温状态下补充碾压。

3）碾压时发现局部混合料有松散或开裂时，应挖除并换补新料，整平后继续碾压密实。修补处应保证路面平整。

（8）乳化沥青碎石混合料路面的上封层应在压实成型、路面水分蒸发后加铺。

（9）压实成型后的路面应进行早期养护，并封闭交通2～6h。开放交通初期，应设专人指挥，车速不得超过20km/h，并不得刹车或调头。在未稳定成型的路段上，严禁兽力车和铁轮车通过。当路面有损坏时，应及时修补。

（10）阳离子乳化沥青碎石混合料可在下层比较潮湿的情况下施工，施工过程中如若遇雨应停止铺筑。乳化沥青碎石混合料施工的所有工序，包括路面成型及铺筑上封层等，均必须在冻前完成。

6　质量标准

（1）表面平整，不可有脱落掉渣、裂缝、拥动、搓板及粗细料集中等现象，用12t以上压路机碾压后，不可有明显轮迹。

（2）接槎应紧密、平顺，沥青碎石面层与其他构筑物应接顺，不可有积水现象。

（3）乳化沥青碎石面层的质量标准见表5.6-1所列。

乳化沥青碎石层质量标准、允许偏差及检验频率　　表5.6-1

序号	主要项目		单位	质量要求或允许偏差 快速路、主干路 单个值或统计值 a_2	质量要求或允许偏差 一般道路 单个值或统计值 a_1	检验频率 范围	检验频率 点数			检验方法
1	压实度		%	≥96	≥95	2000m^2	1			钻孔、蜡封法或仪器测量
2	厚度	联接层	mm	+20，−5	+20，−5	2000m^2	1			用钢尺量
		面层下层	mm	−10	−10以内					
		面层上层	mm							
3	平整度	联接层	mm	≤7	—	20m	路宽（m）	<9	1	用3m直尺，塞尺量取最大值
		面层下层	mm	≤10	≤10			9～15	2	
		面层上层	mm					>15	3	
4	纵断高层	联接层	mm	—	≤4	20m				用水准仪测量
		面层	mm							
5	宽度		mm	−50以内		40m	1			用钢尺
6	横坡度		百分点	≤±0.3，且不大于面层±10mm		20m	路宽（m）	<9	2	用水准仪测量
								9～15	4	
								>15	6	
7	弯沉值			<设计规定	<设计规定	20m	布点同横坡度			在沥青层行车成型后测3m弯沉仪

审核人		交接人		接受交底人	

续表

<table>
<tr><td>工程名称</td><td></td><td>施工单位</td><td></td><td>编号</td><td></td></tr>
<tr><td>序号</td><td>项目</td><td colspan="4">乳化沥青碎石混合料面层施工技术交底内容</td></tr>
<tr><td>7</td><td>质量标准</td><td colspan="4">续表
<table>
<tr><td rowspan="3">序号</td><td rowspan="3">主要项目</td><td rowspan="3">单位</td><td colspan="2">质量要求或允许偏差</td><td colspan="2">检验频率</td><td rowspan="3">检验方法</td></tr>
<tr><td>快速路、主干路</td><td>一般道路</td><td rowspan="2">范围</td><td rowspan="2">点数</td></tr>
<tr><td>单个值或统计值 a_2</td><td>单个值或统计值 a_1</td></tr>
<tr><td>8</td><td>井框与路面的高差（上面层）</td><td>mm</td><td>—</td><td>≤5</td><td>每座</td><td>用尺量取最大值</td><td>用尺量取最大值</td></tr>
<tr><td rowspan="2">9</td><td rowspan="2">沥青用量</td><td rowspan="2">百分点</td><td rowspan="2">面层≤±0.3
连接层≤±0.4</td><td rowspan="2">≤±0.5</td><td>全线</td><td>6～15</td><td>钻孔抽提（平均值）</td></tr>
<tr><td colspan="2">按拌合厂检验频率</td><td>在沥青拌合厂取样抽提</td></tr>
<tr><td>10</td><td>矿料用量</td><td></td><td>符合级配角线规定范围</td><td></td><td colspan="2">按拌合厂检验频率</td><td>在沥青拌合厂取样抽提</td></tr>
</table></td></tr>
<tr><td>审核人</td><td></td><td>交接人</td><td></td><td>接受交底人</td><td></td></tr>
</table>

5.7 沥青路面透层、黏层与封层的施工技术交底

沥青路面透层、黏层与封层的施工技术交底　　　表 5-7

<table>
<tr><td>工程名称</td><td></td><td>施工单位</td><td></td><td>编号</td><td></td></tr>
<tr><td>序号</td><td>项目</td><td colspan="4">沥青路面透层、黏层与封层的施工技术交底内容</td></tr>
<tr><td>1</td><td>透层</td><td colspan="4">1. 定义及用途
透层是在非沥青材料的基层上浇洒低黏度的沥青，透入基层，使其表面形成的薄沥青层。它能增强基层与沥青面层的结合，增加基层的防水性能，同时对基层也起保水养护作用和防止或减少基层临时行车时表面的磨耗。
2. 适用范围
（1）无机结合料的稳定基层，如石灰土、煤渣石灰土、石灰炉渣（两渣）、石灰粉煤灰类混合料或水泥稳定级配碎石等，该基层上铺筑沥青碎石或（沥青混凝土）面层时，必须浇洒透层油。
（2）上述基层在铺筑任何面层前必须通行的，应浇透层油，保护基层免受气候及施工车辆的损害。
3. 主要材料
（1）透层沥青宜采用慢裂的洒布型乳化沥青，也可采用中、慢凝液体石油沥青或煤沥青。透层沥青的稠度应通过试洒确定，表面致密的半刚性基层应采用渗透性好的较稀的透层沥青。级配砂砾、级配碎石等粒料基层应采用较稠的透层沥青。透层乳化沥青的沥青标号应根据基层的种类、当地气候等条件确定。
（2）各种透层沥青的品种和用量应根据基层的种类通过试洒确定，并应符合 5.7-1 的要求。</td></tr>
<tr><td>审核人</td><td></td><td>交接人</td><td></td><td>接受交底人</td><td></td></tr>
</table>

续表

工程名称		施工单位		编号	
序号	项目	沥青路面透层、黏层与封层的施工技术交底内容			
1	透层				

沥青路面透层及黏层材料的规格和用量　　表 5.7-1

用途		乳化沥青		液体石油沥青		煤沥青	
		规格	用量(L/m²)	规格	用量(L/m²)	规格	用量(L/m²)
透层	料斗基层	PC-2 PA-2	1.1～1.6	AL（M）-1 或 2 AL（S）-1 或 2	0.9～1.2	T-1 T-2	1.0～1.3
	半刚性基层	PC-2 PA-2	0.7～1.1	AL（M）-1 或 2 AL（S）-1 或 2	0.6～1.0	T-1 T-2	0.7～1.0
黏层	沥青层	PC-3 PA-3	0.3～0.6	AL（M）-1 或 2 AL（S）-1 或 2	0.3～0.5	T-3、T-4 T-5	0.3～0.6
	水泥混凝土	PC-3 PA-3	0.3～0.5	AL（M）-1 或 2 AL（S）-1 或 2	0.2～0.4	T-3、T-4 T-5	0.3～0.5

4. 一般规定

加热温度应根据气候及运输距离确定，浇洒温度以能达到均匀浇洒温度。沥青加热尽可能用循环蒸汽或导热油管道加热。

（1）沥青的加热温度与浇洒温度见表 5.7-2 所列。

沥青的加热温度与浇洒温度　　表 5.7-2

序号	沥青类别	加热温度（℃）	浇洒温度（℃）	加热后的保温时间（h）
1	阳离子乳化沥青 G-2	不加热	冷洒	—
2	煤沥青 T-1A	25～50	20～50	≤3

（2）透层应在基层表面稍干后浇洒。当基层完工后时间较长、表面过分干燥时，应对基层进行清扫，并在基层表面少量洒水，等表面稍干后浇洒透层沥青。

5. 沥青洒布

（1）透层沥青宜采用沥青洒布车喷洒，次干路以下的城市道路也可采用手工沥青洒布机喷洒。洒布应符合要求。当用于表面处治或贯入式路面喷洒沥青的喷嘴不能保证均匀喷洒对，应予更换。

（2）浇洒透层沥青应符合下列要求：

1）浇洒透层前，路面应清扫干净，应采取防止污染路缘石及人工构造物的措施。

2）洒布的透层沥青应渗透入基层一定深度，不应在表面流淌，并不得形成油膜。

3）如遇大风或即将降雨时不得浇洒透层沥青。

4）气温低于 10℃时，不宜浇洒透层沥青。

5）应按设计的沥青用量一次浇洒均匀，当有遗漏时，应用人工补洒。

6）浇洒透层沥青后，严禁车辆、行人通过。

7）在铺筑沥青面层前，当局部地方有多余的透层沥青未渗入基层时，应予清除。

（3）起点及终点处应按浇洒宽度铺设牛皮纸或苇席一道，起点处应与已铺的路面或已浇洒的透层油拉齐，终点处覆盖物边应与路面中线垂直，以免起点处喷洒重复油大、终点处因停止喷洒滴油而油大的弊病。

审核人		交接人		接受交底人	

续表

工程名称			施工单位		编号	
序号	项目	沥青路面透层、黏层与封层的施工技术交底内容				
1	透层	（4）洒布初或洒布中应有专人检查用油量，将一张牛皮纸称重后平铺在基层上，洒布后将油纸称重，扣除纸重，量测牛皮纸面积，计算出单位面积用油量，误差大于 0.2kg/m^2 时，应及时进行调整。 （5）无条件断绝交通的路段，洒布透层油应半幅施工，半幅维持交通，待透层油下渗干燥后（一般需要 24h），再洒布相邻半幅基层，纵向尽量避免重叠，最多不超过 10cm。 （6）纵坡较大的坡道，洒布工作应由下而上，避免沥青油下流。 （7）洒布机洒布不到之处，应用人工以手动喷油嘴找补。 （8）透层油洒布后未渗入干燥前，应禁止通行，24h 后如发现油多之处，应除去多余油分或铺砂吸油。 （9）在无机结合料稳定半刚性基层上浇洒透层沥青后，应立即撒布石屑或粗砂，其用量为 2～3m^3/1000m^2。在无结合料粒料基层上浇洒透层沥青后，当不能及时铺筑面层，并需开放施工车辆通行时，也应撒铺适量的石屑或粗砂，此种情况下，透层沥青用量宜增加 10%。撒布石屑或粗砂后，应用 6～8t 钢筒式压路机碾压一遍。当通行车辆时，应控制车速。在铺筑沥青面层前如发现局部地方透层沥青剥落，应予修补。当有多余的石屑或砂时，应予扫除。 （10）透层洒布后应尽早铺筑沥青面层。当用乳化沥青作透层时，洒布后应待其充分渗透，水分蒸发后方可铺筑沥青面层，其时间间隔不应少于 24h。 **6. 施工准备** （1）基层必须经过验收，合格后方可浇洒透层油。浇洒前基层表面如有浮土杂物或沥青混合料必须清扫干净，坑洼处用基层同样材料挖补或用沥青混合料补齐压实。养护后方能浇洒沥青；不能修补时留待底面层或粘结层补平。 （2）装运透层油前，应用水（装乳化沥青时）或柴油（装煤沥青时）将油罐刷洗干净。 （3）洒布机到达现场后应有专人测温。 （4）喷洒沥青前应用喷灯将油管、喷嘴及截门等加热，以利喷油。 （5）喷洒前应调整好喷杆高度、长度、喷嘴槽口方向及位置、喷油压力，使油量准确，喷布均匀。两端喷嘴长轴应与喷杆中线成 60°角，中间喷嘴长轴应与喷杆中线成 30°角。应调整喷杆高度采用无重叠、两层重叠或三层重叠的喷洒方法，不得留有“条纹”，不得有薄有厚。 （6）根据单位面积用油量、喷油宽度、喷出油量，计算浇洒路面长度。 （7）浇洒透层油前应将侧石用油毡等覆盖。 （8）喷洒量应先进行一次试验，不符合规程要求时应进行各项调整。 （9）乳化沥青必要时可以掺水稀释以利喷洒，掺水量以不破乳为度，此时应重新计算单位面积喷洒量，使单位面积上的喷洒沥青量仍符合未稀释前的要求，稀释后应使水和乳液搅拌均匀。操作要点如下： 1）检查材料的温度，并保持接近高限； 2）喷嘴孔的长轴通常放到与喷杆中心线成 30°角的位置，两端的喷嘴则转到 60°，用一个特制的扳手检查。喷嘴口愈小，喷出的材料愈均匀，如果喷嘴的槽缝腐蚀，喷出的扇形变形，应予更换；					
审核人		交接人		接受交底人		

续表

<table>
<tr><td colspan="2">工程名称</td><td></td><td>施工单位</td><td></td><td>编号</td><td></td></tr>
<tr><td>序号</td><td>项目</td><td colspan="5">沥青路面透层、黏层与封层的施工技术交底内容</td></tr>
<tr><td>1</td><td>透层</td><td colspan="5">3）低速喷洒会造成“条纹”，采用扇形不致变形或雾化时的最高泵速；
4）大部分喷嘴的堵塞是因喷杆在两次喷洒之间冷却所造成，致使材料变硬。把热材料循环通过喷杆直至喷杆温度达到材料的温度，一般可使堵塞熔化；
5）不适当的喷杆高度是出“条纹”的主要原因，可用下列方法进行试验，把喷嘴隔一个堵一个，并采用上述试验所确定的泵速，变更喷杆的高度，每次不超过 1.5～2cm 的增量，直至所用喷杆的路面宽度均为表面上所喷洒的材料，确实是单扇的沥青材料，当把所有的喷嘴都打开时就能给出一个准确的两扇重叠的覆盖层。一旦喷杆的高度确定以后，在喷洒沥青材料的整个过程中保持不变；
6）间距 10cm 的喷嘴最佳效果是三个喷扇重叠，如用 15cm 间距的喷嘴，喷杆的高度将会受到风的扭曲，这种情况下，应采用两扇重叠的形式。</td></tr>
<tr><td>2</td><td>粘层</td><td colspan="5">1. 用途与适用范围
粘层是在旧路面或在底面层和中间层上喷洒沥青所形成的薄沥青层，它是使沥青面层与下层表面黏结良好的措施。粘层适用于下列情况：
（1）在已喷洒过透层的基层面上，当透层已变得干涸要在上面修筑沥青面层。
（2）在水泥混凝土路面及基层或混凝土桥面上修筑沥青面层。
（3）在旧的沥青路面上修筑沥青面层或沥青下层表面上铺筑沥青上层或面层（如上层随着下层铺完后立即施工，下层表面干净，可不用粘层沥青）。
（4）在沥青面层容易产生推移的地段，如陡坡、急弯及街道的交叉口和停车站等。
（5）所有与新铺沥青混合料接触的构筑物侧面，如纵横施工缝、雨水井、检查井、侧石等。
2. 主要材料
（1）粘层的沥青材料应采用快裂的洒布型乳化沥青，也可采用快、中凝液体石油沥青或煤沥青，粘层沥青的规格和质量应符合本章的表 5.7-1 的要求。粘层沥青应采用与面层所使用的种类、标号相同的石油沥青经乳化或稀释制成。
（2）各种黏层沥青品种和用量应根据粘结层的种类通过试洒确定，并应符合表 5.7-2 的要求。
3. 施工准备
同透层的“施工准备”一样。
4. 沥青洒布
（1）粘层沥青应采用沥青洒布车喷洒，当用于表面处治或贯入式路面喷洒沥青的喷嘴不能保证均匀喷洒时，应予更换。在路缘石、雨水进水口、检查井等局部应用刷子进行人工涂刷。
（2）浇洒黏层沥青应符合下列要求：
1）粘层沥青应均匀洒布或涂刷，浇洒过量处，应予刮除；
2）路面有脏物尘土时应清除干净。有粘结的土块时，应用水刷净，待表面干燥后浇洒。
3）当气温低于 10℃或路面潮湿时，不得浇洒粘层沥青；
4）浇洒黏层沥青后严禁除沥青混合料运输车外的其他车辆、行人通过。
（3）黏层沥青洒布后应紧接铺筑沥青层。当使用乳化沥青作粘层时，应待破乳、水分蒸发完后铺筑。</td></tr>
<tr><td colspan="2">审核人</td><td></td><td>交接人</td><td></td><td>接受交底人</td><td></td></tr>
</table>

续表

<table>
<tr><td>工程名称</td><td colspan="2"></td><td>施工单位</td><td></td><td>编号</td><td></td></tr>
<tr><td>序号</td><td>项目</td><td colspan="5">沥青路面透层、黏层与封层的施工技术交底内容</td></tr>
<tr><td>3</td><td>封层</td><td colspan="5">

1. 用途与分类

（1）封层是在路面或基层上修筑的一个沥青表面薄层或沥青砂等薄层，其作用是封闭表面空隙，防止水分浸入面层和基层，或用以养护石灰土类基层，或用以达到临时通车的目的，或者用以改善旧路（沥青路面或水泥混凝土路面）路面外观。

（2）封层分上封层和下封层两种。上封层修建在沥青面层之上，下封层修建在基层之上。

2. 适用范围

（1）上封层。

1）在空隙较大的沥青面层上可加铺上封层，以防止表面水透入。

2）考虑路基沉陷或目前交通量不大分期修建的面层，可以在沥青层上修建上封层，以防止已修的沥青层磨损并防水。

3）老沥青路面强度足够，但有裂缝影响观瞻时，在进行填缝或修补后，可在其上修建上封层，以改善路面外观并防水。

（2）下封层。

1）在已铺筑的基层上，若不能及时修筑面层，为防止基层在行车作用下破坏，可设置下封层，维持临时交通（2～3 个月）以保护基层；

2）雨期施工基层为防止雨水下渗，可以修建下封层；

3）石灰土类基层上浇洒乳化沥青作为透层，乳化沥青渗不下去时，可以铺撒石屑和粗砂一薄层用轻碾碾压，使成一封层起到如下作用：

① 防水；

② 防止基层在维持交通时引起的磨耗；

③ 保持石灰土类基层的水分加强养护；

④ 能产生一些与沥青面层的粘结力。

3. 主要材料

（1）适用上封层及下封层的沥青材料应按照表 5.7-3 选用，沥青的标号也应根据当地的气候情况确定。

封层适用的沥青材料　　表 5.7-3

<table>
<tr><th>序号</th><th>沥青种类</th><th>上封层</th><th>下封层</th><th>质量要求</th></tr>
<tr><td rowspan="2">1</td><td rowspan="2">道路石油沥青</td><td>AH-90、AH-110
AH-130</td><td>AH-110
AH-130</td><td>符合《公路沥青路面施工技术规范》JTG F40—2004 的具体要求</td></tr>
<tr><td>A-100、A-140
A-180</td><td>A-100、A-140
A-180</td><td>符合《公路沥青路面施工技术规范》JTG F40—2004 的具体要求</td></tr>
<tr><td>2</td><td>乳化沥青</td><td>PC-3、PA-3
BC-3、BA-3</td><td>PC-2、PA-2
BC-2、BA-2</td><td>符合《公路沥青路面施工技术规范》JTG F40—2004 的具体要求</td></tr>
<tr><td>3</td><td>煤沥青</td><td>T-5、T-6、T-7</td><td>T-4、T-5</td><td>符合《公路沥青路面施工技术规范》JTG F40—2004 的具体要求</td></tr>
<tr><td>4</td><td>液体石油沥青</td><td></td><td>AL(M)-5、AL(M)-6
AL(S)-5、AL(S)-6</td><td>符合《公路沥青路面施工技术规范》JTG F40—2004 的具体要求</td></tr>
</table>

</td></tr>
<tr><td colspan="2">审核人</td><td></td><td>交接人</td><td></td><td>接受交底人</td><td></td></tr>
</table>

续表

工程名称		施工单位		编号	
序号	项目	沥青路面透层、黏层与封层的施工技术交底内容			
3	封层				

（2）层铺法沥青表面处治铺筑上封层的材料用量和规格可按《公路沥青路面施工技术规范》JTG F40—2004 执行，沥青用量应采用表中范围的中低限。铺筑下封层的矿料规格可采用《公路沥青路面施工技术规范》JTG F40—2004 的 S14、S13 或 S12 等；矿料用量应根据矿料尺寸、形状、种类等情况确定，应为 5～8m^3/1000m^2；沥青用量可采用《公路沥青路面施工技术规范》JTG F40—2004 规定的范围的中高限。

4. 施工准备

同透层中的“施工准备”一样。

5. 施工工艺

（1）拌合法沥青表面处治铺筑上封层及下封层，应按本章“热拌沥青混合料的有关规定”执行。当铺筑下封层时，应采用 AC-5（或 LH-5）砂粒式沥青混凝土，厚度应为 1.0cm。

（2）采用乳化沥青稀浆封层作为上封层及下封层时，稀浆封层的厚度应为 3～6mm。

（3）稀浆封层混合料的类型及矿料级配，应根据处治目的、道路等级选择，铺筑厚度、骨料尺寸及摊铺用量宜按表 5.7-4 选用。

乳化沥青稀浆封层的矿料级配及沥青用量范围　　表 5.7-4

	筛孔（mm）		级配类型		
	方孔筛	圆孔筛	ES-1	ES-2	ES-3
通过筛孔的质量百分率（%）	9.5	10		100	100
	4.75	5	100	90～100	70～90
	2.36	2.5	90～100	65～90	45～70
	1.18	1.2	65～90	45～70	28～50
	0.6	0.6	40～60	30～50	19～34
	0.3	0.3	25～42	18～30	12～25
	0.15	0.15	15～30	10～21	7～18
	0.075	0.075	10～20	5～15	515
沥青用量（油石比）（%）			10～16	7.5～13.5	6.5～12
适宜的稀浆封层平均厚度（mm）			2～3	3～5	4～6
稀浆混合料用量（kg/m^2）			3～5.5	5.5～8	>8

注：1. 表中沥青用量指乳化沥青中水分蒸发后的沥青数量，乳化沥青用量可按其浓度计算。
2. ES-1 型适用于较大裂缝的封缝或中、轻交通道路的薄层罩面处理。
ES-2 型是铺筑中等粗糙度磨耗层最常用的级配，也可适用于旧路修复罩面。
ES-3 型适用于高速公路、一级公路和城市快速路、主干路的表层抗滑处理，铺筑高粗糙度的磨耗层。

（4）稀浆封层可采用慢裂或中裂的拌合型乳化沥青铺筑。当需要减缓破乳速度时，可掺加适量的氯化钙作外加剂；当需要加快破乳速度时，可采用一定数量的水泥或消石灰粉作填料。

（5）稀浆封层混合料中沥青乳液的用量应按表 5.7-4 的规定范围并通过试验确定。混合料的湿轮磨耗试验的磨耗损失不应大于 800g/m^2；轮荷压砂试验的砂吸收量不应大于 600g/m^2。稀浆封层混合料的加水量应根据施工摊铺和易性由稠度试验确定，其稠度应为 2～3cm。

（6）稀浆封层的施工应符合下列要求：

1）当在已有破损的旧路面上铺筑稀浆封层时，施工前应先修补坑槽、整平路面。

2）稀浆封层施工应在干燥情况下进行。

审核人		交接人		接受交底人	

续表

工程名称			施工单位		编号	
序号	项目	沥青路面透层、黏层与封层的施工技术交底内容				
3	封层	3）稀浆封层施工应采用稀浆封层铺筑机。铺筑机应具有储料、送料、拌合、摊铺和计量控制等功能。摊铺时应控制集料、填料、水、乳液的配合比例。当铺筑过程中发现有一种材料用完时，应立即停止铺筑，重新装料后再继续进行。搅拌形成的稀浆混合料，应符合表5.7-4的要求，并有良好的施工和易性。 4）稀浆封层铺筑机工作时应匀速前进，铺筑厚度应均匀、表面应平整。 5）稀浆封层铺筑后，应待乳液破乳、水分蒸发、干燥成型后开放交通。 6）稀浆封层的施工气温不得低于10℃。				
审核人		交接人		接受交底人		

5.8 沥青路面施工的安全技术交底

沥青路面施工的安全技术交底 **表5-8**

工程名称			施工单位		编号	
序号	项目	沥青路面施工的安全技术交底内容				
1	概述	（1）沥青操作人员均应进行体检。凡患有结膜炎、皮肤病及对沥青过敏反应者，不宜从事沥青作业。从事沥青作业人员，皮肤外露部分均须涂抹防护药膏，工地上应配有医务人员。 （2）沥青操作工的工作服及防护用品，应集中存放，严禁穿戴回家和进入集体宿舍。 （3）沥青的加热及混合料拌制，宜设在人员较少、场地空旷的地段。产量较大的拌合设备，有条件的应增设防尘设施。				
2	沥青运送	（1）块状沥青搬运一般应在夜间和阴天进行，尤应避免炎热季节。搬运时应采用小型机械装卸，不应用手直接装运。 （2）液态沥青应采用液态沥青车运送，使用时应遵守下列规定： 1）用泵抽送热沥青进出油罐时，工作人员应避让；向储油罐注入沥青时，当浮标指标达到允许最大容量时，要及时停止注入； 2）满载运行时，遇有弯道、下坡时要提前减速，避免紧急制动。油罐装载不满时要始终保持中速行驶。 （3）采用吊耳吊装桶装沥青时，应遵守下列规定： 1）吊装作业应有专人指挥，沥青桶的吊索应绑扎牢固；沥青桶未稳妥落地前，严禁卸、取吊绳；吊臂旋转半径范围内不得站人； 2）吊起的沥青桶不得从运输车辆的驾驶室上空越过，应稍高于车厢板，以防碰撞； 3）沥青桶未稳妥落地前，严禁卸、取吊绳。 （4）人工装卸桶装沥青时，应遵守以下规定：运输车辆应停放在平坡地段，并拉上手闸；跳板应有足够的强度，坡度不应过陡；沥青桶不得漏油，否则应先堵漏，后搬运；放倒的沥青桶经跳板向上（下）滚动装（卸）车时，要在露出跳板两侧的铁桶上各套一根绳索，收放绳索时要缓慢，并应两端同步上下。 （5）人工运送液态沥青，装油量不得超过容器的2/3。				
审核人		交接人		接受交底人		

续表

<table>
<tr><td>工程名称</td><td colspan="2"></td><td>施工单位</td><td></td><td>编号</td><td></td></tr>
<tr><td>序号</td><td>项目</td><td colspan="5">沥青路面施工的安全技术交底内容</td></tr>
<tr><td>3</td><td>沥青加热</td><td colspan="5">(1) 沥青的预热与熬制可采用蒸汽、导热油、太阳能及远红外线等加工工艺。
(2) 蒸汽加温沥青时，其蒸汽管道应连接牢固，严加保护，在人员易触及的部位，必须用保温材料包扎。锅炉的安全要求如下：
1) 有安装锅炉能力的使用单位，经当地劳动部门同意后，可以自行安装立式锅炉和快装锅炉。新安装或检修后的锅炉，自检合格后，报当地劳动部门检查批准后，方可点火运行；
2) 锅炉一般应安装在单独建造的锅炉房内。锅炉房如与生产厂房相连时，应用防火墙隔开，其锅炉的容量应符合有关规定的要求。为了保证锅炉安全运行，必须建立健全严格的规章制度；
3) 锅炉在运行中，当发生严重威胁锅炉安全运行等情况时，应采取紧急停炉措施。向锅炉内投煤时应注意检查煤炭中混杂的有害物质。
(3) 太阳能油池上面的工作梯必须具有防滑措施，严禁非作业人员攀登。
(4) 远红外线加热沥青，应遵守下列规定：
1) 使用前应检查机电设备和短路过载保护装置是否良好，电气设备有无接地，确认符合要求后方可合闸作业；
2) 沥青油泵应进行预热，当用手能转动联轴器时，方可启动油泵送油。输油完毕后将电机反转，使管道中余油流回锅内，并立即用柴油清洗沥青泵及管道。清洗前必须关闭有关阀门，严防柴油流入油锅。
(5) 导热油加热沥青，应遵守下列规定：
1) 加热炉使用前必须进行耐压试验，水压力应不低于额定工作压力的两倍；
2) 对加热炉及设备应作全面检查，各种仪表应齐全完好。泵、阀门、循环系统和安全附件应符合技术要求，超压、超温报警系统应灵敏可靠。导热油的管道应有防护设施；
3) 必须经常检查循环系统有无渗漏、振动和异声，定期检查膨胀箱的液面是否超过规定，自控系统的灵敏性和可靠性是否符合要求，并应定期清除炉管及除尘器内的积灰。</td></tr>
<tr><td>4</td><td>明火熬制沥青</td><td colspan="5">(1) 锅灶设置
1) 支搭的沥青锅灶，应距建筑物至少 30m，距电线垂直下方在 10m 以上。周围不得有易燃易爆物品，并应备用锅盖、灭火器等防火用具。油锅上方搭设的防雨棚，严禁使用易燃材料；
2) 沥青锅的前沿应高出后沿 10cm 以上，并高出地面 0.8～1.0m；
3) 舀、盛热沥青的勺、桶、壶等不得采用锡焊。
(2) 沥青预热：
1) 打开沥青桶上大小盖。当只有一个桶盖时，应在其相对方向另开一孔，以便通气出油。桶内如有积水必须先予排除；操作人员应注意沥青突然喷出，如发现沥青从桶的砂眼中喷出，应在桶外的侧面，铲以湿泥涂封，不得用手直接涂封；
2) 烤油中如发现沥青桶口堵塞，操作人员应站在侧面用热铁棍疏通。烤油时必须用微火，不得用大火猛烤；卧桶烤油的油槽应搭设牢固，流向储油锅的通道要畅通。
(3) 沥青熬制：
1) 熬油锅内不得有水和杂物，沥青投入量不得超过油锅容积的 2/3，块状沥青应改小并装在钢丝瓢内下锅，不得直接向锅内抛掷，严禁烈火加热空锅时加入沥青；
2) 预热后的沥青应用溜槽流下油锅；当用油桶直接倒入油锅时，桶口应尽量放低，防止被热沥青溅伤；在熬制沥青时，如发现油锅漏油，必须立即熄灭炉火；</td></tr>
<tr><td>审核人</td><td></td><td>交接人</td><td colspan="2"></td><td>接受交底人</td><td></td></tr>
</table>

续表

工程名称			施工单位		编号	
序号	项目	沥青路面施工的安全技术交底内容				
4	明火熬制沥青	3）舀油时应用长柄勺，并要经常检查其连接是否牢固；油料脱水应缓慢加热，经常搅动，严禁猛火导致沥青溢锅；当发现有漫油迹象时，应立即熄灭炉火； 4）熬油工应随时掌握油温变化情况，当白色烟转为红、黄色烟时，应立即熄灭炉火； 5）熬油现场临时堆放的沥青及燃料不应过多，堆放位置距沥青锅炉应在5m以外。				
5	沥青洒布	（1）洒布车（机）工作地段应有专人警戒。施工现场的障碍物应清除干净，洒油时作业范围内不得有人。施工现场严禁使用明火。 （2）沥青洒布车作业前的准备： 1）汽车部分，按汽车操作规程的规定进行检查与准备； 2）检查各操作部分是否灵活有效，各阀的转动是否平顺； 3）检查各指示仪表是否正常，各连接部件是否牢固，有无松动。检查各阀门关闭是否严密，有无渗漏现象； 4）对液压沥青洒布车，检查液压系统有无故障和渗漏； 5）检查吸油管、滤油总管的滤清器、洒布管的喷嘴与喷灯嘴是否畅通； 6）检查沥青泵是否运转灵活。向施工技术部门了解施工技术及对施工质量的要求，并按要求调整好洒布管离地高度，确定喷油嘴的角度，并使喷嘴槽口与地面成水平位置； 7）检查防火器械及防护用品是否齐全有效； 8）严禁采用规定之外的燃油作为加热系统的燃油。不允许燃油溢出箱外，一般油面应低于溢流管上端20～30cm。手提喷灯点燃时，不允许接近易燃品； 9）使用固定式喷灯向沥青箱火管加热时，应先打开沥青箱后壁上的烟囱口，并需在液态沥青淹没火管后，才能点燃喷灯。在吸油管及进料口尚未封闭时，以及在热态沥青的情况下，不得使用喷灯； 10）加热喷灯的火焰过大或扩散蔓延时，应立即关闭喷灯，让多余燃油烧尽后再行使用。 （3）洒布车行驶作业的要求： 1）吸油作业时，要选择好停车位置，车身停放平稳，使各出口阀门处于关闭位置，进油口对正油锅缓缓加速吸油。当浮标指针达到最大容积时，要及时停吸，防止沥青外溢； 2）满载沥青运行时，应中速行驶。遇有弯道、斜坡时，应提前减速，尽量避免紧急制动。洒布前，应使罐内的热态沥青通过沥青泵，在管道内循环3～5min，在沥青温度不低才100℃时，方可正式洒布； 3）喷洒时，洒布车应在距喷洒起点约5～10m处起步，到达喷洒起点时，迅速打开左、右管道三通阀，将操纵柄置于方位说明牌指示的位置上，开始喷洒沥青。在喷洒方向10m以内禁止人员停留。 4）喷洒作业时，洒布车应按引导线指示的方向前进，并按喷洒作业要求，调整好相应的车速，平稳前进，不得任意摆动、猛转方向盘和变速； 5）对液压沥青洒布车，应注意驾驶室内沥青泵速度表和第五轮速度表的读数，借以了解沥青喷洒的质量情况。沥青洒布车在行驶时，严禁使用加热系统。 （4）洒布车作业后的要求： 1）洒布作业停止后，沥青洒布车应继续前进4～8m方可停车；				
审核人		交接人		接受交底人		

续表

工程名称		施工单位		编号	
序号	项目	沥青路面施工的安全技术交底内容			
5	沥青洒布	2）洒布作业停止时，操作人员应立即升起洒布管，使喷嘴槽口朝上转，同时用电铃通知驾驶员，将输力箱挂上挡，使沥青泵反转，以便将管道内的残余沥青吸回沥青箱内； 3）完成当天作业后，应加热喷嘴，及时清除机上各部残留的沥青，并按保修规程的要求，进行例保工作。			
6	沥青拌合	**1. 强制式沥青混合料拌和设备安全技术要求** （1）作业前的准备： 1）电动机部分，按电动机操作规程的有关规定执行； 2）清理现场，检查各部位防护装置是否安全可靠，防火用具是否齐全、有效； 3）检查各部件是否完好，各传动部件有无松动，各部连接螺栓是否紧固可靠； 4）检查各润滑点润滑油、润滑脂是否充足，减速箱内油面是否适当，气动系统的专用油油量是否正常； 5）检查粒料、矿粉、沥青、燃料及水的数量、质量或规格及其他技术参数是否达到生产的要求。检查导热油加热装置，根据不同季节和生产需要提前将导热油升至规定温度； 6）认真检查振动筛筛网面上有无石子、杂物堵塞及破损，并根据生产的实际要求确定是否更换筛网规格。查各部开关、接触器、继电器、电动机、电缆等电器部件是否正常； 7）仔细检查钢丝绳是否完好、成品料斗在轨道上的位置是否正确，行程及限位开关是否灵敏可靠。检查电源是否符合设备额定电压及频率的要求，偏差不允许大于±5%； 8）检查并启动空压机，使之达到工作气压。同时，检查备料仓斗门位置是否正确，开关是否灵活，料位指示是否有效。检查热料提升机、分集料仓、搅拌器，将存料全部排净，然后使各门处于关闭状态。检查各部仪表、微机操作系统是否正常，计量装置是否准确可靠，设定的级配和油石比是否符合工程要求； 9）检查沥青供给系统及沥青温度，确认正常后，开启沥青泵，使其自行循环； 10）检查传动链条的连接和张紧度，传动皮带的松紧度及磨损、偏磨情况，输送皮带有无跑偏现象。检查供给系统是否畅通，是否有漏水、漏气、漏油、漏沥青、漏料现象。 （2）作业中的要求： 1）巡视人员检查完毕，确认正常后，鸣警铃，工作人员就位； 2）当设备的各部就绪后，按顺序启动并使整机空转，巡视人员检查有无异常，将结果及时反馈给操作人员。点火用的液化气装置必须有减压阀和压力表。打开阀门，进行点火。点火失败应充分通风后再点火。点燃后，关闭总阀门； 3）点火正常后，观察除尘器工作是否正常，保证烘干滚筒在正常负压下燃烧； 4）烘干滚筒达到一定温度后，方可投料生产。观察实际供料量是否与设定值相符； 5）根据生产要求，调整燃烧火焰及供料量，稳定后再转入自动控制； 6）用手动计量配料进行试拌，正常后转入自动控制。及时取样送检； 7）经常查看冷料供料、仪表显示、分集料仓料位等情况，并及时调整； 8）定时在成品料提升斗内喷入雾状清洗油，以免沥青黏附在斗壁上； 9）操作人员必须了解运输车辆的载重吨位，卸料应保证车辆满载，避免撒漏；			
审核人		交接人		接受交底人	

续表

<table>
<tr><td>工程名称</td><td colspan="2"></td><td>施工单位</td><td></td><td>编号</td><td></td></tr>
<tr><td>序号</td><td>项目</td><td colspan="5">沥青路面施工的安全技术交底内容</td></tr>
<tr><td>6</td><td>沥青拌合</td><td colspan="5">10）定时巡视检查，发现异常及时采取措施。操作人员在生产中应经常观察室内外情况，与各岗位人员密切联系，确保设备正常运行和人身安全。紧急停车按钮只能在紧急情况下使用，严禁用它作为正常停机按钮。一旦使用，再启动时，一定要注意启动顺序；
11）当电动机出现过载引起保护装置动作时，首先要认真查明其原因，并排除故障后方可进行重新投入运转。
（3）作业后的要求：
1）首先是停止供料，并逐渐关闭燃烧器，然后采用热细料洗刷搅拌器，排净烘干滚筒至搅拌器内的热料。除烘干滚筒、鼓风机、除尘系统（包括引风机）外，按启动顺序的反顺序关机。关机后，清除皮带上的残余粒料、除尘器内外积物；
2）烘干滚筒温度降至45～50℃时，停止烘干滚筒、鼓风机、除尘系统的运转，切断操作室总电源，清理现场卫生。最后，按沥青混凝土搅拌设备的使用说明进行例保作业。
2. 连续式沥青混合料拌和设备安全技术规程
（1）作业前的准备
1）电动机部分，按电动机操作规程的有关规定执行；
2）清理现场，检查各部位防护装置是否安全可靠，防火用具是否齐全、有效；
3）检查各部机件是否完好，各传动部件有无松动，各部连接螺栓是否紧固可靠；
4）检查传动链条的连接和张紧度，传动皮带的松紧度及磨损、偏磨情况，输送皮带有无跑偏现象，钢丝绳是否完好。检查各润滑点润滑油、润滑脂是否充足。检查电源是否符合设备额定电压及频率的要求，偏差不允许大于±5%；
5）检查各部开关、接触器、继电器、电动机、电缆等电器部件是否正常；
6）检查各部仪表及微机控制系统工作是否正常。检查并启动空压机，使之达到工作气压。在成品料提升斗深入地下底坑的情况下，检查积水及排水装置，防止积水淹没电气元件；
7）检查供给系统是否畅通，是否有漏水、漏气、漏油、漏沥青、漏料现象；
8）检查各料仓斗门位置是否正确，开关是否灵活，料位指示是否有效；
9）检查成品料提升机工作是否正常，成品仓内有无存料，如若有，应放空（有保温装置的除外）。检查导热油加热装置，根据不同季节和生产需要提前将导热油升至规定温度；
10）检查燃烧系统是否正常。使用柴油、重油或渣油作为燃料时，必须符合标号及油温、油压要求，经过沉淀、过滤方准使用；使用煤粉作为燃料时，其热值、粒度等指标均应符合规定标准。检查沥青供给系统及沥青温度，确认正常后，开启沥青泵，使其自行循环；
11）检查粒料、矿粉、沥青的具体规格、其质量是否符合要求，数量能否保证连续生产的需要。检查粒料、矿粉、沥青计量装置是否准确、可靠。根据运输、摊铺条件确定整机生产率，并根据技术部门提供的级配曲线、油石比等参数，设置好各种数据并校对至准确无误；
12）将各部开关按要求置于起始状态，各辅助机械做好开工准备。
（2）作业中的要求：
1）巡视人员检查完毕，确认正常后，鸣警铃，工作人员就位；</td></tr>
<tr><td colspan="2">审核人</td><td></td><td>交接人</td><td></td><td>接受交底人</td><td></td></tr>
</table>

续表

<table>
<tr><td>工程名称</td><td></td><td>施工单位</td><td></td><td>编号</td><td></td></tr>
<tr><td>序号</td><td>项目</td><td colspan="4">沥青路面施工的安全技术交底内容</td></tr>
<tr><td>6</td><td>沥青拌合</td><td colspan="4">2）各部就绪后，按顺序启动并使整机空转，巡视人员检查有无异常，将结果及时反馈给操作人员。检查液化气的减压阀及压力表是否正常，点火后应立即关闭总阀门；
3）空载运行正常后，进行点火试验，若点火失败，应充分通风后再点火。点火后应适当调节油门控制系统，使温度平缓上升，不得突然加大火焰。滚筒内温度达到要求后启动供料系统，依次投料试生产，待各工作装置运行参数稳定后方可使用自动控制系统；
4）为防止沥青老化，滚筒拌合区内温度不得超过 180℃。作业中，要经常查看温控系统，检查粒料、沥青温度是否符合要求，对成品料要经常抽验并及时反馈抽验结果；
5）定时在成品料提升斗内喷入雾状洗净油，以免沥青黏附在斗壁上；
6）操作人员必须了解运输车辆的载重吨位，卸料应保证车辆满载，避免撒漏；
7）定时进行巡视检查，观察各仪表指示情况，发现异常应及时采取措施；
8）尽量避免中途停机，如不可避免时，应提前将产量降低，以免机械重载启动造成损坏。意外停电时，应尽快使用备用电源恢复生产。遇到紧急情况需长时间停机时，必须将滚筒中的混合料排除干净。当燃烧器熄火时，应立即停止喷射沥青；
9）当滚筒内沥青或混合料着火时，应立即关闭燃烧器，停止供给沥青，关闭鼓风机、引风机，将含水量高的细骨料投入滚筒内，扑灭火焰，同时在外部卸料口用灭火器进行灭火；
10）紧急停车按钮只能在紧急情况下使用；一旦使用，再启动时，一定要注意启动顺序；
11）当电机出现过载引起保护装置动作时，要查明原因，排除故障后方可重新投入运转。
（3）作业后的要求：
1）停止供料，关闭沥青供给阀门，倒转沥青泵抽回剩余沥青；
2）逐渐关闭燃烧器，用热细料洗刷滚筒，将残余沥青洗掉、排出，卸空成品料仓中存料（有保温装置的除外），清洗沥青管道、成品料提升斗、斗门，以免被沥青黏住；
3）当滚筒内温度降至 40～50℃时，按启动顺序的反顺序关机，切断总电源。关机后，清除皮带机上的残余粒料、除尘装置内外的积物，清理现场卫生。</td></tr>
<tr><td>7</td><td>沥青摊铺机作业</td><td colspan="4">1. 沥青混凝土摊铺机作业前的准备
（1）内燃机部分，按内燃机操作规程的有关规定执行。
（2）了解有关施工技术和质量要求，并根据要求安装、调整摊铺机的工作装置。
（3）摊铺机上的所有安全防护设施必须配备齐全。熨平板接长后，应有相应的安全防护措施。脚踏板宽度需与摊铺宽度相等。
（4）驾驶台和熨平板的脚踏板应保持整洁，无油污及拌合料，不得堆放杂物、工具。
（5）驾驶台和作业现场要视野开阔，应清除有碍工作的一切设施。
（6）将各操纵杆、主传动开关置于中间位置，液压系统各调节阀门调到零位，各电器开关处于断开位置，液压传动系统处于不供油状态。
（7）履带松紧适度或轮胎气压应正常，且左右均匀。熨平板、振捣器应安装正确，加热器应工作良好。自动找平装置应安装正确，纵向、横向控制器应工作正常。</td></tr>
<tr><td>审核人</td><td></td><td>交接人</td><td></td><td>接受交底人</td><td></td></tr>
</table>

续表

<table>
<tr><td colspan="2">工程名称</td><td></td><td>施工单位</td><td></td><td>编号</td><td></td></tr>
<tr><td>序号</td><td>项目</td><td colspan="5">沥青路面施工的安全技术交底内容</td></tr>
<tr><td>7</td><td>沥青摊铺机作业</td><td colspan="5">(8) 启动发动机，发动机应工作均衡、运转平稳、动力性能良好、调速器动作准确。
(9) 离合器、传动链条、V形皮带等调整应适当，刮板送料器、料斗闸门、螺旋摊铺器应处于良好工作状态。
(10) 传动系统应工作正常，无冲击、振动、异响等异常现象。电气系统应工作正常。
(11) 操纵系统应灵活可靠，作业前，应用喷油器向摊铺机料斗、推滚、刮板送料器、螺旋摊铺器、行走传动链以及熨平板各部喷洒柴油。
2. 沥青混凝土摊铺机作业与行驶的要求
(1) 按照作业要求，合理选择摊铺机工作速度、螺旋摊铺器转速、料斗闸门开度等参数。
(2) 机械传动的沥青混合料摊铺机，换挡必须在摊铺机完全停止时进行，严禁强力挂挡。
(3) 摊铺机接受运料车卸料时，应使摊铺机推滚贴紧运料车轮胎，顶推自卸车前进卸料，两者协调动作，同步行进。防止运料车冲撞摊铺机。
(4) 作业时严格控制各机构协调工作，并进行必要的修正。作业速度一经选定，要保持稳定，并尽可能减少停车启动次数，以保持摊铺机连续均衡作业。
(5) 严禁驾驶员在摊铺机工作时离开驾驶台，无关人员不得在作业中上、下摊铺机或在驾驶台上停留。轮式摊铺机的差速装置，应在地面附着力不足时使用，结合或断开差速装置时须停机。在结合差速装置时，只允许直行，不得转向。
(6) 转移行驶时，禁止在坡道上换挡或以空挡滑行。熨平板的预热和保温：
1) 作业前20～40min，应对熨平板进行预热，使其接近混合料的温度；
2) 因故暂停作业时，需使用预热系统进行保温，防止熨平板冷却；
3) 用电预热时，应先启动发动机并调到额定转速，然后接通预热开关进行预热；
4) 用燃烧轻油或燃气进行预热熨平板时，应注意控制热量，防止局部过热而使熨平板变形。加热时，应采用间歇燃烧多次加热操作法，使其靠自身热传导均匀预热。有热风循环系统的，可采用点火燃烧和熄火热风循环交替进行加热；
5) 使用压缩空气压力喷射燃油的燃烧系统，其压力必须达到规定值。必须在燃烧器点燃之后，才允许启动鼓风机，并调节风门，使之完全燃烧；
6) 对没有多点燃烧加热装置的，应逐个分别点燃；
7) 预热时，要加强对燃烧情况的观察，若火焰熄灭，应即关闭燃油或燃气开关，找出原因，排除故障，并清除溢出的燃油或待燃气排尽后方可重新点燃；
8) 严禁在加热过程中，熨平板处于无人看管状态和向摊铺机各部喷油清洗。
(7) 自动找平装置的使用：
1) 在已压实的底基层上摊铺时，其不平度应不大于5mm。不平度波长小于所选用拖梁长度时，可采用拖式浮动梁作基准；
2) 用摊铺层邻近的车道、路缘石、边沟和新摊铺层等构筑物作基准时，传感器必须使用滑橇做跟踪件，采用拖式平均梁时，不允许用未经压实的摊铺层做基准；
3) 用做基准的车道或摊铺层，其横坡值必须与新摊铺层的横坡值相等；</td></tr>
<tr><td colspan="2">审核人</td><td></td><td>交接人</td><td></td><td>接受交底人</td><td></td></tr>
</table>

续表

<table>
<tr><td>工程名称</td><td colspan="2"></td><td>施工单位</td><td></td><td>编号</td><td></td></tr>
<tr><td>序号</td><td>项目</td><td colspan="5">沥青路面施工的安全技术交底内容</td></tr>
<tr><td>7</td><td>沥青摊铺机作业</td><td colspan="5">4）当自动找平装置控制系统使用纵坡控制装置和横坡控制装置联合工作时，在摊铺层的一侧设张紧线作基准。如一次摊铺宽度大于 6m，则应采用双侧高度控制装置工作；
5）停止作业时，应先断开找平系统开关，使调平油缸处于静止位置；
6）自动找平装置备元件，应小心使用，需防止被碰撞和雨水、尘土的损害。
（8）振捣器频率应由低渐高，逐步增加，摊铺面层时，每前进 5mm，捣固次数应不小于 1 次，并应随时检测摊铺层的密实度。
（9）在弯道区段作业时，要及时操纵找平装置，控制摊铺层的厚度增量：
1）使用纵坡传感器和横坡传感器配合的自动找平系统工作时，要设专人掌握横坡给定器，连续而平稳地转动横坡给定器上的调节旋钮；
2）操作人员应注意纵向走向，操作力求平稳，避免急剧转向（履带式摊铺机更应注意）；
3）弯道作业时，熨平装置的端头与路缘石的间距不得小于 10cm，以免转向时发生碰撞。
（10）摊铺机的坡道作业：
1）在正常纵坡上作业时，应由低处向高处摊铺。如必须下坡作业时，要与汽车驾驶人员紧密配合，力求速度稳定。在大坡道上作业时，要减少料斗中混合料量，按额定摊铺能力的 60%进行作业，同时控制行驶速度和转向半径；
2）在横坡道上摊铺时，由于混合料自动流向下坡一侧，应将下坡侧熨平板接长。为防止混合料自动流向下坡一侧，可在左右两侧使用相同方向的螺旋叶片；
3）摊铺机在较大的坡道（纵横坡度为 15%～20%）上工作时，为防止摊铺机倾翻，必要时可使用一台重型拖拉机或推土机用钢丝绳与摊铺机连接，在坡顶与摊铺机平行等速行驶。
（11）作业中的检查与调整：在摊铺过程中，要经常对摊铺机的行驶速度、供料能力、闸门开度、螺旋摊铺器的匹配情况进行检查。检查摊铺层的平整度、厚度是否符合设计要求。
（12）严禁在已铺好的路面上试验熨平板和振动梁的振动性能。
（13）履带式摊铺机不得长途行驶，其行驶距离不应超过 1km。特殊需要做长距离行驶时，行走装置应注意加油。行驶时，熨平板应恢复标准宽度，并升起用挂钩挂牢。
（14）摊铺机用其他车辆牵引时，只允许用刚性拖杆，不得使用钢丝绳。其变速手柄应置于空挡，并解除自动装置的工作。同时，禁止用摊铺机牵引其他机械。
3. 沥青混凝土摊铺机作业后的要求
（1）对摊铺机的各工作装置、运行机构进行全面的清洁工作，清除机器残留沥青，使之运转自如，转动灵活。擦拭液压伸缩熨平板的导向柱表面和油缸活塞杆表面，清洁并检查高度传感器支座各部元件，并对转动零件加注机油润滑。
（2）清洁工作应在作业场地以外进行。用柴油清洗时禁止明火接近。
（3）驾驶员在离开驾驶台前，要将摊铺机停稳，驻车制动必须可靠，料斗两侧壁完全放下，熨平板放到地面或用挂钩挂牢。摊铺机停放在交通车道附近时，必须在周围设置明显的安全标志，夜间设灯光信号并设专人守护。最后，按保修规程的规定，进行例保作业。</td></tr>
<tr><td colspan="2">审核人</td><td></td><td>交接人</td><td></td><td>接受交底人</td><td></td></tr>
</table>

6 砌 块 路 面

6.1 石材路面施工技术交底

石材路面施工技术交底 **表 6-1**

工程名称		施工单位		编号	
序号	项目	石材路面施工技术交底内容			
1	一般规定	见下文			
审核人		交接人		接受交底人	

（1）适用范围：石材路面一般选用花岗岩石材，它具有坚硬、耐酸、耐磨、吸水少、强度高等特点，可根据需要选择不同色彩、不同块形、不同功能与周围环境协调的各色花纹图案。适用于新建和改造的车行道、人行道、步行街、商业街及各类广场。

（2）路面结构：路面结构一般由面层、基层、底基层组成。面层由石材板（花岗岩荒料经锯、磨、切、烧等工序加工成不同规格尺寸）、垫层（半干硬性水泥砂浆）和接缝组成；基层一般可采用刚性基层（水泥混凝土）或半刚性基层（二灰碎石）；底基层一般采用石灰稳定类材料。

采用水泥混凝土基层时其力学强度指标应符合下列要求：非机动车道混凝土强度等级为C20，28d抗折强度≥3.5MPa，车行道及停车场混凝土强度等级为C30，28d抗折强度≥4.5MPa，混凝土基层应按水泥混凝土路面规定设置缩缝、纵缝及胀缝。采用二灰碎石基层或石灰土类底基层时，技术要求同沥青路面。

（3）石材的规格尺寸：

1）按表面加工程序分为：细面材料，即表面平整、光滑；具有镜面光泽；粗面板材，镜面板材，表面平整，表面平整、粗糙；

2）按加工条纹分为：机刨、剁斧、锤击和烧毛板等。规格尺寸参考表 6.1-1 所示。

石材的规格尺寸参考表 **表 6.1-1**

块形尺寸（mm）	300×300 395×395 200×200 200×400	400×400 300×600 595×595	500×500 350×700 594×594	395×395 795×395 600×600 400×800
最小厚度（mm）	50	80	100	120

（4）石材强度要求：饱和抗压强度 100～120MPa；饱和抗折强度不少于 9MPa。

（5）路面排水应根据设计要求及路面的具体现状设置排水设施，一般排水坡度为1%～2%，应符合表 6.1-2 要求。

路面排水坡度 **表 6.1-2**

序号	排水类别	坡度（%）
1	车行道、商业街及人行道	1.5～2
2	广场	1～1.5

续表

工程名称		施工单位		编号	
序号	项目	石材路面施工技术交底内容			
2	材料质量	见下文			

（1）石材的质量要求：石材的物理性能，如：饱和抗压强度、磨耗率、吸水率、孔隙率应符合国家有关标准规定，见表 6.1-3 所列。板材尺寸偏差见表 6.1-4 所列。

石材物理性能和外观质量 **表 6.1-3**

主要项目			优等品	一等品
物理性能	饱和抗压强度（MPa）不小于		120	120
	饱和抗折强度（MPa）不小于		9	9
	体积密度（g/cm³）不小于		2.5	2.5
	磨耗率（狄法尔法）%		<4	<4
	吸水率（%）不大于		1	1
	孔隙率（%）不大于		3	3
外观质量	缺棱	面积不超过 5mm×1mm，每块板材（个）	不允许	1
	色斑	面积不超过 2mm×2mm，每块板材（个）	不允许	1
	色斑	面积不超过 15mm×15mm，每块板材（个）	不允许	1
	裂纹	长度不超过两端顺延至板边总长度的确/10（长度小于 40mm 不计）每块板（条）	不允许	1
	坑窝	粗面板材的正面出现坑窝	不允许	不明显

注：1. 表面纹理垂直于板边沿，不得有斜纹、乱纹现象。边沿直顺、四角整齐，不得有凹、凸不平现象。

2. 镜面板材除符合上述要求外，正面应具有镜面光泽，能清晰地反映出景物。

板材尺寸允许偏差 **表 6.1-4**

规格偏差（mm） 类别	长	宽	厚	对角线	平面度
粗面板材	0，−2	0，−2	+1，−3	±2	≤
镜面板材	0，−1.5	0，−1.5	±1	±2	≤

（2）水泥：砌筑砂浆用水泥的强度等级应根据设计要求进行选择。其强度等级宜采用 32.5 普通硅酸盐水泥，其物理性能和化学成分应符合国家有关标准规定，水泥应有出厂合格证及生产日期，现场抽样复试。

（3）垫层用砂的质量：

1）垫层用砂应控制通过 5mm 筛孔的累计筛余量不大于 5%，其相应细度模数为 2.3～3.2；

2）砂的级配应符合表 6.1-5 的规定；

垫层用砂级配 **表 6.1-5**

序号	筛孔尺寸	累计筛余量（%）
1	10	0
2	5	5～0
3	2.5	15～0
4	1.25	50～15
5	0.630	75～40
6	0.315	90～70
7	0.160	100～90

审核人		交接人		接受交底人	

续表

<table>
<tr><td>工程名称</td><td colspan="2"></td><td>施工单位</td><td></td><td>编号</td><td></td></tr>
<tr><td>序号</td><td>项目</td><td colspan="5">石材路面施工技术交底内容</td></tr>
<tr><td>2</td><td>材料质量</td><td colspan="5">
3）含泥量应小于5%，泥块含量应小于2%；
4）含水量宜小于3%。
（4）灌缝用砂的质量：
1）灌缝用砂应控制通过2.5mm筛孔的累计筛余量不应大于5%，其相应细度模数为1.6～2.2；砂的级配应符合表6.1-6的规定；

灌缝用砂级配 **表6.1-6**

序号 | 筛孔尺寸 | 累计筛余量（%）
1 | 5 | 0
2 | 2.5 | 5～0
3 | 1.25 | 20～0
4 | 0.630 | 75～15
5 | 0.315 | 90～60
6 | 0.160 | 100～90

2）砂的含泥量应小于3%，泥块含量应小于1%，含水量宜小于3%。
（5）面层材料的检查验收：
1）石材质量检查验收：
① 石材块形、颜色、厚度、强度应符合设计要求；
② 应以同一块形、同一颜色、同一强度且以200m² 按一验收批；不足200m² 按一批计，每验收批取样为10块试件；
③ 每验收批试件的主要检查项目应包括尺寸允许偏差，外观质量和抗压强度；
④ 经检验合格的板材在每块板材侧面加盖“合格”章。
2）砂的质量检查验收：
① 垫层用砂及灌缝用砂应分别以400m³ 为一验收批，不足400m³ 也应为一验收批；
② 每验收批试样主检项目应包括颗粒级配、含泥量和泥块含量，其实验方法应符合现行行业标准《公路工程集料试验规程》JTG E42—2005的要求；
③ 在每批石材中应通过随机取样，每组样品的取样数量，对每一单次试验，不少于表6.1-7的规定。

石材随机取样试验 **表6.1-7**

序号 | 试验项目 | 取样最小数量（g）
1 | 颗粒级配 | 440
2 | 含泥量 | 4400
3 | 泥块含量 | 10000

3）水泥质量的检查验收：
① 所用水泥必须有生产厂家的质量证明书；
② 水泥在使用前必须进行复试，其技术质量指标应符合《普通硅酸盐水泥》GB 175—2007标准规定，复试内容主要包括强度、安定度和凝结时间等项；
③ 水泥出厂日期或试验日期超过3个月，应重新进行试验；
④ 水泥试验取样应以同一强度等级，同一品种400t为一验收批。
</td></tr>
<tr><td>审核人</td><td></td><td>交接人</td><td></td><td>接受交底人</td><td colspan="2"></td></tr>
</table>

续表

<table>
<tr><td>工程名称</td><td colspan="2"></td><td>施工单位</td><td></td><td>编号</td><td></td></tr>
<tr><td>序号</td><td>项目</td><td colspan="5">石材路面施工技术交底内容</td></tr>
<tr><td>3</td><td>基层</td><td colspan="5">基层应符合下列要求：
（1）强度和刚度符合设计要求。
（2）基层横坡与面层一致，表面平整、密实。
（3）检查验收应对基层的厚度、高程、压实度、平整度、横坡、强度进行检验，达到质量标准后方可铺砌石板砖。</td></tr>
<tr><td>4</td><td>石材路面施工</td><td colspan="5">1. 施工准备
（1）根据施工要求及现场情况，编制施工组织设计。
（2）根据设计图纸进行路面的定位和检查高程。
（3）将石材按批量、颜色、块形、厚度分别堆放。
（4）垫层砂、接缝砂、水泥应分别堆放，并应采取防雨淋措施。
（5）对基层表面进行清理，不符合要求进行整修。
2. 石材的铺装
（1）按设计图纸进行定位，放线，用测量仪器打格。设定石材砖基准线，根据道路中线、边线及横坡按整模数设置纵横间距，定出中心十字轴线，确定石材面层标高；
（2）根据设计图纸设计板块排列方式，弹出墨线所挂小线均为石材板块间的缝中线，并根据桩号随时复测；
（3）水泥干硬性砂浆垫层虚铺厚度应由试验确定。厚度控制在 35±5mm；
（4）拌制砂浆应按设计规定的强度进行配合比设计，用重量比计算出每盘搅拌机的拌合材料重量。水泥砂浆拌合物的密度不宜小于 1900kg/m^3，拌和时间自投料结束算起不少于 120s；
（5）在基层上刷一层稠状素水泥浆，然后铺干硬性水泥砂浆垫层，用靠尺检测，试铺石材砖，用木夯夯实板块中心及四角，使砂浆挤满，找平并达到铺设标高为止。然后将石材抬起，在压实的垫层上浇素水泥浆，稍干后铺稳石材砖，夯实。每铺筑一块石材，必须用 3m 直尺控制平整度，并保证纵横缝一致。
（6）石材砖的接缝宽度应控制在 5^{+3}_{-2}mm 内。
（7）铺砌石材的方法由逆铺法和顺铺法两种。顺铺法是站在已砌好的块石路面上，面向整平层边砌边进，逆铺法是站在整平层上，面向已铺好的路面边砌边退，在陡坡和弯道超高路段，应由低处向高处铺砌。
（8）灌缝：路面砖之间的接缝处应采用 1∶3 水泥细砂分三次灌满填实。第一次灌缝，距石材表面 8cm 左右，用薄板加水夯实，然后洒水养护一昼夜；在水泥砂浆达到一定强度，第二次灌缝，距表面 1.5cm 左右，用压板压实，洒水养护；第三次采用防水材料灌，厚度控制在 1cm 以上，低于石材表面 2mm。
防水材料可采用聚氨酯类防水材料，背衬材料可采用泡沫塑料或海绵条，其作用是防止材料与下部灌缝材料粘结。由温度变化影响防水材料的胀缩，也可用澳大利亚生产的单组分聚氨酯波士胶灌缝。
（9）养护：要求结合层水泥砂浆达到强度的 70％以上时，可在磨光板部分擦草酸，打蜡、磨光，最后铺干净的防水防碾压材料保护。
（10）成品保护，如：路口开放交通，应注意采用必要的保护措施。如，先用塑料布，然后上铺木板，严禁铺洒锯末、草袋等有色制品。</td></tr>
<tr><td colspan="2">审核人</td><td></td><td>交接人</td><td></td><td>接受交底人</td><td></td></tr>
</table>

续表

<table>
<tr><td>工程名称</td><td colspan="2"></td><td>施工单位</td><td></td><td>编号</td><td></td></tr>
<tr><td>序号</td><td>项目</td><td colspan="5">石材路面施工技术交底内容</td></tr>
<tr><td>5</td><td>质量检验标准</td><td colspan="5">（1）外观检验项目。
（2）铺砌应平整，稳固不应有空鼓、翘动现象。
（3）铺砌表面应整齐、洁净、美观，纵、横缝直顺，缝宽均匀一致，灌缝饱满，严密。
（4）与构筑物及检查井间应接平顺、不得有积水现象、保持整模数。
（5）颜色均匀一致、不得有色斑、污染等现象。
（6）实测检验项目见表 6.1-8 所列。</td></tr>
<tr><td>审核人</td><td></td><td>交接人</td><td colspan="2"></td><td>接受交底人</td><td></td></tr>
</table>

实测实量允许偏差 **表 6.1-8**

序号	检查项目	允许偏差（mm）	频率		检查方法
			范围	点数	
1	砂浆抗压强度	符合设计要求	见注解		标准养护
2	平整度	≤3	10m	3	用 3m 尺取最大值
3	相邻块高度	≤2	10m	1	用 20cm 钢板尺量取最大值
4	中线高程	±10	10m	1	用水准仪测
5	横坡	±0.3%	20m	1	用水准仪测
6	纵缝顺直度	≤4	20m	2	用 20m 小线量取最大值
7	横缝顺直度	≤4	10m	1	用 20m 小线量取最大值
8	缝宽	+3，−2	10m	1	用钢板尺量取最大值
9	井框与路面高差	≤4	每座	1	用 1.5m 直尺量取最大值

注：1. 砂浆强度每 1000m² 或每台班至少留置砂浆试块一组，如砂浆配合比变更时，相应制作试块。

2. 砂浆强度；砂浆试块的平均强度不得低于设计规定，任意一组试块强度最低值，不得低于设计规定值的 85%。

6.2 混凝土预制块路面施工技术交底

混凝土预制块路面施工技术交底 **表 6-2**

<table>
<tr><td>工程名称</td><td colspan="2"></td><td>施工单位</td><td></td><td>编号</td><td></td></tr>
<tr><td>序号</td><td>项目</td><td colspan="5">混凝土预制块路面施工技术交底内容</td></tr>
<tr><td>1</td><td>一般规定</td><td colspan="5">混凝土预制块路面是指在有一定强度的基层上铺筑混凝土预制块而形成的路面。应具有高强度、抗冻融、耐久性强、防滑、装饰性强等特点。
（1）使用范围：由于混凝土预制块路面施工工艺简单，预制块的色彩、形状、尺寸多种多样，可结合环境铺筑不同颜色的各种图案、花纹等，常用于铺筑人行道、车行道、商业区、步行街、广场、停车场等。
（2）路面结构：
1）路面结构一般由面层、基层、底基层组成；</td></tr>
<tr><td>审核人</td><td></td><td>交接人</td><td colspan="2"></td><td>接受交底人</td><td></td></tr>
</table>

续表

<table>
<tr><td>工程名称</td><td colspan="2"></td><td>施工单位</td><td></td><td>编号</td><td></td></tr>
<tr><td>序号</td><td>项目</td><td colspan="5">混凝土预制块路面施工技术交底内容</td></tr>
<tr><td>1</td><td>一般规定</td><td colspan="5">

2）面层由混凝土砖和砂浆垫层组成；

3）基层可采用刚性基层（水泥混凝土）和半刚性基层（二灰碎石）或石灰土类材料；

4）底基层一般采用石灰土类材料；

5）由于用途、功能不同，其相应的结构不同，常用结构如表 6.2-1 所示。

常用结构表　　表 6.2-1

序号	部位	底基层	基层
1	人行道	15cm 10%石灰土	15cm 二次灰土或 C15 水泥混凝土
2	车行道	2×15cm 石灰土	15～18cm 二次碎石或 C20 水泥混凝土
3	商业区	2×15cm 石灰土	15～18cm 二次碎石或 C20 水泥混凝土

（3）水泥混凝土砖的规格尺寸、定义、分类及等级、标准：

1）定义：水泥混凝土路面砖是指以水泥和集料为主要材料，经加压、振动加压或其他成型工艺制成的块、板产品，其表面可以是有面层（料）或无面层料的本色或彩色的，有强振挤压半干硬性和水泥混凝土振捣成型两种。

2）一般要求：

① 路面砖表面应有必要的防滑功能，以保障行人及车辆的安全；

② 路面砖的外露表面应平整，宜有倒角；

③ 路面砖饰面层的厚度不应小于 4cm；表面花纹图案的沟槽深度不得超过面层（料）的厚度。

3）分类：按路面砖形状分为普通型路面砖和连锁型路面砖。

4）规格尺寸见表 6.2-2 所列。

混凝土预制块路面砖规格尺寸　　表 6.2-2

序号	块形尺寸（mm）	形式	块数（m^2）
1	222×110×60（80）	连锁	39.6
2	197×147×60	相嵌	40
3	100×200×60（80）	矩形	50
4	200×200×60（100）	方形	25
5	100×100×60	嵌角	100
6	200×200×60	菱形	28.5
7	250×140×60	互锁	33
8	250～125×107×80	梯形	48.5
9	250×250×50	方形	16
10	300×300×50（40）	方形	11
11	400×400×50（40）	方形	6.2
12	197×170×60	六角	38

5）等级：

① 抗压强度等级分为 C30、C35、C40、C50、C60；

② 抗折强度等级分为 C3.5、C4.0、C4.5、C5.0、C6.0。

</td></tr>
<tr><td colspan="2">审核人</td><td></td><td>交接人</td><td></td><td>接受交底人</td><td></td></tr>
</table>

续表

<table>
<tr><td>工程名称</td><td colspan="2"></td><td>施工单位</td><td></td><td>编号</td><td></td></tr>
<tr><td>序号</td><td>项目</td><td colspan="5">混凝土预制块路面施工技术交底内容</td></tr>
<tr><td>1</td><td>一般规定</td><td colspan="5">6）质量等级：符合规定强度等级的面砖，根据外观质量、尺寸偏差和物理性能分为优等品（A）、一等品（B）、和合格品（C）。
（4）混凝土砖的强度：
1）力学性能：根据路面砖边长与厚度比值，选择做抗压强度或抗折强度试验，其力学性能必须符合表 6.2-3 的规定；
（见表 6.2-3）
2）物理性能：路面砖物理性能应符合表 6.2-4 的规定。
（见表 6.2-4）
（5）路面排水：由于混凝土面砖耐水性好，故只考虑路面不积水的因素。道路纵坡≥5%。时，其横坡取小值，当<5%时，可取大值。具体坡度值见表 6.2-5 所列。
（见表 6.2-5）</td></tr>
<tr><td>2</td><td>材料</td><td colspan="5">（1）混凝土砖的质量要求：
1）路面砖的外观质量应符合表 6.2-6 的规定；
（见表 6.2-6）</td></tr>
<tr><td>审核人</td><td colspan="2"></td><td>交接人</td><td></td><td>接受交底人</td><td></td></tr>
</table>

混凝土砖的力学性能 **表 6.2-3**

序号	边长/厚度	<5		≥5		
	抗压强度等级	平均值≥	单块最小值≥	抗折强度等级	平均值≥	单块最小值≥
1	C30	30.0	25.0	C3.5	3.5	3.0
2	C35	35.0	30.0	C4.0	4.0	3.2
3	C40	40.0	35.0	C5.0	5.0	4.2
4	C50	50.0	42.0	C6.0	6.0	5.0
5	C60	60.0	50.0	—	—	—

混凝土砖的物理性能 **表 6.2-4**

序号	质量等级	耐磨性		吸水率≤	抗冻性
		坑长度（mm）≤	耐磨度		
1	优等品	28.0	1.9	5.0	冻融循环试验后，外观质量必须符合有关规定，强度损失不得大于 20.0%
2	一等品	32.0	1.5	6.5	
3	合格品	35.0	1.2	8.0	

注：磨坑长度与耐磨度两项试验只做一项即可。

路面排水坡度 **表 6.2-5**

序号	排水类别	坡度（%）
1	主（次）干道	1.5～2.5
2	商业区道路及人行道	1.5～2
3	停车场	1.0～1.5

路面砖的外观质量（mm） **表 6.2-6**

序号	主要项目		优等品	一等品	合格品
1	正面黏皮及缺损的最大投影尺寸≤		0	5	10
2	缺棱掉角的最大投影尺寸≤		0	10	20
3	裂纹	非贯穿裂纹最大投影尺寸≤	0	10	20
		贯穿裂纹	不允许	不允许	不允许

续表

工程名称		施工单位		编号	
序号	项目	混凝土预制块路面施工技术交底内容			
2	材料	2）尺寸偏差：路面砖的尺寸偏差应符合表 6.2-7 的规定。			

路面砖的尺寸允许偏差（mm） **表 6.2-7**

序号	主要项目	优等品	一等品	合格品
1	长度、宽度	±2.0	±2.0	±2.0
2	厚度	±2.0	±3.0	±4.0
3	厚度差	≤2.0	≤3.0	≤3.0
4	平整度	≤1.0	≤2.0	≤2.0
5	垂直度	≤1.0	≤2.0	≤2.0

（2）水泥的质量要求：

1）水泥应按国家标准验收，应具有合格证；

2）在一般条件下，存放 3 个月强度降低 10%～20%，经 6 个月降低 15%～30%，当存放时间大于 3 个月时，应检验后使用；

3）经检验后仅强度一项不合格可降低等级使用，其他项不合格则按废品处理。

（3）砂的质量要求：

粒径在 0.15～5mm 者为细集料。混凝土用砂应由颗粒坚硬、强度高、耐风化的天然砂构成。其质量要求如下：

1）砂的细度：混凝土用砂按其细度模数可分为：粗砂：细度模数 3.1～3.7；中砂：细度模数 2.3～3.0；细砂：细度模数 1.6～2.2；特细砂：细度模数 0.7～1.5；垫层用砂细度模数在 2.3～3.2 之间，灌缝用砂细度模数在 1.6～2.2 之间；

2）砂的含泥量：砂中粒径小于 0.074mm 的尘粒含量不超过 5%；

3）有害物的含量：云母的含量应小于 2%。轻物质（如煤）含量应小于 1%，有机质（腐殖土）用比色法测定，颜色不应深于标准色。

（4）垫层砂浆的配制：垫层砂浆主要由以下材料组成：

1）水泥：根据砂浆的用途选择水泥，一般采用普通 32.5 水泥；

2）石灰：将钙质生石灰熟化成消石灰后使用，有效钙加氧化镁含量≥55%；

3）细集料：一般采用天然砂，其技术要求同水泥混凝土。但砂中的黏土含量要求是：砂浆强度等级≥M10，其黏土含量应≤5%；砂浆强度等级为 M2.5～7.5，其黏土含量应≤10%；

4）水：饮用水、天然水及河水均可。

（5）材料检验、验收：

1）路面砖同一颜色、同一厚度 20000 块为一批。不足 20000 块按一批计，每一批抽取 50 块试件；每验收批的主验项目应包括尺寸允许偏差、外观质量和抗压强度；

2）砂应按 600t 或 400m^3 为一验收批。不足 600t 或 400m^3 也应为一验收批；

3）验收主检项目包括颗粒级配、含泥量和泥块含量；水泥试验取样应以同一强度等级号、同一品种 200t 为一验收批。当工程所用同强度等级、同品种水泥不足 200t 时也应为一验收批。

审核人		交接人		接受交底人	

续表

<table>
<tr><td colspan="2">工程名称</td><td></td><td>施工单位</td><td></td><td>编号</td><td></td></tr>
<tr><td>序号</td><td>项目</td><td colspan="5">混凝土预制块路面施工技术交底内容</td></tr>
<tr><td>3</td><td>混凝土面砖对基层要求</td><td colspan="5">混凝土面砖对基层的具体要求如下：
(1) 强度和刚度符合设计要求：混凝土面砖的强度和刚度应符合设计要求，水泥混凝土基层或石灰土类基层均需满足其养护的要求。
(2) 基层的横坡应符合要求，表面平整。
(3) 实测实量项目包括基层厚度、高程、压实度、平整度、横坡、强度达到质量标准方可进行铺筑。</td></tr>
<tr><td>4</td><td>施工</td><td colspan="5">(1) 普通水泥混凝土面砖的施工：
1) 根据设计图纸及现场情况，编制施工方案。施工方案应包括人员、机械、材料、施工部位、时间及各项措施；高程复测，按设计用测量仪器打格放样；
2) 拌制砂浆，按设计要求，石灰、粗砂要过筛，配比按重量比用搅拌机拌合，从拌合到铺筑应控制在3d以内；
3) 修整基层：当高程或不平整处≤1cm时可用砂浆填筑；当>1cm时可用硬粒料填筑。灰土基层应刨毛茬2～2.5cm，然后用同样混合料补实；
4) 铺筑砂浆：在干净的基层洒水一遍使之湿润，然后铺筑砂浆。厚度为2cm用刮板找平，随铺随砌；
5) 圈箱法：铺筑砖一般采用圈箱法，即按桩撅高程横向和纵向格铺砖1～2行样板砖，然后横线不动纵线平移铺砖，间隔一般为5～10m，大于5m要考虑中间挂线；
6) 路面砖的接缝应控制在3mm±1mm之内，砌筑要求砂浆饱满，不得有空隙填硬料；
7) 圈箱法：铺筑砖一般采用圈箱法，即按桩撅高程横向和纵向格铺砖1～2行样板砖，然后横线不动纵线平移铺砖，间隔一般为5～10m，大于5m要考虑中间挂线；
8) 路面砖的接缝应控制在3mm±1mm之内，砌筑要求砂浆饱满，不得有空隙，不得在砖下填硬料。和其他构筑物相接时应用水泥砂浆填满压平，要求美观；
9) 灌缝扫墁：用1∶3（体积比）水泥细砂干砂浆灌缝，第一次灌满后浇水沉实，二次灌砂扫墁，墁平后适当加水直至缝隙饱满；
10) 养护：水泥砖灌缝后洒水养生。
(2) 连锁砌块水泥混凝土砖的施工：
1) 定义：连锁砌块是指砖的边上有凸起的锁定条，可防止水平方向位移的水泥混凝土砖；
2) 由于连锁砌块条狭块小，因此对基层的平整度要求更高，可采用砂进行粗找平，再用1～3t压路机碾压，要求平整密实；路面砖的接缝宽度应控制在3mm±1mm内；
3) 其垫层可采用细度模数为2.3～3.2的中粗砂直接铺筑，虚铺厚度可由试验确定，厚度控制在30mm±5mm内。摊铺垫层的方法可采用刮板法、耙平法、摊铺机摊铺法等；
4) 铺砌采用圈筋法施工，不得站在已铺好的垫层上作业，可以在刚铺筑的面砖上垫上一块0.3m^2左右的木板，站在木板上进行铺筑。铺筑时要求相嵌紧密，不留空隙；
5) 铺完路面砖后，宜使用专用手扶振动胶轮碾压机由低向高碾压2～3次。一字形铺筑时，振动碾压机前进方向应与路面砖长度方向垂直，前进速度与步行速度相当，不宜使路面砖受到扰动；路面砖之间的接缝处应采用1∶3水泥细干砂分多次灌满填实，适当洒水至缝防饱满；</td></tr>
<tr><td colspan="2">审核人</td><td></td><td>交接人</td><td></td><td>接受交底人</td><td></td></tr>
</table>

续表

<table>
<tr><td colspan="2">工程名称</td><td colspan="2"></td><td>施工单位</td><td></td><td>编号</td><td></td></tr>
<tr><td>序号</td><td>项目</td><td colspan="6">混凝土预制块路面施工技术交底内容</td></tr>
<tr><td>4</td><td>施
工</td><td colspan="6">6）在振动较激烈的部位铺筑路面砖时，砂垫层选用 1：3 水泥砂浆，铺砂浆应随砌砖同时进行，用胶锤轻击稳实；在路面边界或交界处等特殊部位不能使用整砖时，可将砖切断后使用，割段的最小尺寸应大于 20mm。在侧石边缘或井边有空隙处可用同色水泥浆填满镶边；
7）路面砖铺设完成后应洒水养护，设专人对施工质量进行验收，包括：①路面面层外观质量；②路面平整度；③接缝宽度；④接缝灌砂应灌满填实；⑤相邻两块路面砖的高差；⑥路面与构筑物接顺等，并对废料及时清除干净。</td></tr>
<tr><td>5</td><td>质
量
标
准</td><td colspan="6">（1）外观检查项目：
1）铺筑应平整、稳固、不得有空鼓、翘动现象；
2）铺筑表面应整齐、美观、洁净、纵横缝顺直，缝宽均匀一致，灌缝饱满、严密；
3）与构筑物及检查井相接应平顺，所有铺筑的路面砖不得有积水现象。
（2）实测检查项目见表 6.2-8 所列。

路面砖实测检查项目　　表 6.2-8
<table>
<tr><td rowspan="2">序号</td><td rowspan="2">主要项目</td><td colspan="2">允许偏差</td><td colspan="3">检测频率</td><td rowspan="2">检测方法</td></tr>
<tr><td>人行道</td><td>车行道</td><td>范围</td><td>路宽（m）</td><td>点数</td></tr>
<tr><td rowspan="3">1</td><td rowspan="3">平整度</td><td rowspan="3">≤5mm</td><td rowspan="3">≤4mm</td><td rowspan="3">100m</td><td><5</td><td>5</td><td rowspan="3">3m 直尺</td></tr>
<tr><td>5～15</td><td>10</td></tr>
<tr><td>7～15</td><td>15</td></tr>
<tr><td>2</td><td>宽度</td><td>大于等于设计</td><td>－20mm</td><td>100m</td><td>2 点</td><td>2 点</td><td>用尺量</td></tr>
<tr><td>3</td><td>相邻块高度</td><td>≤3mm</td><td>≤</td><td>20m</td><td>1 点</td><td>1 点</td><td>用水准仪</td></tr>
<tr><td>4</td><td>中线高程</td><td>—</td><td>±</td><td>20m</td><td>1 点</td><td>1 点</td><td>用水准仪</td></tr>
<tr><td>5</td><td>横坡度</td><td>±0.3%</td><td>±</td><td>20m</td><td>1 点</td><td>1 点</td><td>用尺量</td></tr>
<tr><td>6</td><td>缝宽</td><td>±1mm</td><td>±</td><td>20m</td><td>1 点</td><td>1 点</td><td>用尺量</td></tr>
<tr><td>7</td><td>井框距路面高差</td><td>5mm</td><td>5mm</td><td>座</td><td>2 点</td><td>2 点</td><td>用尺量</td></tr>
<tr><td>8</td><td>横纵直顺度</td><td>10mm</td><td>10mm</td><td>20m</td><td>1 点</td><td>1 点</td><td>用尺量</td></tr>
</table>
</td></tr>
<tr><td colspan="2">审核人</td><td></td><td>交接人</td><td></td><td>接受交底人</td><td colspan="2"></td></tr>
</table>

7 市政道路工程挡土墙

7.1 城市道路工程挡土墙分类

城市道路工程挡土墙分类 **表 7-1**

<table>
<tr><td>工程名称</td><td colspan="2"></td><td>施工单位</td><td></td><td>编号</td><td></td></tr>
<tr><td>序号</td><td>项目</td><td colspan="5">城市道路工程挡土墙分类内容</td></tr>
<tr><td>1</td><td>概述</td><td colspan="5">挡土墙是支承路基填土或山体边坡，以防止其变形坍塌，减少土石方工程，少占农田的构筑物，是高等级公路和城市道路工程的重要构筑物。可以采用石料修建干砌或浆砌石料挡土墙，也可以采用水泥及钢筋、砂石材料修建钢筋混凝土挡土墙，挡土墙的基本构造及各部分名称如图 7.1-1 所示。 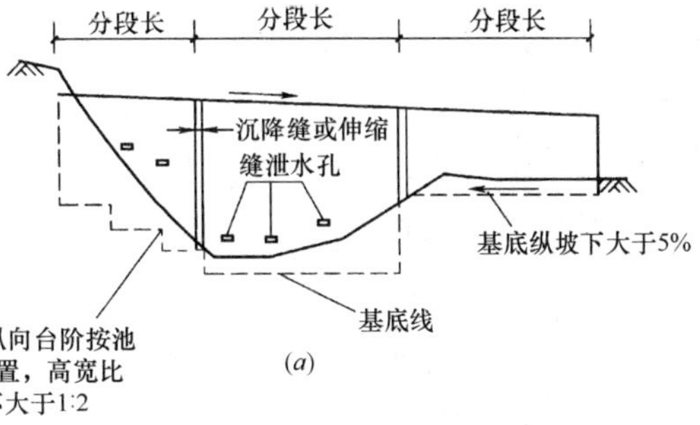

图 7.1-1 挡土墙基本构造
(a) 正面；(b) 侧面</td></tr>
<tr><td>2</td><td>按使用位置和墙背倾斜方向分类</td><td colspan="5">挡土墙按使用位置不同分为路堑式、路肩式、路堤式、山坡式等，其图式及使用场合见表 7.1-1 所列。

挡土墙的使用场合 表 7.1-1
<table><tr><td>序号</td><td>名称</td><td>示 意 图</td><td>使 用 场 合</td></tr><tr><td>1</td><td>路堑挡土墙</td><td> 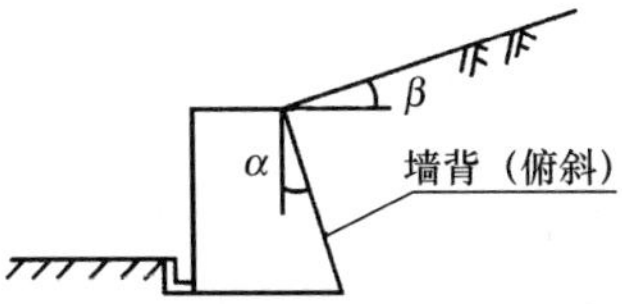</td><td>(1) 山坡陡峻，用以降低边坡高度，减少山坡开挖，避免破坏山体平衡；
(2) 地质条件不良，用以支挡可能坍塌的山坡土体</td></tr></table></td></tr>
<tr><td>审核人</td><td></td><td>交接人</td><td></td><td>接受交底人</td><td colspan="2"></td></tr>
</table>

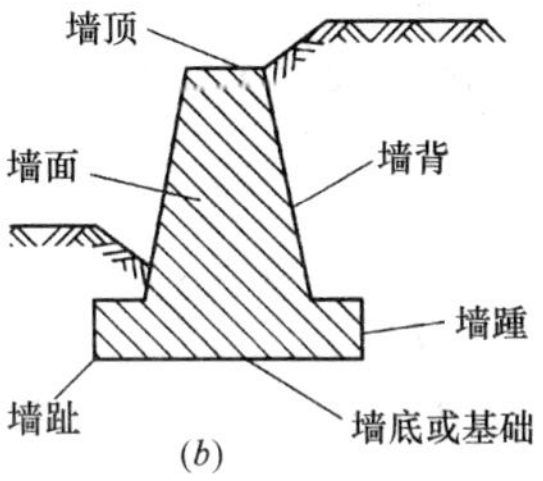

续表

工程名称		施工单位		编号	

序号	项目	城市道路工程挡土墙分类内容
2	按使用位置和墙背倾斜方向分类	见下

续表

序号	名称	示意图	使用场合
2	山坡挡土墙	覆盖层	用以支挡山坡上有可能坍滑的覆盖层土体或破碎岩层（需要时可分设数道），并兼有挡石的作用
3	路肩挡土墙	墙顶宽度 活载分布宽度 b l_0 墙背（仰斜） 墙高 β 墙底宽度	（1）陡山坡上，为保证路堤稳定，收缩坡脚； （2）为避免干扰其他建筑物（如房屋、铁路等）或防止多占农田； （3）为防止延河滨及水库路堤受水冲刷和淘刷
4	路堤（坡脚）挡土墙	墙顶填土高度a a=0 墙背（垂直）	（1）受地形限制或因其他建筑物干扰，必须约束坡脚时； （2）防止陡坡路堤下滑

按其墙背倾斜方向分类又可分为仰斜式、垂直式、俯斜式、凸形折线式、衡重式见图7.1-2所示。

$-a$　$a=0$　$+a$　$+a_{上}$　$-a_{下}$　$+a_{上}$　$-a_{下}$

(*a*)　(*b*)　(*c*)　(*d*)　(*e*)

图 7.1-2　重力式挡土墙的断面形式

（*a*）仰斜式；（*b*）垂直式；（*c*）俯斜式；（*d*）凸形折线式；（*e*）衡重式

序号	项目	城市道路工程挡土墙分类内容
3	按挡土墙结构形式分类	按挡土墙结构形式分类，可分为以下两大类： （1）挡土墙按其结构形式可分为石砌重力式、石砌衡重式、钢筋混凝土悬臂式和扶壁式、柱板式、锚杆式、锚碇式、垛式及加筋土式。 （2）在市政道路工程中采用的主要形式有石砌重力式、石砌衡重式、钢筋混凝土重力式挡墙、扶壁式或悬臂钢筋混凝土挡墙及加筋土挡墙。

审核人		交接人		接受交底人	

7.2 扶壁式钢筋混凝土挡土墙施工技术交底

扶壁式钢筋混凝土挡土墙施工技术交底 **表 7-2**

<table>
<tr><td colspan="2">工程名称</td><td></td><td>施工单位</td><td></td><td>编号</td><td></td></tr>
<tr><td>序号</td><td>项目</td><td colspan="5">扶壁式钢筋混凝土挡土墙施工技术交底内容</td></tr>
<tr><td>1</td><td>概述</td><td colspan="5">（1）扶壁式钢筋混凝土挡土墙如图 7.2-1 所示，由墙面板、墙踵板和扶壁组成，通常还设有凸榫，是一种轻型支挡结构物。依靠墙身自重和墙底板上填土的重量维持挡土墙的稳定，墙高一般不宜大于 10m。
（2）墙面板通常为等厚的竖直板，与扶壁和墙踵板固结相连，其厚度，低墙决定于板的最小厚度，高墙则根据配筋要求决定。 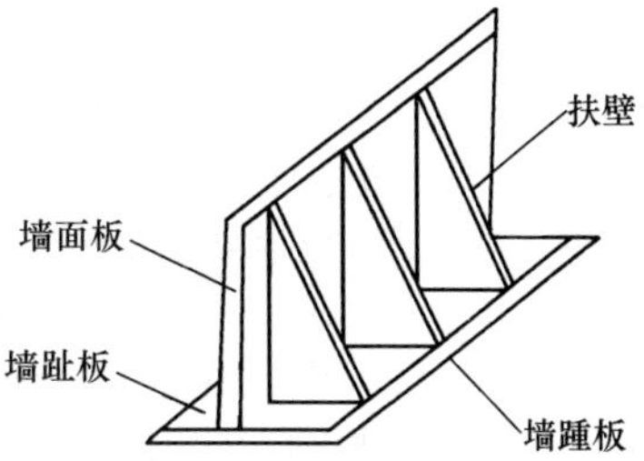
扶壁
墙面板
墙趾板
墙踵板
图 7.2-1　扶壁式钢筋混凝土挡土墙
（3）扶壁式钢筋混凝土挡土墙浇筑的钢筋混凝土是整体结构，故以现浇为宜，但近年来，城市快速路修建中，为加快施工进度，采取了装配式结构，其墙面板、扶壁为一体，与底板先行预制，现场基础处理平整后，安装底板，再将墙面板扶壁预制件插入榫口，用预埋钢筋板与底板连接，浇筑榫口混凝土，完成挡土墙结构的装配。</td></tr>
<tr><td>2</td><td>施工工艺流程（现浇）及要点</td><td colspan="5">扶壁式钢筋混凝土挡土墙（现浇）施工工艺流程为：施工准备→基底处理→底板浇筑→立壁钢筋绑扎→立壁支模→立壁混凝土浇筑→墙背回填。
1. 施工准备
（1）测量放样：恢复路基的中线，精确地测定挡土墙基底主轴线和起讫点位置，并进行水准测量。
（2）熟悉设计文件，对人、机、材作具体安排，做好水泥、砂石、钢筋等原材料的检测，提前做好混凝土及模板设计工作。
2. 钢筋工程
（1）钢筋加工：调直、切断、弯钩、绑扎成型等均采用冷加工的方法进行，钢筋冷弯采用手工或机械方法进行，其延伸率与弯曲角度和钢筋直径有关。
（2）弯曲某种型号第一根钢筋时，应按设计尺寸、技术标准进行核实，确认无误后，以此为样板，进行成批加工。钢筋应平直，无局部弯折，成盘的钢筋和弯曲的钢筋均应调直。冷拉调直时，Ⅱ级钢筋冷拉率不宜大于 2%，Ⅱ、Ⅲ级钢筋不宜大于 1%。
（3）钢筋的接头一般采取焊接，螺纹钢筋可采用挤压套管接头，纵向焊接应采用闪光对焊，当无条件时，也可采用电弧焊。钢筋应按类型、钢号直径分别挂牌堆放，宜架空地面 30cm 以上，并妥善遮盖，避免锈蚀和污染。
3. 模板工程
模板宜采用通用化组合钢模，如用木模应在内侧加钉镀锌钢板，以保证混凝土表面平整光洁，材质不得低于Ⅲ等材。
（1）制作木模板时，事先应熟悉图纸核对各部尺寸，其类型应尽量统一，以便于重复使用，但始终须保持表面平整、形状正确，有足够强度和刚度，安装模板时，须考虑浇筑混凝土的工作特点与钢筋安装绑扎和混凝土浇筑方法相适应，在必要的地方可以设置活板或天窗，以便混凝土的灌筑、振捣及模板内杂物的清扫。</td></tr>
<tr><td colspan="2">审核人</td><td></td><td>交接人</td><td></td><td>接受交底人</td><td></td></tr>
</table>

续表

工程名称		施工单位		编号	
序号	项目	扶壁式钢筋混凝土挡土墙施工技术交底内容			
2	施工工艺流程（现浇）及要点	见下文			

（2）墙体模板一般由侧板、立挡、横挡、斜撑和水平撑组成，斜撑的下端须有垫板。当墙模较高时，也可以用对拉螺栓固定或与斜撑结合使用，但斜撑与模板横挡水平交角不宜大于45°。

（3）墙模施工时，为保证墙体混凝土厚度，一般情况均加撑头或内撑，为便于拆模和混凝土表面平整光洁，应在模板上涂刷隔离剂，施工中搭设的脚手架与模板不应发生联系。

（4）挡墙的模板，须待墙体混凝土抗压强度达到2.5MPa以上时方可拆除，以免造成混凝土表面及棱角因拆模损坏。

4. 混凝土工程

（1）扶壁式钢筋混凝土挡土墙一般分为二次浇筑，先浇底板，然后再浇立墙。底板应做施工缝处理，并待混凝土强度达2.5MPa以上时，方可进行凿毛冲洗及安装立壁模板、钢筋焊接绑扎等工序。

（2）为便于分段分层浇筑和混凝土振捣，宜在墙模侧面设置不小于30cm高的门或洞做浇筑口，以便装溜槽浇筑，门或洞的上下间距不宜超过2.0m，采用输送泵时可另做考虑。扶壁的浇筑与墙身同步进行，分层浇筑振捣。为防止混凝土发生离析，从高处向模板内卸混凝土时，自由倾落高度不宜超过2.0m，如超过2.0m，应使用分节导管或串筒。

（3）浇筑混凝土时，一般采用振捣器振实，振捣时间应适当，一般的标准是达到混凝土不再下沉、无显著气泡上升、顶面平坦一致、并开始浮现灰浆为止。当发现表面浮现水层，应立即设法排除，并须检查发生的原因，或调整混凝土配合比。

（4）混凝土运输须与浇筑进度相适应，做到相互配合不致因脱节而影响进度和质量，如发现有离析、泌水或坍落度损失过大时，必须进行二次搅拌或调整外加剂掺量及其掺加方法等。

（5）立壁顶面混凝土应严格控制高程，并进行二次抹面，以防松顶。

（6）浇筑长度以挡土墙的伸缩缝或沉降缝为一节段，一般在15m左右，墙身立壁应严格分层，分层厚度不宜超过表7.2-1的规定，并以水平分层为宜。混凝土浇筑工作宜连续进行，一次浇完，应在前层所浇的混凝土尚未初凝以前，即将此层混凝土浇筑捣实完毕，若浇筑时发生中断，必须按施工缝处理。

混凝土分层浇筑厚度　　表7.2-1

序号	捣实方法		浇筑层厚度（cm）
1	插入式振动器		30
2	附着式振动器		30
3	平面振荡捣器	无筋或配筋稀疏时	25
		配筋稀较密时	15
4	人工捣实	无筋或配筋稀疏时	20
		配筋稀较密时	15

（7）混凝土浇筑完成后一般在10h左右即可覆盖浇水养护，当气候炎热或有风的天气时，2～3h后即可浇水养护以保持充分的湿润状态，当气候变化较大，内外温度差异较大时，拆除模板后宜用草帘、塑料布等遮盖并浇水养护，以防产生膨胀和收缩裂缝。

（8）关于混凝土的冬期施工和炎热气候下的施工可参照有关资料进行。关于基底处理、排水设施、沉降缝的施工及墙背回填见本章其他有关内容。

审核人		交接人		接受交底人	

续表

<table>
<tr><td>工程名称</td><td colspan="2"></td><td>施工单位</td><td></td><td>编号</td><td></td></tr>
<tr><td>序号</td><td>项目</td><td colspan="5">扶壁式钢筋混凝土挡土墙施工技术交底内容</td></tr>
<tr><td>3</td><td>施工工艺的质量要求</td><td colspan="5">

1. 钢筋加工及安装

(1) 钢筋、焊条品种规格和技术性能应符合国家现行规定标准和设计要求。

(2) 冷拉钢筋的机械其性能必须符合规范要求，钢筋顺直、无局部弯折、表面不应有裂皮和油污。

(3) 受力钢筋同一截面的接头数量、搭接长度和焊接，机械接头质量应符合规范要求。

(4) 实测项目见表 7.2-2 所列。

2. 混凝土浇筑

(1) 所用的水泥、砂石、水、添加剂的质量规格必须符合有关规范的要求，按规定的配合比施工。

(2) 不得出现露筋和空洞现象。

(3) 混凝土基础的地基承载力必须满足设计要求，严禁超挖回填虚土。

(4) 实测项目见表 7.2-2、表 7.2-3 所列。

钢筋加工的基本要求 **表 7.2-2**

<table>
<tr><td>序号</td><td colspan="2">检查项目</td><td>规定值或允许偏差</td><td>检查方法和频率</td></tr>
<tr><td>1</td><td colspan="2">受力钢筋间距（mm）</td><td>±10</td><td>每构件检查 2 个断面，用尺量</td></tr>
<tr><td>2</td><td colspan="2">横向水平钢筋（mm）</td><td>+0，−20</td><td>每构件检查 5～10 个间距</td></tr>
<tr><td rowspan="2">3</td><td rowspan="2">钢筋骨架尺寸（mm）</td><td>长</td><td>±10</td><td rowspan="2">按骨架总数 30%抽查</td></tr>
<tr><td>高</td><td>±15</td></tr>
<tr><td rowspan="2">4</td><td colspan="2">弯起钢筋位置（mm）</td><td>±20</td><td>每骨架抽查 30%</td></tr>
<tr><td colspan="2">保护层厚度（mm）</td><td>±5</td><td>每构件沿模板周边检查 8 处</td></tr>
</table>

混凝土挡土墙实测项目 **表 7.2-3**

序号	检查项目	规定值或允许偏差	检查方法和频率
1	混凝土强度（MPa）	在规定标准内	按《城市道路工程施工与质量验收规范》CJJ 1—2008 执行
2	平面位置（mm）	30	每 20m 用经纬仪检查 3 点
3	顶面高程（mm）	±10	每 20m 用水准仪检查 1 点
4	断面尺寸（mm）	不小于设计	每 20m 用尺量 2 个断面
5	底面高程（mm）	±50	每 20m 用水准仪检查 1 点
6	表面平整度（mm）	10	每 20m 用 2m 直尺检查 3 点

</td></tr>
<tr><td>审核人</td><td></td><td>交接人</td><td></td><td>接受交底人</td><td colspan="2"></td></tr>
</table>

7.3 浆砌块（料）石挡土墙施工技术交底

浆砌块（料）石挡土墙施工技术交底 **表 7-3**

工程名称		施工单位		编号	
序号	项目	浆砌块（料）石挡土墙施工技术交底内容			
1	材料要求	**1. 石料** 石砌挡土墙石料按开采方法与加工深度分为片石、块石和料石三种。 （1）片石：一般指用爆破法或楔劈法开采的石块，厚度不小于 15cm，其宽度及长度不小于厚度的 1.5 倍。用作镶面的片石应表面平整，尺寸较大，并稍加修整，其强度不小于 30MPa，并严禁人面立砌。 （2）块石：其形状大致为正方体，上下面也大致平整，厚度不小于 20cm，宽度约为厚度的 1.0～1.5 倍，长度约为厚度 1.5～3.0 倍。块石用做镶面时，应由外露面四周向内稍加修凿，强度不小于 30MPa。 （3）料石：外形方正，成六面体，厚度 20～30cm，宽度为厚度的 1～1.5 倍，长度为厚度的 2.5～4 倍，表面凹陷深度不大于 20mm，用作镶面的粗料石，丁石长度应比相邻顺石宽度至少大出 15cm。修凿面每 10cm 长须有錾路 4～5 条，正面凹陷深度不超过 1.5mm，外露面应有细凿边缘，宽度为 3～5cm，强度应不小于 30MPa。 **2. 砌筑砂浆** （1）砂浆强度以 70.7mm×70.7mm×70.7mm 的试件在温度 20℃±3℃的标准养护条件下 28d 的抗压强度为准，单位为 MPa，其强度、类别应符合设计规定，并宜采用洁净的中砂或粗砂。当用于浆砌片石时，砂的最大粒径不宜超过 5mm，砌筑块石或粗料石时不宜大于 2.5mm。在适当增加水泥用量的条件下也可采用细砂。 （2）砂浆必须具有良好的和易性，其适宜的稠度为 5～7cm，气温较高时，可适当增大。为改善砂浆和易性可掺入塑化剂或粉煤灰等，其掺量可视品种经试验而定。 （3）当采用水泥、石灰砂浆时，所用石灰除应符合《砌筑砂浆配合比设计规程》（JGJ/T 98—2010）技术标准外，还应保证成分纯正，煅烧均匀透彻，一般宜熟化成消石灰粉或石灰膏使用，其中 CaO 和 MgO 的含量应符合规定的要求。 （4）砂浆的配合比须通过试验确定，当更换砂浆的组成材料时，其配比应重新试验确定。砂浆应随拌随用，保持适当的稠度，一般宜在 3～4h 用毕。如在运输过程中发生离析、泌水，应重新拌合，已开始凝结的砂浆不得使用。砂浆所用水泥、砂等材料质量应符合规范要求。			
2	施工工艺流程及要点	浆砌块石挡土墙施工工艺流程为：施工准备→基础施工→浆砌石料→勾缝→墙背填料。 **1. 施工准备** （1）测量放样，恢复路基中线，精确测定挡土墙基座主轴线和起讫点，每端的衔接是否顺直，并按施工放样的实际需要增补横断面桩，测量中桩和挡土墙各点的地面标高，并设置施工水准点。 （2）熟悉设计文件，做好人、机、材安排及现场三通一平工作，做好各种试验准备工作，施工前应做好地面排水和安全生产的准备工作。			
审核人		交接人		接受交底人	

续表

<table>
<tr><td>工程名称</td><td colspan="2"></td><td>施工单位</td><td></td><td>编号</td><td></td></tr>
<tr><td>序号</td><td>项目</td><td colspan="5">浆砌块（料）石挡土墙施工技术交底内容</td></tr>
<tr><td>2</td><td>施工工艺流程及要点</td><td colspan="5">

2. 基础施工

（1）基础的各部尺寸、形状埋置深度均按设计要求进行施工。当基础开挖后若发现与设计情况有出入时，应按实际情况调整设计，并向有关部门汇报。

（2）基础开挖大多采用明挖，在松软地层或坡基层地段开挖时，基坑不宜全段贯通，而应采用跳槽办法开挖以防止上部失稳。当基底土质为碎石土、砂砾土、砂性土、黏性土等时，将其整平夯实。但遇有特殊水文、地质情况时，也可采用桩基。

（3）当遇有基底软弱或土质不良地段时，应通过变更设计程序，采取措施后方可施工。若岩基有裂缝，应以水泥砂浆或小石子混凝土灌注至饱满。若基底岩层有外露的软弱夹层，宜于墙趾前对此层做封面保护，以防风化剥落后基础折裂而使墙身外倾。

（4）任何土质基坑挖至标高后不得长时间暴露，扰动或浸泡，而削弱其承载能力。基底尽量避免超挖，如有超挖或松动应将其夯实，基坑开挖完成后，应放线复验，确认位置无误并经监理签认后，方可进行基础施工，基坑抽水应保证砌体砂浆不受水流冲刷。当基础完成后立即回填，以小型机械进行分层压实，并在表层稍留向外斜坡，以免积水渗入浸泡基底。

3. 浆砌石料

砌筑前应将石料表面泥垢清扫干净，并用水湿润。砌筑时必须两面立杆挂线或样板挂线，外面线应顺直整齐、逐层收坡，内面线可大致适顺以保证砌体各部尺寸符合设计要求，浆砌石底面应卧浆铺砌，立缝填浆补实，不得有空隙和立缝贯通现象。砌筑工作中断时，可将砌好的石层孔隙用砂浆填满，再砌时表面要仔细清扫干净、洒水湿润。工作段的分段位置宜在伸缩缝和沉降缝处，各段水平缝应一致，分段砌筑时，相邻段的高差不宜超过 1.2m。砌筑砌体外皮时，浆缝需留出 1～2cm 深的缝槽，以便砂浆勾缝，其标号应比砌体砂浆提高一级，隐蔽面的砌缝可随砌随抹平，不另勾缝。

（1）浆砌片石：

1）片石宜分层砌筑，以 2～3 层石块组成一工作层，每工作层的水平缝大致平齐，竖缝应错开，不能贯通；

2）外圈定位行列和转角石选择形状方正、尺寸相对较大的片石，并长短相间地与里层砌块立交接成一体，上下层石块也应交错排列，避免竖缝重合，砌缝宽度一般不应大于 4cm；

3）较大的砌块应使用于下层，石块宽面朝下，石块之间均要有砂浆隔开，不得直接接触，竖缝较宽时可在砂浆中塞以碎石块，但不得在砌块下面用小石子支垫；

4）砌体中的石块应大小搭配、相互错叠、咬接密实并备有各种小石块，作挤浆填缝之用，挤浆时可用小锤将小石块轻轻敲入缝隙中。

（2）浆砌块石：

1）用做镶面的块石，表面四周应加修整，尾部略微缩小，易于安砌，丁石长度不短于顺石宽度的 1.5 倍；

2）块石应甲砌，要根据墙高进行层次配料，每层石料高度做到基本齐平。外圈定位行列和镶面石应一丁一顺排列，丁石伸入墙心不小于 25cm，灰浆缝宽为 2～3cm，上下层竖缝错开距离不应小于 10cm。

</td></tr>
<tr><td colspan="2">审核人</td><td></td><td>交接人</td><td></td><td>接受交底人</td><td></td></tr>
</table>

续表

<table>
<tr><td>工程名称</td><td></td><td>施工单位</td><td></td><td>编号</td><td></td></tr>
<tr><td>序号</td><td>项目</td><td colspan="4">浆砌块（料）石挡土墙施工技术交底内容</td></tr>
<tr><td>2</td><td>施工工艺流程及要点</td><td colspan="4">（3）料石砌筑：
1）每层镶面料石均应事先按规定灰缝宽及错缝要求配好石料，再用铺浆法顺序砌筑和随砌随填立缝，并应先砌角石；当一层镶面石砌筑完毕后，方可砌填心石，其高度与镶面石齐平。如用水泥混凝土填心，则可先砌2～3层后再浇筑混凝土；
2）每层料石均应采用一丁一顺砌法，砌缝宽度均匀，一般为1.0～1.5cm，相邻两层的立缝应错歼不小于10cm，在丁石的上层和下层不得有立缝。
3）预制混凝土块砌筑的施工同“料石施工”一样。
4. 勾缝
（1）勾缝有平缝、凹缝和凸缝等，勾缝具有防止有害气体和风、雨、雪等侵蚀砌体内部，延长构筑物使用年限及装饰外形美观等作用。
（2）在设计无特殊要求时，勾缝宜采用凸缝或平缝，勾缝宜用1∶1.5～1∶2的水泥砂浆，并应嵌入砌缝内约2cm。勾缝前，应先清理缝槽，用水冲洗湿润，勾缝应横平竖直、深浅一致，不应有瞎缝、丢缝、裂纹和黏结不牢等现象。
（3）片石砌体的勾缝应保持砌后的自然缝。
5. 墙背填料
（1）需待砌体砂浆强度达70％以上时，方可回填墙背填料，并应优先选择渗水性较好的砂砾土填筑。如确有困难采用不透水土时，必须做好反滤层及泄水孔，并与砌体同步进行，浸水挡土墙背应全部用水稳性和透水性较好的材料填筑。
（2）墙背回填要均匀摊铺平整，并设不小于3％的横坡逐层填筑，逐层夯实，严禁使用膨胀性土和高塑性土，每层压实厚度不宜超过20cm，根据碾压机具和填料性质应进行压实试验，确定填料分层厚度及碾压遍数，以便正确地指导施工。
（3）压实时应注意勿使墙身受较大的冲击影响，临近墙背1.0m的范围内，应采用蛙式打夯机、内燃打夯机、手扶式振动压路机、振动平板夯等小型压实机具碾压。
（4）墙后地面横坡陡于1∶3时，应做基底处理，然后再回填。浆砌挡土墙的墙顶，可用M5砂浆抹平，厚2cm，干砌挡土墙墙顶50cm厚度内，用M2.5砂浆砌筑，以利稳定。</td></tr>
<tr><td>3</td><td>施工质量要求</td><td colspan="4">1. 质量要求
（1）石料规格应符合有关规定。
（2）地基必须满足设计要求。
（3）砂浆配合比符合试验规定。
（4）砌石分层错缝。浆砌时坐浆挤紧，嵌填饱满密实，不得有空洞。
（5）墙背填料符合设计和施工规范要求。
（6）沉降缝、泄水孔数量应符合设计要求，沉降缝整齐垂直，上下贯通，泄水孔坡度向外，无堵塞现象。
（7）砌体紧实牢固，勾缝平顺，无脱落现象。
2. 质量标准
（1）当挡土墙平均墙高 $H \geqslant 6$m，且墙身面积 $A \geqslant 1200m^2$ 时，为大型挡土墙，应作为分</td></tr>
<tr><td>审核人</td><td></td><td>交接人</td><td></td><td>接受交底人</td><td></td></tr>
</table>

续表

工程名称		施工单位		编号	
序号	项目	浆砌块（料）石挡土墙施工技术交底内容			
3	施工质量要求	见下文			

部工程进行评定，分部工程可分为基础和墙身两个分项工程，基础的质量标准见表 7.3-1、表 7.3-2 所列。

（2）当 $H<6\mathrm{m}$ 且 $A<1200\mathrm{m}^2$ 的一般挡土墙，作为分项工程进行评定，其质量标准见表 7.3-3 所列。

浆砌片石基础质量标准　　表 7.3-1

序号	检查项目		规定值或允许偏差	检查方法和频率
1	砂浆强度（MPa）		在合格标准内	按强度合格率评定方法评定
2	轴线偏位（mm）		25	用经纬仪测量纵、横各 2 点
3	平面尺寸（mm）		±50	用尺量长、宽各 3 处
4	顶面高度（mm）		±30	用水准仪测 5～8 点
5	基底高程（mm）	土质	±50	用水准仪测 5～8 点
		石质	+50，−200	

混凝土基础质量标准　　表 7.3-2

序号	检查项目		规定值或允许偏差	检查方法和频率
1	混凝土强度（MPa）		在合格标准内	按强度合格率评定方法评定
2	平面尺寸（mm）		±50	用尺量长、宽各 3 处
3	基础底面标高（mm）	土质	+50	用水准仪测 5～8 点
		石质	+50，−200	
4	基础顶面标高（mm）		±30	用水准仪测 5～8 点
5	轴线偏位（mm）		25	用经纬仪测量纵、横各 2 点

浆砌挡土墙质量标准　　表 7.3-3

序号	检查项目		规定值或允许偏差	检查方法和频率
1	砂浆强度（MPa）		在合格标准内	按强度合格率评定方法评定
2	平面位置（mm）	浆砌挡土墙	50	每 20m 用水准仪检查 3 点
3	顶面位置（mm）	浆砌挡土墙	±20	每 20m 用水准仪检查 1 点
4	断面尺寸（mm）		不小于设计	每 20m 用尺量 2 个断面
5	底面高程（mm）		20	每 20m 用水准仪检查 1 点
6	表面平整度（mm）	土质	30	每 20m 用 2m 直尺检查 3 处
		石质		

审核人		交接人		接受交底人	

7.4 加筋挡土墙施工技术交底

加筋挡土墙施工技术交底 **表 7-4**

<table>
<tr><td colspan="2">工程名称</td><td></td><td>施工单位</td><td></td><td>编号</td><td></td></tr>
<tr><td>序号</td><td>项目</td><td colspan="5">加筋挡土墙施工技术交底内容</td></tr>
<tr><td>1</td><td>材料和构件的要求</td><td colspan="5">加筋挡土墙由墙面板、筋带及加筋土填料 3 部分组成。
(1) 墙面板:
1) 墙面板主要是为了挡住紧靠墙背附近的填土和保护土工合成材料筋带免受日光照射。因此其强度只要满足构造要求及运输堆码中的受力要求即可;
2) 在市政工程中一般采用混凝土预制件，厚度不应小于 8cm，混凝土面板外形可选用十字形、槽形、六角形、工形、矩形等，墙顶和角隅处可采用异形面板和角隅面板;
3) 面板与拉筋的连接采用预留孔或预埋件处理。面板四周宜设企口搭接，上下面板的联结宜采用 ϕ14 钢筋插销处理。
(2) 筋带是与填土产生摩擦力承受水平力作用而维持结构物内部稳定的重要构件，要求筋带具有足够的抗拉强度，不易脆断，延伸率低，同时与填料能产生较大的摩擦力，而且抗老化，防腐蚀。筋带可选用扁钢带、钢筋混凝土带、聚丙烯土工带、塑钢带等材料，也可选用土工格栅作为加筋挡土墙筋带。
(3) 加筋土填料为加筋结构的主体材料，选择填料的原则是要保证填料与加筋之间有足够的摩擦力。最好采用有一定级配的砾类土和砂性土；也可采用碎石土、黄土、中低液限黏性土、稳定土及满足质量要求的工业废渣；在采取可靠技术措施后方可采用高液限黏性土及其他特殊土，禁止采用腐殖土、冻结土、白垩土及硅藻土等。</td></tr>
<tr><td>2</td><td>施工工艺流程</td><td colspan="5">加筋挡土墙的施工工艺流程为：基底处理→基础浇筑→预制墙面板→安装、调整墙面板→铺设筋带→填料碾压。
(1) 基底处理
基槽（坑）应按设计图纸要求开挖到设计标高，槽（坑）底平面尺寸一般大于基础外缘 30cm，开挖时一定要做好防、排水工作。基槽（坑）底土质为碎石土、砂性土、黏性土等时应整平，碾压，达到设计要求。如特殊土地基，见《公路加筋土工程施工技术规范》有关内容。
(2) 基础浇筑
基础的砌（浇）筑应按交通部颁布的《公路桥涵施工技术规范》JTG/T F50—2011 有关规定进行。基础砌（浇）筑时，按设计要求预留沉降缝，并必须严格控制基础线形，顶面标高和平整度以及规定的各部分尺寸符合要求，以利面板安装。
(3) 预制墙面板
预制墙面板采用专用钢模板，模板要求有足够的刚度和强度，几何尺寸误差应控制在 0～2mm之间，组装拆模方便，并具有一模多用特点，预制时要求混凝土配合比准确、振捣密实、无裂纹、墙板外侧平整、墙板内侧要粗糙。养护 28d 其强度应达到设计要求。
(4) 安装、调整墙面板
1) 面板安装是保证墙体稳定性和外观质量的重要环节。第一层面板的安装是控制全墙的关键。在清洁的条形基础顶面上，先确定外缘线和进行水平测量，这些工作可借助龙门桩</td></tr>
<tr><td colspan="2">审核人</td><td></td><td>交接人</td><td></td><td>接受交底人</td><td></td></tr>
</table>

续表

<table>
<tr><td>工程名称</td><td colspan="2"></td><td>施工单位</td><td></td><td>编号</td><td></td></tr>
<tr><td>序号</td><td>项目</td><td colspan="5">加筋挡土墙施工技术交底内容</td></tr>
<tr><td>2</td><td>施工工艺流程</td><td colspan="5">来完成。沿每条伸缩缝设龙门桩，用经纬仪确定面板安装轴线（外缘线），在龙门桩钉子上进行第一层面板安装的水平测量；
2）按要求的垂度、坡度挂线，方向统一，先从伸缩缝处安装，由一边到另一边；
3）面板到位后底座处用低强度等级砂浆嵌填调整标高，通常同层相邻面板水平误差不大于10mm，轴线偏差每20延米不大于10mm。同时用主线控制内倾度，内倾度一般在1/100～1/200范围内，作为预留填料压实时面板外倾出现的水平位移，具体数值应综合面板高度、填料性质和压实机械而定，为防止相邻面板错位，宜用夹木螺栓或斜撑固定；
4）当两个端块面板初步安好后，即挂线安装中间块件，以后各层面板安装要做到面板中心对齐安装缝中心以保证安装整齐。相邻面板的错位用树脂粘软木条或低强度砂砾进行调整，水平误差及前后错位应及时解决，不能将误差积累几层后调整；
5）面板外倾时，先挖出板后局部填土至露出锚固带，收紧锚固带，使面板回复原位后，一直埋入夯实，再在筋带尾部将其收紧拉直，当面板内倾时，用一根长约50～80cm的木棒，一端顶住面板背面中间位置，用手锤轻轻锤木棒，使面板徐徐外倾，直到准确位置，校正后的墙面应平整顺直。安装缝（水平、竖直缝）一般不作处理，当缝宽较大时，可采用砂浆填塞，不得用坚硬石子及铁片支垫，以免造成应力集中而损坏面板。
（5）填料的摊铺碾压
1）加筋土填料应根据筋带竖向间距进行分层摊铺和压实，其中应注意：卸料时机具与面板的距离不应小于1.5m，同时机具不得在未覆盖填料的筋带上行驶，并不得扰动下层筋带。填料可用人工或机械摊铺，摊铺机械距面板不应小于1.5m。1.5m范围内采用人工摊铺；
2）填料的压实一般要求碾压前应先进行压实试验，用以确定填料采用及机械压实遍数和分层摊铺厚度，作为指导施工的参考；
3）压实掌握先轻后重和不得使用羊足碾的原则，并应注意压路机不得在未经压实的填料上急剧改变运行方向或急刹车；
4）在碾压程序上，应先从筋带中部开始，逐步碾压至筋带尾部，再碾压靠近面板部位，但距面板距离不得小于1m，以保证面板不受影响，在距面板1m范围内采用轻型压实机械压实或人工夯实。填料压实度应符合表7.4-1的要求。
加筋土工程填料压实度　　表7.4-1
<table>
<tr><td rowspan="2">序号</td><td rowspan="2">填土范围</td><td rowspan="2">路槽底面以下深度（cm）</td><td colspan="2">压实度（%）</td></tr>
<tr><td>城市次干道及支路</td><td>城市主干道及快速路</td></tr>
<tr><td rowspan="2">1</td><td rowspan="2">距面板1.0m以外</td><td>0～80</td><td>>93</td><td>>95</td></tr>
<tr><td>80以下</td><td>>90</td><td>>90</td></tr>
<tr><td>2</td><td>距面板1.0m范围以内</td><td>全部墙高</td><td>≥90</td><td>≥90</td></tr>
</table>
</td></tr>
<tr><td colspan="2">审核人</td><td></td><td>交接人</td><td></td><td>接受交底人</td><td></td></tr>
</table>

续表

<table>
<tr><td colspan="2">工程名称</td><td></td><td>施工单位</td><td></td><td>编号</td><td></td></tr>
<tr><td>序号</td><td>项目</td><td colspan="5">加筋挡土墙施工技术交底内容</td></tr>
<tr><td>3</td><td>施工要点</td><td colspan="5">（1）加筋土挡土墙的关键问题是排水和防水，一定要防止水浸入挡墙，对粉质黏土和黏性土尤其重要。同时，对所有与填土接触的部件均应采用严密的防水措施，面板拉环及钢带必须做防锈处理，拉环与聚丙烯带不得直接接触，应有衬垫。拉筋的钢断头用沥青胶封口；对墙板内侧面涂刷防水剂等等。
（2）铺设拉筋时务必拉紧，这是保证墙板稳定在设计位置，确保墙板安装质量的重要一环。填土时，距离墙板 1m 处可用 12～15t 压路机进行碾压，装运填土时，重型自卸汽车要经常在距离墙板 2～4m 内操作，机械的压力和振动对墙板向外推移影响较大，如拉筋未拉紧，墙板向外移势必偏大。在施工中，一经检查发现墙板超出设计位置，应责令立即返工。
（3）严格控制填料的分层摊铺，分层压实，碾压程序要符合工艺规定既要保证墙体稳定，又要达到填料的压实标准。
（4）加筋挡墙的模板一定要用钢模板，尺寸一定要准确，这样预制成的面板拼装时纵、横缝才能符合标准，使面板间接缝受力均匀，拼出的挡墙使用寿命长且美观。
（5）加筋挡墙的成败关键是筋带的强度与耐久性，如果筋带质量不过关，加筋挡墙的寿命就无法保证，甚至会出现工程质量事故。加强进货质量检验，择优选用至关重要。施工中，一定要精心组织施工，加强施工现场指导，严格把守工序质量，才能使这种安全、经济、实用、美观的工程设计得以完美地实现。</td></tr>
<tr><td>4</td><td>施工的质量标准</td><td colspan="5">1. 质量要求
（1）地基应符合设计要求。
（2）预制板的强度和质量符合混凝土工程的质量要求，经检验合格后才可安装。
（3）筋带的强度和质量规格，应符合规范及设计的要求。
（4）筋带的长度、根数不得小于设计要求。筋带需理顺、放平拉直。筋带与面板、筋带与筋带应牢固连接。使用钢筋带时，应进行防护处理。
（5）填料的规格和压实度，必须严格按照规范及设计要求进行。
（6）墙面板光洁无破损，平顺美观，板缝均匀。墙面直顺，线形顺畅。沉降缝贯通、顺直。
2. 质量标准
（1）墙高 $H \geqslant 6$m，墙长 $L \geqslant 200$m 或墙身面积 $A \geqslant 1000\text{m}^2$ 的大型加筋土挡土墙分部工程可划分为基础、面板预制、面板安装及加筋土挡土墙总体等分项工程。面板预制的质量标准见表 7.4-2 所列，面板安装及总体质量标准见表 7.4-3 及表 7.4-4 所列。
（2）一般加筋土挡土墙可按加筋土挡土墙总体的质量标准（表 7.4-1）检查评定。
（3）距加筋土挡土墙面板 1m 范围内的路基压实度，可采用现行《公路路基施工技术规范》JTGF 10—2006 的规定值检查评定。

预制加筋土面板质量标准　　表 7.4-2
<table><tr><td>序号</td><td>检查项目</td><td>规定值或允许偏差</td><td>检查方法和频率</td></tr><tr><td>1</td><td>混凝土强度（MPa）</td><td>在合格标准内</td><td>按强度合格率评定方法评定</td></tr><tr><td>2</td><td>边长（mm）</td><td>±5 或 0.5%边长</td><td>长、宽各量 1 次，每批抽查 10%</td></tr></table></td></tr>
<tr><td colspan="2">审核人</td><td></td><td>交接人</td><td></td><td>接受交底人</td><td></td></tr>
</table>

续表

工程名称		施工单位		编号	
序号	项目	加筋挡土墙施工技术交底内容			
4	施工的质量标准				

续表

序号	检查项目	规定值或允许偏差	检查方法和频率
3	两对角线差（mm）	10或0.7%最大对角线长	用尺量，每批抽查10%
4	厚度（mm）	+5，-3	量2处，每批抽查10%
5	表面平整度（mm）	4或0.3%边长	用直尺，长、宽各靠量1次，每批抽10%

面板安装质量标准　　表7.4-3

序号	检查项目	规定值或允许偏差	检查方法和频率
1	每层面板顶高程（mm）	±10	每20m抽查4组板
2	轴线偏位（mm）	10	每20m挂线量3处
3	面板竖直度或坡度	+0，-0.5%	每20m吊垂线或坡度板量2处

注：面板安装以同层相邻两板为一组。

加筋土挡土墙总体质量标准　　表7.4-4

序号	检查项目		规定值或允许偏差	检查方法和频率
1	墙顶面位置（mm）	路堤式	+50，-100	每20m检查3处
		路肩式	±50	
2	墙顶高程（mm）	路堤式	±50	每20m用水准仪测3点
		路肩式	±30	
3	墙面竖直度或坡度		+0.5%墙高及+50，-1%墙高及-100	每20m吊垂线或坡度板测2处
4	面板缝宽（mm）		10	每20m至少检查5条
5	墙面平整度（mm）		15	每20m用2m直尺测3处

注：平面位置及竖直度“+”指向外，“-”指向内。

审核人		交接人		接受交底人	

8 人行道及道路附属设施

8.1 人行道（盲道）步行街广场施工技术交底

人行道（盲道）步行街广场施工技术交底　　表 8-1

工程名称		施工单位		编号	
序号	项目	人行道（盲道）步行街广场施工技术交底内容			
1	一般规定	（见下文）			

1. 定义及用途

人行道为城市道路两侧，居住区、广场、步行街供行人使用的设施。在人行道中设一定宽度可指引盲人行走的道路为盲道。道路两侧的人行道为城市道路的组成部分，人行道与绿化带相连时应按设计要求埋设路缘石、侧石或水泥砖。步行街、公园道路、广场以及停车场等，除设计另有规定外可参照本节所述。

2. 人行道的种类和结构

（1）按材料划分的种类：人行道面层按材料（表 8.1-1）可分为：沥青混凝土面层、水泥混凝土面层。水泥混凝土面层有现浇水泥混凝土面层和水泥混凝土预制块（花砖）面层。目前较多地使用预制块铺设的人行道面层，且品种繁多，包括：普通水泥混凝土人行道方砖、连锁砌块水泥混凝土预制块、彩色花块预制块以及其他异形花砖预制块。

另外，其他材料制成的预制块，也被广泛使用。其中有缸砖、陶瓷、人工和天然石材以及其他装饰用预制块等逐渐在重要道路人行道、广场和步行街使用。

人行道使用材料适用范围及常设横坡度　　表 8.1-1

<table>
<tr><th>序号</th><th colspan="2">人行道面层种类</th><th>按材料划分</th><th>适用范围</th><th>常设横坡（%）</th></tr>
<tr><td>1</td><td colspan="2">沥青混凝土面层</td><td>细粒式或微粒式</td><td>普通人行道、居民区道路</td><td>1.5～2.0</td></tr>
<tr><td>2</td><td colspan="2">水泥混凝土面层</td><td>现浇水泥混凝土人行道</td><td>居民区道、公园道路、广场</td><td>1.0～2.0</td></tr>
<tr><td rowspan="4">3</td><td rowspan="4">预制块面层</td><td>水泥混凝土预制块</td><td>普通水泥混凝土预制方砖（花砖）</td><td>普通人行道、公园道路、盲道</td><td>1.5～2.0</td></tr>
<tr><td>水泥混凝土预制块</td><td>连锁砌块（其他异形砌块）</td><td>普通人行道、公园道路、盲道、广场</td><td>1.0～2.0</td></tr>
<tr><td>水泥混凝土预制块</td><td>彩色预制块（花砖）</td><td>普通人行道、盲道、居民区道路、广场等</td><td>1.0～2.0</td></tr>
<tr><td>其他材料预制方块</td><td>天然及人工石材以及其他地砖</td><td>步行街、广场、人行道</td><td>1.5～2.0</td></tr>
</table>

注：大面积广场应设排水设施。

（2）结构：人行道结构由面层、基层、必要时加设隔温垫层（如煤渣层）构成。人行道基层通常使用煤渣石灰土或石灰土以及其他章节所述的基层用稳定土均可。其结构的层次、厚度由设计确定。

审核人		交接人		接受交底人	

续表

工程名称		施工单位		编号	
序号	项目	人行道（盲道）步行街广场施工技术交底内容			
2	主要材料	见下文			

1. 沥青混凝土面层

应采用细粒式或微粒式沥青混凝土，最大粒径为10mm的沥青混合料。沥青混凝土混合料要均匀一致，无花白、无粗细料分离和结团成块现象。表8.1-2是旧料式沥青混凝土技术标准。

细料式沥青混凝土技术标准　　表8.1-2

击实次数（次）	稳定度（kN）	流值（0.1mm）	空隙率（5）		沥青饱和度（%）		残留稳定度（%）	
			Ⅰ	Ⅱ	Ⅰ	Ⅱ	Ⅰ	Ⅱ
两面各35	>3.0	20～50	2～5	—	75～90	—	>75	—

2. 现浇水泥混凝土

抗折强度应不低于3.5MPa，粗集料尺寸不应大于厚度的1/2。所用水泥、石料、砂和水等材料施工。

3. 预制块

（1）特点：预制块是根据需要的块型、强度、颜色、质地工厂化预制出来的成品块。在施工现场直接铺砌，施工技术简单、快捷。

（2）一般水泥混凝土预制块，厚度不低于5cm。居住区道路或停车场等面层应不低于8cm。表面应有一定的粗糙度以防滑，表面有花纹的应线路清晰，外观无蜂窝、露石、脱皮、裂缝等现象。质量要求及允许偏差见表8.1-3所列。

水泥预制块质量要求及允许偏差　　表8.1-3

混凝土抗折强度	混凝土抗压强度	两对角长度	外露面掉角	边长	外露平整度	表面黏皮（m^2）	垂直偏差	吸水率（%）	厚度
满足设计等级，一般不小于3.5MPa	满足设计等级，一般不小于30MPa	大方砖4mm，小方砖2mm	< 10mm不于一处，每100块不超过一块	大方砖±4mm，小方砖±2mm	2mm	不允许	1cm	5	大方砖±4mm，小方砖±2mm

注：大方砖一般指大于30cm×30cm的预制块。

（3）彩色花砖：必须表面平整，色泽均匀一致，且表面有一定的防滑性能。线路清晰，棱角整齐，彩色表层采用耐候性好，不易褪色的颜料。彩色表层厚度不宜小于8mm。

（4）连锁砌块：形状不限，但必须整齐统一，混凝土强度28d不低于40MPa，必须表面平整、棱角无缺，颜色一致，有光泽，且表面均匀细致，无麻面掉皮现象。

（5）各种形状的路面预制块，顶面四周应用5mm×45°的倒角，有利于施工。

（6）人工石材预制块：人工石材是用石材集料和颜料生产模拟高档天然石材的铸石砌块，块型与水泥混凝土预制块相似，色彩和质感较好。多用于步行街、广场及主要人行道。

审核人		交接人		接受交底人	

续表

工程名称		施工单位		编号	
序号	项目	人行道（盲道）步行街广场施工技术交底内容			
2	主要材料	见下文			

（7）天然石材：用天然大理石和花岗岩根据需要块型制成的板块，其厚度小于水泥混凝土预制块，常用厚度为：2～3cm，是色彩质地较高档的地砖。多用于步行街、广场及主要人行道。料石：是天然岩石加工而成的条石或块石，顶面粗琢平整，适用于人行道、堆料场、公园、风景区道路或仿古建筑道路。

4. 基层材料

（1）土（应首选当地土源）及石灰（≥三级石灰标准）：材料技术要求同道路基层有关章节。

（2）煤渣：系煤经燃烧后的残渣，属低活性的火山灰质材料。颗料疏松多孔，一般松密度 0.7～1.1t/m^3，相对密度 1.7～2.4，主要化学分为 SiO_2 和 Al_2O_3 用煤渣宜选用不含杂质，粗细颗粒均匀，细灰较少为佳，拌合后其最大粒径不应大于 30mm（方筛）。

（3）煤渣石灰土混合料的组成设计：包括根据强度标准，通过试验选取最适于（或现场土源）稳定的土。确定煤渣石灰与土的比例（重量比）确定混合料的最佳含水量。

（4）常用配比及虚铺厚度如表 8.1-4 所示。

常用配比及虚铺厚度 **表 8.1-4**

重量比（%）			体积比			结构厚度（cm）	虚铺厚度（cm）				
								土		煤灰	
石灰	土	煤渣	石灰	土	煤渣		石灰	人工	机械	人工	机械
12	50	38	2	4	4	15	5.5	11	8.5	11	8.5
						20	7	14	11	14	11
12	40	48	2	3	5	15	5.5	8	6	14	11
						20	7	10	8	17.5	14
12	30	58	2	2	6	15	5.5	6	4	16.5	13
						20	7	7	5.5	21	16.5

序号	项目	内容
3	人行道施工	见下文

1. 基槽施工

（1）施工准备：应根据施工组织设计设置好行人及车辆通行与绕行路线的标志且施工前须先了解地下设施的铺设情况，做好标志，以免施工误毁。

（2）测量放线：按设计图纸进行实地放线，标定高程，一般为 10m 一桩，曲线段适当加密。在桩橛或建筑物划出预定标高“红平”。若人行道外侧已按高程埋设侧石，则以侧石顶高为标准按设计横坡放线。

（3）施工：可采用人工或机械按槽底的标高填挖土方，清理出槽底，经找平（根据土质预留虚高）用平碾或夯具夯实槽底直至达到密实度要求，轻型击实≥95%。槽底弹软地段可按 2.4 节处理。如填土方＞20cm 应符合路基土填土基本要求。如有地下管线等设施同时施工，应做好沟槽还填处理。当管线埋设覆土深度＜50cm 厚时，为保障地下设施不受毁坏可采用反开槽施工，先修筑基层后开槽。基槽完工后外观不得弹软、积水，无明显轮迹。

审核人		交接人		接受交底人	

续表

工程名称		施工单位		编号	
序号	项目	人行道（盲道）步行街广场施工技术交底内容			
3	人行道施工	（见下文）			

（4）垫层施工：

1）垫层：是介于基层与土层之间的结构层。在土基的水温状态不良情况下可以改善土基的水温状况，提高路面结构的水稳定性及抗冻能力，并可分散荷载，减小土基变形，一般可采用煤渣做垫层材料；

2）铺煤渣层按设计标高，结构厚度加虚铺系数，人工（1.5～1.6）机械（1.1～1.2）。将煤渣摊铺于合格的槽底，大于50mm的渣要打碎，粗细料宜摊铺均匀；

3）检验：根据不同季节及含水情况适当洒水碾压成活之后，检查标高、横坡，平整度应控制在20mm之内（3m直尺量取最大值，每20m取一点）。

2. 基层施工

（1）沥青混凝土人行道常采用煤渣石灰土基层以减少沥青混凝土人行道基层反射裂缝。水泥混凝土及水泥预制块人行道，可采用石灰土基层或其他混合料基层，石灰土基层施工要求可参照本书前述的有关章节。

（2）人工拌合煤渣石灰土。配料：按换算体积比配料，分层摊铺、拌合。拌合土需通过25mm方筛，煤渣大于50mm的块要随时打碎。拌合过程中必须随拌合随洒水。质量要求：外观要求拌合均匀配比准确，严禁有未消解石灰颗粒，不能有夹层和漏拌。

（3）摊铺：将拌合好的混合料按摊铺厚度均匀摊开找平（用人工或平地机）。

（4）碾压：含水量检验合格后（最佳含水量±2%），即可进行压实工作。采用平碾压实时，应错半轴碾压至压实度符合要求。对边缘处及碾压不到之处，应用火力夯或振动夯板夯实。火力夯夯实必须一环扣一环。

（5）养生：碾压或夯实达到密实度要求，检测高程横坡度和平整度，应有不少于一周的洒水养护，保持基层表面经常湿润，并按质量标准检验（表8.1-5所列）。

煤渣石灰土基层允许偏差　　　表8.1-5

序号	主要项目	压实度（%）及允许偏差	频率	点数	检测方法
1	压实度	重型击实≥95	1000m²	1	环刀法或灌砂法
2	厚度	±10%	1000m²	1	用尺量
3	平整度	10mm	20m	1	用3m直尺量取最大值
4	宽度	不小于设计	40m	1	用尺量
5	中线高程	±20mm	20m	1	用水准仪测量
6	横坡度	±20mm（横断高程），且横坡差不大于±0.3%	20m	2	用水准仪测量
7	7天浸水抗压强度（MPa）	>0.6	200m	1	养护6d浸水1d进行无侧限抗压强度试验

（6）人行道基层如果使用机械拌合或场外预制石灰土等混合料施工：施工方法的具体内容可参照本书“石灰稳定土”等有关内容。

审核人		交接人		接受交底人	

续表

工程名称		施工单位		编号	
序号	项目	人行道（盲道）步行街广场施工技术交底内容			
3	人行道施工	（见下文）			

3. 面层施工

（1）沥青混凝土面层施工：

1）准备：清除表面松散颗粒及杂物，覆盖侧石及建筑物以防污染，喷洒透层油一道，可增加基层与沥青层面层的结合，增强基层的防水性能。透层沥青的规格和质量应符合《公路沥青路面施工技术规范》JTG F40—2004 中的要求（表 8.1-6）；

透层油用沥青及加热温度　　表 8.1-6

沥青类别	沥青用量	加热温度（℃）	浇洒温度（℃）	加热后的保温时间（h）
阳离子乳化沥青	（含沥青 50%～60%） 0.8～1.2kg/m^2	不加热	冷洒	—
煤煤沥青	1.0～1.2kg	25～50	20～50	≤3

喷洒透层油，可用喷油机（人工）或沥青洒布机完成，见有关章节；

次要道路人行道可不用透层油，但也应清除浮土杂物，喷水湿润。与面层沥青混凝土接触的侧石、井壁、接茬等部位应刷结合油（黏层油）一道，以利结合。结合油用材料可与面层沥青混凝土所用沥青种类标号相同的沥青；

2）铺筑面层：先检查沥青混凝土到达工地的种类、温度、拌合质量等。冬季运输应苫盖保温。人工摊铺应计算用量，分段卸料。一般虚铺系数为 1.2～1.3，上料应扣锹操作，且不要踩在新铺混合料上。注意轻拉慢推，搂平时注意粗细均匀，不使大料集中；

3）碾压：用平碾（宽度不足可用火轴碾压）错半轴碾压，并随时用 3m 直尺检查平整度，随时进行修整、点补、趁热压实，碾压不到位处用热夯式振动夯板夯实；

4）接茬：油面接茬应采用立茬涂油热料温边的方法。低温施工应适当采取喷油皮一道，并铺热砂，以保护人行道面层，防止掉渣。沥青混凝土人行道质量要求：表面平整坚实，没有松散、裂纹、掉渣、积水、粗细料集中等，接茬紧密平顺，与其他构筑物应接顺。允许偏差见表 8.1-7 所列；

沥青混凝土面层施工允许偏差　　表 8.1-7

序号	主要项目	压实度（%）及允许偏差	检测频率		检测方法常用
			范围	点数	
1	平整度	5mm	20m	1	3m 直尺（取最大值）
2	厚度	±5mm	20m	1	用尺量
3	宽度	不小于设计宽度	40m	1	用尺量
4	横坡	±0.3%	20m	1	用水准仪测量
5	井面与路面高差 5mm		每座 1		用尺量

5）沥青混凝土人行道面层铺筑厚度 2.5～4cm。一般为单层式施工，若多层施工可以参照有关章节。

审核人		交接人		接受交底人	

续表

<table>
<tr><td>工程名称</td><td colspan="2"></td><td>施工单位</td><td></td><td>编号</td><td></td></tr>
<tr><td>序号</td><td>项目</td><td colspan="5">人行道（盲道）步行街广场施工技术交底内容</td></tr>
<tr><td>3</td><td>人行道施工</td><td colspan="5">（2）现浇水泥混凝土面层施工：
1）现浇混凝土面层的强度、厚度应符合设计要求；
2）所用有关材料及混凝土的配合比设计应符合《水泥混凝土路面施工及验收规范》GBJ 97—87 要求；
3）其施工工艺除表面按设计要求刻缝或滚花外其余均同于《水泥混凝土路面施工及验收规范》GBJ 97—87 要求。
（3）普通水泥混凝土预制块：
1）普通预制块一般为方形或长方形（称方砖或花砖），常用尺寸及适用范围如表 8.1-8 所示。以上为施工尺寸，花砖的实际尺寸长宽均应小 2mm；

普通水泥混凝土预制块常用尺寸　　表 8.1-8
<table>
<tr><th>序号</th><th>长×宽（cm×cm）</th><th>每平方米数量</th><th>常用厚度（cm）</th><th>垫层种类</th><th>适用范围</th></tr>
<tr><td>1</td><td>25×25</td><td>16</td><td>5～7</td><td>石灰砂浆</td><td>人行道</td></tr>
<tr><td>2</td><td>30×30</td><td>11.1</td><td>6～7</td><td>石灰砂浆</td><td>人行道、公园</td></tr>
<tr><td>3</td><td>40×40</td><td>6.25</td><td>8～10</td><td>石灰砂浆</td><td>人行道、广场</td></tr>
<tr><td>4</td><td>50×50</td><td>4</td><td>8～10</td><td>砂垫</td><td>广场、停车场</td></tr>
<tr><td>5</td><td>60×60</td><td>2.78</td><td>10～12</td><td>砂垫</td><td>广场、停车场</td></tr>
<tr><td>6</td><td>20×10</td><td>50</td><td>5～7</td><td>石灰砂浆或水泥砂浆</td><td>人行道</td></tr>
</table>
2）复测、定位、给高：按设计图纸复核放线，用测量仪器打方格，并以对角线检验方正，定出基准线，每方格应根据路面砖块型尺寸及道路宽度确定，一般以 5m 左右为宜。然后在桩橛上标注设计高程，如有路缘石应先砌筑路缘石并以此为基准线。路缘石应与侧石平行，距离应以整数花砖尺寸（含缝宽）为宜；
3）装卸水泥花砖应轻装轻卸，以免损坏。运输前应确定好每方格内所需数量，按所需数量、颜色、强度分别堆放整齐。减少额外搬运，砖间缝宽为 2mm；
4）砂浆和砂垫：一般人行道采用 1∶3 石灰砂浆偶尔有过车的路段及水毁路段，可设 1∶2.5～1∶3 水泥砂浆（体积比），配料要准确，石灰、粗砂要过筛，砂浆和易性要好，所用材料要符合有关章节规定。铺筑：应于清理干净的基层上洒水，使基层表面湿润然后铺筑拌合好的砂浆或砂垫，厚度一般为 2cm。按虚高用刮板找平，铺垫层应随砌砖同时进行；
5）铺砌普通水泥预制块：按放线高程，在方格内按线按标准缝宽砌第一行样板砖，然后以此挂纵横线，纵线不动，横线平移，依次按线及样板砖砌筑。直线段纵线应向远处延伸，以保持纵缝直顺。曲线段可砌筑成扇形状，空隙部分用切割砖或细石混凝土填筑、并刻缝与花砖相仿以保美观，也可按直线顺延铺筑，然后填补边缘处空隙；
6）砌筑时，砖要轻放。用木槌或胶锤轻击砖的中心，不得向砖底塞灰或支垫硬料，必</td></tr>
<tr><td>审核人</td><td></td><td>交接人</td><td></td><td>接受交底人</td><td colspan="2"></td></tr>
</table>

续表

工程名称		施工单位		编号	
序号	项目	人行道（盲道）步行街广场施工技术交底内容			
3	人行道施工	见下文			

须使砖平铺在满实的砂浆上稳定，无任何空隙。铺砌时为保证平整度应随时用直尺检验平整度，出现问题及时修整。砌筑时应避免与侧石出现空隙，如有空隙应甩在建筑物一侧，当建筑物一侧及井边出现空隙可用切割砖填平，必要时也可用细石混凝土补齐并刻缝与花砖相仿，以保美观。

7）灌缝用 1∶2～1∶3（体积比）水泥细砂干浆灌缝，分多次灌入扫墁，直至缝隙饱满；

8）清理，检测完工后应将分散在各处物料集中，保持工地整洁。对完工后的面层根据质量要求进行检测和维修。允许偏差见表 8.1-9 所列。

普通水泥混凝土预制块施工允许偏差　　表 8.1-9

序号	主要项目	允许偏差	检测频率		检测方法
			范围	点数	
1	平整度	5mm	20m	1	用 3m 直尺量取最大值
2	横坡	±0.3%	20m	1	用水准仪测量
3	纵缝直顺	10mm	40m	1	拉 20m 小线量取最大值
4	横缝直顺	10mm	20m	1	沿路宽拉小线量取最大值
5	相邻块高差	3mm	20m	1	用尺量
6	井框与路面高差	5mm	连锁块每座	1	用尺量

（4）盲道：用砖砌筑方法相同。盲道砖应在人行道路中设置，避开树穴、检查井等障碍物。设置宽≥50cm，其花砖表面凹凸纹理清楚，以指引盲人行走辨认、拐弯和商场门口应以相应凹凸纹理花砖相指引。盲道用砖应用黄色以醒目，避免其他占压。

（5）连锁砌块及其他异形砖施工：

1）连锁型路面砖形状各异，但边呈多边齿形或曲线形，铺筑后砖之间能相互咬合，形成拱壳以增加路面强度及整体性。连锁路面常用块形见图 8.1-1 所示；

2）砌筑路缘石根据设计边线放线，首先砌筑路缘石和侧石防止砂垫层流失，并在缘石边设定铺设路面砖基准点（起始铺筑点）。根据铺砖的方向通过基准点设置两条互相垂直的基准线。顺缘石铺砖，缘石即为一条基准线，当人字形铺砖时基准线与路缘石夹角为 45°。具体情况见图 8.1-2 所列；

3）需设两个及以上路面砖基准点同时铺筑路面砖时，根据形状尺寸计算好两基准点之间距离。两基准点距离不宜过大，不宜超过 10m 如距离较大，根据工程规模及块型尺寸宜加设间距为 5～10m 的纵横平行路面砖的基准线，以控制铺筑精度；

审核人		交接人		接受交底人	

续表

工程名称		施工单位		编号	
序号	项目	人行道（盲道）步行街广场施工技术交底内容			
3	人行道施工				

块形尺寸（mm）	每平方米的数量（块）	块形尺寸（mm）	每平方米的数量（块）
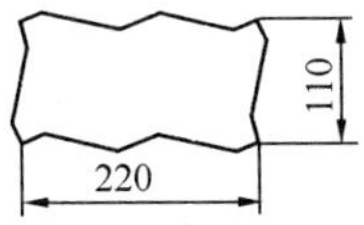 110 220	39.6	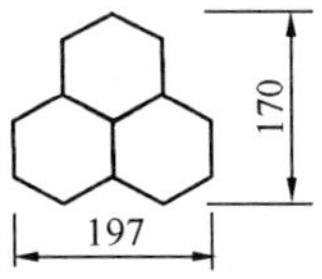 170 197	98.0
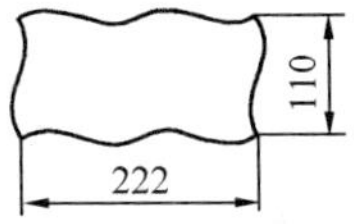 110 222	39.6	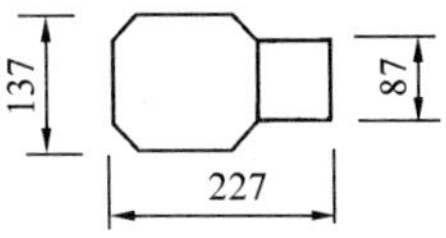 137 87 227	37.8
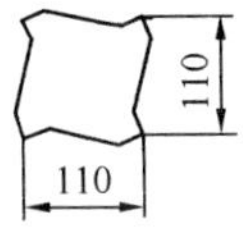 110 110	79.0	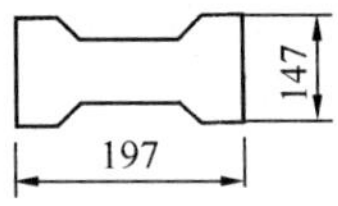 147 197	40.0
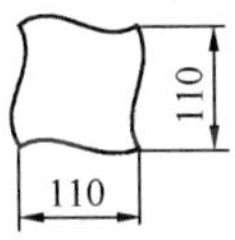 110 110	79.0	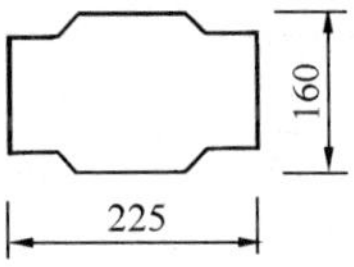 160 225	31.7
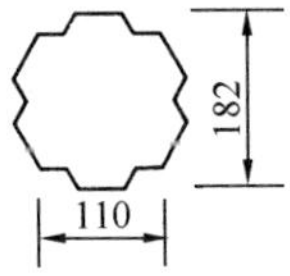 182 110	30.5	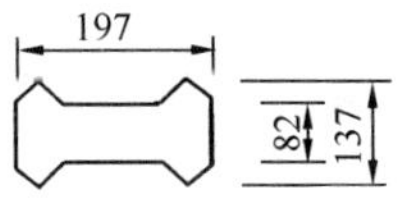 197 82 137	44.4
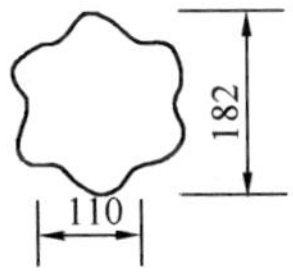 182 110	30.5	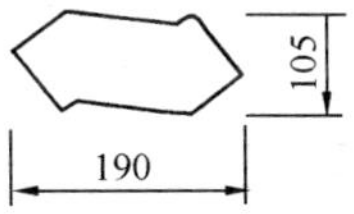 105 190	33.6
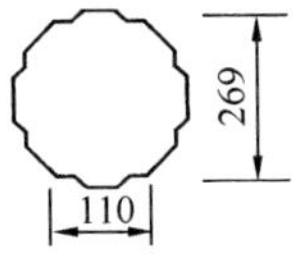 269 110	17.1	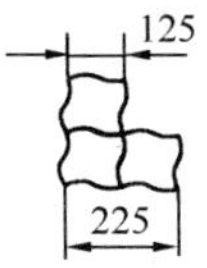 125 225	25.5
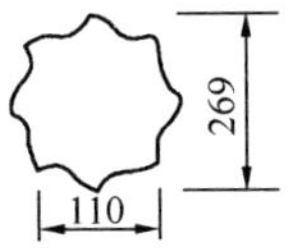 269 110	17.1	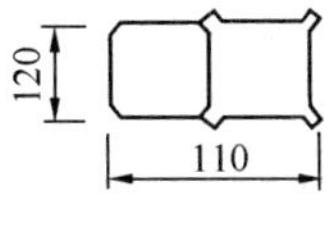 120 110	35.0

图 8.1-1　连锁型路面砖常用块形

审核人		交接人		接受交底人	

工程名称		施工单位		编号	
序号	项目	人行道（盲道）步行街广场施工技术交底内容			
3	人行道施工				

图 8.1-2　路面基准点和基准线的设置

4）铺垫层、连锁砌块一般使用砂垫层厚度为 2.5～3cm±5mm 垫层用砂质量要求通过 5mm 筛孔的累计筛余量不大于 5%，且含泥量＜5%，泥块含量＜2%，级配符合表 8.1-10 所列：

砂垫层用砂级配　　　　**表 8.1-10**

序号	筛孔尺寸（mm）	累计筛余量（%）
1	10.0	0
2	5.0	5～0
3	2.50	15～0
4	1.25	50～15
5	0.630	75～40
6	0.315	90～70
7	0.160	100～90

5）砂的虚铺系数一般为 1.1～1.2，大面积施工虚铺厚度应由试验所确定，摊铺砂垫可用刮板法，已摊铺的砂垫不得扰动，也不应站在砂垫上作业，否则会影响路面质量；

6）路面砖铺筑：铺筑连锁路面砖从基准点开始沿基准线铺筑，基准线可视为路面砖接缝边线，也可视为路面砖相互垂直的顶角连线。见图 8.1-3 所列。

图 8.1-3　三个最远顶角取法

审核人		交接人		接受交底人	

续表

工程名称		施工单位		编号	
序号	项目	人行道（盲道）步行街广场施工技术交底内容			
3	人行道施工	7）这样两条基准线又适合任何块型路面砖铺筑，铺筑顺序应按路面砖基准线为准进行铺筑。具体铺设顺序见图 8.1-4 所示； 8）连锁路面砖铺筑只将砖准确平放在砂垫层即可，当路面砖接触到砂垫层不宜横向移动。多个基准点同时铺筑，应把握好各基准点向外延伸的路面砖组合，避免产生面砖不能交汇，各种组成形式。见图 8.1-5 所示； 基准线 行车方向 基准线 基准点 路缘石 (*a*)　基准线 基准点 路缘石 (*b*)　基准线 基准线 基准线 基准点 路缘石 (*c*) 图 8.1-4　连锁形路面砖铺设顺序 图 8.1-5　砖的各种组合形式 9）特殊部位施工：包括检查井的边缘，转角处，人字形铺筑路面边缘。出现不足整块砖的孔隙时应采用切断砖块、补齐，必要时也可用 C20 细石混凝土补齐。但应在边角部位砂垫层上垫一层水泥纸袋，以防跑浆而损失强度，其色彩应与地面一致； 10）灌砂和碾压：连锁砌块铺筑完毕要进行碾压及灌缝。碾压宜使用专用手扶胶轮振动碾。碾压方向应与路面砖长度方向垂直，灌缝用细砂，灌砂与振动碾压要反复进行，直至灌满填实。当遇有常受侵蚀的地面，如水、油等应用 1∶2 水泥砂细、干浆灌缝，分多次灌入和浇水沉实并养护； 11）检验：路面施工完毕，清扫干净后，应对路面人行道面层各项标准全面检查。连锁路面砖成活后，外观不应有污染、空鼓、翘动、掉角及路面砖断裂等缺陷。面层允许偏差应符合表 8.1-11 所列：				
审核人		交接人		接受交底人	

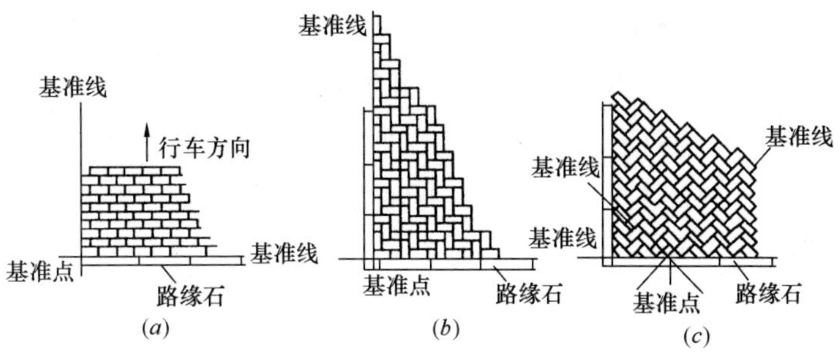

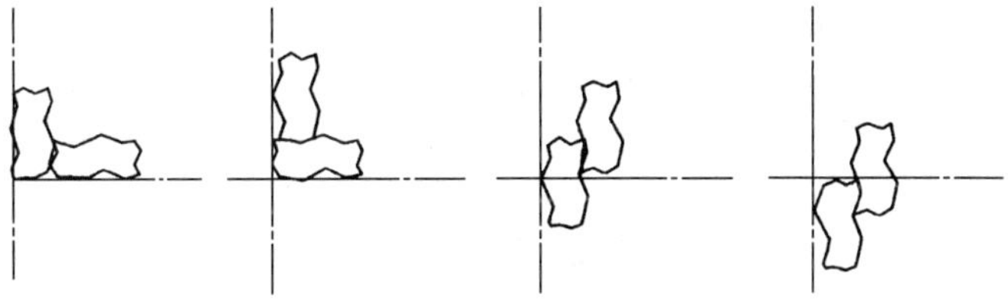

续表

工程名称			施工单位		编号	
序号	项目	人行道（盲道）步行街广场施工技术交底内容				
3	人行道施工					

连锁型路面砖路面面层质量 **表 8.1-11**

序号	主要项目	允许误差		检验频率			检验方法
		人行道	车行道	范围	路宽（m）	点数	
1	平整度	≤5mm	≤5mm	100mm	＜56	5	3m 直尺
					5～15	10	
					＞15	15	
2	横坡	+50mm	−20mm	100m	3	3	用尺量
3	纵缝直顺	±6mm	±10mm	100m	5	5	用水准仪测量
4	横缝直顺	0.3%	0.3%	100m	5	5	用水准仪测量
5	接缝宽度	±1mm	±1mm	100m	$1m^2$	$1m^2$	用尺量
6	相邻块高差	≤3mm	≤3mm	100m	$1m^2$	$1m^2$	用尺量
7	井框与路面高差	5mm	5mm	每个	每个	每个	用尺量

4. 其他路面砖施工

（1）彩色花砖：彩色花砖是指各种颜色的水泥混凝土预制块，可以铺砌成各种图案。砌筑办法同普通水泥混凝土预制块，但应注意图案排列要整齐、颜色要一致与附近建筑物及环境相协调。

（2）人工石材和天然石材：人工石材和天然石材施工方法可参照本节前述“3. 面层施工”。

（3）种草预制块：异形块可制成带有各种形状空洞的植草砌块，留出规则的空隙，空隙内植草，形成能行人的草皮，一般可铺筑在居民区道路、行车场、树穴有绿化要求的地带等。能减轻太阳辐射，美化城市环境，施工方法相同。

5. 相邻构筑物

（1）树穴、绿化带：各种路面人行道均应按设计间隔和尺寸留出树穴或绿化带。人行横道线，公共汽车站除外。树穴与侧石要方正衔接，绿化带要与侧石平方，其边缘应砌筑水泥混凝土预制块或路缘石：树穴缘石顶面高宜与人行道面平齐，树穴内砌筑种草预制块其高程与缘石顶面高齐平以利行人。常用树穴尺寸为 100cm×100cm、125cm×125cm、150cm×150cm 等。树穴尺寸应包括缘石在内。

（2）电杆及各型检查井的衔接：人行道遇有永久性电杆等构筑物，铺筑沥青混凝土人行道或现浇水泥混凝土路面应铺齐。铺筑水泥预制块应用切割砖或细石水泥混凝土补齐。并应调整人行道各类检查井井圈高程至标准范围内。

（3）相邻建筑物：人行道面层高于临街门口时，应调整设计横坡，或降低人行道留出缺口。如相邻建筑物地基与人行道高差较大时，应考虑增设踏步或挡土墙。

审核人		交接人		接受交底人	

8.2 道路附属设施施工技术交底

道路附属设施施工技术交底 **表 8-2**

工程名称		施工单位		编号	
序号	项目	道路附属设施施工技术交底内容			
1	侧石、缘石	**1. 一般规定** (1)定义及用途：侧石（平石）系位于城市道路两侧或分隔带、中心岛四周、高出路面和分隔车行道与人行道、车行道与分隔带、车行道与中心岛、车行道与安全岛等设施以维护交通安全的设施。侧石与平石可综合使用通常设置在沥青类路面边缘。 缘石系位于道路车行道与路肩之间，高级路面与低级路面之间或预留路口的沥青路面接头处，顶面与路面齐平，以维护路面边缘不被损坏的设施。 (2)侧缘石的种类、规格：一般有水泥混凝土预制，也有天然石材（花岗岩）等琢成及水泥混凝土就地浇筑侧石，侧石有直线形和弧线形，前者用于直线及大半径曲线上，后者用于小半径曲线，如路口、分隔带端及小半径圆岛等。规格尺寸如表 8.2-1 所示。				

侧缘石的种类及规格 **表 8.2-1**

项目 \ 简图	平石常用规格简图	侧石常用规格简图	缘石常用规格简图
侧石（平）常用规格	13; 80(40); 10; 30	侧石外角根据需要可制成圆角、尖角或抹角 R; 35(30); 80(40) (50); 13 (10)	25(15); 50 (30); 10 (7.15)

项目	简图	半径 *R*（cm）	断面尺寸（cm）	平面尺寸 *L*	平面尺寸 *l*	90°弧用量（块）
弧形水泥混凝土侧石尺寸	L; l; R	500	11/13×35	51.4	50.0	15
		300	11/13×35	51.4	49.1	9
		100	11/13×35	38.3	33.2	4
		75	11/13×35	38.3	31.5	3
		500	8/10×30	51.4	50.3	15
		300	8/10×30	51.4	49.6	9
		75	8/10×30	38.3	33.0	3

(3)侧石、缘石预制与检验：侧石（平石）缘石的制作多由预制厂加工制造，应符合图纸尺寸，混凝土强度应符合要求，混凝土浇筑按有关章节规定办理，出厂前及现场施工前对成品应做质量检验，合格后方可使用，其质量标准及允许偏差见表 8.2-2 所列。

审核人		交接人		接受交底人	

续表

工程名称		施工单位		编号	
序号	项目	道路附属设施施工技术交底内容			
1	侧石、缘石	（见下）			

侧石（平石）缘石质量标准及允许偏差　　　　表 8.2-2

	主要项目		允许偏差
预制水泥混凝土侧石、平石、缘石质量要求	混凝土抗压强度		＞30MPa
	外露面缺边掉角长度		＜10mm 且不多于一处，每 100 块不超一块
	外形尺寸	长	＋5mm，－3mm
		宽	±3mm
		高	±3(缘石)，±4mm(侧石、平石)
		不直度	3mm
	外露面平整度		3mm
	表面色泽一致，无蜂窝、麻面、裂缝等缺陷		
天然石材	当采用花岗石等天然石材加工而成侧石或条石表面应平整、无风化、棱角整齐		

2. 侧石（平石）、缘石、施工

（1）通常柔性路面侧石（平石）、缘石的施工应在铺筑沥青面层前，水泥混凝土路面应在路面完工后施工。施工准备：①侧、缘石一般在道路基层完工后施工，可安装在基层结构上，也可利用底基层结构自然加宽的部分作为侧、缘石的基础；②测量放线：根据设计核对道路中心线无误后，放出路面边线定出边桩及高程、直线部位设 10m 桩，曲线部位边桩应加密，保证曲线圆弧尺寸。

（2）刨槽：

1）人工刨槽：按边桩的位置拉线或打灰线，以线为准。按要求宽度向外刨槽，一般为一锹宽（约 30cm）。刨槽深应比设计加深 1～2cm，且槽底要修理平整；

2）机械刨槽：使用刨槽机，刀具宽应较侧、缘石宽出约 1～2cm，深度应比设计加深 1～2cm，槽底修理平整；

3）刨槽后应采用基层用混合料或石灰土（3∶7）（体积比）铺筑到要求高程，且夯实，厚度至少 15cm、密实度≥95％（轻型击实）。

（3）安装：

1）铺垫层：安装时先拌制 1∶3（体积比）石灰砂浆（或水泥砂浆）做垫层，厚 1～2cm 铺于侧石底部，缘石也可用松散过筛的石灰土代替找平基础；

2）安装：按桩橛线及侧、缘石顶面标高拉线绷紧码砌侧、缘石。每段长度应为侧、缘石的块数（含缝宽）的整数倍，以防多处砌筑出现较大空档。曲线处应注意侧石、缘石外形圆滑，相邻侧石缝隙为 0.8cm 可用木板条控制侧石的缝隙，缘石不留缝，侧石与平石共同使用时，可直缝相接，也可错缝对中相接，缝宽同侧石。侧石要安正，忌前倾后仰。成活侧石、缘石顶角线圆滑平顺无凹进凸出，高低错牙现象，符合标高要求，平石没有阻水现象；

3）还填：外侧后背可用基层剩余混合料或拌制 2∶8（体积比）石灰土回填夯实，应两侧同时分层还填夯实，回填过程中要不断调整侧、缘石线，使之顺直圆滑。里侧还填与道路基层相接，外侧还填宽：不小于 30cm，高：缘石外侧与顶石齐平，侧石外侧还填高度应保证侧石稳固，外侧有人行道可与人行道基础齐平。必要时可根据设计增加水泥混凝土后戗，以稳固侧石；

审核人		交接人		接受交底人	

续表

<table>
<tr><td colspan="2">工程名称</td><td></td><td>施工单位</td><td></td><td>编号</td><td></td></tr>
<tr><td>序号</td><td>项目</td><td colspan="5">道路附属设施施工技术交底内容</td></tr>
<tr><td>1</td><td>侧石、缘石</td><td colspan="5">4）勾缝：将侧石缝内的杂物及土清除干净，用水湿润，然后用 1∶2～1∶2.5 的水泥砂浆灌缝填实勾平缝，砂浆初凝后，扫除多余灰浆，达到整齐美观，并适当泼水养护，不少于 3d。
（4）里程牌：重要的道路可设有道路里程标志（里程牌）一般用金属铸制而成，按里程标志固定在安装好的侧石上，一般安装在侧石外露的内面或侧石顶面。
（5）现场浇筑：当特殊部位难以适用预制的侧石、缘石时，可现场支模、浇筑。水泥混凝土等级不低于 C30，施工方法同《水泥混凝土路面施工及验收规范》GBJ 97—87。</td></tr>
<tr><td>2</td><td>收水井、雨水支管</td><td colspan="5">1. 收水井
（1）一般规定：
1）城市道路收水井是城市道路必要设施，其作用是：能及时将路面地表水排入雨水支管；
2）收水井构造：收水井是带有进水格栅（由铸铁制成的进水井箅）的矩形井。由井箅、井身和连接管组成，井身多用砖砌体，也有水泥、混凝土预制井身。基础一般采用大于 C10 强度等级的水泥混凝土，底板厚≥10cm；
3）收水井形式（表 8.2-3）：收水井可根据雨水井箅的尺寸分为：大、中、小型。又可根据井箅的布置方向不同分为：平箅、立箅和联合式收水井。城市道路多使用平箅大型收水井。

收水井形式及设置　　表 8.2-3
<table>
<tr><th>序号</th><th colspan="2">类型</th><th>主要内容</th></tr>
<tr><td rowspan="3">1</td><td rowspan="3">收水井的形式</td><td>平箅式</td><td>平箅收水井：收水井箅水平放置，一般为单箅，视收水需要可用双箅联合使用。这种收水井井箅容易被车辆压损，但收水效果好</td></tr>
<tr><td>立箅式</td><td>立箅收水井：井箅沿侧石设置竖放，这种箅不直接承受车轮碾压，不易损坏，但收水效果不如平箅式</td></tr>
<tr><td>联合式</td><td>联合式收水井：即平箅和立箅收水井井箅综合使用，在水平和竖直方向均设井箅，主要适用流量较大且有杂物处</td></tr>
<tr><td>2</td><td colspan="2">收水井的设施</td><td>平箅收水井井框外边缘与侧石距离不得大于 5cm 且不得伸进侧石的边线，其井框顶面高程应低于附近路面 1.5～3cm 以利收水。因平箅易进泥砂，需要时可设沉泥槽，槽深约 30～40cm。但井深不宜大于 1.5m，以便养护、清井
收水井的间距根据设计一般为：30～50cm 位置应与检查井位置协调，连接支管与雨水干管的夹角易接近 90°，斜交时支管应与干管水流顺向</td></tr>
</table>
（2）施工：
1）准备：收水井施工放线宜在顶面基层完工后进行，按设计要求放出侧石边线，钉好井位桩橛及收水井高程，注意井箅与道路方向顺直吻合；
2）按位置及高程人工开槽，井周每侧应大于 30cm，以利施工。计算和控制槽深、槽宽并清平、夯实，注意槽底不应超挖，如有超挖不得用土回填。可用粒料回填或用加厚基础方法；</td></tr>
<tr><td colspan="2">审核人</td><td></td><td>交接人</td><td></td><td>接受交底人</td><td></td></tr>
</table>

续表

工程名称		施工单位		编号	
序号	项目	道路附属设施施工技术交底内容			
2	收水井、雨水支管	3）基础：一般为大于C10强度等级的水泥混凝土底板，厚10～15cm。若槽底土质软可增做15cm厚8%石灰土加固土基后，再浇筑水泥混凝土底板、捣实、养护到一定强度方可砌筑井体； 4）井墙砌筑施工： ① 在基础底板上铺砂浆一层（坐浆），可砌筑井墙，按图纸做井底并用水泥砂浆抹出坡向支管的泛水，有沉泥槽可抹成平底（预制井身，可直接砌筑预制井身）注意井墙四角应在同一水平面上，并检查边线与侧石边线； ② 砌砖应做到井壁平直，边角整齐，符合图纸尺寸且砖面对齐吻合方可砌筑，上下错缝内外搭接，砌砖砂浆要饱满（砂浆一般可用C10）常温砌墙用砖块必须洒水浸湿。 ③ 井身墙体砌筑到一定高度随砌随采用1：2～1：2.5水泥砂浆抹面（墙内侧），要抹两遍，总厚1.5cm。外墙用1：4水泥砂浆搓缝，要随砌随搓使外墙严密； ④ 随墙身的砌筑还应还槽，可采用基层用混合料，随还填随夯实，也可用碎砖等粒料还槽并灌1：4水泥砂浆，还可用C10水泥混凝土回填，做到回填密实以免回填不实使路面产生局部沉陷。当砌筑支管顶时，应将管头与井箅内口接平，用水泥砂浆将井口与井箅接好抹平抹严。墙身砌制达到要求标高时，用水泥砂浆坐浆安装井框和井箅，井框和井箅必须顺畅。收水井砌完后，应清除一切杂物，拆除管堵，按标准检验。见表8.2-4所列； ⑤预制混凝土井身：预制井身尺寸与井箅相配套箱体常用于单箅式收水井，一般因井深过长可为分段拼装，每段长40～50cm，根据井深拼装2～3段可直接在基础上坐浆砌筑，每段之间接口要抹严、抹平、压实至要求标高时用水泥砂浆安装井框和井箅，其他施工同前。 5）采用多箅式收水井时砌筑方法同单箅式收水井，水泥混凝土过梁位置必须要放准确。 **2. 雨水支管** （1）一般规定：雨水支管是将收水井内的集水流入雨水管、检查井内的构筑物，其管径与埋设坡度应按设计图纸。常用管径为20～30cm为防止杂物进入管道造成阻塞，天津地区一般采用管径为30cm，支管埋设应顺直，坡度一般为3%～5%，在与各种管线交叉的困难地段不应小于1%。支管的覆土深度应不小于70cm以满足冻融的需要。管材：一般为水泥混凝土预制管材，多为平口管。 （2）施工： 1）挖槽：为防道路各工序施工造成支管损坏常采用反开槽（即根据道路结构层和支管覆土要求确定在路槽或一步底基层反开槽施工）。其开槽位置，管底高程，按设计图纸放线，槽底宽应满足施工需要，一般管外径每侧应加宽>30cm，挖至槽底高程后挂中线，检查宽度和高程是否平顺，合格后可支基础模板浇筑混凝土基础，当采用90°基础四合一下管时可按混凝土基础的要求，立茬挖土制成土模以备浇筑混凝土基础； 2）四合一施工（即基础混凝土、铺管、八字混凝土、抹箍同时施工）： ① 基础：浇筑强度为C10水泥混凝土基础，将混凝土表面作成弧形并进行捣固，混凝土表面要高出弧形槽1～2cm，靠管口部位应铺适量1：2水泥砂浆，以便稳管时挤浆形成底箍以防漏水；			
审核人		交接人		接受交底人	

续表

工程名称		施工单位		编号	
序号	项目	道路附属设施施工技术交底内容			
2	收水井、雨水支管	见下文			

② 铺管：将洒水湿润的支管稳在混凝土基础表面，轻轻揉动至设计高程，可用挂边线控制下管高程及顺直度。注意保持对口和中心位置的准确。雨水支管必须顺直不得错口，管间留缝<1cm，灰浆如挤入管内，要及时除净。铺管应从检查井一端开始与预埋支管相接，如果检查井没有预埋支管或预埋支管位置不准确，按正确位置在检查井上凿孔，将支管接入检查井。支管口与检查井内壁齐平，用砂浆严堵管周缝隙，并将管口与井内壁抹严、抹平、压光检查井外壁与支管周围衔接处应用水泥砂浆抹严；

③ 八字混凝土：当管平稳好后按要求抹出混凝土八字；

④ 抹管箍：管座八字混凝土灌好后，立即用1：2水泥砂浆抹箍（水泥宜采用32.5级以上，砂要用中砂过筛）。抹箍前先将管口刮净，并洒水湿润。抹箍先用砂浆填满管缝压实略低于管外皮，如砂浆挤入管内，要随时刷净，然后刷水泥素浆一层宽8～10cm，再抹箍压实，并用弧形抹子赶光压实。为保证管箍和管基、八字成一体，四合一施工应连贯宜在每道工序水泥初凝前即进行下道工序施工。管箍抹完初凝后应覆盖洒水养护，注意勿损坏管箍，且雨天不宜进行管箍施工，必要时应有防雨措施；

3）因地下管线造成支管埋设深度不能满足基层施工重碾碾压时（覆土<50cm），应做360°包管加固，即四合一下管后管箍可做平箍于次日按设计要求做水泥混凝土包管。水泥混凝土须插捣振实，并养护；

4）承插口管参照《给水排水管道工程施工及验收规范》GB 50268—2008的有关内容；

5）支管沟槽回填：回填应在混凝土强度达到50%以上进行，应在支管两侧同时回填。回填材料可用底基层混合料或拌制石灰土分层回填，管顶40cm范围内用人工夯实，还填至底基层高度时应使用同层材料配比。压实度要与道路结构相同，冬期施工不得回填冻块。

（3）收水井、雨水支管的质量标准，如表8.2-4所列。

收水井及支管允许偏差　　表8.2-4

序号	主要项目	要求及允许偏差	检验频率		检验方法
			范围	点数	
1	井框与井箅吻合	10mm	座	1	用尺量
2	井口高程	−15～−30mm	座	1	与未顺坡前井边路面
3	井位与路边线吻合	20mm	座	1	用尺量
4	井内尺寸	0.2mm	座	1	用尺量

3. 升降各型检查井

（1）城市道路在道路内常有雨污水等各种检查井，在道路施工中要加以保护，防止施工机械碰损。检查井位应做明显标志，井周采用人工开挖与拌合。当井顶面高程与道路设计高程不相符时应将井面高程进行调整升或降，应在基层完工后进行。

（2）升降检查井先取下井圈，按设计高程升降井筒。如升降不大（一般<20cm）可直接砌筑井筒或拆除原井井筒砌体至所需高程，然后再将井圈用水泥砂浆稳好。

审核人		交接人		接受交底人	

续表

<table>
<tr><td>工程名称</td><td colspan="2"></td><td>施工单位</td><td colspan="2"></td><td>编号</td><td></td></tr>
<tr><td>序号</td><td>项目</td><td colspan="6">道路附属设施施工技术交底内容</td></tr>
<tr><td>2</td><td>收水井、雨水支管</td><td colspan="6">(3) 如升降检查井高差较大，井脖部位不能满足需要，应将旧井拆除到一定高度再重新砌筑收口。检查井升降完毕应将新砌筑部位，井内壁用1∶2.5水泥砂浆抹平、压光。外壁用1∶4水泥砂浆搓缝密实，还应将井内杂物清净。
(4) 稳井圈：按设计高程挂线在顺路方向井两侧2m，垂直顺路方向井两侧各1m挂十字线稳好井圈、井盖。
(5) 井周加固：对MP井四周可进行加固，水泥混凝土路面井周除用基层材料填齐夯实外，为保证井周四周路面不沉陷，可用水泥混凝土现浇20cm宽，与混凝土路面等厚的井圈强度与混凝土路面相同，沥青混凝土路面为保证路面完整，检查井外皮与基层之间四周浇筑一圈厚20cm、C30水泥混凝土加固，标高要低于井圈，以便铺筑沥青混凝土面层。</td></tr>
<tr><td colspan="2">审核人</td><td></td><td>交接人</td><td></td><td>接受交底人</td><td colspan="2"></td></tr>
</table>

9 道路的绿化

9.1 概　　述

道路绿化概述　　　　**表 9-1**

<table>
<tr><td colspan="2">工程名称</td><td></td><td>施工单位</td><td></td><td>编号</td><td></td></tr>
<tr><td>序号</td><td>项目</td><td colspan="5">我国主要城市道路绿化现状</td></tr>
<tr><td>1</td><td>我国道路绿化现状与特色</td><td colspan="5">我国地大物博，疆域辽阔，地形复杂多样，气象条件东南西北相差很大；我国的公路与铁路纵横交错、四通八达，全国城市的行道树种千姿百态，我国主要城市的市花、市树与道路绿化现状及特色，见表 9.1-1 所示。

我国主要城市市花、市树与道路绿化现状及特色　　表 9.1-1

<table>
<tr><td>城市名称</td><td>城市道路绿化情况</td><td>示　意　图</td></tr>
<tr><td>北京市</td><td>国槐是北京市市树，国槐绿寄寓着北京珍视自己的家园，与自然和谐发展，表达了“绿色奥运”理念。右上图为北京市的国槐行道树
红色是北京市的颜色，也是中国的象征。红色的宫墙，红色的灯笼，红色的婚礼，红色的春联，从古至今，北京的生活中充满红色的装饰主题。红色，构成了人们认同北京的颜色。红色是激情和运动的颜色；红色是喜庆与祥和的颜色；红色是民俗与文化的颜色；红色也是北京奥运会会徽颜色的主色。
北京平原地区的行道树，其中杨、柳树占总数 70% 左右，其次为槐树以及松、柏类树种、栎类树种和银杏等。行道树的种类非常单调。办奥运会，北京市政府决定在四环路两侧建百米绿化带，形成绕京城 700hm² 景观绿地，面积相当于 10 个颐和园，全环路呈现点、线、面相结合的“景不断链、绿不断线、色调各异、垂直错落”的绿色景观带。四环路上的百米绿化带，东、西、南、北各路段的行道树树种和色调各不相同，以银杏、垂柳、毛白杨、白皮松、椿树、槐树等为主，配以雪松、迎春等树，利用护网成段，种上攀缘月季，形如一串翡翠项链。右下图所示为北京市日坛西路绿化带</td><td>北京市的国槐行道树

北京市日坛西路绿化带</td></tr>
</table></td></tr>
<tr><td colspan="2">审核人</td><td></td><td>交接人</td><td></td><td>接受交底人</td><td></td></tr>
</table>

续表

<table>
<tr><td>工程名称</td><td></td><td>施工单位</td><td></td><td>编号</td><td></td></tr>
<tr><td>序号</td><td>项目</td><td colspan="4">我国主要城市道路绿化现状</td></tr>
<tr><td>1</td><td>我国道路绿化现状与特色</td><td colspan="4">续表
<table>
<tr><th>城市名称</th><th>城市道路绿化情况</th><th>示意图</th></tr>
<tr><td>上海市</td><td>上海市市花为白玉兰，是属于玉兰花的其中一种。选择白玉兰为上海市市花，象征着一种开路先锋、奋发向上的精神。1986 年经上海市人民代表大会常务委员会审议通过，决定白玉兰为上海市市花。白玉兰在上海的气候下，开花特别早，冬去春来，清明节前，它就繁花盛开，白玉兰花大而洁白，开放时朵朵向上。
上海市市花：白玉兰（木兰、玉兰花、玉树、迎春花、望春、应春花、玉堂春）。右上图所示为上海市市花的白玉兰。
上海市建筑密集、人口稠密，全市行道树于 2015 年统计超过 80 万株，现有行道树种类近 70 种以上，市区行道树覆盖面积 1000hm²，占市区绿化覆盖面积的 20%，其中市中心城区的静安、徐汇、黄浦、卢湾 4 个区的行道树覆盖面积分别占市区绿化覆盖面积的 40%～46%，主要的树种为悬铃木，约占 60%～70%，其次是香樟、广玉兰、水杉、女贞、银杏，所占比例均不高，历史上曾经种植较多的枫杨、青桐、臭椿、垂柳、泡桐、国槐、乌桕等由于种种原因而明显减少，近年来增加了白玉兰、盘槐、无患子、鹅掌楸、欧美杨、杜英、木兰科树种等。但行道树的种类不算多，季相变化较少。
有关上海市树，官方没有明确的说法，意思就是说还没有市树。但在民间，对于上海市树有两种说法，一种是梧桐树，一种是香樟树。梧桐树，又称法国梧桐。
上海市现还不断引进新优行道树的树种，右下图所示为上海市的水杉行道树</td><td> 上海市的市花白玉兰 
上海市的水杉行道树</td></tr>
</table></td></tr>
<tr><td>审核人</td><td></td><td>交接人</td><td></td><td>接受交底人</td><td></td></tr>
</table>

续表

工程名称		施工单位		编号	
序号	项目	我国主要城市道路绿化现状			
1	我国道路绿化现状与特色	续表 **城市名称**：广州市 **城市道路绿化情况**： 早在1931年，木棉花曾被定为广州市花。1982年6月，广州市人民政府再次将木棉花定为市花，更加加深了广州市民对木棉的青睐和尊敬。 每年元宵节刚过，广州的木棉树就开始开花。木棉树产于热带亚热带诸地，分布在我国南部的广东、云南、台湾中南部，以及印度、缅甸、印度尼西亚的爪哇和苏门答腊等地。木棉，棉，又作绵。古代又叫斑枝花、古贝，或有称攀枝花、吉贝者，李时珍在《本草纲目》中说乃斑枝花、古贝之讹。右上图所示为广州市的市花木棉花。 广州地处珠江三角洲北板，原生植被为南亚热带季风常绿阔叶林，凭借优越的自热地理条件，加之多年有意识、有计划地绿化，城市区现有公共绿地 78.3hm^2，绿化覆盖率达 54.52%，人均绿地 54.78m^2，计有行道树 65 万余株。据广州市区荔清、越秀、海珠、天河四大城区的251条主干道行道树调查，有行道树近10万株，近90种，隶属于28科51属。优势材种为木棉树、木麻黄、紫荆、红花紫荆、大叶榕、细叶榕、石栗、杧果、台湾相思、白千层、麻栎等。右下图所示为广州市的大叶榕行道树 **示意图**： 广州市的市花木棉花  广州市的大叶榕行道树			
审核人		交接人		接受交底人	

续表

<table>
<tr><td>工程名称</td><td colspan="2"></td><td>施工单位</td><td></td><td>编号</td><td></td></tr>
<tr><td>序号</td><td>项目</td><td colspan="5">我国主要城市道路绿化现状</td></tr>
<tr><td>1</td><td>我国道路绿化现状与特色</td><td colspan="5">

续表

<table>
<tr><th>城市名称</th><th>城市道路绿化情况</th><th>示意图</th></tr>
<tr><td>天津市</td><td>天津市市花是月季花，1984 年根据市民评选结果，市园林局、园林学会推荐，天津市十届人大常委会第 16 次会议批准确定。天津素称“月季之乡”，月季栽培历史最久，南运河、子牙河沿岸是重要产区。月季花绚丽多彩，馥郁芬芳，且四季花开不断，深受市民喜爱。
2016 年统计全市栽植月季达 450 万余株，约 800 多个品种，有月季园 10 处，月季路 12 条，集成“中环彩练”为津门十景之一。右上图为天津市的市花月季花。
1984 年 12 月 25 日天津市十届人大常委会第 16 次会议正式将绒毛白蜡定为天津市市树。到 2016 年全市用于园林绿化的绒毛白蜡数量共 543 万余株。
该树为落叶乔木，高可达 10m，小枝密被短柔毛，树皮暗灰色光滑雌雄异株，花杂性，圆锥花序侧生于上年枝上，先开花后展叶。而蜡条、大叶白蜡的花序顶生于当年枝上，花叶同时或叶后开放。5 月开花，9～10 月果实成熟。翅果，长 3～4.5cm，内涵一枚种子。果实成熟时黄褐色，采后去杂，可不去翅。种子的千粒重为 30～36g，相当于每公斤 28000～33000 粒，其发芽率为 50%～70%。种子干藏，发芽力可保持 3～5 年。
该行道树喜光，对气候、土壤要求不严，耐寒，耐干旱，耐水湿，耐盐碱。深根树种，侧根发达，生长较迅速，少病虫害，抗风，抗烟尘，材质优良。
绒毛白蜡原产美国德克萨斯、新墨西哥，直至加利福尼亚等美国西南各州，分布于海拔 600～2000m 的峡谷地区。
右中图为天津市主要的行道树绒毛白蜡。
右下图为天津市常见竹柳的行道树</td><td> 天津市的市花月季花 

天津市的行道树绒毛白蜡 

天津市竹柳的行道树</td></tr>
</table>

</td></tr>
<tr><td>审核人</td><td></td><td>交接人</td><td colspan="2"></td><td>接受交底人</td><td></td></tr>
</table>

续表

<table>
<tr><td>工程名称</td><td></td><td>施工单位</td><td></td><td>编号</td><td></td></tr>
<tr><td>序号</td><td>项目</td><td colspan="4">我国主要城市道路绿化现状</td></tr>
<tr><td>1</td><td>我国道路绿化现状与特色</td><td colspan="4">续表
<table><tr><th>城市名称</th><th>城市道路绿化情况</th><th>示意图</th></tr><tr><td>重庆市</td><td>重庆市市花为山茶花。山茶花系山茶科，常绿小乔木，花期长，抗污染，易栽培，品种达73种。花色鲜艳，有淡红色、紫红色、白色、复色等。花瓣类型有单瓣类、复瓣露心类、托桂类、曲瓣类、半平瓣类和平瓣类。在巴蜀地区栽培已有2000多年的历史，苏轼曾有“游蜂掠尽粉丝黄，落蕊犹收蜜露香”的诗句咏山茶花。今巴南区石岗枝子桥还生长着一株“七心红”古茶花，树高8m，直径72cm，据传树龄已有400余年。重庆地区凡园、风景区、庭院、楼台均有种植。1986年，山茶花被正式命名为重庆市市花。
重庆市的市树为黄葛树：川西栽培最佳，宅旁、桥畔、路侧随处可见，新叶展放后鲜红色的托叶纷纷落地，甚为美观。是常用的庭荫树、行道树之一。
除此之外，重庆市的行道树还有香樟：树叶一年四季绿色，香樟木质致密，有香气，固命名为香樟，香樟树还能防虫。
银杏：能活到一千多岁，是树中的老寿星。其树体高大，树干通直，姿态优美，春夏翠绿，深秋金黄。
悬铃木：俗称法国梧桐，生长迅速，易成活，抗空气污染能力较强，有行道树之王的美称。桂花树、广玉兰、重阳木、南川木菠萝等效也是重庆市的特有树种，属于常绿乔木</td><td>重庆市的市花山茶花
重庆市的行道树小叶榕
重庆市的行道树银杏</td></tr></table></td></tr>
<tr><td>审核人</td><td></td><td>交接人</td><td></td><td>接受交底人</td><td></td></tr>
</table>

续表

工程名称		施工单位		编号	
序号	项目	我国主要城市道路绿化现状			
1	我国道路绿化现状与特色	续表 见下表			

城市名称	城市道路绿化情况	示　意　图
昆明市	昆明是云南省省会，是云南省政治、经济、文化、科技交通的中心，全省唯一的特大城市。另外，夏无酷暑，冬无严寒，百花盛开，气候宜人，素以“春城”而享誉中外。右上图为昆明市市花茶花。 昆明市处于滇中高原东北部，群山连绵起伏，环抱着广泛的滇池盆地，海拔 1802～1920m，纬度低，海拔高，直接影响气候的垂直变化。目前街道上银桦、按树类、悬铃木（法桐）等外来树种占绝对优势，本省和本地区树种只占极少数。据 2008 年统计：银桦占 33.6%，悬铃木（法桐）占 12.5%，按树类占 28.5%，加上其他外来树种合计占总行道树的 74.6%。国产和本省的树种梧桐、宁波三角枫、滇杨、牛尾木等只占 25.4%。近几年来增加滇朴、云南樱花、藏柏等乡土树种，又大量栽植广玉兰、悬铃木等，外来树种仍占绝对优势。近期规划为行道树骨干树种的有银桦、广玉兰、悬铃木（法桐）、云南樱花（见右下图）、复羽叶架树、银杏、黄樟、滇朴、梧桐、宁波三角枫、牛尾木、云南紫荆、滇揪等。小街道可规划选择棕榈、紫薇、藏柏、石榴、龙柏、山玉兰、香叶果、玉兰等。右中图是昆明市市树是玉兰树	 昆明市的市花茶花  昆明市的玉兰行道树  昆明市的云南樱花行道树

审核人		交接人		接受交底人	

续表

<table>
<tr><td>工程名称</td><td></td><td>施工单位</td><td></td><td>编号</td><td></td></tr>
<tr><td>序号</td><td>项目</td><td colspan="4">我国主要城市道路绿化现状</td></tr>
<tr><td>1</td><td>我国道路绿化现状与特色</td><td colspan="4">续表
<table><tr><th>城市名称</th><th>城市道路绿化情况</th><th>示意图</th></tr><tr><td>长沙市</td><td>樟树和杜鹃花是两种著名的观赏植物，它们在长沙不仅历史悠久，数量丰富，而且以优良的品格及美好的寓意为长沙人所钟爱。
1985年11月30日，长沙市八届人大常委会第十四次会议通过决议，确定杜鹃花为长沙市市花，右上图为长沙市的市花杜鹃花。
右中图为香樟，是长沙市主要的市树。香樟为一种常绿乔木；原产于我国东南沿海，隋唐时即传入长沙地区。据园林、文化部门普查，现全市200多株古树名木中，古香樟占了1/3，有86株，高居首位。圆通寺的古樟，树龄近千年，胸径达2.28m。
长沙市行道树的树种，随着时间的推移，使得香樟、英桐成为长沙市行道树的基调树种。20世纪80年代后期，随着城市不断发展，新的树种被引进和推广，形成以香樟和悬铃木为基调树种的格局。目前长沙市行道树的种类主要有香樟、悬铃木、广玉兰、银杏。在种植方式上一般以单一树种早列式种植。行道树品种较少，结构单调，需要更新及开发本地资源，培育和引进新的行道树种。
悬铃木也是长沙市的行道路树，悬铃木科悬铃木属约7种植物的通称。分布于东南欧、印度和美洲，中国引入栽培的有3种，供观赏用和作行道树。悬铃木树形雄伟，枝叶茂密，是世界著名的优良庭荫树和行道树，有“行道树之王”之称</td><td> 长沙市的市花杜鹃花 
长沙市的行道树香樟树 
长沙市的悬铃木行道树</td></tr></table></td></tr>
<tr><td>审核人</td><td></td><td>交接人</td><td></td><td>接受交底人</td><td></td></tr>
</table>

续表

工程名称		施工单位		编号	
序号	项目	我国主要城市道路绿化现状			
1	我国道路绿化现状与特色	续表 城市名称：杭州市 城市道路绿化情况： 杭州市市花：桂花：又名木樨、岩桂，系木樨科常绿灌木或小乔木，桂花在杭州已经有近千年的栽培历史，尤其是杭州满觉陇的桂花，更是闻名遐迩。早在南宋时期，满觉陇已经大片种植桂花，并形成一定规模。在《咸淳临安志》有这样的记载："桂，满觉陇独盛"。 1983年7月20日至23日，杭州市第六届人大常委会第九次会议决定，香樟为杭州市市树；桂花确定为杭州的市花。右上图为杭州市花。 杭州地处中亚热带，至2013年上半年，市区共有行道树8万多株。据调查，杭州市区所种植行道树的主、次干道与过境道路及能通行机动车辆的小街小巷共计达400多条、其总的长度590余公里。树种近28种，隶属于20科。以二球悬铃木为主，其次是枫杨、无患子、香樟和枫香，其种类有泡桐、青桐、银杏、女贞、漫地松、水衫、七叶树、喜树、垂柳、桂花、臭椿、榆树、乌桕、珊瑚朴、山玉兰、重阳木、三角枫、杜英和乐昌含笑等。 右中图为杭州市的香樟行道树。 枫杨：别名：白杨、大叶柳、大叶头杨树等。落叶乔木，高达30m，胸径达1m；幼树树皮平滑，浅灰色，老时则深纵裂；小枝灰色至暗褐色，具灰黄色皮孔；芽具柄，密被锈褐色盾状着生的腺体，叶多为偶数或稀奇数羽状复叶。枫杨喜光，略耐侧荫，幼树耐荫，耐寒能力不强，主要分布于黄河流域以南。枫杨树冠宽广，枝叶茂密，生长迅速，是种常见的庭荫树和防护树种（右下图） 示意图： 杭州市的市花：桂花 杭州市的香樟行道树 杭州市的枫杨行道树			
审核人		交接人		接受交底人	

续表

<table>
<tr><td>工程名称</td><td></td><td>施工单位</td><td></td><td>编号</td><td></td></tr>
<tr><td>序号</td><td>项目</td><td colspan="4">我国主要城市道路绿化现状</td></tr>
<tr><td>1</td><td>我国道路绿化现状与特色</td><td colspan="4">续表
<table><tr><th>城市名称</th><th>城市道路绿化情况</th><th>示意图</th></tr><tr><td>郑州市</td><td>1983年3月21日，在郑州市第七届人民代表大会第三次会议上，月季花被确定为郑州市的市花。右上图为郑州市市花月季花。
2007年12月14日，经郑州市十二届人大常委会32次会议审议，通过了悬铃木（法桐）作为郑州市市树的决定。市树评选的选票说明了一切，郑州市民对于法桐的深厚情感可见一斑，法桐作为郑州市市树实至名归，当之无愧！
郑州市地处中原，属南温带南缘。近30多年来，市区行道树建设发展较快，由过去的30余种发展到目前的约70种，包括4变种，隶属28科42属。其中栽植最多的行道树有二球悬铃木、毛白杨、兰考泡桐、槐树、刺槐、白玉兰、垂柳、女贞、白蜡树、雪松、红叶李、银杏、榆树、合欢、梧桐、核桃、黄山栾树等。在调查的62条主次干道上，二球悬铃木分布于44条干道上，约占70%。右中图为郑州市的行道树悬铃木
槐树和毛白杨分布于14条干道上，占55%，兰考泡桐分布的干题占13%。2012年市区绿化林盖率为52.76%。但部分树种缺乏地方特色，速生材种较少，依然制约着郑州市的行道树的发展。现也不断引进新的行道树种。
右下图所示为郑州市的槐树行道树</td><td> 郑州市的市花：月季 
郑州市的悬铃木行道树 
郑州市的国槐行道树</td></tr></table></td></tr>
<tr><td>审核人</td><td></td><td>交接人</td><td></td><td>接受交底人</td><td></td></tr>
</table>

续表

<table>
<tr><td>工程名称</td><td></td><td>施工单位</td><td></td><td>编号</td><td></td></tr>
<tr><td>序号</td><td>项目</td><td colspan="4">我国主要城市道路绿化现状</td></tr>
<tr><td>1</td><td>我国道路绿化现状与特色</td><td colspan="4">

续表

城市名称	城市道路绿化情况	示　意　图
深圳市	深圳市的市花三角花，见右上图。 深圳市在制定绿地系统规划时，坚持高起点规划的原则，形成具有深圳特点的道路绿化系统。在主干道路两侧建立 30～50mm 宽绿化带，在次干道，如华强路、红荔路等道路两侧建立 10～30m 宽的绿化带。在营建绿化带时，根据深圳市道路特点和功能要求，利用丰富多彩的植物进行配置，形成不同风格的道路绿化景观。在快速干道营造自然森林景观，在滨海大道营造亚热带海滨风光。 行道树要求树冠浓密、遮阴良好，树干通直，干形美观。深圳市行道树品种丰富，主要采用小叶榕、杧果、扁桃、马占相思、荔枝、火焰木、雨树、大王椰子、蒲葵、南洋杉、假槟榔、美叶桉、黄槐、木棉等 40 多个品种，既有充满乡土气息的小叶榕，也有开花的凤凰木、木棉、红桑、红觅、红花紫荆、大叶蒙薇等，品种比较丰富。在行道树树池中种植蟛琪菊、雪茄花、黄金叶等地被植物，既避免树地泥土流失，又大大改善了城市景观。右中图所示为深圳市的大王椰子行道树。 右下图为深圳市的行道树红树。红树是热带、亚热带海湾、河口泥滩上特有的常绿灌木和小乔木群落。那红树林为什么叫红树林？它的生态价值是什么？有什么作用呢？红树林指生长在热带、亚热带低能海岸潮间带上部，受周期性潮水浸淹，以红树植物为主体的常绿灌木或乔木组成的潮滩湿地木本生物群落。组成的物种包括草本、藤本红树。它是陆地与海洋交界带的滩余浅滩，是陆地向海洋过度的特殊生态系	 深圳市的市花：三角花  深圳市的大王椰子行道树  深圳市的市行道树红树

</td></tr>
<tr><td>审核人</td><td></td><td>交接人</td><td></td><td>接受交底人</td><td></td></tr>
</table>

续表

工程名称		施工单位		编号	
序号	项目	我国主要城市道路绿化现状			
1	我国道路绿化现状与特色				

续表

城市名称	城市道路绿化情况	示　意　图
成都市	1983年5月26日，成都市第九届人民代表大会常务委员会决定，正式命名芙蓉花为成都市市花，见右上图。芙蓉亦名木莲，为葵科木槿，属落叶小乔木。成都栽培芙蓉历史悠久，据古籍记载，五代时期，蜀后主孟昶于成都城墙上遍植芙蓉，“每至秋，四十里为锦绣”，故成都别名为“蓉城”。 木芙蓉晚秋开花，因而有诗说其是“千林扫作一番黄，只有芙蓉独自芳”。由于花大而色丽，我国自古以来多在庭园栽植，可孤植、丛植于墙边、路旁、厅前等处。特别宜于配植水滨，开花时波光花影，相映益妍，分外妖娆，所以《长物志》云：“芙蓉宜植池岸，临水为佳”。木芙蓉作为花中的高洁之士，屡屡出现在文学作品之中。屈原《楚辞》有：“采薜荔含水中，擘芙蓉兮木末”。白居易有“花房腻似红莲朵，艳色鲜如紫牡丹”。极言木芙蓉的芳艳清丽。 成都市树定为银杏树，如右中图所示。 柳树也是成都市的常见行道树，柳树是一类植物的总称：旱柳、腺柳、垂柳，柳属多为灌木，稀乔木，无顶芽，合轴分枝，雄蕊数目较少，虫媒花等特征表明，较杨属与钻天柳属进化。 本属世界约520多种，主产北半球温带地区，寒带次之，热带和南半球极少，大洋洲无野生种。我国有257种，122变种，33变型。各省区均产。其右下图为成都市的行道树之一柳树	 成都市花：木芙蓉  成都市树银杏行道树  成都市的行道树之一柳树

审核人		交接人		接受交底人	

续表

<table>
<tr><td>工程名称</td><td></td><td>施工单位</td><td></td><td>编号</td><td></td></tr>
<tr><td>序号</td><td>项目</td><td colspan="4">我国主要城市道路绿化现状</td></tr>
<tr><td>1</td><td>我国道路绿化现状与特色</td><td colspan="4">续表
<table><tr><th>城市名称</th><th>城市道路绿化情况</th><th>示意图</th></tr><tr><td>海口市</td><td>海口市的市花为三角梅，如右上图所示。叶大且厚，深绿无光泽，呈卵圆形，芽心和幼叶呈深红色，枝条硬、直立，茎刺小，花苞片为大红色，花色亮丽，花期为 3～5 月、9～11 月。
椰子树是海口市的市树，海口市又称“椰城”，如右中图所示。椰树原产马来西亚，相传我国的椰树是海水漂来的。
汉朝的汉成帝立能在手掌上跳舞的赵飞燕为皇后，她的妹妹用椰叶编织成席子赠送，祝贺皇后像椰子那样多生贵子。在热带海岸，绿色的椰林，闪烁的沙滩，碧蓝的海水，层层的浪花，构成一幅美丽如画的热带风光。
在海口市政府及园林部门的努力下，目前海口市基本实现了市区街道的普遍绿化，形成了以子椰子树和三大榕树为主的街道绿化特色。全市现已绿化的道路 120 条，共有行道材 10 万株。主要树种是：椰子树、黄葛榕、细叶榕、高山榕、红花羊蹄甲、樟树、印度紫檀、盆架树、洋蒲桃、非洲楝、秋枫、木麻黄、白千层等。行道树种比较多，基本形成了“一街一景”的绿化景观规划。
右下图为海口市的黄葛榕行道树</td><td> 海口市的市花：三角梅 
海口市树椰子树行道树 
海口市的黄葛榕行道树</td></tr></table></td></tr>
<tr><td>审核人</td><td></td><td>交接人</td><td></td><td>接受交底人</td><td></td></tr>
</table>

续表

<table>
<tr><td>工程名称</td><td colspan="2"></td><td>施工单位</td><td></td><td>编号</td><td></td></tr>
<tr><td>序号</td><td>项目</td><td colspan="5">我国主要城市道路绿化现状</td></tr>
<tr><td>1</td><td>我国道路绿化现状与特色</td><td colspan="5">续表
<table>
<tr><th>城市名称</th><th>城市道路绿化情况</th><th>示意图</th></tr>
<tr><td>武汉市</td><td>2013年1月31日，中国梅花研究中心主办，武汉市东湖生态旅游风景区管理委员会、武汉市旅游局承办的“2013中国武汉梅花节”在东湖梅园拉开帷幕。本届梅花节期间东湖梅园将推出丰富的赏梅游园活动。右上图就是武汉市的市花梅花。
梅花是以五福“快乐、幸运、长寿、顺利、平安”引誉古今中外。东湖梅园是武汉市唯一的一座观赏市花——梅花的专类园，面积800余亩，现有梅花品种达320余种，种植梅花20000多株，是中国梅花研究中心所在地，是我国在传统节日——春节之际最著名的赏梅胜地之一。每逢春节，正值梅花盛开之际，中外游客络绎不绝，纷至沓来，相约到东湖梅园踏青赏花，一年一度的梅花节已经成为广大游客和武汉市民春节期间不可或缺的文化活动盛宴。
武汉市常见的银杏行道树见右中图所示。银杏为银杏科、银杏属落叶乔木。上百岁的老树已不多见，和它同纲的所有其他植物皆已灭绝，所以银杏又有活化石的美称。变种及品种有：黄叶银杏、塔状银杏、裂银杏、垂枝银杏、斑叶银杏等26种。
银杏树，由于深受人民喜欢，因此又有人把它称作“公孙树”，有“公种而孙得食”的含义，是树中的老寿星，具有观赏，经济，药用价值。
武汉市的梧桐行道树见右下图所示</td><td>武汉市的市花梅花
武汉市的银杏行道树
武汉市的梧桐行道树</td></tr>
</table></td></tr>
<tr><td>审核人</td><td></td><td>交接人</td><td></td><td>接受交底人</td><td colspan="2"></td></tr>
</table>

续表

<table>
<tr><td>工程名称</td><td></td><td>施工单位</td><td></td><td>编号</td><td></td></tr>
<tr><td>序号</td><td>项目</td><td colspan="4">我国主要城市道路绿化现状</td></tr>
<tr><td>1</td><td>我国道路绿化现状与特色</td><td colspan="4">续表
<table><tr><th>城市名称</th><th>城市道路绿化情况</th><th>示 意 图</th></tr><tr><td>济南市</td><td>1986 年，济南市人大常委会第九届二十次会议决定荷花为济南的市花。如右上图所示。之所以把荷花作为济南市花，是因为“荷花”展开的双臂做出欢迎的姿态，表现出山东人热情好客、纯朴善良的豪爽性格，展现了济南将以开放的胸怀欢迎四方来客的信息，体现出“诚信、创新、和谐”的城市精神。
除了热带亚热带的树木基本上都能种，在济南见得最多的树是杨树、柳树、松树、梧桐树、银杏、槐树、榆树。
柳树是一种比较漂亮的树，我国南北都有。生命力极强素有有心栽花化不开，无心插柳柳成荫之说。说到它的用途总结如下：美化环境，河岸边、池塘岸，春意盎然；可夏季乘凉；柳树树木可以用来做菜板，北方不少人用柳木直接做菜板，因为木质钝刀，所以一块菜板可以用一辈子；
柳树在古代含义：以折柳表惜别。柳树因通“留”，谐音，故生此意。柳树为阳性树种，民间多用于避邪及招风水；柳树有对女子阴柔赞美之说。右中图济南市的柳树行道树
松树，世界上的松树种类有 80 余种，不仅种类多，而且分布广，如分布于华北、西北几省区的油松、樟子松、黑松和赤松，华中几省的马尾松、黄山松、高山松，秦巴山区的巴山松，以及台湾松和北美短叶松，多数是我国荒山造林的主要树种。右下图济南市的松树行道树</td><td> 济南市的市花荷花 
济南市的柳树行道树 
济南市的松树行道树</td></tr></table></td></tr>
<tr><td>审核人</td><td></td><td>交接人</td><td></td><td>接受交底人</td><td></td></tr>
</table>

续表

工程名称			施工单位		编号	
序号	项目	城市道路绿化的特色与发展趋势				
1	我国道路绿化现状与特色	（1）我国幅员广大、气候迥异、景观多样：土地辽阔、地形多变，虽大部分国土位于北温带，但由于受海拔高度、山脉走向以及河谷纵横等各种自然条件的影响，加之部分领土和岛屿分布上的差异，几乎包括了热带、亚热带、温带、亚寒带等不同气候类型。在这不同的气候条件下生长着不同的树种，呈现出异样而多彩的景观。适作行道树的树种首先就要适应当地的自然条件才能健壮地生长，枝繁叶茂，既有庇荫之效，又有美观的树形或花、果及叶色可供观赏。全国各地用作道路绿化树应用的主要树种约 100 多种。当北方的苍翠挺拔的油松、黑松等行道树还在风雪中屹立之时，而南方的紫荆花、木棉等行道树却已花开烂漫。在同一国度、同一季节的不同都市中能欣赏不同季相景观的行道树，充分体现了我国树种资源的丰富多彩和城市景观的各种不同特色。 （2）街道宽阔、等距栽植、雄伟壮观：我国城市里宽阔的行车道可以称为举世无双，北京长安街以其宽阔闻名于世。随着经济的发展，我国很多大中城市的道路也在拓宽。特别是行道树的种植方式多为同龄、等高和等距，显得十分整齐、严谨和壮观。但国外有些国家不一样，例如美国的行道树栽植既不等距、也非同龄，三五成组，一般比较随意。 （3）城市树种功能各有侧重，以实用为主：行道树除有前述的生物功能外，还有美化街景的作用。我国属大陆性气候，长江以北的四季气温变化明显。夏季烈日当头，气温可达 30℃以上；深秋以后又落叶纷飞，冬季来临寒风萧瑟，树木和绿色就更加可贵。为此在各种功能之中，多数城市仍以庇荫等实用功能为主，兼顾季相等美化街景的功能来选择树种。因而不少城市以悬铃木、国槐和杨树作行道树则多取其冠大荫浓；北方以油松、黑松及柏树作行道树则为寒冷的冬天增添了绿色和生气。当然，南国的凤凰木、蓝花楹除有庇荫作用之外，盛花时热烈或淡雅的南国风情也是令人陶醉的。 （4）对于我国气候差异、树种有别，各城市常挑选适于当地自然条件，而又受人们喜爱的树木定为市树，并作为城市道路绿化的应用。因而选作市树的行道树往往成为该市的绿色标志与美好的象征。如北京的市树槐树和侧柏、长沙的市树香樟、广州的市树木棉、深圳的市树大王椰子和市花筋杜鹃等。从实用功能出发确与中国气候相关，这与欧洲诸国对行道树的选择也有差别。欧洲冬季虽也漫长，但夏日气温并不甚高，栋树、椴树等树形高大、枝叶密生的庭园树也是作行道树的首选树种。				
2	城市道路绿化的发展趋势	（1）21 世纪人类要实现城市人居环境的巨大改善，确保人与自然和谐共存，持续发展。美国推行的绿道规划源于 19 世纪形成大批城市公园和保护区，发展到 20 世纪掀起户外敞开空间规划和绿道规划。绿道网络规划将成为 21 世纪户外开敞空间规划的主题。美国的绿道和游步道始于将全国废弃铁路转化而成，后发展到对沿河流、小溪、湿地、自然和文化资源统一规划，绿道和游步道路作为徒步旅行和其他相关娱乐活动场地，今后发展趋势是将绿色通道在全国范围内连通形成综合性的绿道网络，一个充满生机的绿道网络对环境保护、经济效益、美学观赏起到积极的作用，大环境绿化是今后国内外道路绿化发展的总趋势。				
审核人		交接人			接受交底人	

续表

工程名称			施工单位		编号	
序号	项目	城市道路绿化的特色与发展趋势				
2	城市道路绿化的发展趋势	(2) 绿道的概念是自然走廊，具有双重功能，一是为人类进入游憩活动提供了空间；二是对自然和文化遗产的保护起到促进作用。绿道是指用来连接各种线型开敞空间，使绿道系统内部互相贯通的总称，兼有生态功能、游憩功能和文化功能，是一个多层次的系统，有宏观的区域层次，可实施的地方层次及宜人的场所层次。户外空间规划的发展趋势必然是形成整个国土范围内的绿道网络，这是一项战略性部署，这种框架的绿色建设对我国河流、山脉及城市道路的环境建设具有指导意义。 (3) 我国建设园林城市的标准是：既有园林绿化具有数量指标的要求，又有完整统一的绿地系统要求；既有城乡一体化大园林的要求，又有保护和利用城市山川、地貌，保护郊区、林地、农业用地的要求。既有突出城市文化、民族传统的要求，又有保护文物古迹、古树名木的要求；既有公园布局合理、分布均匀、设备齐全、维护良好、满足人民休息、观赏及文化活动的要求，又有对城市江河湖海等水体沿岸绿化，形成城市风光带的要求。 (4) 绿色是生命的色彩，良好的绿色生态环境是人类健康生存的重要条件。植物是生态园林的主体，丰富的树种多样性和结构合理的植物群落是城市园林建设发展的新方向，是城市建设可持续发展的重要措施。人居环境包括建筑、道路、绿化。21 世纪是人类社会快速发展的时代，人们对物质文化生活的需求和对绿化美化的环境要求，已不再是简单几块绿地，栽几排树，植几片草皮，而必须是“适当”和“可持续”的，达到“人与自然的和谐”，“时间延续性的和谐”的目的。改善人们居住环境是世界各国共同关注的主题，而创造优美的绿化环境是改善人们居住环境的关键，是实现城市可持续发展的保证。在这方面我国许多园林城市道路绿化都已有很好的创新，并取得很好的效果。 1) 例如，深圳市先后获得“国家园林城市”、“国家环境模范城市”、“中国优秀旅游城市”等称号，2000 年参加“国际花园城市”竞赛，以其优美的城市生态环境受到国内外的高度评价，成为中国第一个“国际花园城市”。深圳城市在花园里，花园又在城市中，对道路绿化进行了整治和改造，栽种筋杜鹃 2000 余万株，宿根大花美人蕉 1500 多万株，形成一个四季鲜花盛开的城市景观。对道路绿化规定了城市主、次干道两边要留出 10～50m 宽的绿化带，以南方乡土树种（大王椰子、金山葵、鱼尾芬、美丽针葵）为主调；配置乔、灌、草形成多姿多彩层次，体现出亚热带风光特色的道路景观； 2) 除深圳市外，还有北京、天津、重庆、青岛、大连、昆明、广州、成都、西安、长沙等城市多次被评为“国家园林城市”、“国家环境模范城市”、“中国优秀旅游城市”。2001 年度绿色奥斯卡奖——“国际花园城市”，有中国、俄罗斯、美国等 18 个国家的 34 个参赛城市（指 100 万人以上），经过入围到决赛的激烈竞争，最后，广州市荣膺“国际花园城市”的称号，并且是高票捧回“绿色奥斯卡奖”，成为世界上获此殊荣人口最多的城市。中国的城市连续两年荣获“国际花园城市”称号，证明我国在美化城市道路、创造出更加丰富多彩的山水生态环境景观的花园式城市方面迈出了可喜的一步；				
审核人		交接人		接受交底人		

续表

工程名称		施工单位		编号	
序号	项目	城市道路绿化的发展趋势与效益			
2	城市道路绿化的发展趋势	3）2016年1月29日，住房和城乡建设部对外公布2015年国家园林城市名单。在46个“国家园林城市”、78个“国家园林县城”、11个“国家园林城镇”外，7个城市成为首批“国家生态园林城市”； ①河北沧州市等46个城市被命名为“国家园林城市”、河北高邑县等78个县城为“国家园林县城”、山西巴公镇等11个镇为“国家园林城镇”，徐州、苏州、昆山、寿光、珠海、南宁、宝鸡等7个城市为“国家生态园林城市”，这也是国家生态园林城市是首次命名； ②据介绍，从1992年开始，全国就组织开展园林城市创建工作。截至目前，全国约有半数城市（310个）、1/10的县城（212个）成功创建国家园林城市（县城）。园林城市创建发挥示范带动作用，有力地推动了城市生态建设和市政基础设施建设，提升了城市宜居品质； ③数据显示，与创建之初相比，全国城市园林绿地总量大幅度增长，城市绿地总量增加了4.7倍，人均公园绿地面积提升了6.3倍，城市公园面积增长了8倍。各地有效落实出门“300m见绿，500m见园”指标要求，多数城市公园绿地服务半径覆盖率接近或超过80%，城市公园更加亲民、便民、惠民，公园绿地成为健身、休闲和娱乐重要场所，广大市民就近游园数量快速增加。			
3	城市道路绿化的效益	（1）绿化环境、美化城市 1）我国改革开放以来，国民经济建设得到了史无前例的发展，城镇人口成倍增长，城市中的高楼大厦林立，道路纵横交错，服务社区不断创新，到处是车水马龙，川流不息，使城市形成一片嘈杂而又繁荣、拥挤而又兴隆的景象； 2）每一个城市的实际环境却严重地受到工业噪声、建筑施工噪声、交通噪声和生活噪声的污染的影响； 3）城市的道路绿化工作，能有力地改善城市的环境、美化城市市容，是治理城市生态环境的主要任务。同时，也提高城市绿化环境、美化市容的水平与风格，是反映当今城市文明程度、社会风尚的准则。 （2）减低噪声、优雅环境 1）多年来，城市各种噪声的危害已成为公认的环境污染，是人类产生各种疾病的慢性毒药。据有关资料表明：噪声在80dB以上时人的血管将会产生收缩、血压增高、胎儿畸形等现象；当90dB的噪声，便使人不能继续工作。噪声使人紧张、疲劳，影响睡眠，危害听觉器官，对人体健康十分有害； 2）而城市的行道树可减低噪声，青葱的行道树和绿茵茵的草地有吸收声能和减轻噪声的功效。当人们漫步在绿树成荫的大路或公园时，会感到舒适、宁静。这是因为，声音是以声波形式传播的，而树木的枝叶能够阻碍声波前进；密集的树叶和草地，能够削弱波的传递能量；			
审核人		交接人		接受交底人	

续表

工程名称			施工单位		编号	
序号	项目	城市道路绿化的效益				
3	城市道路绿化的效益	3）当噪声的声波射到树木这堵“绿墙”上时，一部分被反射，一部分由于射向树叶的角度不同而产生散射，使声音减弱并趋向吸收，其声能一般可吸收约四分之一左右。同时，在声波通过时，枝叶摆动，使声波减弱，并迅速消失；而且树叶表面的气孔和绒毛，像多孔的纤维吸声板一样，能把声音吸收掉； 4）城市道路绿化能大大减低噪声、优雅环境，提高城市人们的健康水平。 （3）欣赏自然、陶冶情操 1）许多花园式城市的道路风景环境景观非常美，具有较高美学、科学与历史文化价值，以自然景观为主，融人文景观为一体，有典型性、代表性的特殊地域，供人游览、观赏、休息和进行科学文化活动的地域； 2）风景资源可分为自然资源与人文资源两大类，自然资源是指：山川、河流、湖泊、海滨、岛屿、森林、动植物、特殊地质、地貌、溶洞、化石、天文气象等自然景观。人文资源包括文物古迹、历史遗址、革命纪念地、园林、古建筑、工程设施、宗教寺庙等人文景物和它们所处环境以及风土人情； 3）城市道路绿化建设完美，可呈现春季花鸟迎人，夏季树冠青葱，秋间叶色黄红，结果累累的景色。当人们在繁茂的行道树或公园绿地的花草环境中活动时，会感到心旷神怡，精神振奋。其真正的价值在于能进行人与自然的交流，是欣赏自然和陶冶情操的好场所。 （4）增加庇荫、调节气温 1）常言道：“大树底下好乘凉”，说明行道树有庇荫的作用。在树冠的庇荫下会产生非常幽静的小环境，并且无直射阳光，降低温度。树木的浓厚树冠，有吸收和反射太阳光的良好作用； 2）据有关资料表明：当阳光辐射时，有20%～25%的热量反射回天空，25%被树冠吸收。同时树冠的蒸腾作用需要吸收大量的热，使周围的空气冷却，而蒸腾作用又提高周围的相对湿度，也会产生冷却作用使空气湿润凉爽，因此改变了微气候； 3）在行道树繁茂的地方，人们常常感到空气凉爽、湿润、清新。据实测报道，城市露天之下的气温高达35℃的时候，树荫下的阴影部分的气温只有22℃左右； 4）在盛夏季节，许多人都喜欢聚集在树荫下乘凉，消除疲劳，使人们有憩息舒服的感觉。树冠又像一个保温罩，防止热量迅速地散失；而且风速小，气流交换就弱，使温度变化缓慢，所以，冬季刮风时在常绿行道树下，有保温作用，可提高气温2℃左右。 （5）吸毒防尘、保护环境 1）由于每一个城市内川流不息的车辆所产生的粉尘，建筑施工中产生的粉尘，大风所刮起的粉尘，以及人们行走和散步产生的粉尘，导致整个城市空气污染。空气中这些粉尘危及人体健康。而减少粉尘最简单有效的方法是搞好植树绿化工作，树木对粉尘、飘尘有很强的阻挡和过滤、吸附的作用。树木枝冠茂密，具有强大的降低风速的作用。随着风速的降低，空气中的飘浮的大粒灰尘便下降到地面。经过树木枝叶的滞留、吸附，空气中的含尘量可大为减少；				
审核人		交接人		接受交底人		

续表

工程名称		施工单位		编号	
序号	项目	城市道路绿化的效益及对环境景观的作用			
3	城市道路绿化的效益	2）树木的叶面有的有许多绒毛，有的叶面很粗糙，有的多褶皱，凹凸不平；有些树木叶片还能分泌油脂、黏液或汁浆，能够滞留和吸附空气中的大量漂浮物和尘埃，使大气得到一定的净化。刺楸、白桦、木槿、广玉兰、女贞、杨树、朴树、云杉、水青冈等，都是防尘的理想树种； 3）行道树能够吸收女多种有毒气体，能净化大气，保护环境，多列行道树优于单列行道树。许多树木能通过叶子张开的气口吸收有毒气体，净化大气： ① 树木的叶子吸收二氧化硫（SO_2）的能力比较好。夏季吸收能力最大，秋季次之，冬季最差，而白天又优于晚上。树木的吸收氯（Cl_2）的能力也比较好，有些树木吸收氯气还相当多； ② 氟化氢（HF）这种有毒气体对人的危害比二氧化硫要大 20 倍，而石榴、臭椿、女贞、泡桐、梧桐、大叶黄杨、夹竹桃、海桐等树木抗氟的能力比较强，其中女贞树吸收氯的能力比一般树木要高 150 倍以上。绝大多数树木能吸收臭氧（O_3）和氨气（NH_3）。一般树种都能吸（Pb），枇杷树等树种能排除城市里的光化学烟雾。例如：喜树、梓树、接骨木等树种有吸收苯（C_6H_6）的能力。			
4	城市道路绿化对道路环境景观的作用	（1）道路绿化的种植工艺品技术作用 道路绿化在增添城市景观方面起着举足轻重的作用，许多风景如画的城市，像北京、上海、广州、天津、重庆、南京、杭州、南宁、深圳、珠海、青岛、大连、天津、昆明、成都等地都有几条主要的景观大道或风景林带与两侧的建筑群体互为衬托，色彩、层次的变化与环境协调，走在其中享受着植物的艺术美感。种植工艺艺术就是为植物设计造景。图 9.1-1～图 9.1-13 所示为北京、上海、广州、杭州、南京、成都、武汉、沈阳等市的道路绿化示意图。  图 9.1-1　北京十里长街东延道路绿化实景			
审核人		交接人		接受交底人	

续表

<table>
<tr><td colspan="2">工程名称</td><td></td><td>施工单位</td><td></td><td>编号</td><td></td></tr>
<tr><td>序号</td><td>项目</td><td colspan="5">城市道路绿化的效益及对环境景观的作用</td></tr>
<tr><td>4</td><td>城市道路绿化对道路环境景观的作用</td><td colspan="5"> 图 9.1-2　北京市五环道路绿化实景 
图 9.1-3　上海市道路绿化实景（一） 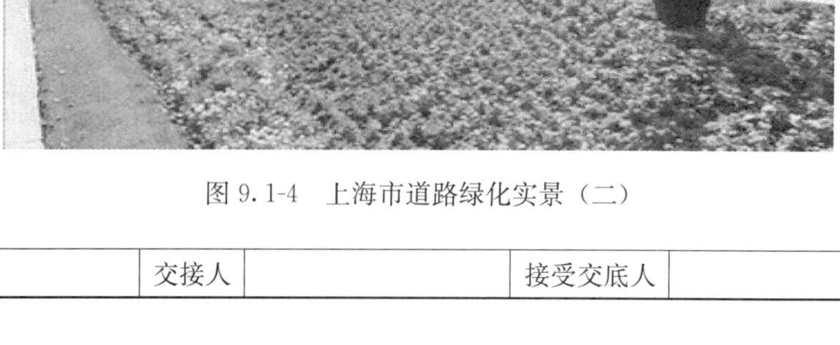
图 9.1-4　上海市道路绿化实景（二）</td></tr>
<tr><td colspan="2">审核人</td><td></td><td>交接人</td><td></td><td>接受交底人</td><td></td></tr>
</table>

续表

<table>
<tr><td colspan="2">工程名称</td><td></td><td>施工单位</td><td></td><td>编号</td><td></td></tr>
<tr><td>序号</td><td>项目</td><td colspan="5">城市道路绿化的效益及对环境景观的作用</td></tr>
<tr><td>4</td><td>城市道路绿化对道路环境景观的作用</td><td colspan="5"> 图 9.1-5　广州市道路绿化实景 
图 9.1-6　广州市白云大道道路绿化实景 
图 9.1-7　杭州市机场道路绿化实景</td></tr>
<tr><td colspan="2">审核人</td><td></td><td>交接人</td><td></td><td>接受交底人</td><td></td></tr>
</table>

续表

<table>
<tr><td colspan="2">工程名称</td><td></td><td>施工单位</td><td></td><td>编号</td><td></td></tr>
<tr><td>序号</td><td>项目</td><td colspan="5">城市道路绿化的效益及对环境景观的作用</td></tr>
<tr><td>4</td><td>城市道路绿化对道路环境景观的作用</td><td colspan="5">图 9.1-8　南京市道路绿化实景
图 9.1-9　成都市道路绿化实景（一）

图 9.1-10　成都市道路绿化实景（二）</td></tr>
<tr><td colspan="2">审核人</td><td></td><td>交接人</td><td></td><td>接受交底人</td><td></td></tr>
</table>

续表

<table>
<tr><td colspan="2">工程名称</td><td></td><td>施工单位</td><td></td><td>编号</td><td></td></tr>
<tr><td>序号</td><td>项目</td><td colspan="5">城市道路绿化的效益及对环境景观的作用</td></tr>
<tr><td>4</td><td>城市道路绿化对道路环境景观的作用</td><td colspan="5"> 图 9.1-11　武汉市道路绿化实景（一） 
图 9.1-12　武汉市道路绿化实景（二） 
图 9.1-13　沈阳市滨河北路绿化实景</td></tr>
<tr><td colspan="2">审核人</td><td></td><td>交接人</td><td></td><td>接受交底人</td><td></td></tr>
</table>

续表

<table>
<tr><td>工程名称</td><td></td><td>施工单位</td><td></td><td>编号</td><td></td></tr>
<tr><td>序号</td><td>项目</td><td colspan="4">城市道路绿化对道路环境景观的作用</td></tr>
<tr><td>4</td><td>城市道路绿化对道路环境景观的作用</td><td colspan="4">

（2）城市道路的景观作用
1）在城市道路轴线中，由于道路宽度、路面材料与绿化布置的不同，其艺术景观效果上可形成主次或阶梯性之分；
2）城市道路轴线两端或轴线交叉的节点上或中间经过的景点，最通常的设计方法是以广场、喷泉、雕像、花坛、草地或通透的风景林作为主景。如图 9.1-14～图 9.1-18 所示。因此，城市园林景观的轴线一般具有外延性、统一性、向心性和对称性；
图 9.1-14　城市道路绿化的特色（一）

图 9.1-15　城市道路绿化的特色（二）

</td></tr>
<tr><td>审核人</td><td></td><td>交接人</td><td></td><td>接受交底人</td><td></td></tr>
</table>

续表

<table>
<tr><td colspan="2">工程名称</td><td></td><td>施工单位</td><td></td><td>编号</td><td></td></tr>
<tr><td>序号</td><td>项目</td><td colspan="5">城市道路绿化对道路环境景观的作用</td></tr>
<tr><td>4</td><td>城市道路绿化对道路环境景观的作用</td><td colspan="5"> 图 9.1-16 城市道路绿化的特色（三） 
图 9.1-17 城市道路绿化的特色（四） 
图 9.1-18 城市道路绿化的特色（五）</td></tr>
<tr><td colspan="2">审核人</td><td></td><td>交接人</td><td></td><td>接受交底人</td><td></td></tr>
</table>

续表

工程名称		施工单位		编号	
序号	项目	城市道路绿化对道路环境景观的作用			
4	城市道路绿化对道路环境景观的作用	3）采用植物表现出道路像园林一样的美，必然依据道路所标志出来的形式进行统一安排，每一条道路都因性质功能要求不同而异，研究其性质，确定街道景观的基调，用植物造景。 4）许多城市都以观赏价值高的乔木或灌木为主；“夹景”用道路两边的树木密植形成；“框景”用两丛树木作景框；“背景”用常绿植物衬托前面的景物；“衬景”用植物色彩强调或加重其他建筑的效果；“隔景”用绿篱分隔人行便道与路侧绿地；“障景”用乔、灌木阻拦对街面上不美观的地段的视觉。 （3）城市道路的立体空间美学作用 1）世界上所有的高尚艺术表现都是在一定的时空中进行，园林艺术十分讲究静态景观和动态序列景观，在道路绿化中常形成春夏秋冬的四季景观。 2）园林植物作为空间的统一者，在线形或带状的空间中可将街景两侧建筑用绿色的植物统一起来，将建筑形体的生硬线条通过植物柔和的质地协调，使街道的景观环境生机勃勃和五颜六色。不同的树种和分隔空间的不同艺术更能体现街道特色和地方特色。 3）由于园林艺术是时间和空间统一的艺术形式，街景绿化种植布局，可采用开敞与封闭相结合的不同手法来处理，根据树木的种植间距、高度、群体组合尺度、厚度以及植物图案造型体现韵律和节奏，给过路行人一种整齐有序、心旷神怡的美感。 4）在道路两旁的空间中突出园林植物季相、层次、色彩的变化，使种植艺术得以在街景中完美地体现，既能吸收道路空间的有害气体，又能显示道路空间的美观大方。 5）道路绿化常用配植形式有规则式（布置方式用对植、列植、丛植、带植、绿篱、绿块等）和自然式。植物配植方式，可提高道路绿化美化的艺术布局。 （4）城市环境景观的总体艺术布局 1）从每一个城市环境景观的总体艺术布局角度去认识道路绿化美化的重要性，所以城市不仅要有良好的生产、生活景观环境，而且要有自身优美、独特的面貌，也就是城市要有美学的要求。对于城市的“美”来说，有自然美与人工美之分。起伏的地势山丘，多变的江河湖海，富有生机的花草树木为自然美；建筑、道路、桥梁、雕塑为人工艺术的美。城市之美是自然美与人工美的综合户如建箱；道路、桥梁等的布置能很好的与山势，水面、林木相结合美的效果。 2）作为每一个城市中的广场、道路、建筑、绿化，均需有一定的空间地域去组织发展，没有适当的空间地域组织，它们的美便无法得到体现。所以，人们对城市道路绿化美的观赏，有静态观赏和动态观赏；人们固定在某一个地方，对城市的某一组成部分，停步观赏称为静态观赏；人们在乘车或步行中对城市的观赏称为动态观赏，有步移景异的感觉。 3）实际上城市道路绿化的艺术面貌，常是自然与人工、空间与时间、静态与动态的相互结合，交替变化而成。城市道路绿化艺术布局也是通过“点”、“线”、“面”相结合形成绿色系统，互相衬托，才能获得完整的艺术效果。不同性质、不同规模的城市具有不同的艺术特色。城市总体艺术亦能反映出城市的特性。如著名的张家界风景区，是由奇特的石灰岩峰林与清彻碧透的猛洞河共同组成的，奇山、异水、石美与独特的洞穴而构成了美丽的张家界景色。 4）风景游览道路的布局与走向是结合自然地形与风景特征为人们创造良好的空间构图和最佳景观效果。每个城市都有自已独特亮丽的几条绿色道路景观，供人们欣赏。 总的来说，一个城市的艺术面貌的形成，要因各个城市的具体条件而定。有山因山，有水因水，将山水地势规律组织到艺术布局空间中去。在道路的走向上和市中心的布局上要多考虑对景、借景、风景视线的要求，并加强绿化美化设施。			

审核人		交接人		接受交底人	

9.2 道路的植树工程施工技术交底

道路植树工程施工技术交底 **表 9-2**

工程名称		施工单位		编号	
序号	项目	道路植树工程施工技术交底			
1	概述	（1）植树，就是指对植物进行种植；但从广义上说，应包括植物的掘起、搬运、种植和栽后成活管理这四个环节。掘起俗称起苗，是指将要移栽的植株，从所在地连根（裸根带土球）起出的操作；搬运是指将起出的植株进行合理的包装，并运到栽植地点的过程；种植是指将移来的植株栽入适合的土内或其他栽植介质中的操作；栽后成活管理是指为保证种植后的植株能够成活而采取的一定的养护技术措施。 （2）如果本次种植，以后不再移动，而长久定居者，称为定植树。种在某地，以后需移植树到别处的，称为移植树。在掘起和搬运后，如不能及时种植，为保护根系，防止苗木脱水，将苗木根系用湿润土壤临时性填埋的措施，称为假植。 （3）道路绿地栽植树施工，是指按照正规的施工设计和计划，完成某一条道路或场所的全部或局部的植物（包括乔灌木、花卉、草坪、水生植物和地被植物等）栽植和布置。			
2	植树前准备的工作	植树工程是道路绿化工程中十分重要的部分，其施工质量的好坏，直接影响到城市道路景观及绿化的效果，因而在施工前需作以下准备。 （1）明确设计意图及施工任务量 在接受施工任务后，应通过工程主管部门及设计单位明确下述问题； 1）工程范围及任务量：其中包括栽植乔灌木的规格和质量要求以及相应的建设工程，如土方、上下水、道路两旁的一些小路、灯、椅及美化城市的小品等； 2）工程的施工期限：包括工程总的进度和完工日期以及每种苗木要求栽植树完成日期； 3）工程投资及设计概（预）算：包括主管部门批准的投资数和设计预算的定额依据； 4）设计意图：即道路绿化的目的、施工完成所要达到的景观效果； 5）了解施工地段的地上、地下情况：有关部门对地上物的保留和处理要求等效；地下管线特别是要了解地下各种电缆及管线情况，和有关部门配合，以免施工时造成事故； 6）定点放线的依据：一般以施工现场及附近水准点作定点放线的依据，如果条件不具备，可与设计部门协商，确定一些永久性建筑物作为依据； 7）工程材料来源：其中以苗木的出圃地点、时间、质量为主要内容； 8）运输情况：行车道路、交通状况及车辆的安排。 （2）编制施工组织计划。在前项要求明确的基础上，还应对施工现场进行调查，主要项目有：施工现场的土质情况，以确定所需的客土量；施工现场的交通状况，各种施工车辆和吊装机械能否顺利出入，施工现场的供水、供电；是否需要办理各种拆迁、施工现场附近的生活设施等。根据所了解的情况和资料编制施工组织计划，其主要内容有： 1）施工组织领导、施工程序及进度； 2）制订劳动定额，制订工程所用材料与工具及提供材料工具的进度表，制订机械及车辆使用计划表、制订栽植工程技术措施和安全与质量要求、制定施工预算； 3）绘出平面图上应标有苗方位置、运输路线等。 （3）施工佳备。施工现场有工业垃圾、渣土、建筑垃圾等要进行清除，一些有碍施工的市政设施、房屋、树木要进行拆迁和迁移，然后可按照设计图纸进行地形整理，主要是使四周道路、广场的标高合理衔接，绿地排水通畅。如果用机械平整土地，事先应了解是否有地下管线，以免机械施工时造成管线的损坏。			
审核人		交接人		接受交底人	

续表

工程名称			施工单位		编号	
序号	项目	道路植树工程施工技术交底				
3	道路绿化的栽植树的施工原则与特点	（1）栽植施工 1）栽植施工必须符合规划设计的要求。所有的园林绿化设计方案，都要通过具体的施工来实现。为了充分实现设计者的意图，施工人员应理解和弄清设计图样，了解熟悉设计意图，并严格按照设计图样进行施工； 2）栽植技术必须符合植物的生物学特性和生态学特性。植树除有共同的特性外，不同品种都有其本身的特性。施工人员必须了解其共性与特性，并采取相应的技术措施，才能保证栽植成活和工程的真正完成； 3）栽植施工必须熟悉施工现场的状况； 4）栽植施工必须选择适宜的栽植季节，以提高成活率，降低施工成本； 5）栽植施工要严格执行相应的技术规范和施工操作规程式，安全施工。 （2）城市道路绿化栽植的施工特点 1）季节性：城市道路栽植施工是以有生命的各植物材料为主要对象，而植物的生长成活又爱一定的季节和时令的结束。因此栽植施工有很强的季节性，只有因地制宜地掌握好适宜的栽植季节，才能保证栽植的最大成活率，方便施工，降低工程成本。 2）科学技术性：城市道路栽工有严格的科学性，不能简单地把它看成栽几棵树、种几朵花。只有严格按照科学的施工工艺和操作方法来施工，才能保证植物栽植成活。同时，栽植施工同许多专业施工有密切关系，如假山砌石、道路铺设、水景工程：给水排水工程等，且栽植施工的施工艺和操作方法又会随着条件（如地质水文、气候变化等）、施工对象、植物本身的不同生态习性和生理机能而经常变化，新的施工工艺和机具设备也不断更新。因此，施工人员要有一定的基础知识；才能保证完成施工任务。 3）艺术性：城市道路绿化工的栽植施工，是一门具有一定专业知识的艺术。设计人员提出的指令性图样，不可能是详细的，如树木的姿态造型和搭配、植物的配置与组合等许多问题，常常会有不少变化，这就需要施工人员具有一定的艺术基础，才能机动灵活地体现和发挥设计者的意图。 （3）树木栽植成活原理 城市道路行道树的栽植施工，是指在道路的两旁乔、灌木的栽植，俗称道路的植树，也称道路植树工程。很多人把植树看成很简单的工作，认为无非是挖坑、放苗、填土、浇水等，其实不然。如果不了解树木栽植成活的原理，即使是用粗干插栽都容易生根的某些杨柳树，也不能正常成活，所以我们要了解如下知识： 1）一株正常生长的树木，其根系与土壤保持密切结合，地下部与地上部的生理代谢（如根对水分的吸收和叶的蒸发作用）是平衡的； 2）树木的栽植，由于通过起苗挖掘，根系与土壤的密切关系被破坏，吸收根大部分断留在土壤中，根部与地上部的代谢平衡也就被破坏，而根系的再生，一般则需要相当长的一段时间； 3）如何使移来的树木与新环境建立正常的联系，及时恢复树木以水分为主的生理平衡，是栽植成活的关键。这种新平衡建立的快慢，与树种的习性、树龄、栽树技术、植物状况及环境因素等都有密切关系； 4）一般来说，发根能力和再生能力强的树种移栽容易成活，幼、青年期的树木及处于休眠状态的树木移栽容易成活。				
审核人		交接人		接受交底人		

续表

<table>
<tr><td>工程名称</td><td colspan="2"></td><td>施工单位</td><td></td><td>编号</td><td></td></tr>
<tr><td>序号</td><td>项目</td><td colspan="5">道路植树工程施工技术交底</td></tr>
<tr><td>3</td><td>道路绿化的栽植树的施工原则与特点</td><td colspan="5">（4）树木栽植条件
1）根系成活的原理，只要保证树木地下部分与地上部分的生理代谢（主要是水分）的平衡，一年四季栽植树木都可以，在园林绿化中，有时因为工程进度及绿地使用功能的需要，随时都要进行树木栽植工程的施工；
2）但在实践当中，为了减小施工技术难度，降低工程成本，减少移植对树木生长的影响，提高树木栽植成活率，植树应选择在外界环境最有利于水分的供应、树木本身的生命活动最弱、养分消耗最少、水分蒸腾量最小的时期进行；
3）在我国大部分地区，植树最适应的季节是在晚秋和早春，即树木落叶后开始进入休眠期至土壤冻结前，以及树木萌芽前刚开始生命活动的时候，这两个时期树木对水分和养分的需求量不大，容易得到满足，且树体内还储存有大量的营养物质，又有一定的生命活动能力，有利于伤口的愈合和新根的发育，所以在这两个时期栽植一般成活率最高；
4）至于秋栽好还是春栽好，历来有不少争论，没有一个明确的界定，要依据不同树种和不同地区的条件来定。同一树季节南北方地区可能相差一月之久，这些都要在实际工作中灵活应用。
（5）城市行道树的春季栽植
1）从树木生理活动来讲，春季是树木开始生长的大好时期，而且大多数地区春季气温回升、土壤水分较充足、空气湿度大、地温较暖，有利于树木根系的主动吸水，促使树木根系在相对较低的温度下即可开始活动；
2）春季栽植符合树木先长根、后发枝叶的规律，有利于植树水分的平衡。因此，春季是我国大部分地区较好的植树季节；
3）由于我国幅员辽阔，各地气候条件相差很大，有些地区也不适合春栽，如春季干旱多风的西北、华北部分地区，春季气温回升快，水分蒸发量大，适栽时间短，容易造成根系来不及恢复，地上部就已经发芽，影响成活；
4）我国的西南某些地区（如昆明）受印度洋干湿季风的影响，秋冬、春至初夏均为旱季，水分蒸发量大，春栽往往成活率不高；
5）春栽具体的时间各地不一，一般应在土壤解冻至树木发芽前，即 2～4 月份进行（南方早、北方迟）。因为此时树木幼根开始活动，地上部分仍处于休眠状态，先生根后发芽，树木容易恢复生长。尤其是落叶树木，必须在新芽开始膨大或新叶开放之前栽植；
6）这个时期内，宜早不宜晚。早栽则树苗出芽早、扎根深，易成活。若新叶开放以后栽植，树木容易枯萎或死亡，即使能够成活也是由休眠再生新芽，当年生长多数不良。一般在寒冷的地区或对在不甚耐寒的边缘树种，春季栽植较为适宜。一些具肉质根的树木（如木兰属树木、鹅掌楸、山茱萸等）春季栽植树也比秋季好；
7）虽然早春是我国大多数地区树木栽植的适宜时期，但这一时期持续时间较短，若栽植任务不很重，比较容易把握有利时机，若栽植任务较重而劳动力又不足，就很难在适宜的内完成栽植任务。因此春栽与秋栽适当配合，可缓和劳动力的紧张状态。
（6）城市行道树的夏季栽植
1）夏季栽植最不容易保证树木的成活，因为一般在夏季是树木生长旺盛的季节，枝叶水分蒸腾量大，根系需吸收大量的水分，而土壤的蒸发作用很大，容易缺水，使新栽树木枯萎死亡；</td></tr>
<tr><td colspan="2">审核人</td><td></td><td>交接人</td><td></td><td>接受交底人</td><td></td></tr>
</table>

续表

<table>
<tr><td>工程名称</td><td colspan="2"></td><td>施工单位</td><td></td><td>编号</td><td></td></tr>
<tr><td>序号</td><td>项目</td><td colspan="5">道路植树工程施工技术交底</td></tr>
<tr><td>3</td><td>道路绿化的栽植树的施工原则与特点</td><td colspan="5">2）我国部分地区（如西南地区）春旱、秋冬干旱，土壤水分不足，蒸发量大，栽植不易成活。而该地区夏季为雨季且较长，海拔较高，夏季不炎热，在此时掌握时机进行栽植，可获得较高的栽植成活率；
3）夏季栽植一定要掌握当地历年雨季降雨规律和降雨情况，抓住连续阴雨的有利时机，一般栽后下雨最为理想。常绿树尤以夏季栽植为宜，常绿树雨季栽植的时间，一般在春梢停止生长、秋梢尚未开始长的时期为好。移栽时必须带土球，以免伤根部。夏季虽然湿度大，但气温高，水分蒸发量也大，因此栽植必须随挖苗随运苗，要尽量缩短移植时间，以避免树木失水而干枯；
4）近年来，随着我国园林事业的蓬勃发展，园林绿化工程中的反季节（即在夏季）栽植有逐渐发展的趋势，甚至为了绿化、美化的需要，无论是常绿树还是落叶树都会在夏季强行栽植；
5）城市园林绿地夏季植树（特别非雨季地区的夏季栽植），除要抓住最适宜的栽植时间（在下过透雨并有较多降雨天气的时期最为适宜）、掌握好不同树种的适栽特性、严格栽植技术措施外，同时还要注意适当采取修枝、剪叶、遮阴、保持树体和土壤湿润等措施；
6）在一些高温干旱地区，除采取一般的水分与树体管理措施外，还要特别采取搭棚遮阴、树冠喷水、树干保湿等技术措施，以保持空气湿润，防止树木脱水。
（7）城市行道树的秋季栽植
1）秋季栽植适合于适应性强、耐寒性强的落叶树。秋季气温逐渐下降，蒸发量较小，土壤水分状态稳定，许多地区都可以栽植。特别是春季严重干旱和风沙大或春季较短的地区，秋季栽植比较适宜。但在易受冻害和兽害的地区不宜栽植；
2）从苗木生理上来说，秋季树体内储存的营养物质较丰富，有利于断根的伤口愈合，且秋季多数树木根系的生长有一次小高峰；
3）在当地属耐寒的落叶树，秋栽后，根系在土温尚高的条件下，还能恢复生长，因为根系自然休眠期，只要冬季冻土层不厚，下层根系仍有一定活动的能力；
4）秋栽后，树木根系经过冬季与土壤的密切结合，有利于春季早发根。秋季栽植的时间较长，一般在树木大部分叶片已脱落至土壤封冻前进行。秋季栽植也应尽早，一般树木一落叶即栽最好。夏季为雨季的华北等地，常绿针叶树，此时会再次发根，故其秋栽应比落叶树早些为好。
（8）城市行道树的冬季栽植
1）在冬季土壤基本不结冻的华南、华中和华东等长江流域地区，可以冬季栽植。以广州为例，气温最低的一月份，其平均气温也在13℃以上，故无气候的冬季，从一月份开始就可栽植樟树、白兰花等深根性树种，二月份即可全面开展植树工作。在冬季严寒的华北，东北大部，由于土壤冻结较深，不太适合冬季栽植，但对一些当地乡土树种，也可用冻土球移植法行栽植；
2）一般来说，冬季栽植主要适合于落叶，因为落叶树的根系冬季休眠时间较短，栽后仍能愈合生根，有利于树木第二年的萌芽和生长；
3）掌握各个季节树木栽植的有利和不利因素，对于因地制宜、因树种制宜，恰当安排最有利的施工时间和施工进度，具有重要的意义。
（9）我国各大区的城市行道树木的栽植季节
1）东北大部、西北北部和华北北部：本地区纬度高，冬季严寒，故以春栽为好。春栽的成活率高，还可以免除抗寒的措施；</td></tr>
<tr><td>审核人</td><td></td><td>交接人</td><td colspan="2"></td><td>接受交底人</td><td></td></tr>
</table>

续表

<table>
<tr><td colspan="2">工程名称</td><td></td><td>施工单位</td><td></td><td>编号</td><td></td></tr>
<tr><td>序号</td><td>项目</td><td colspan="5">道路植树工程施工技术交底</td></tr>
<tr><td>3</td><td>道路绿化的栽植树的施工原则与特点</td><td colspan="5">春栽的时期，以当地土壤刚解冻时为宜，约在 4 月上旬至 4 月下旬（清明至谷雨）前后。在一年中，当栽植任务重、劳动力缺少时，也可秋栽；
秋栽一般在树木落叶至土壤尚未封冻之前进行，约在 9 月下旬至 10 月底左右。秋栽的树木成活率低于春栽，且需要防寒，费工、费料。另外，对当地耐寒力极强的树种，可利用“冻土球移植法”在冬季进行栽植。
2）华北大部和西北南部：
① 本地区冬季时间较长，约有 2～3 个月的土壤封冻时期，且雪少风多，尤其是春季多风，空气十分干燥，夏秋季雨水集中；
② 土壤深厚，贮水较多，春季土壤水分状况仍然较好。因此该区大部分地区和多数树种以春栽为好；
③ 春栽应从土壤解冻返浆至树木发芽前，约在 3 月中旬至 4 月下旬进行。多数树种以土壤解冻后尽早栽植为好，早栽容易成活，扎根深；
④ 在这些地区，凡容易受冻和容易干梢的边缘树种，例如二球悬铃木、梧桐、紫薇、月季、小叶女贞及竹类和针叶树种等适宜在春季栽植；
⑤ 有少数萌芽展叶晚的树种，例如白蜡、柿树等树种，一般在晚春栽容易成活，即在其芽开始萌动将要展叶时为宜；
⑥ 本地区秋季气温高，降雨量集中，常绿针叶树也可在此时栽植，但要注意掌握时机，以当地雨季降第一次透雨开始或以春梢停止生长而秋梢尚未开始生长的间隙进行栽植，尽可能缩短移栽过程的时间；
⑦ 本地区秋冬季节，雨季过后土壤水分状况良好，气温下降，原产于本区耐寒落叶树，例如杨、柳、榆、槐、臭椿等树种，均以秋季栽植为宜。
3）华东、华中及长江流域地区：
① 本地区冬季时间不长，土壤基本不结冻，除夏季酷热干旱外，其他季节雨量较多，特别是梅雨季节，空气湿度较大，因此，除干热的夏季外，其他季节均可栽植；
② 本地区的春栽可于寒冬腊月过后、树木萌芽前半个月栽植，但对于早春的梅花、白玉兰等，为不影响其开花，则应花后栽植；对春季萌芽展叶迟的树种（例如枫杨、苦楝、乌桕、喜树、重阳木）在晚春栽植较为适宜，即见芽萌动时栽植为宜；
③ 对部分常绿阔叶树，如樟树、广玉兰、桂花等，如过早栽植，树体尚处于休眠状态，栽后产生枯梢和枯干现象，也可晚春栽植，有的可迟到 4～5 月开始展新叶时栽植；
④ 本地区落叶树也可晚秋栽植，特别是一些萌芽早花木，例如月季、蔷薇、珍珠梅等树种，时间是 10 月中旬至 11 月下旬，有的可延至 12 月上旬才进行栽植。
4）华南地区：
本地区四季气温相差不大，南部没有气候上的冬季，仅个别年份绝对温度可达 0℃。该地区降雨充足，且降雨主要集中在春、秋两季。栽植季节以春、夏梅雨季节为主，其中春栽应相应提早，一般在 2 月份即可全面开展栽植工作。秋季干旱时期，栽植时间应适当推迟。该地区冬季土壤不结冻，可进行冬栽，从 1 月份开始就可栽植。
5）西南地区：</td></tr>
<tr><td colspan="2">审核人</td><td></td><td>交接人</td><td></td><td>接受交底人</td><td></td></tr>
</table>

续表

工程名称			施工单位		编号	
序号	项目	道路植树工程施工技术交底				
3	道路绿化的栽植树的施工原则与特点	本地区主要受印度洋季风的影响，有明显的干、湿季。冬、春为旱季，土壤水分不足，气候温暖且日蒸发量大，春栽往往成活率不高，其中落叶树可以春栽，但要提早并有充分的灌水条件。夏、秋为雨季，延续时间长，气候凉爽，栽植成活率较高，常绿树尤以下雨季栽植为好。 我国幅员辽阔，各地自然条件各异，应根据本地区气候特点及不同树种特性，选择最合适的栽植时期。一般而言，在同一季节中，同一地区各树种栽植先后的一般规律为：落叶针叶树→落叶阔叶树→常绿针叶树→常绿阔叶树。 （10）树龄与树木栽植成活的关系 1）树木的年龄对植树成活率的高低有很大影响，一般情况下，同一种树木中，树龄越小的，移栽成活率越高。这是因为树龄小的苗木起掘方便，根系损伤率低；并且树龄小的苗木营养生长率旺盛，再生能力强，因移植损伤的根系和修剪后枝条容易恢复生长； 2）移栽太小的苗木也有不利的方面，一是小苗木植株矮小，容易受外界的损伤，二是太小的苗木很难在短期内发挥园林绿化的整体效果； 3）壮龄树树体高大，移植后能马上发挥园林绿化整体效果，但是壮龄树生长时间长已逐渐衰退，且由于树体过大，移栽困难，施工技术复杂，这样就会增加施工、管理难度及提高工程造价。所以除一些特殊需要的绿化工程外，一般不宜选用壮龄树木； 4）实践证明，城市环境条件复杂，绿化设计中宜选用幼青年期的大规格苗木。一般落叶乔木，最小应选用胸径 3cm 以上的苗木，用于行道树及游人活动频繁的地方还可更大一些；绿乔木最小规格后树高 1.5m 以上（绿篱除外）。 （11）苗木选择与相应的拖工措施 1）在长期的自然选择和人工栽培过程中，不同的植物形成了不同的遗传特性。各种树木对环境的要求和适应能力表现出很大的差异，对于移栽的适应能力也是如此； 2）尽管选用树种、苗木是设计人员的事，但作为施工人员在树木移栽施工过程中，也必须根据各树种不同特性而采取不同的技术措施，才能保证移栽树木的成活； 3）杨、柳、槐、榆、臭椿、朴、银杏、绣球梅、桃、杏、连翘、迎春、胡枝子、蔷薇等树种，都具有很强的再生能力和发根能力，有的甚至用一根带有芽的枝条扦插，都能成为新植株，比此类树比较容易获活，包装、运输也比较简便，其移栽措施可以适当简单一些，一般都用裸根移栽； 4）有些树种，特别是常绿树，如雪松、紫杉、木荷、山茶、楠、金钱松、木兰类、桦雪松类等，移栽较难成活，必须带土球移栽，而且必须保证土球完能提高成活率； 5）树木移栽时，最忌根部失水，苗木最好能随掘、随运、随栽。如掘苗后一时无施工条件，则应妥善假植保护，保证根系湿润才能移栽成活。但也有个别树种，如牡丹，其根为肉质根，根系含水量高，故掘苗后，最好晾晒一段时间，使根部含水减少一些后，再栽为好，以免因水分过多使根系易断，造成大量损伤，并有利于根部伤口愈合和再生新根； 6）同一品种，同龄的苗木，由于苗木的质量不同：栽植成活率和以后的适应能力也会有所不同。没有病虫害和机械损伤的苗木，移栽成活率较高；生长过旺，以致徒长的苗木，因其抗损伤性较差，反而不如生长一般的苗木容易成活和具有较强的适应性； 7）苗木出圃以前，如果苗木几经移栽断根，所形成的根系就紧凑而丰满，移栽后容易成活。反之，一直没有移栽过的实生苗，因根系过长，掘苗时容易受伤而影响成活。				
审核人		交接人		接受交底人		

续表

<table>
<tr><td>工程名称</td><td></td><td>施工单位</td><td></td><td>编号</td><td></td></tr>
<tr><td>序号</td><td>项目</td><td colspan="4">道路植树工程施工技术交底</td></tr>
<tr><td>4</td><td>挖坑机械</td><td colspan="4">（1）挖坑机的基本构造
1）挖坑机的主要工作部件是钻头，有挖坑型和松土型两种。挖坑型钻头主要为螺旋型，它由钻尖、刀片、螺旋翼片和钻杆组成，钻尖起定位作用，刀片用于切削土壤，螺旋翼片起导土、升土作用。
2）挖坑机的螺旋钻有单螺旋钻头、双螺旋钻头、翼片式钻头和螺旋齿（螺旋弯刀）钻头，由图 9.2-1 所示。单螺旋钻头由单头螺旋导土片和一把切土的刀组成，作业时钻头受力不平衡，只适于挖直径 35cm 以下的穴（坑）；双螺旋钻头由双螺旋导土片和两把切土刀组成，适用于挖直径 50～80cm 的穴（坑）；翼片式由两把切土刀和两切土导土片的锥形工作面组成，适于挖浅坑（坑深：穴径<0.75m）；螺旋齿钻头是在钻杆上焊有两把螺旋弯刀，适用于树根草皮多的地方进行穴状整地。

(a)　(b)　(c)　(d)
图 9.2-1　挖坑机螺旋钻头类型
（a）单螺旋钻头；（b）双螺旋钻头；（c）翼片式钻头；（d）螺旋齿钻头

（2）螺旋钻头的工作原理
在转杆的带动下，钻头一边旋转一边垂直向下运动，钻头先切去中心部土壤，然后刀片切土壤，由于切下的土层很薄，强度不大，容易成松散的细小颗粒，随着钻头旋转，土粒在离心力的作用下甩向穴（坑）壁，土粒与穴（坑）壁间的压力产生阻止土粒旋转的摩擦力，引起外层土粒沿着螺旋翼片表面向上运动，由于土粒内部相互挤压产生摩擦力的作用，外层土粒带动相邻层土粒沿着螺旋翼片的斜面向上运动，直至被抛出至穴（坑）的周围，在栽入树苗后，穴（坑）周围的土可回填到穴中。
（3）挖坑机的分类
挖坑机分便携式和自行式两种，便携式又有手提式和背负-手提式两种，以手提式为主。自行式又分为拖拉机牵引式、拖拉机悬挂式和车载式 3 种，以拖拉机悬挂式为主，提式挖坑机。
1）手提式挖坑机。手提式挖坑机有单人手提式挖坑机和双人手提式挖坑机两种。凡是操作者能到达并站稳的地点基本进行挖穴（坑）作业，主要用于地形复杂、交通不方便的栽植地。手提式挖坑的特点是质量轻，马力大，结构紧凑，操作灵便，生产效率高，一般生产率为 150～400 穴/h，但是，使用的安全性较差。
2）拖拉机悬挂式挖机。拖拉机悬挂式挖机有后悬挂正置式和后悬侧置式两种，如图 9.2-2 所示。其工作部件的传动，正置式的为机械传动，侧置式的为液压传动。
① 机械传动的悬挂式挖坑机主要由钻头、减速箱、传动轴、上拉杆和机架组成，挖坑机作业时钻头所需动力由拖拉机动力输出轴万向传动轴、减速箱获得。由于挖坑机工作时动力输出轴和减速器之间的距离常要变化，为了保证钻头工作时始终与地面垂直，使树穴不会歪斜，万向传动轴必须是可以自由伸缩的，可伸缩的万向传动轴是机械传动的悬挂式挖坑机的结构特点；</td></tr>
<tr><td>审核人</td><td></td><td>交接人</td><td></td><td>接受交底人</td><td></td></tr>
</table>

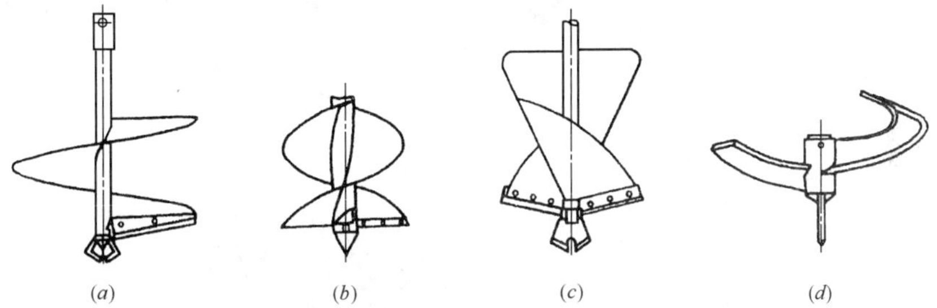

续表

<table>
<tr><td colspan="2">工程名称</td><td colspan="2"></td><td>施工单位</td><td></td><td>编号</td><td></td></tr>
<tr><td>序号</td><td>项目</td><td colspan="6">道路植树工程施工技术交底</td></tr>
<tr><td>4</td><td>挖坑机械</td><td colspan="6">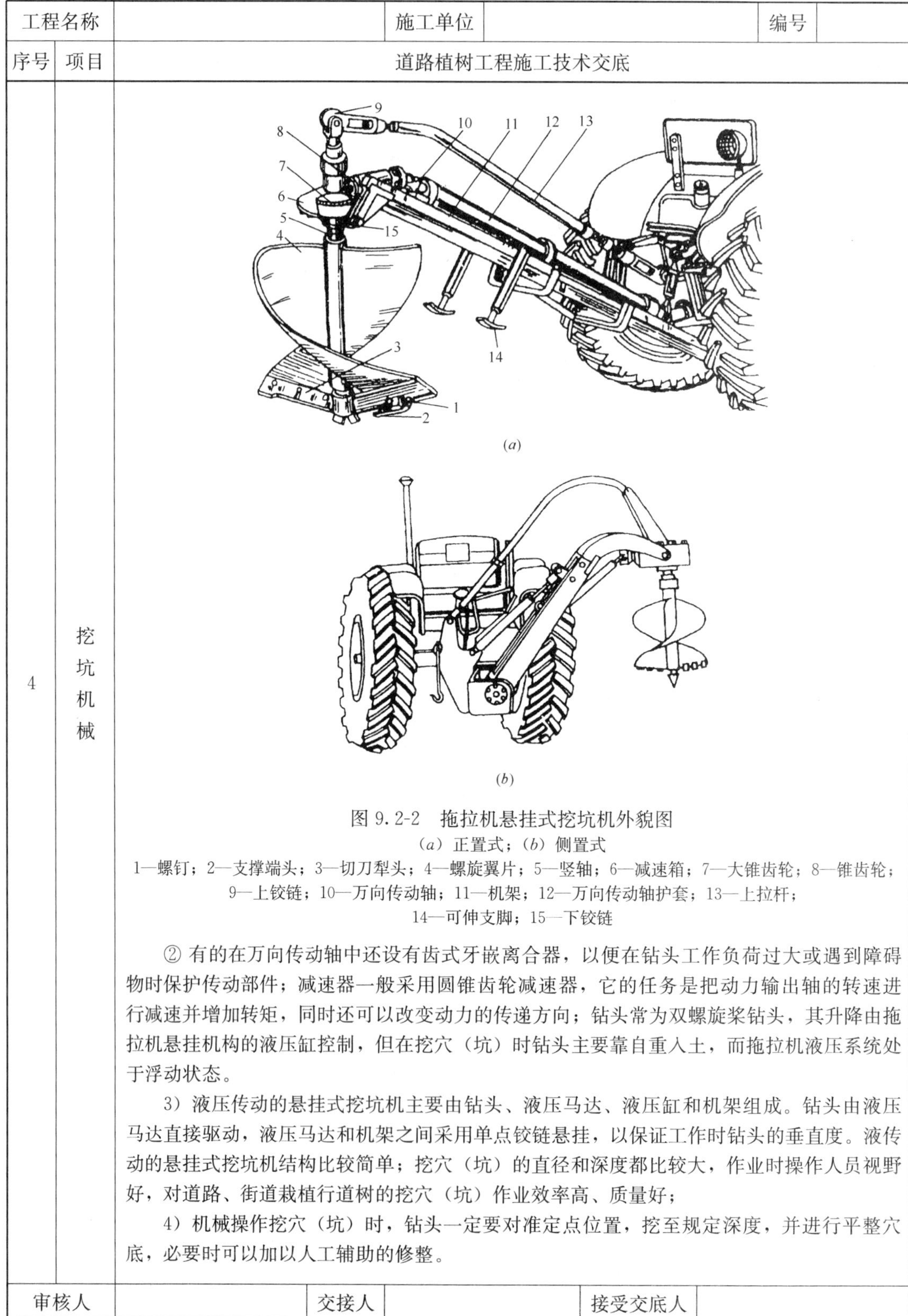

(a)
(b)
图 9.2-2　拖拉机悬挂式挖坑机外貌图
(a) 正置式；(b) 侧置式
1—螺钉；2—支撑端头；3—切刀犁头；4—螺旋翼片；5—竖轴；6—减速箱；7—大锥齿轮；8—锥齿轮；9—上铰链；10—万向传动轴；11—机架；12—万向传动轴护套；13—上拉杆；14—可伸支脚；15—下铰链
② 有的在万向传动轴中还设有齿式牙嵌离合器，以便在钻头工作负荷过大或遇到障碍物时保护传动部件；减速器一般采用圆锥齿轮减速器，它的任务是把动力输出轴的转速进行减速并增加转矩，同时还可以改变动力的传递方向；钻头常为双螺旋桨钻头，其升降由拖拉机悬挂机构的液压缸控制，但在挖穴（坑）时钻头主要靠自重入土，而拖拉机液压系统处于浮动状态。
3）液压传动的悬挂式挖坑机主要由钻头、液压马达、液压缸和机架组成。钻头由液压马达直接驱动，液压马达和机架之间采用单点铰链悬挂，以保证工作时钻头的垂直度。液传动的悬挂式挖坑机结构比较简单；挖穴（坑）的直径和深度都比较大，作业时操作人员视野好，对道路、街道栽植行道树的挖穴（坑）作业效率高、质量好；
4）机械操作挖穴（坑）时，钻头一定要对准定点位置，挖至规定深度，并进行平整穴底，必要时可以加以人工辅助的修整。</td></tr>
<tr><td colspan="2">审核人</td><td></td><td>交接人</td><td></td><td>接受交底人</td><td colspan="2"></td></tr>
</table>

续表

工程名称		施工单位		编号	
序号	项目	道路植树工程施工技术交底			
5	植树的施工技术				

（1）整地

整地是道路绿化——行道树栽植施工的首要工序之一，整地主要整理地形、翻地、去除杂物、耙平、填压土壤、栽植地土壤改良与土壤管理等措施，整地是保证移栽的树木成活和健壮生长的措施。特别是对一些土壤条件较差的绿化区域，只有通过整地才能创造出适合树木生长的土壤环境。由于道路的土壤条件复杂，因此整地工作要做到既严格细致，又要因地制宜。如果栽植的表土层较疏松、土质较好，能够满足移栽树木的基本生长需要，则可以不进行翻地，以降低工程成本。整地应结合整个道路绿化工程清理施工现场及地形来进行，整理好的栽植地除能够满足树木生长发育对土壤的要求外，还要注意地形地貌的美观。

1）整地的方法：在整理道路两旁绿化地工作中，对不同条件的土壤栽植地，应根据情况采用不同的方法进行。

① 道路两旁平缓绿化地的整地：对8°以下平缓地，可采取全面整地的办法。根据行道树种植所必需的最低土层厚度要求（表9.2-1），通常翻耕300mm左右，以利蓄水保湿，对于重点布置地或深根性树种可翻掘深500mm，并施有机肥，以改变土壤肥性，平地整地要有一定的倾斜，以利地表排水；

行道树种植所必需的最低土层厚度要求　　表9.2-1

行道树类型	小灌木	大灌木	浅根乔木	深根乔木
土层厚度（mm）	45	60	90	150

② 对市政工程场地和建筑地区的整地：市政工程场地和建筑地区常会遗留大量的灰渣、沙石、砖石、碎木等建筑垃圾，这些垃圾对树木的生长很不利，所以对这些地区，在整地过程中，应将建筑垃圾等不利于树木生长的杂物全部清除，并在因清除建筑垃圾等而缺土的地方，采用先填入肥沃的土壤，通过土壤改良，使土壤适应树木的生长。在整地时还应将夯实的土壤翻松，并根据设计要求处理地形；

③ 道路的盐碱低湿地的整地：对于道路低湿的地区，应先挖排水沟，降低地下水位，防止土壤返灌。在有条件的地方，一般应在栽树前一年，每隔200mm挖出一条深1.5～2m的排水沟，并将掘起的表土翻至一侧培成垅台，经过一个生长期后，土壤受雨水的冲洗，盐碱减少，杂草腐烂，土质舒松，不干不湿，即可在垅台上栽树；

④ 对于新堆而成的土山的整地：要让其自然沉降，至少要一个雨季，才能进行整地栽树。当山土多，也不太陡，又全是新土，因此，可以按设计进行局部的自然块状整地；

⑤ 对于城市郊外的整地：城市郊外整地的方法，一般情况，先进行清理地面，刨出枯树根等杂物，搬除可以移走的障碍物。在坡度较平缓、土层较厚的情况下，可以采用水平带状整地。这种方法是沿低山等高线整成带状的地段，故又称环山水平线整地。在干旱石质荒山及黄土或红土壤荒山的植树地段，可采用连续或断续的带状整地，称为水平整地。在水土流失较严重的或急需保持水土，使树木迅速成林的荒山，则应采用水平沟整地或鱼鳞坑整地。

2）整地的季节：整地时间的早晚对完成整地任务的好坏有直接关系。在一般情况下，应提前整地，并可保证植树工作及时进行。一般整地应在栽树前一星期或一个月内进行，如果采取现整现栽，将会影响栽植效果。

3）栽植地的土壤改良：

① 道路两旁栽行道树的土壤改良的任务和目的，是通过对栽植地土壤的理化性质进行化验分析，找出土壤不利于或不能满足树木生长发育的因素，利用各种措施和技术手段来

审核人		交接人		接受交底人	

续表

<table>
<tr><td colspan="2">工程名称</td><td></td><td>施工单位</td><td></td><td>编号</td><td></td></tr>
<tr><td>序号</td><td>项目</td><td colspan="5">道路植树工程施工技术交底</td></tr>
<tr><td>5</td><td>植树的施工技术</td><td colspan="5">改善土壤的理化性质，提高土壤肥力，以使土壤能够正常供应树木所需的水分和养分等，为树木的生长发育提供良好的条件；
② 由于城市道路两旁绿化条件复杂，栽植行道树的土壤多为填充土（在城市建设中改造过的土壤），受市政工程施工、建筑工程施工、人为活动等影响，很多栽植树的土壤密实，含有大量生活废料、工业废料、建筑垃圾等不利于树木生长的物质；
③ 对这些栽植地有必要进行土壤的改良，是整地工作的一项重要内容。土壤多采用消毒、深翻熟化、改良、培土与掺沙、增施有机肥等方法。
（2）定点和放线
1）定点和放是指根据种植设计图样，按比例放线于地面，确定各树木的种植点的程序。定点和放线是保证能够按设计图施工的重要前提，一般由专业技术人员或熟练技工进行。定点和放线应符合以下规定：
① 种植穴、槽定点放线应符合设计图样的要求，位置必须准确，标记明显；
② 种植穴定点时应标明中心位置，种植槽应标明边线；
③ 定点标志应标明树种名称（或代号）规格；
④ 行道树的定点中遇有障碍物影响株距时，应与设计单位取得联系，进行适当的调整。
2）定点和放线的办法很多，具体根据栽植要求的精度及植树类型的不同而有所不同。树木栽植施工常用的定点和放线方法主要有：
① 行道树的定点和放线：城市道路、街道两侧成行列式规则整齐栽植的树木称行道树。行道树要求栽植位置准确，特别是行位必须准确无误；
② 行道树的行位：城市行道树的行位按设计的横断面规定的位置放线，在有固定道牙的道路两边栽植行道树，一般以道牙内侧为定点依据，没有道牙的道路则以道路路中心线为依据。找好依据点后，用钢尺、皮尺或测线测准行位，然后按设计图规定的株距，大约每隔 10 株树左右的距离钉一个行位桩；
③ 通直且长距离道路的行位：一般情况下，直长距离的行道树行位桩可钉稀一些，如若有条件时，可以首尾用尺量距定行，中间段用经纬仪照准穿直的办法布置行位桩，这样可以加快速度；
④ 凡道路拐弯的必须测距定桩：行位桩一般不要钉植树挖坑的范围内，以免施工时挖掉。行位确定后，用皮尺或测绳定出 4 株位，株位中心铲出一小坑，撒上石灰，作定位标记；
⑤ 由于道路、街道绿化与市政、交通、沿途单位、居民等关系密切，所以行道树的定点、放线除要和设计单位、市政部门等配合协商进行外，在定点后，还应请设计人员验点后，方可进行下一步的工作；
⑥ 在道路绿化定点时，当遇到如下情况时，也要留出适当的距离：遇道路急转弯时，在弯的内侧应留出 50m 的空位不栽树，以免妨碍视线；交叉路口各边 30m 内不栽树、公路与铁路交叉口 50m 不栽树；道路与高压电线交叉点 15m 内不栽树。
3）道路两旁成片绿地的定点和放线，成片绿地的设计栽植方式主要有两种，一是在设计上标出单株的位置，另一种是只在图上标明栽植的范围而无固定单株位置的树丛片林。本定点、放线方法有以下几种：
① 平板仪定点和主线法：其特点是范围较大，测量基点准确的道路两旁绿地栽植一般用此方法。该方法依据基点，将单株位置及片株的范围线按设计依次定出，并钉木桩标明，木桩上写明树种、株数；</td></tr>
<tr><td colspan="2">审核人</td><td></td><td>交接人</td><td></td><td>接受交底人</td><td></td></tr>
</table>

续表

<table>
<tr><td>工程名称</td><td colspan="2"></td><td>施工单位</td><td></td><td>编号</td><td></td></tr>
<tr><td>序号</td><td>项目</td><td colspan="5">道路植树工程施工技术交底</td></tr>
<tr><td>5</td><td>植树的施工技术</td><td colspan="5">

② 方格网定点和放线法：此方法适应于范围较大又地势平坦的绿地。即先在图样上，以一定的边长，画出方格网（5m，10m，15m 和 20m 等长度），再把方格网按比例测设到施工现场去。现场方格可用石灰画线，也可打桩挂绳。方格定位后，再在每个方格内按照样上的相对位置，进行绳尺法定点；

③ 交会法；此方法适应于面积较小、现场内建筑物或其他标记与设计图相符的植地。具体做法是：找出设计图与施工现场上两个完全符合的基点（建筑物、电线杆等），量准栽树点与该两点的相互距离，分别从各点用皮尺在地面上画弧线，找出栽植点，撒上石灰或钉木桩，做好标记；

④ 目测法：对于设计图上无固定点的树木栽植（如灌木丛和树群等），可先用以上几种方法划出树丛、树群的栽植范围，然后再根据设计要求在所定范围内用目测法进行确定每株树木的栽植位置。目测定单株点时，要注意树种及数量符合使计要求，树木的配置符合生态要求及注意美观效果；

⑤ 行列式放线法；对于成片整齐式种植或行道树的放线法，也可用仪器和皮尺定点放线，定点的方法是先将绿地的边界、园路广场和小建筑物等的平面位置作为依据，量出每株树木的位置，钉上木桩，上写明树种名称。一般行道树的定点是以路牙或道路的中心为依据，可用皮尺、测绳等，按设计的株距，每隔 10 株钉一木桩作为定位和栽植的依据，定点时如遇电杆、管道、涵洞、变压器等障碍物应躲开，不应局限于设计的尺寸，而应遵照与障碍物相距的有关规定距离；

⑥ 等距弧线的放线：若树木栽植为一弧线，如街道曲线转弯处的行道树，放线时可从弧线的开始到末尾以路牙或中心线为准，每隔一定距离分别画出与路牙垂直的直线，在此直线上，按设计要求的树与路牙定点，把这些点连接起来就成为近似道路弧度的弧线，于此线上再按株距要求定出各点来。

(3) 挖穴（坑）和挖槽

1) 道路两旁绿化树木栽植的挖穴（坑）和挖槽工作虽然看起来操作比较简单，但挖穴（坑）挖槽是否符合标准以及其质量的好坏，对定植后的树木成活与生长有很大影响。在种植穴、种植槽挖掘前，应向有关部门了解地下管线和隐蔽物的埋设情况，以防止在施工过程中出现破坏管道、管线的现象，造成不必要的损失；

2) 道路两旁绿化挖穴（坑）和挖槽的大小，应根据苗木根系、土球直径和土壤情况而定，一般应略大于苗木的土球或根系的直径。挖穴（坑）和挖槽的规格应符合表 9.2-2～表 9.2-4 的规定；

常绿行道路树乔木类种植穴规格表　　表 9.2-2

行道树高度（cm）	土球直径（cm）	种植穴位深度（cm）	种植穴位直径（cm）
150	40～50	50～60	80～90
150～250	70～80	80～90	100～110
250～400	80～100	90～100	120～130
400 以上	140 以上	120 以上	180 以上

绿篱类种植槽规格表　　表 9.2-3

苗 的 高 度（cm）	种 植 方 式	
	单行（深×宽）（cm）	双行（深×宽）（cm）
50～80	40×40	40×60
100～120	50×50	50×70
120～150	60×60	60×80

</td></tr>
<tr><td colspan="2">审核人</td><td></td><td>交接人</td><td></td><td>接受交底人</td><td></td></tr>
</table>

续表

<table>
<tr><td>工程名称</td><td colspan="2"></td><td>施工单位</td><td></td><td>编号</td><td></td></tr>
<tr><td>序号</td><td>项目</td><td colspan="5">道路植树工程施工技术交底</td></tr>
<tr><td>5</td><td>植树的施工技术</td><td colspan="5">

落叶城市行道树乔木类种植穴规格表　　表 9.2-4

行道树胸直（cm）	种植穴位深度（cm）	种植穴位直径（cm）	行道树胸直（cm）	种植穴位深度（cm）	种植穴位直径（cm）
2～3	30～40	40～60	5～6	60～70	80～90
3～4	40～50	60～70	6～8	70～80	90～100
4～5	50～60	70～80	8～10	80～90	100～110

3）道路两旁绿化的行道树所种植穴、种植槽的形状，从正投影来看，一般为圆形或者方形。无论何种的形状，种植穴、种植槽都必须垂直下挖，保证上下口底相等，切忌上大下小或上小下大，如图 9.2-3 所示，以免栽树时根系统不能舒展或填土不实而影响成活及根系的生长。

图 9.2-3　道路两旁绿化种植穴、种植槽的投影示意图

4）挖（坑）和挖槽时，必须遵循以下操作技术及规范：

① 所挖掘的穴（坑）和槽的位置要准确，规格要适当。挖穴（坑）和挖槽要严格按定点和放线的标记点来进行，穴（坑）和槽的大小、形状、深度等要依据苗木、土质情况及相关的技术规范来确定；

② 施工中所挖掘出的表土与心土应分开堆放在坑边，这是因为上层表土一般有机质含量较多，应先填入坑底养根，而底层心土可填回至坑上作开堰用。为有利于施工，在一个施工区内，表土、心土堆放的位置应固定在一个方向，堆土的位置要便于运土和换土及行人通行。例如在栽植行道树时，土应堆在与道路平行两侧，不要堆在行内，以免影响栽树时瞄直的视线；

③ 在斜坡上挖穴（坑）和挖槽时；应先将斜坡做成小平台，然后在平挖穴（坑）和挖槽。穴（坑）和槽的深度应以坡的下沿口开始计算；

④ 在新植土方处挖穴（坑）挖槽，应将穴（坑）和槽当底适当踩实，主要是使穴（坑）底层紧密，防止因不紧密而漏水；

⑤ 土质不好的栽植地，应加大穴（坑）和槽的规格，并将杂物筛出清走。对不利于树木生长的坏土与废土，应及时运走，换上好土；

⑥ 在施工过程中如发现电缆、管道等时，应停止操作施工，及时找有关部门配合解决；绿篱等株距很近的栽植形式一般挖成沟槽种植；

⑦ 道路两旁挖穴（坑）和挖槽后，应施入腐熟的有机肥作为基肥。在土层干燥的地区应于栽植前浸穴。

5）手工操作挖穴（坑）和挖槽的方法：

</td></tr>
<tr><td colspan="2">审核人</td><td></td><td>交接人</td><td></td><td>接受交底人</td><td></td></tr>
</table>

续表

<table>
<tr><td>工程名称</td><td colspan="2"></td><td>施工单位</td><td></td><td>编号</td><td></td></tr>
<tr><td>序号</td><td>项目</td><td colspan="5">道路植树工程施工技术交底</td></tr>
<tr><td>5</td><td>植树的施工技术</td><td colspan="5">① 手工操作的主要工具有锄、锹、铲、镐等。操作方法是：以定点标记为圆心，以规定的穴（坑）的直径在地上画圆（或以规定槽的长宽画出方形），再沿圆（或长方形）的四周向下垂直挖到规定的深度，然后将坑底挖松、整平；
② 栽植裸根苗木的坑底，挖松后最好在中央堆成一个小土丘。以利树根舒展；
③ 挖完后，仍将采用定点用的木桩放在穴（坑）内，以备散苗时核对。手工操作挖穴（坑）和槽时，人与人之间应保持一定的距离，以避免工具伤人，保证施工安全。
6）机械操作挖穴（坑）和挖槽的方法
① 在挖穴（坑）挖槽工作量较大或取土量较多，以及行树坑（穴）换土量大的情况下，为了加快施工进度，减轻人工的劳动强度，有条件的可使用挖坑机进行机械操作；
② 城市道路两旁绿化采用挖坑机施工。用于挖掘树木种植穴（坑）的穴状机械，也用于穴状松土、钻深孔等作业。钻深孔的挖坑机又称为深孔钻，可用于杨树木扦插栽植树及树木根部打洞施肥等作业。
（4）挖苗（起苗、掘苗）
挖苗是道树工程中的关键工序之一。挖苗质量好坏直接影响移栽树木的成活和最终的整体绿化效果，所以在挖苗过程中，必须做好充分的准备工作，要严格按照相应的技术要求与规定去操作。
1）挖苗前的准备工作：
① 挖苗前必须对苗木进行严格的选择。应依据设计所要求的苗木数量、苗木规格来进行选苗，同时，还要注意选择生长健壮、树形端正、根系发达、无病虫害苗木。对选好的苗木，应用系绳、挂牌、涂颜色等方法做好标记，进行号苗；
② 要做好挖苗前的苗圃地土壤准备。若挖苗处过于干燥，应在挖苗前 2～3 天浇水一次，使土壤湿润，以减少起苗时损伤根系，保证质量；若土壤过湿，则应提前开沟排水，以利挖苗操作；
③ 开挖前应将挖苗处的现场乱草、杂草苗、砖石堆物等不利于操作的东西清理。
④ 准备好相关挖掘工具和材料，如锋利的镐、铲、锹，土球所需的蒲包、草绳等包装材料等；
⑤ 为了便于操作及保护树冠，挖掘前应将蓬散的树冠用草绳捆扎。捆扎时要注意松紧度，应防止损伤枝条，如图 9.2-4 所示。
2）裸根挖苗方法及其质量要求：
① 大多数落叶树苗和容易成活的针叶树小苗均可采取裸根挖苗。裸根起苗一般在树苗处于眠状状态时挖掘为好；
② 挖苗时，根据苗木出土应保留根盘的大小，在规格范围之外（用铁锹、铁铲等工具挖苗更应在规格范围外围起挖），沿苗四周垂直挖掘到一定深度（深
落叶树　　常绿树
图 9.2-4　树冠捆扎示意图</td></tr>
<tr><td colspan="2">审核人</td><td></td><td>交接人</td><td></td><td>接受交底人</td><td></td></tr>
</table>

工程名称		施工单位		编号	
序号	项目	道路植树工程施工技术交底			
5	植树的施工技术	要达到根群的主要分布区并稍深一点）将侧根全部切断，翻出土，并于一侧向中心掏底且适当摇动树苗，找到深层主根将其铲断（较粗主根最好用手锯锯断），然后轻轻放倒苗木并打碎外围土块； ③ 挖苗时要尽量多保留须根，防止主根劈裂； ④ 苗木挖出后要保持根部湿润，一般应随即运走栽植，以防止干枯而影响成活率。如一时不能运走，可在原坑埋土假植，用湿根将根埋实。挖完后掘出的土不要乱扔，以便挖后将坑填平； ⑤ 裸根挖苗还可采用起苗机进行机械操作。起苗机是苗木出圃时用于挖掘苗木的机械，有拖拉机悬挂式和牵引式两种，以拖拉机悬挂式居多； ⑥ 悬挂式起苗机由起苗铲、碎土装置和机架三部分组成。起苗铲是起苗机的主要工作部件，它完成切土、切根、松土等作业，有固定式和振动式两种结构形式； ⑦ 碎土装置用于抖落苗木根部的土壤，它安装在起苗铲的后部，有杆链式、振动栅式、旋转轮式等结构形式。用起苗机进行机械起苗，可大大提高工作效率，减小劳动强度，而且起苗的质量较高。 3）带土球苗木手工挖苗方法及其质量要求： ① 带土球挖苗是指将苗木的一定根系范围连土一起掘削成球状起出，用蒲塑料包、草绳或其他软包装材料包装的起苗方法； ② 一般针叶树、多数常绿阔叶树和小数落叶阔叶树，由于根系不够发达，或是须根少，或生长须根和吸收根的能力较弱，而蒸腾量较大，栽植较难成活，所以常带土球起苗； ③ 挖掘带土球苗木要求土球规格要符合规定要求的大小，土球要完好，外表平整、平滑，上部大下部略小（呈苹果形状）；包装要严密，草绳紧实不松脱，土球底部要封严不漏土； ④ 带土球苗木的挖掘方法，首先将树干基部四周的浮土铲去（铲除深度以不伤树根为准），然后按土球规格的大小，围绕苗木画一圆圈（为保证起苗的土球符合规定大小，一般应稍放大范围进行圈定），再用铁锹等工具沿圈的外围垂直向下挖一上下等宽的沟（沟宽约50～80cm），挖到规定的深度，再将土球底部修成苹果形； ⑤ 土球四周修整完好后，再慢慢由底圈向内掏底，直径小于50cm的土球，可以直接将底部掏空，将土球拿到坑外包扎，而直径大于50cm的土球，底部应保留一部分不挖，以支撑土球，方便在坑内进行打包。 4）苗木打包法：苗木挖好后，为保护土球在运输过程中不会松散，应对土球进行打包处理，具体打包的方法有扎草法、蒲包法、捆扎草绳法、木箱包装法（详细方法见本章9.3“大树移植工程施工技术交底”部分内容）等。 ① 扎草法。对土球规格小的苗木（土球直径在30cm左右），可用扎草法进行包装。扎草方式很简单，准备好湿润的稻草，先将稻草的一端扎紧，然后把稻草秆呈辐射状散开，将苗木的土球放于中心，再将分散的稻草秆从土球的四周外侧向上扶起，包围土球外，并将稻秆紧紧扎在苗木的树干基部处。此法在我国江南地区起苗使用较多，其包扎方便而速度快，应用普遍；				
审核人		交接人		接受交底人	

续表

<table>
<tr><td colspan="2">工程名称</td><td></td><td>施工单位</td><td></td><td>编号</td><td></td></tr>
<tr><td>序号</td><td>项目</td><td colspan="5">道路植树工程施工技术交底</td></tr>
<tr><td>5</td><td>植树的施工技术</td><td colspan="5">② 蒲包法。对苗木挖掘运输较远，而苗圃地的土质又比松的（如沙性土壤），对土球的包装可采用蒲法，即用蒲包或草帘对土球进行包装。土球直径在 50cm 以下的，如果土质尚坚实，可将苗木在坑外打包。在坑边铺好浸湿的蒲包或草帘，用手托底将土球从坑内抱出，轻放在蒲包或草帘正中，再用蒲包或草帘将土球包紧。

最后再用草绳以树干为起点纵向把包捆扎紧；对土球直径 50cm 以上或在 50cm 以但土质疏松的，应在坑内打包。将两个浸湿的大小合适的蒲包，从一边剪开直至蒲包底部中心，其中一个用于放底部，另一个用于盖顶，两个蒲包结合处个用草绳穿插捆紧固定。包装好后，将苗木底挖空，轻轻将苗木放倒，用绳插入蒲包剪开处，将土球底部露土之处包严。

③ 捆扎草绳法。对一些土质为黏土的土球，常采用捆扎草绳法包装。此法无大小均可使用。捆扎草绳法一般要先打腰箍，即先在土球的中部进行水平方向的围扎，以防土球外散（图 9.2-5）。腰箍的宽度要看土球的大小和土质情况而定，一般要扎 4～5 圈以上。打腰箍时要把草绳打入土球表面土层中（一边拉紧草绳，一边用砖头、木棍敲打草绳），使草绳捆紧不松。腰箍打完后，进行纵向草绳捆扎。捆扎的方法及扎结的花纹有很多种，在我国华东地区多采用“五角形包法”、“井字包法”和“橘子包法”等方法（图 9.2-6～图 9.2-8）。在扎纵向草绳时，先将草绳一端系在腰箍或树干基部，再进行围绕捆扎，每捆扎一圈，均应用敲打的方法，使草绳圈紧紧地砸入到土球表面的土层中。捆扎到所需的圈数后，在树干基部将草绳收尾扎牢。纵向草绳的扎圈数多少，也要依据土球的大小和土质好坏而定，一般土球小一些的，围扎 4～6 圈即可，大土球则要增加纵向草绳圈的圈次。最后，如果怕草绳松散，可再增加外围的腰箍。对于一些沙性较强、土质较松散的土球，可将蒲包和草绳结合使用进行包装，即先用蒲包包住土球，再用草绳捆扎。

图 9.2-5　土球打腰示意图

图 9.2-6　五角形包扎土球示意图

图 9.2-7　井字形包扎土球示意图

图 9.2-8　橘子包包扎土球示意图</td></tr>
<tr><td colspan="2">审核人</td><td></td><td>交接人</td><td></td><td>接受交底人</td><td></td></tr>
</table>

工程名称		施工单位		编号	
序号	项目	道路植树工程施工技术交底			
5	植树的施工技术	(5) 苗木运输与假植 1) 时苗挖好后，要及时运到施工现场进行栽植，为提高移栽成活率，最好遵循“随挖、随运、随栽”的原则。运苗常采用车辆运输，运苗装车前，押运人员要先根据施工所需苗木的品种、规格、质量、数量等认真检查核实再进行装车，对不符合条件或已损伤严重的苗木应淘汰。苗木的运输量应根据种植量来确定。运苗时要注意在装车和卸车的过程中保护好苗木，要轻吊轻放，不得使苗木根、枝断裂及树皮磨损和造成散球； 2) 装运裸根苗木应按车辆行驶方向，将树根向前、树梢在后，顺序码放整齐装车，装完后要将树干捆牢（捆绳子处要用蒲包或物品垫上，以免损伤树皮），树梢也不能拖地（必要时可用绳子收拢），在后车厢处应放垫层（用蒲包或稻草等）防止磨损树干，裸根苗木长途运输时，应用毡布、湿草袋等材料将根系覆盖，以保持树木的概系湿润； 3) 装运带土球苗木也应按车辆行驶方向，将土球向前、树梢在后码放整齐。土球应放稳、蛰平、挤严（具体装车捆扎要求与装运裸根苗木相同），土球堆放层次不能过高（一般直径在 40cm 以下的土球苗最多不得超 3 层，40cm 以上球最多不得超过 2 层），押运人员不要站在土球上，遇坑洼处行车要慢，以免颠坏土球； 4) 花灌木（苗木高度在 2m 以下的）运输时，可将苗木直立装车。装运竹类苗，不得损伤竹竿与竹鞭之间的生点和鞭芽； 5) 运苗应有专人跟车押运。短途运输，中途最好不要停留，长途运苗，裸根根系容易吹干，应注意及时洒水湿润。运输过程中休息时，车输应停在阴凉处。苗木运到工地指定位置后应立即卸苗。苗木卸车要从上往下按顺操作，不得乱抽，更不能整车往下推。土球直径在 40cm 以下的苗木可直接搬下，但要搬动土球而不能单提树干；卸直径 50cm 以上的土球苗，可打开车厢板，放上木板，再将树苗从板上滑下（车上人拉住树干，车下人推住土球缓缓卸下）；土球较大，直径超过 80cm 的土球，先在土球下兜上绳子，绳子一端捆在车槽上，一端由 2～3 人拉住，使土球轻轻下滑，卸后将树苗立直放稳； 6) 苗木运到栽植地后，一般应立即栽植（裸根苗木必须当天栽植，裸根苗木自起苗开始暴露时间不宜超过 8h）。对不能及时栽植的苗木，应根据离栽植时间长短分别采取假植措施或对苗木土球进行保湿处理； 7) 裸根苗木假植方法，先在合适的地方（一般选排水良好、湿度适宜、离栽植地较近的地方）挖一条深 40～60cm、宽 150～200cm、长度根据具体情况而定的浅沟，然后将苗木一株株紧靠着呈一定的倾斜度（一般倾斜角为 30°左右）单行排在沟里（树梢最好向南倾斜），放一层苗木放一层土，将根埋实。如假植时间过长（一般 7 天以上的），则应适量浇水，以确保土壤湿润； 8) 带土球苗木，如在 1～2 天内不能栽完，应将苗木紧密码排整齐，四周培土，树冠之间用草绳围拢，并经常喷水保持土球湿润，假植时间较长的，土球之间也应填土； 9) 同时，在假植的期间内，可根据具体的需要，还应经常给常绿苗木的叶面喷水。 (6) 苗木栽植前的修剪 为保持移栽苗木水分代谢的平衡，培养良好的树形及减少苗木伤害，栽植前应进行苗木根系修剪，宜将劈裂根、病虫根、过长根等剪除，并对进行修剪。 1) 乔木类苗木修剪应符合下列规定： ① 具有明显主干的高大落叶乔木应保持原有树形，适当疏枝，对保留的主侧枝应在健壮芽上短截。可剪去枝条 1/5～1/3；			
审核人		交接人		接受交底人	

续表

<table>
<tr><td>工程名称</td><td colspan="2"></td><td>施工单位</td><td></td><td>编号</td><td></td></tr>
<tr><td>序号</td><td>项目</td><td colspan="5">道路植树工程施工技术交底</td></tr>
<tr><td>5</td><td>植树的施工技术</td><td colspan="5">② 无明显主干、枝条茂密的落叶乔木，对干径 10cm 以上树木，可疏枝保留原树形；对干径为 5～10cm 苗木，可选留主干上的几个侧枝，保留原有树形进行短截；
③ 枝条茂密具圆头形树冠的常绿乔木可适量疏枝。枝叶集生树干顶部的苗木可不修剪。具轮生侧枝的常绿乔木用作行道树时，可剪除基部 2～3 层轮生侧枝；
④ 常绿针叶树，不宜过多修剪，只剪除病虫枝、枯死枝、生长衰弱枝、过密的生枝和下垂枝；
⑤ 用作行道树的乔木苗木，定干高度应该大于 3m，第一分枝点以下枝条应全部剪除，分枝点以上枝条酌情疏剪或短截，并应保留树冠原形；珍贵树种苗木树冠宜做少量疏剪。
2）灌木及藤蔓类苗木修剪应符合下列规定：
① 带土球或湿润地区带宿土裸根苗木，及上年花芽分化的开花灌木不宜修剪，当有枯枝、病虫枝时应予以剪除。枝条茂密的大灌木苗木，可适当疏枝；
② 对嫁接灌木苗木，应将接口以下砧木萌生的枝条剪除；
③ 分枝明显、新枝着生花芽的小苗木，应当顺其树势适当进行修剪，促进生长新枝，更新老枝；
④ 如若用作绿篱灌木，可在种植后按设计要求整形修剪。苗圃培育成型的绿篱，种植后应加以修剪；
⑤ 攀援类和蔓性苗木可剪除过长部分，攀援上架苗木可剪除交错枝、横向生长枝。
3）移栽苗木的修剪质量应符合下列规定：
① 剪口应平滑，不得劈裂。枝条短截时应留外芽，剪口应距留芽位置 1cm 以上；
② 修剪直径 2m 上的大枝及粗根时，截口必须削平并涂防腐剂。
（7）苗木栽植
道路两旁的苗木栽植是植树工程的主要工序，应根据树木的习性和当地的气候选择条件，选择最适宜的栽植时期进行栽植。一般情况下，是以阴而无风天气最佳，如果是晴天栽植，要求在上午 11 点前或下午 3 点以后进行为好：
1）栽植的方法：树木栽植前，应按设计图样要求核对苗木品种、规格及栽植位置。要先检查种植穴（坑）、种植槽的大小、深度等，对不符合根系的，应进行修整。栽植的第一步是散苗，即将苗木按规定散放于种植穴（坑）、种植槽边。散苗要轻拿轻放，不得损伤苗木；散苗速度应与栽苗速度同步，边散边栽，散毕栽完，尽量减少树根暴露时间。散苗后将苗木放入穴（坑），槽内扶直进行栽植。栽植的第二步是栽苗，包括裸根苗的栽植和带土球苗木的栽植。
① 裸根苗的栽植：栽植裸根树木时，首先将种植的穴（坑）底填呈半圆土堆，一人将树苗放入穴（坑）内直，另一人用工具将穴（坑）边的土（先填入表土，再填新土）填入，当填土至 1/3 时，应轻提树干使根系舒展，在填土过程中要随填土分层踏实土壤（即故到“三埋两踩一提苗”），使根系充分接触土壤。当土壤填到比穴（坑）口稍高一点后（使土能够盖到树的根颈部位或高于根颈部 3～5cm），再用培土法将剩下的沿树干四周筑起围堰，特别注意，围堰的直径要略大于种植穴的直径，高约 10～15cm，以利浇水。对栽植密度较大的丛植地，可按片筑堰；</td></tr>
<tr><td>审核人</td><td></td><td>交接人</td><td></td><td>接受交底人</td><td colspan="2"></td></tr>
</table>

续表

<table>
<tr><td>工程名称</td><td colspan="2"></td><td>施工单位</td><td></td><td>编号</td><td></td></tr>
<tr><td>序号</td><td>项目</td><td colspan="5">道路植树工程施工技术交底</td></tr>
<tr><td>5</td><td>植树的施工技术</td><td colspan="5">栽植前如果发现裸根树木失水过多，应在栽前将苗木根系放入水中浸泡 10～20h，让其根系充分吸水后再栽树。对于小规格苗木，为保护根系，提高栽后成活率，可先将根系放在泥浆中浸入几小时，具体方法是用过磷酸钙、黄泥和水 2：18：80 的比例混合成泥浆，然后将苗木根系浸入泥浆中，使每条根均匀粘上泥浆后再栽植。浆根时要注意不能太稠，否易起壳脱落，反而会损伤根系；
② 带土球苗木的栽植。栽植带土球苗木时，土球入坑时要深浅适当，土痕应平或稍高于穴（坑）口，先要踏实穴（坑）底土层，再将苗木置于穴（坑），以防栽后出现陷落下沉。土球入坑后先在土球底部四周垫少量土，以将土球固定，同时要注意使树干直立，填土也应先填表土，先填到靠近根群部分，每填高 20～30cm 应踏实一次；注意不甘落后伤根。如填土过分干燥，或种植穴（坑）、土球较大，应在填至 1/3～1/2 坑深时，用木棍等在坑边四周夯实，防止根群下部或土球底部中空。填完土后再筑围堰。
2）栽植注意事项和质量要求：
① 规则式栽植应时称平衡，行道树或行列栽植树木应在一条线上，保持横平竖直。相邻树木规格应合理搭配，高度、干径和树形相似。栽植的树木应保持直直立，不得倾斜。应注意观赏面的合理朝向，树形好的一面要朝向主要的方向；
② 栽植绿篱的株行距必须均匀。树形丰满的一面应向外面，按照苗木高度、树干大小搭配均匀。在苗圃修剪成型的绿篱，栽植时应按造型拼栽，深浅一致，绿篱成块栽植或群植时。应由中心向外顺序退植。坡式栽植时应由上向下栽植。大型块植或不同彩色丛植时，适宜区分块进行栽植；
③ 栽植带土球树木时，不易腐烂的包装物必须拆除。树苗栽完后，应将捆绑树冠的草绳解开取下，使树木枝条舒展；
④ 苗木栽植深度应与原种植深度一致，竹类可比原种植深度深 5～10cm。栽植珍贵树种应采取树冠喷雾、树干保湿和树根喷布生根激素等措施；
⑤ 对排水不良的植穴（坑），可在穴（坑）底铺 10～15cm 厚的砾或铺设渗水管、盲沟，以利于排水。假山或岩缝间栽植，应在种植土中渗入苔藓、泥炭等保湿透气材料。
（8）栽植后的养护管理：树木栽完后，为提高成活率，必须对树木进行必要的养护管理工作。养护管理包括立主柱、开堰、浇水等内容：
1）立支柱：
① 栽植较大的树苗时，为了防止树苗倾斜或倒伏，特别是风多地区，为了防止树苗被风吹倒，应对树苗立支柱支撑，支柱的多少应根据树苗的大小设 1～4 根；
② 支柱的材料有竹竿、木柱等，在台风大的地区也有用钢筋混凝土水泥柱的。立支柱时，为防止磨破树皮，支柱和树干之间应用草绳隔开，即在树干与支柱接触的部位缠上草绳；
③ 立柱绑扎的方法有直接捆绑和间接加固两种。直接捆绑就是将立柱一端直接与树干捆在一起（一般捆在干的 1/3～1/2 处），一端埋于地下（埋入 30cm 以上），一般可在下风向支一根，也可双柱加横梁、三角架及四柱斜支撑等形式，如图 9.2-9 所示；
④ 如若支柱一年后不能撤除时，需要重新捆绑，以免影响树液流通和树干发育。而间接加固主要是用粗橡胶皮带将树干与水泥杆连接牢固，水泥杆应位于上风方向。绑扎后的树干应始终保持直立。</td></tr>
<tr><td colspan="2">审核人</td><td></td><td>交接人</td><td></td><td>接受交底人</td><td></td></tr>
</table>

续表

<table>
<tr><td colspan="2">工程名称</td><td></td><td>施工单位</td><td></td><td>编号</td><td></td></tr>
<tr><td>序号</td><td>项目</td><td colspan="5">道路植树工程施工技术交底</td></tr>
<tr><td>5</td><td>植树的施工技术</td><td colspan="5"> 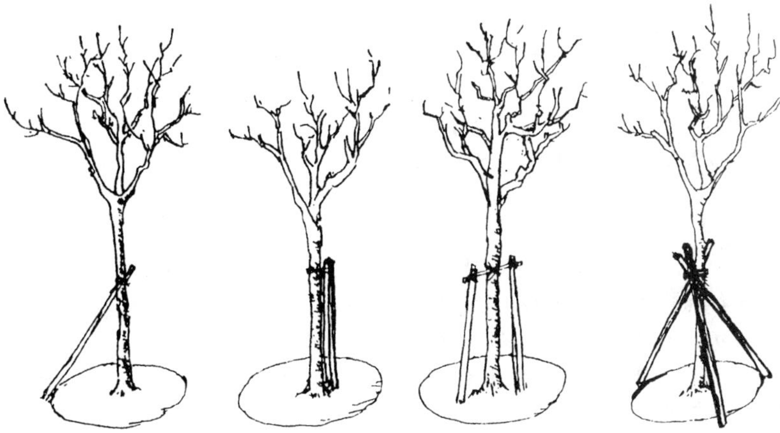图 9.2-9　支柱直接捆绑法示意图

2）开堰浇水：
① 一般在树木栽植前或栽植期间不应浇水，否则会造成栽植操作的困难，妨碍踩紧踏实，使土壤板结。因此，应在栽植工作完成后才浇水；
② 新栽树木的浇水，以河水、江水、湖水等自然水为佳。新栽树木一般要浇三次水，栽后应当日浇透第一遍水，一般称为“定根水”，浇水时注意，水不能往围堰的外面渗水，如图 9.2-10 所示，浇水后树木出现歪斜时应及时扶正。第二遍水要根据情况进行。第三遍水在两遍水后的 5～10 天内进行，秋季栽树开工较晚或下雨季栽树时，可少浇一遍水，但浇水量一定要充足； 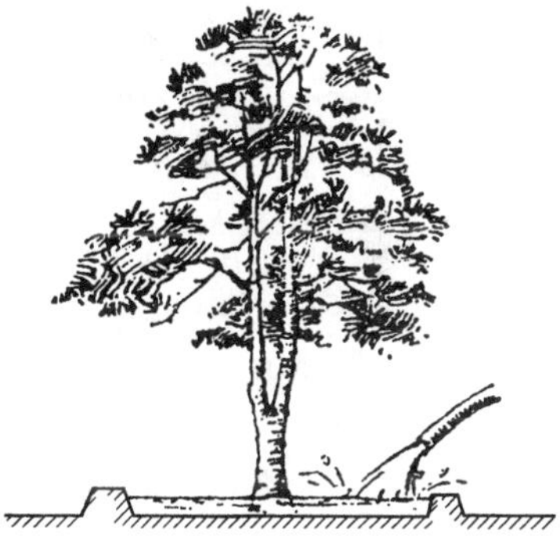
图 9.2-10　开堰浇水示意图
③ 浇完第三遍水，待水渗下后，应及时进行中耕封堰，秋季浇完最后一遍水后应及时封堰越冬，并在树干基部周围堆起 30cm 高的土堆，以保持土壤中的水分。中耕封堰时应将裂缝填实，并将歪斜的树木扶正。中耕封堰时要将土打碎，并要注意不得损伤树根、树皮。
封堰时要细土，如土壤中砖石，应挑出，以免给下次开堰造成困难。封堰高度应较地面高一些，以防自然陷落；
④ 新移栽的大树土球，可能在短时期内迅速失水干燥，不能只靠雨水保持土球的湿润。因此在栽植完毕后，应经常用胶皮管缓缓注水，使水渗透整个土壤。为做到这一点，在注水之前应用铁杆或土钻在土球上打孔，可取得良好的效果；
⑤ 在土壤干燥、浇水困难的地区，为节省用水，可用“水植法”浇水，方法是树木入穴土达一半时，先灌足水，然后再填满土，并进行覆盖保湿；</td></tr>
<tr><td colspan="2">审核人</td><td></td><td>交接人</td><td></td><td>接受交底人</td><td></td></tr>
</table>

续表

工程名称			施工单位		编号	
序号	项目	道路植树工程施工技术交底				
5	植树的施工技术	⑥ 对新移栽的树木的树冠要经常进行喷水，以减少叶面水分损失，而且可以冲掉叶面上的蜘蛛、螨虫类和烟尘；同时，栽后还要清理施工现场，将无用杂物及多余的余土处理干净； ⑦对受伤枝条和栽前剪不理想的枝条进行复剪；对现场必要的围护派人进行看管、巡查等养护工作，具体根据实际的需要进行安排。 3）树体包裹与树盘覆盖： ① 裹干： a. 新栽的树木，特别是树皮薄、嫩、光滑的幼树，应用粗麻布、粗帆布、特制皱纸（中间涂有沥青的双层皱纸）及其他材料（如草绳）包裹，以防树干干燥、被日灼伤及减少被蛀虫侵害的可能，冬天还可以防止动物啃食树干； b. 从蔽树林中移植出来的树木，因树皮极易遭受日灼危害，移栽后对树干进行必要的保护性包裹，效果十分显著； c. 在包裹树干时，其包裹物用细绳安全而牢固地捆在固定置上、或从地面开始，一圈又一圈地互相重叠向上裹至第一分枝处。树干包裹的材料应保留两年以上或让其自然脱落，或在不雅观时取下； d. 树干包裹也有不利的方面，比如在多雨季节，由于树皮与包裹材料之间一直保持过湿状态，容易诱发真菌性溃疡病，所以在树干包裹前，在树干上涂抹一层杀菌剂，能减少病菌感染。 ② 树盘覆盖： a. 在移栽树木过程中，对于特别有价值的树木，尤其是在秋季栽植的常绿树，用稻草、腐叶土或充分腐熟的肥料覆盖树盘，沿街树池也可以用沙覆盖，这样可提高树木移栽的成活率； b. 因为适当的覆盖可以减少地表蒸发，保持土壤湿润和防止土的温度变幅过大。覆盖物的厚度以全部遮蔽覆盖区而见不到土壤为准。覆盖物一般应保留越冬，到春天揭除或埋入土中，也可栽种一些地被植物覆盖树盘。				
6	其他植物的移植施工技术	竹类与棕榈类植物都是庭院及其他园林绿地中应用较广的观赏植物。严格地说，由于它们的茎内有不规则排列的散生维管束，没有与周缘形成层，不能形成树皮，也没有直径的增长粗，不具备树木的基本特征。然而，由于它们的茎干木质化程度很高。且为多年生常绿观赏植物，在园林绿地，习惯将其作为园林树木对待。 （1）竹类植物的移栽 道路两旁绿地中移栽竹类植物，一般采用移竹栽植法。移栽竹类植物是否成功，不是看母竹是否成活，而是看母竹是否发笋长竹。如果移栽后2～3年还不发笋，则可判断是移栽失败。 1）散生竹的移栽：散生竹在园林绿地中运用较广，通过栽植成片的竹林，可营造一种清新幽雅的山林环境。散生竹移栽成活的关键是保证母竹与竹鞭的密切联系，母竹所带竹鞭具有旺盛孕笋和发鞭能力。由于散生竹的生长规律和繁殖特点大同小，因而移栽技术也大同小异，下面以毛竹为代表加以介绍： ① 栽植选择：毛竹生长快且生长量大，出笋后50天左右就可完全成形，长成其应有大				
审核人		交接人		接受交底人		

续表

<table>
<tr><td>工程名称</td><td colspan="2"></td><td>施工单位</td><td></td><td>编号</td><td></td></tr>
<tr><td>序号</td><td>项目</td><td colspan="5">道路植树工程施工技术交底</td></tr>
<tr><td>6</td><td>其他植物的移植施工技术</td><td colspan="5"> 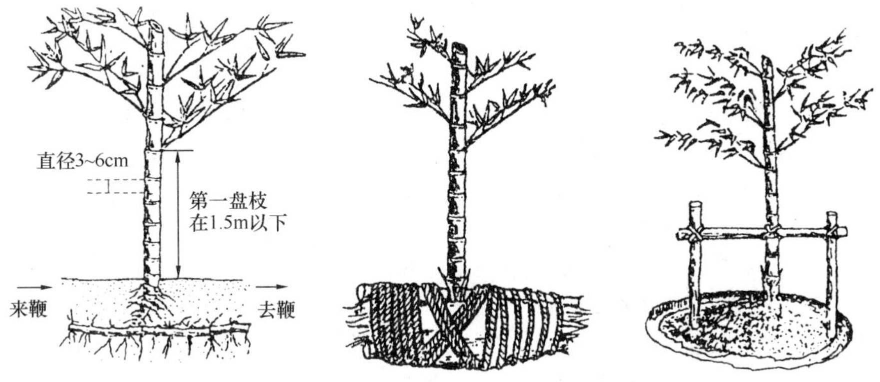直径3~6cm
第一盘枝在1.5m以下
来鞭
去鞭
(a)　(b)　(c)
图 9.2-11　毛竹的移栽示意图
(a) 毛竹母竹的规格；(b) 包扎；(c) 栽植及支撑
小。毛竹在土层深厚、肥沃、湿润、排水和通气良好并呈微酸性应的壤土上生长又快又大，而沙壤土或黏壤土次之，重黏土和石砾最差。过于干旱的土壤，含盐量在 0.1%以上的盐渍土和 pH 值 8.0 以上的钙质土以及低洼积水或地下水位过高的地方，都不宜栽种毛竹；
② 栽植季节：在毛竹分布地区，晚秋至早春，除天气过于严寒外，一般都可栽植。偏北地区以早春栽植为宜，偏南地区以冬季栽植效果较好；
③ 选母毛竹：毛竹的母竹一般应为 1～2 年生，其所连竹鞭处于壮龄段，鞭壮、芽肥、根密，粗鞭发笋能力强，只要枝叶繁茂、分枝较低、无病虫害、胸径 2～4cm 的疏林或林缘竹都可选作母竹。竹竿过粗，挖、运、栽操作不便，分枝过高的，栽后易摇晃，影响成活，带鞭过老的，鞭芽已失去萌发能力，这些都不宜选作母竹；
④ 母竹挖掘和运输：
a. 选定母竹后，首先应判断其鞭的走向。一般毛竹竹竿基部弯曲，鞭多分布于弓背内侧，分枝方向大致与竹鞭走向平行。根据竹鞭的位置和走向，在离母竹 30cm 左右的地方破土找鞭，按来鞭（即着生母竹的鞭的采向）20～30cm，去鞭（即着生母竹的鞭向前钻行，将来发新鞭长新竹的方向）40～50cm 的长度将鞭截断，再沿鞭的两侧约 20～35cm 的地方开沟深挖，将母竹连同竹鞭一并挖出，带土约 20～30kg；
b. 毛竹无主根，干基及鞭节上的须根再生能力差，一旦受伤或干燥萎缩，很难恢复，栽植不易成活。因此，挖母竹时要注意鞭不撕裂，保护好鞭芽，不摇竹竿、伤鞭根，不伤母竹与竹鞭连接的“螺钉”。事实证明，凡是带土多，根幅大的母竹移栽成活率高，发笋发竹也快。母竹挖起后，留枝 4～6 盘，削去竹梢，但切口要光滑而整齐，如图 9.2-11 所示；
c. 母竹挖出后，若就近栽植，不必包扎，但要保护宿土和“螺钉”，远距离运输必须将竹蔸鞭根和宿土一起包好扎紧。包扎方法是在鞭的近圆柱形的土柱上下各垫一根竹竿，用草绳一圈一圈地横向绕紧，边绕边锤，使绳土密接，并在鞭竹连接着生处侧向交叉捆几道，完成“土球”包扎。在搬运和运输途中，要注意保护“土球”和“螺钉”，并保持“土球”湿润。</td></tr>
<tr><td colspan="2">审核人</td><td></td><td>交接人</td><td></td><td>接受交底人</td><td></td></tr>
</table>

续表

工程名称			施工单位		编号	
序号	项目	道路植树工程施工技术交底				
6	其他植物的移植施工技术	⑤ 栽植母竹：母竹栽植要做到深挖穴、浅栽竹、下紧围、高培蔸、宽松盖、稳立柱，注意掌握鞭平秆可斜的原则。栽植前先挖好栽植穴，栽植穴的规格一般为深 100cm、宽 60cm 左右，栽植时可根据竹蔸大小和竹蔸带土情况适当进行修整。栽植时，先将母竹放入栽植穴，然后解开其包装，顺应竹蔸形状：使鞭根自然舒展，不强求竹秆垂直，竹蔸下部要垫土密实，上部与地面平或稍低于地面，再入表土，自下而上分层塞紧踩实，使鞭与土壤密接，然后浇足定根水，覆土培成馒头形，再盖上一层松土。毛竹如果成片进行栽植，栽植密度可为每亩 20～25 株，3～5 年后可以满园成林； ⑥ 栽后管理：母竹栽植后的管理与一般树木移栽相同，但要注意如果发现有露根、露鞭或竹蔸松动的要及时培土填盖；松土除草时要注意不要伤到竹根、竹鞭及笋芽；栽后 2～3 年为养竹期，除受病虫危害和过于瘦弱的笋子外，一般不拔新发的笋子。孕笋期间，即每年的 9 月以后应停止松土除草。 2）丛生竹的移植：我国丛生竹主要分布于广东、广西、福建、云南、重庆和四川等地，以珠江流域较多。丛生竹的种类很多，竹竿大小和高矮相差悬殊，但其繁殖特性和适生环境的差异一般不大，因而在栽培管理上大致相同。下面以青皮竹为例，将丛竹的移栽技术介绍如下： ① 移栽前的选址：丛生竹绝大多数分布在平原丘陵地区，尤其是在溪流两岸的冲积地带。栽植青皮竹应选土层深厚，土地肥沃疏松，水分条件好，pH 值为 4.5～7.0 的土壤。干旱瘠薄，石砾太多或过于黏重的土壤，不宜种植青皮竹； ② 移栽季节：青皮竹等丛生竹类无竹鞭，靠秆基芽眼出笋长竹，一般 5～9 月出笋，来年 3～5 月伸枝发叶，移栽时间最好在发叶之前进行，一般在 2 月中旬至 3 月下旬较为适宜。在此时间挖掘母竹、搬运、栽植等都比较方便，移栽成活率高，当年即可出笋； ③ 选母竹：丛生竹的移栽应选择生长健壮、枝叶繁茂、无病虫害、秆基芽眼肥大充实、须根发达的 1～2 年竹为母竹，这种类型竹子发笋能力强，栽后容易成活。2 年生以上的竹竿，竿基芽眼已发笋长竹，残留多已老化，失去发芽的能力，而且根系开始衰退，不宜选作母竹。母竹的粗度应大小适中，青皮竹属中型竹种，一般胸径以 2～3cm 为宜，过于细小的，竹株生活能力差，影响成活率； ④ 母竹的挖掘与运输。1～2 年生的健壮竹株，都着生于竹丛边缘，秆基较深，芽眼和根系发育较好；母竹应从这些竹株中挖取。挖掘时先在离母竹 25～30cm 处扒开土壤，由远至近，逐渐深挖，在挖的过程中要防止损伤秆基和芽眼，尽量少或不伤竹根，在靠近老竹一侧，找出母竹竿柄与老竹竿基的连接点，用利器将其切断，将母竹带土挖起。切断母竹与老竹的连接点时，切忌使母竹蔸破裂，否则容易导致根蔸腐烂，影响母竹成活。在挖掘母竹时，有时为了保护母竹，可连老竹一并挖起。母竹挖起后，保留 1.5～2.0m 长的竹竿，用利器从节间中部呈马耳形截去竹梢，适当除过密枝和平截短过长枝，以便减少母竹蒸腾失水，便于搬运和栽植。母竹远距离运应进行包装保护，防止损伤芽眼，就近栽植可不必包装； ⑤ 栽植母竹：丛生竹根据园林造景需要可单株（或单从）栽植，也可多丛配植。栽植穴的大小视母竹竹蔸或土球的大小而定，一般应大于土球或竹蔸 50%或 100%，直径为 50～70cm，深约 30cm。栽竹前，穴底应先填细碎表土，最好能同时施入 15～25kg 的腐熟有				
审核人		交接人		接受交底人		

续表

工程名称		施工单位		编号	
序号	项目	道路植树工程施工技术交底			
6	其他植物的移植施工技术	机肥，有机肥可与细表土混合拌匀后再填。在放入母竹时，若能判断秆基弯曲方向时，最好将弓背朝下，这样有利于加大母竹出笋长竹的水平距离。母竹放好后，分层填土，踩实、产平、灌水、覆土，覆土以高出母竹原土约3cm左右，最后培土成馒头形，以防烂蔸。 3）混生竹的移栽：混生竹的种类很多，大多生长矮小，需要除茶秆竹外其经济价值不大，但其中某些竹种（如方竹、菲白竹等）具有较高的观赏价值。混生竹既有横走地下茎（鞭），又有秆基芽眼，都能出笋长竹，其生长繁殖特性位于散生竹与丛生竹之间，移栽方法可两者兼而有之。 （2）棕榈类植物的移栽 棕榈植物为常绿乔木、灌木或藤木，实心，叶常聚生于茎顶，无分枝，地下无主根，根茎附近须根盘结密生，耐移栽，易成活。棕榈类植物喜温暖湿润的气候条件，其中许多种类具有较强的耐阴性。棕榈类植物种类较多，其中许多种类如棕榈、椰子树、鱼尾葵、蒲葵、棕竹和假槟榔等都具有较好的观赏价值，在园林绿地中（特别是在南方地区）运用较广。棕榈类植物不同种类的生态学特性虽有差异，但其移栽方法大致相同。以棕榈为例对其移栽方法介绍如下： 1）棕榈栽植地的选择：棕榈又称棕树，无分枝，无萌发能力，喜温暖不耐严寒，但棕榈又是棕榈类植物中最耐低温的，喜湿润肥沃的土壤；棕榈耐荫，尤以幼年更为突出，在树荫及树林下更新良好；棕榈对烟尘、SO_2、HF等有害气体的抗性较强，不容易感染病虫害； 2）棕榈的移栽季节：棕榈可以在春季或梅雨季节移栽，以雨后土壤不粘时及阴雨天栽植为好； 3）移栽植物的选择：移栽棕榈以选择生长旺盛的幼壮树为好，在路旁和其他游客较多的地方应栽高2.5m左右的健壮植株，以免对游人造成影响； 4）棕榈的挖掘：棕榈无主根，其须根集中分布范围为30～50cm，有的也有到1.0～1.5m，瓜状根分布紧密，多为30～40cm，最深可达1.2～1.5m。棕榈须根集，土壤盘接带土容易。挖出土球大小多为40～60cm，挖掘深度则视根系集层而定。挖掘土球除远距离运输外，一般不包扎，但要注意保湿； 5）棕榈的栽植：棕榈可孤植、对植、丛植或成片栽植。棕榈叶大柄长，成片栽植的间距不应小于3.0m。栽植穴应大于土球1/3，并注意排水。穴挖好后先回填细踩实，再放入植株，扶正后分批回填土拍实。栽植深度应平原来的土印痕，要特别注意不要栽得太深，以防止积水导致烂根，影响移栽棕榈的成活。四川西部及湖南宁乡等地群众有"栽棕垫瓦、三年可剮"的说法，也就是指在移栽棕榈时先在穴底放入几片瓦片，便于排水，能够促进根系发育，有利于成活及生长。为了使棕榈树在移植后早见成效，栽后要剪除开始下垂变黄的叶片，不要重剪。如发现有新移栽的植球难以成活，应立即扩大其剪叶范围，即可再剪去下部已成熟的部分叶片或剪除掌状叶的1/3～1/2，加以挽救，但要防止剪叶过度，影响其生长及降低观赏效果； 6）栽后管理：棕榈栽植后除和其他树木一样要进行必要的常规管理外，还应及时剪除开始变黄的叶片和定期剥除棕片。在群众中有"一年两剥皮、每剥5～6片"的经验。第一次剥棕的时间为3～4月，第二次剥棕的时间为9～10月，剥棕时要特别注意"三伏不剥"和"三九不剥"，以免日灼和冻害。剥棕时要注意不要剥得太深，以免伤树干，深度以茎不露白为度，在棕榈树的生长过程中，掌握适兰的剥棕次数是棕榈树养护管理的关键措施，剥棕过度会影响植株生长，不剥棕又会影响市民的观赏效果，同时还容易酿成火灾等。			
审核人		交接人		接受交底人	

9.3 道路大树移植工程施工技术交底

道路大树移植工程施工技术交底 **表 9-3**

<table>
<tr><td colspan="2">工程名称</td><td></td><td>施工单位</td><td></td><td>编号</td><td></td></tr>
<tr><td>序号</td><td>项目</td><td colspan="5">道路大树移植工程施工技术交底</td></tr>
<tr><td>1</td><td>概述</td><td colspan="5">(1) 大树移植在城市道路建设中的意义
1) 随着社会经济的发展以及城市道路建设水平的不断提高，单纯地用小苗栽植不绿化城市道路的方法已不能满足目前城市道路建设的需要，特别是重点工程，往往需要在较短的时间就要体现其绿化美化的效果。因而需要移植相当数量的大树；
2) 为了在最短的时间内能够改善城市的环境景观，体现出城市的园林绿地、街道的绿化、庭院空间等的绿化、美观效果及尽早发挥其综合的功能，在条件许可的情况下，栽植树木往往会考虑移栽大树；
3) 城市新建的公园、儿童花园、住宅小区、机关学校、医院以及大型企业等，无不考虑移植大树的方法，以尽快使绿化得立杆见景的效果；
4) 移植大树能充挖掘苗源，特别是利用郊区的天然林的树木以及一些闲散地上的大树。此外，为保留建设用地范围内的树木也需要实施大树移植；
5) 根据城市道路绿化政策法规，为了保护建设用地范围内的一些大树、古树，也需要进行大树的移植。例 2001 年 5 月，杭州市在市区上塘路将两株树龄 500 多年的连体香樟进行一次性移植，全株采用 24m×24m×1.2m 的巨大土体，利用箱板围边，钢板加固，平移达 30m。开创了巨型名木古树移植的先河。因此，大树移植施工是绿地栽植施工的一项重要工程。大树移植施工要按一定的程序和方法来进行；
6) 由此看来，大树移植又是城市绿说中行之有效的措施之一，随着机械程度的提高，大树移植将能更好地发挥作用。
(2) 大树移植的特点
1) 胸径在 20cm 以上的落叶乔木和胸径在 15cm 以上常绿乔木，称为大树。移栽这种规格的树木，称为大树的移植；
2) 大树一般处于离心生长的稳定时期，个别树木甚至开始向心进行更新，其根系趋向已达到最大根幅，骨干根基部的吸收根多会离心死亡，主要分布在树冠投影外缘附近的土壤中，带土范围内的吸收根很少，因此，大树移栽能很容易使移栽的大树，严重地失去以水分代谢为主的平衡功能；
3) 对于树冠，在移栽过程中，为了尽早发挥其绿化效果及保持其原有的优美姿态，一般都不进行过重的修剪。因此，只能在所带土球范围内，用预先促发大量新根的方法为代谢平衡打下基础，并配合其他移栽措施，确保移栽树木的成活；
4) 另外，大树移栽与一般树木移栽相比，主要表现在被移栽的对象具有庞大的树体和相当大的质量，通常移栽条件复杂，质量要求高，往往需借助一定机械力来完成。
(3) 大树移植前的调查与选择
1) 对要在某范围按设计方案移植大树的，首先要根据设计所要求的树种、树种规格(包括树高、冠幅、胸径等)、分枝点高度、树形及主要观赏面、树木长势等内容，到有关苗圃地进行调查、选择树苗，对选好的树苗要进行编号挂牌（牌上要标明该树苗的种名、规格、</td></tr>
<tr><td colspan="2">审核人</td><td></td><td>交接人</td><td></td><td>接受交底人</td><td></td></tr>
</table>

续表

<table>
<tr><td>工程名称</td><td colspan="3"></td><td>施工单位</td><td></td><td>编号</td><td></td></tr>
<tr><td>序号</td><td>项目</td><td colspan="6">道路大树移植工程施工技术交底</td></tr>
<tr><td>1</td><td>概述</td><td colspan="6">树形、树木的观赏面和原有朝向等指标）；
2）大树移植一般要尽量选择接栽植地生长的树木（比如选择乡土树种），做到适地适树，以利提高成活率；
3）在选择大树苗时，还要考虑到树苗便于挖掘和包装运输，对要将建设用地范围内的大树移栽到别处的，大树移栽前对移栽的大树生长情况：立地条件、周围环境、交通状况、地下管线情况等进行调查研究，对树木进行挂牌登记，并制定移栽的技术方案；
4）应考虑到树木原生长条件应和定植地的立地条件相适应，例如土壤的性质、温度、光照等条件，树种不同，其生物学特性也有所不同，移植后的环境条件就应尽量的和该树种的生物学特性和环境条件相符，如在近水的地方，柳树、乌桕等都能生长良好，反之则能会很快死去；又如在背阴地方，云杉生长良好，而油松长势非常衰弱；
5）应该选择合乎绿化要求的树种，绿化树种不同，形态各异，因而它们在绿化上的用途也不同。如行道树，应考虑干直冠大、分枝点高，有良好的遮阴效果的树种；而庭院观赏树就应讲究树姿造型；
6）应选择壮龄树木，因为移植大树需要很多人力、物力。若树龄太大，移植后不久就会衰老，很不经济；而树龄太小，绿化效果又较差，所以，既要考虑能马上起到良好的绿化效果，又要考虑移植后有较长时期的保留价值，故一般慢生树选 20～30 年生，速生树种则选用 10～20 年生，中生树可选择生 15 年生，果树、灌木为 5～7 年生；
7）应选择生长正常的树木以及未感染病虫害和未受机械损伤的树木；
8）选树时必须考虑移植地点的自然条件和施工条件，移植地的地形应平坦或坡度不大的场合。不宜选用过陡的山坡，根系分布不均匀，操作困难且容易伤根，不易取出完整的土球的树种。因而应选择便于挖掘、便于起吊的树木，最好能使起运工具到达树旁；
9）如果在森林内选择树木时，必须选择树木生长的密度不大、又生长在阳光下的树，过密的树木移植到城市道路后不容易成活，且树木形状不美观大方、装饰效果又欠佳。
（4）大树移植的时间
1）如果掘起的大树带有较大的土块，在移植过程中严格执行操作规程，移植后又注意养护，那么，在冬季时间都可以移植大树，但在实际中，因树种和地域不同，最佳移植时间也有所差异。一般情况下，最佳移植大树的时间是早春。因为这时树液开始流动并开发芽、生长，挖掘时损伤的根系容易愈合和再生，移植后，经过从早春到晚秋的正常生长以，树木移植时受伤的部分已复原，给树木顺利越冬创造有利条件；
2）在春季树木开始发芽而树叶还全部长成以前，树木的蒸腾达未达到最旺盛时期，这时候，进行带土球的移植，缩短土球暴露在空间的时间，栽植后进行精心的养护管理也能确保大树的存活；
3）盛夏季节，由于树木的蒸腾量大，此时移植对大树的成活不利，在必要时可采取加大土球，加强修剪、遮阴，尽量减少树木的蒸腾量的办法，也可以成活。由于所需技术复杂，费用较高，故尽可能避免。但在北方的雨季和南方的梅雨期，由于空气中的湿度大，因而利于移植，可带土移植一些针叶树种；</td></tr>
<tr><td colspan="2">审核人</td><td></td><td>交接人</td><td colspan="2"></td><td>接受交底人</td><td></td></tr>
</table>

<table>
<tr><td>工程名称</td><td></td><td>施工单位</td><td></td><td>编号</td><td></td></tr>
<tr><td>序号</td><td>项目</td><td colspan="4">道路大树移植工程施工技术交底</td></tr>
<tr><td>1</td><td>概述</td><td colspan="4">4）深秋及冬季，从树木开始落叶到气温不低于－15℃这一段时间，也可移植大树，这期间，树木虽处于休眠状态，但是地下部分尚未完全停止活动，故移植时被切断的根系在这段时间愈合，给来年春季生长创造良好的条件。但是在严寒的北方，必须对移植的树木进行全面保护，才能达到这一目的；
5）南方地区尤其在一些气温不太低、湿度较大的地区，一年四季均可移植，落叶树还可裸根移植；
6）我国幅员辽阔，南北气候相差很大，具体的移植时间应视当地的气候条件及需要移植的树种不同而有所选择。</td></tr>
<tr><td>2</td><td>大树移植的准备工作</td><td colspan="4">（1）大树预掘的方法
为了保证树木移植后能很好的成活，在移植前采取一些措施，促进树木的须根生长，这样也可以为施工提供方便条件，一般常用下列方法：
1）多次移植：此方法适用于专门培养大树的苗圃中，速生树种的苗木可以在头几年每隔1～2年移植一次，待胸径达6cm以上时，可每隔3～4年再移植一次。而慢生树待其胸径达3cm以上时，每隔3～4年移一次，长到6cm以上时，则隔5～8年移植一次，这样经过多次移植，大部分的须根都聚在一定的范围，再次移植时，可缩小土球的尺寸和减少对根部的损伤。
2）预先断根法：预先断根法又称回根法，主要适用于一些野生大树或一些具有较高观赏价值的树木的移植，一般是在移植1～3年的春季或秋季，以树干为中心，2.5～3.0倍胸径为半径或以较小于移植时土球尺寸为半径划一个圆或方形，再在相对的两面向外挖30～40cm宽的沟（其深度则视根系而定，一般为50～80cm），对于较粗的根应用锋利的锯或剪，齐平内壁切断，然后用沃土（最好是沙壤土或壤平）填平，分层踩实，定期浇水，这样便会在沟中长出许多须根。到第二年的春季或秋季再以同样的方法挖掘，另外相对的两面，到第3年时，在四周沟中均长满了须根，这时便可移走，如图9.3-1所示。挖掘时应从沟的外缘开挖，断根的时间可按各地气候条件有所不同； 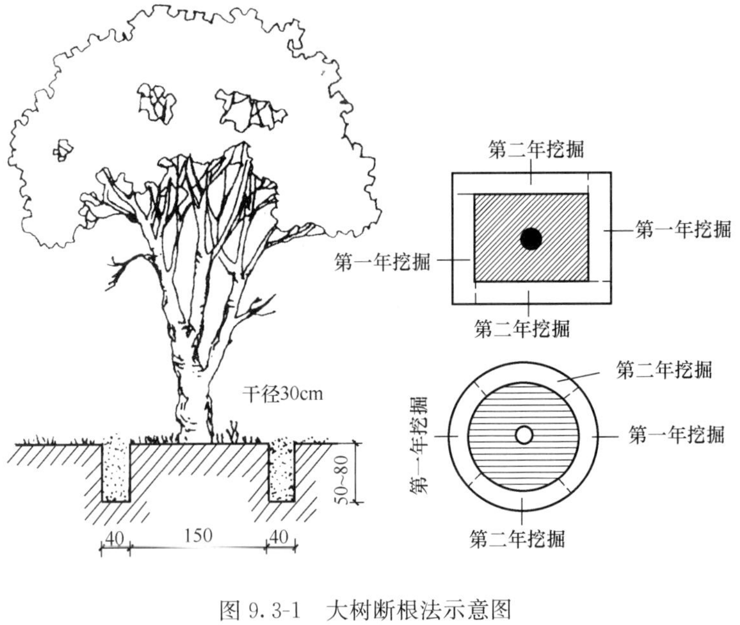
图9.3-1　大树断根法示意图</td></tr>
<tr><td>审核人</td><td></td><td>交接人</td><td></td><td>接受交底人</td><td></td></tr>
</table>

续表

<table>
<tr><td>工程名称</td><td colspan="2"></td><td>施工单位</td><td></td><td>编号</td><td></td></tr>
<tr><td>序号</td><td>项目</td><td colspan="5">道路大树移植工程施工技术交底</td></tr>
<tr><td>2</td><td>大树移植的准备工作</td><td colspan="5">3）根部环状剥皮法：如同上法挖沟，但是不切断大根，而是采取环状剥皮的方法，剥皮的宽度为10～15cm，这样也能促进须根生长，这种方法由于大根未断，树身，稳固，可以不必增加支柱。
（2）大树的修剪：修剪是大树移过程中，对地上部分进行处理的主要措施，至于修剪的方法各地不一，一般可分为如下方法：
1）修剪枝叶：这种方法是目前修剪的主要方式，凡病枯枝、过密交叉技、徒长枝、干扰枝均应剪去。此外，修剪量也与移植季节、根系情况有关。当气温高、湿度低、带根系小时应重剪；而湿度大，根系也大时可适当轻剪。此外，还应考虑到功能要求，如果要求移植后马上起到绿化效果的应轻剪，而有把握成活的则可重剪，在修剪时，还应虑到树木的绿化效果。知毛白杨作行道树时，就应砍去主干，否则树梢分叉太多，改变了树木固有的形态，甚至影响其功能；
2）摘叶：这种方法是细致费工的工作，只适用于少量名贵树种，移前为减少蒸腾可摘去部分树叶，移后即可再萌出树叶；
3）摘心：该方法为了促进侧枝生长，一般顶芽生长的如杨、白蜡、银杏等匀可用此法，以促进其侧枝生长，但是如木棉、针叶树种宜摘心处理，故根据树木的生长习性和要求来决定；
4）剥芽：该方法为抑制侧枝的生长，促进主枝的快速生长，控制树冠不致过大，以防大风吹倒；
5）摘花摘果：为减少养分的消耗，移植前后应适当地摘去树上的一部分花、果；
6）刻伤和环状剥皮；刻伤的伤口可以是纵向也可以是横向，环状剥皮是在2～3cm处在新梢基部剥去1～2cm宽的树皮到木质部。其目的在于控制水分、养分的上升，控制部分枝条的生理。
（3）大树的编号定向
1）编号是当移栽成批的大树时，为使施工有计划地顺利进行，可把栽植坑及要移植大树均编上一一对应的号码，使其移植时可对号入座，以减少现场混乱及出现事故；
2）定向是在树干上标出南北方向，使其在移植时仍能保持它按原方位栽下，以满足它对庇荫及阳光的要求；
（4）清理现场及安排运输路线：在起树前，应把树干周围2～3cm以内的碎石、瓦砾堆、灌木及其他障碍物清除干净，并将地面大致整平，为顺利移植大树创造条件。然后按树木移植的先后次序，合理安排运输路线，以使每棵树都能顺利运出。
（5）大树的支柱与捆扎
1）为了防止在挖掘时由于树身不稳、倒伏而引起工伤事故及损伤树木，因而在挖掘前应对需要移植的大树进行支柱，一般是用3根直径约150mm以上的大戗木，分立在树冠分支的下方，然后再用粗绳将3根戗木和树干一起捆紧，戗木底脚应牢固支持在地面上，最好与地面成60°左右，支柱时应使3根戗木受力均匀，特别是避风向的一面要支撑牢固；
2）戗木的长度不定，底脚应立在挖掘范围以外，以免妨碍挖掘工作。
（6）工具材料的准备</td></tr>
<tr><td>审核人</td><td></td><td>交接人</td><td></td><td>接受交底人</td><td colspan="2"></td></tr>
</table>

<table>
<tr><td>工程名称</td><td colspan="2"></td><td>施工单位</td><td></td><td>编号</td><td></td></tr>
<tr><td>序号</td><td>项目</td><td colspan="5">道路大树移植工程施工技术交底</td></tr>
<tr><td>2</td><td>大树移植的准备工作</td><td colspan="5">

对大树进行包装时，要根据具体的情况来决定，一般情况下，包装方法不同，所需材料也不同，表 9.3-1 中列出草绳和蒲包混合包装所需要的材料、表 9.3-2 中列出木板方箱移植所需材料、表 9.3-3 中列出木板方箱移植所需的机具。

草绳和蒲包混合包装所需材料　　表 9.3-1

序号	移栽土球的规格（球直径×土球高度）（mm）	蒲包	草绳的大小
1	2000×1500	13 个	直径 20mm，长 1350m
2	1500×1000	6.5 个	直径 20mm，长 300m
3	1000×800	4 个	直径 16mm，长 175m
4	800×600	2 个	直径 13mm，长 100m

木板方箱移植所需材料　　表 9.3-2

材　　料			木板方箱的规格要求	主要用途
1	木箱	大号	上板长 2m，宽 0.2m，厚 0.03m 底板长 1.75m，宽 0.3m，厚 0.05m 边长上缘长 1.85m，下缘长 1.85m，宽 0.7m，厚 0.05m	移植土球规格可视土球大小而定
		小号	上板长 1.65m，宽 0.3m，厚 0.05m 底板长 1.75m，宽 0.3m，厚 0.05m 边长上缘长 1.5m，下缘长 1.4m，宽 0.65m，厚 0.05m	
2	方　木		100mm 见方	支　撑
3	木　墩		直径 200mm、长 250mm、要求料直而坚硬	挖底时四角支柱上球
4	铁　钉		长 50mm 左右，每棵树约 400 根	固定箱板

木板方箱移植所需机具　　表 9.3-3

工具名称		工具规格要求	主要用途
1	铁　锹	圆口锋利	开沟刨土
2	小平铲	短把、口宽、15cm 左右	修土球掏底
3	平　铲	平口锋利	修土球掏底
4	大头尖镐	一头尖，一头平	刨硬土
5	小头尖镐	一头尖，一头平	掏底
6	钢丝绳机		收紧箱板
7	贷　车	大卡车	运输树木
8	铁　棍	钢性好	转动紧线器

</td></tr>
<tr><td colspan="2">审核人</td><td></td><td>交接人</td><td></td><td>接受交底人</td><td></td></tr>
</table>

续表

工程名称		施工单位		编号	
序号	项目	道路大树移植工程施工技术交底			
2	大树移植的准备工作	（见下文）			

续表

工具名称		工具规格要求	主要用途
9	铁　锤		钉薄钢板
10	扳　手		维修器械
11	小镐手	短把、锋利	掏底
12	手　锯	大、小各一把	断要
13	吊　车	1台，起重质量视土台大小	装、卸用
14	千斤顶	1台，液压	上底板用
15	斧　子	2把	钉薄钢板、砍木头
16	钢丝绳	2根，粗0.4寸，每根长为10～12m	捆扎箱板

（7）运输的准备工作

1）因为大树移植所带土球较大，所以其重量和体积较大；

2）一般情况下，人力装卸是十分困难的，必须应配备一定数量的大型卡车来运输大树；

3）同时应事先查看运输路线，一般对低矮的架空线路应采取临时措施，防止事故发生；

4）对道路的急弯斜坡要特别注意查看，是否在运输大树过程中有危险、是否通行有困难，要做到细致而周密的考虑；

5）对需要进行病虫害检疫的树种，应事先办理检疫证明，取得通行证。

序号	项目	道路大树移植工程施工技术交底
3	大树移植的施工方法	（见下文）

（1）概述：当前常用的大树移植挖掘和包装方法主要有以下几种：

1）软材包装移植法：在城市的道路绿化建设中，将挖掘圆形的土球（树木的胸径在10～15cm或稍大一些的常绿乔木）移植到道路两旁的一种方法；

2）木箱包装移植法：在城市的道路绿化建设中，将挖掘方形土台（树木胸径15～30cm的常绿乔木）移植到道路两旁的一种方法；

3）机械移植：在城市的道路绿化建设中，由专门移植大树的移植机，将胸径在25cm以下的乔木移植到道路两旁的一种方法；

4）冻土移植法：在城市的道路建设中，我国北方寒冷地区较多采用冻土移植法。

（2）软材包装移植法

1）大树的掘苗：

①土球大小的确定：树木选好后，可根据树木胸径的大小来确定挖土球的直径和高度，可参考表9.3-4所列。一般来说，土球直径为树木胸径的7～10倍，土球过大，容易散球，会增加运输困难。土球过小又会伤害过多的根系，影响成活，所以土球的大小还应考虑树种的不同以及当地的土壤条件，最好是在现场试挖一株，观察根系分布情况，再确定土球大小；

审核人		交接人		接受交底人	

续表

<table>
<tr><td>工程名称</td><td colspan="2"></td><td>施工单位</td><td></td><td>编号</td><td></td></tr>
<tr><td>序号</td><td>项目</td><td colspan="5">道路大树移植工程施工技术交底</td></tr>
<tr><td>3</td><td>大树移植的施工方法</td><td colspan="5">

土球的规格 **表 9.3-4**

树木胸径（cm）	土球的主要规格		
	土球直径（mm）	土珠高度（mm）	底留直径
100～120	胸径 8～10 倍	600～700	土球直径的 1/3
130～150	胸径 7～10	700～800	

② 支撑：为了保证树木和操作人员安全，挖掘前应进行支撑。一般采用木杆或竹竿在树干下部的 1/3 处支撑，要绑扎牢固；

③ 拢冠：遇有分枝点低的树木，为了操作方便，于挖掘前用草绳将树冠下部围拢，其松紧以不损伤树枝为度；

④ 画线：以树干为中心，按规定土球直径画圆并撒白灰，作为挖掘的界限；

⑤ 挖掘：沿灰线的外线进行挖沟，沟的宽度为 60～80cm，沟深为土球的高度；

⑥ 修坨：挖掘到规定的深度后，用铁锹修整土球表面，使土球成为"上大下小"（留底直径为土球直径的 1/3），肩部圆滑，呈苹果型。如遇上粗根，应采用手锯锯断，不得用铁锹硬铲而造成散坨；

⑦ 缠腰绳：修好后的土球应及时（预先浸水湿润）将土球腰部系紧，称为"缠腰绳"。操作时，一人缠绕草绳，另一人用石块拍打草绳使其拉紧，并以略嵌入土球为度。草绳每圈要靠紧，宽度为 20cm 左右，如图 9.2-5 所示；

⑧ 开底沟：缠好腰绳后，沿土球底部向内刨挖一圈底沟，宽度为 5～6cm，便于打包时兜底，防止松脱；

⑨ 打包：用蒲包、草袋片、塑料布、草绳等材料，将土球包装起来称为"打包"。打包是掘苗的重要工序，其质量好坏直接影响大树移植的成活率，必须认真操作。其操作方法如下：

a. 首先采用包装物将土球表面盖严，不留缝隙，用草绳稍加围拢，使包装物固定；

b. 然后用双股湿草绳一端拴在树干上，然后放绳按顺序缠绕土球，稍成倾斜状，每次均应通过底部沿底至树干基部转折，并用石块拍打拉紧。每道间距为 8cm，土质松散时则应加密，草绳应排匀理顺，避免互拧；

c. 最后采用竖向草绳捆好后，在内腰绳上部，再横捆十几道草绳，并用草绳内、外腰草绳穿连起来系紧：如图 9.3-2 所示。

⑩ 封底：打完包之后，轻轻将树推倒，用蒲包将底部堵严，用草绳捆牢。

我国地域辽阔，自然条件差别很大，土球的大小及包装方法应因地制宜。如南方土质较黏重，可直接用草绳包装，常用橘子包、井字包和五角形包等方法，如图 9.2-6～图 9.2-8 所示。

2）大树吊装：

① 准备工作：备好吊车、货运汽车、准备捆吊土球的长粗草绳，要求具有一定的强度和柔软性。准备隔垫用木板、蒲包、草袋及拢冠用草绳；

② 吊装前，用粗绳捆在土球腰下部，并垫以木板，再挂以脖绳控制树干。先试吊一下，检查有无问题，再正式吊装，如图 9.3-3 所示；

</td></tr>
<tr><td>审核人</td><td></td><td>交接人</td><td></td><td>接受交底人</td><td colspan="2"></td></tr>
</table>

续表

<table>
<tr><td colspan="2">工程名称</td><td></td><td>施工单位</td><td></td><td>编号</td><td></td></tr>
<tr><td>序号</td><td>项目</td><td colspan="5">道路大树移植工程施工技术交底</td></tr>
<tr><td>3</td><td>大树移植的施工方法</td><td colspan="5"> 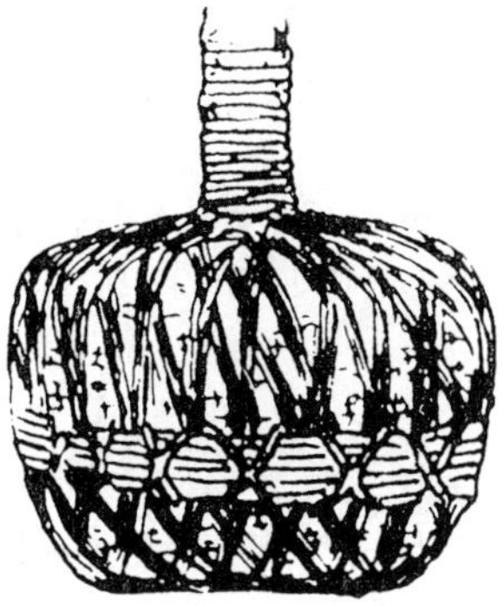图 9.3-2　包装好的土球示意图 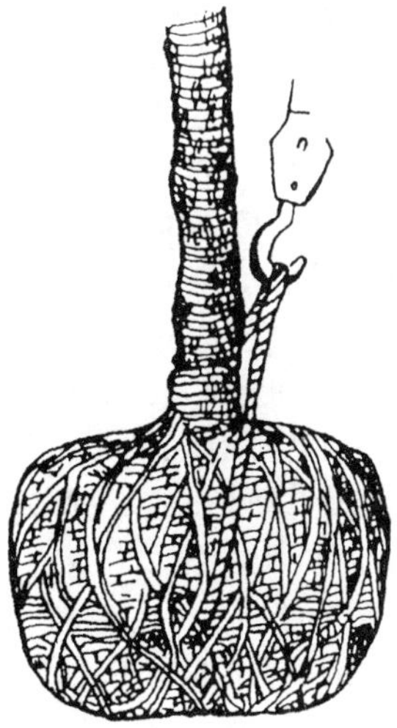　　图 9.3-3　土球吊装示意图
③ 装车时应将土球朝前，树梢向后，顺卧在车厢内，将土球垫稳并用粗绳将土球与车身捆牢，防止土球晃动散体；
④ 树冠较大时：可用细绳拢冠，绳下塞垫蒲包、草袋等物，防止磨伤枝叶；
⑤ 装运过程中有专人负责，特别注意保护主干树木的顶枝不遭受损伤。
3）大树的卸车：卸车也应使用吊车，有利于安全和质量的保证。卸车后，如不能立即栽植，应将苗木立直，支稳，严禁苗木斜放或倒地。
4）大树的栽植
① 挖穴：树坑的规格应大于土球的规格，一般坑径大于土球直径 40cm，坑深大于土球高度 20cm。遇土质不好时，应加大树坑规格并进行换土；
② 施底肥：需要施用底肥时，将腐熟的有机肥与土拌匀，施入坑底和土球的周围，一般情况下，底肥是随栽随施；
③入穴：入坑时，应按原生长时的南向就位，在条件许可时，可以取姿态最佳的一面作为主要观赏面。树木应直立，土球顶应与地面平齐。可事先用卷尺分别量取土球和树坑尺寸，如不相适应，应进行调整；
④ 支撑：树木直立后，立即进行支撑。为了保护树干不受磨伤，应预先在支撑部位用草绳将树干缠绕一层，防止支柱与树干直接接触，并用草绳将支柱与树干捆绑牢固，严防松动；
⑤ 拆包与填土：将包装草绳剪断，尽量取出包装物，实在不好取时可将包装材料压入坑底。如发现土球松散，严禁松解腰绳和下部包装材制，但腰绳以上的所有包装材料应全部取出，以免影响水分渗入。然后应分层填土、分层夯实（每层厚 20cm），操作时不得损伤土球；
⑥ 筑土堰：在坑外缘取细土筑一圈高 30cm 灌水堰，用锹拍实，以备灌水；</td></tr>
<tr><td colspan="2">审核人</td><td></td><td>交接人</td><td></td><td>接受交底人</td><td></td></tr>
</table>

续表

工程名称		施工单位		编号	
序号	项目	道路大树移植工程施工技术交底			
3	大树移植的施工方法	见下文			

⑦ 灌水：大树栽后应及时灌水，第一次灌水量不宜过大，主要起沉实土壤的作用，第二次水量要足，第三次灌水后即可封堰。

(3) 木箱包装移植法

木箱包装法适用于胸径 15～30cm 的大树，可以保证吊装运输的安全而不散坨。

1) 移植：由于利用木箱包装，相对保留了较多根系，并且土壤与根系接触紧密，水分供应较为正常，除新梢生长旺盛期外，一年四季均可进行移植。但为了确保成活率，还是应该选择适宜季节进行移植；

2) 机具准备：掘苗前应准备好需用的全部工具、材料、机械和运输车辆，并由专人管理。掘苗时 4 人一组，一组掘一株。挖掘上口 $1.85m^2$、高 80cm 土块的，所需材料、工具、机械设施如表 9.3-2、表 9.3-3 所示。

3) 大树掘苗：

① 土台（块）规格：土台越大，固然有利于成活，但给起、运带来很大的困难，因此应确保成活的前提下，尽量减小土台的大小。一般土台的上边长为树木胸径的 7～10 倍，见表 9.3-5 所列。

土台规格 **表 9.3-5**

树木胸径（cm）	15～16	18～24	25～27	28～30
土台规格（m）边长×厚度	1.5×0.5	1.8×0.7	2.0×0.8	2.2×0.9

② 挖土台划线：以树干为中心，以边长尺寸加大 5cm 划正方形，作为土台的范围。做出南北方向的标记：

a. 挖沟：施工中必须沿正方形外线挖沟，沟宽应满足操作要求，一般为 0.6～0.8m，一直挖到规定的土台厚度；

b. 去表土：为了减轻质量，可将根系很少的表层土挖去，以出现较多树根处开始计算土台厚度，可使土台内含有较多的根；

c. 修平：挖掘到规定深度后，即采用铁锹修平土台四壁，使四面中间部位略为凸出。如遇粗根，可用手锯将其锯断，并使锯口稍陷入土台表面，但绝不可外凸。修平后的土台尺应稍大于边板规格，以便续紧后使箱板与土台靠紧。其土台应呈上宽下窄的倒梯形，与边板形状一致，如图 9.3-4 所示。

1500~2200

图 9.3-4 箱板示意图

审核人		交接人		接受交底人	

续表

<table>
<tr><td colspan="2">工程名称</td><td></td><td>施工单位</td><td></td><td>编号</td><td></td></tr>
<tr><td>序号</td><td>项目</td><td colspan="5">道路大树移植工程施工技术交底</td></tr>
<tr><td>3</td><td>大树移植的施工方法</td><td colspan="5">

③立边板：其主要操作内容分别如下：

a. 立边板：土台修好后，应立即上箱板，以免土台坍塌，先将边板沿土台四壁放好，使每块箱板中心对准树干中心，并使箱板上边低于土台顶面1～2cm，两块箱板的端头应沿土台四角略为退回，如图9.3-5所示。随即用蒲包片将土台四角包严，两头压在箱板下。然后在本箱边板距上、下口为15～20cm处各绕钢丝绳一道；

图9.3-5　箱板端部的安装位置示意图

b. 上紧线器：在上下两道钢丝绳各自接头处装上紧线器并使其处于相对（东西或南北）中间板带处，如图9.3-6所示，同时紧线器从上向下转动。先松开紧线器，收紧钢丝绳，使紧线器处于有效状态。紧线器在收紧时，必须两个同时进行，收紧速度下绳应稍快于上绳。收紧到一定程度时，可用木棍锤打钢丝绳，如发出嘣嘣的弦音表示已经收紧，即可停止；

c. 钉箱：箱板被收紧后，即可在四角钉上薄钢板（铁腰子）8～10道。每条薄钢板上至少要两对铁钉钉在带板上。钉子稍向外侧倾斜，以增加拉力，如图9.3-7所示。四角薄钢板钉完后用小锤敲击薄钢板，发出铛铛的贫弦音时表示薄钢板紧固，即可松开紧线器，取下钢丝绳。沿木箱继续将边沟下挖30～40cm，以便掏底；

图9.3-6　紧线器的安装位置示意图

图9.3-7　薄钢板钉牢示意图

d. 支树干：一般情况下，采用3根木杆（竹竿）支撑树干并绑牢，保证树木直立。

④掏底与上底板：用小板镐和小平铲将箱底土台大部分土掏挖空，称为“掏底”，以便钉封底板，如图9.3-8所示：

a. 掏底施工过程中，应分次进行，每次掏底宽度应等于或稍大于欲钉底板每块木板的宽度。当掏够一块木板的宽度后，应立即钉上一块底板。底板的间距一般为10～15cm，应排列均匀；

b. 上底板之前，应量取所需底板长度（与所对应木箱底口的外沿平齐）、下料（锯取底板），并在每块底板两头钉好薄钢板；

c. 上底板时，先将一端贴紧边板，将薄钢板钉在木箱带板上，底面用圆木墩必须牢牢稳住（圆木墩下可垫以垫木）；另一头用油压千斤顶顶起，与边板贴紧贴，用薄钢板钉牢，撤下千斤顶，支牢木墩。两边底板上完后，再继续向内掏挖；

</td></tr>
<tr><td colspan="2">审核人</td><td></td><td>交接人</td><td></td><td>接受交底人</td><td></td></tr>
</table>

续表

<table>
<tr><td colspan="2">工程名称</td><td></td><td>施工单位</td><td></td><td>编号</td><td></td></tr>
<tr><td>序号</td><td>项目</td><td colspan="5">道路大树移植工程施工技术交底</td></tr>
<tr><td>3</td><td>大树移植的施工方法</td><td colspan="5">d. 支撑木箱在掏挖箱底中心部位前，为了防止箱体移动，保证操作人员安全，将箱板的上部用横支撑，使其固定，支撑时，先于坑边挖穴，穴内置入垫板，将横木一端支垫，另一端顶住木箱中间带板，并用钉子钉牢；
e. 掏中心底时要特别注意安全，操作人员身体严禁伸入箱底，并派人在旁监视，防止事故发生。风力达到四级以上时，应停止操作。底部中心也应略成弧形，以利底板靠紧，根应锯断并稍陷入土内。掏底过程中，如发现土质松散，应及时用窄板封底；如有土脱落时，马上用滑石袋、蒲包填塞，再上底板。
⑤上盖板：于木箱上口钉木板拉结，称为“上盖板”。上盖板前，将土台上表面修成中间稍高于四周，并于土台表面铺一层蒲包片。树干两侧应各钉两块木板，木箱包装法如图 9.3-9 所示。

图 9.3-8　掏底作业示意图

图 9.3-9　木板箱整体包装示意图
1—底板；2—上板；3—板；4—薄钢板；5—边板

4）吊装运输：
木箱包装移植大树，因其质量较大（单株质量在 2t 以上），必须使用起重机械吊装。实际生产中常用汽车吊，其优点是机动灵活，行驶速度快，操作简捷。
① 装车：运输车辆一般为大型货车，树木过大时，可用大型拖车。吊装前，用草绳捆绑树冠，以减少损伤；
a. 首先采用一根长度适当的钢丝绳，在木箱下部的 1/3 处，将木箱拦腰紧密地围住，并将两头绳套扣在吊车的吊钩上，然后轻轻起吊，待木箱离地前停车。一般采用蒲包片或草袋片将树干包裹起来，并在树干上系一根粗绳，另一端扣在吊车的吊钩上，防止树冠倒地，如图 9.3-10 所示；

图 9.3-10　木箱的吊装示意图</td></tr>
<tr><td colspan="2">审核人</td><td></td><td>交接人</td><td></td><td>接受交底人</td><td></td></tr>
</table>

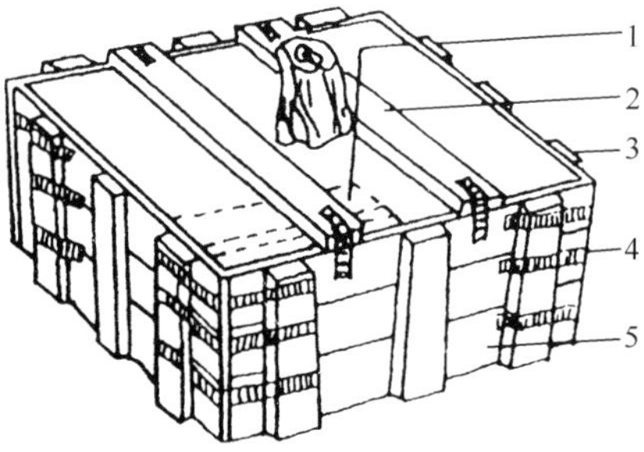

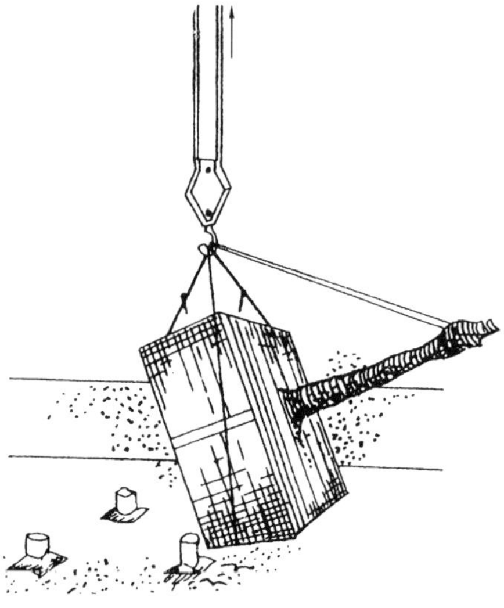

<table>
<tr><td>工程名称</td><td></td><td>施工单位</td><td></td><td>编号</td><td></td></tr>
<tr><td>序号</td><td>项目</td><td colspan="4">道路大树移植工程施工技术交底</td></tr>
<tr><td>3</td><td>大树移植的施工方法</td><td colspan="4">b. 继续起吊。身树倒地时，在分枝处拴 1～2 根绳子，以便用人力控制树木的位置，避免损伤树冠，便于吊装作业；
c. 装车时，木箱一般应装在前面，树冠装在后面，且木箱上口与后轴平齐，木箱下面用方木垫稳。为使树冠不拖地，在车厢尾部用两根木棍绑成支架将树干支起，并在支架与树干间塞垫蒲、包或划草袋，防止树皮被擦伤；用绳子捆牢。捆木箱的钢丝绳应用紧线器绞紧，如图 9.3-11 所示。
② 大树的运输：大树运输，必须有专人在车厢上押运，保护树木不受损伤：
a. 开车前，押运人员必须仔细检查，检查绳索是否牢固，树冠是否拖地，与树干接触的部位是否都用蒲包或草袋隔垫等。如发现问题，应及时采取措施解决； 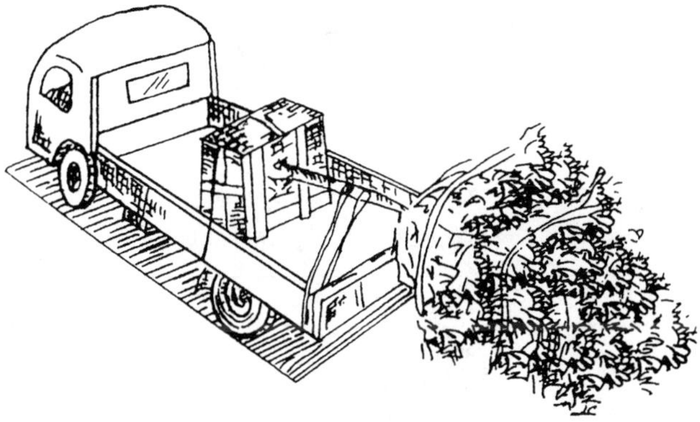
图 9.3-11　木箱包装大树装车法
b. 对超长、超宽、超高的情况，事先应有处理措施，必要时，事先办理手续。需要进行病虫害检疫的树木，应事先办理检疫证明；
c. 押运人员应随车携带绝缘竹竿，以备途中支举架空电线；
d. 押运人员应站在车厢内，便于随时监视树木状态，出现问题及时通知驾驶员停车。
③ 大树的卸车：
a. 卸车前，先解开捆绑树冠的小绳，再解开大绳，将车停在预定位置，准备卸车；
b. 起吊用的钢丝绳和粗绳与装车时相同。木箱吊起后，立即将车开走；
c. 木箱应呈倾斜状，落地前在地面上横放一根 40cm×40cm 大方木，木箱落地时作为枕木。木箱落地时要轻缓，以免振松土台；
d. 用两根方木（10cm×10cm，长 2m）垫在木箱下，间距为 0.8～1.0m，以使栽吊时穿绳操作，如图 9.3-12 所示。松吊绳，轻摆吊臂，使树木慢慢立直。
5）大树的栽植
① 用木箱移植大树，坑（穴）亦应挖成方形，且每边应比木箱宽出 0.5m，深度大于木箱 0.15～0.20m。土质不好，还应加大坑穴规格。需要客土或施底肥时，应事先备好客土和有机肥料；</td></tr>
<tr><td>审核人</td><td></td><td>交接人</td><td></td><td>接受交底人</td><td></td></tr>
</table>

<table>
<tr><td>工程名称</td><td colspan="2"></td><td>施工单位</td><td></td><td>编号</td><td></td></tr>
<tr><td>序号</td><td>项目</td><td colspan="5">道路大树移植工程施工技术交底</td></tr>
<tr><td>3</td><td>大树移植的施工方法</td><td colspan="5"> 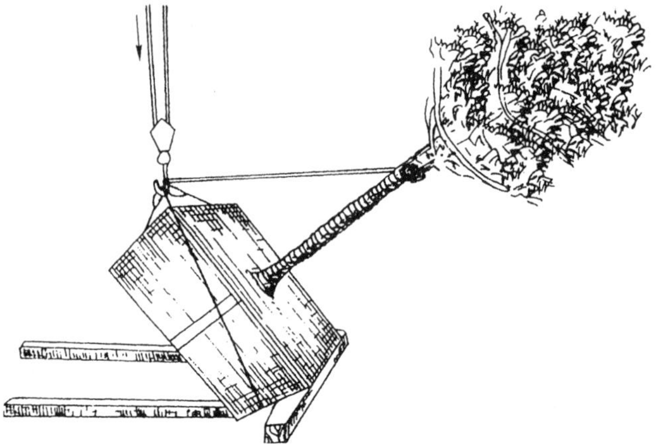图 9.3-12　卸车垫木方法示意图
② 树木起吊前，检查树干上原包装物是否严密，以防擦伤树皮。用两根钢丝绳兜底起用，注意，吊钩不要擦伤树木枝与干，如图 9.3-13 所示； 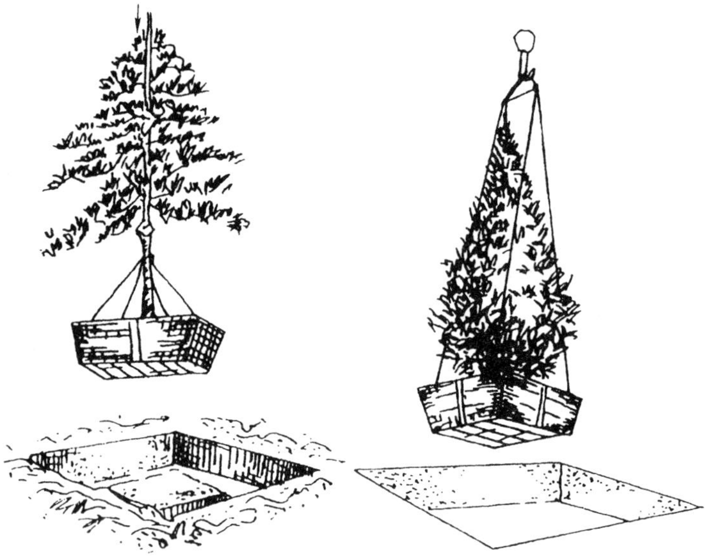
图 9.3-13　大树入坑（穴）示意图
③ 树木就位前，按原标记的南北方向找正，满足树木生长需求。同时，在坑底中央堆起高 0.15～0.2m、宽 0.7～0.8m 的长方形土台，且使其纵向与木箱底板方向一致，便于两侧底板的拆除；
④ 拆除中心底板，如遇土质已松散时，可不必拆除；</td></tr>
<tr><td>审核人</td><td></td><td>交接人</td><td colspan="2"></td><td>接受交底人</td><td></td></tr>
</table>

<table>
<tr><td colspan="2">工程名称</td><td></td><td>施工单位</td><td></td><td>编号</td><td></td></tr>
<tr><td>序号</td><td>项目</td><td colspan="5">道路大树移植工程施工技术交底</td></tr>
<tr><td>3</td><td>大树移植的施工方法</td><td colspan="5">⑤ 严格掌握栽植方法，应使树干印痕与地面平齐，不可过深、过浅。木箱入坑后，经检查即可拆除两侧底板；
⑥ 树木落稳后，抽出钢丝绳，用 3 根木杆或竹竿支撑树干分枝点以上部位，绑牢。为防止磨伤树皮，木杆与树干之间应以蒲包或草绳隔垫；
⑦ 拆除木箱的上板及覆盖物。填土至坑深的 1/3 时，方可拆除四周边板，以防坍塌。以后每层填土 0.2～0.3m 厚即夯实一遍，确保栽植牢固，并注意保护土台不受破坏。需要施肥时，应与填土拌匀后填入；
⑧ 大树移植的质量与要求：
a. 大树移植应保持对称平衡，行道树或行列种植树木应在一条线上，相邻植株规格应合理搭配，高度、干径、树形近似，树木应保持直立，不得倾斜，应注意观赏面的合理朝向；
b. 种植绿篱株的行距应均匀。树形丰满的一面应朝外，按苗木高度、树干大小搭配均匀。在苗圃修剪成形的绿篱，种植时应按造型接栽，深浅保持一致；
c. 种植带土球的树木时，不易腐烂的包装物必须清除；
d. 珍贵树种应采取树冠喷雾、树干保湿和树根喷布生根激素等措施。
6）对大树支架：对栽植的常绿大树或高大的落叶乔木，应在树干周围用木棍埋 1～3 个支架，以防倒伏，如图 9.3-14、图 9.3-15 所示。支柱要牢固，应深埋 30cm 以上，支柱与树干相连接部位应垫上蒲包片，以避免磨损树皮。
(a) (b)
图 9.3-14　大树支架示意图（一）
(a) 单支柱法；(b) 双支柱法
7）定植后的灌水：
① 树木定植后 24h 内必须浇上第一遍水，定植后第一次灌水称为头水。水要浇透，使泥土充分吸收水分，灌头水主要目的是通过灌水将土壤缝隙填实，保证树根与土壤紧密结合，以利根系发育；
②水灌完后应作一次检查，由于踩不实树身会倒歪，要注意扶正，树盘被冲坏时要修好。之后，应连续灌水，尤其是大苗，在气候干旱时，灌水极为重要，千万不可大意；</td></tr>
<tr><td colspan="2">审核人</td><td></td><td>交接人</td><td></td><td>接受交底人</td><td></td></tr>
</table>

续表

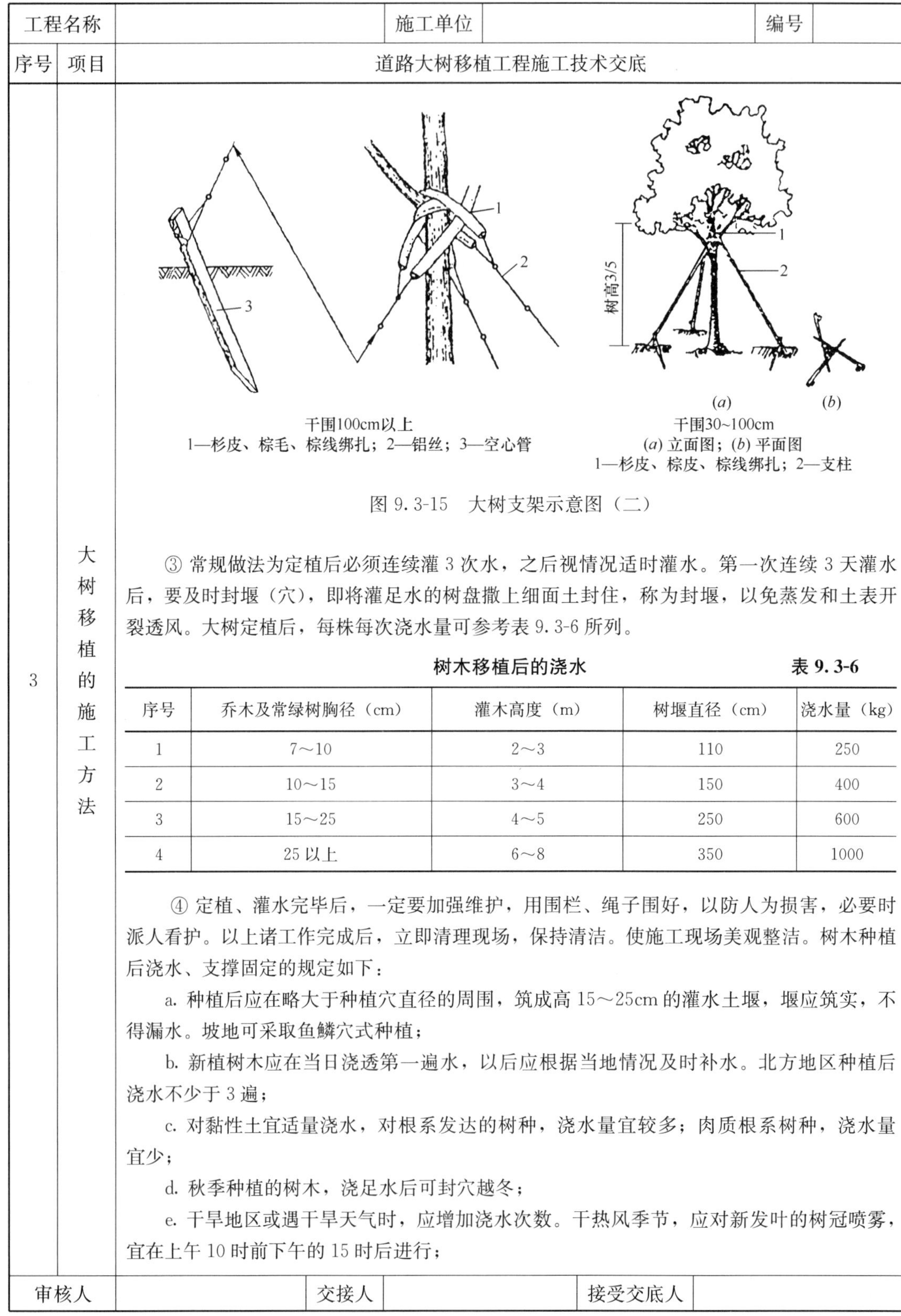

工程名称		施工单位		编号	
序号	项目	道路大树移植工程施工技术交底			
3	大树移植的施工方法	(见下文)			

干围100cm以上
1—杉皮、棕毛、棕线绑扎；2—铝丝；3—空心管

干围30~100cm
(*a*) 立面图；(*b*) 平面图
1—杉皮、棕皮、棕线绑扎；2—支柱

图 9.3-15 大树支架示意图（二）

③ 常规做法为定植后必须连续灌 3 次水，之后视情况适时灌水。第一次连续 3 天灌水后，要及时封堰（穴），即将灌足水的树盘撒上细面土封住，称为封堰，以免蒸发和土表开裂透风。大树定植后，每株每次浇水量可参考表 9.3-6 所列。

树木移植后的浇水 **表 9.3-6**

序号	乔木及常绿树胸径（cm）	灌木高度（m）	树堰直径（cm）	浇水量（kg）
1	7～10	2～3	110	250
2	10～15	3～4	150	400
3	15～25	4～5	250	600
4	25 以上	6～8	350	1000

④ 定植、灌水完毕后，一定要加强维护，用围栏、绳子围好，以防人为损害，必要时派人看护。以上诸工作完成后，立即清理现场，保持清洁。使施工现场美观整洁。树木种植后浇水、支撑固定的规定如下：

a. 种植后应在略大于种植穴直径的周围，筑成高 15～25cm 的灌水土堰，堰应筑实，不得漏水。坡地可采取鱼鳞穴式种植；

b. 新植树木应在当日浇透第一遍水，以后应根据当地情况及时补水。北方地区种植后浇水不少于 3 遍；

c. 对黏性土宜适量浇水，对根系发达的树种，浇水量宜较多；肉质根系树种，浇水量宜少；

d. 秋季种植的树木，浇足水后可封穴越冬；

e. 干旱地区或遇干旱天气时，应增加浇水次数。干热风季节，应对新发叶的树冠喷雾，宜在上午 10 时前下午的 15 时后进行；

审核人		交接人		接受交底人	

续表

工程名称			施工单位		编号	
序号	项目	道路大树移植工程施工技术交底				
3	大树移植的施工方法	f. 浇水时应防止因水流过急冲刷裸露根系或冲毁围堰，造成跑漏水。浇水出现土壤沉陷，致使树木倾斜时，应及时扶正、培土； g. 浇水渗下后，应及时用围堰土封树穴。再筑堰时，不得损伤根系； h. 对人员集散较多的广场、人行道，树木种植后，种植池应铺设透气护栅。种植胸径在5cm以上的乔木，应在下风向设支柱固定。支柱应牢固，绑扎树木处应夹垫物，绑扎的树干应保持直立。攀缘植物种植后，应根据植物生长的需要，进行绑扎或牵引。				
审核人		交接人		接受交底人